Henry R. Askew

Behandlung von Verhaltensproblemen bei Hund und Katze

Henry R. Askew

Behandlung von Verhaltensproblemen bei Hund und Katze

Ein Leitfaden für die tierärztliche Praxis

Mit 25 Abbildungen und 20 Tabellen

Aus dem Amerikanischen von Dr. Kirsten Thorstensen

Parey Buchverlag Berlin 1997

Parey Buchverlag im
Blackwell Wissenschafts-Verlag GmbH
Kurfürstendamm 57, D–10707 Berlin

Anschrift des Verfassers:
Henry R. Askew Ph. D. (Michigan State Univ.)
Jahnstraße 4
D–80469 München

Gewährleistungsvermerk

Die Medizin ist eine Wissenschaft mit ständigem Wissenszuwachs. Forschung und Weiterentwicklung klinischer Verfahren erschließen auch gerade in der Pharmakotherapie veränderte Anwendungen. Der Verfasser dieses Werkes hat sich intensiv bemüht, für die verschiedenen Medikamente in den jeweiligen Anwendungen exakte Dosierungshinweise entsprechend dem aktuellen Wissensstand zu geben. Verfasser und Verlag können eine Gewährleistung für die Richtigkeit von Dosierungsangaben dennoch nicht übernehmen. Dem Praktiker wird dringend empfohlen, in jedem Anwendungsfall die Produktinformation der Hersteller hinsichtlich Dosierungen und Kontraindikationen entsprechend dem jeweiligen Zeitpunkt der Produktanwendung zu beachten.

Die Deutsche Bibliothek – CIP Einheitsaufnahme

Askew, Heny R.:
Behandlung von Verhaltensproblemen bei Hund und Katze: ein Leitfaden für die tierärztliche Praxis; mit 17 Tabellen / Henry R. Askew. Aus dem Amerikan. von Kirsten Thorstensen. – Berlin: Parey, 1997
Einheitssacht.: Treatment of behavior problems in dogs and cats <dt.> ISBN 3-8263-3138-9

© 1997 Blackwell Wissenschafts-Verlag,
Berlin • Wien

ISBN 3-8263-3138-9 • Printed in Germany

Die Wiedergabe von Gebrauchsnamen, Handelsnamen, Warenbezeichnungen usw. in diesem Buch berechtigt auch ohne besondere Kennzeichnung nicht zu der Annahme, daß solche Namen im Sinne der Warenzeichen- und Markenschutz-Gesetzgebung als frei zu betrachten wären und daher von jedermann benutzt werden dürften.

Dieses Werk ist urheberrechtlich geschützt. Die dadurch begründeten Rechte, insbesondere die der Übersetzung, des Nachdrucks, des Vortrages, der Entnahme von Abbildungen und Tabellen, der Funksendung, der Mikroverfilmung oder der Vervielfältigung auf anderen Wegen und der Speicherung in Datenverarbeitungsanlagen, bleiben, auch bei nur auszugsweiser Verwertung, vorbehalten. Eine Vervielfältigung dieses Werkes oder von Teilen dieses Werkes ist auch im Einzelfall nur in den Grenzen der gesetzlichen Bestimmungen des Urheberrechtsgesetzes der Bundesrepublik Deutschland vom 9. September 1965 in der Fassung vom 24. Juni 1985 zulässig. Sie ist grundsätzlich vergütungspflichtig. Zuwiderhandlungen unterliegen den Strafbestimmungen des Urheberrechtsgesetzes.

Einbandgestaltung: Rudolf Hübler, Berlin, unter Verwendung eines Gemäldes von Peter Unsworth

Satz: SiB Satzzentrum in Berlin GmbH, Berlin
Druck und Bindung: Wiener Verlag, Himberg

Gedruckt auf chlorfrei gebleichtem Papier

Vorwort

Oft fragen Besitzer, Tierärzte und Journalisten, warum Verhaltensprobleme bei Hunden und Katzen heutzutage um so vieles häufiger vorkommen als früher. Ist dies ein Symptom unserer modernen Gesellschaft, der beengten Bedingungen unserer Großstädte oder der übertriebenen Erwartungshaltungen der Tierbesitzer gegenüber ihren Haustieren? Dienen Tiere ihren Besitzern als Freundes- oder Kindersatz? Oder werden sie schlichtweg stärker vernachlässigt als früher? Werden sie zu lange in Wohnungen allein gelassen, die ihnen nur ein Minimum an Bewegungsfreiheit bieten?

Es gibt zwar keine Statistiken, die einen Vergleich der Häufigkeit von Verhaltensproblemen heute und vor 50 oder 100 Jahren zulassen, aber ich vermute, daß sich die Verhältnisse nicht so gravierend geändert haben, wie es diese Fragen implizieren. Die Probleme sind vermutlich die gleichen, wie Besitzer sie seit jeher mit ihren Hunden und Katzen hatten, lediglich die Reaktion darauf hat sich verändert.

Dieses Buch beschreibt den neuen wissenschaftlichen Ansatz zur Behandlung von Verhaltensproblemen bei Hund und Katze. Die Verhaltenstherapie wurde vor etwa 20 Jahren in den USA entwickelt und verbreitet sich jetzt mit großer Geschwindigkeit in allen Industriestaaten, wo Katzen und Hunde in ähnlicher Weise gehalten werden wie in Nordamerika oder Westeuropa. Ich habe versucht, sowohl meine Ausbildung in experimenteller Psychologie – mit Schwerpunkt „Lernprozesse bei Tieren" – als auch die intensiven Erfahrungen aus meiner Praxis für Tierverhaltenstherapie in dieses Buch einzubringen, um im kleinen Bereich fortzuführen, woran Pioniere wie Voith, Borchelt, Hart, Houpt, Beaver und Campbell in den USA, Brunner in Österreich und Mugford, Neville und O'Farell in England so unermüdlich gearbeitet haben. Obwohl ich an manchen Stellen des Buches harsche Kritik an bestimmten Ansichten dieser und anderer Verhaltensspezialisten äußere, geschieht dies mit größtem Respekt und voller Anerkennung ihrer Arbeiten, denn ihre Erkenntnisse bilden die Grundlage der heutigen Tierverhaltenstherapie.

Das Buch richtet sich in erster Linie an Kleintierpraktiker und Studenten der Tiermedizin, die die Verhaltenstherapie als natürliche Erweiterung der tiermedizinischen Betreuung von Haustieren betrachten. Dieses Behandlungsfeld birgt das Potential neuer, dringend benötigter Dienstleistungen am Kunden und dient der Rettung vieler Hunde und Katzen, die früher aufgrund vergleichbarer Verhaltensprobleme euthanasiert worden wären.

Für mich als Verhaltensforscher bedeutet es einen gravierenden Unterschied, für Tierärzte anstatt für Verhaltensforscher oder Tierbesitzer zu schreiben. Einerseits sind Tierärzte qualifizierte Fachleute mit einem soliden akademischen Grundstock im biologischen und medizinischen Bereich und verfügen über beträchtliche Erfahrungen im Umgang mit Tieren, kennen deren Verhalten und haben Kontakt zum Tierhalter. Andererseits fehlt es ihnen weitgehend an fachlicher Ausbildung in Verhaltenswissenschaften.

Hier stellt sich nun das Problem, einer medizinischen Fachleserschaft verhaltenswissenschaftliche Konzepte, Prinzipien und analytische Ansätze adäquat zu präsentieren. Ich habe mich bemüht, technische Konzepte ausführlich vorzustellen und beispielhaft zu definieren, ohne durch übertriebene Vereinfachung herablassend auf den Leser zu wirken. Unter Verwendung der in der Verhaltensforschung gebräuchlichen *Termini technici* habe ich versucht, die Dinge so darzulegen, wie sie sich für den Verhaltensforscher darstellen. Die einfachste Möglichkeit, dem Leser die Entwicklung dieser analytischen Denk- und Empfindungsweise nahezubringen, ist der großzügige Gebrauch aller theoretischen und begrifflichen „Denkwerkzeuge", die über den Zeitraum von nahezu einem Jahrhundert von Ethologen und Verhaltensforschern im Rahmen intensiver wissenschaftlicher Studien über Tierverhalten entwickelt wurden.

Demzufolge bedient sich dieses Buch einiger ungewöhnlicher didaktischer Hilfsmittel. Zum einen habe ich Behandlungsvorschläge nicht im Kontext der jeweiligen Fallbeschreibung angeführt, sondern in hervorgehobenen *Behandlungsempfehlungen* zusammengefaßt. Die therapeutisch hilfreichen Vorschläge werden für die einzelnen Problemfälle detailliert besprochen. Der Tierarzt kann dann entscheiden, welcher der möglichen Behandlungsansätze im jeweiligen Fall am erfolgversprechendsten erscheint. Die spezifischen Behandlungsvorschläge für komplexere Verhaltensprobleme werden hierbei anhand von *Szenarien* beschrieben. Zum zweiten gibt es für jeden größeren Problembereich bei Hund und Katze eine grau hinterlegte *Problemübersicht*. Darin werden sowohl *Kausalfaktoren*, die der Verhaltensspezialist bei der Besitzerbefragung berücksichtigen muß, als auch mögliche *Behandlungselemente* kommentiert und zusammengefaßt. Die Problemübersichten stellen prinzipiell das gesamte Spektrum möglicher Therapiemethoden vor, das bei der Behandlung der jeweiligen Problemenkomplexe greift. Sie stellen einen Gesamtüberblick zur Ergänzung der Differentialdiagnose dar und sollen dem Tierarzt vor allem als Kurzreferenz von Nutzen sein. Mein Anliegen bei der Aufbereitung dieser Übersichtsdiagramme war es, dem Tierarzt ausreichende Informationen „auf einen Blick" zu bieten, damit er sich die wesentlichen Aspekte eines Problems in Erinnerung rufen kann, ohne ein ganzes Kapitel nachlesen zu müssen. Macht sich dennoch ein erneutes Lesen notwendig, lassen sich die benötigten Informationen schnell auffinden, da die Abschnittsüberschriften mit den jeweiligen Stichworten im Diagramm übereinstimmen.

Zum dritten werden detaillierte und umfassende Erklärungen verhaltenstherapeutischer Prinzipien nicht wie sonst üblich vom übrigen Text getrennt, sondern im Zusammenhang mit dem jeweiligen Problemkomplex erläutert. Die Vorteile dieser Vorgehensweise liegen auf der Hand: die verhaltenstherapeutischen Methoden können anhand von Fallbeispielen schrittweise beschrieben und ihr praktischer Bezug kann anschaulicht verdeutlicht werden. Komplizierte Problemkomplexe werden im jeweiligen Kapitel wiederholt hervorgehoben. Kurz, dies ist eine Möglichkeit, dem Leser die unterschiedlichen verhaltenswissenschaftlichen Prinzipien und Konzepte in einer Weise zu präsentieren, die das Überdenken und Wahrnehmen von Verhaltensproblemen bei Haustieren in diesem Sinne zu einer Selbstverständlichkeit werden lassen.

Nicht zuletzt werden zu Beginn des Buches allgemeine Merkmale der Halter-Tier-Beziehung sowie Grundsätze und Ziele der Verhaltenstherapie ausführlich besprochen. Abgesehen davon, daß diese Themen an sich sehr interessant sind, hoffe ich, daß diese Ausführungen dem Tierarzt ein über seine bisherige Ausbildung und Erfahrung hinausgehendes Wissen sowie zusätzliches Verständnis für Besitzer, deren familiäre Situation und die Rolle des Tieres und dessen problematisches Verhalten in der Familie vermitteln. Das Verstehen dieser Phänomene ist bezüglich der Analyse komplexer Verhaltensstörungen und deren realistischer Lösung von grundlegender Bedeutung. Letzten Endes helfen solche Einblicke dem Therapeuten, Verhaltensprobleme in einer Weise zu behandeln, die zu einer maximalen Kooperationsbereitschaft der Besitzer hinsichtlich der Behandlungsempfehlungen führt. Wie im Buch verschiedentlich dargestellt, besteht die schwierigste Aufgabe eines jeden Verhaltenstherapeuten darin, den Besitzer zu einer exakten Einhaltung der Therapievorschläge zu bewegen.

Hinweis: Bei der Angabe von Medikations- und Dosierungshinweisen gebe ich im wesentlichen die Empfehlungen tierärztlicher Verhaltensspezialisten wie Voith, Marder, Hart, Burghardt, Overall und anderer wieder. Als experimenteller Psychologe bin ich selbst nicht qualifiziert, Medikamente zu verschreiben oder

Informationen zu geben, die über die standardmäßige Anwendung hinausgehen. Bei der Einbeziehung solcher Medikationshinweise habe ich die zitierten Artikel im Literaturverzeichnis angegeben. In diesem Zusammenhang möchte ich auch auf die in Kapitel 8 im Absatz über medikamentöse Therapie geführte Diskussion über Pharmaka, Dosierungen und Nebenwirkungen bei der Behandlung von Haustieren hinweisen.

Zuletzt noch eine kurze Danksagung: Mein herzlichster Dank gilt allen voran meiner Frau Eva-Maria, der dieses Buch gewidmet ist. Sie hat meinen Entschluß, mich auf dem Gebiet der Verhaltenstherapie bei Haustieren zu spezialisieren, von Beginn an aus Kräften unterstützt und ist mir seither eine unschätzbare Hilfe, angefangen beim Übersetzen und beim Kontakt zu meinen Klienten bis hin zum kritischen Prüfen und Überdenken auch der schwierigsten konzeptionellen und behandlungspraktischen Fragen. Zum zweiten seien Frau Rebecca Holmes für die Durchsicht der englischen Ausgabe und Herr Dr. med. vet. Andreas Müller, mein Lektor beim Blackwell Wissenschafts-Verlag in Berlin, für seine unermüdliche Unterstützung und so manchen hilfreichen Rat in jeder Phase des Projektes bedankt. Mein Dank gilt ferner dem bekannten englischen Maler Peter Unsworth, einem alten Freund der Familie, für sein Einverständnis, sein Gemälde *Napoleon* als Titelbild verwenden zu dürfen. Schließlich möchte ich auch den vielen Münchener Kleintierpraktikern herzlich danken, die meine verhaltenstherapeutische Praxis durch die Überweisung schwieriger Fälle unterstützt haben. Ohne diese breite Behandlungserfahrung wäre ich nie imstande gewesen, einen Beitrag wie diesen zu dem jungen und sich rasant entwickelnden Gebiet der Verhaltenstherapie bei Haustieren zu leisten.

München,
September 1996

Für Eva

Inhaltsverzeichnis

Vorwort	V
Haustier-Verhaltensberatung	1
1. Einführung in die Haustier-Verhaltensberatung	3
2. **Haustiere in der Familie**	7
Das System menschlichen Elternverhaltens	8
Haustiere als Kindersatz	10
Indikationen für eine Behandlung von Verhaltensproblemen	12
3. **Klassifizierung der Verhaltensprobleme bei Hund und Katze**	16
Problematische Verhaltenssituationen bei Haustieren	17
Spezifische Kausalfaktoren	20
Kritische Betrachtung landläufiger Ansichten über die Ursachen von Haustier-Verhaltensproblemen	21
4. **Die Konsultation**	25
Gründe für mangelnde Compliance	32
5. **Die Behandlung von Verhaltensproblemen bei Hund und Katze**	38
Problemsituation	38
Systemparameter	41
Umwelteinflüsse	43
6. **Der Aufbau einer Praxis**	48
Praxiselemente	48
Professionalismus	59
Ethische Grundsätze	61
Behandlung von Verhaltensproblemen bei Hunden	65
7. **Allgemeines zum Verhalten von Hunden**	67
Evolution und Domestikation	67
Vergleich des Verhaltens von Wolf und Hund	69
Domestikation als evolutionäre Adaptation	75
8. **Allgemeine Behandlungsgrundlagen**	77
Verändern der Ansichten und Einstellungen der Besitzer zu ihrem Hund und dessen Problemverhalten	77

	Verändern der Grundregeln im normalen Umgang des Besitzers mit seinem Hund	78
	Gehorsamstraining	81
	Übertragen des Gehorsamstrainings auf den Alltag	85
	Training in Problemsituationen	87
	Methoden der Verhaltenstherapie	91
	Andere Methoden	91
	Grenzen der Behandlung von Verhaltensproblemen	93
9.	**Einführung in Aggressionsprobleme**	96
	Intraspezifische versus interspezifische Aggression	98
	Aggression in und außerhalb der Gruppe	100
	Aggression innerhalb der Gruppe	101
	Aggression außerhalb der Gruppe	103
	Interspezifische Aggression	106
10.	**Dominanzaggression gegen Familienmitglieder**	109
11.	**Defensive Aggression gegen Familienmitglieder**	125
	Schmerz- oder strafbedingte Aggression	125
	„Angstaggression" gegen bestimmte Familienmitglieder	130
	Defensive Aggression gegen Kleinkinder der Familie	138
	Elterliche Aggression	149
12.	**Defensive Aggression gegen fremde Menschen**	152
	Gruppendefensive Aggression gegen fremde Menschen	154
	Gruppendefensive Aggression gegen vertraute Menschen	164
	Selbstschutzaggression gegen fremde Menschen	164
	Intraspezifische versus interspezifische Aggression	171
13.	**Andere Formen der Aggression gegen Menschen**	173
	Spielerische Aggression gegen menschliche Familienmitglieder	173
	Umgerichtete Aggression	178
	Beuteaggression gegen Menschen	180
	Idiopathische Aggression oder sogenanntes „Wutsyndrom"	183
	Pathophysiologische Ursachen für Aggressionsprobleme	185
14.	**Aggression gegen andere Hunde**	187
	Kompetitive Aggression zwischen Hunden desselben Haushalts	188
	Selbstschutzaggression gegen einen anderen Hund desselben Haushalts	196
	Aggression gegen andere Hunde in der Nachbarschaft	196
	Interspezifische Aggression gegen andere Hunde	206
15.	**Angstprobleme**	208
16.	**Trennungsangst**	221
17.	**Ausscheidungsprobleme**	234
	Unerwünschtes Urinieren/Defäkieren	234
	Urinmarkieren	239
	Unterwürfiges Urinieren	245
	Erregungsbedingtes Urinieren	249
	Harn- oder Kotinkontinenz	252

18. **Weitere Verhaltensprobleme** 253
    Unkontrollierbarkeit auf Spaziergängen 253
    Betteln/Fordern von Futter, Spielen, Streicheln etc. 256
    Ungewöhnliches Verhalten zum Erheischen von Aufmerksamkeit 258
    Stereotypien 260
    Destruktives Verhalten 264
    Übermäßiges Bellen 266
    Hyperaktivität und Übererregbarkeit 272
    Problematisches Sexualverhalten 275
    Maternale Verhaltensprobleme 278
    Gestörte Nahrungsaufnahme 280

Behandlung von Verhaltensproblemen bei Katzen 287

19. **Allgemeines zum Verhalten von Katzen** 289

20. **Urinmarkieren** 295

21. **Unerwünschtes Urinieren und Defäkieren** 306

22. **Angst- und Aggressionsprobleme** 320
    Angstprobleme 320
    Aggressionsbezogene Verhaltensprobleme 325
    „Angstaggression" zwischen Katzen desselben Haushalts 328
    Defensive Aggression als Reaktion auf aversive Reize 333
    Offensive Aggression 334
    Aggression zwischen Katern 336
    Spielerische Aggression gegen Menschen 336
    Instrumentelle Aggression 340
    Pathophysiologische Aggression 341
    Idiopathische Aggression 341

23. **Weitere Verhaltensprobleme** 343
    Jagdverhalten 343
    Problematisches Sexualverhalten 343
    Maternale Verhaltensprobleme 345
    „Unfreundlichkeit" gegenüber dem Besitzer 347
    Instrumentelle Verhaltensprobleme 347
    Destruktives Kratzen 349
    Gestörte Nahrungsaufnahme 353
    Stereotypien 354

Zukunftsaussichten 357

24. **Perspektiven der Verhaltensberatung** 359

Sachwortverzeichnis 368

Haustier-Verhaltensberatung

1 Einführung in die Haustier-Verhaltensberatung

Jeder, der sich ein Hundewelpen anschafft, stellt sich auf einige Probleme, die im Verhalten des Hundes liegen, ein. Der Welpen wird winseln, häufig ins Haus urinieren und defäkieren, bevor er stubenrein sein wird. Er wird möglicherweise Schuhe oder andere Gegenstände zerkauen, wird auf Spaziergängen nicht gehorchen, wird bellen, Gäste anknurren oder Essen vom Tisch stehlen. Ein gewisses Maß an Erziehung wird nötig sein, damit er sich zu dem Haustier entwickelt, das sich die Familie wünscht. Katzenbesitzer, die prinzipiell weniger Probleme mit ihren neuerworbenen Kätzchen erwarten, verwundert es nicht besonders, wenn das Jungtier gelegentlich neben die Kiste macht, an Möbeln kratzt, Pflanzen frißt oder eine Hand, die über die Sessellehne baumelt, attackiert. Basierend auf einer Umfrage von mehreren hundert Hunde- und Katzenbesitzern stellte Voith (1985) fest, daß 42 % der Hunde- und 47 % der Katzenbesitzer angaben, ihr Tier lege gelegentlich ein als problematisch zu bezeichnendes Verhalten an den Tag. Solche geringfügigeren Probleme sind also als normal einzustufen. Sie kommen nur gelegentlich vor oder stellen keine tatsächliche Belastung dar. Manche sind jungtierspezifisch und verschwinden mit zunehmendem Alter, andere sind durch ein wenig Erziehung oder auch geringfügige Veränderungen im Haushalt, wie das Umstellen von Pflanzen, Futter- oder Schlafplatz, einfach in den Griff zu bekommen.

Zuweilen können Verhaltensprobleme aber weitaus gravierendere Formen annehmen. Katzen können sich angewöhnen, im Haus zu markieren, und dieses Verhalten trotz korrektiver Maßnahmen beibehalten. Hunde können anfangen, andere Hunde, Fremde, Kinder oder auch Familienmitglieder aggressiv anzufallen und sie ernsthaft zu verletzen. Kämen solche Probleme häufiger vor, wäre die Haltung von Hunden und Katzen nicht so weit verbreitet, wie sie das heute ist. Rein statistisch gesehen, treten sie relativ selten auf. Die überwältigende Mehrheit von Hunden und Katzen markiert nicht im Haus und fällt niemals ernsthaft Menschen an. Während des langwierigen Domestikationsprozesses hat ein gezielter, strenger Selektionsdruck das Auftreten solchen Verhaltens bei Hund und Katze minimiert. In der Vergangenheit wurden Tiere mit gravierenden Verhaltensproblemen ohne Zögern getötet. Selbst heute ereilt dieses Schicksal noch viele Tiere.

Durch die Entwicklung der modernen Tierhaltung in den westlichen Industriestaaten haben sich Ansichten etabliert, die wesentlich dazu beigetragen haben, daß viele problematische Tiere nicht, wie in der Vergangenheit üblich, einfach euthanasiert werden. Als Gefährten und Familienmitglieder werden sie als Individuen betrachtet und nicht nur als reine Gebrauchstiere gehalten. Sie werden geliebt, und die Menschen fühlen sich, ähnlich wie bei Kindern, an sie gebunden und für ihr physisches wie psychisches Wohlbefinden verantwortlich. Es ist daher nicht verwunderlich, daß Haustierbesitzer – selbst wenn gravierende Verhaltensanomalien Ihres Schützlings Störungen des Familienlebens hervorrufen – oft bereit sind, viel Zeit, Energie und Geld aufzuwenden, um die Verhaltensprobleme zu lösen, bevor sie in Erwägung ziehen, das Tier wegzugeben, in ein Tierheim zu bringen oder gar einschläfern zu lassen. Dies hat zur Herausbildung einer neuen, speziellen Art von Verhaltenstherapie, der *Verhaltensberatung* – gemeinhin auch als *(klinische) Tierverhaltenstherapie* bezeichnet – geführt. Obwohl moderne Tierhalter seit Jahrzehnten Rat bei Spezialisten, wie Züchtern, Hundetrainern und Tierärzten, suchen, werden Erkenntnisse aus den beiden Verhaltenswissenschaften Ethologie und experimentelle Psychologie erst seit zwei Jahrzehnten bewußt und systematisch angewandt, um Verhaltensprobleme bei Haustieren gezielt und wissenschaftlich fundiert zu behandeln.

Nach bescheidenen Anfängen kurz vor der Jahrhundertwende hat ein neu erwachtes Interesse unter amerikanischen experimentellen Psychologen und europäischen Zoologen, die dem Verhalten von Tieren als eigenständiges Feld wissenschaftliche Relevanz zuerkannten, zwei blühende wissenschaftliche Disziplinen hervorgebracht: die experimentelle Psychologie und die Ethologie. Diese haben über den Zeitraum einiger Jahrzehnte zu einem neuen Verständnis des Tierverhaltens geführt. Analog der Entwicklung anderer Wissenschaftsbereiche, war es auch in diesem Forschungsgebiet zu erwarten, daß die neuen Erkenntnisse früher oder später Eingang in die praktische Anwendung finden und zum Verständnis und zur Therapie von Verhaltensproblemen bei Haustieren herangezogen werden würden.

Die angewandte Verhaltenswissenschaft der Tiere mit Schwerpunkt auf Verhaltensproblemen hat sich hauptsächlich in zwei Richtungen hin entwickelt. Die erste beschäftigt sich mit klassischen Nutztieren, die gezüchtet und aus wirtschaftlichen Gründen in großer Zahl gehalten werden, z. B. zur Nahrungs- oder Pelzproduktion oder auch zu Forschungs- und Bildungszwecken. *Nutztiere,* wie Schweine, Rinder und Geflügel, sowie *Labortiere,* die zu wissenschaftlichen Zwecken gehalten werden, und auch *Zootiere,* die in Käfigen oder kleinen Gehegen leben, weisen oft Verhaltensstörungen auf. Dazu gehören Selbstverstümmelung, Kannibalismus oder Attacken auf andere Tiere, Störungen des Sexual- und Brutverhaltens, Stereotypien etc., die inzwischen als streß-, konflikt-, frustrations- oder mangelbedingte Folgen inadäquater, „nicht artgemäßer" Haltungsbedingungen betrachtet werden können.

Der ethologische Ansatz richtet sein Hauptaugenmerk auf das Verständnis des natürlichen Verhaltensrepertoires jeder Spezies und die dazugehörigen Umweltbedingungen. Er hat maßgeblich zur Aufklärung der Ursachen von Verhaltensstörungen bei Nutztieren beigetragen und Aufschluß darüber gegeben, wie die Haltungsbedingungen verbessert werden können, um diese „umweltbedingten Verhaltensstörungen" zu reduzieren bzw. zu vermeiden. Durch Senken der Besatzdichte, die Haltung ehemals isolierter Tiere in Gruppen oder durch temporäre Trennung von Artgenossen, mehr Freilauf, Modifizierung der Futter- und Ruheplätze sowie der Nahrung etc. kann der Notwendigkeit zur Verbesserung der Haltungsbedingungen Rechnung getragen werden.

Das zweite Gebiet der Verhaltenstherapie von Tieren befaßt sich schwerpunktmäßig mit *Haustieren,* die am täglichen Familienleben teilhaben und vorwiegend zu nichtkommerziellen Zwecken gehalten werden (Young, 1985). Dabei handelt es sich meist um Hunde und Katzen als tierische Hausgenossen. Obwohl sie ursprünglich als Nutztiere zur Bewachung und Nagervernichtung in menschlichen Siedlungen aufgenommen wurden, werden Haustiere heute hauptsächlich aus Gründen der Geselligkeit und anderer positiver Wirkungen, die ihre Anwesenheit auf die Familienmitglieder ausübt, gehalten.

Manche der auftretenden Verhaltensprobleme bei Hund und Katze entsprechen weitgehend denjenigen der Nutz- und Zootiere. Ein maßgeblicher Unterschied besteht allerdings darin, daß sich Haustiere frei im Haushalt bewegen können und beinahe ständig Kontakt zu den Familienmitgliedern haben. Bei Nutztieren wiederum spielt Stubenreinheit keine Rolle, und mit ausgesprochen aggressiven Tieren geht man vorsichtiger um und bringt sie gesondert unter.

Bei Haustieren können vergleichbare Verhaltensweisen sehr wohl ein ernsthaftes Problem darstellen. Häufig führt ein *umweltmodifizierender Ansatz* bei der Behandlung von Hunden und Katzen bereits zum Erfolg. Bei Hausverschmutzung durch Katzen genügt es häufig schon, zusätzliche Katzentoiletten oder andere Katzenstreu bereitzustellen, den Standort der Katzentoilette zu ändern oder die für die Ausscheidung bevorzugten Oberflächen mit Plastik oder ähnlichem Material abzudecken. Es gibt jedoch auch andere Methoden zur Lösung von Verhaltensproblemen bei vierbeinigen Gefährten. Hunde werden von jeher einer ausgiebigen *Erziehung* unterzogen, um ihr Verhalten in angemessenen Schranken zu halten und erwartete Fähigkeiten zu schulen (z. B. Jagen). Intensive Ausbildung, basierend auf denselben Trainingsprinzipien, kann auch zur Korrektur von Fehlverhalten, z. B. Aggression gegen Fremde, eingesetzt werden. Nicht zuletzt kann eine Methode der *systematischen Verhaltenstherapie,* wie sie für Menschen entwickelt wurde, bei extrem ängstlichen Hunden und Katzen zur Anwendung kommen.

Obwohl die Behandlung von problematischen Hunden und Katzen erst während der letzten zwanzig Jahre zu einem anerkannten wissenschaftlichen Gebiet avancierte, erkannte man bereits in den sechziger Jahren, daß Tierärzte mehr über das Verhalten ihrer Patienten wissen und daß ihre Ratschläge an die Klienten bezüglich des Verhaltens auf wissenschaftlich fundierten Kenntnissen basieren sollten. In den siebziger Jahren erkannte man zunehmend, daß es nicht nur möglich war, das Wissen aus Tierverhaltensstudien zur Lösung vieler Probleme von Haustierbesitzern heranzuziehen, sondern auch, daß sich die Behandlung solcher Probleme zu einem ganz neuen Spezialgebiet in der Veterinärmedizin entwickeln könnte. Vom Interesse der Praktiker angetrieben, die mehr Antworten auf die Fragen ihrer Klienten haben wollten, stieg die Zahl der Beiträge in Fachzeitschriften und auf Veranstaltungen während der nächsten zwei Jahrzehnte sprunghaft an.

Zwei wissenschaftliche Disziplinen sind in der Haustier-Verhaltensberatung von vorrangiger Bedeutung. Die erste ist die *Ethologie,* das biologische Studium des Tierverhaltens. Um Verhaltensprobleme erfolgreich zu therapieren, muß man das natürliche, „unauffällige" Verhalten der jeweiligen Spezies genau kennen. Ethologen sind davon überzeugt, daß man zum Verständnis eines jeden höher entwickelten Tieres sein Verhalten in freier Wildbahn kennen muß. Obwohl die Verhaltensweisen von Haushunden und -katzen durch die fortschreitende Evolution im Domestikationsprozeß in vielen Belangen entfremdet sind, hilft der Vergleich mit ihren in freier Wildbahn lebenden Ahnen, ihr Verhalten besser zu verstehen. Ein weiterer wichtiger Schritt ist es, nachzuvollziehen, wie und warum ein Verhaltensmuster während des Domestikationsprozesses verändert wurde.

Verhaltensprobleme lösen heißt, das Verhalten des Tieres in problematischen Situationen auf irgendeine Weise zu verändern. Lerngrundsätze, die aus jahrzehntelangen Laborstudien *experimenteller Psychologen* stammen, deren Schwerpunkt die Art und die beeinflussenden Faktoren der Lernprozesse höherer Tiere wie Ratten und Tauben war, sind in diesem Zusammenhang sehr nützlich. Dies gilt besonders für Hunde, bei denen das Verhalten oft durch gezieltes Training geändert werden muß.

Aufgrund von Parallelen zwischen beispielsweise Angstproblemen bei Haustieren und ängstlichen Menschen hat ein drittes wissenschaftliches Gebiet einen wichtigen Beitrag zur Verhaltenstherapie bei Tieren geleistet: die *Human-Verhaltenstherapie.* Dies ist ein Zweig der klinischen Psychologie, der sich aus dem Versuch entwickelt hat, menschliche Verhaltensstörungen grundsätzlich als „erlernte Eigenschaften" anzusehen. Diese werden am besten durch Methoden eliminiert, die auf Erkenntnissen von Untersuchungen der Lernprozesse bei Tieren beruhen. Es wurde bald offenkundig, daß dieser in den fünfziger Jahren entwickelte Ansatz zur Verhaltenstherapie bei Problemen wie Phobien, die mit Hilfe von traditionellen „Gesprächstherapien" nicht zu beheben waren, ungeheuer effektiv war. Daß analoge Methoden der Verhaltenstherapie zur Behandlung ähnlicher Probleme bei Haustieren angewendet werden können, wurde erstmals von Tuber et al. (1974) dargelegt, die von der erfolgreichen Behandlung von Phobien, Angstaggression und Trennungsängsten bei Hunden berichtet.

Zwar können die meisten Verhaltensstörungen derzeit nicht durch den Einsatz von Pharmaka beseitigt oder verbessert werden, dennoch spielen Progestine und psychotrope Pharmaka wie Diazepam, Amitryptilin, Buspiron und einige andere eine unterstützende Rolle bei der Behandlung von Problemen wie Markieren oder auch bei Stereotypien. Zwar hoffen Voith (1991) wie auch viele andere Verhaltensspezialisten unter den Tiermedizinern, daß

„die tierärztliche Verhaltensmedizin bald neue Maßstäbe im pharmazeutischen Bereich setzen wird". Aber wohl kaum ein Verhaltenswissenschaftler, der die ganze Bandbreite der Verhaltensprobleme bei Hund und Katze kennt, wird damit rechnen, daß Pharmaka bei der Behandlung der überwältigenden Mehrzahl der Verhaltensprobleme je erfolgreich eingesetzt werden können. Hier ist offensichtlich eine Kombination aus Verhaltenstraining und/oder die Umwelt verändernden Maßnahmen nötig.

Wie dieser kurze Überblick zeigt, ist die Verhaltenstherapie bei Haustieren im wesentlichen ein interdisziplinäres Gebiet, das Kenntnisse und Erfahrungen aus der Veterinärmedizin, der Ethologie, der experimentellen Psychologie und der humanen klinischen Psychologie umfaßt. Der Tierarzt ist in der Regel der erste Spezialist, an den sich der ratsuchende Besitzer wendet. Er allein ist in der Lage, Fälle zu identifizieren und zu behandeln, bei denen das Verhaltensproblem symptomatisch für einen pathophysiologischen Zustand ist. Wo keine körperliche Erkrankung vorliegt, kann er sich dazu entschließen, reine Verhaltensprobleme selbst zu behandeln oder an einen Verhaltensspezialisten zu überweisen. Der hinzugezogene Spezialist wird den Klienten wiederum an den Haustierarzt zurücküberweisen, wenn eine unterstützende medikamentöse Behandlung erforderlich oder aber eine chirurgische Therapie als einzige Möglichkeit einzuleiten ist.

In den letzten zwanzig Jahren ist die Verhaltensberatung bei Haustieren zu einem zunehmend internationalen Betätigungsfeld geworden. In den USA entwickelt, ist sie bereits seit Jahren in England etabliert und entwickelt sich rasch auch in anderen westeuropäischen Ländern. Das Interesse an diesem Gebiet wächst ebenso in allen entwickelten und aufstrebenden Ländern der Welt an.

Selbst in den USA, wo das Feld der Verhaltensproblematik ein inzwischen anerkanntes tiermedizinisches Spezialgebiet ist, fehlt von seiten der tierärztlichen Fachschaft noch immer die volle Akzeptanz, die sich in einer angemessenen Zahl von Lehrstühlen und Kursstunden in den tiermedizinischen Fakultäten ausdrücken sollte. In Anbetracht der weitverbreiteten und teilweise folgenschweren Verhaltensprobleme bei „Gefährtentieren" sind hier Änderungen zu erwarten, die der Tragweite des hier angesprochenen Problems in unserer modernen Gesellschaft gerecht werden. Die Notwendigkeit, die Verhaltensberatung bei Haustieren zu einem anerkannten tiermedizinischen Spezialgebiet weiterzuentwickeln, liegt auf der Hand. Obwohl einige Verhaltenswissenschaftler eine wichtige Rolle in diesem Prozeß spielen, stellt dieses Gebiet eine natürliche und dringende Erweiterung der traditionellen Rolle des Tiermediziners zum Berater von Tierbesitzern dar. Diese Beratung umschließt alle Belange der Gesundheit und des Wohlbefindens von Halter und Tier sowie die Herstellung eines intakten Umfelds.

Literatur

Tuber, D. S., Hothersall, D., and Voith, V. L. (1974): Animal clinical psychology: a modest proposal. *American Psychologist* **29**, 762–766.

Voith, V. L. (1985): Attachment of people to companion animals. *Veterinary Clinics of North America: Small Animal Practice* **15**, 289–295.

Voith, V. L. (1991): Applied animal behavior and the veterinary profession: a historical account. *Veterinary Clinics of North America: Small Animal Practice* **21**, 203–206.

Young, M. S. (1985): The evolution of domestic pets and companion animals. *Veterinary Clinics of North America: Small Animal Practice* **15**, 297–309.

2 Haustiere in der Familie

Biologisch betrachtet, kann die erste Form der Beziehung zwischen Menschen und den Vorfahren unserer modernen Haushunde und -katzen vor einigen tausend Jahren wohl als *Kommensalismus* bezeichnet werden, d. h. ein Zusammenleben von Arten, von denen die eine profitiert, die andere aber darunter nicht leidet. Das Nahrungsangebot hatte den Wolf in die Nähe der Lager der Jäger und Sammler gelockt, und Katzen wurden durch die großen Nagerpopulationen in frühen landwirtschaftlichen Siedlungen angezogen. Sobald jedenfalls junge, wildlebende Wölfe regelmäßig in Jäger- und Sammlergruppen aufgenommen wurden und sich in deren Obhut vermehren durften, und Katzen willkommene Mitbewohner in landwirtschaftlichen Gemeinden wurden, hatte sich die zwischenartliche Beziehung zu einer Form von *Mutualismus* entwickelt – einer Art Symbiose, in der *beide* Arten voneinander profitieren.

Die Vorteile, die den Vorfahren der Haushunde und -katzen in den frühesten mutualistischen Beziehungen mit den Menschen zuteil wurden, liegen auf der Hand: In der Hauptsache war dies Nahrung, daneben bot das Leben in menschlichen Siedlungen auch Unterschlupf und Schutz (z. B. gegen Raubtiere und feindselige Artgenossen). Wie es in vielen Formen des Mutualismus in der Tierwelt vorkommt, hatte auch bei dieser Tier-Mensch-Beziehung anfänglich eine gewisse Asymmetrie geherrscht. Die Tiere erhielten Nahrung vom Menschen. Die Menschen profitierten vor allem von den Wölfen als Bewacher und Jagdgehilfen und von den Katzen, die Schädlinge wie Mäuse und Ratten reduzierten. Betrachtet man die Art der heutigen Beziehung zwischen Familien und ihren Haustieren, dann ist dieser ursprüngliche Nutzen vielfach nur noch von untergeordneter Bedeutung und wird von manchen Besitzern allenfalls als zusätzlicher Vorteil der Haustierhaltung gewertet.

Warum halten in unserer modernen Welt Menschen, die keinen Schutz benötigen und kein Nagerproblem haben, noch immer Hunde und Katzen als Haustiere? Eine Umfrage unter deutschen Tierhaltern, auf die im nächsten Kapitel näher eingegangen wird, bestätigt die Ergebnisse einer Studie amerikanischer Tierhalter durch Voith (1985): In unserer modernen Gesellschaft betrachten die meisten Haustierhalter ihr Haustier nicht als nützlichen Gehilfen, sondern eher als *Familienmitglied*, dessen primärer Nutzen im sozialen und nicht im wirtschaftlichen Bereich liegt. Dies gilt in gleichem Maße auch für deutsche Tierhalter. Sie nehmen ihre Tiere (besonders Hunde) mit in den Urlaub, teilen ihre Mahlzeiten mit ihnen, erlauben ihnen teilweise (besonders Katzen), im Bett zu schlafen und alle Räumlichkeiten nach Gutdünken zu benutzen. Die meisten Halter sprechen täglich mit ihren Haustieren, und beinahe die Hälfte von ihnen vertraut ihren Haustieren „mindestens einmal monatlich wichtige Angelegenheiten an". Außerdem werden sie – ähnlich wie Kinder – häufig gestreichelt und liebkost.

Ausführliche Gespräche mit Tierbesitzern sind für die Verhaltenstherapie notwendig und aufschlußreich. Sie legen dar, wieviel den Besitzern an ihren Haustieren liegt. Warum sollte man ein Tier behalten, das so viele Probleme bereitet? Auf diese Frage werden die meisten Besitzer antworten: „Weil ich es liebe". Ganz offensichtlich ist der soziale Aspekt der Tierhaltung die inzwischen wichtigste Facette einer Mensch-Haustier-Beziehung. Das häufig zitierte Argument, daß Haustiere als Kindersatz oder Freund einsamer Menschen fungieren, die unter den „entfremdenden Lebensbedingungen" unserer Gesellschaft" leiden, wird der derzeitigen Entwicklung der Haustierhaltung nicht gerecht. Dieser Argumentation widersprechen die vielen kinderreichen Familien, in denen Haustiere ebenfalls aufgrund ihrer „sozialen Vorzüge" gehalten werden. Sicherlich haben soziale Konditionen und gesellschaftliche Strukturen in der modernen Gesellschaft eine gewisse Bedeutung – dies gilt besonders für ausgesprochen einsame Besitzer und deren Haustiere und hinsichtlich der Intensität der Bindung zwischen Haustier und Besitzer. Doch diese Faktoren spielen bestenfalls eine marginale Rolle und stellen nur einen der Faktoren dar, die für die moderne Haustierhaltung kennzeichnend sind.

Das System menschlichen Elternverhaltens

Die Hauptthese, die es in diesem Abschnitt zur Erklärung moderner Tierhaltungspraktiken zu entwickeln gilt, besagt, daß das Verhalten moderner Tierbesitzer ihren Haustieren gegenüber dem menschlichen Elternverhalten nicht nur ähnelt, sondern in der Tat Elternverhalten *darstellt*. Es ist in diesem Fall nicht auf ein menschliches Kind, sondern auf einen Vertreter einer anderen Spezies gerichtet, der im Vergleich zu seinen Ahnen ein evolutionär modifiziertes Verhalten zeigt, das menschliches Elternverhalten provoziert. Der biologische Terminus für die Entwicklung physischer und/oder verhaltenstechnischer Merkmale, die die anderer Spezies oder von Objekten imitieren, heißt *Mimikry* (z. B. bei Insekten, die ihr Aussehen dem von Blättern oder Stöcken angepaßt haben). Obwohl es übertrieben wäre, moderne Hunde und Katzen als Kinderimitatoren zu bezeichnen, kann es sich sehr wohl um einen ähnlichen evolutionären Vorgang wie bei der klassischen Entstehung von Mimikry in der Tierwelt handeln. Natürlich, Hund und Katze sehen keineswegs aus wie Kinder, aber ihr kindlicher Spieltrieb, ihre Agressionslosigkeit und Unterwerfung, ihr Bedürfnis nach Körperkontakt zum Menschen sowie Nachlaufen, Betteln, das Buhlen um Aufmerksamkeit, ihre Schutz- und Bestätigungssuche in unsicheren, angstauslösenden Situationen, ihre offensichtliche, völlige Abhängigkeit vom Menschen sowie ihre Fixierung auf ein Individuum demonstrieren in starkem Maße die Parallelen zu dem Verhalten eines Kindes gegenüber seinen Eltern.

Selbstverständlich könnten einige dieser allgemeinen Verhaltensweisen unserer Haustiere, wie Nachlaufen und Betteln um Futter, bei jedem Wildtier, das von Geburt an von Menschen betreut wird, ebenfalls beobachtet werden. Doch es gibt noch etwas darüber hinaus. Direkte Vergleiche zwischen Hunden und Wölfen und Unterschiede zwischen Haus- und Wildkatzen deuten an, daß manche charakteristischen Verhaltensmuster sich im Laufe der Domestikation entwickelt haben. Dies äußert sich nicht nur darin, daß der Umgang mit ihnen unproblematischer geworden ist, sondern daß sie auch zu ansprechenderen und emotional bedeutungsvollen Gefährten für uns Menschen geworden sind.

Die ausführlichsten Studien liegen über Hunde und Wölfe vor. Zimen (1988) beschreibt in einer seiner frühen Studien ein Projekt, bei dem er drei Jahre lang das Verhalten eines Wolfsrudels in einem großen Gehege und das einer Gruppe von Pudeln mit Freilauf auf dem Rest des Geländes beobachtete. Ziel der Studie war es, detaillierte Ethogramme beider Arten zu erstellen, die dann miteinander verglichen werden sollten. Ein Ergebnis dieser Studie war die Erkenntnis, daß einige Verhaltensweisen adulter Hunde denen junger Wölfe entsprachen. Danach liegt einer der Effekte des Domestikationsprozesses vom Wolf zum Hund in der *Neotenie* – der Beibehaltung juveniler Verhaltensmuster im Erwachsenenalter.

Hier einige Beispiele:

- Adulte Pudel haben im Gegensatz zu erwachsenen Wölfen (Hauptaktivitäten am frühen Morgen und abends) keinen festen Tagesablauf. Vergleichbar mit 6–12 Monate alten Wölfen, sind sie in Ruhepausen leichter zu aktivieren. Insgesamt sind die Ruhepausen stark äußeren Einflüssen, wie dem Tagesablauf von Menschen, unterworfen.

- Dem Jagdverhalten der erwachsenen Pudel fehlen der Nahrungstrieb (fehlendes Beutesuchen), die hochspezifischen Auslöser (statt des Hasen wird alles Bewegliche, wie fallende Blätter, gejagt) und der Ernst der Angelegenheit, wie es beim Wolf beobachtet wird. Die Rudimente des Jagdverhaltens beim Pudel ähneln mehr den „Jagdübungen" junger Wölfe beim Spiel.
- Während ausgewachsene Pudel die Gewohnheit entwickelten, Kot an einem bestimmten, abgelegenen Platz abzusetzen – eine Eigenschaft, die es erleichtert, den Hund zur Stubenreinheit zu erziehen –, verhalten sich Wölfe keineswegs so. Dieses Verhalten, das jungen Wölfen wie Hundewelpen gemeinsam ist, verliert sich bei Wölfen mit zunehmendem Alter. In ihrem Freigehege suchten die Wölfe zum Kotabsatz keine besonderen Plätze auf, sondern taten dies da, wo sie sich die meiste Zeit aufhielten.
- Der Wechsel von freundlichem oder zurückhaltendem, nichtaggressivem Verhalten zu aggressiven Reaktionen auf fremde Menschen und Hunde vollzieht sich bei Pudeln wesentlich früher als bei Wölfen (mit 6 bzw. 12 Monaten). Die von Zimen beschriebene aggressive, „wütende Intoleranz" adulter Wölfe gegenüber fremden Hunden, die auch durch Angst nicht gehemmt wird, wie es z. T. gegenüber fremden Menschen der Fall war, entwickelte sich bei Pudeln nur in weit geringerem Maße.
- Erwachsene Pudel schlafen wesentlich häufiger nahe beieinander und halten dabei Körperkontakt. Wölfe meiden den direkten Kontakt und neigen eher zu Drohgebärden und einem Wechsel des Schlafplatzes, um ihre Individualdistanz zu wahren. Zimen stellt fest, daß das Verhalten der erwachsenen Pudel in diesem Punkt dem ca. 4 Monate alter Wölfe entspricht. Interessanterweise trifft dies nach Zimen jedoch nicht für alle Rassen zu. Manche Rassen, wie z. B. Chow-Chows, wahren eine noch größere Individualdistanz als Wölfe – ein Beispiel für die große Bandbreite der unterschiedlichen Rassen, die entsprechend der Rolle, für die sie gezüchtet wurden, variiert.
- Auch in ihrer Bereitschaft, ein Leben lang eine untergeordnete Rolle im Rudel (der Familie) zu spielen, gleicht der Haushund mehr den jungen, abhängigen Wölfen des Rudels.

Nicht annähernd so markant wie bei Hunden können einige domestikationsbedingte, evolutionäre Verhaltensänderungen bei Katzen beobachtet werden, z. B. der Spieltrieb von Kätzchen bis zum Erwachsenenalter, das Reiben mit Kopf und Flanke an den Beinen der Besitzer, das Milchtreten mit den Vorderpfoten auf dem Schoß des Besitzers, der häufig gesuchte Körperkontakt und das Futterbetteln. Dies spiegelt die evolutionäre Adaption wider, deren primäre Funktion darin besteht, die Tiere nicht zu nützlicheren, sondern zu weitaus ansprechenderen Haustieren zu machen.

In der Annahme, daß sich im Verlauf der letzten Jahrtausende der Menschheitsgeschichte kein neues Verhaltenssystem zur Kontrolle der menschlichen Haustierhaltung entwickelt hat, was der biologisch vernünftigen Annahme gleichkommt, daß unser Verhalten unseren Haustieren gegenüber auf die eine oder andere Weise eine Widerspiegelung der Anwendung von Verhaltenssystemen ist, die für andere Zwecke konzipiert waren, taucht sofort die Frage nach dem hier beteiligten Grundverhaltenssystem auf.

Menschen legen mehrere unterschiedliche Beziehungsarten mit Vertretern anderer Spezies an den Tag. Sie töten Raubtiere aus Selbstschutz, erlegen Wildtiere zu Nahrungszwecken, sie töten Nahrungskonkurrenten wie Ratten und Wölfe und mästen und schlachten Nutztiere zum Nahrungserwerb. Letzterer Fall erlaubt eine interessante Vergleichsvariante. Man stelle sich den Großbauern mit einigen hundert Tieren vor. Bei der Betreuung seiner Tiere spielt eine Kombination menschlicher Verhaltenssysteme zur Versorgung seines Besitzes und zu dessen Verteidigung wie auch zur Beutesuche und Jagd eine Rolle. Wie sieht dies im Vergleich bei einem Kleinbauern aus, der pro Jahr ein Schwein für den Eigenbedarf mästet? Auch dieses Tier wird betreut und verteidigt wie ein wertvoller Besitz und anschließend geschlachtet und verzehrt. Hier jedoch ist das Verhältnis der Familie zum Schwein ein „persönlicheres". Sie fühlen möglicherweise ein gewisses Maß an Zuneigung. Sie sprechen ihm vielleicht eine eigene Persönlichkeit zu, die es von seinen Vorgängern unterscheidet. Wenn es an der Zeit ist, das Tier zu schlachten, sind sie unter Umständen ein wenig traurig, denn schließlich war das Schwein über viele Monate hinweg beinahe ein Teil der Familie.

Wie bereits erwähnt, antworten nahezu alle Tierbesitzer auf die Frage, ob ihr Tier ein Mitglied der Familie ist, spontan mit „ja". Dies ist tatsächlich die Quintessenz des Phänomens der Haustierhaltung in Familien, die Hilfe bei Problemberatern suchen: das Aufnehmen und Umsorgen der Tiere und deren Behandlung, „fast" als seien sie Menschen. Die meisten Leute geben an, daß sie ihr Tier von Herzen lieben und untröstlich wären, wenn sie es verlieren sollten. Die Beziehung zwischen Besitzern und Haustieren ist sehr eng und teilweise vergleichbar mit den Beziehungen unter Familienmitgliedern. Die Verbundenheit gilt speziell einem Tier von bestimmtem Aussehen und Persönlichkeit. Das Ersetzen eines verstorbenen Hundes mag zwar zum schnelleren Überwinden des Verlustes des geliebten Haustiers hilfreich sein, aber in den ersten Tagen und Wochen des Verlustes fungiert das neue Tier nicht wirklich als Ersatz, wie dies vergleichsweise bei einem neuen, eventuell sogar besseren Auto als Ersatz für ein gestohlenes der Fall wäre.

Kurz, der Familienhund/die Familienkatze *ist* ein Mitglied der Familie. Auf die Frage, wie Besitzer ihre Gefühle und ihr Verhältnis zu ihrem Haustier im Vergleich zu familiären, zwischenmenschlichen Beziehungen einstufen würden, antworten die meisten, daß dies eher dem Verhältnis zum eigenen Kind gleichkommt als dem Verhältnis zum Ehemann, Bruder, Vater, Onkel oder einem anderen Familienmitglied.

Die Abhängigkeit des Haustiers mit all seinen Bedürfnissen vom Besitzer ist in der Tat kindlich, und wir übernehmen eine ähnliche Art der Verantwortung für seine *Ernährung,* seinen *Schutz,* sein *Verhalten* (z. B. die Verhaltenskontrolle in der Öffentlichkeit), seine *Erziehung* und *Ausbildung.* Wir bestätigen und festigen seine *Bindung* an uns durch positive Reaktionen auf seine Annäherungen und durch die Ermunterung, Körperkontakt mit uns zu suchen, genau wie wir es mit unseren eigenen Kindern tun. Wir fühlen uns emotional so sehr an unsere Tiere gebunden, daß wir leiden, wenn sie krank sind, und selbstlos unsere Zeit, Energie und finanziellen Mittel für ihre Gesunderhaltung und ihr Wohlbefinden aufwenden. Letztendlich unterstützt die Tatsache, daß kinderlose Menschen häufig offen zugeben, daß ihr Haustier für sie als bereichernder Kindersatz fungiert, die Hypothese, daß es die Fürsorge für Junge, sprich eine Form des *Elternverhaltens* ist, die hauptsächlich das Verhalten des heutigen Tierhalters und sein Gefühl für sein Haustier bestimmt.

Haustiere als Kindersatz

Die Parallelen zwischen dem Verhalten von Eltern gegenüber ihren Kindern und ihren Haustieren sind deutlich genug, um sagen zu können, unser Verhalten unseren Haustieren gegenüber entspricht in den Grundzügen elterlichem Verhalten. Es ist jedoch eindeutig ein *modifiziertes* Verhalten, das sich in entscheidenden Punkten von normalen Eltern-Kind-Beziehungen unterscheidet.

Erstens variiert die Stärke der Motivation. Während die meisten Eltern ihr gesamtes Vermögen hergeben oder ihr Leben riskieren würden, um das Leben ihrer Kinder zu retten, würden dies nur wenige für ihr Haustier tun. Wenn die Entscheidung ansteht, die Teppiche der Familie zu erhalten oder einen Hund mit einem offensichtlich nicht zu korrigierenden Problem der Stubenreinheit oder der Zerstörungswut zu behalten, entscheiden sich selbst tierliebste Besitzer häufig gegen den Hund. Solch „egoistisches" Verhalten wäre gegen das eigene Kind natürlich undenkbar. Der Trieb, Kinder um jeden Preis zu schützen, ist dafür viel zu stark ausgeprägt. Aufgrund der großen Unterschiede im Aussehen und Verhalten stellen Haustiere offensichtlich einen weit schwächeren Auslöser für Elternverhalten dar als leibliche Kinder.

Es gibt zudem offenkundige, rein biologisch-physiologisch bedingte Gründe, die Unterschiede in der spezifischen Umgangsweise gegenüber Haustieren und Kindern bedingen. Hunde benötigen andere Nahrung als Kinder und erhalten sie zu anderen Zeiten. Sie werden auch nicht zu Bett gebracht und zugedeckt. Zwar spricht man mit Hunden, badet sie, umarmt sie und nimmt sie mit auf Reisen, dennoch unterscheidet sich das tatsächliche Verhalten der Menschen qualitativ (z. B. finden es die meisten Menschen abstoßend, ihren Hund zu küssen) und quantitativ vom Verhalten gegenüber Kindern. Auch hier überraschen die Divergenzen nicht. Die Behauptung, Menschen behandelten ihre Hunde bis zu einem gewissen Grad wie ihre Kinder, impliziert selbstverständlich nicht, daß sie den Unterschied nicht bemerken oder daß dieser Unterschied ihr Verhalten nicht wesentlich beeinflußt. Nichtsdestoweniger ist es hinsichtlich der biologischen Voraussetzungen zutreffend, daß es sich bei diesen Mensch-Tier-Beziehungen eher um modifiziertes Elternverhalten als um ein Verhalten aus einem anderen Bereich unseres Ethogramms handelt.

Besonders interessante Unterschiede im Verhalten zu Kindern und Hunden finden sich im Bereich der Erziehung. Auf der allgemeinsten funktionalen Stufe ist es dasselbe, Kinder oder Hunde zu trainieren oder zu lehren. Der Erwachsene *beobachtet* das Verhalten von Kind und Hund, *vergleicht* es mit einer Art kognitivem Modell oder einer *idealisierten* inneren Vorstellung, um dann mit unterschiedlichen Lehr-/Trainingsmethoden alles zu tun, um das Verhalten dahingehend zu *verändern*, daß es diesem kognitiven Modell näherkommt.

Selbstverständlich ist das Niveau des gewünschten Verhaltens zwischen Kind und Hund sehr unterschiedlich. Niemand wird versuchen, einem Hund kindliches Verhalten abzuverlangen. Was man aber zu erreichen sucht, ist eine Korrektur des Verhaltens des Hundes, falls Diskrepanzen zwischen unserer Vorstellung von *idealem* Hundeverhaltens (z. B. ein guter Hund gehorcht aufs Wort) und *tatsächlichem* Hundeverhalten dies nötig werden lassen (z. B. Fido kommt nur, wenn er Lust dazu hat). Mit anderen Worten, es hängt von der Vorstellung des Besitzers von normalem Hundeverhalten bzw. normalem Kinderverhalten ab, in welchem Bereich dieser große Lehr-/Trainingsunterschied liegt.

Maßgebliche Unterschiede im Lehrziel bestehen auf den Gebieten Sprache, kulturelle Bräuche oder dem Gebrauch von technischen Hilfsmitteln, der Kindern beigebracht werden muß. Aber es gibt auch einige naheliegende Parallelen. Beiden, Kind und Hund, wird auf ähnliche Weise beigebracht, Straßen in bestimmter Weise zu überqueren, auf Rufen sofort zu reagieren und zu gehorchen. Sie werden für Fehlverhalten gescholten, werden belohnt oder entgehen bei korrektem Verhalten einer Strafe. Ist es für einen Lernprozeß dienlich, vermittelt man einem Kind durch Symbolsprache oder Demonstration, beim Hund durch Bewegung und Manipulation, welche Art Verhalten man erwartet. Die Möglichkeit, Symbolsprache als Lehrmittel bei Kindern einsetzen zu können, spielt offensichtlich eine große Rolle, wenn es darum geht, komplexe Verhaltensformen, wie z. B. den Gebrauch von Werkzeug, zu vermitteln. Informationen, die das angestrebte Verhalten und gegenwärtige Schwächen betreffen, können dem Kind auf diese Weise einfach nahegebracht werden. Das wiederum bewirkt eine direkte Modifikation der inneren Vorgänge, die das kindliche Verhalten steuern, so daß Fehlverhalten effizient reduziert werden kann, ohne auf einen schrittweisen Prozeß wie beim Tier zurückgreifen zu müssen. Bei Tieren kann der Trainer lediglich das angestrebte Verhalten indirekt durch Strafe und Belohnung oder „körperliche Manipulation" vermitteln. Daher kann das Vorhaben, seinem Hund ein leichtes Kommando wie „Sitz" beizubringen, relativ arbeitsintensiv sein, wo hingegen ein ca. 3jähriges Kind aufgrund seiner kognitiven Fähigkeiten ein vergleichbares „Kabinettstück" sehr viel schneller erlernen kann.

Da man einem Hund nicht verbal erklären kann, wie er auf den Befehl „Sitz" reagieren soll, ist es interessant zu beobachten, wie ein frustrierter Besitzer versucht, dem Hund dieses Kommando durch Gesten, Druck auf den

Rücken oder durch Überlisten mit Leckerbissen beizubringen. Zwar weiß der Besitzer ganz genau, daß der Hund die Bedeutung der erklärenden Worte nicht begreift, doch kommt die Tendenz zur verbalen Erklärung, die eine wichtige Komponente des elterlichen Erziehungsverhaltens darstellt, oft zum Vorschein. „Jetzt mach schon! Beweg' einfach die Vorderpfoten ein bißchen nach vorne, so. Gut so. Und jetzt nur...". Hier wie in ähnlichen Situationen, in denen Besitzer mit ihren Tieren sprechen, ist das zugrundeliegende *Mensch-zu-Mensch*-Sozialverhalten offensichtlich.

Indikationen für eine Behandlung von Verhaltensproblemen

Die Hypothese, daß Tierbesitzer ihren Tieren gegenüber ein Elternverhalten an den Tag legen, das viele Parallelen zu dem von Kindern ausgelösten Elternverhalten aufweist, ist von vorrangiger Bedeutung für den tierärztlichen Verhaltensberater. Welche Relevanz diese Problematik für das Verständnis des familiären Umfeldes, in dem Verhaltensprobleme bei Haustieren auftauchen, und für die Festlegung der Behandlungsmethoden hat, wird im folgenden Abschnitt dieses Kapitels illustriert.

Warum Tierbesitzer so viele geringgradige Verhaltensstörungen hinnehmen

Wenn man an die vielen alltäglichen und natürlichen Verhaltensprobleme ungeschickter Kleinkinder denkt, wie das Verschütten von Milch, zur falschen Zeit an den falschen Ort zu „machen", Dinge zu zerstören, nicht zu gehorchen etc., ist es verständlich, daß sich der Besitzer, der sein Haustier bis zu einem gewissen Grad wie ein Kleinkind betrachtet, durch kleine Verhaltensprobleme wie Essen stehlen, Ungehorsam, Kratzen an Möbeln oder Zerkauen von wertvollen Haushaltsgegenständen oder einem gelegentlichen „Unglück" im Haus nicht im geringsten beeindrucken läßt. In gewisser Weise kann geringgradiges, grundsätzlich tolerierbares Problemverhalten dazu beitragen, das Tier noch kindlicher erscheinen zu lassen. Die meisten sind in dieser Hinsicht sehr geduldig. Im Gespräch mit Tierbesitzern gewinnt man zuweilen den Eindruck, diese kleinen Fehler würden sogar positiv als Zeichen dafür gewertet, daß es sich bei dem Tier um ein Individuum mit seinen Eigenarten, einer eigenen Persönlichkeit und eigenen Problemen handelt, genau wie bei uns Menschen.

Warum professionelle Ratschläge schwer akzeptiert werden

Die meisten Besitzer haben selbst feste Vorstellungen vom Umgang mit Tieren, insbesondere was den Umgang mit ihrem eigenen Tier anbelangt. Auch die Tatsache, früher schon Tiere gehabt zu haben, die keine gravierenden Probleme aufwiesen, nährt die Überzeugung, ausreichende Kenntnisse im Umgang mit Tieren zu besitzen. Daß sie zu den glücklichen Besitzern gehören, die zufällig eines der Tiere aus der überwältigenden Mehrheit von Tieren hatten, das sich allen menschlich orientierten Anforderungen nahezu problemlos anpaßte, wird häufig vernachlässigt. Hinzu kommen Familienmitglieder, Freunde, Nachbarn und Bekannte, meist befindet sich darunter auch jemand, der im tierpflegerischen, -züchterischen oder -medizinischen Bereich tätig ist, deren Rat gerne entgegengenommen wird. Der aus diesen Quellen bezogene Rat kommt der Auffassung des Besitzers meist entgegen und findet dessen Einverständnis; die Ratschläge sind aber leider häufig erschreckend unqualifiziert. Die zu diesen Empfehlungen und den eigenen Überzeugungen oftmals kontroversen Behandlungsempfehlungen eines professionellen Verhaltensberaters werden, da sie schwer nachvollziehbar und in ihrer Durchführung teilweise mit Unannehmlichkeiten verbunden sind, sehr skeptisch betrachtet.

Im wesentlichen bedienen sich die Menschen in der Haustier-Mensch-Beziehung, die, wie erwähnt, viele Parallelen zur Eltern-Kind-Beziehung aufweist, eines Verhaltensschemas, das so alt ist wie unsere Spezies selbst und – im Hinblick auf Kinder jedenfalls – dem Test der Evolution standgehalten und sich als hochgradig effizientes Verhaltenssystem bewährt hat.

Es ist daher zu erwarten, daß solche in ihren Grundzügen „elterlichen" Verhaltensstrukturen als richtig empfunden werden. Angesichts der festen Überzeugung, „instinktiv das Richtige zu tun", und der im Grunde reflexiven Natur vieler Reaktionen auf das Verhalten des Tieres ist es nicht verwunderlich, daß die Menschen in dieser Hinsicht ein solides Selbstvertrauen aufbauen.

Zeigt sich ein Hund in einer neuen Situation angstvoll, sprechen die Besitzer mit ihm, heben ihn auf, kraulen ihn und versuchen ihn zu beruhigen und zu trösten, ganz wie bei einem Kleinkind. Indem Besitzer im Umgang mit ihren Tieren „instinktiv" handeln, weisen sie modifiziertes Elternverhalten auf. Wenn der Verhaltensberater sie dann darauf hinweist, daß solche Reaktionen als Belohnung betrachtet werden und daher auf lange Sicht die Angstreaktion des Tieres verstärken, sind sie zunächst schockiert, daß das, was ihnen zu diesem Zeitpunkt als richtig erschien, mehr schadet als nützt.

Diese Ressentiments bilden gewiß eines der größten Probleme, mit denen der professionelle Verhaltensberater zu kämpfen hat.

Warum Tierhalter zuweilen versuchen, mit problematischen Tieren zu argumentieren

Dies mag verbal oder nonverbal vonstatten gehen. Man beobachte den Besitzer eines verstockten Hundes, der sich offenbar vor dem Überqueren der Straße fürchtet und sich selbst dann nicht rührt, wenn der Besitzer an der Leine zerrt. In einer derartigen Situation wird sich der Besitzer ab einem gewissen Punkt an einer Strategie versuchen, die bei einem kleinen Kind angebracht und effektiv wäre. Er wird versuchen, den Hund davon zu überzeugen, daß es nichts zu fürchten gibt – indem er genau diese Worte gebraucht, selbst die Straße überquert, um zu zeigen, wie sicher es ist, und möglicherweise sogar durch Bitten. Besitzer lachen hierüber. Sie wissen, daß es albern ist. Aber sie geben auch zu, zuweilen solche Dinge zu tun oder getan zu haben. Dies ist ein weiteres Beispiel dafür, daß der tief verwurzelte Eltern-Kind-Charakter vieler Halter-Hund-Beziehungen trotz besseren Wissens der Besitzer zum Vorschein kommen kann.

Warum manche korrektiven Maßnahmen den Besitzern brutal erscheinen

Viele Besitzer reagieren entsetzt, wenn ihnen als korrektive Maßnahmen empfohlen wird, den Hund nicht mehr in allen Wohnbereichen zu dulden oder, schlimmer noch, ihn völlig zu ignorieren. Skeptische Klienten werden ihre Vorbehalte möglicherweise nicht offen äußern. Selbst wenn es gelingt, den Besitzer während der Beratung von der Effizienz der Maßnahmen zu überzeugen, stellt deren Durchführung die eigentliche Hürde dar. Manche Besitzer müssen sich selbst regelrecht abhärten, bevor sie die Anweisungen genau befolgen können, denn ihr Tier so zu behandeln, erscheint ihnen zunächst brutal.

Es ist hierbei außerordentlich wichtig, daß der Berater sich mit den Vorbehalten und Emotionen des Besitzers auseinandersetzt und dessen volles Vertrauen gewinnt. Die erfolgreiche Kooperation bei der Behandlung kann nur von einem überzeugten Besitzer erwartet werden.

Warum bestimmte Interaktionen mit Haustieren für Besitzer so angenehm sind – und warum sie diese nicht aufgeben wollen

Warum tut es gut, einen Hund oder eine Katze zu kraulen? Die Antwort liegt nicht allein in den daran beteiligten taktilen Reizen, denn geben wir es zu: einen alten Pelzmantel beim Fernsehen auf dem Schoß zu halten und zu kraulen, ist nicht ganz so befriedigend.

Die Anweisung des Verhaltensberaters, ihr Tier nur sehr kurz als Belohnung für Gehorsam zu streicheln, werden viele Besitzer nicht befolgen; denn sein Tier zu liebkosen, ist eine der Freuden der Tierhaltung, die aufzugeben oder zu reduzieren Besitzer nur sehr zögernd bereit sind. Biologisch ist diese „Selbstbelohnung" durch Streicheln, Kraulen, Liebkosen nur zu verstehen, wenn man davon ausgeht, daß hier Grundlagen des Elternverhaltens beteiligt sind. Einen Hund zu kraulen, gibt einem ein gutes Gefühl aus genau den Gründen, die auch für das Streicheln unseres Kindes gelten. Daß es natürlich und richtig ist, sein Kind zu streicheln, steht außer Frage. Aber sein Haustier in dieser Hinsicht wie ein Kind zu behandeln, mag mit Blick auf Probleme mit dominant-aggressiven Hunden nicht so erstrebenswert sein, da dieses Verhalten bezüglich der Stellung des Hundes in der Familie falsche Signale setzen würde. Sollte dies der Fall sein und versucht man, die Besitzer davon zu überzeugen, Verhaltensweisen, die ihnen als so natürlich und richtig erscheinen, einzustellen, hat der Berater nur dann eine Chance, wenn er weiß, wen er vor sich hat: den liebenden Elternteil eines fehlerbehafteten, vierbeinigen Kindes.

Wie sich der Verlauf einiger Verhaltensprobleme aus dem Elternverhalten erklärt

Manche Leute haben – aus den gleichen Beweggründen wie bei ihren Kindern – Probleme, ihren Tieren etwas zu verweigern. Biologisch gesehen, kommt eine positive Resonanz auf die Bitte des Kindes der Erfüllung eines Bedürfnisses des Kindes nach Bestärkung oder Verhaltensbestätigung gleich. Solche Bedürfnisse zu befriedigen, ist gleichzeitig selbstbelohnendes Elternverhalten. Aber ausgelöst durch Haustiere, kann solch lobenswertes Elternverhalten Probleme verursachen. Sind Besitzer nicht imstande, einem Haustier ein entschlossenes „Nein" zu vermitteln, kann das dazu führen, daß sie mitten in der Nacht aufstehen müssen, um die gelangweilte Katze zu unterhalten, oder ein Gespräch ständig unterbrechen müssen, um den Hund ruhig zu halten. Die Entwicklung dieser Bettel- oder Aufmerksamkeit heischenden Untugenden sowie andere Arten von Ungehorsam oder Dominanz-Problemen beim Hund sind zumindest teilweise erklärbar. Besitzer versuchen, durch unangebrachtes Elternverhalten gut und fair zu ihrem Tier zu sein, indem sie selbstlos seinen Bedürfnissen nachgeben, ebenso wie sie dies bei ihrem Kind tun.

Warum Besitzer Kritik persönlich nehmen

Wenn man davon ausgeht, daß das Verhalten Tieren gegenüber in seinen Grundzügen dem Elternverhalten entspricht, ist es verständlich, warum Besitzer hier besonders empfindlich auf Kritik reagieren; denn die Mitteilung, daß Verhaltensprobleme auf Fehlern ihrerseits beruhen, würde am Ende andeuten, sie seien „schlechte Eltern" gewesen. Bei Problemfällen sollte man es aus zweierlei Gründen vermeiden, Besitzer pauschal dafür zu verurteilen, daß sie ihre Tiere wie Kinder behandeln. Erstens fügt eine derartige Behandlung dem Tier im allgemeinen keinen nachweislichen Schaden zu. Der Besitzer leidet unter den Konsequenzen, nicht das Tier. Zweitens erreicht man beim Besitzer eine weit bessere Compliance, wenn man – statt zu implizieren, „sie seien schlechte Eltern" – Formulierungen wählt wie: „Es ist nicht immer einfach, bei einem etwas schwierigen Tier wie dem Ihren das Richtige zu tun". Außerdem kommt dies in den meisten Fällen der Wahrheit am nächsten. Verhaltensprobleme sind vorwiegend das Ergebnis der Reaktion eines an sich schwierigen Tieres auf die vorherrschenden Bedingungen in einer mehr oder weniger normalen Familie der modernen Gesellschaft. Wäre es wirklich so wenig erstrebenswert und so schädlich, Haustiere wie Kinder zu behandeln, wie es Kritiker behaupten, dann wären Probleme eher die Regel und nicht die Ausnahme.

Das Erreichen der Unterstützung der „Eltern im Besitzer"

Besitzer neigen zu größter Kooperation mit dem Berater, wenn sie erkennen, daß nur konsequentes Befolgen der Behandlungsrichtlinien ihr Tier vor dem Einschläfern retten kann. Es kann allgemein festgestellt werden, daß Ratschläge mit dem Ziel, das menschliche Elternverhalten einzubinden, zu stärken und Vorteile daraus zu ziehen, als höherwertig einzustufen sind als jene, die dem entgegenwirken. Eine gute Argumentation kann dazu beitragen, anfänglich abgeneigte Besitzer von der Behandlungsmaßnahme zu überzeugen. Beispielsweise kann die Kastration eines Rüden zur Kontrolle des Markierens oder der Aggression gegen andere Rüden auch eine positive Auswirkung auf seine eigene Lebensqualität haben, denn durch

Reduktion des Sexualtriebs wird auch seine Frustration im Zusammenhang mit einem permanent unterbundenen Paarungsverhalten reduziert.

Ein weiteres Beispiel sind die Ratschläge in Zusammenhang mit Angstproblemen bei Hunden. Hier muß dem Besitzer verdeutlicht werden, daß der Versuch, ein verängstigtes Tier zu beruhigen, indem man ihm Beachtung schenkt, „pädagogisch" falsch ist, da diese Geste seine Angst bestätigt, anstatt ihr entgegenzuwirken.

Letztlich haben die Besitzer nach der Behandlung oft entspanntere und alles in allem glücklichere Hunde, obwohl sie die Methoden zuerst als herzlos und grausam erachteten.

Die an die Besitzer zu vermittelnde Botschaft lautet also: Wenn Sie wirklich das Beste für Ihren Hund wollen (in anderen Worten, gute Eltern sein wollen), ändern Sie Ihr Verhalten, auch wenn Sie sich dabei unwohl fühlen.

Der Umgang mit Besitzern entspricht dem mit Eltern

Für einen Verhaltensberater für Haustiere ist es zum Verständnis der Familiensituation und zur wirksamen Hilfe für die Besitzer ratsam, wenn man sich bewußt ist, daß sie hochgradig motiviert sind, ihren Haustieren gute Eltern zu sein, unabhängig davon, ob dies begrüßenswert erscheint oder nicht. Sich lediglich zurückzulehnen und das Verhalten und die dazugehörigen Gefühle der Besitzer zu kritisieren, als repräsentierten sie eine Art menschlicher Schwäche oder ein egoistisches Laster, das vehement bekämpft werden müßte, wäre naiv und unproduktiv. Denn dieses menschliche Bemühen ist der Antrieb und der Grund für die Mensch-Tier-Beziehung. Nicht zuletzt ist ein solch kritischer Standpunkt ein Luxus, den sich ein Verhaltensberater nicht leisten kann. Man kann von Besitzern nicht verlangen, ihre „Urinstinkte" zu ändern, ebensowenig wie man von ihnen kaum erwarten kann, wegen ihres Haustiers den Wohnort zu wechseln.

Literatur

Grier, J. W., and Burk, T. (1992): *Biology of Animal Behavior.* 2nd edition. St. Louis, Missouri, Mosby – Year Book, Inc.

Voith, V. L. (1985): Attachment of people to companion animals. Veterinary Clinics of North America: *Small Animal Practice* **15**, 289–295.

Zimen, E. (1988): *Der Hund.* München, C. Bertelsmann Verlag.

3 Klassifizierung der Verhaltensprobleme bei Hund und Katze

In Öffentlichkeit und Presse, in populären Tierzeitschriften und unter Tierrechtlern ist die Ansicht weit verbreitet, Verhaltensprobleme bei Hund und Katze seien ein Spiegelbild falscher Behandlung seitens des Besitzers, entweder direkt oder indirekt, indem das Tier gezwungen wird, in einer verarmten oder streßvollen physischen wie sozialen Umgebung zu leben.

Diese Ansicht soll in diesem Kapitel auf ihren Wahrheitsgehalt hin überprüft werden, um zu einer ausgewogeneren und produktiven Sichtweise der vielschichtigen Phänomene des Tierverhaltens und der Familienprobleme zu gelangen, mit denen der Verhaltensberater konfrontiert wird.

Es ist schwierig, eine generelle Klassifizierung von Verhaltensproblemen vorzunehmen. Denn eine einfache ethologische Klassifizierung, die sich auf die biologische Funktion des Problemverhaltens konzentriert (z. B. Territorialaggression oder Markieren), trägt nicht zum Verständnis der Grundzüge von Verhaltensproblemen bei, wie der Ethologe das vielleicht annimmt. Die größte Schwierigkeit besteht darin, daß das Problem nur im Verhältnis zum jeweiligen speziellen menschlichen Umfeld betrachtet werden kann. Stellen wir uns einen Hund mit hohem Bewegungsdrang vor. Für einen älteren Besitzer, dessen Gehgeschwindigkeit bei ca. 1,5 km/h liegt und der keine längeren Strecken als bis zum nächsten Wohnblock läuft, wird der Aktivitätsdrang des Hundes zu einem ernsten Problem. Der Hund läuft rastlos in der Wohnung umher und macht damit den Besitzer nervös und ärgerlich. Ganz im Gegenteil dazu der Hobby-Marathonläufer, der den Hund zu seinem täglichen 30-km-Lauf mitnimmt. Hier ist vielleicht gerade das Gegenteil das Problem: Der Hund ist zu faul mitzuhalten. Ganz offensichtlich liegt das Problem nicht am Verhalten des Tieres per se, sondern darin, daß *es für den Besitzer zum Problem wird*.

Ein weiteres Beispiel: Urinmarkieren bei Katzen. Auch hier liegt das Problem beim Besitzer. Die Katze zeigt arttypisches Verhalten, das für deren Besitzer aber derart inakzeptabel ist, daß er die Katze möglicherweise deshalb einschläfern läßt. Als letztes Beispiel sei die Revieraggression beim Hund genannt: Häufig werden junge Hunde für das Anschlagen bei sich nähernden Fremden vom Besitzer belohnt, der später gerne einen guten Wachhund haben möchte. Nach einer gewissen Zeit wird das Tier zunehmend aggressiv gegen Fremde, bellt sie an, bedroht und attackiert sie. Aus einer Reihe von Gründen im Zusammenhang mit der zu geringen Erfahrung der Besitzer, ihrer Persönlichkeit und ihren Ansichten über richtige und falsche Behandlung von Tieren steigt die Bereitschaft des Hundes zu Aggressivität und Widerstand gegen die Autorität des Besitzers, der sich nicht mehr zu helfen weiß. Versuche, das Fehlverhalten unter Kontrolle zu bringen, verschlimmern häufig die Situation, wenn z. B. Besitzer durch Kraulen, Leckerbissen oder einen Ball den Hund abzulenken versuchen und dadurch das aggressive Verhalten unabsichtlich belohnen. Auch in diesem Beispiel liegt das Problem nicht in der Aggression gegen Fremde an sich, denn die Aggression gegen einen bedrohlichen Eindringling ist ein erwünschtes Verhalten. Vielmehr wäre hier *mangelnde* Aggressivität gegen Eindringlinge zur Verteidigung von Haus und Familie ein Problem.

In den Teilen II und III dieses Buches wird der konventionelle Weg zur Klassifizierung von Verhaltensproblemen bei Hund und Katze eingeschlagen, der diese in funktionelle Kategorien wie defensive Aggression, Ausscheidungs- und Sexualverhalten einteilt. Dies ist in der Tat die sinnvollste Vorgehensweise zur Diskussion der verschiedenen Verhaltensprobleme bei Hund und Katze. Geht es aber, wie in diesem Kapitel, um das Verständnis der Grundzüge von Verhaltensproblemen, so ist eine andere Klassifizierung erforderlich, deren Schwerpunkt auf den verschiedenen Ursachen dieser Probleme liegt.

Ein Ansatz zur Klärung der Ätiologie von Verhaltensproblemen stammt von Borchelt und Voith (1987). Es wird ein Diagramm dargestellt, in dem Verhalten in „normal" oder „abnorm" kategorisiert wird. Normal wiederum wird unterteilt in „instinktiv" und „erlernt", während bei abnormem Verhalten zwischen „pathophysiologisch" und „erfahrungsbedingt" unterschieden wird. Diese letzten beiden Kategorien werden nochmals in „erblich" und „erworben" sowie „frühe Erfahrung" und „psychosomatisch" unterteilt.

Dieses System umfaßt die wichtigsten Elemente, die zu jeder ätiologischen Einteilung dieser Art gehören. Manche Probleme reflektieren erbliche oder erworbene Krankheitsbilder, manche sind aufgrund besonderer Umweltbedingungen erlernt, andere wiederum spiegeln ein Lerndefizit durch mangelnde frühe Erfahrung wider und manche sind genetisch festgelegt oder „instinktiv", so daß sie sich unabhängig von anderen Faktoren oder von Erfahrungen, die das Tier gemacht hat, entwickeln.

Obwohl in seinem Aufbau solide, reicht dieses relativ simple Klassifizierungsschema zur Charakterisierung der Natur von Haustier-Verhaltensproblemen nicht sehr weit. Der Grund für die Unzulänglichkeit des Systems liegt darin, daß es sich beinahe ausschließlich auf das alleinige Verhalten des Tieres konzentriert und infolgedessen die Ätiologie des Problems mit der Ätiologie des problematischen Verhaltens gleichsetzt. Um die Natur des problematischen Verhaltens zu erfassen, muß es von Anfang an einem Konzept unterworfen werden, das es nicht aus dem *Kontext seiner Umgebung* löst. Das ist ein entscheidender Faktor bei der Charakterisierung von Verhaltensproblemen und dem Verständnis für ihre Entwicklung. Zwar liegt es auf der Hand, daß die Angst eines Tieres vor Fremden auf irgendeine Art erlernt ist – denn unter anderen Lebensumständen hätte es entsprechend anders reagiert. Es kann aber auch sein, daß diese Angst von Mißhandlungen durch Fremde herrührt oder daß sie durch mangelnde Erfahrung mit Fremden in einer frühen Lebensphase oder durch ein unangenehmes Ereignis in Gegenwart einer fremden Person, die mit dem Ereignis an sich nichts zu tun hatte, ausgelöst wird. Im Grunde müssen das „Wie" und „Warum" der Entstehung der Angst auch in jeder deskriptiven oder ätiologischen Aufschlüsselung des Verhaltens berücksichtigt werden.

Die Umweltbedingungen sind auch noch in einem völlig anderen Zusammenhang von Wichtigkeit. Wenn eine Katze Vögel tötet, die der Besitzer liebevoll gefüttert hat, kann dies zu einem gravierenden Problem werden. Die Erklärung, daß dies normalem instinktivem Katzenverhalten entspricht, wird möglicherweise nicht ausreichen, da „das Problem" hier eventuell in dem mangelnden Verständnis des Besitzers für normales Katzenverhalten liegt oder in der Unvereinbarkeit des normalen Katzenverhaltens mit dem vorliegenden menschlich orientierten Umfeld.

Grundsätzlich muß man sich nicht nur auf die deskriptive und ätiologische Charakterisierung des Verhaltens eines Tieres konzentrieren, sondern auch auf die Analyse der jeweiligen *Problemsituation* – und damit auch auf den Grund, warum das Verhalten des Tieres für den Besitzer zu einem Problem geworden ist.

Problematische Verhaltenssituationen bei Haustieren

Im folgenden werden die häufigsten Problemtypen beschrieben, wobei besonders auf die physiologischen, genetischen und/oder umweltbedingten ätiologischen Faktoren eingegangen wird. Damit soll der Leser einen vorläufigen Überblick über die mannigfache Natur von Problemtypen und Problemsituationen erhalten, die unter dem allgemeinen Begriff Verhaltensprobleme bei Haustieren zusammengefaßt sind.

Probleme, die auf eine pathophysiologische Störung hinweisen

Pathophysiologische Störungen wie Toxikosen, neurologische, kardiovaskuläre, entzündliche und infektiöse Krankheiten, sowie metabolische Störungen, parasitäre Erkrankungen und Traumata etc. können zu geringfügigen bis gravierenden Verhaltensproblemen wie Lethargie, Anorexie, erhöhte Reizbarkeit, vermehrte Fellpflege, Aggression, Stubenunreinheit bis hin zur Selbstverstümmelung führen (Resner, 1991; Voith, 1989). Derartige Störungen sind zu vermuten, wenn das Problem neueren Ursprungs ist, keine Reaktion auf vorherrschende Umweltbedingungen zu sein scheint, ein „Persönlichkeitswandel" in dem Tier vorgeht und einige der signifikanten Symptome nicht in Übereinstimmung mit anderen üblichen, reinen Verhaltensproblemen stehen.

Probleme, die auf beschränkte frühe Erfahrungen hinweisen

Einige häufige Arten von Verhaltensproblemen sind symptomatisch für die bleibenden, teilweise irreversiblen Auswirkungen, die sich ergeben, wenn ein Tier die ersten zwei bis drei Lebensmonate unter äußeren Bedingungen verbringt, die in irgendeiner entscheidenden Weise limitiert sind. Obwohl ähnliche Effekte zuweilen bei Katzen zu beobachten sind, ist diese Auswirkung früher Erfahrungen am deutlichsten bei Hunden zu beobachten, die erstens während der ersten ein bis zwei Lebensmonate wenig Kontakt zu Fremden oder Kindern hatten und deshalb ihnen gegenüber ein Leben lang angstvoll reagieren, die zweitens viel zu früh von ihrem Wurf getrennt wurden und später Artgenossen gegenüber ängstlich reagieren, als würden sie diese nicht als solche erkennen, oder die drittens die ersten Lebensmonate in einer ruhigen, ländlichen Umgebung verbracht haben und sich deshalb nicht problemlos an eine quirlige, laute Stadt gewöhnen können.

Probleme, die auf gegenwärtige mangelhafte Umweltbedingungen/Streß hinweisen

Ähnlich wie bei Verhaltensproblemen von Nutz- und Zootieren, erweisen sich übermäßige Körperpflege (manchmal bis zur Selbstverstümmelung), zahlreiche repetitive, stereotype Verhaltensweisen wie Umherlaufen, Schnappen nach imaginären Fliegen, Starren an die Wand, Schwanzjagen, wiederholtes Bellen etc. manchmal als Reaktion auf mangelhafte Umweltbedingungen. Das können unzureichende Gelegenheiten zu Auslauf oder zu Interaktionen mit Artgenossen sein, anhaltende Exposition gegenüber aversiven Reizen oder andere äußerliche Aspekte wie ein Mangel an Stabilität.

Probleme, die auf frühere Erfahrungen mit starken, aversiven äußeren Reizen hindeuten

Probleme durch konditionierte Angst und defensive Aggression, die nicht von begrenzten frühen Erfahrungswerten herrühren, sind bei Gefährtentieren sehr häufig. Katzen können beginnen, ihre Besitzer zu fürchten, die sie bestrafen oder sie einfangen, um sie medizinisch zu behandeln, die sie zwingen, unerwünschtes Kraulen und Knuddeln zu ertragen. Sie fürchten kleine Kinder, die zu laut sind oder sie jagen und fangen, oder andere Katzen, von denen sie attackiert wurden. Hunde dagegen reagieren mit Angst, nachdem sie zu hart bestraft wurden, von Kindern geärgert wurden, unbewußt von Kleinkindern mißhandelt wurden, von anderen Hunden attackiert wurden, in einen Unfall verwickelt waren oder lauten, erschreckenden Geräuschen, beispielsweise Feuerwerken oder Gewittern, ausgesetzt waren.

Probleme infolge mangelnden Trainings

Manche Hunde werden ungebärdig und sind bei Spaziergängen schwer zu kontrollieren, fangen an, Essen zu stehlen, Schuhe oder Haushaltsgegenstände zu zerkauen, neigen beim Spiel mit dem Besitzer zu Aggressivität oder werden mangels Training nicht stubenrein. Derartige Probleme können zweitrangig, aber auch hochgradig problematisch und der Grund für das Einschalten eines Verhaltensspezialisten sein.

Probleme infolge unabsichtlicher Förderung/Belohnung durch den Besitzer

Im Gegensatz zu Problemen, die aus mangelndem Training erwachsen, „trainieren" manche Besitzer ihren Hunden und Katzen problematische Verhaltensweisen unabsichtlich an. Am häufigsten sind Situationen, bei denen Betteln (nach Futter, Aufmerksamkeit oder Spielen) oder andere fordernde Verhaltensweisen so häufig belohnt worden sind, daß sie zu fest etablierten Gewohnheiten geworden sind und sich nur äußerst schwer wieder beseitigen lassen. Andere Probleme dieser Art treten auf, wenn z. B. Besitzer bei jungen Hunden ein im Grunde harmloses aggressives Verhalten gegenüber Fremden tolerieren oder gar fördern; dominanzabhängige Differenzen zwischen Familienhunden verschlimmern, indem sie dem rangniedrigeren Tier mehr Aufmerksamkeit widmen als dem ranghöheren; oder wenn Besitzer das Tier über der Fürsorge für ihr Baby oder Kleinkind vernachlässigen, wodurch das Kind zu einem konditionierten, aversiven Reiz wird.

Probleme mit arttypischem, aber inakzeptablem Verhalten

Normales arttypisches, für den Besitzer problematisches Verhalten

Arttypisches Verhalten, das in keiner Weise auffällig ist (z. B. zu heftig oder der Situation nicht angemessen), kann trotzdem für manche Besitzer schwierig sein. Beispiele sind Probleme mit dem Jagdverhalten, spielerische Aggression gegen Menschen, Kratzen an Möbeln bei Katzen, Zerkauen von Gegenständen, Koprophagie, Aggression zwischen Rüden eines Haushalts und hoher Bewegungsdrang bei Hunden.

Unangemessene Intensität arttypischen Verhaltens

Dies betrifft Tiere, die zwar grundsätzlich arttypisches Verhalten, dieses jedoch ungewöhnlich heftig zeigen und damit ein Problem verursachen; z. B. durch spielerische Aggression bei Hund und Katze und Territorialverhalten beim Hund.

Durch unangemessene Reize ausgelöstes arttypisches Verhalten

In vielen Fällen wird arttypisches Verhalten zum Problem, weil es in unangemessenen Situationen auftritt und durch unpassende Reize ausgelöst wird. Markieren ist ein bei Hunden und Katzen im Freien normales, im Hause dagegen unerwünschtes Verhalten. Ein weiteres Beispiel ist die Dominanzaggression gegen menschliche Familienmitglieder bei Hunden. In diesem Fall wäre das gefährlich aggressive Verhalten völlig verständlich und angebracht, wäre es gegen einen anderen Hund gerichtet.

Zusammenfassende Bemerkungen

Drei Aspekte dieser generellen Charakterisierung bedürfen spezieller Bemerkungen. Erstens gibt es viele verschiedene Arten von Problemen oder Problemsituationen, die an sich nichts gemein haben, außer daß sie ein für Besitzer problematisches Verhalten des Tieres repräsentieren. Dies impliziert wiederum, daß Theorien über die Art und die Gründe für Probleme mit Haustieren notwendigerweise auf bestimmte Problemtypen begrenzt werden müssen. Beliebte Vorstellungen über Art und Gründe von Verhaltensproblemen von Haustieren, wie sie später in diesem Kapitel diskutiert werden, sind deshalb von Anfang an zum Scheitern verurteilt.

Zweitens schließen sich diese unterschiedlichen Problemtypen nicht gegenseitig aus. Obwohl die Quelle der Angst eines Tieres vor Fremden mangelnder Kontakt in den ersten Lebenswochen sein mag, ist es möglich, daß der Besitzer dieses Verhalten unabsichtlich verstärkt, indem er das Tier Fremden aussetzt oder versucht, die Angst durch Beruhigung und Ablenkung zu bekämpfen. Ebenso kann konditionierte Angst durch einen Besitzer gefördert werden, der übermäßig heftig oder regelmäßig straft, um das Verhalten des Tieres unter Kontrolle zu halten. Außerdem kann das Verhalten des Tieres – obgleich problematisch – arttypisch und den Umweltbedingungen voll angemessen sein. Hieran wird klar, daß diese Problemtypen oder -situationen sich hauptsächlich in kausalen Faktoren unterscheiden, die jedem Problem seinen besonderen Charakter verleihen.

Und letztlich liegt zwar immer ein für den Besitzer problematisches Verhalten vor, die Natur des zu behandelnden Problems aber variiert von Situation zu Situation. Manchmal konzentriert man sich bei einem Problem am besten auf das Verhalten des Besitzers statt auf das des Tieres. Bei Schwierigkeiten mit der Stubenreinheit von Hunden beispielsweise ist die Unfähigkeit des Besitzers, den Hund zu trainieren, das anzusprechende Problem. Gleiches gilt für unbewußtes Nähren und Belohnen eines eigentlich unerwünschten Verhaltens durch den Besitzer. Bei problematischen Verhaltensweisen, die für gegenwärtig mangelhafte Umweltbedingungen und Streß symptomatisch sind, muß das Umfeld des Tieres als das Problem angesprochen werden. Im Falle problematischen Verhaltens im Zusammenhang mit physiologischen Störungen, konditionierter Angst oder eingeschränkten frühen Erfahrungen ist das in der Behandlung anzusprechende Problem körperlicher Art. Es manifestiert sich entweder in Form einer pathophysiologischen Störung oder als Spätfolge einer vergangenen Erfahrung, die nun auf irgendeine Weise im Nervensystem des Tieres gespeichert oder dargestellt wird. Der letzte große Bereich des inakzeptablen arttypischen Verhaltens unterscheidet sich wiederum erheblich von den übrigen. Hier stellt sich das Problem grundsätzlich als eine Kombination mehrerer Faktoren dar, die sich am besten mit besonderem Augenmerk auf das Verhalten des Tieres in einem menschlich orientierten Umfeld beschreiben läßt. Meist legt das Tier ein (für Menschen) potentiell problematisches Verhalten an den Tag, auf das der Besitzer unangemessen reagiert – mit der Folge, daß sich das Problem weiter dramatisiert. Hier können Veränderungen im Verhalten des Besitzers gegenüber dem Tier, Veränderungen der physischen und sozialen Umgebung des Tieres und/oder unmittelbare Veränderungen der Verhaltenstendenzen des Tieres selbst, z. B. durch spezielles Training, Kastration oder Medikamente, erforderlich werden. Viele Verhaltensprobleme unserer Haustiere fallen in diese Kategorie, in der die natürlichen Verhaltensmuster, die Behandlung des Tieres durch den Besitzer und das Umfeld des auftretenden Problemverhaltens dem Normbereich zugehören und wo das zu behandelnde Problem als *komplexe Wechselwirkung all dieser Faktoren* zu werten ist.

Vor allem dieser letzte Fall zeigt deutlich, daß der Verhaltensberater die gesamte Problemsituation und nicht nur das problematische Verhalten des Tieres ansprechen muß. In der Diskussion mit Besitzern über ihre Schwierigkeiten mit ihren Haustieren hat man es mit einer realen Situation zu tun. Vertreter zweier unterschiedlicher Spezies befinden sich in einer hochgradig verwickelten Beziehung. Sie spielt sich in einem komplexen, wandelbaren und manchmal unvorhersehbaren sozialen und physischen Umfeld ab. Dieser dynamischen, außerordentlich umfangreichen und häufig emotionsgeladenen Situation sieht sich der Haustier-Verhaltensberater in jedem seiner Fälle gegenüber. Und es obliegt dem Berater, die für das problematische Verhalten des Tieres verantwortlichen Aspekte dieses Komplexes zu identifizieren und dem Besitzer umsetzbare Vorschläge anzubieten, um Verhalten zu ändern oder ihm entgegenzuwirken. Diese Vorschläge entscheiden über das Ausmaß der Hilfe, die der Berater dem Klienten geben kann.

Spezifische Kausalfaktoren

Viele spezifische Merkmale hängen kausal mit dem problematischen Verhalten des Haustieres zusammen. Im folgenden werden jene Kausalfaktoren kurz genannt, die im Buch immer wieder erwähnt werden. Das soll an dieser Stelle lediglich die Diskussion über die allgemeine Natur von Verhaltensproblemen und Problemsituationen bei Hund und Katze abrunden. Dazu wird noch einmal kurz aufgezeigt, auf welch unterschiedliche Weise problematisches Verhalten bei Hund und Katze das Zusammenspiel widerspiegelt zwischen den für das Tier typischen Verhaltenstendenzen (genetisch programmiert oder erlernt), physiologischem und gesundheitlichem Zustand und einzelnen Merkmalen des menschlich dominierten Umfeldes, in dem das Tier lebt.

Wie bereits erwähnt, wird bei plötzlichem und unerklärlichem Beginn in manchen Fällen eine *pathophysiologische Störung* vermutet. *Ererbte Prädispositionen* und *hormonelle Einflüsse* müssen zuweilen in Fällen in Erwägung gezogen werden, in denen die Tiere gewohnheitsmäßig eine starke Neigung zu solch problematischem Verhalten zeigen. *Vergangene Erfahrungen* spielen in den meisten Fällen eindeutig eine Rolle: Die Tiere hatten möglicherweise nur äußerst *begrenzte frühe Erfahrungen* mit Menschen oder Umweltreizen, weisen eventuell einen deutlichen *Mangel an Training* auf, wie es die meisten Tiere erhalten, oder hatten *traumatische Erlebnisse* oder wurden häufig *mißhandelt*, was sie angstvoll oder aggressiv gegen ihre Besitzer werden läßt. Vielleicht wurden sie von ihrem Besitzer für Fehlverhalten *unabsichtlich belohnt,* oder die Besitzer haben auf irgendeine Weise das unerwünschte Verhalten *unabsichtlich forciert.* Oft verleitet *Irrglaube* die Besitzer dazu, falsch auf sich entwickelnde Probleme zu reagieren. Außerdem können die *Haltungsbedingungen* unzureichend sein (nicht genügend Auslauf für den Hund) und verschiedene Arten von Entzugserscheinungen, Streß oder Konflikte verursachen. Manchmal zeigen Tiere *Stimmungsübertragungseffekte*, wie z. B. Bellen und Aggression, als imitierte Antwort auf Artgenossen. Auch die allgemeine *Art der Besitzer-Haustier-Beziehung* kann sich unter Umständen problematisch auf das Tier auswirken. Und letztlich zeigt das Tier vielleicht lediglich *arttypisches Verhalten,* das insofern problematisch ist, als es mit einer von Menschen bestimmten Umgebung inkompatibel ist. Diese grundlegende Unvereinbarkeit zwischen arttypischem Verhalten einerseits und den verschiedenen Voraussetzungen und Ansprüchen der menschlich orientierten Umwelt andererseits ist eine charakteristische Eigenschaft vieler Fälle von Verhaltensproblemen.

Kritische Betrachtung landläufiger Ansichten über die Ursachen von Haustier-Verhaltensproblemen

Tierbesitzer sind egoistisch: Sie sorgen sich zu sehr um ihr eigenes und zu wenig um das Wohl ihrer Tiere. Tierbesitzer sind Ausbeuter: Sie sehen ihr Haustier als Mittel zur Befriedigung ihrer eigenen Bedürfnisse und Wünsche, und um die angestrebte Befriedigung zu erlangen, unterwerfen sie ihre Tiere Drangsalen aller Art. Tierbesitzer sind unwissend und es fehlt ihnen an gesundem Menschenverstand: Sie verstehen die Bedürfnisse ihrer Tiere nicht und tun das Gegenteil von dem, was nötig wäre, um mit Problemen fertig zu werden. Sie zögern nicht, sich von dem Tier zu trennen, sobald es zu einer Belastung wird.

Diese Erklärung dafür, warum so viele Haustiere Verhaltensprobleme zeigen, geht von der *Natur des Menschen* aus. Eine andere Sicht betrachtet den vermuteten rasanten Anstieg von Haustier-Verhaltensproblemen als *soziologische* Konsequenz unserer von Problemen gebeutelten modernen Gesellschaft. Unser gesellschaftliches Umfeld wird immer unpersönlicher und unmenschlicher. Immer mehr Leute leben allein in beengten Großstadtwohnungen und versuchen, die daraus resultierende Einsamkeit und Entfremdung mit Hilfe von Haustieren zu kompensieren, mit denen sie sprechen können, die sie knuddeln, bemuttern und mit ins Bett nehmen können. Für die Tiere wiederum kann dies katastrophal sein. Sie sind den ganzen Tag in den Wohnungen eingesperrt, während die Besitzer zur Arbeit sind. Sie sind abends und an den Wochenenden oft allein. Häufig fehlt es ihnen an Auslauf, am Kontakt zu anderen Tieren oder an der nötigen täglichen Bewegung. Wenn sie dann als Reaktion auf ihre streßvolle, verarmte Umwelt beginnen, Probleme zu verursachen, zieht das Strafe, Gleichgültigkeit und andere Reaktionen ihrer neurotischen Besitzer nach sich, was die Situation weiter verschlimmert.

Interessanterweise gibt es weltweit keinen Verhaltensspezialisten, der sich einer dieser beiden landläufigen Ansichten anschließt, sowohl was die Art als auch was den kritisch-emotionalen Ton der Kritik betrifft. Erfahrungen aus erster Hand, Beobachtungen und der Umgang mit Problemsituationen führen zu einem anderen Schluß.

Zum ersten scheinen die meisten vorgestellten Tiere nicht auffallend zu leiden, was doch eine wesentliche grundlegende Prämisse der oben ausgeführten Ansichten ist. Die Tiere benehmen sich in der Regel normal, leben ebenso wie andere Haustiere und sehen nicht unglücklicher oder unzufriedener aus als ihre Artgenossen. Einzelne, z. B. die besonders ängstlichen Tiere, werden unter Umständen sicher leiden, aber selbst sie sind noch immer weit von dem Bild der armen, mißbrauchten, leidenden Kreatur entfernt, das von den beiden angeführten gängigen Ansichten heraufbeschworen wird.

Zum zweiten begegnet der Verhaltenstherapeut vereinzelt Besitzern, die ungewöhnlich egoistisch, ausbeuterisch, ignorant oder verantwortungslos sind. Es gibt diese Menschen und zuweilen steht problematisches Verhalten von Haustieren mit solchen Halter-Charakteristika in Zusammenhang. Aber dies ist eher die Ausnahme. Im allgemeinen entsprechen die Besitzer, die Verhaltensberater aufsuchen, dem Bevölkerungsdurchschnitt.

Grundsätzlich ist die der ersten landläufigen Ansicht innewohnende Verleumdung von Besitzern ungerechtfertigt. Berater sind ihren Klienten gegenüber eher verständnisvoll als voreingenommen. Schlimmstenfalls haben die Besitzer Fehler in ihrer Tierhaltung begangen, die allen Tierhaltern unter ähnlichen Umständen unterlaufen würden, z. B. ein verängstigtes Tier zu streicheln oder ein Tier lange nachdem es ins Haus ausgeschieden hat, zu bestrafen.

Die zweite weit verbreitete und kritikwürdige Ansicht ist die von Möchtegern-Soziologen, die die zunehmende Zahl von Verhaltensproblemen bei Haustieren als weiteres Symptom für die Mißstände unseres modernen Großstadtlebens betrachten. Diese als erwiesen angesehenen Tatsachen, daß Verhaltensprobleme heute viel weiter verbreitet sind als früher und vornehmlich in Städten vorkommen, sind indes in keiner Weise wissenschaftlich fundiert. Zwar hört man heute mehr über Verhaltensprobleme bei Haustieren als früher, die Idee aber, Verhaltensspezialisten aufzusuchen und Verhaltensprobleme zu behandeln, ist neu, modern und ein häufiges Thema in der Presse. Der Grund dafür liegt jedoch vermutlich nicht darin, daß es heute mehr Probleme gibt oder mehr in Städten auftreten, sondern einzig darin, daß Stadtmenschen gebildeter und progressiver sind und sich daher nicht so schnell von einem schwierigen Tier trennen wie Menschen in ländlichen Gebieten.

Folgende allgemeine Aussagen zu Haustier-Verhaltensproblemen und ihren Gründen kommen der Wahrheit vermutlich weitaus näher:

- Es ist nicht bekannt, ob Verhaltensprobleme bei Hund und Katze heute häufiger auftreten als vor einigen Jahrzehnten. Sollte dem so sein, dann vermutlich deshalb, weil Besitzer heute in der Regel eher versuchen, Probleme bei ihren Tieren zu lösen und mit problematischen Tieren zu leben als früher.
- Es ist ferner nicht gesichert, ob diese Probleme häufiger in Städten als in ländlichen Gegenden vorkommen. Wenn es solche Unterschiede gäbe, könnte dies auch eine aufgeklärtere und menschlichere Einstellung der Stadtbewohner ihren Tieren und deren Problemen gegenüber reflektieren.
- Die meisten Verhaltensprobleme bei Haustieren werden durch eine komplexe Kombination aus genetischen und Umweltfaktoren verursacht. Diese variieren von Fall zu Fall enorm und sind auf dem Niveau der Laienpresse nicht leicht zu charakterisieren. Am häufigsten ist wohl ein von Natur aus problematisches Haustier, dessen Besitzer die Hilfe eines Verhaltensspezialisten benötigt, um besondere Behandlungs- oder Trainingsmethoden zu erlernen, die zur Kontrolle eines potentiell schwierigen Tieres unverzichtbar sind.
- Verhaltensspezialisten mit profunder Erfahrung im Umgang mit Besitzern problembehafteter Tiere stellen keinen Unterschied zu Besitzern unauffälliger Tiere fest.

Die Ergebnisse zweier Studien sind für diesen letzten Punkt von Bedeutung. Voith et al.

(1992) werteten die Antworten in Fragebögen von 711 Hundebesitzern aus, die in einer Universitätsklinik mit ihren Tieren auf eine Behandlung warteten. Es wurde gefragt, wie oft die Hunde im Bett eines Familienmitgliedes schlafen dürfen, ob sie auf Möbelstücke dürfen, wie oft sie Leckerbissen vom Tisch bekommen, während die Familie ißt, wie oft die Besitzer zusätzliche Snacks mit ihnen teilen, wie oft sie zu Erledigungen mitgenommen werden, wie oft der Besitzer sie mitnimmt, wenn er eine oder mehrere Nächte wegbleibt, ob der Geburtstag des Tieres gefeiert wird, ob sie ihrem Hund Probleme oder wichtige Ereignisse mitteilen, ob der Hund als Familienmitglied betrachtet wird, ob das Tier in der Hundeschule oder bei einem speziellen Gehorsamstraining gewesen ist und ob ihr Tier ein Verhalten zeigt, das sie als problematisch einstufen. War diese letzte Frage bejaht worden, wurde noch darum gebeten, die Probleme zu nennen. Das folgende Zitat von Voith et al. (1992) faßt die wesentliche Schlußfolgerung zusammen:

"... Hunde, mit denen in anthropomorpher Weise umgegangen wird, die ‚verwöhnt' werden oder nicht in der Hundeschule gewesen waren, zeigten nicht häufiger problematische Verhaltensweisen als Hunde, die von ihren Besitzern nicht anthropomorph behandelt wurden, die nicht verwöhnt oder ausgebildet waren." (S. 263)

Wenn man davon ausgeht, daß dies ein Schnitt durch die normale, nicht als besonders problematisch einzustufende Hundepopulation war, gibt es möglicherweise einen Unterschied in der anthropomorphen Behandlung und dem Grad des Verwöhnens zwischen dieser Population – mit deren verhältnismäßig geringen Problemen man gut leben kann – und der Population hochgradig schwieriger Tiere, die zur Verhaltensberatung kommen. Um diese Möglichkeit zu untersuchen, wurde vom Autor ein Fragebogen mit ähnlichen Fragen zusammengestellt, der an 67 Besitzer problematischer Hunde ausgegeben sowie in Münchner Kleintierpraxen an 55 Besitzer normaler, unproble-

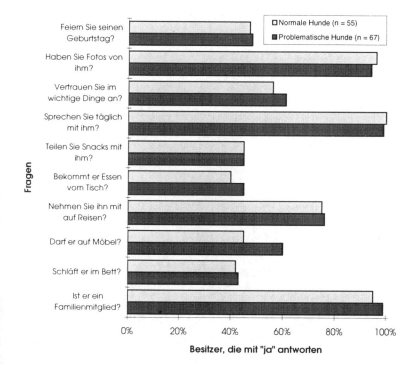

Abb. 3.1: Vergleich von Antworten auf Fragen zu anthropomorphisierenden und verwöhnenden Verhaltensweisen bei Besitzern problematischer und unproblematischer (normaler) Hunde

matischer Hunde verteilt wurde, die auf ihre Behandlung warteten.

Die Abbildung 3.1 faßt die Ergebnisse der 10 angegebenen Fragen, die mit „ja" oder „nein" zu beantworten waren, kurz zusammen.

Schwierige Hunde dürfen zwar häufiger auf Möbelstücke als normale, unproblematische Hunde (15 % mehr), das Antwortprofil der übrigen neuen Fragen ist indes erstaunlich ähnlich angesichts der in Deutschland und den USA weitverbreiteten Ansicht, Hunde zu „vermenschlichen" und zu verwöhnen sei der führende Grund für Verhaltensprobleme. Im großen und ganzen bestätigt dieser kleine Vergleich zwischen Besitzern problematischer und Besitzern unauffälliger Hunde die Ergebnisse von Voith et al. (1992). In bezug auf vermenschlichte Einstellungs-/Behandlungspraktiken unterschieden sich die beiden Besitzergruppen nicht nennenswert.

Das heißt allerdings nicht, daß es keine Rolle spielt, ob Besitzer problematischer Hunde diese verwöhnen oder sie wie Menschen bzw. wie Kinder behandeln. Ganz im Gegenteil, die konventionelle, häufig sehr erfolgreiche Behandlungsweise bei Dominanzaggression (siehe Kap. 10) verlangt vom Besitzer, sein gewohntes Verhalten aufzugeben. Das steht auch an sich in keinem Widerspruch zu den Ergebnissen der zwei oben erwähnten Studien. Es besagt eher, daß die normale, verwöhnende, „vermenschlichende" Behandlung, die die meisten Besitzer problematischer *und* nichtproblematischer Hunde ihren Tieren angedeihen lassen, bei Hunden mit diesem speziellen Problem kontraindiziert ist. Dies sind gewissermaßen besondere Hunde, die einer ganz besonderen Behandlung bedürfen, um den Schweregrad ihres Verhaltensproblems zu reduzieren.

Literatur

Borchelt, P. L., and Voith, V. L. (1982): Classification of animal behavior problems. *Veterinary Clinics of North America: Small Animal Practice* **12**, 571–585.

Reisner, I. (1991): The pathophysiologic basis of behavior problems. *Veterinary Clinics of North America: Small Animal Practice* **21**, 207–224.

Voith, V. L. (1989): Chapter 43: Behavioral disorders. In Ettinger, J.S. (ed): *Textbook of Veterinary Internal Medicine*. Philadelphia, W. B. Saunders Company.

Voith, V. L., Wright, J. C., and Danneman, P. J. (1992): Is there a relationship between canine behavior problems and spoiling activities, anthropomorphism, and obedience training? *Applied Animal Behaviour Science* **34**, 263–272.

4 Die Konsultation

Die Abbildung 4.1 zeigt eine schematische Darstellung des Prozesses der Haustier-Verhaltensberatung. Daraus geht hervor, daß die Konsultation eine Form des Austauschs zwischen Besitzer und Berater ist, der den Besitzer auf einen effektiven Umgang mit den Verhaltensproblemen seines Tieres in den nächsten Tagen, Wochen und Monaten vorbereiten soll. Während die Verhaltensänderung beim Tier das Endziel darstellt, ist das unmittelbare Ziel – und auch die einzig mögliche Vorgehensweise – die *Veränderung des Verhaltens des Besitzers* und der diversen zugrundeliegenden Ansichten und Vorstellungen. Für den Erfolg eines Haustier-Verhaltensberaters ist es gleichermaßen wichtig, daß er sowohl das Problemverhalten des Tieres als auch das Verhalten der Menschen zu verstehen und zu verändern vermag. Hier sind also nicht allein die Qualitäten eines Verhaltenswissenschaftlers für Tiere gefragt, sondern auch die eines Psychologen oder Familienberaters, der zur Lösung familiärer Probleme hinzugezogen wird.

Unabhängig vom Ort der Konsultation (Haus des Klienten oder Praxis des Beraters) und der Anzahl der Kontakte – eine einmalige Beratung oder der Beginn einer ganzen Serie über den Verlauf von Wochen – bleibt der Aufbau der Konsultation derselbe.

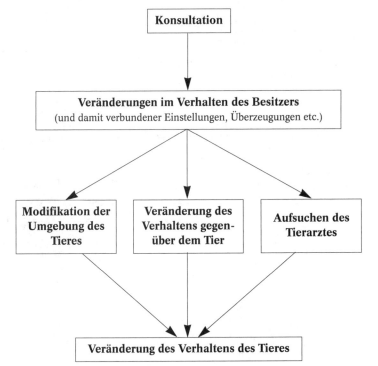

Abb. 4.1: Schematische Darstellung des Beratungsprozesses bei Haustier-Verhaltensproblemen. Für Tierärzte, die auch Verhaltensprobleme behandeln, entfällt der Punkt „Aufsuchen des Tierarztes".

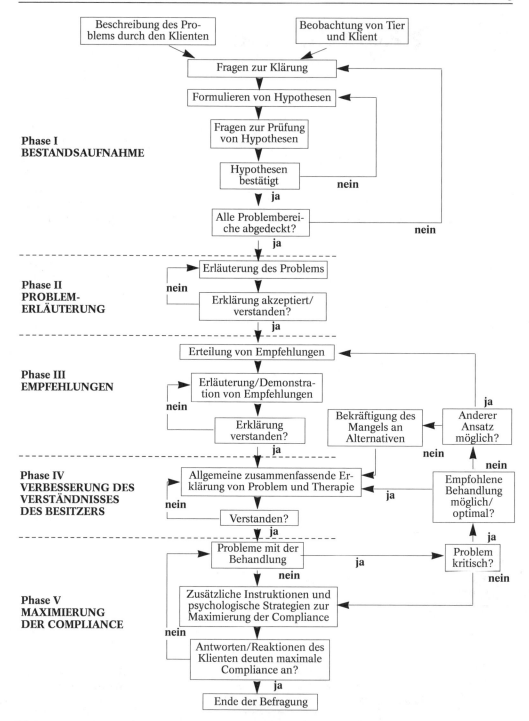

Abb. 4.2: Detailliertes Modell des Verlaufs einer Konsultation bei Haustier-Verhaltensproblemen

Die Abbildung 4.2 stellt ein detailliertes Modell einer Konsultation wegen problematischer Verhaltensweisen eines Haustiers vor, die den Verlauf der Zusammenkunft von Klient und Berater nachzeichnet.

Phase I: Vorbericht

Diese Phase beginnt mit der ersten Begegnung zwischen Besitzer und Verhaltensberater, denn Beobachtungen des Verhaltens des Klienten, des Haustiers, der allgemeinen häuslichen Situation – und der Art des Umgangs zwischen Besitzer und Tier – sind eine wesentliche Informationsquelle, die nötig ist, um das Ziel dieser ersten Bestandsaufnahme zu erreichen: *Erfassung des Problems, das Besitzer mit ihrem Haustier haben, in allen seinen Einzelheiten.*

Die erste Frage des Beraters gilt der Erscheinungsform des vorliegenden Problems und seiner Entwicklung. Wie Dannemann und Chodrow (1982) feststellen, ist es zu diesem Zeitpunkt für den Berater wichtig, zuzuhören und die Klienten bei der Wiedergabe ihrer Geschichte nicht unnötig mit Fragen zu unterbrechen. Und verglichen mit medizinischen Problemen, bei denen häufig die Angabe der schmerzenden Stelle ausreicht, handelt es sich hier für gewöhnlich wirklich um eine Art Geschichte, denn die Beschreibung eines Haustierproblems braucht ihre Zeit. Im Normalfall beschreiben die Klienten nicht nur das Verhalten ihres Tieres und unter welchen Umständen es auftritt, sondern auch, warum es für die Familie zu einem unerträglichen Problem geworden ist und wie es das Leben der Familie beeinflußt.

Einfach zuzuhören, bis die Klienten zu Ende berichtet haben, ist psychologisch ein wichtiger erster Schritt, um von Anfang an die richtige Art von Beziehung zu den Klienten aufzubauen. Zuhören demonstriert den Besitzern, daß der Berater aufrichtig an ihrem Problem interessiert und – als Folge dessen – willens ist, ihnen bei dessen Lösung zu helfen. Es ist der erste Schritt für den Berater, sich als interessierter, glaubwürdiger, ethischer und kompetenter Spezialist zu erweisen. Das ermutigt die Klienten ihrerseits, während der ersten Befragung offen und aufrichtig zu sein und in die Empfehlungen des Beraters genug Vertrauen zu setzen, um sie später konsequent anzuwenden.

Sobald die Klienten ihre erste Beschreibung des Problems und seiner Auswirkungen auf das Familienleben beendet haben, beginnt die ausführliche Befragung. Das Ziel dieser Phase ist, sich ein genaues Bild des Problems/der Probleme des Tieres zu verschaffen. Dies kann sehr zeitaufwendig sein, da diese erste Beschreibung der Klienten meist nur einen Bruchteil der Informationen birgt, die der Berater benötigt, um alle für den Fall relevanten Details zu verstehen. Ein Großteil der für den Berater wichtigen Fakten läßt sich durch die im folgenden aufgelisteten und unerläßlichen Fragen im Rahmen der Anamnese herausfinden.

Problembezogene Fragen

- Worin besteht das Hauptproblem?
- Gibt es noch weitere Probleme?
- Wie gravierend ist jedes einzelne Problem?
- Wie oft treten die Probleme auf?
- Unter welchen spezifischen Bedingungen treten sie auf?
- Schrittweise Beschreibung des Ablaufs der letzten problematischen Vorkommnisse:
  – Wo befand sich das Tier?
  – Was tat es, bevor das problematische Verhalten auftrat?
  – Wie sieht der genaue Verlauf des Problemverhaltens aus?
  – Welche Menschen und anderen Tiere waren währenddessen zugegen?
  – Wie haben sie auf das Problemverhalten des Tieres reagiert?
  – Wie antwortete das Tier auf diese Reaktionen?
  – Wurde das Tier bestraft? Wie? Wie reagierte es darauf?
  – Gab es seitens des Besitzers noch weitergehende Reaktionen auf das Problemverhalten des Tieres?
  – Wie war die genaue Reaktion des Besitzers?
- Wie und wann trat das Problem erstmals auf?
- Bestanden zu dieser Zeit oder bereits früher noch andere Probleme mit dem Tier?

- Wie wurde bisher vorgegangen, um das/die Problem/e in den Griff zu bekommen?
- Wie konsequent und sorgfältig wurden die jeweiligen Methoden angewandt?
- Mit welchen Ergebnissen?

Weitere relevante allgemeine Fragengebiete

- Fragen bezüglich der allgemeinen Fürsorge-/ Haltungsbedingungen.
- Fragen bezüglich des täglichen Zeitplans der Familie.
- Fragen bezüglich des Tagesablaufs des Tieres und seiner Kranken- bzw. Lebensgeschichte.
- Fragen bezüglich relevanter Meinungen, Einstellungen, Wünsche, Ziele etc. der Familienmitglieder.

Unter Berücksichtigung der Tatsache, daß diese Fragen nur als Ausgangspunkte dienen und oftmals zu ausgedehnten Diskussionen über die Aspekte jedes Themas führen, ist es kaum verwunderlich, daß die Phase der Bestandsaufnahme bei Katzen mehr als eine halbe Stunde und bei Hunden oft mehr als eine Stunde in Anspruch nimmt. Tatsächlich muß sehr weit ausgeholt werden, bis der Berater alles in Erfahrung gebracht hat, was für eine kompetente Behandlungsempfehlung nötig ist.

In der Formulierung einer Hypothese und deren Test – mit weiterer Befragung, die entweder die Verdachtsdiagnose des Beraters bestätigt oder die Notwendigkeit zur Formulierung einer neuen Hypothese anzeigt – wird ein weiterer zeitaufwendiger Aspekt der Phase der Bestandsaufnahme deutlich. Übermäßiges Bellen kann beispielsweise für eine Reihe verschiedener Probleme symptomatisch sein – mehrere unterschiedliche Kategorien von Aggressionsproblemen, Angstproblemen, Trennungsangst, eine Nebenwirkung von Streßfaktoren aus der Umwelt oder normales Verhalten in Anwort auf externe Reize. Die diagnostische Kategorie, der ein bestimmtes Verhaltensproblem zugeordnet wird, ist möglicherweise von Anfang an klar. Dies ist jedoch nicht immer der Fall. Es kann zum Beispiel eine Weile dauern, herauszufinden, warum ein Hund bellt, der nachts im Erdgeschoß bleiben muß, fern von den Schlafzimmern der Familie. Reagiert er auf auslösende Stimuli von draußen, wie bellende Hunde oder andere Geräusche? Fordert er Aufmerksamkeit, die ihm zuteil werden wird, sobald der Besitzer aufsteht und zu ihm herunterkommt, um ihn zu beruhigen? Verleiht er seinem Unbehagen Ausdruck, das er über das Alleinsein empfindet? Oft müssen viele detaillierte Fragen gestellt werden, um alternative Hypothesen über die Natur des Problems beurteilen zu können.

Gegen Ende der Bestandsaufnahme bittet der Autor seine Klienten, den in Kapitel 6 vorgestellten *Fragebogen zur Klienteninformation* auszufüllen, um weitere Informationen über das Tier und die familiäre Situation zu erhalten. Der Fragebogen beinhaltet außerdem eine Checkliste für Probleme sowie Fragen zur Einstellung und zum Verhalten des Besitzers gegenüber seinem Tier, die im vorigen Kapitel beschrieben wurden. Abgesehen davon, daß die wichtigen Informationen über den Fall gesammelt und später zu Forschungszwecken herangezogen werden können, ist die Vorlage des Fragebogens zu diesem Zeitpunkt eine gute Möglichkeit, um sicherzugehen, daß nichts übersehen wurde – vielleicht ein weiteres Problem, das der Besitzer vergessen hat zu erwähnen.

Phase II: Erläuterung des Problems

Überblickt der Berater erst einmal das Wesen und die Ursachen des Verhaltens, müssen diese dem Klienten erläutert werden – nicht nur, weil der Klient dies erwartet und ein Recht auf die Meinung des Beraters hat, sondern auch, weil das Verständnis des Besitzers für das Problem die Grundlage für eine spätere Behandlung ist.

Im Rahmen der komplexen Problematik der Dominanzaggression von Hunden gegenüber Familienmitgliedern wird dem Klienten beispielsweise erläutert, daß Hunde innerhalb eines Rudels häufig diese Art von Aggression gegeneinander zeigen. Das Verhalten wäre völlig normal, wenn es sich gegen einen anderen Hund richtet. Die Existenz des Problems weist darauf hin, daß zwischen Besitzer und Hund nicht die richtige Art von Beziehung besteht: eine Beziehung, in der sich der Hund gegenüber Familienmitgliedern so unterlegen verhält, daß er nie auf die Idee käme, sie zu bedrohen oder anzugreifen – was er einem anderen Hund gegenüber in bestimmten Situationen tun würde, um eine dominante Position einzunehmen oder zu behaupten. Das ist indes nur der Anfang. Denn der Berater muß auch darlegen, warum der Hund sich so verhält und daß bestimmte Verhaltensweisen der Besitzer, beispielsweise den Forderungen ihres Hundes immer wieder nachzugeben oder ihm zu viele Privilegien einzuräumen (z. B. Schlafen im Bett von Familienmitgliedern oder Klettern auf Möbelstücke), bei einem prädisponierten Hund die Herausbildung dominanzbezogener Probleme fördern können. Schließlich kann der Berater an diesem Punkt bereits ganz allgemein andeuten, daß dieses Problem einer Behandlung bedarf, beispielsweise indem der Hund in einer Reihe von Situationen grundlegend anders behandelt und gleichzeitig das Auslösen von Aggression vermieden wird.

Die Frage „Erklärung verstanden/akzeptiert?" in dem Modell der Abbildung 4.2 gibt dem Berater Gelegenheit zu entscheiden, ob das Problem noch weiterer Erläuterungen bedarf oder nicht, was an diesem Punkt aus zwei Gründen besonders wichtig ist. Erstens bringen die Klienten zur ersten Konsultation ihre eigenen Theorien über die Natur und die Ursachen des Problemverhaltens mit und müssen überzeugt werden, diese aufzugeben. Dabei kann es sich um eine so simple Vorstellung handeln wie die, daß das Tier unter einem Gehirnschaden leidet. Es kann aber auch komplizierter sein. Das Tier ist vielleicht eifersüchtig und verursacht die Probleme aus Protest gegen eine neu in den Haushalt gekommene Person. Wie in diesem Kapitel noch erläutert wird, befindet sich der Verhaltensberater im Vergleich zum Mediziner, der medizinische Probleme diagnostiziert und behandelt, in einer merkwürdigen Position. Denn nicht nur der Klient selbst, sondern vielleicht auch andere Familienmitglieder, Verwandte des Klienten, Nachbarn oder andere Hundebesitzer haben bereits eine eigene Diagnose gestellt und sich ausführlich zur Entwicklung des jeweiligen Problems geäußert. Die Ansicht des Beraters konkurriert im Grunde mit all den von Amateur-Verhaltensberatern abgegebenen Erklärungen. Um sich durchzusetzen, muß der Berater den Besitzer davon überzeugen, daß seine Erklärung die einzig wissenschaftlich fundierte und daher die einzig korrekte ist. Es ist deshalb von entscheidender Wichtigkeit, daß der Berater frühzeitig eventuelle Anzeichen von Skepsis seitens des Besitzers erkennt, da er sich hier keine Fehler erlauben darf. Der Klient muß von der Fachkompetenz des Beraters vollends überzeugt sein, um bei der Behandlung effizient zu kooperieren.

Der zweite Grund für den Einbau der Frage „Erklärung verstanden/akzeptiert?" hängt mit der logischen Verbindung zwischen der Erklärung des Problems und den Behandlungsempfehlungen zusammen. Klienten sind nur dann imstande, die Logik hinter den verschiedenen Behandlungsempfehlungen zu erkennen, wenn sie die Erklärung des Beraters zur Natur des Problems verstehen und akzeptieren. Auch dies ist entscheidend, da man die Klienten oft dazu auffordert, ihre Tiere auf eine „unnatürliche" Weise zu behandeln oder viel Zeit zur Erziehung ihrer Tiere aufzuwenden. Die Besitzer sind häufig nur dann dazu bereit, wenn ihnen diese Zusammenhänge geläufig sind.

Phase III: Behandlungsempfehlungen

Wenn es an der Zeit ist, Behandlungsempfehlungen zu geben, muß jede klar artikuliert und erläutert werden. Der Besitzer muß genau instruiert sein, welche Maßnahmen in welchen Situationen zu ergreifen sind. Man könnte beispielsweise empfehlen, den Hund zu ignorieren, wann immer er kommt, um gestreichelt zu werden. Das bedeutet, sich so zu verhalten, als würde man die Gegenwart des Hundes nicht wahrnehmen; man darf ihn nicht ansehen und auf keinen Fall das Wort an ihn richten oder ihn streicheln; man darf keinerlei Reaktion zeigen, egal was der Hund tut. Es erscheint vielleicht merkwürdig, dies den Besitzern auf eine so schlichte und kindische Art erklären zu müssen, aber Klienten ist manchmal nicht klar, was genau sie zu tun haben, wenn der Berater sie anweist, ihren Hund zu ignorieren, wenn er um Aufmerksamkeit buhlt.

Der Berater muß nicht nur erklären, *wie* sich die Klienten in den jeweiligen Situationen zu verhalten haben, sondern auch *warum;* in diesem Falle hieße das, der Hund soll jetzt ignoriert werden, um ihm immer wieder dieselbe Lektion zu erteilen, daß für Aufmerksamkeit und Streicheleinheiten im Rudel ab jetzt vom Besitzer bestimmt werden. Gerade bezüglich dieser Empfehlung ist die Compliance oft ein Problem.

Besitzer behandeln ihre Tiere nicht gerne auf diese Art, und es ist schwierig, ihre Kooperationsbereitschaft zu erlangen. Sie werden sich nur zu dieser Behandlung durchringen können, wenn sie von der Notwendigkeit der Maßnahme überzeugt sind.

In manchen Fällen müssen die Empfehlungen sowohl erklärt als auch demonstriert werden. Besitzern zum Beispiel, die nie zuvor einen Hund trainiert haben, zeigt der Autor, wie man dem Hund die vier Grundkommandos „Komm", „Sitz", „Platz" und „Bleib" beibringt. Sie werden gebeten, einen Teller mit etwa 30 kleinen Leckerbissen (Käse oder ähnliches) vorzubereiten, die der Hund ganz besonders mag. Danach sehen sie einfach zu, wie der Autor dem Hund mit Hilfe der in Kapitel 8 vorgestellten Methode schnell beibringt, diese Kommandos auszuführen. Sobald der Hund sie verläßlich durchführt, wird der Klient gebeten, das Training zu übernehmen, während der Berater zusieht und sich versichert, daß dem Besitzer klar ist, wann die Leckerbissen zu vergeben sind, wann nicht, was zu tun ist, falls der Hund kommt, bevor er gerufen wird, und so weiter.

Demonstrationen können aber auch einfach in Form einer Reaktion auf eine imaginäre Situation ablaufen. Berater führen dann einfach die bestmögliche Reaktion des Besitzers auf bestimmte Verhaltensweisen (z. B. Hund bleibt auf der Straße stehen und will nicht weiter) vor. Oft kann an dieser Stelle auch eine bestimmte Einstellung überprüft werden. Während dieser Demonstrationen ist es für den Berater möglich, den Besitzern den Ernst der Situation zu vermitteln und ihnen zu verdeutlichen, daß sie mit Nachdruck reagieren müssen, wenn sie Erfolg haben wollen.

Phase IV: Verbesserung des Verständnisses des Besitzers

Die Behandlungsempfehlungen mögen dem Klienten befremdlich und unattraktiv erscheinen. Die verhaltenswissenschaftlich orientierte Erklärung des Problems mag im Gegensatz zu seiner früheren Meinung über das Verhalten des Tieres und das Tier selbst stehen. Im Grunde verlangt man von den Besitzern, alle ihre bisherigen Vorstellungen aufzugeben, alle Theorien und Behandlungsvorschläge, von denen sie gehört und gelesen haben, über Bord zu werfen und statt dessen Behandlungsempfehlungen Folge zu leisten, die ihnen sowohl bezüglich des nötigen Zeit- und Energieaufwandes als auch bezüglich ihrer Gefühle, wie ein Tier zu behandeln sei, „gegen den Strich gehen". Es kann daher an dieser Stelle durchaus hilfreich sein, von den spezifischen Behandlungsempfehlungen Abstand zunehmen und die ganze Angelegenheit – die Natur des Problems, die generelle Behandlungsmethode, die nötig ist, sowie die Zweckmäßigkeit und Funktion der spezifischen Instruktionen – in ein für den Klienten leicht verständliches „Paket" zu verpacken, das alles bisher Gesagte noch einmal zusammenfaßt und bestätigt.

Auch hier dient der Bogen im Flußdiagramm als Erinnerung für den Berater, festzustellen, inwieweit die Klienten jedes dieser Elemente verstanden haben, und daß er darauf vorbereitet sein muß, Erklärungen zu wiederholen, zu verdeutlichen und beispielhaft zu belegen, wann immer dies als hilfreich erscheint.

Phase V: Maximierung der Compliance

Ist der Punkt erreicht, an dem der Klient den Sinn der Behandlungsschritte nachvollziehen kann, ist es für den Berater an der Zeit, sich zu fragen, ob der Klient auch tatsächlich alle gegebenen Anweisungen sorgfältig ausführen wird. Dies kann man nie mit Sicherheit sagen. Aber es gibt diesbezüglich einige hilfreiche Anzeichen, zum Beispiel der Gesichtsausdruck des Klienten, wenn man die Empfehlungen ein letztes Mal mit ihm durchgeht. Vielleicht seufzt der Klient kaum hörbar oder sein Blick schweift ab. Derartige Reaktionen sollten nicht übergangen werden. Man sollte die Klienten geradeheraus fragen, ob sie denken, daß die Durchführung der Empfehlung Probleme bereiten könnte. Die Antwort ist im allgemeinen ein schnelles „Nein". Ist man aber beharrlich und diplomatisch, indem man beispielsweise darauf hinweist, daß es viele Leute als extrem schwierig empfinden, diese Anweisung durchzuführen, weil sie denken, es sei dem Hund gegenüber nicht zu vertreten, können die Klienten in der Regel davon überzeugt werden, ihre Bedenken offen auszusprechen.

Auch wenn man den Klienten ihre Vorbehalte nicht gleich ansieht, sind sie oftmals nicht willens und imstande, jeder Empfehlung zu folgen. Zur Einschätzung der Compliance empfiehlt es sich, den Klienten bezüglich der Behandlungsempfehlungen, wie dem Ignorieren freundlicher Annäherungsversuche des Hundes (was jedem schwerfällt), einige Fragen zu stellen.

Gibt es im Hinblick auf die Compliance unter Umständen ein Problem? Falls nein, kann die Befragung beendet werden. Sollte dem allerdings so sein, muß man hinterfragen, ob das potentielle Problem geringfügig ist und durch einige zusätzliche Erklärungen beseitigt werden kann, oder ob es grundsätzlicher Natur ist. Bestehen grundlegende Probleme, sind diese meist bereits vor diesem Zeitpunkt aufgetaucht. Manche Klienten halten absichtlich mit ihren Meinungen hinter dem Berg, bis der Berater mit seinen Ausführungen am Ende ist, bevor sie bereit sind, *ihre* Meinung über die Therapie und ihre Bereitschaft zur Mitarbeit offenzulegen. So findet man zuweilen erst zu diesem späten Zeitpunkt heraus, daß der empfohlene Ansatz aus dem einen oder anderen Grund nicht realisierbar ist. Immer wieder erklären Klienten, ein anderes Mitglied der Familie würde diese Vorgehensweise ablehnen oder sie sei aus Zeitgründen nicht durchführbar. Allerdings stellt sich auch wiederholt heraus, daß die vorgeschlagene Therapie zu hochgesteckte Erwartungen an den einzelnen Klienten stellt. Einem Klienten, der für seinen Hund lebt und ihm jede Laune durchgehen läßt, wird die Forderung, seinen Hund nun ostentativ zu ignorieren und ihm die übliche Zuwendung zu verweigern, im Laufe der Konsultation immer unrealistischer erscheinen. Gibt es aber eine realistische Alternative? Wenn ja, sollte man an dieser Stelle, in Übereinstimmung mit dem Flußdiagramm in Abbildung 4.2, an den Punkt „Erteilung von Empfehlungen" zurückkehren. Wenn nicht, was üblicherweise der Fall ist, kann man nur erneut betonen, was bereits gesagt wurde, und dem Klienten unmißverständlich klarmachen, daß das Problem nur durch konsequentes Befolgen der erteilten Empfehlungen beseitigt werden kann.

Als Verhaltensberater sollte man eine mangelnde Compliance seitens der Besitzer nicht persönlich nehmen oder sich davon entmutigen lassen. Man steht in der Verantwortung, seinen Klienten gute, wissenschaftlich fundierte Ratschläge zu erteilen. Für die Klärung der psychologischen Probleme seiner Klienten ist man allerdings nicht zuständig. Und ein solches Problem haben Besitzer, die es trotz besseren Wissens, daß dies der einzig gangbare Weg ist, sich und andere Familienmitglieder künftig vor Bissen des Hundes zu schützen, schlichtweg nicht über sich bringen, freundliche Annäherungsversuche ihres Hundes abzuweisen.

Schließlich kann man zu diesem fortgeschrittenen Zeitpunkt noch andere Empfehlungen und Informationen anfügen, wenn man das Gefühl hat, es könnte zu einer verbesserten Compliance beitragen. Man kann den Klienten beispielsweise bitten, einige Tage später anzurufen, um erste Ergebnisse der Behandlung zu besprechen. Damit stellt man eine Art Zeitlimit auf, um die Klienten anzuhalten, sofort mit der Behandlung zu beginnen. Oder man berichtet über andere Klienten, denen es anfangs sehr unangenehm war, ihr Tier so zu behandeln, sich aber schnell daran gewöhnten, als sie feststellten, daß es ihr Tier nicht weiter zu stören schien. Spürt man trotz alledem die Skepsis des Klienten, kann man vorschlagen, die Behandlung erst einmal in einer Art Testphase anlaufen zu lassen. Manche Berater veranlassen ihre Klienten auch, ein Tagebuch oder Verhaltensberichte zu führen. Auch dies trägt dazu bei, die Klienten zu einer konsequenten Durchführung der Empfehlungen zu ermuntern. Schließlich kann der Berater noch darauf verweisen, daß nach jahrzehntelangen Erfahrungen in der Behandlung dieses Problems sich der empfohlene Ansatz als der einzig wirkungsvolle erwiesen hat. Damit sollen die Hoffnungen der Klienten zerstreut werden, es könnte noch einen weiteren Therapieansatz geben, den man zuerst versuchen könnte, bevor man dieses als extrem empfundene Behandlungsschema anwendet.

Gründe für mangelnde Compliance

Mit ähnlichen Mängeln in der Compliance sehen sich Tierärzte konfrontiert, wenn sie beispielsweise eine tägliche Reinigung der Ohren anordnen, die sowohl Besitzer als auch Hund als unerfreulich betrachten. Das Problem unzureichender Compliance ist allerdings im Hinblick auf die Behandlung von Verhaltensproblemen besonders ernst zu nehmen, da es sich um zeitaufwendige, schwer verständliche, Selbstdisziplin erfordernde Empfehlungen handelt, die dem widersprechen, woran die Klienten bisher geglaubt haben.

Um die Klienten dennoch von der Durchführung der empfohlenen Maßnahmen zu überzeugen, ist es außerordentlich hilfreich, sich der nachfolgenden Faktoren bewußt zu sein, die zu einer mangelnden Kooperationsbereitschaft führen können, da man sie somit antizipieren und ihnen entgegenwirken kann.

Vertrauen in die Fachkenntnis des Beraters

Dieser Faktor ist ausgesprochen entscheidend für Verhaltensberater ohne veterinärmedizinische Ausbildung. Empfiehlt der regelmäßig konsultierte Tierarzt aufgrund persönlicher Erfahrungen einen bestimmten Verhaltensspezialisten, gehen Klienten davon aus, für die Lösung ihrer Probleme an der richtigen Adresse zu sein. Stammt der Hinweis aber von Freunden, wird die anfängliche Reaktion der Klienten zunächst eher skeptisch ausfallen. Aus Höflichkeit fragen viele Klienten den Berater erst gegen Ende der Konsultation nach seiner Ausbildung, wenn sie augenscheinlich nur mehr Konversation betreiben. In anderen Fällen liegt die Skepsis der Klienten offen und man fühlt sich zu Anfang der Konsultation auf den Prüfstand gestellt.

Im allgemeinen stellen diese anfänglichen Zweifel bei gebildeten und informierten Besitzern kein signifikantes Problem dar, da sie im Verlauf der Befragung bald davon überzeugt sind, einem Experten auf dem Gebiet der Haustier-Verhaltensproblematik gegenüberzusitzen. Bei weniger gebildeten oder von Natur aus besonders mißtrauischen Klienten können in dieser Hinsicht Probleme auftreten. Menschen, denen die modernen wissenschaftlichen Erkenntnisse zum Verhalten von Tieren völlig unbekannt sind, haben keine Vergleichsmöglichkeiten, um die Kompetenz des Beraters zu beurteilen. Ihnen erscheint dessen Meinung als eine unter vielen, möglicherweise kaum schlechter oder besser als die anderen bisher gehörten.

Es ist im allgemeinen ratsam, sich Zeit zu nehmen, um die Neugier der Besitzer zu befriedigen oder ihre Vorbehalte auszuräumen, indem man beispielsweise die eigenen Qualifikationen erwähnt oder kurz die wissenschaftliche Basis der Haustier-Verhaltensproblematik erläutert, wann immer Besitzer Interesse oder Vorbehalte in dieser Richtung signalisieren. Die Bedenken der Klienten auszuräumen und ihre Neugier zu befriedigen, fördert nicht nur eine produktive und kooperative Atmosphäre und maximale Compliance, sondern den Klienten stehen diese Informationen auch aus ethischen Gründen zu.

Konkurrenz zu Ratschlägen Anderer

Wie bereits erwähnt, hat der Haustier-Verhaltensberater mit Leuten zu tun, denen stets und ständig von Bekannten Ratschläge zur Behandlung ihres Tieres erteilt werden oder die sich selbst als eine Art Experte auf diesem Gebiet betrachten. Würde man eine Gruppe typischer Hundebesitzer fragen, ob sie in der Vergangenheit anderen Besitzern Ratschläge bezüglich des Umgangs mit ihrem Tier gegeben haben, würde die Mehrheit dies wohl mit einem „Ja, mehrmals" beantworten. Der Verhaltensberater muß sich dieser Konkurrenzsituation immer bewußt sein. Jede Erklärung oder Behandlungsempfehlung wird von den Klienten anhand ihrer eigenen Ansichten überprüft werden – Ansichten aus Büchern über Haustiere und Ansichten von Freunden, Nachbarn, Verwandten etc. Folglich muß sich der Haustier-Verhaltensberater, mehr als andere Spezialisten auf Gebieten ohne starke Laienkonkurrenz, bemühen, die Klienten von seiner Fachkompetenz zu überzeugen, die auf jahrzehntelangen Erfahrungen anderer qualifizierter und erfahrener Haustier-Verhaltensberater aufbaut.

Behandlung ist zu aufwendig

Manche Besitzer können sich nicht mit der Vorstellung anfreunden, daß eine Behandlung überhaupt nötig ist. Intellektuell sind sie sich der Notwendigkeit einer Behandlung unter Berücksichtigung der Empfehlungen des Beraters völlig bewußt, emotional sind sie unter Umständen jedoch nicht willens oder nur zögernd bereit, die nötige Zeit und Energie zu deren Durchführung aufzuwenden. Diese etwas schwierigen Klienten sind mit den Empfehlungen unzufrieden, sie versuchen wiederholt, den Berater zu überreden, etwas Einfacheres – vielleicht ein Medikament – zu empfehlen. Wenn man sie darauf hinweist, daß ihr Hund einfach mehr Auslauf braucht und sie täglich mindestens eine halbe Stunde mit ihm ins Freie müßten, bevor sie zur Arbeit gehen, lehnen sie diesen Ratschlag rundweg ab, indem sie erklären, daß ihr Zeitplan dies nicht zuläßt.

Im Vergleich zu den meisten anderen Klienten hinterlassen sie häufig einen besonders trägen, egoistischen und weinerlichen Eindruck. Sie lamentieren, warum ausgerechnet sie mit einem so anstrengenden Tier belastet sind. Wahrscheinlich wären sie froh, wenn sie das Tier einfach verschwinden lassen könnten, und manche haben das auch schon versucht, aber Tierheime nehmen keine Problemtiere auf. Häufiger kommt es vor, daß der konsultierte Tierarzt die Euthanasie des gesunden Tieres ablehnt, da das Verhaltensproblem behandelbar ist.

Aber nicht alle Klienten, denen die Behandlung zu aufwendig und zeitintensiv erscheint, sind derart unleidlich und hoffnungslos. Manche sind wirklich an einer Lösung des Problems interessiert, sind aber sehr beschäftigt und stehen unter Zeitdruck. Es erscheint ihnen unmöglich, dem Tier sehr viel mehr Zeit als bisher zu widmen. Theoretisch sind sie jedoch willens und scheinen in dieser Hinsicht aufrichtig.

Diese vielbeschäftigten Klienten wünschen schnelle Lösungen ohne Umschweife. In der humanen Verhaltenstherapie wird diese anfängliche Einstellung beziehungsweise Erwartungshaltung als „Drive-in Syndrom" bezeichnet (Köhlke und Köhlke, 1994): Die Lösung des Problems sollte ebenso schnell vonstatten gehen wie der Kauf eines Hamburgers. Konfrontiert mit der tatsächlichen Situation, werden sie wohl bereit sein, sich anzupassen. Aber ob dies für eine anspruchsvolle Langzeitbehandlung ausreichen wird, ist eine andere Frage. In den meisten Fällen werden die Besitzer vermutlich gerade soviel Zeit investieren, um das Problem in erträglichen Grenzen zu halten.

Behandlung erscheint wider die Natur

Manche Besitzer können sich schlichtweg nicht vorstellen, einen Hund zu ignorieren, der zu ihnen kommt, um gestreichelt zu werden, oder ihm einen Befehl zu geben und ihn erst nach dessen korrekter Ausführung zu streicheln. Insbesondere in Fällen von Dominanzaggression kann es dazu kommen, daß Besitzer vieles unterlassen müssen, was sie bisher automatisch taten, wie den Hund zu kraulen oder auf seine Spielaufforderung einzugehen, ihn zuerst durch die Tür zu lassen und einen Bogen um ihn zu machen oder über ihn hinwegzusteigen, wenn er im Weg liegt. Statt dessen sollen sie sich ihrem Hund gegenüber in einer ihnen *unnatürlich* erscheinenden Weise verhalten, indem sie sich seinen Wünschen verweigern oder ihn aufstehen lassen, wenn sie vorbeiwollen.

Dieses widernatürliche Element, die Vorstellung, daß sie in der nächsten Zukunft alle Handlungen vorher überdenken müssen und vieles, was ihnen zur Gewohnheit geworden ist, unterlassen sollen, stellt für viele Besitzer ein gravierendes Problem dar. Manche sind von Anfang an pessimistisch. Sie kennen ihre eigenen Schwächen und Grenzen und bezweifeln ihre Selbstdisziplin. Andere wiederum, die zu Beginn optimistischer waren, merken schnell, daß es nicht immer einfach ist, tagtäglich korrekt zu reagieren.

Über diese Dinge muß im Rahmen der Konsultation ausführlich gesprochen werden. Die Besitzer müssen auf das, was sie erwartet, vorbereitet und müssen ermutigt werden, auch dann konsequent zu bleiben, wenn ihnen dies zu Beginn schwerfällt. Es kann betont werden, daß ihnen die Behandlung nur deshalb so schwer fällt, weil sie ihnen so widernatürlich erscheint, denn im Grunde müssen sie ständig eine Rolle spielen und sich verstellen.

Auch hier ist die Wahrscheinlichkeit groß, daß viele Besitzer die Empfehlungen nur eine zeitlang durchführen – oder nur einem Teil der Empfehlungen Folge leisten – und folglich auch nur Teilerfolge erzielen werden. Dieser Ausgang ist vor dem Hintergrund der konkurrierenden Motivationen seitens der Besitzer völlig verständlich. Einerseits sind sie hochmotiviert, die nötigen Behandlungsempfehlungen durchzuführen. Andererseits jedoch wollen sie die bisher mit ihrem Tier genossenen Freuden nicht aufgeben. Psychologisch gesehen, besteht die Lösung solcher Motivationskonflikte oft in einem Kompromiß, der die Vorteile maximiert, während er die Kosten möglichst gering hält. In dieser Hinsicht ist zu erwarten, daß Untersuchungen zur Compliance/Nicht-Compliance bei Problemen wie Dominanzaggression einige interessante Zusammenhänge ergeben könnten, beispielsweise im Hinblick auf *problembezogene* Aspekte, wie der Grad der Gefährlichkeit des Hundes und das Ausmaß der Belastung des Problems für die Familie, einerseits sowie *menschliche Persönlichkeitsmerkmale* andererseits, wozu die Frage gehört, inwieweit es Besitzer genießen oder das Bedürfnis haben, ihren Hund wie ein Kind zu behandeln. Die Beobachtungen des Autors legen die Existenz eines solchen Zusammenhangs nahe. Natürlich sind Besitzer, die von ihrem Hund durch Bisse schwer verletzt wurden, eher geneigt, extremen Maßnahmen minutiös Folge zu leisten, als jene, die nur zuweilen von ihrem Hund angeknurrt werden. Und verglichen mit anderen Besitzern, sind solche deren Einstellung zu ihrem Tier eine besonders hohe parentale Motivation widerspiegelt, weniger geneigt oder fähig, anthropomorphe, verwöhnende Tendenzen in einem Maße zu unterdrücken, wie es den Erfordernissen der Behandlung von Dominanzaggression entspräche.

Behandlung erscheint grausam

Man stelle sich vor, Eltern die Empfehlung zu geben, ihr kleines Kind zu ignorieren, wann immer es zu ihnen kommt, um Zuwendung zu erhalten. Selbst wenn die Eltern eine gewisse Logik dahinter entdecken könnten, würden sie es nicht durchstehen. Es würde ihr innerstes Gefühl dafür, was gut und richtig ist für ihr Kind, verletzen. Nehmen sie dem Tier gegenüber eine Elternfunktion wahr, ist es nachvollziehbar, warum die empfohlene Behandlungsweise ihres Tieres den Besitzern nicht nur widerstrebt, sondern ihnen auch grausam vorkommt.

Auf die Aufforderung, das Tier zu ignorieren, reagieren diese Besitzer häufig zunächst mit Unbehagen. Sie haben Hemmungen, sich ihrem Hund gegenüber konsequent zu verhalten. Sie beschreiben sich selbst als Menschen, die gerne *freundlich* mit ihrem Tier umgehen, wenn sie in Folgegesprächen eingestehen, die Empfehlungen nicht vollständig befolgt zu haben.

Bei der Lektüre bekannter Bücher und Artikel zur Haustierproblematik beschleicht einen zuweilen das Gefühl, daß den Autoren nicht wirklich klar ist, was sie von den Lesern verlangen, wenn sie sie anweisen, „ihren Hund für einige Tage völlig zu ignorieren". Diese Aussage allein reicht nicht aus, um Besitzer zu überzeugen, etwas zu tun, das all ihren Gefühlen und Überzeugungen widerspricht. Zur Entkräftung ihrer Bedenken muß eine Menge an Überzeugungsarbeit geleistet werden. Ein Ansatz wäre, ihnen darzulegen, daß solche Reaktionen für einen Hund verständlicher und weniger grausam sind als für ein Kind – daß ein Hund im

Grunde erwartet, daß seine „Rudelführer" nicht auf jede seiner Annäherungen eingehen und er nicht immer seinen Willen durchsetzen kann. Im Sozialverband der Hunde haben Ignorieren und Verweigern durchaus ihre Funktion. Daher wird es den Hund nicht allzu sehr überraschen oder stören, wenn seine menschliche Familie sich entsprechend verhält.

Behandlung verlangt den Besitzern Opfer ab

Der Hauptgrund für die Haltung von Haustieren, die starke Bindung an sie und die große Zuneigung für sie ist, daß sie potente Auslöser selbstbelohnenden physischen Kontaktes, von Fürsorge und anderem Sozialverhalten sind. Eines der Hauptmerkmale von Besitzer-Haustier-Interaktionen ist das *gute Gefühl*, das Besitzer dabei empfinden, wenn sie ihre Tiere streicheln, mit ihnen sprechen, spielen und sich um sie kümmern. Besitzer, denen beispielsweise zur Eliminierung von gefährlicher Dominanzaggression drastische Maßnahmen nahegelegt werden, fragen den Berater vermutlich, wozu sie sich ein Haustier halten, wenn sie es nicht streicheln, halten oder mit ihm spielen dürfen.

Der Haustier-Verhaltensberater kann es seinen Klienten folgendermaßen erklären: „Unsere Tiere zu streicheln, mit ihnen zu sprechen und mit ihnen zu spielen, gibt uns ein gutes Gefühl – wann immer wir es wollen. Sie haben jedoch das Pech, ein Tier zu besitzen, das auf diese Art der Behandlung nicht besonders positiv reagiert. Im Grunde werden Sie mit ihm niemals entspannt umgehen und den Umgang mit ihm genießen können, wie andere Besitzer dies mit ihren Hunden können. Statt dessen müssen Sie aufgrund seines Verhaltensproblems eine Reihe von Dingen unterlassen, die sie gerne mit ihm unternehmen würden. Im Grunde verlangt ihnen die Korrektur dieses Problems bestimmte Opfer ab."

Probleme mit Haustieren können „sekundäre Vorteile" haben

Dieser, der Humanpsychologie entlehnte Ausdruck bezieht sich auf die Tatsache, daß Menschen, die ein psychologisches Problem haben, Vorteile daraus ziehen und somit ein unterschwelliges Interesse an einem Fehlschlag der Therapie haben. Das klassische Beispiel aus der Humanpsychologie ist die hysterische Paralyse, bei der – vorzugsweise Frauen – plötzlich und unerklärlich, aber nachweislich einen Arm oder ihre Beine nicht mehr benutzen können. Diese Erkrankung war so lange relativ verbreitet, bis man entdeckte, daß solche Patienten auch gewisse Vorteile aus ihrer Erkrankung zogen (z. B. weniger Arbeitsbelastung, mehr Aufmerksamkeit/Sympathie) – eine Einsicht, die das Auftreten dieser Erkrankungen quasi über Nacht drastisch reduzierte.

Vergleichbare Phänomene gibt es im Bereich der Haustierhaltung. Vielfach begegnet man Frauen, die anscheinend nicht imstande sind, den Hund auf Spaziergängen unter Kontrolle zu halten. In solchen Fällen übernimmt dann der physisch stärkere Mann diese Pflicht. Die Männer sind stolz auf ihre maskuline Ausstrahlung, während die Frauen sich entspannt zurücklehnen können, wenn dieses Thema zur Diskussion kommt. So haben beide Seiten ihren Vorteil.

Es gibt noch weitere, psychologisch interessante, sekundäre Vorteile, die einer Behandlung in manchen Fällen im Weg stehen. Manche Besitzer scheinen direkt davon angetan zu sein, daß ihr Hund ein zäher, feuriger, dickköpfiger kleiner Kerl ist, auch wenn dies bedeutet, daß er jeden Hund in seiner Reichweite anfällt und die Nachbarn zu Feinden werden. In einem der Fälle des Autors ging dies noch weiter. Zwei Rauhhaardackel hatten einen kleinen Hund aus der Nachbarschaft attackiert. Zusätzlich zu den Klienten war während eines Großteils der Konsultation auch die Besitzerin des Opfers anwesend. Das Besitzerehepaar mittleren Alters war, bevor die Dame kam und auch nach ihrem Weggang, nicht in der Lage, die Vorgänge wiederzugeben, ohne ständig zu kichern. Im Grunde waren ihnen diese Angriffe einerlei. Das konnten sie allerdings nicht offen zugeben und hatten den Verhaltensspezialisten offensichtlich nur hinzugezogen, um der Nachbarschaft ihre Besorgnis und ihren Verantwortungssinn zu demonstrieren.

Auswirkungen der Familiendynamik auf die Compliance

Nach den Feststellungen von Köhlke und Köhlke (1994) kann die Familiendynamik in vielerlei Weise auf die Compliance einwirken und sie stark beeinträchtigen. Oftmals gibt es gravierende Meinungsverschiedenheiten zwischen den Familienmitgliedern darüber, ob ein Tier behalten werden soll, ob das Problem wirklich eine Behandlung erfordert, ob ein Verhaltensberater hinzugezogen werden soll, wer und was das Problem verursacht hat und was dagegen zu unternehmen ist. Viele Familiensituationen sind in dieser Hinsicht hochgradig empfindlich. Partner haben vielleicht schon seit Wochen über dieses Thema diskutiert und sind daher besonders polarisiert und emotionsgeladen. Häufig wollen Eltern ein problematisches Tier einschläfern lassen, während die Kinder bereit sind, um das Leben ihres Tieres zu kämpfen. Solche Situationen erfordern ein hohes Maß an Diplomatie seitens des Beraters, wenn er einer finster dreinblickenden Versammlung von 4–5 Familienmitgliedern aller Altersgruppen gegenübersitzt. Er ist ein völlig Fremder, der sofort Zugang zu sehr persönlichen Informationen bekommt (z. B. wer schläft wo, wer liebt das Tier besonders, was würde der Tod des Tieres für den einzelnen bedeuten). Dadurch wird die kurze Beziehung zwischen Berater und Familie sehr schnell erstaunlich intim.

Relevant für die Compliance ist ferner, wer in der Familie das Sagen hat, wenn Entscheidungen zu treffen sind. Oft ist eine entscheidende Person der Familie abwesend – entweder, weil sie zur Arbeit ist oder weil sie die Konsultation eines Verhaltensberaters für Unfug hält. Selbst wenn sie anwesend ist, hält sich die Person, die die letzte Entscheidung über die Durchführung einer Therapie fällt, häufig zurück, bis die Familie die Praxis des Beraters verlassen hat oder wieder zu Hause ist. Vielfach ist die Person, mit der der Berater in Kontakt tritt, hochmotiviert und kooperativ, aber die Durchführung der Empfehlungen wird dann infolge der mangelnden Kooperation eines anderen Familienmitglieds behindert. Manchmal ist derjenige die entscheidende Instanz, der sich hauptsächlich um das Tier kümmert. Immer wieder sind Familien in zwei Lager gespalten, wobei diese Person dann auf der einen und der Rest der Familie auf der anderen Seite steht. Dies gilt gerade dann, wenn das empfohlene Training besonders aufwendig ist oder wenn sich die Person, die sich täglich mit dem Tier beschäftigt, am meisten von ihm bedroht fühlt oder sich vor ihm fürchtet.

Compliance ist entscheidend

Die offensichtliche Wichtigkeit all dieser, mit der Compliance verknüpften Faktoren stellt einmal mehr deutlich heraus, daß es bei der Verhaltensberatung für Haustiere zu gleichen Teilen um die Veränderung des *Verhaltens der Menschen* wie um die Änderung des Problemverhaltens des Haustiers geht. Nach Abschluß der Bestandsaufnahme ist dem Berater in der Regel klar, welche Behandlungsmethode der Klient zur Verbesserung des Problemverhaltens seines Tieres anwenden muß. Im typischen Fall nimmt diese Phase allerdings nur etwa die Hälfte der Dauer der Befragung ein. In der übrigen Zeit konzentriert sich das Gespräch auf das nach Meinung des Beraters eigentliche Problem, das, was die Haustier-Verhaltensproblematik tatsächlich ausmacht: die Erörterung von Dingen, die dafür sorgen sollen, daß die *Klienten tatsächlich die nötigen Maßnahmen zur Behebung des Problems ergreifen werden*.

Hierzu sind viele Fähigkeiten und taktische Kniffe vonnöten. Berater müssen ihren Klienten *gute Lehrer* sein. Sie müssen ihre Klienten verstehen: ihre Fähigkeiten, Einstellungen, intellektuellen Grenzen, emotionalen Tendenzen, persönlichen Probleme und Lebensumstände. Sie müssen wissen, wie ihre Klienten effektiv, mittels Erklärungen, Demonstrationen, Hervorhebungen, Warnungen und Hinweisen zu positiven oder negativen Konsequenzen zu *beeinflussen* sind. Und um alle diese Ziele zu erreichen, müssen die Berater zuallererst und vordringlichst *aufrichtig* sein, sie müssen Menschen mögen, leicht mit ihnen in Kontakt kommen und wirklich motiviert sein, ihnen zu helfen. Denn nur so kann das Vertrauen aufgebaut werden, auf dem die Compliance beruht.

Literatur

Danneman, P. J., and Chodrow, R. E. (1982): History-taking and interviewing techniques. *Veterinary Clinics of North America: Small Animal Practice* **12**, 587–592

Köhlke, U., and Köhlke, K. (1994): Verhaltenstherapie bei Tieren: Besonderheiten und spezifische Problematik aus psychologischer Sicht. *Kleintierpraxis* **39**, 175–180.

5 Die Behandlung von Verhaltensproblemen bei Hund und Katze

Die wichtigsten Kausalfaktoren, die bei der Entwicklung und Ausprägung von Verhaltensproblemen bei Haustieren eine Rolle spielen, wurden bereits in Kapitel 3 kurz vorgestellt. Im vorliegenden Kapitel werden diese Faktoren mit Hilfe eines Modells, das ihr Verhältnis zu den beteiligten Verhaltenssystemen zusammenfaßt, detaillierter behandelt. Es wird sich herausstellen, daß die meisten der aufgeschlüsselten Aspekte des Modells potentielle Ansatzpunkte bzw. „offene Fenster" für Behandlungsmöglichkeiten bieten. Der Wert dieses einfachen Schemas liegt in erster Linie darin, daß die verschiedenen *Kausalfaktoren* den unterschiedlichen *Behandlungsmöglichkeiten* direkt zugeordnet werden können.

Das Modell wird in Abbildung 5.1 gezeigt. Die zentrale vertikale Achse, die zwischen den Kästchen der Problemsituationen verläuft, stellt sozusagen die *Reiz-Antwort-Dimension* dar. Wie auch andere Tierverhaltensmuster, sind Verhaltensprobleme situationsabhängig, indem sie gesetzmäßige Reaktionen auf Aspekte ihrer Umgebung sind. Ein Ereignis im Umfeld des Tieres wird durch die Sinnesorgane wahrgenommen, die betreffenden Informationen werden an das Zentralnervensystem (ZNS) weitergeleitet und dort verarbeitet. Diese Instanz legt dann auch die Reaktion des Tieres fest. Die Tatsache, daß zwischen den Reaktionen einzelner Tiere auf identische Situationen große Unterschiede bestehen, legt den Schluß nahe, daß die Mechanismen, welche den Verhaltensmustern unterliegen, in irgendeiner Form unterschiedlich sind. Die beiden seitlichen Spalten des Modells führen eine Reihe von genetischen, physiologischen, wechselwirkenden und lernvermittelnden Faktoren an. Diese sind für die Entstehung der Unterschiede in den zugrundeliegenden physiologischen Mechanismen und natürlich auch für die Reaktionen der unterschiedlichen Tiere auf gleiche Situationen verantwortlich. Die zentrale Komponente dieses Modells, das *Verhaltenssystem*, ist daher der sogenannten „Black box" der klassischen Reiz-Antwort-Lerntheorie für Tiere analog. Tatsächlich faßt das Modell die verschiedenen Kausalfaktoren, die das Verhalten eines Tieres beeinflussen können – und Unterschiede in den Reaktionen unterschiedlicher Tiere bedingen – zusammen, ohne Mutmaßungen über die genauen Vorgänge im ZNS eines Tieres anzustellen.

Die nachfolgenden Abschnitte beschäftigen sich eingehend mit der Natur und den behandlungsbezogenen Implikationen der drei Kategorien von Kausalfaktoren. Das übergeordnete Ziel ist es, den Leser mit einer verständlichen Einführung in das breite Spektrum der Behandlungsmöglichkeiten einzuführen, die für die Beherrschung von Verhaltensproblemen bei Hund und Katze von Wert sein können.

Problemsituation

Bei bestimmten Problemen wie Stereotypien, Stubenunreinheit, allgemeiner Nervosität, Hyperaktivität etc. sind offensichtliche Verbindungen zwischen Ereignissen im unmittelbaren Umfeld und dem problematischen Verhalten nicht oder nur schwer auszumachen. Dennoch gibt es für die meisten Aggressions- und Angstprobleme und auch für andere Arten von Verhaltensproblemen eine deutliche und exakt definierbare *Problemsituation*: ein spezifischer Umwelt-Kontext, in dem das Problem immer wieder auftaucht und der am besten anhand der verschiedenen Effekte erklärt werden kann, die einige der situationsbedingten *Stimuli* auf das Verhalten des Tieres haben. Diese Effekte können folgendermaßen klassifiziert werden.

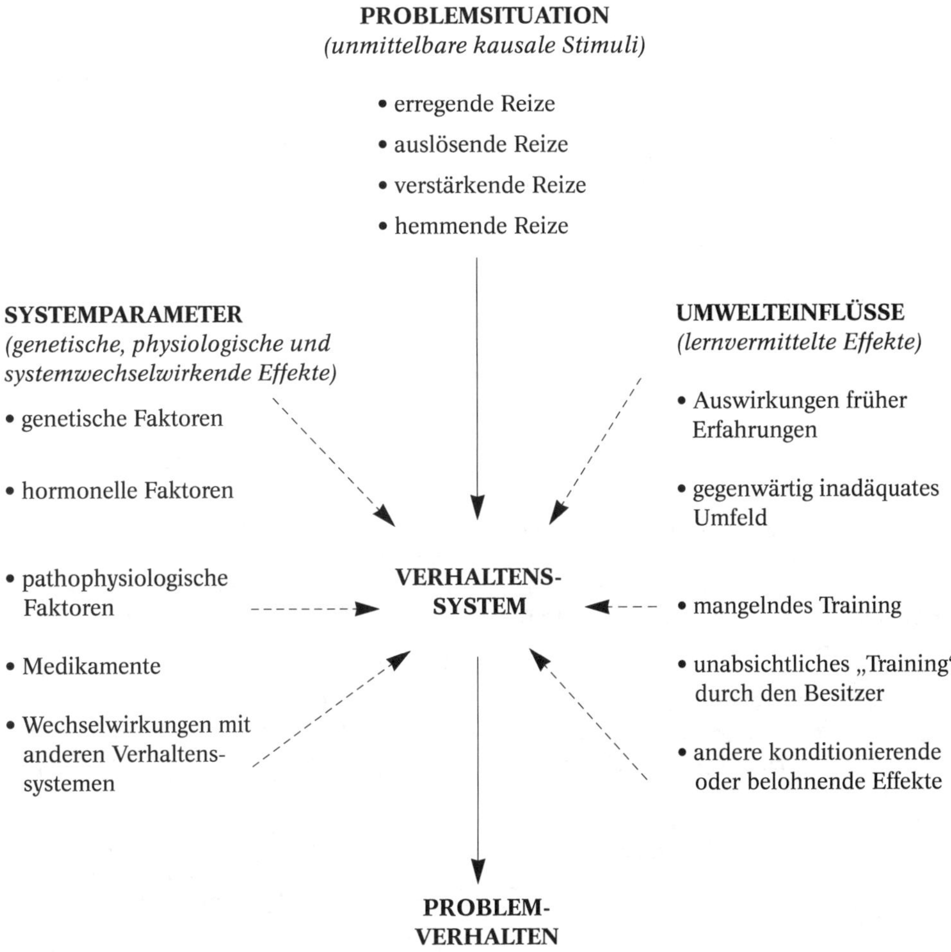

Die Behandlung von Verhaltensproblemen bei Hund und Katze

PROBLEMSITUATION
(unmittelbare kausale Stimuli)

- erregende Reize
- auslösende Reize
- verstärkende Reize
- hemmende Reize

SYSTEMPARAMETER
(genetische, physiologische und systemwechselwirkende Effekte)

- genetische Faktoren
- hormonelle Faktoren
- pathophysiologische Faktoren
- Medikamente
- Wechselwirkungen mit anderen Verhaltenssystemen

UMWELTEINFLÜSSE
(lernvermittelte Effekte)

- Auswirkungen früher Erfahrungen
- gegenwärtig inadäquates Umfeld
- mangelndes Training
- unabsichtliches „Training" durch den Besitzer
- andere konditionierende oder belohnende Effekte

VERHALTENS-SYSTEM

↓

PROBLEM-VERHALTEN

Abb. 5.1: Ätiologie der Verhaltensprobleme bei Haustieren

Erregende Reize

Knallende Autotüren im Freien, ein Besitzer, der ständig aus dem Fenster sieht, ein fremder Geruch, der plötzlich vom Tier aufgenommen wird – erregende Reize wie diese sind es, die das Tier veranlassen, aufmerksamer und vielleicht in einer unspezifischen Weise aktiver zu werden. Das eben noch ruhende Tier steht auf, erscheint höchst aufmerksam, möglicherweise angespannt; es sucht, überprüft Eingänge und Fenster und beobachtet aufmerksam das Verhalten seines Besitzers. Diese Reize sind zwar nicht unmittelbar für die Auslösung oder Verschlimmerung von Verhaltensproblemen verantwortlich wie die Stimuli der beiden nächsten Kategorien. Aber die Wahrscheinlichkeit und die Intensität problematischer Reaktionen auf jene Reize – wie auch die Fähigkeit des Besitzers, solchen Reaktionen vorzubeugen oder sie zu verhindern – können zuweilen stark vom allgemeinen Erregungszustand des Tieres abhängen.

Auslösende Reize

Es klingelt und der territorial-aggressive Hund hetzt bellend zur Eingangstür. Das erste ferne Donnergrollen läßt den Hund mit Gewitterphobie schnell Schutz suchend an die Seite seines Besitzers eilen. Der dominant-aggressive Hund beißt, wenn jemand in der Familie versucht, ihm eine gestohlene Socke wieder wegzunehmen. Dies sind Stimuli, die das problematische Verhalten tatsächlich auslösen, und bei eingehender Befragung der Besitzer können diese sie meist auch genau beschreiben.

Verstärkende Reize

Verstärkende Reize sind Ereignisse im Umfeld, die problematisches Verhalten zwar nicht direkt auslösen, aber zu seiner Verstärkung oder Verlängerung beitragen. Ein Hund bellt einen Fremden an. Ein zweiter Hund stimmt ein und veranlaßt den ersten, noch heftiger zu bellen. Der Fremde bleibt vielleicht stehen, erstarrt, stößt einen Schrei aus und läuft weg. So löst er einen drastischen Anstieg der Aggressivität beider Hunde aus. Der Besitzer fühlt sich von dem Fremden vielleicht ebenfalls bedroht und heizt die Hunde an, oder seine anfänglichen Bemühungen, sie unter Kontrolle zu bekommen, werden als Unterstützung fehlinterpretiert und verstärken wiederum das Verhalten.

Hemmende Reize

Fester an der Leine ziehen, bei Bedrohung durch einen dominant-aggressiven Hund wegsehen, einen Hund schelten, der einen Gast anknurrt – dies sind inhibitorische Reize, die das Gegenteil von auslösenden oder verstärkenden Reizen bewirken können, nämlich Intensität und Dauer des problematischen Verhaltens zu reduzieren oder es ganz abzustellen.

Behandlungs-„Fenster"

Bei der Behandlung von Verhaltensproblemen bei Haustieren müssen Besitzer oft angewiesen werden, bestimmte Maßnahmen zu ergreifen oder zu unterlassen, die einen Einfluß auf die verschiedenen erregenden, auslösenden, verstärkenden und hemmenden Stimuli beim Tier haben. Bei einem Hund, der Angst vor dem Alleinsein hat, soll beispielsweise mit dem Ratschlag an den Besitzer, sich kurz vor dem Weggehen ruhig und neutral zu verhalten, der Versuch unternommen, vom Besitzer ausgehende *erregende Stimuli zu reduzieren*. Im allgemeinen neigen Besitzer in Erwartung einer problematischen Situation zu Erregung und Nervosität, z. B. wenn ein Fremder sich dem Haus nähert oder ein Gewitter im Verzug ist. Das kann sich auf das Tier ungünstig auswirken, da man ihm auf diese Weise mitteilt, daß irgendeine Art Gefahr droht. Umgekehrt kann das dazu führen, daß die ursprüngliche Reaktion auf den auslösenden Stimulus verstärkt wird.

Ratschläge zur *Vermeidung auslösender Reize* sind z. B.: Handlungen zu vermeiden, die bei dominant-aggressiven Hunden Aggression provozieren; den Hund während der Behandlung keinen hochgradig angstauslösenden Situationen auszusetzen; der Katze den Zutritt zu dem Raum zu verwehren, in dem sie markiert; zwei aufeinander aggressiv reagierende Katzen mit Ausnahme der Behandlungszeiten getrennt zu halten und ähnliches mehr. Diese Art von Empfehlungen sind ein integraler Bestandteil der Behandlung vieler Verhaltensprobleme. Viele Besitzer versuchen ganz selbstverständlich, auf diese Weise mit Verhaltensproblemen umzugehen. So ermöglicht es die gewohnheitsmäßige Vermeidung von aggressionsauslösenden Stimuli durch alle Familienmitglieder zuweilen, unbegrenzt lange mit einem potentiell gefährlichen, dominant-aggressiven Hund zusammenzuleben. Die Besitzer nehmen ihm einfach kein Fressen weg, stören ihn nicht im Schlaf, und unterbrechen ihre augenblickliche Beschäftigung, wenn sie merken, daß das Tier erstarrt und sie in einer Weise von der Seite ansieht, die anzeigt, daß es nahe daran ist, sie zu bedrohen oder zu attackieren.

Gleichermaßen kann ein direkter Eingriff zur *Verminderung oder Vermeidung verstärkender Stimuli* (z. B. ein Hundepaar bei der Vorstellung eines Fremden getrennt zu halten) oder *zur Anwendung und Verstärkung inhibitorischer Stimuli* (z. B. eine gerade markierende Katze zu erschrecken, einen Hund nachdrücklicher zu schelten) eine hochgradig problemreduzierende Wirkung haben, ganz abgesehen von den Lerneffekten für künftiges Verhalten in ähnlichen Situationen.

Systemparameter

Tiere unterscheiden sich in ihren Reaktionen auf bestimmte Situationen sehr stark voneinander. Manche Hunde attackieren Artgenossen, jagen Radfahrer, fürchten sich vor Gewittern etc., während andere dies nie tun. Dafür gibt es zwei mögliche Gründe. Erstens können solche Unterschiede auf der Anwendung von Lernmechanismen beruhen, dies bedeutet, daß manche problematischen Tiere dieses Verhalten entweder erlernt haben oder nicht über eine angemessene Reaktion in Problemsituationen verfügen. Die andere Möglichkeit besteht darin, daß die ein bestimmtes Verhalten erzeugenden physiologischen Mechanismen dieser Tiere sich in einer anderen, grundlegenderen Weise unterscheiden: So könnten die grundlegenden Parameter oder operationalen Charakteristika des zugehörigen Verhaltenssystems unabhängig von den vergangenen Erfahrungen des Tieres im Umgang mit seiner Umwelt voneinander abweichen.

Genetische Faktoren

Die Verhaltenssysteme selbst (dominanzbezogenes Verhalten, Verteidigungsverhalten etc. bei Hunden und Markieren, Territorialaggression etc. bei Katzen) sind offenbar erblich oder *genetisch vorprogrammiert*. Die meisten Verhaltensprobleme sind im Prinzip arttypische Verhaltensweisen, die für Menschen deshalb problematisch sind, weil sie in unangemessenem Umfeld (im Haus markierende Katzen), übermäßig intensiv (territoriale Aggression bei Hunden) oder durch unpassende Stimuli (gegen Menschen gerichtete Dominanzaggression Hunden) ausgelöst werden. Die selektive Züchtung ausgesprochen furchtsamer Hunde unterstreicht die potentielle Wichtigkeit genetischer Faktoren für die Ausprägung furchtbedingter Verhaltensweisen bei bestimmten Stimuli wie Lärm und Fremde (Dykman et al., 1979). Ferner deutet die Tatsache, daß manche Verhaltensprobleme nur bei bestimmten Rassen (z. B. Saugen an der Flanke bei Dobermann-Pinschern) oder in bestimmten Würfen (z. B. ein Fall von unterwürfigem Urinieren wie in Kap. 17 beschrieben) vorkommen, eine genetische Prädisposition bei einigen grundlegenden Verhaltensmustern an. Im allgemeinen wird eine genetische Prädisposition häufig bei Fällen ohne nachweisbare pathophysiologische Störung vermutet, wenn Umweltfaktoren (frühe Erfahrungen eingeschlossen) keinen Anteil an der Entwicklung eines Problems zu haben scheinen und wenn an sich effektive Behandlungsansätze wie Training oder Veränderungen des Umfeldes von begrenztem Wert sind.

Jedem, der über Erfahrung sowohl mit problematischen als auch mit unproblematischen Tieren verfügt, sind die oftmals dramatischen, größtenteils unerklärlichen (auf einer Vorgeschichte basierenden) Unterschiede einzelner Tiere bezüglich ihrer Neigung zu problematischen Verhaltensweisen hinreichend bekannt. Und obwohl nur durch umfangreiche selektive Züchtungsexperimente oder Manipulation des Umfeldes bewiesen werden kann, daß z. B. Katzen aus genetischen Gründen eine hohe Neigung zu Markieren aufweisen, ist dies oft die einzig sinnvoll erscheinende Erklärung. Nicht immer sind Verhaltensprobleme der Inkompetenz des Besitzers oder unzureichenden äußeren Bedingungen anzulasten. Die Möglichkeit einer genetischen Vorprogrammierung ist insbesondere in solchen Fällen zu erwägen, bei denen mit ansonsten erfolgreichen Behandlungsmethoden keine Besserung eintritt.

Hormonelle Faktoren

Welchen Einfluß Hormone auf die den Verhaltensproblemen zugrundeliegenden Verhaltenssysteme haben, zeigt sich in den gravierenden Unterschieden zwischen Männchen und Weibchen bezüglich des Urinmarkierens und der Dominanzaggression, in den positiven Auswirkungen der Kastration von Rüden auf Aggression unter Geschlechtsgenossen, auf Markieren und auf Hypersexualität sowie in den positiven Effekten von Progestin auf einige dieser Probleme.

Pathophysiologische Faktoren

Die meisten Erkrankungen gehen mit Symptomen des Verhaltens (z. B. Lethargie, Inappetenz) einher, und eine Reihe von Verhaltensproblemen können das Ergebnis einer pathophysiologischen Störung sein (Reisner, 1991). Besonders häufig sind hierbei plötzliches Auftreten von Aggression bei vorher unauffälligen Hunden und die Ablehnung der Katzentoilette bei Katzen, die vorher stubenrein waren. Der Zusammenhang mit pathologischen Vorgängen ist oft leicht herzustellen. Katzen können infolge schmerzhafter Erfahrungen bei Kot- oder Harnabsatz lernen, die Katzentoilette zugunsten anderer Orte zu meiden. Bei Hunden hat eine untypische Aggression oft defensiven Charakter, um Menschen oder andere Tiere fernzuhalten und bestimmte Berührungen oder Manipulationen zu vermeiden.

Medikamente

Die Tatsache, daß manche Pharmaka Verhaltensprobleme nach sich ziehen oder andererseits den Schweregrad von Verhaltensproblemen reduzieren können, deutet die potentielle Signifikanz der Wirkung von Pharmaka auf die den Verhaltensproblemen zugrundeliegenden Verhaltenssysteme an.

Wechselwirkungen mit anderen Verhaltenssystemen

Manches Verhalten wie Bellen, Kratzen, Buddeln, Kot- und Harnabsatz in verschiedenen Situationen kann Ausdruck einer Verhaltensstörung wie z. B. Trennungsangst sein. Über die physiologische Basis all dieser Verhaltensweisen oder die Trennungsangst selbst ist nur wenig bekannt. Vermutlich gibt es jedoch einen Zusammenhang zwischen den physiologischen Systemen, die diesen spezifischen Verhaltensweisen einerseits und der verzweifelten und verstörten Reaktion des Tieres auf das Alleinsein andererseits zugrunde liegen. Die Lautäußerung – Jaulen und Winseln – mag zwar das Leitsymptom sein, der Ursprung des Problems ist aber im trennungsbezogenen Verhaltenssystem und nicht in dem System zur Steuerung der Lautäußerung an sich zu suchen. Ein weiteres Beispiel ist die sogenannte Angstaggression. Obwohl die Aggression das größte Problem für die Besitzer darstellt, ist es gewöhnlich die Angst, die in der Behandlung angesprochen werden muß.

Behandlungs-„Fenster"

Es stellt sich die Frage, welche Möglichkeiten zur direkten positiven Beeinflussung eines problematischen Verhaltens bestehen, die nicht direkt von Lernmechanismen abhängig sind. Bei einer starken *genetischen* Komponente sollte man lernen, mit der ungewöhnlich hohen Bereitschaft des Tieres zu problematischem Verhalten in manchen Situationen umzugehen, statt es eliminieren zu wollen. Das übergeordnete Behandlungsziel kann z. B. auf eine Kontrolle der Reaktion (durch Anlegen eines Maulkorbs oder einer Leine) statt auf Reduktion der problematischen Verhaltenstendenzen durch Umerziehungsmaßnahmen gerichtet sein.

Kastration kann bei Problemen wie Aggressionen unter Rüden, Markieren, Streunen, Hypersexualität bei Rüden sowie bei Markieren und Aggression zwischen Katern eine sehr hilfreiche Alternative sein, da männliche Hormone bei den physiologischen Mechanismen, die den Verhaltenssystemen zugrunde liegen, eine wichtige Rolle spielen. Obwohl am effektivsten bei Rüden, kann die Veränderung des Hormonspiegels durch Kastration bei weiblichen Tieren in Fällen von direkter Beteiligung des Geschlechtszyklus angezeigt sein.

Bei Wechselwirkung *pathophysiologischer Faktoren* mit dem Verhaltenssystem sind die Behandlungsvorgaben eindeutig: nicht das Verhaltensproblem, sondern die pathophysiologische Störung muß behandelt werden.

Selbstverständlich eröffnen *Pharmaka* ein weites Feld von Behandlungsmöglichkeiten bei Verhaltensproblemen, wenn sie eine direkte positive Veränderung der physiologischen Mechanismen, die bestimmten Verhaltenssystemen zugeordnet sind, ermöglichen.

In vielen Fällen ist es vernünftig, Verhaltensprobleme in ein Konzept zu fassen, das mehr als ein Verhaltenssystem umfaßt, z. B. bei Angstaggression bei Hunden und Katzen. Hier wird eine Aktivierung des Systems der defensiven Aggression in angstauslösenden Situationen angenommen. Derartige *Wechselwirkungen zwischen Verhaltenssystemen* eröffnen unter Umständen ein weiteres Feld von Möglichkeiten für eine erfolgreiche Behandlung, manchmal sogar das beste oder einzig erfolgversprechende. Wie bereits erwähnt, bedeutet die Behandlung von Angstaggression vielfach eher die Reduzierung der Angst des Tieres in problematischen Situationen als den Versuch, die Aggression direkt herabzusetzen. In der Praxis kann die Behandlung jedoch auf beide Verhaltenssysteme gerichtet sein. Bei angstbezogener Aggression von Hunden gegen Fremde umfaßt eine erfolgversprechende Behandlung zum einen die Reduzierung der Angst des Tieres vor Fremden und zum anderen ein Training, um in angstauslösenden Situationen weniger aggressiv zu reagieren.

Umwelteinflüsse

Selbst bei genetischer und/oder hormonaler Prädisposition für das Auftreten von Verhaltensproblemen bei unseren Tieren ist die Entwicklung dieser Probleme immer das Ergebnis einer Interaktion zwischen den Verhaltenssystemen des Tieres und den Merkmalen seiner Umgebung. Es ist allgemein anerkannt, daß die Entwicklung der meisten, möglicherweise aller Verhaltensprobleme *Lernprozesse* beinhaltet – ein generelles Konzept, das all die vielfältigen Veränderungsmöglichkeiten des Verhaltens eines Tieres als direktes Ergebnis seiner Erfahrung im Umgang mit seiner Umgebung wertet. Die folgenden Abschnitte fassen das Wesen der gängigsten lernvermittelten Effekte im Zusammenhang mit Verhaltensproblemen bei Hund und Katze zusammen.

Auswirkungen früher Erfahrungen

Eine gegenüber Veränderungen besonders resistente Form des Lernens tritt in einer frühen Lebensphase von Hunden und zu einem gewissen Grad auch bei Katzen auf. Hieran ist eine Prägung oder prägungsähnliche Lernform beteiligt: In den ersten Lebenswochen gibt es eine kritische Phase, in denen der Kontakt – oder ein Mangel an Kontakt – zu bestimmten Umweltreizen, Artgenossen und/oder Vertretern anderer Spezies maßgeblich das lebenslange Verhalten des Tieres bestimmt. Welpen, die zu früh aus ihrem Wurf genommen werden und denen der Kontakt zu Artgenossen zwischen der 3. und 14. Lebenswoche vorenthalten wird, legen später oft abnormes Sozialverhalten gegenüber anderen Hunden an den Tag, reagieren auf sie, als gehörten sie einer anderen Art an. Mangelnder Kontakt zu Menschen während dieser ersten drei Lebensmonate kann ebenfalls zu lebenslanger Angst vor Fremden führen. Bei der Befragung von Besitzern lärmempfindlicher Tiere stellt sich oftmals heraus, daß diese Hunde die ersten Lebenswochen in abgeschiedenen Zwingern, fernab jeglichen Großstadtlärms verbracht haben.

Gegenwärtig inadäquates oder anderweitig problematisches Umfeld

Manche Verhaltensprobleme reflektieren Unzulänglichkeiten der täglichen Haltungsbedingungen. Beispielsweise können Hunde mit unzureichendem Auslauf ungezogen und schwer zu kontrollieren sein. Ferner ist allgemein bekannt, daß Hunde und Katzen, die Stereotypien an den Tag legen – eigenartige, sich wiederholende Verhaltensweisen, wie hinter dem eigenen Schwanz herjagen, beißen, Fliegen schnappen, belecken, saugen oder annagen von Körperteilen, was manchmal bis zur Selbstverstümmelung führen kann –, häufig Anzeichen von Streß, Konflikten oder Frustration im Zusammenhang mit Unzulänglichkeiten ihrer Umwelt zeigen. Dazu gehören mangelnder Kontakt zu Artgenossen, beengte Räumlichkeiten, zu geringe Bewegungsfreiheit, aversive Umweltreize u.s.w.

Mangelndes Training

Aggression gegen Besucher und Verunreinigungsprobleme bei Hunden sind oft ganz offensichtlich die Konsequenz eines *Mangels an nötigem Training*, das solche Probleme hätte kontrollieren oder verhindern können.

Unabsichtliches „Training" durch den Besitzer

Ein weit verbreiteter Grund für die zunehmende Verschlimmerung von Verhaltensproblemen ist die *unabsichtliche Belohnung durch den Besitzer*, der versucht, ein aggressives, aufgeregtes Tier zu besänftigen oder ein furchtsames Tier durch Kraulen und Zureden zu beruhigen, es durch Leckerbissen oder Spiel abzulenken. Das sind Belohnungen für problematisches Verhalten, die nur die Wahrscheinlichkeit für künftiges, vermehrtes Auftreten sowie dessen Heftigkeit erhöhen. Gleichermaßen kann eine Bestätigung durch Besitzer in Form von Aufmerksamkeit Stereotypien aufrechterhalten oder verstärken oder für eine Vielzahl von „Bettel"-Verhalten bei Hunden und Katzen verantwortlich sein. Zuweilen liegt auch eine *absichtliche Belohnung* vor, wenn Welpen mit Kraulen und verbalem Lob für spielerische Aggression gegen Fremde belohnt werden, die später zunehmend problematisch wird. Nicht zuletzt gibt es noch viele weitere Möglichkeiten für Besitzer, auf die eine oder andere Weise Problemverhalten – oder was später dazu werden kann – zu *fördern* oder zu unterstützen. Kampfspiele mit Hunden befördern möglicherweise die Entwicklung von spielerischer Aggression oder von Dominanzaggression. Die Mitnahme von Hunden in eine furchtauslösende Umgebung kann ihre Angst verstärken, Privilegien wie die Erlaubnis, im Bett zu schlafen oder auf Möbelstücke zu springen, können die Entwicklung von Dominanzaggression begünstigen. Auf jede Bettelei des Hundes einzugehen, kann ihn hochgradig aufdringlich und fordernd werden lassen.

Manche dieser Verhaltensweisen können zu einer *problematischen Besitzer-Hund-Beziehung* führen, die es dem Besitzer wiederum erschwert, einen schwierigen Hund in Problemsituationen zu beherrschen und zu trainieren.

Andere konditionierende oder belohnende Effekte

Tiere können ängstlich werden, wenn sie einem *traumatischen Erlebnis* (z. B. einem Verkehrsunfall) oder wiederholt einer *angstauslösenden Situation* (z. B. von Kindern geärgert werden, Gewitter, Wutausbrüche des Besitzers) ausgesetzt werden. Es gibt aber auch noch *andere Quellen positiver Belohnung*. Opfer aggressiver Drohgebärden von Hunden halten eventuell inne, wenden sich ab und gehen oder laufen weg. Darin erkennt der defensiv-aggressive Hund einen Erfolg seines Drohverhaltens. Ähnliches gilt für den Hund, der sich auf Spaziergängen weigert, seinem Herrn zu folgen, und statt dessen mit anderen Hunden spielt. Auch der Hund, der Essen stiehlt oder aus seinem Zwinger ausbricht, wird ganz offensichtlich belohnt. *Selbstbelohnendes Verhalten* spielt bei vielen Problemfällen eine Rolle. Aggressives Bellen und Knurren eines sozial vernachlässigten Hundes, der im Freien allein angekettet ist, kann für diesen als Selbstbelohnung fungieren. Das Jagen kleiner Tiere wie Eichhörnchen und Katzen scheint für manche Hunde äußerst belohnend zu sein, auch wenn sie die Beute nie fangen.

Behandlungs-„Fenster"

Die große Zahl kausaler Verbindungen zwischen Umweltfaktoren und Verhaltensproblemen deutet die Bandbreite zur Behandlung solcher Probleme durch Modifikation der Umweltbedingungen an. In den folgenden Absätzen soll das Wesen dieser unterschiedlichen Methoden, die sich in der Behandlung mancher Verhaltensprobleme als effektiv erwiesen haben, vorgestellt werden.

Wie es auch bei der genetischen Determinierung mancher Systemparameter der Fall ist, sind die Auswirkungen hochgradiger Defizite früher Erfahrungswerte unter Umständen irreversibel. In weniger gravierenden Fällen mit geringgradigen Defiziten ist ein Potential für spätere Veränderung vorhanden. *Veränderungen der Haltungsbedingungen* (z. B. einem Hund jeden Tag ausgiebigen Kontakt zu Artgenossen oder fremden Menschen zu ermöglichen) kann manchmal den Grundstein zu einer langsamen Akkommodation des Tieres an angstauslösende Stimuli legen. Theoretisch könnte beispielsweise eine *systematische Verhaltenstherapie* in manchen Fällen helfen, die Angst vor Kindern oder bestimmten Geräuschen der Stadt zu reduzieren.

Wenn das Umfeld, in dem das Tier lebt, in irgendeiner Weise inadäquat ist, kann dieser Mangel durch *erhöhtes Verständnis des Besitzers* (z. B. konsequentes Eingehen auf starken Bewegungsdrang, häufiger Kontakt geselliger Tiere mit Artgenossen), *spezifische Veränderungen der Umgebung* (z. B. eine neue Katzentoilette, Spielsachen für Katzen, Kratzbaum), *Veränderung der Haltungsbedingungen* (z. B. Veränderung des Schlafplatzes oder der Fütterungszeiten des Hundes) oder *systematische Verhaltenstherapie* (z. B. systematische Desensibilisierung und Gegenkonditionierung zur schrittweisen Reduzierung der Angst vor einem bestimmten Stimulus) gemildert werden.

Bei Hunden ist vielfach Training oder auch erneutes Training nötig. Entsprechende Ratschläge beinhalten eine *erhöhte Autorität des Besitzers* (z. B. den Hund in problematischen Situationen energischer zu schelten), *konventionelles Gehorsamstraining* (z. B. um die Kontrolle durch den Besitzer zu erhöhen), *das Trainieren von Problemsituationen* (z. B. Bestrafung von problematischem Verhalten bei gleichzeitigem Belohnen von gewünschtem Verhalten in schwierigen Situationen) und *systematische Verhaltensstherapie* (z. B. einem Hund das ungewohnte Alleinsein anzutrainieren, ohne daß er dabei verstört und furchtsam reagiert).

Wenn Besitzer die Entwicklung von Verhaltensproblemen in irgendeiner Form belohnt oder begünstigt haben, können folgende Maßnahme nötig werden: *Berichtigung von Fehleinschätzungen der Besitzer* (z. B. ängstliche Hunde sollen durch Kraulen beruhigt werden), *Korrektur von Fehlern der Besitzer* (z. B. den dominanteren Hund im Haushalt für die Unterdrückung des Schwächeren zu bestrafen), *Einstellung ineffektiver Behandlungsmethoden* (z. B. Bestrafung lange nach Auftreten des problematischen Verhaltens) oder Durchführung eines *konventionellen Gehorsamstrainings*.

Wird die Entwicklung und Aufrechterhaltung des Problems noch anderweitig verstärkt, müssen diese Ursachen natürlich ebenfalls eingestellt werden. Durch den Einsatz besonders beliebter Leckerbissen und den gänzlichen Verzicht auf Schelte, auch wenn der Hund einem Befehl nur langsam Folge leistet, kann der Besitzer dem Befehl „Komm" allmählich mehr Gewicht verleihen, bis der belohnende Effekt, den Ungehorsam einem Hund verschaffen kann, überwunden wird. Des gleichen kann die Kombination von wirksamen Strafen und Belohnen gewünschten Verhaltens in Problemsituationen helfen, selbstbelohnendes Verhalten einzuschränken. Auch hier greifen die oben erwähnten Maßnahmen.

Kontrolle/Vermeidung einer Reaktion

Manchmal kann man Probleme wirksam durch den Einsatz eines *physischen Hilfsmittels* handhaben, z. B. einem Maulkorb, einer Halskrause oder ganz simpel einer Leine. Diese Art von Maßnahmen zur Kontrolle/Vermeidung von Reaktionen – die mit keinem der in Abbildung 5.1 zusammengefaßten Kausalfaktoren direkt in Zusammenhang stehen – sind in vielen Fällen von Verhaltensproblemen bei Hunden häufig sehr hilfreich.

Schlußfolgerungen

Die Kausalfaktoren, die den meisten Verhaltenssystemen zugrunde liegen, bilden eine komplexe Kombination aus mehreren genetischen, physiologischen, systemverbindenden und lernvermittelten Effekten. Im beschreibenden Modell dieses Kapitels sind sie aufgeführt. In der Abbildung 5.2 sind dem Modell des im vorigen Kapitel vorgestellten Prozesses der Problemberatung bei Haustieren viele Details aus der behandlungsbezogenen Diskussion dieses

Kapitels beigefügt. Daraus wird die Komplexität der Behandlung von Verhaltensproblemen ersichtlich. Verhaltensstörungen bei Hund und Katze können auf vielerlei Weise positiv beeinflußt werden. Die Behandlungsempfehlungen reflektieren dabei immer die vom Berater als optimal eingestufte Kombination für das betreffende Tier, das Problem, den Besitzer und die Familiensituation.

Literatur

Dykman, R. A., Murphree, O. D., and Reese, W. G. (1979): Familial anthropophobia in pointer dogs? *Archives Gen. Psychiatry* **36**, 988–993.

Reisner, I. (1991): The pathophysiologic basis of behavior problems. *Veterinary Clinics of North America: Small Animal Practice* **21**, 207–224.

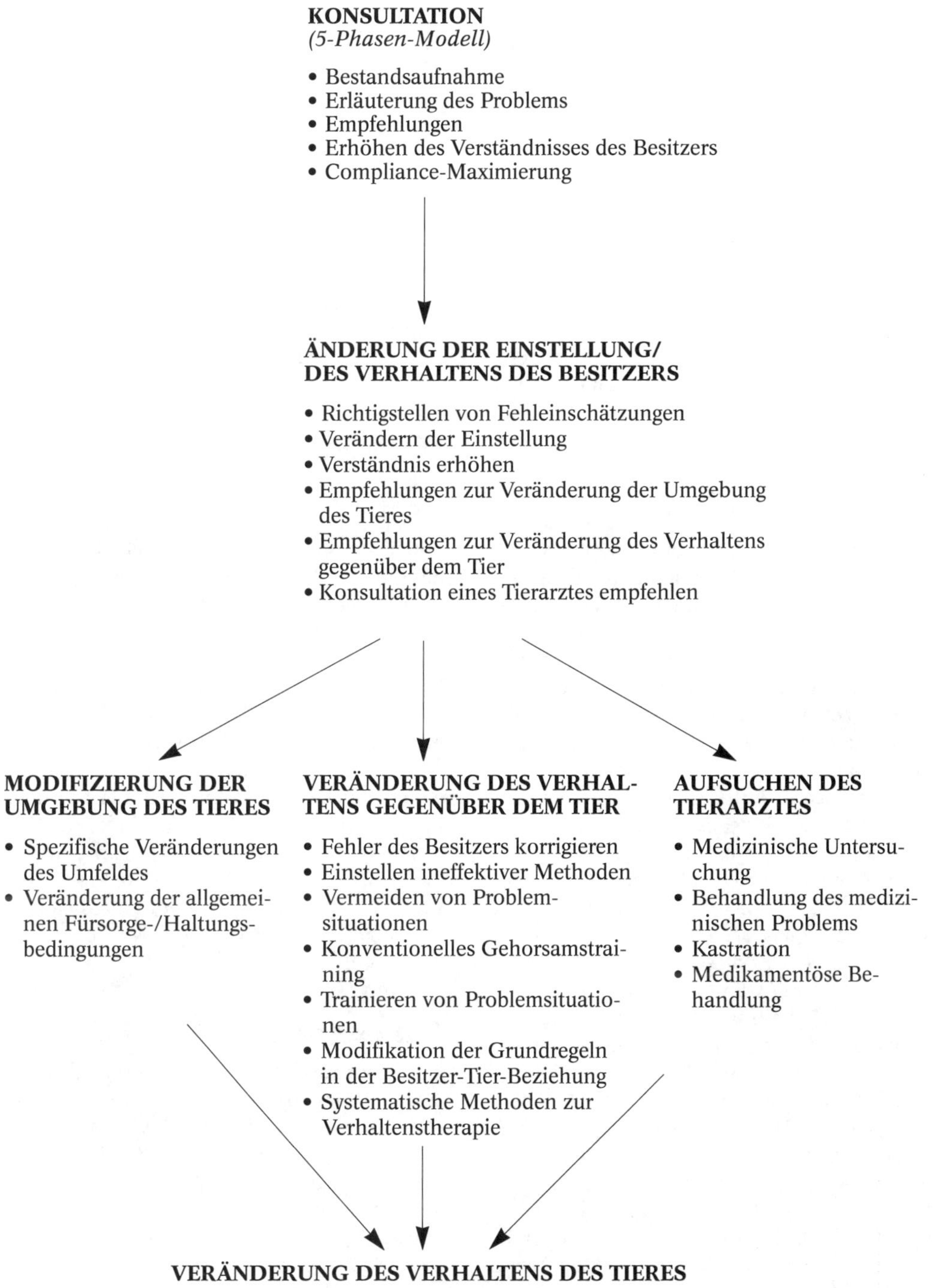

KONSULTATION
(5-Phasen-Modell)

- Bestandsaufnahme
- Erläuterung des Problems
- Empfehlungen
- Erhöhen des Verständnisses des Besitzers
- Compliance-Maximierung

↓

ÄNDERUNG DER EINSTELLUNG/ DES VERHALTENS DES BESITZERS

- Richtigstellen von Fehleinschätzungen
- Verändern der Einstellung
- Verständnis erhöhen
- Empfehlungen zur Veränderung der Umgebung des Tieres
- Empfehlungen zur Veränderung des Verhaltens gegenüber dem Tier
- Konsultation eines Tierarztes empfehlen

MODIFIZIERUNG DER UMGEBUNG DES TIERES

- Spezifische Veränderungen des Umfeldes
- Veränderung der allgemeinen Fürsorge-/Haltungsbedingungen

VERÄNDERUNG DES VERHALTENS GEGENÜBER DEM TIER

- Fehler des Besitzers korrigieren
- Einstellen ineffektiver Methoden
- Vermeiden von Problemsituationen
- Konventionelles Gehorsamstraining
- Trainieren von Problemsituationen
- Modifikation der Grundregeln in der Besitzer-Tier-Beziehung
- Systematische Methoden zur Verhaltenstherapie

AUFSUCHEN DES TIERARZTES

- Medizinische Untersuchung
- Behandlung des medizinischen Problems
- Kastration
- Medikamentöse Behandlung

VERÄNDERUNG DES VERHALTENS DES TIERES

Abb. 5.2: Schematische Darstellung des Beratungsprozesses bei Haustier-Verhaltensproblemen. Bei Tierärzten, die auch Verhaltensprobleme behandeln, entfällt der Punkt „Aufsuchen des Tierarztes".

6 Der Aufbau einer Praxis

Für die Durchführung einer Beratung bei Verhaltensproblemen gibt es viele organisatorische Möglichkeiten. Während manche Berater Hausbesuche machen, empfangen andere die Klienten in ihrer Praxis. Manche Berater führen ausgedehnte Konsultationen per Telefon durch. Üblich ist auch, nach einem ersten ausführlichen Gespräch alle weiteren Kontakte telefonisch abzuwickeln oder auch, ihre Klienten mehrmals über einen Zeitraum von einigen Wochen zu treffen. Und obwohl es in Europa und Nordamerika viele Kollegen gibt, die sich nur mit Verhaltensberatung beschäftigen, wächst die Zahl der Kleintierpraktiker, die zusätzlich zu ihren übrigen angebotenen Leistungen auch Verhaltenstherapie betreiben.

Im vorliegenden Kapitel wird der Autor seine eigenen Methoden vorstellen. Diese sollen als Vorlage für die Diskussion der an allen Formen und Themenbereichen der Verhaltensberatung beteiligten Elemente dienen. Der Autor nimmt jedoch nicht für sich in Anspruch, daß seine Vorgehensweise immer die beste ist. Im Gegenteil, die Klienten nur einmal zu treffen, ist häufig ein unzureichender Versuch, denjenigen zu helfen, die nicht willens oder nicht imstande sind, für ausgedehnte Folgen von Sitzungen, die die Erfolgschancen der Behandlung maximieren würden, zu bezahlen. Zwar hat der Verhaltensberater, der Hausbesuche durchführt, den immensen Vorteil, die Familie in ihrer häuslichen Situation und das Tier in seiner gewohnten Umgebung zu beobachten, doch muß der Berater, der die Befragung seiner Klienten in einer Universitätstierklinik vornimmt, skeptische Klienten nicht davon überzeugen, daß sie sich in qualifizierten und kompetenten Händen befinden. Der Kleintierpraktiker ist daher in einer idealen Position: Seine Qualifikation wird nicht bezweifelt, und die Klienten sind daran gewöhnt, seine Empfehlungen zu befolgen und wiederholt in seine Praxis zu kommen, wenn er es für nötig oder hilfreich hält. Ferner hat er den nicht unerheblichen Vorteil, die Besitzer, das Tier und die Natur des Problems zu kennen, noch bevor die Konsultation beginnt.

Praxiselemente

Die Konsultation

Wie bereits ausführlich in Kapitel 4 behandelt, muß der Verhaltensberater das Problem ausführlich mit dem Klienten besprechen, um alle nötigen Fakten des Falles kennenzulernen und Empfehlungen geben zu können. Ohne Vorkenntnisse über einen Fall nehmen Hausbesuche relativ viel Zeit in Anspruch: eine Stunde und mehr für Katzen und 2–3 Stunden für Hunde. Dem Kleintierpraktiker dagegen, der bereits mit den Besitzern, dem Tier und dem Problem vertraut ist, wird die Hälfte der Zeit ausreichen – besonders wenn man ein oder zwei kurze Nachbesprechungen in der Praxis vereinbart, um die Behandlungsmaßnahmen des Besitzers in den nächsten Wochen zu unterstützen.

Fragebogen zur Klienteninformation

Der Autor verwendet in seiner Praxis drei spezielle Formulare. Der erste sogenannte *Fragebogen zur Klienteninformation* wird von den Besitzern in der Regel ausgefüllt, wenn die erste Befragungsrunde beendet ist und der Berater ausreichend mit dem Problem vertraut ist, um den Klienten Empfehlungen geben zu können. Die Abbildungen 6.1 und 6.2 stellen zwei Versionen dieses Fragebogens vor, einen für Hunde und einen für Katzen. Der Leser kann

FRAGEBOGEN – KLIENTENINFORMATION / HUND

Name des Besitzers:_____ Telefonnummer: _____
Adresse:_____
Name des Hundes:_____ Rasse:_____ Größe/Gewicht: _____
Geschlecht:_____ Alter:_____ Kastriert?_____ Alter bei Erwerb: _____
Herkunft:_____ Wo wohnen Sie? Stadt / Außenbezirk / ländliches Gebiet
Größe der Wohnung/des Hauses: ca._____ m² Anzahl der Personen im Haushalt: _____
Alter des/der Kindes/Kinder:_____ Beruf des Haushaltsvorstandes: _____
Anzahl der Spaziergänge tgl.:_____ Wie lange (jeweils):_____ An der Leine?_____
Wie oft spielt er auf Spaziergängen mit anderen Hunden: Oft / Manchmal / Nie
Gibt es noch andere Tiere im Haushalt? _____
Tierarzt (Name):_____Datum der letzten tierärztlichen Untersuchung: _____

Zutreffendes bitte ankreuzen (**X**):

	JA	NEIN
– Gehorsamstraining zu Hause?	___	___
Einsatz von Leckerbissen?	___	___
– Gehorsamstraining in der Hundeschule?	___	___
Einsatz von Leckerbissen?	___	___
– Der Hund ist: nervös	___	___
unteraktiv	___	___
überaktiv	___	___
aufdringlich	___	___
starrköpfig	___	___
liebevoll	___	___
verspielt	___	___
gehorsam	___	___

Sitzt er auf Kommando? Immer / Manchmal / Nie
Legt er sich auf Kommando hin? Immer / Manchmal / Nie
Kommt er auf Kommando? Immer / Manchmal / Nie

Zutreffendes bitte ankreuzen (**X**):

	HÄUFIG	MANCHMAL	NIE
– Stiehlt Essen	___	___	___
– Frißt Kot	___	___	___
– Sexualverhalten gegenüber Menschen	___	___	___
– Masturbation	___	___	___
– Übermäßige Angstreaktion	___	___	___
– Übermäßiges Lecken und Kratzen des Felles	___	___	___
– Ungehorsam	___	___	___
– Schwer zu kontrollieren	___	___	___
– Verteidigen von Gegenständen gegen Familienmitglieder	___	___	___
– Übermäßiges Bellen und Knurren gegen Fremde	___	___	___

	HÄUFIG	MANCHMAL	NIE
– Beißt Fremde	—	—	—
– Aggressiv gegen andere Hunde	—	—	—
– Beißt Familienmitglieder	—	—	—
– Knurrt Familienmitglieder an	—	—	—
– Aggressiv beim Kraulen	—	—	—
– Aggressiv beim Bürsten	—	—	—
– Aggressiv auf Berühren	—	—	—
– Aggressiv auf Schieben/Drücken	—	—	—
– Aggressiv, wenn man nach ihm greift	—	—	—
– Aggressiv auf Bedrohung	—	—	—
– Aggressiv auf Bestrafung	—	—	—
– Aggressiv auf Störung im Schlaf/beim Ruhen	—	—	—
– Aggressiv während des Fressens	—	—	—
– Uriniert im Haus	—	—	—
– Defäkiert im Haus	—	—	—
– Destruktiv im Haus	—	—	—
– Übermäßiges Winseln, Bellen, Heulen etc.	—	—	—
– Streunt	—	—	—
– Destruktiv im Garten	—	—	—

Bitte antworten Sie mit „JA" oder „NEIN":

– Betrachten Sie Ihren Hund als Familienmitglied? .... _____
– Darf er bei Familienmitgliedern im Bett schlafen? .... _____
– Darf er auf Möbel? .... _____
– Nehmen Sie ihn zu kurzen Besorgungen mit? .... _____
– Nehmen Sie ihn mit in den Urlaub? .... _____
– Bekommt er Essen vom Tisch? .... _____
– Teilen Sie Snacks mit ihm? .... _____
– Sprechen Sie mindestens einmal täglich mit ihm? .... _____
– Sprechen Sie mindestens einmal monatlich mit ihm über wichtige Angelegenheiten? .... _____
– Glauben Sie, er nimmt Ihre Stimmungen wahr? .... _____
– Glauben Sie, Sie nehmen seine Stimmungen wahr? .... _____
– Haben Sie Fotos von ihm? .... _____
– Feiern Sie seinen Geburtstag? .... _____

Abb. 6.1: Klienteninformation: Fragebogen für Hundebesitzer (vom Besitzer auszufüllen)

diese für seinen eigenen Beratungsbedarf nutzen oder umformulieren.

Im folgenden sind einige Vorzüge der Verwendung dieser Fragebögen aufgeführt.

Allgemeine Informationen über Besitzer und Tier

Der Berater gelangt auf diese Weise schnell und unkompliziert an Informationen wie Name des Besitzers, seine Adresse, Telefonnummer und häusliche Situation, die Rasse des Tieres, sein Alter, Geschlecht, Größe und Namen sowie darüber, ob es kastriert ist und woher der Besitzer es hat.

Informationen über Haltungsbedingungen, allgemeine Verhaltensmerkmale und andere größere und kleinere Verhaltensprobleme des Haustiers

Das Zusammentragen solcher Informationen trägt zur Vervollständigung des bisher geformten Bildes bei. Manchmal kommen dadurch völlig neue Fakten ans Licht, die wiederum neue Perspektiven eröffnen, die in weiteren Befragungen ausgelotet werden müssen. Solche Informationen liefern auch wertvolle Daten für spätere wissenschaftliche Zwecke.

Zusätzliche Informationen über Ansichten der Besitzer und ihre Tierhaltungspraktiken

Die letzte Fragengruppe auf beiden Fragebögen wurde zu reinen Forschungszwecken eingebaut. Bei Nutzung des Formulars durch einen Kleintierpraktiker könne sie problemlos weggelassen werden. Manchmal erweisen sie sich allerdings als nützlich, indem sie den Besitzern ihre anthropomorphen Verhaltensweisen und ihre Neigung, ihr Haustier zu verwöhnen, vor Augen führen. Damit wird der Grundstein gelegt für eine Änderung dieses Verhaltens, die in manchen Fällen, wie Dominanzaggression bei Hunden, angezeigt ist.

Wichtige Ergänzung für Klientenakten

Oft rufen Klienten nach Monaten wieder an, und man kann sich nicht gleich an die Einzelheiten des Falles erinnern. Dann kann man die Klientenakte zu Rate ziehen. Sie enthält den *Fragebogen zur Klienteninformation*, einen *Fallbericht* (s. u.), eine Kopie der *Behandlungsempfehlungen*, die man den Klienten einige Tage nach der Konsultation zuschickt, und eine Kopie des *Follow-up-Fragebogens* (s. u.), der dem Klienten mehrere Wochen später zugeschickt wird. Bei Durchsicht all dieser Informationen braucht es nur wenige Minuten, um die Erinnerung an den jeweiligen Fall und seine wesentlichsten Merkmale wieder aufzufrischen.

Statistische Informationen zu verschiedenen Verhaltensproblemen bei Hund und Katze

Ein Vergleich von Informationen, die mit Hilfe dieses Fragebogens zu Haltungsbedingungen (z. B. Gibt es noch andere Tiere im Haushalt?), allgemeinen Verhaltenscharakteristika (z. B. Handelt es sich um eine nervöse Katze?) und anderen Verhaltensstörungen (z. B. Wie oft zeigt die Katze extreme Angstreaktionen?) bei urinmarkierenden und nichtmarkierenden Katzen gesammelt wurden, konnte beispielsweise die Behauptung von Hart und Hart (1985), Angst sei der Hauptgrund für Markierungsprobleme bei Katzen (siehe Kap. 20), kaum unterstützen. Ebenso deutet ein Vergleich der Antworten von Besitzern problematischer und unproblematischer Hunde und Katzen (siehe Kap. 3) darauf hin, daß die anthropomorphischen Verhaltensweisen und das Verwöhnen der Tiere, die in den weitverbreiteten Haustierzeitschriften für Verhaltensprobleme verantwortlich gemacht werden, sich in den einzelnen Gruppen kaum voneinander unterscheiden. Informationen aus Fragebögen dieser Art können für die Forschung auf einem solch jungen Gebiet, wo es an verläßlichen Daten mangelt, von großem Nutzen sein.

Der Fallbericht

Das zweite, wichtige Formular ist der *Fallbericht* (Abb. 6.3). So bald wie möglich nach der Konsultation sollten alle relevanten Informationen anhand des Formulars notiert werden.

FRAGEBOGEN – KLIENTENINFORMATION / KATZE

Name desBesitzers:_____ Telefonnummer:_____
Addresse: _____
Name der Katze:_____ Rasse:_____ Geschlecht:_____ Alter _____
Kastriert?_____ Alter bei Erwerb:_____ Herkunft:_____
Wohnort? Stadt / Außenbezirk / ländliches Gebiet
Größe der Wohnung/des Hauses: ca.___m²
Anzahl der Personen im Haushalt:_____ Alter des/der Kindes/Kinder:_____
Beruf des Haushaltsvorstandes:_____ Hat die Katze freien Auslauf? _____
Kann sie auf den Balkon?_____ Gibt es noch andere Tiere im Haushalt? _____
Tierarzt (Name)_____Datum der letzten tierärztlichenUntertersuchung:_____

Zutreffendes bitte ankreuzen (**X**):

		JA	NEIN
Die Katze ist:	nervös	___	___
	unteraktiv	___	___
	überaktiv	___	___
	aufdringlich	___	___
	liebevoll	___	___
	verspielt	___	___
	unabhängig	___	___

Zutreffendes bitte ankreuzen (**X**):

	HÄUFIG	**MANCHMAL**	**NIE**
– Aggressiv gegen andere Katzen	___	___	___
– Beißt und kratzt Menschen im Spiel	___	___	___
– Aggressives Kratzen und Beißen von Menschen	___	___	___
– Übermäßige Angstreaktionen	___	___	___
– Übermäßiges Beißen oder Lecken des Felles	___	___	___
– Uriniert außerhalb der Katzentoilette	___	___	___
– Defäkiert außerhalb der Katzentoilette	___	___	___
– Übermäßiges Betteln (z. B. Miauen)	___	___	___
– Kratzen an Möbeln, Teppichen etc.	___	___	___
– Aggressiv gegen Familienmitglieder	___	___	___
– Aggressiv gegen Fremde	___	___	___
– Aggressiv beim Streicheln	___	___	___
– Aggressiv auf Berührung	___	___	___
– Aggressiv, wenn man nach ihr greift	___	___	___
– Aggressiv nach Bestrafung	___	___	___
– Frißt Topfpflanzen	___	___	___
– Übermäßiges Umherrennen im Haus	___	___	___
– Fressen von ungenießbaren Materialien	___	___	___
– Appetitmangel	___	___	___
– Unzureichende Fellpflege	___	___	___
– Rastlosigkeit	___	___	___

Bitte antworten Sie mit „**JA**" oder „**NEIN**":

- Betrachten Sie Ihre Katze als Familienmitglied? .... _____
- Darf sie bei Familienmitgliedern im Bett schlafen? .... _____
- Darf sie auf Möbel? .... _____
- Nehmen Sie sie zu kurzen Besorgungen mit? .... _____
- Nehmen Sie sie mit in den Urlaub? .... _____
- Bekommt sie Essen vom Tisch? .... _____
- Teilen Sie Snacks mit ihr? .... _____
- Sprechen sie mindestens einmal täglich mit ihr? .... _____
- Sprechen Sie mindestens einmal monatlich mit ihr über wichtige Angelegenheiten? .... _____
- Glauben Sie, sie nimmt Ihre Stimmungen wahr? .... _____
- Glauben Sie, Sie nehmen ihre Stimmungen wahr? .... _____
- Haben Sie Fotos von ihr? .... _____
- Feiern Sie ihren Geburtstag? .... _____

Abb. 6.2: Klienteninformation: Fragebogen für Katzenbesitzer (vom Besitzer auszufüllen)

Nicht jede Frage muß zu diesem Zeitpunkt schon beantwortet werden, aber durch die Beantwortung der wichtigsten Punkte, z. B. Art des Problems, auslösende Situationen, was die Leute zu dessen Beseitigung unternommen haben, Vorhandensein verwandter Probleme, erhält man innerhalb von 15 Minuten ein recht detailliertes Bild des Falles zum späteren Nachschlagen. Ungewöhnliche oder einzigartige Aspekte jedes Falles, die an sich interessant sind und später der Erinnerung auf die Sprünge helfen, wenn der Klient wegen weiterer Ratschläge anruft, werden ebenfalls notiert. Auch wenn es zunächst lästig erscheint, so sind die hier festgehaltenen Daten zuweilen unersetzlich.

Behandlungsempfehlungsschreiben

Zusätzlich zu den während der Konsultation gegebenen Empfehlungen schickt der Autor seinen Klienten einige Tage später einen Brief mit einer Zusammenfassung der wichtigsten Behandlungsempfehlungen zu. Das ist vor allem dann hilfreich, wenn eine ganze Reihe von Empfehlungen gegeben worden ist oder wenn mehr Familienmitglieder an der Behandlung teilhaben, als beim Beratungsgespräch anwesend waren. Ein weiterer Vorteil liegt in der Möglichkeit für den Berater, ein oder zwei Tage über den Fall nachzudenken und bereits gegebene Empfehlungen zu modifizieren oder nötigenfalls neue hinzuzufügen. Selbstverständlich ist eine Kopie des Briefes ein unverzichtbarer Zusatz zur Klientenakte, denn bei Rückfragen durch den Klienten müssen die erteilten Instruktionen selbst Monate später exakt nachvollziehbar sein.

Bericht an den überweisenden Tierarzt

Ein weiteres wichtiges Element einer Überweisungspraxis ist die Übersendung eines Berichts an den überweisenden Tierarzt. Damit soll in der Hauptsache der Tierarzt von der stattgefundenen Konsultation in Kenntnis gesetzt, kurz das Problem und die Eckpfeiler der vorgeschlagenen Behandlung beschrieben und nicht zuletzt dem Kollegen für die Überweisung gedankt werden.

Folgekontakte mit den Besitzern

Besonders wenn man mit den Besitzern nur einmal zusammentrifft, sind Vorkehrungen für weitere Telefonkontakte zur Unterstützung der Behandlung unerläßlich. Während der Sitzung

FALLBERICHT

Besitzer (Name/Adresse): _____

_____ Tier: _____

Datum: _____

ART DES PROBLEMS
Worin besteht das Hauptproblem?

Gibt es noch andere Probleme?

Wie häufig taucht das jeweilige Problem auf?

Wie ernst ist das jeweilige Problem?

HINTERGRUNDINFORMATION
Wie und wann trat das Verhaltensproblem das erste Mal auf?

Gab es andere kleinere Probleme zu dieser Zeit oder schon früher?

Welche Krankheiten hat das Tier durchgemacht? (Falls relevant)

Beschreibung anderer Tiere und Personen im Haushalt

Beschreibung der Lebensumstände
– in der Wohnung/dem Haus:

– außerhalb der Wohnung/des Hauses:

ZUSAMMENFASSUNG RELEVANTER INFORMATIONEN

Hauptproblem(e):

Methoden, die die Besitzer angewendet haben, um das Problem zu korrigieren (Welche Methoden? Wie konsequent? Über welchen Zeitraum? Mit welchen Ergebnissen?)

Umstände, unter denen das Problem auftaucht:

Meinung der Besitzer über das Tier, seine Probleme, Euthanasie, mögliche Behandlungsmaßnahmen etc.

Relevante Beobachtungen während des Gesprächs:
– Verhalten des Tieres:

– Reaktionen des Besitzers auf das Verhalten des Tieres:

Gibt es sonst noch etwas Auffälliges oder Ungewöhnliches zu dem Fall?

VORLÄUFIGE DIAGNOSE

INSTRUKTIONEN FÜR DIE BESITZER

1.

2.

3.

4.

5.

Weitere:

PROGNOSE (und relevante Faktoren)

ZUSÄTZLICHE RELEVANTE INFORMATIONEN

Abb. 6.3: Fallbericht (von Berater auszufüllen)

sollten die Besitzer ermutigt werden, bei auftretenden Problemen anzurufen, aber auch wenn die Behandlung nicht den gewünschten Effekt zeigt oder wenn sie ein voller Erfolg war. Den Besitzern sollte auch verdeutlicht werden, daß derartige Folgeanrufe immer wieder nötig werden können, um die vorgeschlagene Behandlung zu modifizieren, daß die meisten Klienten in den Wochen nach der Sitzung häufig anrufen und daß sie bei auftretenden Fragen jederzeit, auch nach Monaten anrufen können. Selbst wenn Klienten keinen Gebrauch von dem Angebot machen, so ist es für sie zum Zeitpunkt der Konsultation und in den folgenden Tagen und Wochen doch ein beruhigender Gedanke, daß sie mit ihrem Problem nicht allein sind, selbst wenn die Behandlung nicht das gewünschte Ergebnis gezeigt hat.

Follow-up-Fragebogen

Aus naheliegenden Gründen ist es hilfreich, zu den Fällen Nachfolgeinformationen zu sammeln. Abbildung 6.4 zeigt einen Fragebogen, den der Autor in 161 Fällen an die Besitzer verschickt hat, auch wenn in einigen Fällen geraten wurde, das Tier lieber abzugeben, als das Problem unter den gegebenen Umständen lösen zu wollen (meist in Familien, in denen der Hund aggressiv auf Kleinkinder reagierte). In einem Begleitschreiben wurden die Klienten um Kooperation gebeten und es wurde ihnen erklärt, wie wichtig diese Auskünfte für Spezialisten sind, um die Qualität der erteilten Ratschläge zu verbessern. Die Umfrage war anonym, trotzdem gaben einige ihre Adresse an.

Die Auswertung von 113 zurückgesandten Fragebögen (70 % Rücklaufrate) ergab folgendes:

Wie hilfreich war die Konsultation?
Sehr/ziemlich hilfreich   59 %
Etwas hilfreich   37 %
Nicht hilfreich   4 %

Die Kosten des Hausbesuches waren:
Viel zu hoch   4 %
Etwas zu hoch   21 %
Angemessen   73 %
Erstaunlich niedrig   2 %

Wie viele der Behandlungsempfehlungen wurden befolgt?
Alle   27 %
Die meisten   50 %
Manche/einige   21 %
Keine   2 %

Für wie lange wurden die Empfehlungen befolgt?
Einige Wochen oder länger   87 %
Ein oder zwei Wochen   10 %
Kürzer   3 %

Wie effektiv waren die Empfehlungen?
Sehr/ziemlich effektiv   62 %
Mäßig effektiv   27 %
Halfen nicht   11 %

In welchem Maße verbesserte die empfohlene Behandlung das Hauptproblem?
Völlig eliminiert   18 %
Stark/ziemlich verbessert   47 %
Leicht verbessert   23 %
Keine Verbesserung   12 %
Problem hat sich verschlimmert   0 %

Aus den Antworten des Fragebogens können folgende vorläufige Schlüsse gezogen werden:
- Etwa 96 % der Klienten bezeichneten die Konsultation zu einem gewissen Grad als hilfreich, ca. 73 % der Klienten empfanden den Preis des Hausbesuches als angemessen (ca. 190 bzw. 150 DM für Hunde bzw. Katzen), wobei die Mehrheit der übrigen Klienten die Kosten lediglich als ein wenig überhöht betrachtete. Demnach hatten nahezu alle Klienten im nachhinein das Gefühl, eine hilfreiche Dienstleistung erhalten zu haben, der den meisten von ihnen den finanziellen Aufwand wert erschien.
- Nach den Antworten der Klienten auf die Fragen 3 und 4 war die Compliance mit den vorgeschlagenen Behandlungsmethoden relativ gut, wobei 76 % die meisten oder alle und 87 % die Empfehlungen über mehrere Wochen und länger befolgten. Jedoch nur 27 % gaben an, *alle* Empfehlungen befolgt zu haben, was darauf schließen läßt, daß es den Klienten entweder nicht möglich war,

FOLLOW-UP-FRAGEBOGEN

1. Der Hausbesuch war:

☐ Sehr/ziemlich hilfreich ☐ Etwas hilfreich ☐ Nicht hilfreich

2. Die Kosten des Hausbesuchs waren:

☐ Viel zu hoch ☐ Angemessen
☐ Etwas zu hoch ☐ Erstaunlich niedrig

3. Wie viele der Behandlungsempfehlungen haben Sie konsequent angewendet?

☐ Alle ☐ Manche ☐ Keine
☐ Die meisten ☐ Einige

4. Wie lange wurden die Empfehlungen befolgt?

☐ Einige Wochen oder länger ☐ Ein oder zwei Wochen ☐ Kürzer

5. Wie effektiv waren diese Empfehlungen?

☐ Sehr effektiv ☐ Mäßig effektiv
☐ Ziemlich effektiv ☐ Halfen nicht

6. In welchem Maße verbesserte die empfohlene Behandlung das Hauptproblem?

☐ Hauptproblem völlig eliminiert
☐ Hauptproblem stark verbessert
☐ Hauptproblem beträchtlich verbessert
☐ Hauptproblem leicht verbessert
☐ Hauptproblem unverändert
☐ Hauptproblem hat sich verschlimmert

7. Falls sich das Hauptproblem trotz Befolgung der Empfehlungen nicht verbessert hat, fanden Sie eine andere Methode, um es zu beheben oder zu verbessern?

☐ Nein ☐ Ja. Bitte erklären:_____

Bemerkungen zur zwischenzeitlichen Entwicklung der Probleme seit dem Hausbesuch

Abb. 6.4: Follow-up-Fragebogen

sie zu befolgen (z. B. aus psychologischen oder praktischen Gründen), oder daß sie nach der Sitzung meinten, sie könnten sich aussuchen, welche der Empfehlungen sie befolgen würden und welche nicht.
- In 65 % der Fälle sahen die Klienten die Behandlung als erfolgreich an, wenn das Problem erheblich gebessert oder gar vollkommen beseitigt worden war. Bei weiteren 23 % war das Ergebnis etwas bescheidener, bei 12 % blieb eine Besserung ganz aus. Obwohl in einigen Fällen (z. B. wenn der einzige Vorschlag darin bestand, den Hund abzugeben) keine Verbesserung zu erwarten war, wurden in anderen möglicherweise die wichtigsten Empfehlungen nicht oder nicht sorgfältig genug beachtet, vielleicht nicht korrekt durchgeführt oder die vorgeschlagene Behandlung war schlichtweg nicht effektiv genug, um mit dem Problem fertig zu werden. Die durchschnittliche Verbesserungsrate von 88 % in der vorliegenden Umfrage ist mit den Besserungsraten von 70–88 % anderer bekannter Verhaltensberater vergleichbar (z. B. Houpt, 1983; Line und Voith, 1986; O'Farrell und Neville, 1994; Olm und Voith, 1988).
- Während 88 % der Besitzer eine gewisse Verbesserung angaben, konnte eine vollkommene Beseitigung des Problems nur in 18 % der Fälle berichtet werden. Daher kann man realistischerweise bei einer einmaligen Konsultation nur unterschiedliche Stufen einer Verbesserung, nicht aber eine vollständige Beseitigung des Problems erwarten. Studien, die über eine vollständige Beseitigung (d. h. „Heilung") im Gegensatz zu Verbesserungsraten berichten, zeigen, daß der Erfolg von der Art des Problems abhängig ist. Während beispielsweise Olm und Houpt (1988) eine Heilungsquote von ca. 30 % in 43 Fällen von Verunreinigungsproblemen bei Katzen aufwiesen (mit einer Gesamtverbesserungsrate von 81 %), gaben Line und Voith (1986) eine vollständige Elimination von Dominanzaggression bei nur einem von 24 Hunden zu Protokoll (4 %, bei einer hohen Gesamtverbesserungsrate von 88 %).

Allgemeine Schlußfolgerungen aus dem Follow-up-Fragebogen

Die Durchführung einer solchen Umfrage ist für den Haustier-Verhaltensberater von großem Nutzen. Sie liefert das nötige Feedback bezüglich der retrospektiven Meinung der Klienten zum Beratungsprozeß, dem Berater selbst und den Kosten der Beratung. Ferner übermittelt sie die Resonanz auf die Effektivität des Beratungsprozesses und bewahrt so vor Selbstgefälligkeit, indem sie den Berater mit einem realistischen Bild der Ergebnisse seiner Bemühungen konfrontiert. Dies wiederum kann eine durchschlagenden Wirkung auf die Effektivität der Beratung künftiger Fälle haben, denn wirkungsvolle Beratung impliziert auch die Weitergabe einer realistischen Prognose an die Klienten, ob und in welchem Maße das Problem verbessert oder behoben werden kann. Bei einer zu hohen anfänglichen Erwartungshaltung seitens der Klienten sind sie in den frühen Phasen der Behandlung schnell enttäuscht, verlieren das Vertrauen in den Rat des Beraters und brechen deshalb die Behandlung ab, bevor eine deutliche Besserung eintritt.

Natürlich ist das Wissen, daß nur ein kleiner Prozentsatz von Problemen vollständig eliminiert werden kann und sich in ca. einem von acht Fällen nach erfolgter Beratung keine Besserung verzeichnen läßt, für den Haustier-Verhaltensberater, der sein Bestes gibt, ernüchternd. Ebenso beunruhigend ist die Erkenntnis, daß die Verbesserungsrate von 88 %, die in der vorliegenden Umfrage erreicht wurde, etwas übertrieben sein könnte. Angesichts der Tatsache, daß der Schweregrad bei vielen Verhaltensproblemen spontan schwanken kann und daß viele Besitzer erst dann Hilfe hinzuziehen, wenn die Probleme unerträglich werden, kann man nach Askew (1994) auf rein statistischer Basis eine durchschnittliche Verbesserungstendenz in den auf das Beratungsgespräch folgenden Tagen und Wochen voraussagen, selbst wenn der Ratschlag keinerlei Verbesserung bewirkt hat. Dieser Effekt wird häufig beobachtet. Die Besitzer rufen an, sind am Ende ihrer Weisheit, können mit dem Problem nicht länger allein fertig werden. Zum Zeitpunkt des Beratungsgespräches einige Tage später jedoch haben sich die Probleme manchmal bereits verbessert oder wieder normalisiert.

Wichtig ist hier allerdings, daß solche nachträglichen Erhebungen mit großer Vorsicht zu bewerten sind, denn hier fehlt die nötige Kontrollgruppe, die eine genaue Auswertung der Effektivität des Beratungsprozesses erlauben würde. Sie bieten bestenfalls einen groben, möglicherweise geschönten Überblick über die Erfolge der Verhaltensberater.

Schließlich ist auch noch festzustellen, daß die Ergebnisse dieser Art von Nachfolgeumfrage erwartungsgemäß je nach Praxisart erheblichen Schwankungen unterworfen sind. Insbesondere bei den Zahlen zur Eliminierung und Verbesserung von Problemen dürften bei Kleintierpraktikern, die die Verhaltensberatung mit ihrer regulären Praxis verbinden, die Erfolgsquoten deutlich höher liegen, einfach weil auch viele geringgradige, leicht zu behebende Fälle in ihre Praxis kommen. Im Gegensatz dazu ist zu erwarten, daß in Überweisungspraxen, in denen die vorgestellten Probleme durchweg gravierender sind, die Erfolgsquote einer vollständigen Behebung von Problemen erheblich niedriger liegt.

Professionalismus

Eine Überweisungspraxis für Verhaltenstherapie oder die Beratungstätigkeit eines Kleintierpraktikers in diesem Bereich läßt sich zwar auf verschiedenerlei Weise organisieren. Die folgenden Elemente können jedoch als Grundvoraussetzungen für jedwede verantwortungsbewußte, professionelle und nach ethischen Grundsätzen durchgeführte Beratung betrachtet werden.

Akademische Qualifikationen und wissenschaftlicher Ansatz

Die Bedeutung grundlegender akademischer Qualifikationen auf so wichtigen Gebieten wie Veterinärmedizin, experimentelle Psychologie, menschliche Verhaltenstherapie oder Ethologie kann nicht hoch genug eingeschätzt werden. Der Hauptgrund liegt nicht darin, daß man wissenschaftlich qualifiziert sein muß, um mit Menschen umgehen oder Tiere trainieren zu können, sondern eher in der Bereitschaft, sich bei der Verhaltensberatung auf wichtige interdisziplinäre und internationale *wissenschaftliche Literatur* zu stützen. Ein professionelles Herangehen umfaßt den Einsatz des gesamten Wissens der einzelnen auf diesem Gebiet arbeitenden Spezialisten sowie ein minimales Grundwissen auf disziplinfremden Gebieten (z. B. Prinzipien der experimentellen Psychologie, Wissen über die Ethologie von Hund und Katze, über mögliche pathophysiologische Ursachen von Verhaltensproblemen und über mögliche Nebenwirkungen häufig verordneter Medikamente etc.).

Viele der heute von akademisch gebildeten Verhaltensberatern routinemäßig empfohlenen Behandlungsmethoden stammen ursprünglich von Hundetrainern und anderen wenig oder gar nicht diesbezüglich qualifizierten Leuten. Die Kenntnisse und die schlichten, oftmals dogmatischen Ansichten dieser Leute werden allerdings bei der weiteren Entwicklung dieses Gebiets kaum noch eine Rolle spielen. Kompetenz auf dem Gebiet der Verhaltensberatung für Haustiere ist heute gleichzusetzen mit Wissen in zahlreichen wissenschaftlichen Disziplinen und genauer Kenntnis der umfangreichen und ständig wachsenden Fachliteratur auf dem eigenen Gebiet. Es gibt einen wesentlichen Hauptunterschied zwischen dem akademisch gebildeten Tierarzt, Psychologen oder Biologen von heute und akademisch unqualifizierten Hundetrainer, der seine Dienste als „Haustier-Verhaltenstherapeut", „Hundepsychologe", „Hunde-Behaviorist" etc. anbietet: Akademisch qualifizierte Praktiker wissen, daß wirkliche Kompetenz nur durch umfangreiche Erfahrungen als Berater in Kombination mit fundierter Kenntnis der interdisziplinären Fachliteratur erlangt werden kann. Hundetrainer meinen indes, ihr Erfahrungsschatz aus der Hundeschule sei ausreichend, um sie für die Lösung von Verhaltensproblemen zu qualifizieren.

Verantwortungsvoller Umgang mit Klienten

Ein verantwortungsvoller Umgang mit den Klienten bedeutet, ein Gespür für die physischen und psychologischen Aspekte der Tierhaltung und deren Problematik zu entwickeln. Jeder Klient ist mit Respekt zu behandeln, und es ist alles zu unternehmen, um einen maximalen Service nicht nur während der Konsultation sondern auch danach zu gewährleisten, indem man den Besitzern beispielsweise schriftliche Anweisungen an die Hand gibt und die Aspekte des Problems telefonisch erörtert, sooft es der Klient wünscht.

Ein weiteres essentielles Element ist das Recht des Klienten auf Diskretion. Fälle können zu einem späteren Zeitpunkt in schriftlicher Form zusammengefaßt und diskutiert werden, niemals aber dürfen Namen genannt und Details so ausführlich dargestellt werden, daß die Identität der Familie für Bekannte zu erkennen ist.

Aufbewahrung detaillierter Aufzeichnungen und Akten

Die Aufbewahrung detaillierter Fallberichte ist außerordentlich wichtig, um bei Rückfragen durch Klienten zu Problemen oder Behandlungsmethoden auch Monate nach der Konsultation den Fall rasch in Erinnerung bringen zu können. Die Möglichkeit künftiger rechtlicher Konsequenzen gegen den Berater oder den Klienten in Zusammenhang mit dem problematischen Verhalten des Tieres (das Tier hat z. B. einen Menschen oder ein anderes Tier gebissen, dem Mieter droht aufgrund eines nicht behobenen Ausscheidungsproblems etc. eine Kündigung) ist ein weiterer Grund für das Aufbewahren ausführlicher Aufzeichnungen: Man ist dann immer in der Lage, sich alle relevanten Einzelheiten ins Gedächtnis zu rufen und Gründe für die erteilten Empfehlungen anzugeben. Nicht zuletzt sind genaue Aufzeichnungen zu Forschungszwecken sehr nützlich.

Grundlagenforschung

Auf dem Gebiet der Haustier-Verhaltensproblematik sind veröffentlichte Forschungsergebnisse noch rar und zu wenig Universitätsprofessoren betreiben aktive Forschung, um diesem Mißstand abzuhelfen. Daher sind es vor allem die Praktiker, die ihr Möglichstes tun müssen, um das Feld diesbezüglich zu erweitern. Zum einen können Aufzeichnungen einer Reihe ähnlicher Fälle retrospektiv analysiert werden, um Fragen zu bestimmten Problemen zu beantworten, z. B. ob Aggression gegen Fremde häufiger bei Hunden auftritt, die als Welpen Angst vor Fremden hatten, oder ob markierende Katzen im allgemeinen nervöser oder ängstlicher sind als andere Katzen. Schon beim Durchlesen des gesammelten Materials können sich manchmal Antworten auf diese Fragen ergeben.

Eine zweite Forschungsmöglichkeit bietet die Verteilung von kurzen Fragebögen, ähnlich denen des Autors (Abb. 6.1 und 6.2) während der Konsultation. Ein solcher Fragebogen ist einfach zusammenzustellen und kostet den Besitzer kaum mehr als 5–10 Minuten zum Ausfüllen. Zusammen mit Informationen, die vermittels des gleichen Fragebogens von Besitzern unproblematischer Tiere erhalten werden, können mit einem Minimum an zeitlichem und finanziellem Aufwand umfangreiche Daten gesammelt werden. Auf einem so neuen Gebiet wie diesem können selbst solche vergleichsweise bescheidenen Projekte zur Klärung vieler noch offener Fragen über Verhaltensprobleme und deren Zusammenhang mit dem menschlichen Umfeld beitragen.

Beratung für Tierheime

Verhaltensberater werden wiederholt von Tierheimen um Rat in spezifischen Fällen ersucht oder wenn es um die Entscheidung geht, ob ein Tier euthanasiert werden sollte. Grundsätzlich kann man in Tierheimen bei Verhaltensstörungen nicht viel ausrichten: Ein Tier muß zunächst in ein angemessenes Zuhause aufgenommen werden. Erst dann kann dem Besitzer bei der nötigen Behandlung geholfen werden.

In der Diskussion mit Angestellten eines Tierheims sollte der Berater immer auf die Notwendigkeit hinweisen, daß man sich vom abgebenden Besitzer ausführlich über das Problem bei dem jeweiligen Tier in Kenntnis setzen läßt. Denn nur so kann eine Entscheidung darüber getroffen werden, ob das Tier abgegeben oder euthanasiert wird, in welche Art von Familie/Umgebung man das Tier gibt und mit welchen Mitteln einer möglichen Verhaltensstörung entgegenzuwirken ist. Zweifelsohne ist es in vielen Fällen schwierig, derlei Informationen zu erhalten, denn die Besitzer sind häufig nicht bereit zu kooperieren oder dem Tierheim fehlt das Personal, um solche relativ zeitaufwendigen Befragungen von Besitzern routinemäßig durchzuführen.

Bei der Beratung von Tierheimen z. B. darüber, welche Informationen über aggressive Hunde wichtig sind, ist es häufig von Nutzen, eine Liste mit speziellen Fragen zu hinterlassen, die dem Besitzer gestellt werden sollen, eventuell in Form eines hierfür zusammengestellten Fragebogens. Auch wenn es nicht immer dazu kommt, ist es doch häufig sehr hilfreich, Tierheime in diesem Sinne instruiert zu haben, wenn der Berater später zu einem Fall gerufen wird.

Ethische Grundsätze

Professionalismus schließt auch ethisches Verhalten ein. In der Verhaltensberatung von Haustieren tauchen mehrere wichtige ethische Themen auf.

Physisches wie psychisches Wohlergehen des Menschen hat oberste Priorität

An allererster Stelle wird der Tierarzt oder Verhaltensspezialist konsultiert, um der Familie, nicht dem Tier Unterstützung zu bieten. Für gewöhnlich fallen die Interessen beider Seiten zusammen: die Korrektur eines Verhaltensproblems wie Aggression macht den Hund oder die Katze weniger gefährlich für die Familie und bewahrt das Tier damit letztlich vor der Euthanasie. Sollte dies aber nicht möglich sein und eine Entscheidung zwischen der physischen Sicherheit der Familienmitglieder und dem Wohlergehen des Tieres notwendig sein, hat die menschliche Gesundheit oberste Priorität.

Bei einem hochgradig gefährlichen Tier ist diese Entscheidung ohne Umschweife und einfach zu treffen. Geht es jedoch bei Problemen hauptsächlich um das psychische und emotionale Wohlbefinden der Besitzer, wird es schwieriger. Ihr vielgeliebtes Tier in ein Tierheim zu geben, wo es einer ungewissen Zukunft entgegensieht, ist das letzte, was die meisten Tierhalter tun wollen. Wenn die Besitzer diese Möglichkeit bereits ernsthaft in Erwägung ziehen, ist dies für gewöhnlich ein Zeichen dafür, daß sie mit der Problemsituation, die sie seit geraumer Zeit unter Streß setzt, nicht mehr länger fertigwerden.

Für den Verhaltensberater ist es am wichtigsten, daß er begreift, welch immense Belastung problematische Tiere für ihre Besitzer bedeuten. Das heißt im Grunde nichts anderes, als daß er Besitzern grundsätzlich mit Verständnis statt mit Kritik begegnen sollte. Besitzer zu ermuntern, alles ihnen nur Mögliche zu tun, um das Verhaltensproblem zu lösen, bevor sie das Tier weggeben, ist die eine Sache. Aber von ihnen zu erwarten, unter allen Umständen mit einem unlösbaren Problem zu leben, ist doch etwas anderes. Denn das hieße doch letztendlich, das Wohlbefinden des Tieres über das der Menschen in seiner Umgebung zu stellen.

Tierschutz

Selbstverständlich versuchen auch die Berater, ihr Möglichstes für die Haustiere zu tun, indem sie z. B. eine falsche Behandlung durch den Besitzer korrigieren, wenn diese offensichtlich ist. Zuweilen muß man bis an die Grenzen der Höflichkeit gehen, um Besitzer beispielsweise davon zu überzeugen, ihren Tagesablauf so zu ändern, daß ihr Hund ausreichend Auslauf bekommt – sofern sie ihn nicht an jemanden abgeben wollen, der dies gewährleistet. Ebenso raten Verhaltensspezialisten Besitzern oftmals, ihren Tieren mehr Kontakt zu Artgenossen zu ermöglichen, sie ohne Leine laufen zu lassen oder während des Tages öfter mit ihnen zu spielen – nicht weil diese Dinge für die Lösung eines Problems unerläßlich wären, sondern weil der Berater das Gefühl hat, dem Tier fehlt etwas Essentielles zu seinem Wohlbefinden. Im wesentlichen sollte es als eines der vorrangigen Ziele der Haustier-Verhaltensberatung angesehen werden, jeden Fall auch aus der Sicht des Tieres zu betrachten und dementsprechend Empfehlungen zu erteilen.

Schutz der Allgemeinheit

Verantwortungsbewußte Tierhaltung bedeutet mehr, als nur alles für das Tier zu tun. Es bedeutet auch, seine Freunde, Nachbarn und andere Mitglieder der Gemeinschaft und deren Tiere z. B. vor seinem aggressiven Hund zu schützen. Hier gibt es manchmal Meinungsverschiedenheiten zwischen dem Verhaltensberater und seinen Klienten, die derartige Probleme zuweilen erstaunlich gelassen sehen und es beispielsweise ganz in Ordnung finden, wenn der Hund jemanden beißt, den er nicht mag.

Wenn der Verhaltensberater der Ansicht ist, daß durch die verantwortungslose Haltung eines Besitzers eine Gefährdung der Allgemeinheit oder anderer Haustiere gegeben ist, kann es manchmal nötig werden, den Besitzer höflich, aber bestimmt an seine Pflichten anderen Mitgliedern der Gemeinschaft gegenüber zu erinnern. Entsprechend empfehlen Verhaltensberater in vielen Fällen dringend, gefährlichen Tieren in kritischen Situationen einen Maulkorb anzulegen oder sie an der Leine zu führen. Vor allem älteren oder nicht ganz so kräftigen Besitzern von großen Hunden muß energisch vor Augen gehalten werden, daß sie bei potentiell gefährlichen Hunden immer Herr der Lage sein müssen, auch wenn dies bedeutet, dem Hund ein besonderes Geschirr anlegen zu müssen, das möglicherweise bei Passanten auf Kritik stößt.

Einsatz von Medikamenten

Nach Meinung des Autors sollte die Routinebehandlung von beinahe jedem ernstem Verhaltensproblem mit Progestin oder anderen Pharmaka, wie dies von manchen Tierärzten – zumindest in Deutschland – praktiziert wird, aus ethischen wie auch aus pragmatischen Gründen in Frage gestellt werden. Wie in den übrigen Kapiteln des Buches festzustellen sein wird, deuten wissenschaftliche Ergebnisse und Erfahrungen von Verhaltensexperten darauf hin, daß Pharmaka nur in bestimmten Fällen nützlich sind. Der Autor selbst legt dem weiterleitenden Tierarzt nur selten bei Hunden und Katzen eine medikamentöse Behandlung nahe. Dies resultiert nicht nur aus der Tatsache, daß das Tier keine Medikamente benötigt – dies ist der ethische Aspekt –, sondern auch aus dem praktischen Grund, daß der Einsatz eines Medikamentes dazu beitragen könnte, die Compliance der Klienten bei verhaltensorientierten Maßnahmen, die zur Kontrolle eines Problems nötig sind, herabzusetzen. Schon bei der Anordnung anspruchsvoller erzieherischer Maßnahmen ist deren Durchführung mit der nötigen Konsequenz nicht garantiert. Bei gleichzeitiger Verordnung von angeblich wirkungsvollen Pharmaka werden manche Besitzer den zeitaufwendigeren Teil der Behandlung vernachlässigen und im Gegensatz zur Intention des Beraters verstärkt auf das Medikament vertrauen.

Natürlich ist es für die Leute bequemer, ihrem Hund täglich eine Tablette zu verabreichen oder ab und an mit ihm zum Tierarzt zu gehen, um ihm eine Injektion geben zu lassen, als ihm beispielsweise abzugewöhnen, Besucher zu bedrohen. Vom Tierarzt erhoffen sie sich eine schnelle und einfache Lösung ihres Problems. Daher führt die Verordnung eines ineffektiven oder wenig wirkungsvollen Medikamentes zusammen mit der Anordnung von Verhaltensmaßnahmen dazu, die Klienten in den Glauben zu versetzen, es gäbe in der Tat wirkungsvolle Pharmaka gegen ihr spezifisches Problem. Dies führt wiederum zu halbherziger Anwendung oder frühzeitigem Abbruch von Verhaltensmaßnahmen, die viele Besitzer nur dann exakt befolgen, wenn sie davon überzeugt sind, daß dies ihre einzige Hoffnung auf Linderung des Problems ist.

Bei der in Deutschland herrschenden heftigen Konkurrenz zwischen Kleintierpraktikern untereinander und zwischen Kleintierpraktikern und Tierheilpraktikern stehen die Veterinäre unter immensem Druck, den Erwartungen der Klienten in bezug auf Medikamente zu entsprechen. Dies führt regelmäßig zur Verordnung homöopathischer Präparate, von denen Hersteller wie Verfechter behaupten, sie nützten gegen Verhaltensprobleme. Nur eine Art positiver Placeboeffekt, der auch in der Humanmedizin bekannt ist, kann aus medizinischer Sicht den Einsatz milder, praktisch wirkungsloser Medikamente rechtfertigen. Im Falle schwerwiegender Verhaltensprobleme jedoch, deren Lösung weitreichende Veränderungen des Umfelds und Training erfordern, ist der Sinn eines Placeboeffektes nicht nachvollziehbar.

Da Tierärzte von einer medizinischen Betrachtung von Problemen ausgehen, sehen sie in Verhaltensproblemen häufig nicht mehr als eine Art Störung normaler Mechanismen des Körpers. Daher verwundert es nicht, daß Tierärzte ohne Fortbildung auf dem Gebiet der Verhaltenstherapie eher dazu neigen, Medikamente zu verschreiben, von deren Effektivität sie gehört oder gelesen haben. Aber selbst so hervorragende und ausgewogene Ausführungen wie die von Marder (1991), der eine ganze Reihe von Präparaten vorgestellt und nach ihrer Wirksamkeit bei bestimmten Problemen beurteilt hat, haben den bedauerlichen Nebeneffekt, daß diese Mittel auch dann ausprobiert werden, wenn jegliche medikamentöse Therapie fehl am Platze ist.

Die optimistische Erwartung bekannter amerikanischer tierärztlicher Verhaltensspezialisten wie Marder, Hart und Voith, daß in den nächsten Jahren neue und effektivere medikamentöse Behandlungsmöglichkeiten für Verhaltensstörungen bei Haustieren entwickelt werden, reflektiert und propagiert nach Ansicht des Autors letztlich den weitverbreiteten Irrglauben, wonach die meisten Verhaltensprobleme bei Haustieren direkt mit denen von Menschen vergleichbar sind und demgemäß auch eine Therapie mit Medikamenten angemessen und erfolgversprechend erscheint. Betrachtet man die Entwicklung von Verhaltensproblemen bei Gefährtentieren aus einem verhaltenswissenschaftlichen Blickwinkel, so wird deutlich, daß die meisten Verhaltensprobleme auf einer Art Interaktion zwischen den normalen Lernprozessen der Tierart und den prädisponierten Verhaltenseigenschaften des individuellen Tieres (sowohl genetisch determiniert als auch direkt aus der Vergangenheit des Tieres stammend) basiert. Selten kommt ein Krankheitsprozeß oder eine metabolische Fehlfunktion als Ursache für die in diesem Buch vorgestellten, häufig vorkommenden Verhaltensprobleme in Frage. In den meisten Fällen sind die Verhaltenstendenzen, die sich in einem normalen Familienumfeld zu ernsten Verhaltensproblemen entwickeln können, statistisch häufig und, von der verhaltenswissenschaftlichen Warte aus betrachtet, verständlich genug, um im Rahmen der Verhaltensmuster der jeweiligen Art noch als „normal" zu gelten. Wenn dem so ist, worin sollte dann die Wirkung der Wundermittel von morgen bestehen? Sollen sie das Nervensystem der Tiere in irgendeiner Weise modifizieren? Wäre aber eine chemische Intervention dieser Tragweite in die internen, physiologischen Prozesse eines völlig gesunden Tieres ethisch nicht ebenso fragwürdig wie die Sedierung eines problematisch überaktiven Hundes, dem lediglich der nötige Auslauf fehlt?

Natürlich, wenn schon alle in Frage kommenden verhaltensorientierten Lösungen erfolglos versucht wurden, kann eine medikamentöse Therapie mit Präparaten, von deren Erfolgen in solchen Fällen zuweilen berichtet wird, die einzige Möglichkeit sein, mit einem Problem zurecht zu kommen – und möglicherweise das Leben des Tieres zu retten. Es ist jedoch etwas vollkommen anderes, wenn potentiell wirksame Verhaltensmaßnahmen zwar zur Verfügung stehen, die Besitzer aber schlichtweg zu bequem, zu unbeständig, zu disziplinlos etc. sind, diese durchzuführen. Sollten in diesen Fällen Pharmaka eingesetzt werden? Häufig genug kommt das vor. Aber vielleicht sollten negative Besitzereinstellung und -verhalten nicht derart leichtfertig und resignierend akzeptiert werden. Nach Erfahrung des Autors können selbst die bequemsten und unbeständigsten Klienten zu aufwendigen verhaltensmodifizierenden Maßnahmen überredet werden, wenn sie zu der Überzeugung gelangt sind, daß es für ihr spezifisches Problem keine passende Medizin gibt.

Literatur

Askew, H. R. (1994):Wie wissenschaftlich ist die Tierverhaltenstherapie? *Der praktische Tierarzt* **6**, 539–544.

Hart, B. L., and Hart, L. A. (1985): *Canine and Feline Behavioral Therapy*. Philadelphia: Lea & Febiger.

Houpt, K. A. (1983). Disruption of the Human-Companion Animal Bond: Aggressive Behavior in Dogs. In Katcher, A. H., and Beck, A. M. (eds): *New Perspectives on Our Lives with Companion Animals*. Philadelphia, University of Pennsylvania Press.

Line, S., and Voith, V. L. (1986): Dominance aggression of dogs towards people: Behavior profile and response to treatment. *Applied Animal Behaviour Science* **16**, 77–83.

Marder, A. R. (1991): Psychotropic drugs and behavioral therapy. *Veterinary Clinics of North America: Small Animal Practice* **21**, 329–342.

O'Farrell, V., and Neville, P. (1994): *Manual of Feline Behaviour*. Shurdington, Cheltenham, Gloucestershire, UK, British Small Animal Veterinary Association Publications.

Olm, D., and Houpt, K. A. (1988): Feline house soiling problems. *Applied Animal Behaviour Science* **20**, 335–345.

Behandlung von Verhaltensproblemen bei Hunden

7 Allgemeines zum Verhalten von Hunden

Klienten wenden sich an einen Verhaltensspezialisten, um sich den Rat zu holen, was sie konkret zur Lösung ihres gegenwärtigen Problems tun müssen. Um sie dabei zu unterstützen, spielen die Effektivität der unterschiedlichen Empfehlungen des Beraters und seine Fähigkeit, die Besitzer von deren konsequenten Anwendung zu überzeugen, eine entscheidende Rolle.

Im Interesse einer bestmöglichen Compliance mit der Behandlung muß den Besitzern nicht nur genau klar sein, was sie tun, sie müssen auch zu einem gewissen Grad verstehen, *warum* jede der Empfehlungen wichtig ist. Zwar interessieren sich manche Besitzer mehr als andere aus einer intellektuellen oder wissenschaftlichen Sicht für das Verhaltens ihres Hundes, doch sind die meisten im Grunde vernünftige und praktisch denkende Leute, die zumindest theoretisch willens sind, Zeit und Mühe in eine erneute Erziehung ihres Tieres zu investieren und ihr eigenes Verhalten zu ändern. Um sie davon zu überzeugen, daß dies ein vernünftiges und logisches Herangehen ist, müssen ihnen drei grundlegende Informationen vermittelt werden.

- Die Klienten müssen die grundsätzliche Natur des Problems im Kontext von normalem und natürlichem Hundeverhalten verstehen – sozusagen eine Hintergrundinformation zur Ethologie von Hunden.
- Die Klienten müssen die Wirkungsmechanismen eines jeden Behandlungselements verstehen – das heißt, den Aktionsmodus und erwarteten Effekt jeder Behandlungsempfehlung.
- Die Klienten müssen von der Effektivität dieser Behandlungsmethoden bei Problemen wie dem ihren überzeugt werden – die klinisch bewiesene Effektivität.

In diesem Kapitel werden die grundlegenden Fakten und theoretischen Ansichten diskutiert, die die Basis für die Hintergrundinformationen zur Ethologie von Hunden bilden. Der Berater muß diese verstehen und seinen Klienten vermitteln können, wann immer dies dem Verständnis der Besitzer für das Problem, die Behandlungsziele und -methoden dienlich ist. Der Stil der Präsentation wird straff sein: ein Versuch, auf wenigen Seiten die wichtigsten Aspekte einer umfangreichen Literatur zusammenzufassen, deren detaillierte Ausführungen ein eigenes Buch beanspruchen würden. Die dargelegten Meinungen widerspiegeln die vom Großteil der Verhaltenswissenschaftler vertretenen Ansichten, und auf spezielle Autoren wird deshalb nur verwiesen, wenn es in bestimmten Punkten Diskrepanzen zwischen Experten gibt, wenn bestimmte Ansichten nur von Einzelnen vertreten werden oder wenn ein bestimmtes Forschungsprojekt zur Debatte steht.

Evolution und Domestikation

Archäologische Funde belegen die Existenz des Haushundes, *Canis familiaris,* als eigenständige Spezies seit mindestens 10 000 Jahren. Experten sind sich über die Abstammung des Haushundes vom Wolf, *Canis lupus,* einig. Die große Vielfalt der heute existierenden Rassen von Haushunden resultiert dabei möglicherweise zum Teil aus den voneinander unabhängigen Domestikationsprozessen von Wolfunterarten, wie dem westasiatischen Wolf, dem chinesischen Wolf und dem indischen Wolf.

Aussagekräftige fossile Beweise für die graduelle Entwicklung vom Wolf zum Hund gibt es kaum. Hierüber kann nur anhand von Erkenntnissen über das Verhalten von Wölfen, das Verhalten primitiver Jäger und Sammler, über die Funktionen von Hunden in modernen Jäger-Sammler-Gruppen und die Haustier-Mensch-Interaktionen in der modernen Gesellschaft spekuliert werden.

Biologisch betrachtet gibt es zwischen Wölfen und Menschen gewisse Ähnlichkeiten. Diese betreffen ihr Territorialverhalten, ihre Eigenschaft als hochgradig gesellige Jäger, die in kleinen, relativ stabilen Gruppen leben, die Aasfresser und Gruppenjäger sind, zeitweise Basislager errichten, in denen einige (z. B. Mütter mit Jungen) zurückgelassen und von zurückkehrenden Mitgliedern mit Nahrung versorgt werden. Beide Spezies haben eine hierarchische Struktur, die auf Dominanz und Unterwerfung basiert, und eine damit verknüpfte, komplexe Zeichensprache zwischen Gruppenmitgliedern, deren Funktion es ist, ernste und aggressive Konfrontationen zu verhindern, und die somit zum kooperativen Charakter des Gruppenlebens beiträgt. Beide sind außerdem außergewöhnlich anpassungsfähig und imstande, Gruppengröße, Gruppenverhalten sowie das Verhalten des Einzelnen je nach Klima und anderen Umweltbedingungen zu verändern – was sich aus der Tatsache ergibt, daß ihre Subspezies oder Rassen weltweit verbreitet sind.

Entscheidend für den Beginn des Domestikationsprozesses, als Wolfswelpen in die Lager von Jägern und Sammlern gebracht wurden, ist die Tatsache, daß Wölfe wie viele andere differenzierte Tierarten Bindungen zu Eltern und anderen Mitgliedern ihres Sozialverbandes unterhalten. Dies basiert auf einer Variante des *Prägungsprozesses* – im Grunde die Entwicklung einer starken Bindung eines Jungtieres an ein anderes Individuum oder an eine Gruppe von Individuen während einer kurzen Zeit der frühen Lebensphase (bei Hunden zwischen der 3. und 14. Lebenswoche). Diese Prägung ist relativ beständig, zum Teil permanent und bestimmt maßgeblich den Typ von Individuum (z. B. andere Wölfe, Hunde, Menschen), dem gegenüber das Tier später sein normales, arttypisches Verhalten zeigen wird. Diese Prägung oder der prägungsähnliche Effekt kann dazu geführt haben, daß sich der junge Wolf gegenüber seiner menschlichen Adoptivgruppe genauso verhielt, als wäre sie ein Wolfsrudel: Er folgte Gruppenmitgliedern, blieb unter allen Umständen in ihrer Nähe, fühlte sich unwohl bei Trennung, war hoch motiviert, das Territorium gegen Eindringlinge zu verteidigen – ganz ähnlich wie es Haushunde, die als Welpen in menschliche Familien kommen, heutige immer noch tun.

Die Tatsache, daß ein adoptierter junger Wolf einen Teil von den Nahrungsvorräten der Gruppe abbekommen hat, deutet an, daß er sich seinen Lebensunterhalt in irgendeiner Weise verdient haben wird. Die zwei wahrscheinlichsten und biologisch signifikantesten Möglichkeiten für zahme Wölfe, sich in Gruppen von Jägern und Sammlern nützlich zu machen, waren Hilfestellung auf der Jagd und das Bewachen des Territoriums der Gemeinschaft – Aufgaben, die Haushunde noch heute erfüllen. Es darf jedoch auch nicht vergessen werden, daß ein zahmer Wolf, der im Lager toleriert und gefüttert wurde, gleichzeitig wohl als eine Art lebender Vorrat für schlechte Zeiten diente. Ebenso wahrscheinlich ist auch, daß man ihn getötet und verzehrt hätte, sobald er nutzlos geworden wäre (z. B. durch Verletzung oder altersbedingt) oder unerwünschte Verhaltensweisen wie das Attackieren von Mitgliedern der Gemeinschaft gezeigt hätte.

Adoptierte Wölfe begannen sich in ihrem neuen Umfeld fortzupflanzen, in dem ein neuer starker Selektionsdruck herrschte, verbunden mit den Bedürfnissen ihrer menschlichen Gastgeber. Dies führte schließlich zur Evolution einer neuen Spezies, dem *Canis familiaris*. Dieser Selektionsdruck wurde vermutlich unbewußt ausgeübt, indem junge Wölfe, die den Gruppenmitgliedern angenehm waren (z. B. weil sie nützlich und umgänglich waren), gefüttert, während die anderen verzehrt wurden, ohne daß eine bewußte Motivation bestanden hätte, bestimmte morphologische Qualitäten oder Verhaltenseigenschaften, die die moderne Zucht ausmachen, zu bewahren oder zu entwickeln.

In diesen frühen Phasen der Domestikation sind wahrscheinlich allgemeine Verhaltensmerkmale wie Gelehrigkeit, Zahmheit, verminderte Aggressivität und Ängstlichkeit sowie Umgänglichkeit gefördert worden. Gefährliche oder schwierig zu handhabende Tiere hätten nicht lange gelebt. Die Ruhigeren, die eine Annäherung von Menschen, Berührungen und Manipulation zuließen, ohne aggressiv oder ängstlich zu werden, und die flexibler und eher in der Lage waren, sich unterschiedlichen oder (für Wölfe) unnatürlichen physischen und sozialen Umständen anzupassen, sind vermutlich lange genug toleriert worden, um sich schließlich fortzupflanzen und die genetische Grundlage dieser Eigenschaften an ihre Nachkommenschaft weiterzugeben. Im Laufe des langwierigen Domestikationsprozesses wurden durch weiteren Selektionsdruck spezifischere Verhaltensmerkmale im Zusammenhang mit Arbeitsleistungen herausgebildet. Hieraus gingen einige der großen Verhaltensunterschiede der heute bestehenden Hunderassen hervor (Jagdhunde, Spürhunde, Retriever, Wach- und Hütehunde).

Vergleich des Verhaltens von Wolf und Hund

Die meisten Verhaltensprobleme bei Hunden hängen mit deren Sozialverhalten zusammen. Aber zu bestimmen, was normales und natürliches Sozialverhalten bei Hunden ist, wird durch die Tatsache erschwert, daß die meisten Hunde heutzutage als Mitglieder einer menschlichen Familie leben statt in Rudeln mit Artgenossen. Daher haben viele Autoren das Sozialverhalten seines Ahnherrn, des Wolfes, als Ansatzpunkt gewählt und anschließend mit Beobachtungen des Sozialverhaltens wild lebender Hunde (ausgesetzte oder streuende Hunde und deren Nachkommenschaft, die in Städten oder ländlichen Gebieten leben) verglichen oder direkte Vergleiche zwischen in Gefangenschaft lebenden Wölfen und Hunden angestellt. Dieser Ansatz wird im vorliegenden Kapitel zu verfolgen sein.

Das Sozialverhalten von Wölfen

Wölfe leben in Rudeln, kleinen, zusammenhängenden, gut organisierten und sozial stabilen Verbänden, die hauptsächlich aus genetisch miteinander verwandten Individuen bestehen. Ein Rudel kann unter Umständen bis zu 20 oder 30 Tiere zählen (z. B. wenn das Überleben vom Erlegen großer Beutetiere wie Elchen abhängt), die übliche Zahl liegt jedoch bei 4–7 Tieren. Ein typisches Rudel besteht aus dem Leitpaar und einer variierenden Anzahl untergeordneter adulter Tiere, Jungtieren unter zwei Jahren und Welpen. Die Rudelgröße hängt nicht nur vom Nahrungsangebot ab, sie reflektiert auch den Einfluß der Jagd des Menschen und die Tatsache, daß im allgemeinen nur die Alpha-Tiere zur Fortpflanzung kommen. Bei reichlichem Nahrungsangebot verlassen unter Umständen junge, rangniedrigere Tiere das Rudel, um ein eigenes zu gründen. Die Hauptvorteile des Rudellebens sind Schutz vor großen Räubern wie Bären, die Fähigkeit zur Verteidigung und Ausschöpfung eines Territoriums, das groß genug ist, um eine ständige Nahrungsversorgung zu garantieren, und die Möglichkeit, strategisch in Gruppen zu jagen, wodurch das Erlegen selbst sehr großer Beutetiere möglich wird.

Normalerweise beschränkt sich die Fortpflanzung in einem Wolfsrudel auf ein einziges Paar, das die ranghöchste Stellung im Rudel einnimmt, die für beide Geschlechter getrennt bestimmt werden kann. Manchmal gibt es Ausnahmen, wenn in Rudeln zwei Würfe gezeugt werden oder ein anderes als das männliche Alpha-Tier zur Kopulation und Befruchtung gekommen ist. Zuweilen können offenbar auch Paarungspräferenzen der Weibchen eine Rolle spielen, die nicht mit dominanzbezogenen Aspekten in Verbindung stehen. Es mag verwunderlich erscheinen, daß adulte Tiere im Rudel bleiben, auch wenn sie nicht zur Fortpflanzung kommen. Das Leben im Rudel erleichtert ihr Überleben und ihre Gesunderhaltung, während sie auf eine Gelegenheit zur Fortpflanzung warten. Aber auch wenn sie nie zur Fortpflanzung kommen, wird ihre Rolle im Rudel und ihr Beitrag zu dessen Wohlergehen ihrem Erbgut gerecht, denn die meisten Individuen eines Rudels sind genetisch miteinander verwandt und mit der Unterstützung von Verwandten wird, wie mit der Fortpflanzung selbst, sichergestellt, daß ein Teil der eigenen Gene an die nächste Generation weitergegeben wird.

Wölfe paaren sich einmal im Jahr während einer bestimmten mehrwöchigen Phase, die je nach Breitengrad zwischen Januar und April variiert. Unmittelbar vor und während dieser Zeit steigt die Zahl der Dominanzkämpfe der Rüden und Weibchen untereinander an. Dies spiegelt die enorme Wichtigkeit der hierarchischen Position von Individuen wider, um zur erfolgreichen Reproduktion zu gelangen. Weibliche Tiere werden im Alter von zwei Jahren fortpflanzungsfähig. Die Wurfgröße beträgt oft fünf bis sechs Welpen, wovon meist nur die Hälfte die ersten beiden Lebensjahre überlebt.

Dominanz-Unterwerfungs-Beziehungen zwischen Rudelmitgliedern sind daher ein deutliches und entscheidendes Merkmal der sozialen Rudelstruktur. Obwohl gemeinhin angenommen wird, daß die männliche und weibliche Dominanzhierarchie linear ist – das Alpha-Tier steht über allen anderen, das Beta-Tier steht über allen anderen mit Ausnahme des Alpha-Tieres usw. –, ist die Realität weitaus komplexer. So kann die durch sorgfältige Beobachtung eines Rudels festgestellte Hierarchie stark variieren, je nachdem wie (z. B. Initiieren aggressiven Verhaltens vs. Empfang unterwürfiger Gesten) und wann (z. B. Zeit vs. Art des Gruppenverhaltens) die Dominanz gemessen wird. Eine simple Hackordnung wie die der Hühner ist ein recht dürftiges Modell dominanzbezogener Interaktionen zwischen Mitgliedern von Wolfsrudeln. Im allgemeinen ist die Dominanz zwischen Haupttypen von Rudelmitgliedern gut vorherzusagen, da Dominanz meist positiv mit Gewicht, Geschlecht und Alter korreliert ist; daher tendieren große Tiere, Rüden oder adulte Tiere zu Dominanz über kleinere Tiere, Weibchen und Jungtiere.

Die Herausbildung und Aufrechterhaltung von Dominanzhierarchien innerhalb komplexer sozialer Strukturen bei Tieren ist im Grunde ein Weg, mit der überlebens- und fortpflanzungsbezogenen Konkurrenz um Ressourcen wie Nahrung, Partner und sichere Ruheplätze umzugehen. Die Notwendigkeit häufiger Rangkämpfe wird durch stabile *Beziehungen* zwischen Rudelmitgliedern aufgehoben. Diese Beziehungen bestimmen im wesentlichen, wer begehrte Ressourcen bekommt, ohne tatsächlich darum kämpfen zu müssen. Zwar können Kämpfe zur Etablierung solcher Dominanz- und Unterwerfungsbeziehungen zwischen Individuen gleicher Größe und Stärke beitragen. Aber diese Beziehungen werden dann durch soziale Interaktionen beibehalten, zu denen eine Vielzahl kommunikativer Haltungen und Gesten gehört, die ohne Kampf und üblicherweise auch ohne Drohgebärden bestätigen, welches der beiden Tiere das dominante ist. Bei Wölfen beziehen Dominanzsignale Körperhaltung und Verhaltensgesten ein, wie das Stehen in aufrechter Position mit hocherhobenem Kopf und aufgerichteten Ohren und Schwanz, während sie einander direkt anstarren. Das dominante Tier kann auch über dem unterlegenen stehen, indem es sein Kinn oder die Vorderpfoten auf dessen Rücken legt. Bei Drohgebärden zeigt das dominante Tier eventuell die Lefzen, fletscht die Zähne und stellt die Rückenhaare auf. Unterwürfige Gesten und Haltungen sind in gewisser Hinsicht die Umkehrung der Dominanzsignale, wobei die Haltung geduckt ist, die Ohren angelegt werden, der Schwanz herunterhängt, der Kopf tiefer gehalten wird als der Körper und der Augenkontakt mit dem dominanten Tier durch Wegsehen abgebrochen wird. Das untergeordnete Tier wird vielleicht auch die Schnauze des Überlegenen stupsen, kneifen oder lecken – ein häufig zu beobachtendes Verhalten bei der Rückkehr eines dominanten Tieres. Diese sogenannten aktiven Unterwerfungsgesten werden häufig von passiven Gesten kontrastiert, wenn sie z. B. bei Bedrohung eines Individuums durch einen ranghöheren Wolf ausgelöst werden. In diesem Fall wird der unterlegene Wolf auf die Seite oder den Rücken rollen, die Ohren anlegen und den Schwanz zwischen die Hinterläufe klemmen.

Die Tatsache, daß Dominanz-Unterwerfungs-Beziehungen unter höher entwickelten Tieren (inklusive des Menschen) so stark verbreitet sind, verweist auf den Nutzen dieser sozialen Organisationsform. Sie hält Zusammenhalt, Kooperation und Frieden in soziale Gruppen aufrecht, die im Prinzip aus eigenständigen

Individuen bestehen, von denen jedes genetisch dahingehend vorprogrammiert ist, seine eigenen Überlebenschancen und erfolgreiche Reproduktion um jeden Preis zu optimieren. Der Charakter der Zusammengehörigkeit und Kooperation in Wolfsrudeln offenbart sich bei der Jagd, Revierverteidigung, Brutpflege und letztendlich in nahezu allen Aktivitäten des Rudels. Es wird angenommen, daß viele der für Wölfe typischen Verhaltensweisen, wie Markieren der selben Stellen, Heulen in der Gruppe, Begrüßen durch Schnauzereiben und gegenseitiges Beschnüffeln der Anogenitalregion, zu diesem Zusammengehörigkeitsgefühl beitragen.

Im allgemeinen übernehmen die dominanten Tiere des Rudels die Führung und die Initiative bei wichtigen Unternehmungen des Rudels. Das Schema von Dominanz und Unterwerfung wird auch zwischen zwei Individuen beobachtet. Das dominante Tier reagiert weniger auf Sozialinitiativen anderer.

Körpersprache und Mimik sind für die Kommunikation untereinander und den Ausdruck von Stimmungen von großer Bedeutung. Olfaktorische Kommunikation via Fäzes, Urin und Drüsensekretion ist ebenfalls eine wichtige Facette des Wolfsverhaltens. Rudel hinterlassen regelmäßig Kot- und Urinspuren an Wegkreuzungen und Territoriumsgrenzen, vermutlich um Eindringlinge zu informieren, daß dieses Gebiet bereits besetzt ist. Dies veranlaßt Einzelgänger, das Gebiet zu meiden, da sie ansonsten möglicherweise durch das ansässige Rudel getötet würden. Damit stimmt die Beobachtung überein, daß immer dann besonders häufig markiert wird, wenn fremde Markierungen aufgenommen werden. Territorialverhalten ist jedoch nicht die einzige Motivation für das Markieren. Es wird vermutet, daß es auch eine mitteilende Funktion z. B. über Zyklusstand und Paarungsbereitschaft hat.

Das Sozialverhalten wildlebender Hunde

Inwieweit zeigen Haushunde noch ein ihren Vorfahren, den Wölfen, vergleichbares Sozialverhalten? Eine Vergleichsmöglichkeit eröffnet sich durch die Beobachtung von wildlebenden Hunden in Städten und ländlichen Gebieten.

In der Stadt haben die meisten freilaufenden Hunde einen Besitzer, der sie in der Nachbarschaft herumstreunen läßt. Manche sind jedoch tatsächlich heimatlos und daher Selbstversorger. Im Gegensatz zu Haushunden, die sich auf Spaziergängen über den Kontakt zu Artgenossen freuen, sind Streuner nicht besonders gesellig, selten werden Gruppen mit mehr als zwei Tieren angetroffen. Die Hunde, die man zusammen sieht, kennen einander meist deshalb sehr gut, weil ihre Reviere (das Gebiet, in dem sie mehr als 95 % ihrer Zeit verbringen) sich überlappen und die Kernregionen dieser Reviere oft nicht weiter als 50 m voneinander entfernt liegen.

Wildlebende Stadthunde haben insofern ein Territorialverhalten, als sie Reviere und Kerngebiete haben, wo sich der vom Hund am häufigsten genutzte Unterschlupf befindet – entsprechend dem Haus/der Wohnung eines Haushundes. Es gibt jedoch nur wenige Hinweise darauf, daß diese Reviere als Territorien betrachtet werden, die es gegen Eindringlinge zu verteidigen gilt. Tatsächlich scheint es, als dürften streunende Hunde, die neu in der Umgebung sind, sich frei bewegen, ohne daß der ansässige Hund sie vertreibt. Dies gilt, solange sie sich nicht seinem bevorzugten Ruheplatz nähern – vielleicht ein Relikt aus dem Verhaltensmuster von Wölfen bei der Verteidigung der Kerngebiete des Territoriums des Rudels.

Insgesamt sind aggressive Auseinandersetzungen zwischen wildlebenden Hunden eher selten. Wenn es dazu kommt, dann meist zwischen Hunden, die sich nicht kennen, was darauf hindeutet, daß es der Bekanntheitsgrad und nicht das Territorium an sich ist, worum es primär geht. Wie bereits erwähnt, spielt auch bei Wölfen das Kennen und Erkennen des anderen Individuums bei vielen Verhaltensmustern eine wichtige Rolle.

Der Bekanntheitsgrad kann auch für den Paarungserfolg ausschlaggebend sein. Daniels (1983b) berichtete über große Gruppen wildlebender oder streunender Hunde, die sich um ein läufiges Weibchen scharen. Die unbekannten Rüden wurden von den mit dem Weibchen vertrauten Rüden häufiger attackiert als bekannte Rüden, blieben kürzer in der Gruppe und konnten sich nie erfolgreich paaren. Die Wahl des Weibchens spielt ebenfalls eine wichtige Rolle, da Weibchen sich nicht wahllos paaren, sondern ihren Partner aus den ihnen vertrauten Rüden wählen. Dies stellt zwar vielleicht nicht gerade ein „Relikt monogamer Vorfahren mit Langzeitbeziehungen" dar, wie Daniels postuliert, zumindest jedoch ein Relikt aus dem Paarungsverhaltensmuster der Wölfe, die sich nur innerhalb des Rudels paaren. Wolfsähnlich ist auch die beobachtete zunehmende Aggression und die Bildung einer Dominanz-Unterwerfungs-Hierarchie im Umfeld des läufigen Weibchens, vermutlich ein Relikt der verstärkten Aggression, die bei männlichen Wölfen während der Paarungszeit auftritt.

Zusammenkünfte und damit die zeitweilige Bildung von Gruppen mit mehr als zwei Tieren werden manchmal auch um andere Ressourcen herum, wie Nahrung oder Ruheplätze, beobachtet. Der Grund für die seltene Beobachtung von Gruppen mit mehr als zwei Individuen in städtischen Gebieten mag darin liegen, daß die Nahrungssuche allein effizienter ist als in Gruppen, daß Ruheplätze für Gruppen rar sind und große Ansammlungen schneller die Aufmerksamkeit von Behörden oder Tierschutzorganisationen erregen.

In einer Langzeit-Feldstudie über das Verhalten von drei wildlebenden Hunden (Fox et al., 1975) wurden nur wenige der rituellen Dominanz- und Unterwerfungsdialoge beobachtet, die bei Mitgliedern von Wolfsrudeln zur Begrüßung oder anderen Gelegenheiten üblich sind. Ein Tier hatte jedoch eine feste Führungsposition inne: es ergriff häufiger als die anderen die Initiative bei Aktivitäten und bestimmte nach der Rast, der Nahrungsaufnahme, dem Streunen im Park etc. die weitere Richtung. Eine territoriale Bedeutung des Urinmarkierens konnte in dieser Gruppe nicht nachgewiesen werden. Obwohl sich wildlebende Hunde in der Stadt von Essensresten ernähren, wurden sie auch bei der Jagd beobachtet, indem sie beispielsweise häufig Eichhörnchen in ihrem Gebiet des Parks nachjagten (allerdings erfolglos: bei 61 Aktionen wurde nicht ein einziges zur Strecke gebracht). Schließlich wurde in dieser Studie auch eine ausgeprägte Aggressivität anderen Hunden gegenüber beobachtet als in den anderen erwähnten Studien. Von 33 Interaktionen mit anderen Hunden wurden sechs als neutral (der Hund wurde ignoriert), acht als freundlich (beiderseitiges Schwanzwedeln) und 19 als aggressiv oder feindselig eingestuft, wobei der fremde Hund eingeschüchtert oder verjagt wurde.

In ländlichen Gegenden bilden sich manchmal größere Gruppen unter einer festen Führung. Sie erscheinen stabil, mit dauerhafter Zugehörigkeit, es werden Territorien beansprucht, und benachbarte Rudel werden verjagt. Obwohl sie in der Hauptsache von Abfällen leben, können sich solche Rudel unter Umständen auch von Aas ernähren, oder sie töten kleine Wildtiere wie Hasen. In der Tat scheint sich ein den Wölfen ähnliches Sozialverhalten wildlebender Hunde eher in ländlichen Gebieten zu entwickeln.

Verhalten von Wölfen und Hunden unter gleichen Umweltbedingungen

Die ergiebigste Forschungsmethode für den Vergleich des Verhaltens von Wölfen und Haushunden ist, beide unter möglichst identischen Umweltbedingungen zu beobachten. Zimen (1988) beschreibt die Ergebnisse eines solchen Forschungsprojektes, das er und seine Frau 20 Jahre zuvor durchgeführt hatten. Drei Jahre lang beobachteten sie die Verhaltensmuster eines Wolfsrudels in einem großen Gehege und einer großen Gruppe von Pudeln, die den Rest des Geländes nutzen konnten. Pudel waren die ideale Wahl für das Projekt, da sie hauptsächlich als Familienhunde und nicht für spezielle Aufgaben (Jagen, Bewachen, Hüten, Transportieren) gezüchtet werden, wie das bei vielen anderen Rassen der Fall ist.

Ziel dieses Projektes war es, ein detailliertes *Ethogramm* bzw. einen Katalog aller der jeweiligen Spezies eigenen charakteristischen Verhaltensweisen zu erstellen und anschließend zu vergleichen. Bei den Wölfen ergaben sich am Ende 362 individuelle Verhaltensweisen,

die in mehrere biologische Funktionskategorien eingeteilt werden konnten, wie Spiel, Sexualverhalten, Bewegungsverhalten, Brutpflege etc. Dabei fanden die Beobachter 231 (64 %) dieser Verhaltensweisen mit denen der Pudel identisch oder weitgehend vergleichbar. Nur 46 Verhaltensmuster (13 %) der Wölfe waren den Pudeln verlorengegangen – dies waren hauptsächlich Kommunikationsmuster, die Pudel aufgrund ihrer Hängeohren nicht ausführen können. Für 85 (23 %) der offensichtlich von den Wolfsvorfahren ererbten, aber stark modifizierten Verhaltensschemata wurden im wesentlichen folgende Veränderungen festgehalten:
- Viele Verhaltensweisen der Pudel werden weniger intensiv oder gekonnt ausgeführt als das vergleichbare Verhalten von Wölfen.
- Viele verwandte Verhaltensweisen der Wölfe werden von Pudeln zwar unkoordiniert oder unvollständig ausgeführt, aber dafür haben sie auch eigene Verhaltenskombinationen entwickelt.
- Manche Verhaltensweisen der Pudel erscheinen lediglich in spielerischer Form, der Ernst des vergleichbaren Wolfsverhaltens fehlt. In diesem Zusammenhang ist das Verhalten der Pudel dem junger Wölfe vergleichbar.
- Einige Verhaltensweisen sind bei Pudeln komplexer ausgeprägt als bei Wölfen.
- Veränderungen oder das Verschwinden bestimmter Verhaltensweisen sind in manchen funktionalen Bereichen stärker verbreitet als in anderen.

Aufbauend auf den Erkenntnissen von Zimen (1988) wird im folgenden kurz auf die Art der Veränderungen oder auf fehlende Veränderungen in den unterschiedlichen funktionellen Kategorien eingegangen.

Allgemeine Formen der Fortbewegung

Etwa 30 % der Verhaltensmuster der Wölfe in dieser Kategorie haben sich verändert – meist die Bewegungsabläufe, die ein hohes Maß an Kraft, physischer Geschicklichkeit und Koordination erfordern, z. B. unterschiedliche Formen des Springens. Auch im Trab und Galopp bewegen sich Pudel steifer und ungeschickter als der geschmeidige, elegante, seine Kräfte schonende Wolf.

Orientierungsverhalten

Mit 41 % hat sich ein beträchtlicher Teil des Verhaltens verändert. Dabei geht es meist um eine bestimmte Körperhaltung und Bewegung einzelner Körperteile (im Gegensatz zu Pudeln nutzen Wölfe die Bewegung der Ohren zur Bestimmung ankommender Geräusche), um sich auf weiter entfernte Stimuli einzustellen. Auch die vergleichsweise größere Unruhe von Wölfen als Reaktion auf selbst geringfügige Störungen fällt in diese Kategorie.

Schutz und Verteidigung

Auch hier sind mit 46 % viele Modifikationen zu erkennen. Betroffen sind nicht so sehr passive Formen der Verteidigung wie Flucht, sondern eher aktive Formen des Angriffs, die deutlich schwächer geworden sind. Pudel zeigen nicht die Stärke, Sprungkraft und Reaktionsschnelligkeit defensiver Wölfe. Zugehörige expressive Verhaltensweisen wie Knurren und Zähnefletschen sind weit weniger ausgeprägt. Urinieren, Kotabsatz und Zittern – die Angstindikatoren bei Wölfen – treten bei den Hunden, wenn überhaupt, nur sehr abgeschwächt auf.

Jagdverhalten

Das typische Jagdverhalten hat sich zu 75 % verändert. Pudel jagen nicht und sind auch nicht imstande, große Beute zu erlegen. Ihre Geschicklichkeit beim Jagen kleiner Beutetiere ist weitaus geringer, sie sind langsamer, weniger konzentriert und ausdauernd. Statt dessen gleicht ihr Jagdverhalten mehr der spielerischen Jagd nach bewegten Gegenständen, wie sie junge Wölfe zeigen. Wölfe lernen im Gegensatz zu Pudeln schnell, echte Beute zu erkennen und Jagdbares einzuschätzen, ihr Verhalten ist zielorientiert.

Nahrungsaufnahme und Ausscheidung

Mit 22 bzw. 16 % Veränderungen in der Nahrungsaufnahme bzw. der Ausscheidung sind die Verhaltensschemata relativ ähnlich geblieben. Jedoch fressen Pudel wesentlich „zivilisierter", ohne das für Wölfe typische Verschlingen großer Mengen. Auch heben weibliche Pudel zum Urinieren nie das Bein, wie dies bei Wölfinnen üblich ist.

Transport und Lagerung von Nahrung

Das Verhalten dieser Kategorie hat sich zu 47 % geändert, vor allem Verhaltensweisen im Hinblick auf die Lagerung von Nahrung und die Brutpflege. Das systematische Vergraben von Nahrung ist bei Pudeln nicht mehr nachweisbar und wenn, dann nur in spielerischer Form. Pudelmütter tragen ihren Jungen bestenfalls Futter zu, werden aber selten für sie Futter regurgitieren. Pudelväter und andere Rudelmitglieder beteiligen sich anders als in Wolfsrudeln nicht an der Ernährung des Nachwuchses.

Fellpflege und Komfortverhalten

In diesem Bereich wurden mit 8 % nur wenig Veränderungen festgestellt. Beide Spezies strecken, kratzen und belecken sich sowie gähnen, niesen und atmen in identischer Weise.

Ausdrucksverhalten

Expressive soziale Verhaltensweisen, die Anteil an der *visuellen* Kommunikation zwischen Tieren haben, unterliegen den stärksten Veränderungen (67 % der Verhaltensweisen). Mimik, Gesten und Körperhaltung sind die wichtigsten Formen des expressiven Sozialverhaltens bei Wölfen. Bei Pudeln hingegen sind viele der Haltungen und Bewegungen einzelner Körperteile zurückgegangen oder ganz verschwunden, sie wirken insgesamt weniger komplex und ausdrucksvoll – eine stereotype und stark vereinfachte Version früherer Verhaltensweisen. Während man aus dem Verhalten eines Wolfes genau auf seine Stimmung oder seine Absichten schließen kann, ist das bei Pudeln weitaus schwieriger. Im allgemeinen können Pudel mit den wenigen ihnen vollständig zur Verfügung stehenden elementaren Ausdrucksweisen (z. B. Hängenlassen oder Einklemmen des Schwanzes zwischen die Hinterläufe bei Angst oder Unterwerfung, Wedeln bei positiver Erregung) nur vergleichsweise undifferenzierte Signale vermitteln.

Pudel zeigen indessen ein wesentlich komplexeres *vokales* Ausdrucksverhalten als Wölfe. Nach Zimen kompensieren Hunde ihre mangelhafte Körpersprache durch „verbale" Äußerungen, indem sie bellen. Dieses ist in vielen Situationen die Hauptartikulationsform. Es erscheint aber auch in neuen Kombinationen mit anderen Verhaltensmustern. Während Wölfe stille Jäger sind, bellen Hunde, wenn sie einer Fährte folgen und mehr noch beim Anblick der Beute. Das Gleiche gilt für Spielverhalten: Wölfe spielen meistens lautlos.

Bei Hunden ist Bellen zum wichtigsten Kommunikationsmittel für Warnung oder Verteidigung geworden, Wölfe dagegen zeigen in der gleichen Situation vorrangig visuelles Verhalten wie Rastlosigkeit, Starren oder Zähnefletschen. Wölfe knurren eher in aggressiven und defensiven Situationen und heulen häufiger – vermutlich zur Synchronisation der Stimmung und des Verhaltens des Rudels, aber auch als Mittel zur Verständigung über weite Distanzen.

Andere Arten des Sozialverhaltens

Entsprechende Veränderungen gibt es in weiten Bereichen (37 %) des Sozialverhaltens. Auch hier sind bei Pudeln nur noch die einfachsten und elementarsten Arten von Wolfsverhalten nachzuweisen. Im Spielverhalten (35 % veränderte Verhaltensweisen) sind spielerisches Kämpfen und Einzelspiele, die nur wenige Ausdrucksformen beinhalten, nahezu unverändert geblieben, während ausdrucksstarkes Verhalten beispielsweise bei Laufspielen stark modifiziert wurde. Pudel zeigen hierbei nicht mehr die reiche Mischung von Verhaltensweisen aus anderen funktionellen Bereichen wie bei Wölfen.

Sexualverhalten

Die Verhaltensmuster des Paarungsvorganges an sich und während des Östrus sind unverändert geblieben. Die Fortpflanzung der Hunde hat sich jedoch ansonsten weit von der der Wölfe entfernt. Hündinnen werden nach einem Jahr geschlechtsreif, Wölfinnen erst ein Jahr später. Ferner sind Hündinnen individuell diöstrisch, Wölfinnen dagegen monöstrisch. Die während dieser Zeit üblichen, nachhaltigen und lautstark unterstrichenen Versuche aller Hunderüden der Umgebung, sich mit einem läufigen Weibchen zu paaren, stehen in krassem Gegensatz zum zurückhaltenderen Verhalten der Wolfsrüden. Auch gibt es bei Hunden keine Rangordnung in der Fortpflanzung, das Tabu des Inzests zwischen Mutter und Sohn, Wurfgeschwistern sowie Vater und Tochter entfällt.

Geburt, Brutpflege, Verhalten von Welpen

Eine Pudelhündin gräbt keine Höhle, um dort in Vorbereitung auf die Geburt Nahrung zu verstecken, und die Rüden beteiligen sich nicht an der Jungtieraufzucht. Im übrigen jedoch wurden in diesem Bereich keine Unterschiede zwischen Wölfen und Pudeln nachgewiesen. Das Verhalten der Welpen in den ersten zwei bis drei Wochen ist identisch.

In der Diskussion der Ergebnisse dieses aufschlußreichen Forschungsprojektes wirft Zimen die Frage auf, warum Pudel sich in weiten Bereichen des Lebens wie ihre Vorfahren verhalten, sich aber in Verteidigung und Kommunikation so sehr von den Wölfen unterscheiden. Er gelangte schließlich zu der Erkenntnis, daß Hundeverhalten eine biologisch nachvollziehbare und vernünftige evolutionäre Adaption des Wolfsverhaltens an die neue, durch Menschen dominierte, soziale und physische Umwelt repräsentiert. Im Grunde sollte die Tatsache, daß selbst für den Wolf lebenswichtige Verhaltensmuster der Evolution unterworfen sind und beim Hund gröber, funktionslos geworden oder gar verschwunden sind, eher positiv anstatt als eine Art Degeneration gewertet werden.

Domestikation als evolutionäre Adaptation

Die Entwicklung einer neuen Spezies, des Haushundes, innerhalb nur einiger Jahrtausende ist ein Maßstab für die grundlegenden Auswirkungen, die Veränderungen der natürlichen Umwelt – von jener, in der Wolfsrudel lebten, bis hin zu unserer modernen, vom Menschen bestimmten Gesellschaft – nach sich ziehen. Eine derartig schnelle und weitreichende Evolution deutet zwei wesentliche Änderungen des Selektionsdrucks auf die Populationen der sich entwickelnden Spezies an: Viele der *evolutionären Zwänge*, die charakteristisch für die vorhergehenden Umweltbedingungen waren, gelten nicht mehr, und die neue Umwelt birgt eine Vielzahl *neuer selektiver Faktoren*, die eine fortschreitende Entwicklung der Art in eine neue Richtung bedingen.

Mit Nahrung versorgt zu sein bedeutete, daß das natürliche Jagdverhalten des Wolfes nicht länger benötigt wurde, es sei denn, es war für seine neuen Gastgeber von Nutzen. Damit entfiel auch die Notwendigkeit, ein Territorium zur Rudelernährung zu unterhalten. Nahrung mußte auch nicht mehr in eigens dafür gegrabenen Höhlen verscharrt werden. Die Zahl der Würfe war nicht mehr dem Nahrungsangebot unterworfen. Und der Schutz vor Räubern, den das Leben in der menschlichen Gemeinschaft bot, führte dazu, daß die Stärke des Wolfes, seine Schnelligkeit, Agilität und Zurückhaltung gegenüber allem Neuen für das Überleben nicht länger vonnöten waren. Im Prinzip hatten viele der Verhaltensmuster des Wolfes ihre Bedeutung für das Überleben und Wohlergehen der Art eingebüßt – hierzu gehören auch die expressiven Verhaltensweisen, die für die Erhaltung der sozialen Strukturen, die Fähigkeit zur gemeinsamen Jagd und die Verteidigung des Territoriums entscheidend sind. Zimen betont den positiven Effekt des Verlustes dieser jetzt überflüssigen, kraftraubenden Verhaltensweisen. Der sich neu entwickelnden Spezies half er, die sich in der neuen Umwelt bietenden Möglichkeiten voll auszuschöpfen.

Andere Verhaltensweisen waren zum Teil sogar nachteilig und wurden daher durch Selektion reduziert, beispielsweise Aggression gegen Mitglieder der Gruppe oder hochgradige Ängstlichkeit gegenüber geringfügigen Umweltveränderungen.

Letztlich förderte der Selektionsdruck die Entwicklung früherer Geschlechtsreife, promisken Fortpflanzungsverhaltens und die Ausbildung eines Repertoires vokaler Verhaltensweisen, um mit den hochgradig verbalisierenden Wirten kommunizieren zu können. Ferner wurden uneingeschränkte Unterwerfung gegenüber Menschen jeden Alters sowie flexibles Verhalten und erhöhte Lernbereitschaft für vom Wirt erwünschte Verhaltensmuster gefördert, während unerwünschte schnell reduziert wurden.

Mit all seinen unangebrachten, unnötigen oder auch gefährlichen Eigenschaften bleibt selbst ein zahmer Wolf, der in dieser ihm fremden menschlichen Umgebung geboren und aufgezogen wurde, immer ein Außenseiter und fehl am Platz. Im Gegensatz dazu kann ein Haushund nur in eben dieser Umgebung wirklich zu Hause sein. Denn der *Canis familiaris* ist das Endergebnis evolutionärer Prozesse, aus dem Grundstock Wolf geformt, um den Ansprüchen einer neuen natürlichen Umwelt gerecht zu werden – der interartlichen, menschlichen Familie, die mit der scheinbar endlosen Masse fremder Menschen und fremder Hunde harmonisch zusammenlebt.

Literatur

Borchelt, P. L., and Voith V .L. (1986): Dominance aggression in dogs. *Compendium on Continuing Education for the Practicing Veterinarian* **8**, 36–44.

Daniels, T. J. (1983a): The social organization of free-ranging urban dogs: I. Non-estrous social behavior. *Applied Animal Ethology* **10**, 341–363.

Daniels, T. J. (1983b): The social organization of free-ranging urban dogs: II. Estrous groups and the mating system. *Applied Animal Ethology* **10**, 365–373.

Fox, M. W. (1963): *Canine Behavior.* Springfield, Illinois, Charles C. Thomas.

Fox, M. W., Beck, A. M., and Blackman, E. (1975): Behavior and ecology of a small group of urban dogs *(Canis familiaris). Applied Animal Ethology* **1**, 119–137.

Fox, M. W., and Bekoff, M. (1975): The behaviour of dogs. In Hafez, E. S. E. (ed) *The Behaviour of Domestic Animals.* 3rd edition. London, Baillière Tindall.

Klinghammer, E. (ed) (1979): *The Behavior and Ecology of Wolves.* New York, Garland STPM Press.

Mech, L. D. (1970): *The Wolf: The Ecology and Behavior of an Endangered Species.* New York, The Natural History Press.

O'Farrel, V. (1992): *Manual of Canine Behaviour,* 2nd Edition. Shurdington, Cheltenham, Gloucestershire, UK, British Small Animal Veterinary Association Publications.

Thorne, C. (ed) (1992): *The Waltham Book of Dog and Cat Behaviour.* Oxford, Pergamon Press.

Zimen, E. (1988): *Der Hund.* München, C. Bertelsmann Verlag.

8 Allgemeine Behandlungsgrundlagen

Um die Diskussion aus Kapitel 5 kurz zusammenzufassen: Die Behandlung von Verhaltensproblemen bei Hunden, wie Aggression, Trennungsangst und Ausscheidungsprobleme, erfordert häufig eine Kombination von Maßnahmen aus einer oder mehreren der nachfolgenden Kategorien:

- *Ergreifen oder Vermeiden direkter Aktionen in Problemsituationen,* um erregende Stimuli zu verringern, auslösende Reize zu vermeiden, verstärkende Reize zu reduzieren oder zu vermeiden sowie hemmende Reize anzuwenden oder zu verstärken, die möglicherweise einen kausalen Einfluß auf das Problemverhalten haben.
- *Einflußnahme auf Parameter des zugrundeliegenden Verhaltenssystems* durch Kastration, Behebung möglicher pathophysiologischer Zustände, Medikamenteneinsatz oder durch Beeinflussung ineinandergreifender Verhaltenssysteme.
- *Veränderung der Einflüsse der Umgebung auf das zugrundeliegende Verhaltenssystem* vermittels von Lernprozessen. Diese werden direkt oder indirekt beeinflußt durch: Modifikation der allgemeinen Haltungsbedingungen, Veränderung der Grundregeln der Interaktionen zwischen Mensch und Hund, Einführung spezifischer Umweltveränderungen, Anwendung systematischer Methoden der Verhaltenstherapie, Durchführung konventionellen Gehorsamstrainings und Trainieren in speziellen Problemsituationen, Abbrechen ineffektiver Trainings- oder Verhaltenskontrollmethoden, Stärkung der Besitzerautorität, Korrektur von Fehleinschätzungen und Veränderung der Ansichten der Besitzer. Alle diese Maßnahmen können einen drastischen Wandel entweder des Verhaltens des Besitzers gegenüber dem Tier oder bestimmter Aspekte der Umgebung des Tieres verursachen, was wiederum dazu führen kann, daß das Tier lernt, sich in Problemsituationen anders zu verhalten.

Eine erfolgreiche Behandlung von Verhaltensproblemen erfordert nicht nur die Empfehlung des richtigen Trainings, der passenden Verhaltenstherapie oder der notwendigen Veränderungen der Umgebung, sondern auch die Auseinandersetzung mit den Grundeinstellungen des Besitzers zu seinem Tier und seiner Behandlung. Der Verhaltensberater muß es verstehen, die Ansichten und Einstellungen des Besitzers geschickt zu modifizieren und mit dessen emotionalen Reaktionen umzugehen. Gerade das macht die Verhaltensberatung bei Haustieren zu einer so herausfordernden wie auch breitgefächerten und interessanten Aufgabe.

Verändern der Ansichten und Einstellungen der Besitzer zu ihrem Hund und dessen Problemverhalten

Die richtige Sicht auf das Problem

Das Problem muß für die Besitzer zunächst in eine richtige Perspektive gerückt werden, d. h., man muß ihm die spezifische Natur des Problemverhaltens, sein Verhältnis zu normalem Hundeverhalten und die Gründe für seine Entstehung erklären. Die Erörterung bestimmter grundlegender Aspekte caniner Ethologie ist in diesem Zusammenhang immer hilfreich. Häufig handelt es sich um lange bestehende Probleme, die zunehmend ernster werden, wenn das Tier „normal", also wie andere Hunde auch, behandelt wird. Die Entstehung des Problems einzig der Unzulänglichkeit der Besitzer und damit verbundenen Fehlern anzulasten, ist selten angebracht, auch wenn die meisten Besitzer dies vermuten und so von Beginn an bereit sind, das zu glauben.

Feststellung und Korrektur problematischer Ansichten und Einstellungen der Besitzer

Viele Besitzer sind beispielsweise der Meinung, daß alle Hunde aggressiv Knochen gegen Familienmitglieder verteidigen, manche Hunderassen in gewisser Hinsicht problematisch sind (z. B. Gehorsam), Hunde unter dem Entzug von Aufmerksamkeit leiden (genau wie Kinder) und daß Tiere sich ob ihrer Untugenden schuldig fühlen. Sie glauben, daß man immer freundlich zu Tieren sein muß und daß man immer tun muß, was die Tiere wollen, wenn man sie gut behandeln will. Fehleinschätzungen dieser Art gehen oft mit allgemeinen Behandlungsweisen einher, die der Entstehung eines Problems Vorschub leisten. Ohne Korrektur können sie die Compliance mit den vorgeschlagenen Behandlungsmethoden beeinträchtigen.

Häufig geht es dabei um festgefahrene Ansichten der Besitzer über ihre Tiere, sich selbst und über allgemeine Grundsätze der Tierhaltung. Daraus ergeben sich zwei Konsequenzen: Erstens: Indem die Meinung der Besitzer zu solch wichtigen Punkten in Frage gestellt wird, besteht die Gefahr, sie in die Defensive zu treiben. Der Berater muß also bei der Berichtigung dieser Ansichten sehr gefühlvoll vorgehen und beispielsweise lieber in der dritten Person sprechen, als Besitzer direkt zu korrigieren. Bleibt der Besitzer hartnäckig, kann es auch der Berater sein, solange er nur höflich bleibt.

Die zweite und wichtigste Konsequenz ist, daß diese festgefahrenen Meinungen, die einer erfolgreichen Behandlung im Wege stehen, nur schwer zu verändern sind. So neigen in der Auseinandersetzung zweier Rüden die Besitzer dazu, für den unterlegenen Hund Partei zu ergreifen, auch wenn dessen Verhalten die eigentliche Ursache des Problems ist. In aller Regel verstößt es gegen ihre demokratische Grundhaltung und ihre Elterninstinkte, mit dem Aggressor zu sympathisieren. Ferner, wie schon in Kapitel 2 dargelegt, kann es nahezu unmöglich sein, manche Besitzer davon zu überzeugen, ihre dominant-aggressiven Hunde nicht länger wie kleine Kinder zu behandeln, denn dies würde die Grundfesten ihrer Überzeugung bezüglich guter Tierhaltung erschüttern.

Dennoch muß im Beratungsgespräch genau daran gearbeitet werden. Denn ohne Veränderungen dieser Ansichten und Grundhaltungen, die den Besitzern bei der Änderung ihres Verhaltens gegenüber ihrem Tier hinderlich sind, wird selbst die effektivste Behandlung aufgrund mangelnder oder halbherziger Compliance mit den vorgeschlagenen Maßnahmen versagen.

Verändern der Grundregeln im normalen Umgang des Besitzers mit seinem Hund

In einer überwiegenden Zahl der Fälle erhalten die Besitzer einige Verhaltensgrundregeln für den täglichen Umgang mit ihren Tieren außerhalb der Problemsituationen. Hier einige Beispiele: Erlauben Sie ihm nicht, auf Möbel zu gehen; füttern Sie ihn nicht unmittelbar vor den Familienmahlzeiten; lassen Sie ihn nicht im Schlafzimmer schlafen; belohnen Sie niemals Betteln oder aufsässiges Verhalten; lassen Sie ihn täglich mit Artgenossen spielen; zwingen Sie ihn vor jeder Belohnung, einen Befehl zu befolgen; ignorieren Sie ihn, wenn er um Aufmerksamkeit oder Streicheleinheiten bettelt. Die nachfolgenden Abschnitte erörtern mehrere Prinzipien, die für die Empfehlung solcher wichtigen interaktiven Grundregeln relevant sind.

Grund der Empfehlung

Es ist zwar nicht nötig, jede einzelne Maßnahme ausführlich zu begründen, aber in der Regel sollte man für die meisten wenigstens eine kurze Begründung anbieten. Die Besitzer haben nicht nur ein Recht zu erfahren, warum sie diese teilweise unbeliebten Empfehlungen befolgen sollen, sondern solches Verständnis fördert gleichzeitig die Mitarbeit. Die Empfehlungen

Allgemeine Behandlungsgrundlagen

erfordern im allgemeinen eine wesentliche Änderung im Verhalten des Besitzers, das er bislang für richtig oder harmlos gehalten hat. Daher ist es nur natürlich, wenn der Besitzer wissen möchte, *warum* eine Veränderung ihres Verhaltens der Lösung ihres Problems dienlich ist.

Der Berater muß generell auf die Reaktionen und den Gemütszustand seiner Klienten achten. Bei auftauchenden Zweifeln muß er sich die nötige Zeit nehmen, um die Logik hinter den Behandlungsschritten für den Besitzer nachvollziehbar zu erklären.

Unterschied zwischen „Fehlern" und Verfahrensweisen, die für das einzelne Tier oder Problem ungeeignet sind

Haben sich Besitzer erst einmal eingestanden, mit dem Problem nicht allein fertig zu werden, und einen Spezialisten um Rat gebeten, sind sie meistens bereit, die Empfehlungen des Beraters zu akzeptieren und anzuwenden. Oft jedoch gehen sie zu weit und fühlen sich allein verantwortlich für ein Problem, das sie nur teilweise mit verschuldet haben. Obwohl es der Compliance dienlich wäre, die Besitzer in diesem Glauben zu belassen, sollte man der Fairneß halber darauf hinweisen, daß es einen Unterschied gibt zwischen allgemeinen Fehlern und Behandlungsfehlern, die ein bestimmtes Tier und seine Probleme betreffen. Im Grunde liegt es auch weniger daran, daß die Besitzer vielleicht Fehler gemacht haben, die andere Besitzer nicht machen, sondern vielmehr daran, daß sie ein latent schwieriges Tier haben und es mit weit mehr Sorgfalt behandeln müssen als der durchschnittliche Tierbesitzer.

Feststellung und Korrektur von Fehleinschätzungen, die eine Compliance behindern

Um das Verhalten von Besitzern ihren Tieren gegenüber zu verändern, müssen, wie bereits erwähnt, zuerst die zugrundeliegenden Einstellungen modifiziert werden. Wiederum ist Aggression zwischen Rüden ein gutes Beispiel dafür, wie Besitzer zunächst instinktiv reagieren und ihr Verhalten später rechtfertigen.

Nach den Gründen ihrer Reaktion befragt, geben Besitzer meist an, sie erhofften sich durch Bestrafung des Aggressors eine Bereinigung des Problems; außerdem entspräche das ihrer Auffassung von Fairneß. Es mag zwar in manchen derartigen Fällen durchaus gerechtfertigt sein, zur Unterdrückung der Aggression eine Bestrafung des Aggressors zu empfehlen, aber dennoch muß der Vorstellung, die Bestrafung des augenscheinlich unschuldigen Opfers sei „unfair", entgegengewirkt werden. Zur Erläuterung sollte man Besitzern erklären, daß Raufen ein Zeichen für eine instabile Dominanz-Unterwerfungs-Beziehung ist, zu deren Etablierung das Raufen beiträgt. Diesen (auch für die Hunde) wünschenswerten Entwicklungsprozeß können und sollen sie deshalb unterstützen, indem sie für das überlegene Tier Partei ergreifen, unabhängig davon, welches der Tiere den Kampf angezettelt hat. Glücklicherweise erkennen die meisten Besitzer diese Erklärung bereitwillig an und sehen die Auseinandersetzungen ihrer Hunde in einem neuen Licht. Es fällt ihnen leichter, ihr Verhalten so einzurichten, daß es der Bildung einer stabilen Dominanz-Unterwerfungs-Beziehung dienlich ist.

Widerstand muß überwunden werden

Viele Besitzer hören es nicht gern, wenn der Berater empfiehlt, den Hund nicht auf die Möbel zu lassen oder ihn zu ignorieren, wenn er um Aufmerksamkeit bettelt. Im allgemeinen behandeln die Leute ihre Tiere gerne so, wie sie es tun, und es ist ein hohes Maß an Überzeugung nötig, bevor sie bereitwillig etwas aufgeben, was ihnen als erfreuliche Seite der Tierhaltung gilt.

Dieser Widerstand gegen Behandlungsvorschläge muß selbstverständlich überwunden werden. Oft werden solche möglichen Quellen des Widerstands am besten durch direktes Hinterfragen entdeckt. Viele Besitzer gehen auf derartige Fragen sehr offen ein und geben zu, es zu genießen, wenn ihr Hund seinen Kopf in ihren Schoß legt, oder daß sie es nicht fertigbringen, ihn zu ignorieren, wenn er gestreichelt werden will. Andere wiederum sind nicht so freimütig, und trotz ihrer Beteuerungen, alles

Nötige unternehmen zu wollen, wird häufig schon an diesem Punkt ihr Widerstand gegen solcherart extreme oder unbeliebte Maßnahmen spürbar.

Verhaltenstherapeuten sind keine Humanpsychologen. Dennoch müssen sie versuchen, auf solche Gefühle während des Beratungsgespräches einzugehen. Zunächst sind die Besitzer zu ermutigen, offen über ihre Vorbehalte gegenüber den Empfehlungen zu sprechen. Nachdem ihnen dargelegt wurde, daß alle Besitzer diese verständlichen Gefühle für ihre Tiere hegen, kann man ihnen erklären, warum diese Gefühle zuweilen zu Problemen wie dem ihren führen. Müssen bestimmte Vorzüge der Tierhaltung aufgegeben werden, sollte man damit nicht hinter dem Berg halten, sondern deutlich machen, daß es keinen anderen Weg gibt.

Genaue Beschreibung des erforderlichen Besitzerverhaltens

Man kann nicht davon ausgehen, daß Empfehlungen immer genau verstanden werden. So wird beispielsweise die Aufforderung, den Hund zu ignorieren, wenn er um Streicheleinheiten bettelt, von Besitzern manchmal so gedeutet, daß sie ihn lediglich nicht streicheln oder mit ihm sprechen dürfen. Statt dessen sollten sie ihn aber vollständig ignorieren. Für einige Besitzer bedeutet Schelte, ihrem Hund in aller Ruhe zu erklären, warum er das, was er eben getan hat, nicht darf. Der Berater sollte daher immer, wenn er ein Mißverständnis vermutet, dieses durch exakte Ausführungen beheben.

Schaffung realistischer Erwartungen

Wie bei jeder Empfehlung ist es wichtig, die Besitzer über die möglichen Reaktionen ihres Hundes auf die Veränderungen im Umgang mit ihm und über die Tragweite der ergriffenen Maßnahmen aufzuklären. Im Zusammenhang mit tiefgreifenden Veränderungen der Umgangsformen mit dem Hund werden Besitzer dominant-aggressiver Hunde (siehe Kap. 10) auf eine verstörte Reaktion des Tieres und eine 2–3 Tage andauernde Wesensstörung vorbereitet. Weiterhin soll darauf hingewiesen werden, daß bei manchen Symptomen gewöhnlich eine schnelle Besserung erzielt wird (z. B. verbesserter Gehorsam), bei anderen wiederum nicht (z. B. man darf ihm noch immer kein Fressen wegnehmen).

Grundsätzlich dient die Vermittlung eines realistischen Bildes der zu erwartenden Veränderungen dazu, die Mitarbeit der Besitzer zu maximieren, ohne eine überzogene Erwartungshaltung entstehen zu lassen, die zu Enttäuschung und Abbruch der Behandlung führen könnte.

Konsequenz ist entscheidend

Dies muß Besitzern gegenüber betont werden, da fehlende Konsequenz per se eine Verschlimmerung des Problems zur Folge haben könnte. Soll beispielsweise übermäßiges Bellen, um Futter zu erbetteln oder zu fordern, durch Nichtbeachtung unterbunden werden, wird eine 100%ig konsequente Durchführung nach einigen Tagen erfolgreich sein. Bei nur 90%iger Compliance wird vermutlich keine Besserung erzielt werden: der Hund wird sich einfach daran gewöhnen, daß Betteln nicht immer belohnt wird, und daher weiter bellen, wenn er etwas will. Das problematische Verhalten ist nicht nur weiterhin präsent, sondern wird bei einem künftigen Versuch um so schwerer zu eliminieren sein. Im allgemeinen sind erlernte Verhaltensweisen, die auf einem intermittierenden Belohnungsschema beruhen, nach Absetzen jedweder Belohnung weitaus schwieriger zu eliminieren als solche, die jedesmal belohnt werden. In diesem Fall ist eine inkonsequente Behandlung schädlicher als gar keine.

Es ist grundsätzlich immer wichtig, den Besitzern nachhaltig den Zusammenhang zwischen Konsequenz und dem Wirkungsgrad der Behandlung zu verdeutlichen. Selbst wenn eine inkonsequente Behandlung dazu beiträgt, ein Problem unter Kontrolle zu bringen, wird kein zufriedenstellendes Ergebnis erreicht werden, und die Behandlung wird viel länger angewendet werden müssen, als eigentlich nötig wäre.

Menschliche Gefühle sind entscheidend

Die Tatsache, daß die Besitzer an ihren Tieren hängen, sie lieben, sie als Familienmitglieder betrachten und geneigt sind, sich ihnen gegenüber genauso freundlich und höflich zu verhalten wie ihren eigenen Kindern gegenüber, erklärt, warum sie ihren Tieren so viel Freiraum lassen. Daher muß in der Diskussion zwischen Berater und Besitzer die Frage nach den Gefühlen des Besitzers für sein Tier eine zentrale Rolle spielen, wenn die Empfehlung eine Veränderung der Grundregeln seines Verhaltens beinhaltet. Es gibt drei Prinzipien, an die man sich im Umgang mit starken Gefühlen seitens des Besitzers halten sollte: (1) Die Gefühle der Besitzer sollten immer erkannt und respektiert werden. (2) Aspekte der neuen Behandlungsmethoden, die mit den Gefühlen des Besitzers genauso vereinbar sind wie bisherige Praktiken, sollten hervorgehoben werden. (3) Wo Gefühle der Besitzer die Durchführung der Behandlung behindern, muß deutlich gemacht werden, daß Gefühle in diesem Fall keine verläßliche Richtlinie für die Behandlung ihres Tieres sind.

Sollte der Verdacht bestehen, die Besitzer könnten bei der Durchführung der empfohlenen Behandlung psychologische oder emotionale Bedenken haben, spielt meist die unter Punkt 3 erwähnte Richtlinie eine Rolle: Die Besitzer *wollen* nicht aufhören, ihren Hund auf dessen Wunsch hin zu kraulen oder ihn in ihrem Bett schlafen zu lassen. Sie möchten das gegenwärtige Verhältnis und ihr Verhalten ihrem Hund gegenüber beibehalten. Sie *genießen* es, ihn so zu behandeln, und haben möglicherweise sogar das Gefühl, daß sie es *brauchen* oder daß sie andernfalls grausam und gemein gegen ihren Hund handeln. Diese Gefühle sind sehr intensiv – zum Teil fließen sogar Tränen, wenn man ihnen die Notwendigkeit drastischer Veränderungen ihres Verhaltens auseinandersetzt.

Offensichtlich kann der Berater nur wenig zur Änderung solcher Gefühle beitragen. Einerseits muß er beharrlich auf seiner Meinung über die Art der nötigen Modifikationen des Verhaltens des Besitzers bestehen, die zur Behebung des Problems des Tieres unabdingbar sind, andererseits aber dennoch verständnis- und respektvoll mit den Gefühlen der Besitzer umgehen. Mitgefühl seitens des Beraters signalisiert aufrichtiges Interesse und gibt dem Klienten das Gefühl, ihn auf seiner Seite zu wissen. Dies ermutigt ihn wiederum später, erneut anzurufen, wahrheitsgetreu über Erfolge wie Fehlschläge zu berichten und sich zu bemühen, selbst die schwierigsten Anweisungen bestmöglich zu befolgen. Kurz, Verständnis für die Gefühle der Besitzer ist nicht nur entscheidend für das Verhältnis zwischen Berater und Klient, sondern auch für die Optimierung der späteren Compliance.

Gehorsamstraining

Viele Besitzer problematischer Hunde beklagen Ungehorsam ihres Hundes, der nicht zuverlässig gehorcht, wenn er im Freien gerufen wird, oder schwierig unter Kontrolle zu halten ist, wenn er Fremde bedroht, mit anderen Hunden rauft etc. Entsprechend spielt die Verbesserung des Ansprechens auf Befehle und damit die Erhöhung der Kontrolle des Besitzers in solchen Situationen eine Schlüsselrolle für den zu empfehlenden Behandlungsansatz.

Abgesehen von der Tatsache, daß viele Probleme bei Hunden zum Teil dadurch gelöst werden können, wenn sie besser auf Gehorsam trainiert werden, gibt es noch eine allgemeinere Begründung für die Einbeziehung des Gehorsamstraining in die Therapie. An Universitäten ist es für Studenten der experimentellen Psychologie üblich, einen Kurs zu belegen, in dem jeweils 2–3 Studenten einer Ratte oder Taube beibringen sollen, in einer speziellen Skinner-Box einen Hebel zu drücken (Ratten) oder auf eine beleuchtete Plastikscheibe zu picken (Tauben), um Nahrung zu erhalten, die der Student per Knopfdruck liefert. Nach dem sicheren Erlernen dieser Reizantwort müssen die Studenten mehrere Prinzipien des Lernens bei Tieren darstellen, indem sie die Veränderungen der Reizantworten dokumentieren, die durch intermittierende Belohnung, Ausbleiben der Belohnung, Belohnung nur bei leuchtender Scheibe usw. ausgelöst werden. Selbst für Studenten, die schon vorher wissen, was passieren wird, ist der tatsächliche Umgang mit dem Tier aufschlußreich und bietet einen weit tieferen Einblick in die Lernprozesse von Tieren und deren Lernkapazitäten als jedes Buch. Etwas zu verstehen bedeutet auch, „ein Gespür dafür zu bekommen", und das kann für vieles im Leben nur durch Erfahrungen aus erster Hand erreicht werden. Bei Empfehlung einer Maßnahme ist es daher hilfreich, diese zuerst zu demonstrieren und dann den Besitzer bei seinen ersten Versuchen zu unterstützen. Das hilft den Besitzern später, ihre Tiere zu beherrschen und zu trainieren, und geht weit über das unmittelbare Ziel hinaus, dem Hund Kommandos wie „Platz" etc. beizubringen.

Der folgende Katalog nachweislich effektiver Methoden des Gehorsamstrainings nach Campbell (1992) und Voith (1982b, 1982c) wird vom Autor seit Jahren erfolgreich angewendet.

Einsatz von Leckerbissen als Belohnung

Zuerst läßt man den Besitzer einen Teller mit etwa 30 erbsengroßen – wirklich nicht größeren – Leckerbissen vorbereiten, die der Hund besonders schätzt.

> Man verwendet kleine, erbsengroße Bissen, die der Hund als Belohnung schätzt.

Für den Einsatz kleiner Bissen als Belohnung gibt es zwei Gründe. Erstens ist die Bissengröße experimentellen Erkenntnissen zufolge für den Lerneffekt nicht ausschlaggebend. Zwar werden Tiere für einen großen Brocken größere Anstrengungen unternehmen, der Lerneffekt ist aber bei großen wie kleinen Brocken identisch. Zweitens kann man innerhalb kurzer Zeit viele kleine Brocken geben, ohne daß die Motivation des Tieres, sie zu ergattern, geschmälert würde. Zudem verschwendet man keine Zeit, die der Hund bräuchte, um große Brocken zu fressen.

Viele Besitzer gehen bei der Verteilung von Leckerbissen ganz anders vor als der Verhaltensspezialist. Die Leckerbissen sind groß und gehaltvoll und werden vielleicht einmal täglich gegeben. Wenn sie als Belohnung für gutes Verhalten verteilt werden, dann meist geraume Zeit später. Nach einem Spaziergang wird der Hund für sein gutes Benehmen mit einem Leckerbissen belohnt. Für die Besitzer ist es dann sehr aufschlußreich, wenn der Berater dem Hund rasch hintereinander, quasi gleichzeitig mit dem gewünschten Verhalten, zwei Duzend kleine Stückchen gibt und dem Tier auf diese Weise schnell einige Befehle beibringt. Für ihre späteren eigenen Erziehungsmaßnahmen sind solche Demonstrationen sehr hilfreich.

Die Kommandos „Sitz", „Bleib", „Platz" und „Komm"

Mit der folgenden Methode kann der Berater einem Hund – soweit es sich nicht um ein aggressives oder sehr ängstliches Tier handelt – die Grundregeln dieser vier Kommandos in 5–10 Minuten beibringen. Nie wird der Hund dabei berührt oder seine Körperhaltung physisch manipuliert, d. h., sein Rumpf nach unten gedrückt, um ihn zum Sitzen zu bewegen, oder seine Vorderpfoten nach vorne gezogen und der Rücken nach unten gedrückt, um ihm „Platz" beizubringen. Statt dessen nutzt man die natürlichen Gewohnheiten des Hundes, indem man ihn dazu veranlaßt, eine sitzende oder liegende Körperhaltung einzunehmen, in der er normalerweise auf etwas wartet.

Zuerst ruft man den Hund und belohnt sein Kommen. Wenn er nicht kommt, hält man den Leckerbissen hoch und zeigt dem Hund an, daß er kommen soll. Den Leckerbissen erhält er *sofort* aus der ausgestreckten Hand, wenn er kommt. Sollte der Hund die Neigung haben zuzuschnappen, schließt man einfach jedesmal die Hand vor seiner Nase und öffnet sie nur, wenn er vorsichtiger auf die angebotene Belohnung zugeht. Bei absolut konsequenter Durchführung erzielt der Trainer sehr schnell das Erlernen der gewünschten Reaktion.

> Belohnungen müssen sofort gegeben werden – weniger als eine Sekunde nach Durchführung des gewünschten Verhaltens.

Die unverzügliche Gabe der Belohnung ist von außerordentlicher Wichtigkeit. Laborexpe-

Allgemeine Behandlungsgrundlagen

rimente zeigen, daß das optimale Zeitintervall zwischen Reaktion und Belohnung bei weniger als einer Sekunde liegt. Entsprechend müssen die Besitzer wissen, daß dieser enge zeitliche Zusammenhang der Schlüssel eines jeden auf Belohnung basierenden Trainings ist. Für maximale Effektivität muß die Belohnung *quasi zeitgleich mit dem gewünschten Verhalten* erfolgen. Schon 2–3 Sekunden später sind viel zu lang.

Nach Übernahme des Trainings durch den Besitzer ist also besonderes Augenmerk auf dessen Timing zu legen. Sollte er etwas zu langsam sein, muß man ihn dazu anhalten, das Verteilen der Belohnung vorauszuplanen. Der Besitzer muß das wesentliche Prinzip von Bestrafung oder Belohnung in der Erziehung von Tieren begreifen: Man bestraft oder belohnt nicht das Tier an sich – wie Besitzer das häufig annehmen –, sondern ein *bestimmtes Verhalten*. Zwar fungiert ein Leckerbissen einige Sekunden nach befolgtem Kommando auch als Belohnung, er belohnt jedoch bereits ein anderes Verhalten: Anblicken des Besitzers, Stillstehen, Umhersehen – was der Hund im Moment der dargebotenen Belohnung gerade tut.

> Man belohnt nicht das Tier, sondern sein **Verhalten.**

Das Kommando „Sitz" lehrt man Hunde am besten, wenn sie vor dem Besitzer stehen und an ihm hochsehen. Man zeigt dann den Leckerbissen in der offenen Hand, hält ihn so lange dicht vor seine Nase, bis er sich gänzlich darauf konzentriert und bewegt die Hand dann gerade und langsam nach oben, so daß sein Blick dem Bissen folgt und er den Kopf nach hinten biegen muß, um ihn verfolgen zu können. Sollte er den Blick abwenden, beginnt man von vorn. Sieht der Hund mit nach hinten gebogenem Kopf nach oben, braucht man nur abzuwarten. Er wird sich nach einigen Augenblicken von allein hinsetzen, da es bequemer für ihn ist und er sich nicht verrenken muß. Um seine Reaktion zu beschleunigen, kann man den Bissen noch weiter hinter seinen Kopf bewegen.

Sobald er sitzt und unverzüglich belohnt wurde, tritt man einige Schritte zurück, belohnt sein Kommen mit einem Leckerbissen und wiederholt die „sitzauslösende" Übung. Während der Übung wiederholt man jedesmal das Wort „Sitz", so daß er schließlich lernt, auf das Wort allein zu reagieren. Zu Anfang sind es lediglich der Anblick des Leckerbissens, die Körpersprache des Besitzers und vielleicht seine Stimmlage, auf die der Hund reagiert. Hier kommt ein weiteres grundlegendes Prinzip ins Spiel: der erste Trainingsschritt zielt darauf ab, das Tier dazu zu bewegen, die gewünschte Antwort – bzw. eine Annäherung daran – zu erbringen, egal wie. Später kann man ihn lehren, allein auf ein verbales Kommando zu reagieren. Zu Beginn jedoch sieht man sich einem Kommunikationsproblem gegenüber. Der Hund möchte unter allen Umständen den Leckerbissen ergattern, weiß aber nicht, was dafür von ihm erwartet wird. Parallel zum üblichen Ansatz von Hundetrainern, die den Hund durch physische Manipulation mehr oder minder zum Sitzen *zwingen*, erreicht die vorgestellte Methode dies durch Handbewegungen und Leckerbissen. Dies ist ein effektiver Weg, das erwünschte Verhalten zu erreichen und es sofort zu belohnen, was dem Hund wiederum „zeigt", was er zu tun hat.

> Um ein neues Verhalten beim Hund zu erreichen, liegt der erste Schritt immer in größtmöglicher Hilfestellung (Handzeichen, Zeigen der Belohnung, Hinknien, Bewegen des Hundes), um ihn zu veranlassen, das erwünschte Verhalten zu zeigen. Nach und nach läßt man im Verlauf des Trainings alle zusätzlichen „Auslöser" wegfallen, die zu Beginn die gewünschte Reaktion unterstützt haben.

Sobald der Hund zuverlässig auf Kommando kommt und sitzt, kann man dazu übergehen, ihn das Ablegen nach dem gleichen Schema zu lehren. Man ruft ihn, belohnt sein Kommen, befiehlt ihm „Sitz", was auch sofort belohnt wird. Dann zeigt man ihm den nächsten, in der Hand nur zum Teil sichtbaren Leckerbissen, knapp vor seiner Nase. Danach bewegt man ihn von seiner Nase weg zum Boden vor seine Pfoten. Der Bissen sollte so bewegt werden, daß der Hund ihm möglichst direkt mit der Nase fast bis zum Boden folgt. Er sollte sich danach strecken müssen. Nun sollte man einige Augenblicke warten. Manche Hunde legen sich sofort ab, weil das Warten für sie in dieser Position angenehmer ist. Andere wiederum versuchen, den Bissen aus der Hand durch Anstupsen oder Kratzen zu ergattern. Es ist überflüssig, dieses ungewollte Verhalten zu schelten, solange man unbeirrt die Hand geschlossen hält. Der Hund wird dies nach einigen erfolglosen Versuchen schnell aufgeben.

> Unerwünschte Verhaltensweisen, die während des Trainings auftauchen, um den Leckerbissen zu ergattern ("Fassen" oder Kratzen der Hand des Trainers, Aufspringen, Bellen etc.), brauchen nicht bestraft zu werden – sie werden statt dessen völlig ignoriert. Der Hund wird sie bei anhaltendem Mißerfolg schnell unterlassen.

Sollte der Hund das Warten leid werden und sich wieder hinsetzen, beginnt man wiederum von vorn, bleibt vielleicht etwas näher an seinen Beinen, damit er sich nicht so sehr strecken muß, falls das der Grund für seine schnelle Aufgabe war. Für den Fall, daß er einfach so ausgestreckt liegenbleibt, entfernt man den Bissen etwas weiter, damit er nachrückt.

Allein diese Strategie bringt etwa 90 % aller Hunde so weit, sich innerhalb von 1–2 Minuten abzulegen. Sollte der Hund jedoch keine ausgeprägte natürliche Neigung haben, sich aus der nach vorne gestreckten Wartestellung abzulegen, kann man auch bereits den ersten Schritt des Hinlegens belohnen. In dieser Phase bewegt man einfach die Hand ganz langsam von der Nase des Hundes weg. Sobald sich seine Vorderpfoten nach vorne bewegen, öffnet sich die Hand, er wird belohnt. Es funktioniert immer. Nach einigen Belohnungen für diese Zwischenschritte werden die Regeln geändert, nur noch „Platz" wird belohnt. Der Hund wird sich hinlegen.

Sobald der Hund sich unter diesen Bedingungen schnell und zuverlässig ablegt, wird das

> Wenn es zunächst zu lange dauert oder zu schwierig ist, den Hund das gewünschte Verhalten zu lehren, belohnt man bereits einige Zwischenschritte auf dem Weg zum Trainingsziel. Beinhaltet das Trainingsziel komplexe oder dem natürlichen Verhaltensrepertoire von Hunden fremde Bewegungen (Springen durch einen Reifen), kann der Trainingsprozeß viele erfolgreich zu absolvierende Einzelschritte auf dem Weg zum Trainingsziel umfassen (sich dem Reifen nähern, hindurchlaufen, solange er sich am Boden befindet, dann immer weiter vom Boden entfernt usw.).

Kommando „Bleib" den anderen dreien hinzugefügt. Auf das Kommando und die Belohnung für „Sitz" folgend, gibt man den Befehl „Bleib" und entfernt sich einige Schritte, gibt eine verbale Bestätigung wie „guter Hund", kehrt schnell zurück, bevor der Hund aufstehen konnte, und belohnt ihn. Ist er schneller und folgt dem Trainer, ruft man ihn an den ursprünglichen Platz zurück, gibt wieder den Befehl „Sitz" – diesmal ohne Belohnung –, tritt nur einen Schritt zurück, belobigt den Hund verbal, geht schnell zu ihm zurück und gibt ihm seine Belohnung.

Nach vielen Wiederholungen dieses Ablaufs und schrittweise zunehmender Entfernung wird das verbale Lob dem Hund schließlich aus der Distanz signalisieren, daß er sich richtig verhalten hat und die Belohnung unterwegs ist. Technisch gesprochen wird diese Art Stimulus zu einer *Sekundärbelohnung* (oder sekundären Verstärkung), d. h., der Reiz per se nimmt aufgrund seiner verläßlichen Assoziation mit Futter *(Primärbelohnung)* Qualitäten einer darauf folgenden Belohnung an. Diese Sekundärbelohnungen sind bei der Erziehung von Tieren außerordentlich hilfreich, denn sie überbrücken den Intervall zwischen der Ausführung des angestrebten Verhaltens und der Gabe der Belohnung. So kann man das Verhalten belohnen, obwohl eine Distanz zwischen Trainer und Tier liegt.

Sowie das Tier alle vier Befehle verläßlich ausführt, bittet man den Besitzer, zu übernehmen und den Hund für die Erfüllung der Be-

Allgemeine Behandlungsgrundlagen

fehle noch einige Minuten lang zu belohnen, damit der Berater eventuelle Fehler korrigieren oder dem Besitzer die Richtigkeit seines Vorgehens bestätigen kann.

Diese Demonstrationen von Gehorsamstraining sind besonders wichtig für Besitzer, die wenig oder keine Erfahrung in der Hundeerziehung haben. Es wird nicht nur der Einfluß von Belohnungen und deren zeitgerechter Einsatz zum Erreichen des Trainingsziels demonstriert, sondern auch, wie wichtig es ist, konsequent und unnachgiebig zu sein und Fehlleistungen niemals zu belohnen. Dem Besitzer wird weiterhin verdeutlicht, daß er sich Ziele dahingehend setzen muß, welche Leistungen an welchem Abschnitt des Trainings zu belohnen sind. Nicht zuletzt stellen diese Demonstrationen unter Beweis, welches Potential ruhiges, konsequentes, systematisches Vorgehen für eine Änderung des Verhaltens hat – im Gegensatz zu den einschüchternden Methoden mancher Hundetrainer.

Besitzer, die noch nie einen Hund trainiert haben, sind anfangs sehr unbeholfen und unsicher in der Durchführung und im Timing. Dies ist natürlich zu erwarten, wenn man bedenkt, daß ein erfolgreicher Tiertrainer nicht nur intellektuelles Verständnis, sondern auch ein „Gespür" für die Materie besitzen muß. Da die Erkenntnisse und Fertigkeiten, die dem „Gespür" für den Trainingsprozeß zugrunde liegen, nur durch Erfahrungen aus erster Hand erworben werden können, ist es enorm wichtig, Besitzer von Anfang an in den Trainingsprozeß zu integrieren. Dies hat nicht nur ein folgsameres und besser beherrschbares Tier zur Folge, sondern die erlangte Erfahrung kann auch auf andere Bereiche übertragen werden, in denen der Hund akzeptablere Verhaltensweisen erlernen muß.

Streicheln, Lob und Spiel als Belohnung

Hunde können auch ohne den Einsatz von Leckerbissen trainiert werden. Viele Hundetrainer legen Besitzern nahe, nur Streicheln und Lob als Belohnung einzusetzen. Allerdings sind Hunde, die ohnehin von morgens bis abends gestreichelt und verhätschelt werden, nicht annähernd so motiviert, für Streicheleinheiten Leistungen zu erbringen, als sie das für Leckerbissen tun würden, besonders wenn Besitzer angehalten sind, Leckerbissen ausschließlich bei Trainingseinheiten zu vergeben, so daß der Hund keine andere Gelegenheit hat, sie zu ergattern. Im Grunde werden Hunde durchaus gerne gestreichelt und gelobt, aber die meisten würden für ein Stückchen menschlicher Nahrung wie Käse, Wurst oder Kekse, die man ihnen normalerweise verweigert, nahezu alles tun.

Dies heißt allerdings nicht, daß Kraulen und Lob nicht ebenso als Belohnung eingesetzt werden sollen. Ganz im Gegenteil, der Autor empfiehlt Besitzern, ihre Tiere, während sie die Belohnung ausgeben, auch zu streicheln und zu loben. Im Prinzip werden Leckerbissen nur als temporäres Hilfsmittel eingesetzt, um den Wirkungsgrad des ersten Trainingsprozesses zu maximieren. Wenn das neue Verhalten „sitzt", sollte man die Leckerbissen Schritt für Schritt weglassen und zunehmend auf Streicheln und Lob vertrauen, die das neue Verhalten festigen und unterstützen sollen (d. h. das Tier wird jedesmal gestreichelt und gelobt, bekommt aber durchschnittlich nur jedes zweite Mal für die korrekte Ausführung einer Übung einen Leckerbissen, später jedes dritte oder vierte Mal, bis es nur noch gelegentlich einen Bissen bekommt).

Auch Spiel kann für viele Hunde eine enorme Belohnung darstellen. Viele Besitzer nutzen dies instinktiv, indem sie den Hund erst „Sitz" oder „Platz" ausführen lassen, bevor sie den Stock oder den Ball für das ungeduldige Tier werfen. Zwar bietet sich Spielen nicht für das Anfangstraining an, über das in diesem Abschnitt gesprochen wurde. Es ist aber in anderen, später in diesem Kapitel anzusprechenden Situationen, ideal einzusetzen, z. B. um einem Hund abzugewöhnen, hinter Radfahrern oder Joggern herzujagen.

Übertragen des Gehorsamstrainings auf den Alltag

Sobald der Hund die vier Grundkommandos „Komm", „Sitz", „Bleib" und „Platz" beim täglichen Training zu Hause zuverlässig ausführt, werden die Besitzer angewiesen, dieses Training zu *generalisieren,* indem sie es auf andere Situationen wie Spaziergänge und normale tägliche Abläufe anwenden.

„Nichts im Leben ist umsonst"

Ein nützlicher, regelmäßig empfohlener Einstieg ist, das Gehorsamstraining in den Familienalltag zu integrieren, quasi unter der Prämisse: „Nichts im Leben ist umsonst", wie es auch schon Voith (1982a) formuliert hat. Dies bedeutet im Grunde für das Tier, eines der vier Grundkommandos erfüllen zu müssen, bevor es irgend etwas bekommt. Das gilt nicht nur für Leckerbissen, sondern auch für das Fressen, wenn sie nach draußen oder nach einem Spaziergang wieder ins Haus wollen, wenn sie vor Spaziergängen die Leine angelegt bekommen, wenn man beim Spielen einen Stock oder Ball werfen soll, wenn sie gestreichelt werden wollen und vieles mehr. Hier muß der Besitzer instruiert werden, dem Hund zuvor immer erst einen Befehl zu erteilen und dessen Befolgung abzuwarten, bevor der Hund die gewünschte Belohnung oder Behandlung erhält.

Zwar wird diese Grundregel des gegenseitigen Umgangs in der Hauptsache als Standardempfehlung zur Behandlung von Dominanzaggression (Kap. 10) eingesetzt, kann aber durchaus erfolgreich in jedem Fall einer notwendigen Erhöhung des Gehorsams und unter allen Bedingungen angewendet werden. Es kann für Besitzer allerdings schwierig werden, diese Strategie durchzusetzen, denn sie müssen sich immer an diese Regel halten und müssen beispielsweise ihrer Neigung widerstehen, den Hund automatisch zu kraulen, wenn er kommt. Für die Besitzer bedeutet dies also eine etwas unangenehme Veränderung des entspannten und spontanen bisherigen Verhältnisses zu ihrem Hund.

Trotz allem kann die konsequente Anwendung der Regel „Nichts im Leben ist umsonst" in vielen Fällen äußerst nützlich und den Aufwand wert sein, der nötig ist, einen skeptischen Besitzer von ihrer Richtigkeit zu überzeugen. Man kann beispielsweise darauf hinweisen, daß die Methode den Hund dazu bringen wird, in jeder Umgebung und Situation besser zu gehorchen. Sie bestärkt auch die unterwürfigen, kooperativen und „Nachfolge"-Tendenzen des Hundes, was gerade bei eigensinnigen, aufsässigen, willensstarken „Anführer"-Typen entscheidende Verbesserungen im Verhalten zeitigt. Ferner ist hervorzuheben, daß dies psychologisch zwar schwer einzurichten, auf lange Sicht aber der effektivste Weg ist und am wenigsten Zeit und Energie kostet. Es bedarf keiner Hundeschule, keiner täglichen Trainingseinheiten.

Verbessern des Gehorsams auf Spaziergängen

Viele problematische Hunde sind auf Spaziergängen ungehorsam. Sie kommen auf Zuruf nicht oder nur sehr zögernd, und schon gar nicht, wenn es etwas Interessanteres gibt. Oft geht dieses Problem mit einem „Mangel an Respekt" für den Besitzer einher, wie dies bei Dominanzproblemen zwischen Besitzer und Hund üblich ist. Sollte dies der Fall sein, so sollte die Natur der Beziehung an sich und nicht nur das Verhalten des Hundes verbessert werden. Selbst hier hilft zuweilen ein wenig Gehorsamstraining auf Spaziergängen.

Es gibt zwei Ansätze. Der erste ist die geradlinige Fortsetzung des grundlegenden Gehorsamstrainings. Der Besitzer wird ersucht, immer eine Tüte mit 30 oder mehr Leckerbissen auf Spaziergängen mitzunehmen und diese zur Stärkung des Kommandos „Komm" einzusetzen, auf dem im Freien das Hauptaugenmerk liegt. Das Training besteht lediglich darin, den Hund zu rufen und ihn, wenn er kommt, sofort dafür zu belohnen. Auch wenn das Tier sich Zeit läßt und nur zögernd kommt, erhält es die Belohnung, wird gestreichelt und gelobt. Im Grunde wird der Hund für sein Kommen immer belohnt, egal wie lange es dauert. Vor allem aber wird er nie bestraft, weder für spätes Kommen noch für etwas, das er getan hat, als er weit von seinem Besitzer entfernt war. Zornig auf ein Tier zu werden, wenn es auf Rufen nicht kommt, und es dann zu schelten, wenn es kommt, ist der entscheidende Fehler, den Besitzer vermeiden müssen. Dies würde das Tier letztlich für sein Kommen bestrafen, und als nächstes würde der Hund versuchen, einer Bestrafung durch Fernbleiben zu entgehen. Besitzer sollten in diesem Zusammenhang auch darauf hingewiesen werden, daß sie nicht *das Tier* für etwas bestrafen oder belohnen, was es vor einer Weile getan hat, sondern *das Verhalten*. Daher ist das, was das Tier im Moment der Belohnung oder Bestrafung gerade tut, ausschlaggebend.

Im Zusammenhang mit der Anwendung dieser einfachen Trainingsmethode werden einige andere grundlegende Prinzipien erklärt oder erneut betont:

- Belohnungen müssen *sofort* gegeben werden, das bedeutet für den Besitzer, den Leckerbissen parat zu haben, sobald der Hund kommt, und nicht erst in der Tasche danach suchen zu müssen, wenn der Hund längst da ist.
- Der Hund sollte nicht für unaufgefordertes Kommen belohnt werden, sondern nur nach Zuruf. Dies schafft optimale Voraussetzungen dafür, daß der Befehl zu einem auslösenden Reiz oder einem Signal für das Tier wird.
- Leckerbissen sollen immer mit Lob und Streicheln einher gehen. Dadurch werden die belohnenden Qualitäten des Streichelns und Lobes durch ihre enge zeitliche Verknüpfung mit der Vergabe von Leckerbissen unterstützt.
- Im Laufe der Zeit kann der Einsatz von Leckerbissen komplett weggelassen oder auf ein Minimum reduziert werden. Die ersten Tage soll das erwartete Verhalten aber jedesmal belohnt werden. Wenn der Hund gelernt hat, auf Kommando schnell zu kommen, und dies auch in jeder Situation verläßlich tut, kann die Frequenz der Leckerbissenvergabe langsam herabgesetzt werden, während die Belohnung durch Streicheln und Lob fortgesetzt wird.
- Während eines solchen Prozesses der schrittweisen Reduzierung der Belohnungen, wenn das gewünschte Verhalten anfangs jedesmal, dann jedes zweite, dritte Mal usw. belohnt wird, sind dies Rahmenvorgaben und nicht exakte Vorgehensweisen. Das Tier wird vielleicht zweimal hintereinander und dann vier- oder fünfmal gar nicht belohnt. Die Angaben beschreiben also den *Durchschnitt*. Im Grunde sollten diese abwechselnden Belohnungen immer *variabel* sein, damit sie unregelmäßig und unvorhersehbar geschehen. Unter solchen Bedingungen, wenn das Tier nie weiß, ob sein Verhalten diesmal belohnt werden wird oder nicht, wird es hochmotiviert bleiben, das erlernte Verhalten auszuführen.
- Wenn der Hund trotz des Einsatzes der Lieblingsleckerbissen den Ruf seines Herren ignoriert, weil er Besseres zu tun hat, sollte die korrekte Antwort auf das Kommando bei Spaziergängen anfangs nur dann geübt werden, wenn keine Ablenkungen bestehen oder der Besitzer merkt, daß der Hund sich ausgetobt hat und sowieso gerade kommen will.

Als zweite Methode, einem Hund beizubringen, auf Kommando zu kommen, kann man ihn nur einmal rufen und, wenn er nicht kommt, so lange weitergehen, bis er kommt. Bei Hunden, die sich nicht gerne allzu weit von ihren Besitzern entfernen (und das sind die meisten), kann die konsequente Anwendung dieser Methode ein hoch effizienter Lösungsansatz sein. Der Hund lernt schnell, daß das Kommando den Weggang des Besitzers signalisiert, was Hunde, die sich allein unwohl fühlen, schnell veranlaßt, ihrem Besitzer zu folgen. Die Belohnung erfolgt dann sofort mit Streicheln, Lob und Leckerbissen oder indem der Besitzer in eine andere Richtung als nach Hause weitergeht, was dem Hund signalisiert, daß der Spaziergang noch nicht zu Ende ist (Kap. 18 enthält eine detailliertere Erläuterung dieser Methode und beispielhafte Empfehlungen zu beiden Methoden).

Training in Problemsituationen

Werden die bereits erläuterten Prinzipien zur Verbesserung des Gehorsams durch eine Dimension der *Bestrafung* erweitert, ist man mit einer hochwirksamen Strategie zum Verhaltenstraining gerüstet. Das Grundprinzip dieses dualen Systems ist, den Besitzer in die Lage zu versetzen, in tatsächlichen oder potentiellen Problemsituationen konsequent reagieren zu können; d. h., das problematische Verhalten *bestrafen* und jede akzeptable Alternative, die das Tier statt dessen durchführt, *belohnen* zu können. Aus der folgenden Auflistung effektiver Bestrafungsmöglichkeiten wird klar, weshalb dieser Ansatz oftmals ein äußerst erfolgreicher Weg ist, viele Verhaltensprobleme von Hunden zu eliminieren oder zu entschärfen.

Prinzipien für den erfolgreichen Einsatz von Bestrafungen

- In der experimentellen Psychologie wird Bestrafung als unterdrückender Effekt bestimmter Stimuli auf das künftige Verhalten eines Tieres definiert: ein unangenehmer Reiz, der die künftige Wahrscheinlichkeit für das Ausführen eines gewohnheitsmäßigen Verhaltens reduziert, ist per definitionem ein bestrafender Reiz. Schmerz ist für Tiere beispielsweise ein bestrafender Reiz, da er die Wahrscheinlichkeit für das künftige Ausführen einer Angewohnheit reduziert. Eine ähnlich bestrafende Wirkung wird bei den meisten Hunden durch gemäßigte Schelte erzielt. Bei vernachlässigten, isoliert im Freien oder in Zwingern gehaltenen Hunden kann Schelte allerdings auch belohnend wirken.
Bei der Korrektur von Verhaltensproblemen bei Tieren sind die meist empfohlenen Bestrafungen Schelte, ein scharfer Ruck an der Leine und erschreckende Geräusche. Das Schlagen von Tieren wird von den meisten Beratern nicht empfohlen. Es ist auch nicht nötig, so weit zu gehen, um Tiere wirkungsvoll zu bestrafen, abgesehen von den möglichen unerwünschten Nebeneffekten (z. B. erhöhte Angst vor dem Besitzer, mögliche Auslösung von angst- oder schmerzbedingter Aggression), die durch den Einsatz eines erschreckenden Geräusches vermieden werden können.
- Laborexperimente und alltägliche Erfahrungen zeigen, daß der wahrscheinlichste Effekt von Bestrafung die *temporäre Unterdrückung* eines Verhaltens ist. In der Tat haben Verhaltensweisen, die ausschließlich durch den Einsatz von Bestrafung ausgemerzt wurden, eine ausgeprägte Rezidivneigung. Die endlosen Kämpfe, die Besitzer ausfechten, um ihrem Hund Verhaltensweisen wie das Anbellen von Fremden auf Spaziergängen oder das Hochspringen an Besuchern allein durch Bestrafung abzugewöhnen, dienen hier als gutes Beispiel. Bestrafung ist in dem Sinne wirkungsvoll, als sie ein Verhalten sofort beendet und eine Zeitlang unterdrückt, ihre Wirkung aber ist kurzlebig, und in den allermeisten Fällen kann das Problem nicht allein auf diese Weise bewältigt werden. Unter besonderen Umständen kann Bestrafung zu lang anhaltender Unterdrückung problematischen Verhaltens führen. Allerdings muß diese Bestrafung nahezu traumatische Qualitäten haben, und ist daher aus ethischen und praktischen (Nebenwirkungen) Gründen abzulehnen.
- Der sinnvollste Einsatz von Bestrafungen zur Unterdrückung eines problematischen Verhaltens ist, sie mit dem Belohnen einer alternativen, annehmbaren Verhaltensweise in Problemsituationen zu kombinieren. Von Verhaltenswissenschaftlern wird dieses andere Verhalten als *kompetitives Verhalten* bezeichnet. Das heißt, das Tier kann nur eines tun, nicht aber beides gleichzeitig (z. B. an einem Besucher hochzuspringen und sich abzulegen, wenn ein Besucher das Haus betritt, sind kompetitive Verhaltensweisen). Die Methode, unerwünschte Verhaltensweisen durch auf Belohnung basierende Verfahrensweisen zu eliminieren, um annehmbare kompetitive Verhaltensweisen in Problemsituationen auszulösen und zu verstärken, nennt man *Gegenkonditionierung*. Sie ist weit verbreitet und wird in vielen Trainings- und Verhaltenstherapien angewendet.
- Ein bestrafender Stimulus sollte stark genug sein, um das jeweilige Verhalten *sofort* und auch *jedesmal* zu beenden. Er sollte jedoch

nicht so heftig sein, daß er hochgradig ängstliches Verhalten auslöst. Das heißt also, wenn ein Tier regelmäßig die Schelte seines Herren ignorieren kann und das bestrafte Verhalten weiterhin an den Tag legt, ist die Bestrafung nicht annähernd hart genug – und der Besitzer muß entweder seiner Maßnahme mehr Nachdruck verleihen oder sich einer anderen Bestrafungsform bedienen. Wenn das Tier sich andererseits vor Angst zusammenkauert, wegläuft und sich für einige Minuten versteckt, ist der Stimulus weitaus intensiver als nötig oder wünschenswert.

- Anders als Belohnungen, die zur Aufrechterhaltung eines ursprünglich unter ständiger Belohnung erlernten Verhaltens am besten unregelmäßig verteilt werden (d. h. das Verhalten wurde ursprünglich jedes Mal belohnt, später aber nur noch sporadisch), legen Laborexperimente den Schluß nahe, daß die Bestrafungsmethode am effektivsten ist, wenn das Verhalten jedesmal bestraft wird. Ein Punkt, an dem das Verhalten nur noch jedes zweite oder dritte Mal bestraft werden sollte, wird nie erreicht.
- Laborexperimente und praktische Erfahrungen zeigen, daß wirkungsvolle Bestrafung sofort wirkt, meist nach wenigen Anwendungen des bestrafenden Reizes. Es kann daher als Faustregel betrachtet werden, daß die Notwendigkeit einer häufigen Wiederholung der Bestrafung des Tieres durch den Besitzer ein Indikator für einen grundlegenden Fehler in der angewendeten Maßnahme ist. Entweder ist der strafende Reiz nicht stark genug, um das hochmotivierte Verhalten nachhaltig zu unterdrücken, oder, weit häufiger, die Bestrafung alleine erreicht kaum mehr, als das Verhalten des Hundes zeitweise zu unterdrücken. In letzterem Fall nützt die Bestrafung innerhalb ihrer Grenzen, aber der Einsatz von Belohnungen zum Training und zur Verstärkung eines kompetitiven Verhaltens ist unerläßlich für das Erreichen einer zufriedenstellenden und dauerhaften Lösung des Problems.
- Bestrafung kann als Nebeneffekt aggressives Verhalten auslösen, wenn sie schmerzhaft ist, kann Angst bei einem angst-aggressiven Hund hervorrufen oder von einem dominant-aggressiven Hund als statusgefährdend betrachtet werden. Daher ist sie bei vielen Hunden aus Gründen der Sicherheit für den Besitzer kontraindiziert.

Methode der frühen oder prophylaktischen Intervention

Bei vielen Problemen wie Aggression gegen Fremde auf der Straße ist unter Umständen ein drittes Element recht hilfreich und manchmal sogar ein unentbehrlicher Zusatz zum dualen System aus Bestrafung und Belohnung. Der Besitzer wird angewiesen, die Aufmerksamkeit des Tieres auf sich zu lenken und eine lohnende Beschäftigung auszuüben, *genau in dem Augenblick, bevor das problematische Verhalten des Tieres einsetzt*, wenn also die auslösenden Stimuli erstmalig auftauchen. Dies bedeutet bei einem Hund, der aggressiv auf Jogger reagiert, daß der Besitzer ihn ruft und mit Leckerbissen für seinen Gehorsam belohnt, sobald Besitzer wie Hund einen Jogger sehen, dieser aber noch zu weit entfernt ist, um das aggressive Verhalten des Hundes auszulösen. Diese kurze Lektion in Gehorsamstraining, die Hunde, die sonst nie Leckerbissen bekommen, außerordentlich genießen, wird einfach weitergeführt, bis der Jogger vorbei und außer Reichweite ist. Statt der zu belohnenden Kommandos könnte der Besitzer auch das Lieblingsspielzeug seines Hundes hervorholen und werfen, um den Hund mit einem Wurf-Apportier-Spiel zu beschäftigen, bis der Jogger vorüber ist. Campbell (1992) empfiehlt häufig eine ähnliche Vorgehensweise, die er „fröhliche Routine" nennt. In diesem Fall sind Besitzer angehalten, sich bei Herannahen einer Problemsituation besonders fröhlich zu benehmen und das zu tun, was den Hund üblicherweise dazu veranlaßt, sich außergewöhnlich zu freuen.

Die Vorgehensweise der frühen Intervention wird oft als „Ablenkungs"-Methode bezeichnet, wobei der Besitzer jedoch nicht den falschen Eindruck erhalten darf, jedwede Art von Ablenkung sei zu empfehlen. Ablenkung wird in einer Weise eingesetzt, daß die Aufmerksamkeit des Hundes vom Jogger auf etwas anderes gelenkt wird, was nicht mit einer Ablenkung durch Leckerbissen oder ein Spiel gleichzusetzen ist, *nachdem* der Hund bereits aggressiv geworden ist. Hier würde das Fehlverhalten belohnt, was absolut kontraindiziert ist. Im Grunde muß man Besitzer nachdrücklich darauf hinweisen, daß die Methode des frühen Eingreifens durch „Ablenkung" nur sinnvoll eingesetzt werden kann, *bevor* das problematische Verhalten auftritt. Reagiert der Hund bereits aggressiv, ist es zu spät dafür; das Fehlverhalten muß durch Bestrafung unterdrückt werden, statt es durch Leckerbissen und Spiel zu belohnen.

Einstellen der Belohnung von Fehlverhalten

Immer wieder sieht sich der Verhaltensberater Fällen gegenüber, in denen Besitzer durch unabsichtliche Belohnungen einem Problem Vorschub geleistet haben, es aufrechterhalten oder gar zunehmend verschlimmern. Manche Hunde sind z. B. auf Spaziergängen schwierig, sie weigern sich, in eine bestimmte Richtung zu gehen, man muß sie minutenlang überreden, eine Straße zu überqueren, oder sie bleiben alle 20–30 Meter stehen, um von ihrem Herren gestreichelt oder angesprochen zu werden, bevor sie weiterlaufen. Des gleichen betteln manche Hunde im Haus derart fordernd und aufsässig um Dinge, daß der Besitzer am Ende genervt nachgibt. Dem Autor sind Fälle bekannt, in denen Hunde nur dann aufhören zu bellen und ihre Besitzer zu Wort kommen lassen, wenn diese sie ständig streicheln oder mit ihnen spielen.

In solchen Fällen ist Bestrafung nur selten nötig. Normalerweise genügt es, wenn die Besitzer das Verhalten völlig ignorieren und dem Hund nicht nachgeben. Verhaltenswissenschaftler bezeichnen dieses Vorgehen zur Verhaltensmodifikation, das die Beendigung jeglichen positiven Belohnens eines Fehlverhaltens bedeutet, als *Auslöschung, Extinction*. Man ignoriert den Hund schlichtweg, wenn er versucht, auf der Straße stehenzubleiben, und läuft normal weiter, ohne den Hund anzusprechen oder anzusehen, egal was er tut. Bei Problemen wie dem Betteln um Streicheleinheiten, Spielen oder Futter muß es in der Familie als feste Regel gelten, dem Hund unter diesen Bedingungen nie nachzugeben.

Die Methode der Extinktion ist ein höchst effektiver Ansatz zur Behebung von Verhaltensproblemen, die vollständig auf äußere, vom Besitzer beherrschbare Einflüsse zurückgehen. Dieser Weg ist jedoch nur unter Einhaltung dreier Bedingungen wirklich effektiv: Die Besitzer müssen vollständig von der Maßnahme überzeugt sein, sie müssen ausreichend Selbstdisziplin haben oder hartnäckig und konsequent genug sein und sie müssen vom Berater auf die unmittelbaren Folgen der Beendigung der Belohnung des Problemverhaltens vorbereitet werden – nämlich eine kurzfristige Verschlimmerung, bevor Besserung eintritt.

Laborexperimente belegen, daß zu Beginn des Extinktionsprozesses, wenn die das Verhalten unterstützenden Belohnungen vollständig entfallen, sowohl die Frequenz als auch die Intensität der Reaktion primär stark zunehmen, bevor sie sehr langsam und unregelmäßig zurückgehen, um letztlich völlig wegzufallen. In dieser Phase werden häufig auch aggressive Reaktionen beobachtet – offensichtlich eine natürliche Antwort auf das Ausbleiben der gewohnten Belohnung. Ein ähnliches Bild zeigt sich, wenn jemand Geld in einen Getränkeautomaten wirft, der dann nicht funktioniert (d. h. das erlernte Verhalten, Geld einzuwerfen, zeitigt keinen Erfolg). Beide Effekte können beobachtet werden: das Geld wird wiederholt eingeworfen; Knöpfe und Hebel werden mit erhöhter Geschwindigkeit und Nachdruck betätigt; schließlich folgen noch ein paar Fausthiebe und vielleicht ein letzter, heftiger Fußtritt. Denn auch wir Menschen akzeptieren das Ausbleiben einer erlernten Antwort nicht gleich beim ersten Versuch, drehen uns um und gehen kleinlaut weg.

Aber auch über andere Aspekte des Extinktionsprozesses sollten Besitzer vorgewarnt werden. Zum Beispiel wird jeder neue Tag den erneuten Versuch mit sich bringen, das am Vortag eliminiert geglaubte Verhalten *(Spontanerholung* genannt) durchzusetzen und der tatsächliche Verlauf des Extinktionsprozesses wird sehr langwierig und ungleichmäßig sein. Schübe mit großen Fortschritten sind häufiger als langsam fortschreitende Besserung. Das Tier wird für einen Stunde aufgeben, es dann erneut hartnäckig versuchen, wieder für ein oder zwei Stunden aufgeben, es am nächsten Tag noch nachdrücklicher versuchen, ein oder zwei Tage aufgeben, es dann wiederum versuchen usw. Prinzipiell müssen Besitzer auf das erneute, sporadische Auftauchen des Fehlverhaltens gefaßt sein, selbst wenn das Tier das Verhalten scheinbar eingestellt hat.

Methoden der Verhaltenstherapie

Der Ausdruck *Tierverhaltenstherapie* wird gemeinhin in zwei Bedeutungen verwendet. Im allgemeineren Gebrauch umfaßt der Begriff sowohl die Bemühungen des Verhaltensberaters zur Unterstützung von Besitzern bei ihrem Problem als auch all die verschiedenen Maßnahmen, die er zur Behandlung vorschlägt, z. B. Training, Veränderung der Umwelt, Kastration, Pharmaka, Gegenkonditionierung, systematische Desensibilisierung und anderes mehr. In diesem Sinne wird der Terminus Tierverhaltenstherapie synonym mit dem der Haustierverhaltensberatung verwendet, wie es dem deutschen Sprachgebrauch entspricht.

Im Rahmen dieses Buches jedoch wird der Begriff in seiner zweiten, spezifischeren Bedeutung gebraucht. Das heißt in bezug auf systematische und oftmals ausführliche Maßnahmen für erneutes Training, die entweder direkt aus der humanen Verhaltenstherapie stammen oder auf deren Prinzipien beruhen. Ein Beispiel ist die *systematische Desensibilisierung* in der Behandlung von Phobien. Tiere werden hier einer Reihe von Situationen ausgesetzt, die der angstauslösenden Situation so langsam und vorsichtig angenähert werden, daß dabei nie Angst ausgelöst wird – das Standardvorgehen bei der Behandlung von Phobien in der Verhaltenstherapie beim Menschen.

Aber so wenig direkte Parallelen es zwischen Verhaltensproblemen bei Tieren und Menschen gibt, so begrenzt sind auch die Parallelen zwischen den Behandlungsweisen bei Mensch und Tier. Ähnlichkeiten finden sich eher in der Anwendung von Grundprinzipien als Basis der gemeinsamen Vorgehensweise (schrittweise Exposition, Gewöhnung, Gegenkonditionierung, Extinktion etc.) und ihrem Einsatz in speziell entwickelten, systematischen und oft aufwendigen Maßnahmen. Im folgenden sind einige häufig empfohlene Verhaltenstherapien angeführt:

- Ein Hund kann schrittweise und durch Belohnungen mit Leckerbissen trainiert werden, im Auto mitzufahren, ohne ängstlich zu werden. Belohnt wird die „tapfere" Befolgung der Kommandos „Sitz", „Platz", „Bleib" etc. in der Nähe eines Autos, im Auto bei abgestelltem Motor, dann bei laufendem Motor, auf einer kurzen Strecke von einigen Metern, auf längeren Strecken und so fort.

- Leckerbissen können auch dabei helfen, das Tier daran zu gewöhnen, sich bürsten zu lassen, ohne zu knurren. Die Belohnung erfolgt jeweils, wenn er bei Berührung seines Kopfes mit einer Bürste nicht knurrt, dann bei Berührung seines Halses, des Rückens, bei einem leichten Bürstenstrich über den Rücken, bei mehreren und zuletzt, wenn er sich mehrere Tage hintereinander mit zunehmender Intensität und Dauer bürsten läßt.

- Um Hunde, die unter Trennungsangst leiden und unruhig werden, bellen, destruktiv werden oder ins Haus ausscheiden, an das Alleinsein zu gewöhnen, sollte man mit kurzen Intervallen von nur wenigen Minuten Abwesenheit beginnen, sie für ruhiges Warten belohnen und dann sehr langsam, im Verlauf von Tagen bis Wochen die Dauer der Abwesenheit steigern.

Andere Methoden

Verhaltensprobleme bei Haustieren werden häufig auch ohne Training oder Veränderung der Umgebung gelöst, beispielsweise durch Kastration oder Pharmaka; auch mechanische

Hilfsmittel wie Maulkorb oder Kopfhalter kommen zum Einsatz. Ihre Verwendung unterliegt in bezug auf Indikation und Nutzung gewissen Regeln, die in späteren Kapiteln erörtert werden. Sie sollen jedoch in der vorliegenden Diskussion der Trainingsmethoden nicht völlig fehlen, da sie zuweilen eine gangbare Alternative zum Verhaltenstraining darstellen; z. B. wenn Aggression zwischen Rüden durch Kastration beigelegt werden kann. In den meisten Fällen jedoch werden Kastration, Pharmaka und mechanische Hilfsmittel zur Unterstützung der verhaltensorientierten Trainingsmaßnahmen empfohlen.

Medikamentöse Therapie

Das folgende ausführliche Zitat von Marder (1991) bietet eine exzellente und ausgewogene Zusammenfassung von Faktoren, die Veterinäre bei der Verordnung von Medikamenten, insbesondere psychotroper Pharmaka, zur Behandlung von Verhaltensproblemen im Auge behalten sollten:

„Über die Effektivität medikamentöser Behandlung bestimmter Verhaltensprobleme bei Hund und Katze gibt es nur wenige aufschlußreiche Studien. Zwar wurden bei Versuchen mit einigen psychotropen Pharmaka Tiere benutzt, jedoch fanden diese Studien unter unnatürlichen Bedingungen oder auch bei Gehirnschädigungen statt und sind daher nicht auf das Verhalten von Tieren in ihrem heimischen Umfeld anwendbar. Ferner gibt es keine dokumentierten Analogien zu Diagnosen aus der Humanpsychiatrie, daher ist es außerordentlich schwierig, sich bei der Entscheidung, welche Pharmaka für ein bestimmtes Problem anzuwenden sind, auf die Literatur der Humanmedizin zu stützen. Beispielsweise kommen Psychosen oder Schizophrenie in der Tierwelt nicht vor. Abgesehen von einigen Stereotypien (z. B. Flankensaugen), sind die meisten Probleme, die dem Verhaltensberater vorgestellt werden, normales arttypisches Verhalten (z. B. Aggression), das mit den Vorstellungen der Menschen kollidiert. Über therapeutisch wirksame Dosierungen spezifischer Medikamente für Hund und Katze ist nur wenig bekannt. Die Dosierungen basieren auf denen der Humanmedizin, was falsch und zum Teil auch gefährlich sein kann.

Die Verordnung von Medikamenten zur Unterstützung von Veränderungen im Tierverhalten setzt beim Tierarzt die Kenntnis der exakten Dosierungen, möglichen Nebenwirkungen und Kontraindikationen eines Präparates voraus. Eine vollständige Untersuchung sollte dem Einsatz von Psychopharmaka immer vorausgehen; dies gilt auch für die Verschreibung von Präparaten auf Empfehlung von Nichtmedizinern (Hundetrainer oder Verhaltensberater), da der Veterinär die Verantwortung für eventuelle Komplikationen trägt. Ferner muß der Besitzer darüber in Kenntnis gesetzt werden, daß der Einsatz von Medikamenten sich noch in der Erprobung befindet. Man sollte in Erwägung ziehen, Besitzer eine Freistellungserklärung unterzeichnen zu lassen, da die meisten Psychopharmaka nicht für den Veterinärbereich zugelassen sind. Aufgrund der art- und individuell bedingten, unterschiedlichen Reaktionen auf jedes Präparat sollte das Tier für die Dauer der Behandlung unter sorgfältiger Beobachtung stehen, um ernste Nebeneffekte sofort erkennen zu können.

Bis umfassendere Erkenntnisse vorliegen, sollte nicht auf Medikamente als alleinige Behandlungsmethode von Verhaltensproblemen vertraut werden. Psychotrope Medikamente können als hilfreiche Adjuvanzien eines Programms zur Verhaltensmodifikation dienen, aber leider selten als Curativum. Häufig nehmen Präparate keinerlei Einfluß auf das Problem per se; wenn doch, dann nur für die Dauer der Medikation." (S. 329–330)

Das Auftreten von Nebenwirkungen sollte nicht unterschätzt werden. Im folgenden sind einige mögliche Nebenwirkungen für die in der Behandlung von Verhaltensproblemen am häufigsten eingesetzten Präparate nach Marder (1991), Overall und Bebe (1994), Burghardt (1991) und Voith (1989) aufgeführt:

Progestine (z. B. Megestrolacetat, Medroxyprogesteronacetat): vermehrter Appetit, Lethargie, Depression, Hyperplasien und Tumoren der Mammadrüsen, Diabetes mellitus, Hyperglykämie, Verminderung der Aktivität bzw. Atrophie der Nebennierenrinde, Temperamentsveränderungen.

Benzodiazepine (z. B. Diazepam, Chlorazepat dipotassium): gesteigerte Aggressivität bei angstaggressiven Hunden, Ataxien, Lethargie, vermehrter Appetit, paradoxe Aufregung oder Hyperaktivität, hepatische Nebeneffekte.

Trizyklide und andere Antidepressiva (z. B. Amitryptilin HCl, Imipramine, Doxepin, Clomipramin): Mydriasis, Herzarrhythmien, Mundtrockenheit, Verstopfung, Harnverhalten, deutliche Sedierung, Hypotonie, herabgesetzte Krampfschwelle, Hautreaktionen.

Phenotiazine (z. B. Acetylpromazin, Promazin, Chlorpromazin): herabgesetzte Krampfschwelle, Hypotonie, paradoxe Exzitation.

Buspiron: renale und hepatische Nebenwirkungen.

Narkoseantagonisten (z. B. Naloxon, Naltrexon, Hydrocodon): Lethargie, erhöhte Aufmerksamkeit, Aktivitätsveränderungen, Anorexie.

In Anbetracht der beträchtlichen Unwägbarkeiten bezüglich des Einsatzes, der Dosierungen und der möglichen ernsten Nebenwirkungen bei der Verschreibung dieser experimentellen Präparate sind Medikamente glücklicherweise nur bei sehr wenigen Verhaltensproblemen von Hunden und Katzen hilfreich und nur selten (z. B. wenn verhaltensbezogene Maßnahmen allein nicht ausreichen, um Markieren oder Stereotypien zu beheben) kommt ihnen wirklich Bedeutung zu.

Grenzen der Behandlung von Verhaltensproblemen

Es ist nicht immer möglich, durch Modifikation des Verhaltens des Besitzers oder der Grundregeln des Umgangs, durch Gehorsamstraining, Trainieren eines akzeptablen Verhaltens in Problemsituationen, Kastration, Verabreichung von Medikamenten oder Durchführung systematischer Verhaltenstherapie Verhaltensstörungen bei Hunden aufzuheben oder deren Schweregrad zu verringern. Hierfür gibt es mehrere ausschlaggebende Gründe.

Genetische Einschränkungen

Manche Hunde sind im Vergleich zu anderen ungewöhnlich motiviert, Katzen zu töten, mit anderen Hunden zu raufen oder dominantes, aggressives Verhalten gegen Familienmitglieder zu richten. In vielen Fällen ist eine, zumindest teilweise genetische Vorprogrammierung solch unerwünschter Verhaltenstendenzen wahrscheinlich und damit nicht beeinflußbar. Wenn dies zutrifft, müssen diese problematischen Verhaltenstendenzen als unveränderliche Charaktermerkmale des Tieres akzeptiert werden, die Möglichkeiten einer Lösung sind begrenzt. Das Ziel ist hier nicht eine vollständige Eliminierung des Fehlverhaltens, sondern eher eine Reduzierung der Auswirkungen des Problems. Dies kann durch Veränderung problematischer Situationen, durch Gehorsamstraining und damit bessere Kontrollierbarkeit in allen Situationen, durch Verwendung von Maulkörben, Kopfhaltern oder ähnlichem geschehen.

Selbstverständlich besteht nie völlige Sicherheit, daß solche schwerwiegenden geneti-

> **Warnhinweis:** Alle in diesem Buch angeführten Medikamentenvorschläge und Dosierungsanleitungen geben die Empfehlungen tierärztlicher Verhaltensspezialisten wie Voith, Marder, Hart, Burghardt, Overall und anderer wieder. Als experimenteller Psychologe ist der Autor nicht qualifiziert, darüber hinausgehende Empfehlungen zu geben. Bei der Angabe solcher Informationen an verschiedenen Stellen wurde auf die Angabe der Quelle der Information geachtet. Tierärzten wird nahegelegt, sich **nicht** ausschließlich auf die in diesem Buch dargebotenen Informationen zu verlassen, sondern vielmehr die zitierten Referenzen der Quelle sowie die o. g. Referenzen zu berücksichtigen, die eine Vielzahl von Medikamenten, Nebenwirkungen und mit der Medikamenteneinnahme bei Haustier-Verhaltensproblemen verwandten Themen diskutieren.

schen Zwänge tatsächlich vorliegen. Falls das Verhalten aber ungewöhnlich heftig und leicht auslösbar ist, außerdem schon lange besteht und Veränderungen des Besitzerverhaltens, der Umgebung sowie die Durchführung normalerweise effektiver erzieherischer Maßnahmen überstanden hat, ist das Bestehen solcher Zwänge wahrscheinlich. Das bedeutet jedoch nur in seltenen Fällen, daß ein Fall hoffnungslos ist. Lediglich der Handlungsspielraum ist begrenzt und die Maßnahmen sind andere als bei einem Tier, dessen Fehlverhalten z. B. auf unabsichtlicher Belohnung durch den Besitzer oder gegenwärtig mangelhaften Umweltbedingungen beruht.

Praktische Einschränkungen

Der Zeitplan des Besitzers läßt möglicherweise keine mehrmals täglich nötigen Trainingseinheiten zu, dem Besitzer ohne Auto ist es nicht möglich; den Hund irgendwo hinzubringen, wo er mit anderen Hunden spielen kann, hellhörige Wohnungen verbieten den Einsatz lauter Geräusche, um das Tier zu erschrecken – für die Nichtdurchführbarkeit der nötigen Maßnahmen gibt es viele Gründe. Normalerweise sind solch praktische Zwänge nicht so unüberwindbar, daß eine effektive Behandlung unmöglich würde, aber sie prägen in vielen Fällen das Bild. Problemfälle sind individuell sehr verschieden und müssen an die jeweiligen praktischen Vorgaben angepaßt werden, z. B. die Umgebung im und außerhalb des Hauses, wer den Hund beaufsichtigt, die Zeitpläne und Lebensumstände der Familienmitglieder und so weiter.

Der menschliche Faktor

Bei der Behandlung von Problemen wie Dominanzaggression, wenn der Erfolg von einer drastischen und dauerhaften Veränderung des Umgangs aller Familienmitglieder mit dem Tier abhängt, die diesen nicht leicht fällt, hat man zuweilen das Gefühl, die Behandlung sei von Anfang an zum Scheitern verurteilt, da diese Leute mit ihren Einstellungen, Bedürfnissen und Persönlichkeiten psychologisch oder emotional schlichtweg nicht imstande sind, ihr Verhalten entsprechend zu verändern.

Ein weiterer limitierender, menschlicher Faktor bezieht sich auf bestimmte Kosten-Nutzen-Kalkulationen seitens der Besitzer, d. h. die Aufrechnung zwischen dem Zeitaufwand und dem persönlichen Einsatz zur Lösung des Problems einerseits und dem erzielbaren Nutzen andererseits. Manche Besitzer sind nicht willens, mit einem optimalen Behandlungsplan konform zu gehen, weil erforderliche Zeit- und Energieaufwand zu hoch sind. Für sie kommen nur leicht anwendbare Maßnahmen in Frage. Sollte es keinen einfachen Weg geben, werden sie weiter mit dem Problem leben, das Tier weggeben oder es einschläfern lassen.

Im Grunde gibt es ebenso viele menschliche Faktoren, wie es individuelle Besitzerpersönlichkeiten und Lebenssituationen gibt. Diese menschlichen Faktoren sind in gewisser Weise sogar die kritischsten und interessantesten „Probleme", denen sich der Haustier-Verhaltensberater gegenüber sieht. Denn obwohl die in diesem Kapitel dargelegten Trainingsmethoden wirkungsvolle Mittel zur Lösung von Verhaltensproblemen sind, entscheiden am Ende der Wille des Besitzers und dessen Fähigkeit, die empfohlenen Maßnahmen sorgfältig auszuführen, darüber, ob Probleme tatsächlich verbessert oder behoben werden. Wenn man davon ausgeht, daß ein Scheitern meist im Einflußbereich der Compliance der Besitzer liegt, dann besteht die größte Herausforderung des Gebietes der Haustier-Verhaltensproblematik nicht darin, neue und effektivere Behandlungsmethoden zu ersinnen, sondern zu lernen, wirkungsvoll mit den menschlichen Faktoren umzugehen, die die Compliance beeinflussen.

Literatur

Burghardt, W. F. (1991): Using drugs to control behavior problems in pets. *Veterinary Medicine* **November**, 1066–1075.

Campbell, W. E. (1992): *Behavior Problems in Dogs.* 2nd edition. Goleta, California, American Veterinary Publications, Inc.

Marder, A. R. (1991): Psychotropic drugs and behavioral therapy. *Veterinary Clinics of North America: Small Animal Practice* **21**, 329–342.

Overall, K. L., and Beebe, A. (1994): *VHUP Behavior Clinic Newsletter* **Summer**. Newsletter of the Behavior Clinic of the Veterinary Hospital of the University of Pennsylvania, Philadelphia, Pennsylvania.

Voith, V. L. (1982a): Treatment of dominance aggression of dogs towards people. *Modern Veterinary Practice* **63**, 149–152.

Voith, V. L. (1982b): Teaching sit-stay. *Modern Veterinary Practice* **63**, 317–320.

Voith, V. L. (1982c): Teaching the down-stay. *Modern Veterinary Practice* **63**, 425.

Voith, V. L. (1989): Behavioral disorders. In Ettinger, J. S. (ed): *Textbook of Veterinary Internal Medicine*. Philadelphia, W.B. Saunders.

9 Einführung in Aggressionsprobleme

In zwei Dritteln aller Problemfälle, die Haustier-Problemberatern ohne veterinärmedizinische Ausbildung vorgestellt werden, geht es um Aggressionen gegen Menschen oder andere Hunde (Abb. 9.1).

Den Pionieren auf dem Gebiet der Verhaltensprobleme bei Haustieren war von Anfang an klar, daß Aggression bei Hunden nicht als ein isoliertes Problem, sondern als Gruppe von Problemen zu betrachten ist, die sich in wesentlichen Punkten voneinander unterscheiden. Tabelle 9.1 faßt einen Teil der von Borchelt und Voith (1982) präsentierten Tabelle zu Aggression als Verhaltensproblem zusammen, wobei die für die folgende Diskussion besonders relevanten Merkmale der verschiedenen Probleme hervorgehoben werden.

Dies ist im Grunde eine empirische Klassifikation, eine schlichte, beschreibende Auflistung der unterschiedlichsten Typen von Aggression, die aus der praktischen Erfahrung der Verhaltensberater resultiert. Als Basis für die Kategorisierung dient das Ziel oder das Opfer der Aggression und die Art der die Aggression auslösenden Situationen.

Auf zwei Aspekte dieses Systems soll näher eingegangen werden. Erstens, das System hat keine festgelegte Struktur, wodurch die Zuordnung der einzelnen Probleme in einen biologisch sinnvollen Kontext oder ihre Verknüpfung miteinander erleichtert wird.

Zweitens, die zur Benennung der Probleme verwendeten Konzepte reichen von *funktional* (besitzergreifend, beschützerisch, beuteorientiert), *beschreibend* ohne zugehörige funktionale Bedeutung (innergeschlechtlich, maternal), bezogen auf die *auslösende Situation* (schmerz-, strafbedingt) bis hin zu *motivationsbedingt* (Angst, umgerichtet, Dominanz). Wissenschaftlich betrachtet ist das ein undurchdringlicher Wust verschiedener Klassen von Konzepten. Die Persistenz dieser unterschiedlichen Systeme dient als Gradmesser für den geringen theoretischen Fortschritt seit der Etablierung des Faches vor mehr als zwanzig Jahren.

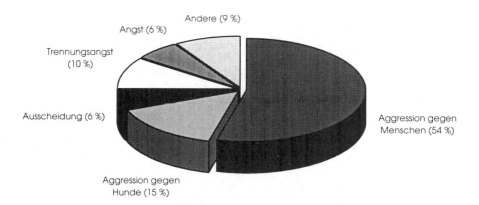

Abb. 9.1: Relative Häufigkeit genereller Klassen von Verhaltensproblemen bei Hunden (n = 267 Hauptprobleme bei 147 Hunden)

Tabelle 9.1: Konventionelles Klassifikationsschema von Aggressionsproblemen beim Hund nach Borchelt und Voith (1982)

Problem	Ziel	Auslösende Situation
Dominanzaggression	Familienmitglieder	Reaktion auf dominante Gesten des Besitzers (z. B. Kraulen, Schelten); kompetitive Situationen um Ruheplätze, Nahrung etc.
Possessive Aggression	Person/Tier	Das Ziel nähert sich dem Hund, der sich im Besitz von Futter, Spielzeug oder anderen Gegenständen befindet
Schutzaggression	Person/Tier	Das Ziel nähert sich einem Gebiet (Haus), dem Besitzer, anderen Tieren
Räuberische Aggression	Tier/Mensch	Auflauern etc.
Angstaggression	Mensch	Annäherung, Greifen nach dem Hund, Bedrohen, Bestrafen
Aggression unter Rüden	Anderer Rüde	Sichten des Zieles in der Ferne, Annäherung
Aggression unter Weibchen	Anderes Weibchen	Üblicherweise kompetitive Situationen zwischen zwei Weibchen desselben Haushaltes
Schmerzbedingte Aggression	Person	Ziel versucht, schmerzhaftes Körperteil zu kämmen, zu behandeln oder zu manipulieren
Strafbedingte Aggression	Person	Hund ist unangenehmer/schmerzhafter Bestrafung ausgesetzt
Mütterliche Aggression	Person	Ziel nähert sich Welpen, Surrogaten, Brutplatz
Umgerichtete Aggression	Person	Ziel mischt sich in für den Hund bedrohliche oder tatsächliche Kampfsituation ein

Wie Borchelt und Voith (1982) mit einer alternativen, auf der Ätiologie basierenden Klassifikation von Verhaltensproblemen erklären, gibt es theoretisch eine Vielzahl von Möglichkeiten, Verhalten und Verhaltensprobleme einzuordnen. Tabelle 9.2 stellt eine Klassifikation der Natur von Aggressionsproblemen bei Hunden dar, die versucht, über eine schlichte Auflistung und Beschreibung hinauszugehen. Zwar teilt auch dieses System die am häufigsten beobachteten Probleme in drei größere Gruppen: *intraspezifische – innerhalb der Gruppe, intraspezifische – außerhalb der Gruppe* und *interspezifische* Aggression. Die Beschreibung jedoch der meisten Formen von Aggressionsproblemen durch naheliegende, funktionsbezogene Begriffe (d. h. „selbstverteidigend" statt „Angstaggression"), die Einordnung einiger Formen von Aggression (z. B. selbstschützend, gruppenverteidigend) in mehr als eine übergeordnete Klasse und die Hervorhebung der soziobiologisch entscheidenden Dimensionen von *Gruppenmitglied gegen Außenstehenden* und *Artgenosse gegen Artfremden* sind Aspekte, die sich als sehr hilfreich erweisen, da sie die Aufmerksamkeit auf mehrere wichtige theoretische Fragen lenken.

Tabelle 9.2: Funktionelle Klassifikation der Natur von gegen Menschen und andere Hunde gerichteten Aggressionsproblemen bei Hunden

Intraspezifische Aggression *(Hund reagiert auf Menschen/Hund wie auf Artgenossen)*		Interspezifische Aggression *(Hund reagiert auf Menschen/Hund wie auf einen Artfremden)*
Aggression innerhalb der Gruppe *(zwischen den Mitgliedern eines Sozialverbandes)*	**Aggression außerhalb der Gruppe** *(gegen Menschen/Hunde außerhalb des Sozialverbandes)*	
Kompetitive Aggression *(dominanzbezogen oder possessiver Natur)*	Kompetitive Aggression *(dominanzbezogen oder possessiver Natur)*	Kompetitive Aggression *(interspezielle Konkurrenz)*
Selbstschutzaggression	Selbstschutzaggression	Selbstschutzaggression
Verteidigung der Nachkommenschaft	Gruppendefensive Aggression	Gruppendefensive Aggression
Spielerische Aggression		Beuteverhalten

Intraspezifische versus interspezifische Aggression

Aus biologischer Sicht ist es sinnvoll, zwischen *intraspezifischem* Verhalten, das gegen Vertreter der eigenen Art gerichtet ist (echtes Sozialverhalten), und *interspezifischem* Verhalten, das sich auf Vertreter einer anderen Art richtet, zu unterscheiden. Beide können sehr komplex sein und Verhaltenselemente von kooperativ und nichtaggressiv bis kompetitiv und aggressiv umfassen. Es kommt vor, daß zwei Hunde miteinander spielen und gemeinschaftlich jagen, und zu einem anderen Zeitpunkt raufen und beißen. Gleichermaßen kann interspezifisches Verhalten zwischen gegenseitigem Einverständnis (Mutualismus), Ausbeutung (Parasitismus, Raub) und Konkurrenzverhalten (interspezifische Konkurrenz) schwanken. Letzteres kann zuweilen aggressive Interaktionen zwischen den Vertretern der jeweiligen Art beinhalten, wenn zum Beispiel zwei artverschiedene Aasfresser um den gleichen Kadaver kämpfen.

Technisch betrachtet handelt es sich bei der gegen Menschen gerichteten Aggression von Hunden immer um interspezifisches Verhalten. Doch führt der Versuch, dieses Verhalten zu verstehen, nicht besonders weit, wenn man dabei auf die landläufig von Verhaltensforschern benutzten Konzepte zum Verständnis interspezifischen Verhaltens in der Tierwelt zurückgreift.

Die Art und die auslösenden Umstände, die für viele Formen der Aggression von Hunden gegen Menschen charakteristisch sind, legen klar die *intraspezifische* Natur solcher Aggression dar. Dies trägt zum Verständnis für die Attacken dominant-aggressiver Hunde auf Familienmitglieder und auch für die Gründe ihres Auftretens in bestimmten Situationen bei. Denn solche Hunde verhalten sich gegenüber dominant auftretenden Menschen, als wären diese Rudelmitglieder. Ähnlich ist es auch in Konkurrenzsituationen, in denen es um Futter- oder Ruheplätze geht und wo dominanzbezogenes Drohen und Raufen in Rudeln üblicherweise vorkommt.

Statt anzunehmen, die *inter-* im Vergleich zur *intraspezifischen* Dimension sei nicht sinnvoll auf das Phänomen der Aggression von Hunden gegen Menschen anzuwenden, sollte begrüßt werden, daß diese in anderen Bereichen so einfach zu treffende grundlegende Unterscheidung sich für die Mensch-Hund-Beziehung etwas problematischer gestaltet. Denn dadurch wird man zu einer breiten Analyse der biologischen Grundlage der gegen Menschen gerichteten Aggression von Hunden gezwungen. Ähnlich dem in Kapitel 2 diskutierten Thema der biologischen Grundsätze des Verhaltens von Tierbesitzern zu ihren Haustieren ist dies ein komplexer Problemkreis, der aber für das Verständnis der Verhaltensprobleme beim Hund entscheidend ist.

Mehrere Schlüsselannahmen liegen dem in Tabelle 9.2 dargestellten Klassifikationsschema zugrunde. Erstens kann die Grundlage gegen Menschen gerichteter Aggressivität *intra-* oder *interspezifischer* Art sein. Bei interspezifischer Aggression verhält sich der Hund in der Tat dem Menschen gegenüber so wie einem Vertreter einer potentiell gefährlichen oder konkurrierenden Art gegenüber.

Grundsätzlich kann diese Art der Aggression entweder *defensiv* (z. B. Selbstverteidigung oder gemeinschaftliche Verteidigung der Gruppe gegen ein großes Raubtier, d. h. *Selbstschutz-* bzw. *gruppendefensive* Aggression) oder eine Form der *interspeziellen Konkurrenz* bei Vertreibung konkurrierender Beutejäger einer anderen Art oder *Beuteverhalten* sein, das gegen Hühner, anderes Vieh und in seltenen Fällen gegen Kinder oder gebrechliche Erwachsene gerichtet ist. Tierverhaltensforscher betrachten Jagdverhalten nicht als eine Form von Aggression. Diese besteht immer aus arttypischen Drohgebärden und Kampfverhalten und unterscheidet sich drastisch von den auf der Jagd gezeigten Attacken auf Beutetiere.

Da hier Verhaltensprobleme von Hunden zur Diskussion stehen, die in irgendeiner Form eine physische Bedrohung oder Gefahr für Menschen oder andere Tiere darstellen, ist es sinnvoll, Jagdattacken in die Klassifikation einzubeziehen, obwohl diese nach biologischen Gesichtspunkten eher unter Fütterungs- oder Freßverhalten einzuordnen wären.

Eine weiterer entscheidender Gesichtspunkt dieses Schemas ist die Möglichkeit, es sowohl bei Aggression gegen Menschen als auch gegen andere Hunde anzuwenden. Es ist also einerseits sinnvoll und angemessen, bei manchen Angriffen auf Menschen eine Beteiligung *intraspezifischer* Aggression anzunehmen, andererseits kann bei manchen Attacken auf andere Hunde *interspezifische* Aggression beteiligt sein. Wie in Kapitel 15 erläutert, attackieren manche Hunde alle Artgenossen in Sichtweite und scheinen außerstande zu sein, diese als Artgenossen zu erkennen. In solchen Fällen ist man geneigt anzunehmen, daß diese Hunde Artgenossen tatsächlich als Vertreter einer anderen Art behandeln.

Wie ist es möglich, daß ein Mensch, der sich physisch und im Verhalten so sehr von einem Hund unterscheidet, bei einem Hund Verhaltensweisen auslöst, die in freier Wildbahn nur gegen Artgenossen gerichtet sind? Hierfür gibt es drei ergänzende Hypothesen. Erstens spielt bei Hunden ein markanter Prägungs- oder prägungsähnlicher Effekt eine Rolle. Dabei sind frühe Erfahrungen mit anderen Hunden entscheidend für ihr späteres Sozialverhalten anderen Hunden gegenüber. Die meisten Autoren nehmen an, daß der vorhandene Spielraum für einen prägungsähnlichen Prozeß groß genug ist, um die Grundeinstellung des Hundes und sein späteres Sozialverhalten Menschen gegenüber zu beeinflussen. So sind Hunde, die ihre ersten Monate in engem Kontakt zu Menschen verbracht haben, pädisponiert, diese als Artgenossen anzuerkennen und entsprechend zu behandeln. Zweitens gibt es deutliche Parallelen in der Sozialstruktur und Gruppendynamik zwischen der menschlichen Familie und einem Rudel Hunde, die einen Hund, der nahezu ausschließlich Kontakt mit Menschen hat, möglicherweise dazu veranlassen, auf menschliche Gruppenmitglieder wie auf Artgenossen zu reagieren. Drittens hat ein Hund, der sich beinahe ausschließlich in der Gesellschaft von Menschen befindet, nur beschränkte Möglichkeiten des Umgangs mit echten Artgenossen. Unter solchen Umständen, können, wie ethologische Forschungen zeigen, normalerweise unzulängliche Stimuli Sozialverhalten auslösen, wenn biologisch normale auslösende Stimuli fehlen.

Aggression in und außerhalb der Gruppe

Die zweite biologisch wichtige Unterscheidung, die in der Tabelle 9.2 getroffen wird, ist die Aggression *in und außerhalb der Gruppe*. Aggression *in der Gruppe* taucht als Aggression von Hunden gegen Familienmitglieder oder gegen andere Hunde der Familie auf. Aggression *außerhalb der Gruppe* richtet sich gegen fremde Hunde und Menschen sowie gegen nicht zur Familie gehörige Menschen oder Hunde, zu denen der Hund bereits Kontakt hatte und sie daher als Individuen erkennt.

Bei der Abwägung all dieser unterschiedlichen Beziehungstypen ist es hilfreich, sich das Wissen über Wölfe und wildlebende Hunde in ländlichen Gebieten ins Gedächtnis zu rufen (Kapitel 7). Wie würden sich soziale Interaktionen zwischen Hunden und Rudeln entwickeln, wenn sie wieder ausgewildert würden, um ohne weiteren Kontakt zu Menschen zu leben, ganz wie ihre Vorfahren, die Wölfe. Ohne das reichliche, vom Menschen zur Verfügung gestellte Nahrungsangebot wären die Rudel klein, stabil und bestünden größtenteils aus miteinander verwandten Individuen. Ein Rudel hätte sein Jagd/Beuterevier, das es gegen Außenstehende verteidigt. Die verschiedenen Rudel einer geographischen Region hätten ihre eigenen, sich nicht überschneidenden Territorien mit relativ feststehenden Grenzen zu benachbarten Rudeln. Im Grunde wären die Beziehungen benachbarter Rudel in natürlicher Umgebung antagonistischer Natur, da sich die Verteidigung der Reviere sowie der Nahrung und anderer Überlebensquellen gegen den unmittelbaren Nachbarn richten würde.

Unsere Haushunde jedoch leben unter grundverschiedenen und komplexeren räumlichen und sozialen Bedingungen. Die menschliche Familie hat kein Territorium zu verteidigen, und selbst die unmittelbare Umgebung des Hauses wird selten von Menschen bewacht. Fremde kommen an die Tür, treten ein, erledigen ihren Auftrag und verlassen das Haus wieder, wobei es vielleicht lediglich einen geringfügigen anfänglichen Vorbehalt seitens des Hausbewohners beim ersten persönlichen Kontakt gibt. Gleichermaßen bewegen sich Hund und Besitzer auf Spaziergängen durch eine Welt voller gleichgültiger, fremder Menschen, freundlicher Bekannter, fremder Hunde aller Rassen und Größen, bekanntermaßen feindseliger Hunde, die nur auf ihren Ausbruch täglicher gegenseitiger Drohgebärden warten, und bekannter, ewig jung gebliebener Hundefreunde, die immer zu einem Spiel bereit sind. Ebenso wie der Mensch aus der kleinen übersichtlichen Welt der primitiven Jäger und Sammler in die mannigfaltige, dynamische und überaus komplexe moderne Gesellschaft von heute hineinzuwachsen hatte, forderte die Domestikation ähnliches von unseren Hunden. Für sie ist die schlichte Welt, die nur natürliche und klare Unterscheidungen zwischen dem Jagdrevier der Gruppe und allem außerhalb dieses Territoriums, zwischen Mitgliedern der Gruppe und Außenstehenden sowie zwischen Artgenossen und Artfremden kannte, verloren. Auch sie müssen, ebenso wie wir, ihr Bestes geben im Umgang mit diesem oftmals anstrengenden und zuweilen verwirrend komplexen physischen wie sozialen Umfeld, mit Verhaltenssystemen, die sich zwar im Laufe des Domestikations- oder Zivilisationsprozesses verändert haben, sich aber im Grunde nicht so sehr von dem ihrer Wolfsvorfahren unterscheiden.

Eingedenk all dessen sollte das große Reaktionsspektrum der Hunde gegenüber „Außenstehenden" – fremden und bekannten Menschen und Hunden, die sie auf der Straße treffen, die am Garten vorübergehen oder die Familie besuchen – nicht allzu sehr erstaunen. Manche Hunde sind unter allen Umständen extrem freundlich zu fremden Menschen und/oder fremden Hunden, während andere immer besonders vorsichtig und aggressiv sind. Manche Hunde sind aggressiv gegen fremde Menschen, nicht aber gegen fremde Hunde, bei anderen ist es umgekehrt. Wieder andere sind im Haus aggressiv gegen fremde Menschen und/oder Hunde, nicht aber außerhalb. Die besondere Form der freundlichen Beziehung, die Hunde mit anderen „Bekanntschaften" unter Hunden oder Menschen eingehen, die sie zumindest ab und zu im Haus oder in den Straßen treffen, stellt ein drittes Element dar, das das einfache Bild – innerhalb versus außerhalb der Gruppe – weiter kompliziert.

Die Dimension *innerhalb* versus *außerhalb der Gruppe* ist zwar manchmal schwierig anwendbar, aber für den Haustier-Verhaltensberater ist sie sowohl von theoretischer als auch von praktischer Bedeutung. Bei der Befragung von Besitzern aggressiver Hunde kommt es darauf an, die gegen Familienmitglieder und die gegen Fremde gerichtete Aggression als getrennte Phänomene zu betrachten und zu verstehen, bei denen der Hund unterschiedlichen Motivationen unterliegt und auch das jeweilige Ziel seiner Aggression sehr unterschiedlich empfindet. Dominanzaggression gegen Menschen ist zum Beispiel beinahe ausschließlich ein Problem innerhalb der Gruppe – hier sollten die Beziehungen der einzelnen Gruppenmitglieder untereinander untersucht und modifiziert werden. Aggression unter Rüden wiederum nimmt innerhalb und außerhalb der Gruppe unterschiedliche Formen an, die nicht nur verschiedene Behandlungsmethoden erfordern, sondern auch eine andere Art von Fragen bezüglich der Gründe problematischen Verhaltens. In gleicher Weise kann die sogenannte Angstaggression durch Mitglieder der menschlichen oder der Hundefamilie, durch Fremde oder nicht zur Familie gehörige Menschen, mit denen der Hund manchmal Kontakt hat, ausgelöst werden. Dennoch unterscheiden sich die Natur der Problemsituation, die Gründe und die Behandlungsmethoden enorm voneinander. Dies hängt z. B. davon ab, ob das Problem eine vergangener Bestrafung durch den Besitzer oder Raufereien zwischen Hunden desselben Haushaltes (häufig bei Selbstschutzaggression innerhalb der Gruppe) reflektiert, unzureichende frühe Erfahrungen (Selbstschutzaggression außerhalb der Gruppe gegen alle Hunde oder fremde Menschen), vergangene unangenehme oder traumatische Erfahrungen mit bestimmten, nicht zur Familie gehörigen Menschen (z. B. Kindern) widerspiegelt.

Kurzum, der detaillierten Befragung der Besitzer zur Aggressivität ihres Hundes gegen menschliche oder tierische Mitglieder des Haushaltes, gegen Fremde oder bestimmte Außenstehende oder Kategorien von Außenstehenden kommt für das Verständnis und die Behandlung ebenso viel Bedeutung zu wie der Klärung, ob der Hund das Opfer als Artgenossen oder als Vertreter einer anderen Art betrachtet.

Nach Erläuterung der allgemeinen Struktur des Klassifikationsschemas aus Tabelle 9.2 werden in den verbleibenden Abschnitten die verschiedenen häufigen Formen von Verhaltensproblemen bei Hunden und ihr Platz in diesem Schema kurz beschrieben.

Aggression innerhalb der Gruppe

Das im Umgang mit Mitgliedern ihrer menschlichen Familie gezeigte Verhalten von Hunden kann nur nachvollzogen werden, wenn man davon ausgeht, daß sie ihre Familienmitglieder als Artgenossen betrachten. Dies gilt auch für aggressives Verhalten, und gegen den Menschen gerichtet, kann angenommen werden, daß alle nachfolgend beschriebenen Formen von Aggression Beispiele für grundsätzlich *intraspezifisches* Verhalten sind, das sowohl kausal als auch seiner Erscheinung nach der gegen andere Hunde der Familie gerichteten Aggression sehr ähnlich ist.

Kompetitive Aggression

Kompetitive Aggression zwischen Hunden desselben Haushaltes

Zwei Familienhunde bedrohen und bekämpfen einander möglicherweise in vielen Situationen, weil jeder der beiden versucht, dem anderen gegenüber eine dominante Position einzunehmen und zu behaupten. Tatsächlich ist Aggression zwischen Rüden oder Weibchen eines Haushaltes eine Form von *kompetitiver* oder *dominanzbezogener Aggression*.

Bei Problemen zwischen zwei Hunden derselben Familie, die sich immer um den Besitz eines Objektes wie Futter, Spielzeug oder ähnliches streiten – was von Borchelt und Voith (1982) als possessive Aggression bezeichnet wird –, gibt es zwei Möglichkeiten. Erstens ist auch dies eine Form der dominanzbezogenen, kompetitiven Aggression, bei der die Tiere letztlich um das „Besitzrecht" für irgendwelche Gegenstände kämpfen. Zweitens ist die Aggression insofern nicht dominanzbezogen, als selbst die stabilsten Dominanz- und Unterwerfungs-Beziehungen nicht jegliche Aggression verhindern können, die aus kompetitiven Situationen entsteht, z. B. wenn das dominante Tier versucht, dem unterlegenen das Futter regelrecht aus dem Maul zu nehmen. In diesem Zusammenhang wurde beobachtet, daß untergeordnete Wölfe Fleisch oder Knochen, die sich in ihrem Besitz befinden, durch Knurren und Schnappen gegen ein herannahendes, dominantes Tier verteidigen (Mech, 1970).

Gegen Menschen gerichtete kompetitive Aggression

Das vielleicht häufigste ernste Verhaltensproblem bei Hunden, die Dominanzaggression, umfaßt Knurren und Beißen von Familienmitgliedern in Situationen, die entweder ein direkt kompetitives Element enthalten, z. B. wenn der Besitzer versucht, dem Hund etwas wegzunehmen oder ihn aus dem Bett schubst, oder wenn der Besitzer dem Tier gegenüber eine jener Verhaltensweisen oder Gesten einsetzt, die Aggressionen auslösen können, weil sie dominantem Verhalten von Hunden gegenüber untergeordneten Hunden ähnlich sind, z. B. ihn in bestimmter Weise anzufassen, sich über ihn zu lehnen oder ihn zu bestrafen.

In den meisten Fällen sogenannter „umgerichteter Aggression" (Borchelt und Voith, 1982), bei denen Besitzers gebissen werden, wenn sie in das Drohverhalten oder in Raufereien ihres Hundes mit Artgenossen einzugreifen versuchen, gibt es in der Regel ein dominanzbezogenes Problem in der Beziehung zwischen Besitzer und Hund. Es ist möglich, daß aus der Perspektive des Hundes der untergeordnete Besitzer nicht das Recht hat, sich in dieser entscheidenden Situation einzumischen, und Beißen ist ein angemessenes Mittel, einem Rudelmitglied, das die Regeln nicht befolgt, eine Lektion zu erteilen.

Dominanzbezogene, kompetitive Aggression gegen Menschen ist normalerweise nur eine Erscheinung der Aggression innerhalb der Gruppe, die wenig oder nichts mit dem Verhalten des Hundes gegenüber Außenstehenden zu tun hat. Doch gibt es einige wenige Hunde, die dominanzbezogenes Verhalten (z. B. die Vorderpfoten auf die Schultern des Besuchers legen) gegen fremde Menschen richten, besonders wenn es sich dabei um Besucher des Hauses handelt. Es ist jedoch zu wenig über diese eher seltene Verhaltensform bekannt, als daß man sie mit Gewißheit unter dominanzbezogenes Verhalten außerhalb der Gruppe einordnen könnte, das sich gegen fremde Rüden richtet, oder sie alternativ einer Sonderform von Dominanzaggression innerhalb der Gruppe zuordnet, die sich gegen eine Person richtet, die vermeintlich (aus der Sicht des Hundes) in den Familienverband eingetreten ist.

Selbstschutzaggression

Auf Menschen bezogene Dominanzaggression hat zwar beinahe immer auch defensiven Charakter, wenn der Hund beispielsweise auf die Störung seines Schlafes oder den Versuch, ihm seinen Knochen wegzunehmen, aggressiv reagiert. Es ist aber anzunehmen, daß er in dieser Situation seinen Rang und die damit verbundenen „Rechte" verteidigt. Bei Selbstschutzaggression jedoch verteidigt sich der Hund in einer direkteren und auch offensichtlicheren Form. Mehrere der von Borchelt und Voith (1982) aufgeführten Aggressionstypen fallen in diese Kategorie, wenn sie sich gegen Familienmitglieder richten. Bei schmerzbedingter Aggression reagiert der Hund auf eine vermeintliche Bedrohung seines Wohlbefindens durch ein Familienmitglied, das eine Verletzung untersucht oder behandelt. Viele Studien haben Schmerz als den potentesten Auslöser von Selbstschutzaggression bei höheren Tieren bestätigt. In gleicher Weise ist die sogenannte umgerichtete Aggression zu interpretieren, wenn ein Hund unter Schmerz das nächststehende oder ihn festhaltende Familienmitglied anfällt.

Strafbedingte Aggression gegen Familienmitglieder unterscheidet sich insofern, als mehr die Antizipation oder Androhung eines Schmerzes durch Bestrafung als der Schmerz selbst die Aggression auslöst. Im Falle der sogenannten Angstaggression gegen Familienmitglieder zeigen sich Tiere, die in der Vergangenheit zu hart bestraft oder heftig eingeschüchtert wurden, wenn man ihnen zu nahe kommt oder die gefürchtete Person versucht, sie zu berühren. Selbstverständlich kann das gefürchtete Gruppenmitglied ebensogut ein anderer Hund sein, der angeknurrt oder nach dem geschnappt wird, wann immer er sich nähert – für gewöhnlich ein Relikt früherer Auseinandersetzungen der beiden.

Verteidigung der Nachkommenschaft

In der Regel als maternale Aggression bezeichnet, tritt diese defensive Reaktion auch bei Rüden auf, wenn sich eine Person oder ein anderes Tier der Familie den Welpen oder dem Nest nähert. Dies ist eines der verständlichsten und unkompliziertesten Verhaltensprobleme, das Kleintierpraktiker normalerweise selbst lösen, ohne einen Verhaltensspezialisten hinzuziehen zu müssen.

Spielerische Aggression

Das aggressive Spiel junger Hunde kann für manche Besitzer zum Problem werden. Insbesondere kleine Kinder und gebrechliche, ältere Erwachsene sind bei allzu übermütigen und spielerisch aggressiven Hunden einem Risiko ausgesetzt. Besitzer und Tierärzte vermuten manchmal eine schwerwiegendere Form von Aggression und überweisen diese Fälle dann an Spezialisten.

Aggression außerhalb der Gruppe

Die biologische Funktion der Aggression außerhalb der Gruppe ist Selbstschutz, Schutz anderer Mitglieder des Verbandes und Sicherung wichtiger Vorräte, die das Überleben der Gruppe in Konkurrenz zu *anderen Gruppen von Artgenossen* garantieren. Dabei gelten für Hunde, die genügend frühe Kontakte zu anderen Hunden hatten und ab dem Alter von einigen Wochen in einer menschlichen Familie lebten, sowohl Hunde als auch Menschen als Gruppen von Artgenossen.

Gruppendefensive Aggression

Laut biologischer Definition ist ein Territorium ein Gebiet, das verteidigt wird. Wölfe sind hochgradig territorial, d. h., sie jagen und aasen innerhalb der Grenzen eines Gruppenterritoriums, das gegen Einbrüche benachbarter Rudel verteidigt wird. Zweifelsohne kann das für Haushunde, die in menschlichen Familien in städtischen Gebieten wohnen, in diesem grundlegenden, biologischen Sinne der Verteidigung eines weitläufigen geographischen Gebietes gegen Außenstehende nicht gelten. Allerdings scheinen wild lebende Hunde ländlicher Gebiete, ebenso wie Wölfe, ihr Territorium gegen Eindringlinge zu verteidigen. Wild lebende Stadthunde dagegen verhalten sich in dieser Hinsicht eher wie Familienhunde, d. h., im allgemeinen wird nur die zentrale Ruhe- und Schutzzone innerhalb eines weit größeren Territoriums gegen andere Hunde verteidigt.

Innerhalb eines Gruppenterritoriums von Wölfen gibt es, insbesondere während der Brutzeit, oftmals eine zentrale Zone, die mehrere Höhlen beherbergt und die von der Gruppe vehementer verteidigt wird als der Rest des Territoriums. Vermutlich geschieht bei wild lebenden Stadthunden dasselbe in der Verteidigung ihrer primären Schutzzonen und bei Haushunden in der Verteidigung von Garten und Haus gegen Außenstehende. Was in der Literatur gemeinhin als „Territorialaggression" bezeichnet wird (Hart und Hart, 1985), scheint mit der Territorialaggression von Wölfen an sich nicht vergleichbar zu sein, eher mit der Neigung von Wölfen, die Gruppe selbst durch Verteidigung der Wohnareale und Schutzzonen, der gelagerten Nahrung und der Mütter mit Welpen zu schützen.

Interessanterweise definieren Borchelt und Voith (1982) keine eigene Kategorie territorialer Aggression, sondern kombinieren Fälle von

Aggression, „wenn sich Mensch oder Tier einem Gebiet (Haus, Zimmer, Garten), Besitzern oder anderen Tieren nähern", unter der Überschrift „verteidigende Aggression". Die vorliegende Klassifikation geht ähnlich vor und legt die gleiche Annahme zugrunde, daß nämlich ein Hund, der Passanten aus seinem Garten heraus anbellt, und einer, der auf Spaziergängen herannahende Fußgänger anbellt, im Prinzip das gleiche Aggressionsproblem an den Tag legen.

Das vorliegende Schema benutzt aus zwei Gründen den Terminus *Verteidigung der Gruppe* zur Beschreibung dieser Kategorie von Aggression. Erstens erlaubt er eine relativ deutliche Abgrenzung von der Problemkategorie der *Selbstschutz*aggression, die weiter unten beschrieben wird: Statt sich ruhig zu verhalten oder eine andere Richtung einzuschlagen – sicherlich eine ungefährlichere Strategie –, wird eine kühne Drohhaltung eingenommen oder eine Attacke durchgeführt; die Funktion dieses Verhaltens ist der Schutz nicht nur des Individuums, sondern der ganzen Gruppe und ihrer Mitglieder. Zweitens legt es die Tatsache nahe, daß solch forsche Droh- und Angriffsgesten die Basis von kooperativem, organisiertem *defensivem Gruppenverhalten* schaffen. Dies ist deutlich aus dem ausgeprägten Prozeß der Gruppendynamik zu ersehen, wenn mehr als ein Tier der Familie anwesend ist. Wenn ein Hund der Familie einen Passanten oder anderen Hund anbellt, wird der andere Hund sich dem anschließen, auch wenn er nie als erster oder auf sich alleine gestellt einen Fremden anbellen würde.

Ob es sich um gemeinschaftlich gehaltene Hunde handelt oder um Hunde, die zusammen spazieren gehen oder zusammen streunen – diese Form der Aggression gegen Menschen und andere Hunde ist in jedem Falle hochgradig „ansteckend", wobei die Aggressivität des einen Hundes den anderen anstachelt und ihn veranlaßt, in die Drohungen und Attacken des Anstifters einzustimmen. Man kann daher davon ausgehen, daß aggressives Verhalten eines Rudelhundes diesen Schneeballeffekt einer Gruppenaggressivität durch das Alarmieren und die Inanspruchnahme von Hilfe der Rudelmitglieder auslöst.

Selbstschutzaggression

Manche Hunde sind nicht besonders erpicht darauf, fremde Hunde oder Menschen anzubellen oder anzuknurren, sondern ziehen es vor, solche Situationen zu meiden. Sie reagieren nur „zum Selbstschutz" aggressiv, wenn man ihnen zu nahe kommt, sie bedroht oder wenn ein Fremder sie angreift.

Sich gegen einen Angriff eines fremden Hundes oder Menschen zu verteidigen, ist unter bestimmten Voraussetzungen eine natürliche Reaktion; nicht aber wenn man sich dem Hund in eindeutig freundlicher oder zumindest neutraler Absicht nähert. Wenn der Hund also bestimmte Individuen als bedrohlich oder gefährlich empfindet, kann dies zum Problem werden. Die Ergründung der Ursachen für dieses Empfinden ist demnach der Schlüssel zum Verständnis des aggressiven Verhaltens des Hundes. Ein gewisses Defizit an frühen Erfahrungen mag hieran beteiligt sein, wenn Hunde, die z. B. in ihren ersten Lebensmonaten keinen Kontakt zu Kleinkindern hatten, diesen ein Leben lang mit Vorbehalten begegnen. Auch andere konventionelle Lernprozesse spielen in den meisten Fällen, an denen negative frühe Erfahrungen mit bestimmten Individuen oder Typen beteiligt sind, eine große Rolle. Sie determinieren die späteren Reaktionen in der Begegnung mit ähnlichen Hunden und Menschen. Wie bei den meisten Verhaltensproblemen kommt genetischen Faktoren unter Umständen eine wichtige Rolle zu; sie entscheiden beispielsweise zum Teil über die allgemeine Neigung des Hundes, in einer Reihe von Situationen ängstlich zu reagieren, darüber, wie unangenehm bestimmte Reize empfunden werden, wie unterwürfig die Reaktion auf provokantes oder aggressives Verhalten anderer ausfallen wird, wie niedrig die Schwelle für Selbstschutzaggression liegt usw.

Hier ist es interessant, mögliche Gemeinsamkeiten der beiden besprochenen Aggressionsformen in Betracht zu ziehen. Reagieren Hunde, die auf der Straße oder zu Hause anderen Hunden oder Fremden gegenüber eher gruppendefensive statt reine Selbstschutzaggression an den Tag legen, im Grunde genommen entgegen ihrer Gebärden auch „aus Angst" so? In vielen Fällen berichten Besitzer von Hunden, die zu Hause hochgradig aggressiv auf Besucher und andere Hunde reagieren, daß diese als Jungtiere deutlich ängstlich gegenüber anderen Hunden und Menschen waren und dies der Ursprung der merklich negativen Einstellung ihnen gegenüber zu sein scheint. Es ist daher möglich, daß von gruppendefensiver Aggression herrührende Probleme auch eine Form der „Angstaggression" sind, da sie gefürchtete Individuen oder Typen, die dem Hund potentiell gefährlich oder bedrohlich erscheinen, fernhalten oder vertreiben. Einige auf dieser Hypothese basierende Forschungsergebnisse werden in Kapitel 12 präsentiert.

Kompetitive Aggression

Manche Rüden reagieren auf viele oder gar die meisten fremden Rüden, die ihnen bei Spaziergängen begegnen, aggressiv. Trifft der Hund einen fremden Rüden, versucht er, mittels Körperhaltungen (z. B. hocherhobener Kopf und Rute) und Verhaltensweisen (z. B. stellt sich über den anderen) eine hohe Position in der hierarchischen Rangordnung eines Rudels zu demonstrieren. In dieser Situation muß der andere Rüde Unterwerfungsgesten zeigen oder das dominante Verhalten ohne Protest hinnehmen, da es sonst zum Kampf kommt.

Autoren auf dem Gebiet des Haustier-Problemverhaltens schlagen zwei Möglichkeiten der Einordnung dieser Aggression unter Rüden vor. Erstens, daß es im Grunde eine Form von gruppendefensiver Aggression ist, deren Ziel es ist, einem Eindringling klarzumachen, daß mit dem Bewohner dieses Territoriums nicht zu spaßen ist, dem man Respekt entgegenzubringen hat und den man künftig am besten meidet. Im Grunde ist die Hauptfunktion des beteiligten Verhaltens, Informationen über das Territorium von einem Hund an den anderen zu übermitteln und einen potentiellen Disput über ein Territorium auf diese Weise friedlich, ohne offenen Kampf zu lösen.

Die zweite Möglichkeit besteht darin, daß solches Verhalten als eine Form echten Dominanzverhaltens betrachtet werden kann, die wenig oder nichts mit Territorialverhalten zu tun hat. Das aggressive Verhalten ist auf eine schnelle Beilegung der Dominanzfrage ausgerichtet, damit künftige Konkurrenzkämpfe zwischen den beiden Individuen, die gerade dabei sind, eine soziale Beziehung zueinander herzustellen, vermieden werden können. Tatsächlich kann der initiale Ablauf oben beschriebener, aggressiver Verhaltensmuster sich als Vorspiel zu künftig positiveren Interaktionen zwischen diesen beiden Tieren entpuppen. Wenn zum Beispiel der weniger aggressive Hund auf des anderen dominantes Verhalten unterwürfig reagiert, kann sich der Ton der sozialen Interaktionen drastisch wandeln, und die beiden spielen möglicherweise schon bald miteinander. Diese beiden Individuen mögen sich zwar fremd sein, aber solches Verhalten soll das unterlegene Tier nicht veranlassen, das Weite zu suchen und das Territorium des anderen in Zukunft zu meiden, sondern dient eher dazu, eine bestimmte Art von Beziehung zu einander zu etablieren und aufrechtzuerhalten, die es ihnen erlaubt, positive Umgangsformen miteinander zu finden.

Im Grunde postuliert diese Ansicht, daß für unsere Haushunde eine Unterscheidung zwischen gruppenbezogenem Verhalten und Verhalten außerhalb der Gruppe nicht immer so klar zu treffen ist, wie dies für Hunde möglich wäre, die wild in Rudeln leben und Gruppenterritorien errichten sowie regelmäßig Eindringlinge fernhalten oder vertreiben. Es ist anzunehmen, daß diese Form der Aggression außerhalb des Sozialverbandes schnell und auf natürlichem Wege zu gruppeninternem Verhalten führt – daß sie vielleicht der erste Schritt auf dem Weg zur *Bildung einer Gruppe* ist, der stattfinden muß, wenn z. B. Streuner, die sich zu einem Sozialverband zusammenschließen, sich zum ersten Mal begegnen oder einem neuen Mitglied der Zutritt zu einem Rudel erlaubt wird.

Diese Form der Aggression unter Rüden sowie das Spielen fremder Rüden miteinander und die Tendenz fast aller Familienhunde, sich auf Spaziergängen stark zu ihresgleichen hingezogen zu fühlen, sind wohl ein weiteres Indiz für die hohe Motivation unserer Hunde, Verbände mit wirklichen Artgenossen zu bilden. Hier zeigt sich auch der Grad der sozialen Deprivation, die dem Leben des Haushundes, der bis auf kleine tägliche Unterbrechungen von wirklichen Artgenossen isoliert ist, innewohnt.

Interspezifische Aggression

Echte interspezifische Aggression gegen Menschen oder andere Hunde ist vermutlich relativ selten. In menschlichen Familien aufgewachsen und von einer überwiegend von Menschen bevölkerten Umwelt umgeben, verhält sich die große Mehrheit der Hunde Menschen gegenüber zu einem gewissen Grad, als wären sie Hunde. Die meisten Hunde hatten im Verlauf ihres Lebens auch ausreichend Kontakt zu anderen Hunden, um eine normale Identifikation mit der Art zu etablieren und aufrechtzuerhalten. In manchen Fällen jedoch fehlt diese frühe Sozialisierungserfahrung mit Menschen und anderen Hunden, oder ein normaler Familienhund gerät kurzzeitig unter den Einfluß der „Gruppenpsychologie" des Rudels und wird so veranlaßt, einen bestimmten Menschen (z. B. ein verängstigtes Kleinkind) zu behandeln, als sei er artfremd.

Selbstschutz- und gruppendefensive Aggression

Hunde, denen der Kontakt zu Menschen in den ersten drei Lebensmonaten fehlt, neigen dazu, ihnen für den Rest ihres Lebens extrem ängstlich zu begegnen (z. B. Scott und Fuller, 1965). Hunde mit diesem Isolationssyndrom sind offensichtlich als Haustiere ungeeignet. Bei den meisten Familienhunden, die in dieser Hinsicht Probleme haben, zeigen sich deswegen auch nur milde Symptome. Sie sind einigen Menschen wie Familienmitgliedern, Verwandten und Nachbarn, die sie gut kennen, gegenüber freundlich, zu allen anderen aber ängstlich und potentiell aggressiv. In diesen Fällen läßt sich nicht feststellen, ob eine interspezifische Aggression beteiligt ist. Obwohl der Hund auf Fremde ängstlich oder aggressiv reagiert, scheint die normale Interaktion mit Familienmitgliedern und anderen Individuen gegen eine mangelnde Identifikation mit der Art an sich als einzige Erklärung seiner negativen Reaktionen zu sprechen.

Manche Hunde jedoch sind jederzeit bereit, *alle* anderen sich nähernden Hunde zu bedrohen und zu attackieren, unabhängig von deren Größe, Geschlecht, angedeuteter Verhaltenstendenz (z. B. freundliches Schwanzwedeln) oder Bekanntheitsgrad. Diese Hunde benehmen sich, als würden sie andere Hunde schlichtweg nicht „mögen", und reagieren auf sie wie auf Feinde, die man fürchten oder bekämpfen muß, bestenfalls aber ignoriert. Hier ist die Interpretation eindeutiger: Ihnen fehlt die nötige frühe Erfahrung mit anderen Hunden, um diese als Artgenossen zu erkennen und später auch so zu behandeln.

Interspezielle Konkurrenz

Die Konkurrenz zwischen Vertretern unterschiedlicher Spezies um wichtige Ressourcen wie Nahrung, Brutplätze, Schutzzonen usw. kann indirekt sein, wie bei der *Nutzungs-Konkurrenz,* wenn beide einfach dieselben Ressourcen nutzen, aber keinen Kontakt miteinander haben, oder es kann sich um eine *Eingriffs-Konkurrenz* handeln, bei der Mitglieder der beiden Spezies in direkten Kontakt zueinander treten und eventuell Territorialverhalten und/oder Aggression an den Tag legen (Grier und Burk, 1992). Beispiele letzterer Art von Konkurrenz sind der Kampf zwischen großen Säugern und Greif/Aasvögeln um einen Kadaver oder auch aggressive Konfrontationen zwischen Vögeln und Erdhörnchen im Bereich von Vogelhäuschen.

Eine Erscheinungsform problematischer Aggression dieser Art bei Hunden ist das Töten von Katzen. Unter Berücksichtigung der Tatsache, daß beide jagende Säuger sind, die um kleine Beutetiere (z. B. Ratten) oder um Tischabfälle in den Mülltonnen der Großstädte konkurrieren, kann dieses Verhalten in einigen Fällen aus evolutionärer Sicht nicht allein als Beuteverhalten – wie in der Literatur üblich –, sondern als Reflexion potentieller Konkurrenz um die gleiche Futterquelle betrachtet werden. Möglicherweise liefert diese aggressive Form interspezieller Konkurrenz ja auch eine Erklärung dafür, warum manche auf Hunde aggressive Hunde ihre Artgenossen – vor allem deutlich kleinere Hunde – unbarmherzig töten. Dies deutet vielleicht ebenfalls darauf hin, daß die Opfer nicht als Artgenossen, sondern als Mitglieder einer konkurrierenden Art betrachtet werden.

Kompetitive interspezielle Aggression von Menschen gegen wild lebende Hunde, Koyoten, Wölfe etc. ist weit verbreitet. Wenn plündernde Rudel beginnen, durch das Töten von Schafen und Geflügel mit Bauern um das Vieh zu konkurrieren *(Nutzungs-Konkurrenz)*, erfolgt die „aggressive" Reaktion *(Eingriffs-Konkurrenz)* des Bauern oder der Behörden für gewöhnlich unverzüglich und vehement. In vielen Teilen der Welt wurden Wölfe aus interspeziellen Konkurrenzgründen bis an die Grenzen der Ausrottung gejagt. Interessanterweise läßt sich ein ähnliches Beispiel von Hunden gegen Menschen jedoch kaum finden (die Aggression eines Hundes gegen einen Menschen, der versucht, ihm einen Knochen wegzunehmen, ist vermutlich intraspezifischer Natur, wobei dem Menschen die gleiche Behandlung zuteil wird wie einem Rudelmitglied). Vielleicht spielen hier Überreste der über Millionen von Jahren entwickelten Beziehung zwischen Wölfen und menschlichen Jäger/Sammlerverbänden eine Rolle: Hunde, die Menschen als eine fremde Art empfinden, meiden schlichtweg den Kontakt zu ihnen und werden sich ihnen in Situationen direkter aggressiver Konkurrenz um Nahrung oder andere Vorräte unterwerfen.

Räuberisches Verhalten

Die Verhaltensmuster beim Jagen, Fangen und Töten von Beute unterscheiden sich zwar in einer Reihe von Aspekten von denen bei Drohverhalten oder Kämpfen. Aber aufgrund der potentiellen Gefahr für andere Tiere und in seltenen Fällen auch für Menschen werden in der Literatur die im Zusammenhang mit Beuteverhalten auftretenden Probleme in der Regel im Rahmen der Aggressionsprobleme behandelt.

In ländlichen Gebieten kann das räuberische Töten von Geflügel oder Schafen durch Rudel wild lebender Hunde zum Problem werden. Hunde, die ein solches Verhalten mit hoher Motivation ausführen – und dabei in der Vergangenheit einige Male erfolgreich waren –, sind in der Regel nur schwer wieder davon abzubringen, vermutlich aufgrund der starken selbstbelohnenden Eigenschaften des Beuteverhaltens selbst und des belohnenden Effekts, den das Fangen und Töten von Beute ausübt.

In den bekannten Fällen von Beuteverhalten gegenüber Menschen (z. B. Borchelt et. al., 1983) wurde das Verhalten in einer Gruppe durch ungewöhnliche Situationen ausgelöst. Dabei reagierte das Kind oder die ältere Person in einer Weise (z. B. lief weg, schrie etc.), die in einem ansonsten nicht besonders gefährlichen Rudel das „Jagdfieber" weckte. Wie in Kapitel 13 erläutert wird, lassen sich plötzliche, manchmal tödliche Attacken auf menschliche Neugeborene durch Hunde der Familie möglicherweise damit erklären, daß es sich dabei um eine Form des Jagdverhaltens handelt und der Hund das Baby schlichtweg nicht als menschliches Wesen erkennt (Voith, 1984).

Abschließende Bemerkungen

Wie die nachfolgenden Kapitel zeigen, kann es zuweilen schwierig sein, das hier vorgestellte biologische Klassifikationsschema mit Sicherheit auf bestimmte Fälle anzuwenden. Zeigt ein aggressiv auf einen fremden Menschen auf der Straße reagierender Hund prinzipiell inter- oder intraspezifisches Verhalten? Möglicherweise sind manche Hunde in diesem Punkt selbst etwas „verwirrt". Wissenschaftlicher formuliert: Unter bestimmten Bedingungen sind Menschen nur schwache oder unregelmäßige Auslöser intraspezifischen Verhaltens. Gleichermaßen schwierig kann aber auch die Kategorisierung des Verhaltens von Hunden gegenüber anderen Hunden auf Spaziergängen sein. Handelt es sich um Verhalten innerhalb oder außerhalb der Gruppe, wenn zwei Hunde aus der Nachbarschaft miteinander spielen, die sich gut kennen? Häufig wird dies als Verhalten innerhalb der Gruppe gewertet, doch ist die Situation nicht so eindeutig, wenn es sich um aggressive Interaktionen handelt. Ebenso unklar sind Fälle, in denen sich zwei vollständig fremde Hunde begegnen und anfangen, miteinander zu spielen, als seien sie alte Bekannte. Möglicherweise kann ein mehr oder weniger permanenter Mangel an Gelegenheiten für positives wie aggressives Sozialverhalten dazu führen, daß dieses um so einfacher durch fremde Hunde ausgelöst wird, denn Mitglieder der menschlichen Familie sind keinesfalls optimale oder vollständig befriedigende Auslöser hochmotivierten intraspezifischen Verhaltens.

Es zeigt sich, daß diese Art der biologischen Klassifizierung mehr Fragen aufwirft, als sie beantwortet. Aber daran mißt sich unter Umständen ihr potentieller Nutzen. Eine der wichtigsten Schlußfolgerungen aus diesem Kapitel ist, daß der Bereich der Aggressionsprobleme bei Hunden äußerst komplex ist und dringend wissenschaftlicher Studien bedarf. Verschiedene Problemtiere müßten nach den gleichen Richtlinien beobachtet werden, nach denen Ethologen heutzutage wildlebende Tiere in ihrer natürlichen Umwelt beobachten. Die Verhaltensweisen müßten bezüglich ihrer Erscheinungsform und dem auslösenden Kontext gewissenhaft aufgezeichnet, analysiert und klassifiziert und mit denen von Tieren verglichen werden, die keine gravierenden Verhaltensprobleme aufweisen. Es ist an der Zeit, über das Niveau der eher groben Beschreibung von Problemen hinauszugehen, die alle Formen angstbedingter Aggression lediglich einfach unter einer einzigen Rubrik zusammenfaßt und die interessanten und theoretisch wichtigen Themen, die in der Klassifikation dieses Kapitels enthalten sind, nahezu ignoriert. Das vorliegende Herangehen will dazu beitragen, ein biologisch sinnvolles konzeptionelles Gerüst zu schaffen, das Denkanstöße gibt und künftige Forschungswege auf diesem Gebiet aufzeigt.

Literatur

Borchelt, P. L., Lockwood, R., Beck, A. M., and Voith, V.L. (1983): Attacks by packs of dogs involving predation on human beings. *Public Health Reports* **98**, 59–68.

Borchelt, P. L., and Voith, V. L. (1982): Classification of animal behavior problems. *Veterinary Clinics of North America: Small Animal Practice* **12**, 571–585.

Grier, J. W., and Burk, T. (1992): *Biology of Animal Behavior.* 2nd edition. St. Louis, Missouri, Mosby – Year Book, Inc.

Hart, B. L., and Hart, L. A. (1985): *Canine and Feline Behavior Therapy.* Philadelphia, Lea & Febiger.

Mech, L. D. (1970): *The Wolf: The Ecology and Behavior of an Endangered Species.* New York, The Natural History Press.

Scott, J. P., and Fuller, J. L. (1965):*Genetics and Social Behavior of the Dog.* Chicago, Chicago University Press.

Voith, V. L. (1984): Procedures for introducing a baby to a dog. *Modern Veterinary Practice* **65**, 539–541.

10 Dominanzaggression gegen Familienmitglieder

Mehr als die Hälfte der 147 Fälle von Aggression gegen Menschen, die dem Autor in letzter Zeit vorgestellt wurden, betrafen Aggressionen gegen Familienmitglieder, d. h. Aggression innerhalb des Sozialverbandes (Abb. 10.1). Dabei war in 72 % dominanzbezogene *kompetitive Aggression* oder sogenannte *Dominanzaggression* beteiligt (Abb. 10.2). Bei 56 der 147 Hunde (ca. 38 %) waren die Aggressionen mittelgradig bis schwerwiegend, ein Prozentsatz, der deutlich über den Angaben von Borchelt und Voith (23,3 und 19,6 %) liegt. Einundfünfzig dieser Hunde waren Rüden (ca. 91 %, was mit den Angaben von Borchelt und Voith nahezu übereinstimmt).

Dominanzaggression gegen Familienmitglieder tritt immer in einer der beiden nachfolgend beschriebenen Situationen auf:

Der Hund und das Familienmitglied konkurrieren um etwas.

- Wenn ein Familienmitglied versucht, dem Hund sein Fressen oder andere Gegenstände (z. B. Knochen, Spielzeug, Servietten) wegzunehmen, oder sich ihm nähert, wenn sich einer davon im Besitz des Hundes befindet.
- Wenn ein Familienmitglied sich der „Lieblingsperson" des Hundes oder einem anderen Hund (z. B. einem läufigen Weibchen) nähert oder ihn berührt.
- Wenn ein Familienmitglied sich dem Hund an seinem Ruheplatz nähert oder ihn stört, wenn er ruht oder schläft (es wird gemeinhin angenommen, daß es hier um Konkurrenz um Ruhe-/Schlafplätze geht).
- Wenn ein Familienmitglied einen Raum betritt, der von einem Hund belegt ist, oder in entgegengesetzter Richtung in einem engen Flur an ihm vorbei möchte.

Der Besitzer verhält sich dem Hund gegenüber dominant.

- Hierzu gehören: den Hund zu kraulen, knuddeln, kämmen, baden, medizinisch zu behandeln, abzutrocknen; seine Läufe oder sein Gesicht zu berühren; ihn hochzuheben, zu schieben oder zu ziehen; sein Halsband anzulegen, an der Leine zu zerren oder zu reißen; ihn anzustarren oder zu bedrohen,

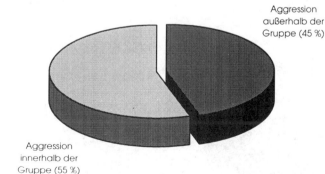

Abb. 10.1: Relative Häufigkeit von Problemen innerhalb vs. außerhalb der Gruppe bei Fällen von Aggression gegen Menschen (n = 147)

zu schelten, anzuschreien, herumzukommandieren oder ihn zu schlagen; nach ihm zu greifen oder sich über ihn zu lehnen. Viele dieser Verhaltensweisen werden von Menschen nicht als „dominant" empfunden, werden aber immer wieder zu Auslösern von Dominanzaggression, weil sie dominantem Verhalten zwischen Hunden ähneln.

Andere häufige Merkmale von Dominanzaggression

- Besitzer beschreiben die Angriffe oftmals als völlig unprovoziert und den Hund als „launisch" oder als unberechenbar, wenn er auf eine am Vortag noch tolerierte Situation plötzlich aggressiv reagiert.
- Die Attacken sind oftmals bösartiger, als es bei anderen Aggressionsproblemen der Fall ist. Es kommt zu Hautläsionen, die Bisse können tief sein und Narben hinterlassen, und immer wieder müssen Besitzer ärztlich oder gar stationär behandelt werden.
- Während eines Angriffs ist der Hund nicht er selbst. Fast allen Besitzern fällt ein seltsamer Blick in den Augen ihres Hundes auf. Er zeigt unter Umständen auch verschiedene aggressive Gesten wie aufrechte Ohren und Rute, gesträubtes Nacken- und Rückenfell und ein intensives Anstarren des Opfers.
- Direkt nach der Attacke wird der Hund eventuell sehr zutraulich, was die Leute gerne als Entschuldigung interpretieren.
- Der Hund wird häufig arttypisches dominanzverwandtes Verhalten zeigen und Familienmitglieder beispielsweise so lange anstarren, bis sie wegsehen, oder „sich über sie stellen", indem er Vorderpfoten oder Kinn auf ihren Schoß oder Schultern stellt.
- Solche Hunde sind Fremden gegenüber oft freundlich und harmlos, weshalb Tierärzte oft den Eindruck gewinnen, das Problem läge bei den Leuten und nicht beim Hund. Dieses Problem besteht jedoch nur zwischen dem Hund und Mitgliedern seiner Familie und kommt daher für Besucher erst nach einem Aufenthalt von mehr als einem Tag ans Licht.
- Personen, die große Erfahrung im Umgang mit Hunden haben, etwa Hundetrainer oder Tierärzte, haben so gut wie nie Probleme mit solchen Hunden. Es gibt aber auch wirklich „hartgesottene" dominant-aggressive Hunde (die letztlich in Tierheimen landen), die sich von der dominanten Behandlung durch erfahrenes Personal nicht wie andere Hunde beeindrucken lassen. Bei ihnen können bösartige Aggressionen aus nichtigem Anlaß ausbrechen; etwa bei dem Versuch, sie in eine Richtung zu führen, in die sie nicht wollen.
- Die Hunde sind nicht unbedingt zu allen Familienmitgliedern aggressiv, viel häufiger kommt es vor, daß sie gegen die einen öfter und/oder gravierender aggressiv sind als gegen andere.
- Abgesehen von den bereits beschriebenen kompetitiven und konfrontierenden Situationen, die das Markenzeichen des Problems der Dominanzaggression sind, ist der Hund im allgemeinen freundlich zu Familienmitgliedern. Er mag zwar in der Regel

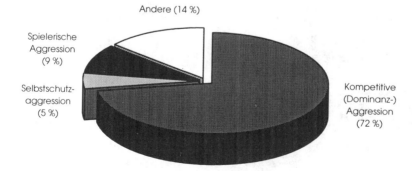

Abb. 10.2: Relative Häufigkeit verschiedener Arten von Problemen, die Aggressionen gegen Familienmitglieder beinhalten (n = 78)

folgsam sein und wie jeder Hund um Futter und Aufmerksamkeit betteln, wird aber beinahe ausnahmslos von den Besitzern als starrsinnig, willensstark und nur zögernd gehorsam beschrieben. In Situationen, in denen er hochmotiviert ist, etwas anderes zu tun, z. B. mit einem anderen Hund zu spielen oder zu raufen, neigt er dazu Befehle, von Mitgliedern der Familie komplett zu ignorieren. Alle Besitzer sind sich bewußt, daß ein Quentchen Respekt fehlt.
- Viele Besitzer lernen unterschwellige Anzeichen aufkeimender Aggressivität zu erkennen; z. B. der Hund wird steif und sieht seinen Besitzer merkwürdig von der Seite an. Besitzer wissen dann, daß es an der Zeit ist, ihre momentane Tätigkeit zu unterbrechen, um eine Aggression zu vermeiden. Im allgemeinen lernen Familienmitglieder, in Schlüsselsituationen mit ihren Aktionen sehr vorsichtig zu sein. Ein Problem existiert oft schon lange Zeit, bevor es dem Berater vorgestellt wird, da die Besitzer Attacken bisher vermieden hatten, in dem sie sich letztlich nach den Wünschen des Hundes verhielten.
- Physische Bestrafung oder heftiges Schelten solcher Hunde für ihr Drohverhalten hat sich als untauglich erwiesen, denn es ruft unweigerlich noch heftigere Aggression hervor. Meist wird zu einem relativ späten Zeitpunkt der Entwicklung des Problems versucht, Gewalt mit Gewalt zu zügeln, und die bissige Reaktion verblüfft die Besitzer. Sie sind im Grunde nicht darauf vorbereitet, einen Kampf mit dem Hund auszufechten, wie dies der Trainer von Polizeihunden könnte, und sie wissen nicht, wie man mit einem Hund rauft, ohne gebissen zu werden. Nach ein oder zwei Bissen geben sie auf, was den überlegenen Rang des Hundes noch mehr bestätigt.
- Mitglieder der Familie geben zu, Angst vor dem Hund zu haben. Sie berichten aber auch, daß dies nicht immer der Fall war, die Dinge sich jedoch mit der zunehmenden Aggressivität verändert hätten.
- Manche dieser Hunde setzen willkürliche und ziemlich bizarre Verhaltensmaßregeln für ihre Familie durch. Zum Beispiel darf der Vater eine bestimmte Küchenschublade nicht öffnen oder die Mutter darf erst nach dem Vater zu Bett gehen. Diese Fälle stammen aus dem Patientengut des Autors. Die beteiligten Personen mußten diese Regeln befolgen, um nicht angefallen zu werden. Bei der Frau, die erst nach ihrem Mann ins Bett gehen durfte, endete es damit, daß sie jedesmal auf dem Sofa schlafen mußte, wenn ihr Mann Nachtschicht hatte. Ein Deutscher Schäferhund gab jedesmal ein tiefes, gutturales Knurren von sich, um die Tochter des Hauses „anzuweisen", ihn durch die Hintertür in den Garten zu lassen. Zwei schwere Bißwunden für „Ungehorsam" überzeugten sie von der Ernsthaftigkeit des Hundes und fortan gehorchte sie ihm.
- Verständnislos und zutiefst schockiert über das bissige Verhalten ihres sonst so liebevollen und verspielten Hundes, vermuten Besitzer bei ihrem Hund oftmals eine schwerwiegende Gehirnkrankheit.
- In vielen der schwersten Fälle kann eine Behandlung nur begrenzten Erfolg bringen. Selbst bei minutiöser Befolgung der Ratschläge des Beraters fahren viele dominantaggressiven Hunde fort, Familienmitglieder zu bedrohen und anzugreifen, und es ist am Ende viel zu gefährlich, sie in der Familie zu lassen.

Die Rudeltheorie

Die vorherrschende theoretische Sichtweise unter Problemberatern in den USA (Hart und Hart, 1985; Borchelt und Voith, 1986) und Großbritannien (O'Farrell, 1992; Neville, 1991) ist, daß dominant-aggressive Hunde sich in der Rudelversion der Menschenfamilie hierarchisch ranghöher einstufen. Daher bedrohen oder beißen sie Familienmitglieder, die wegen eines vom Hund geschätzten Gegenstands (z. B. Knochen, Spielzeug, Schlafplatz) eine Konfrontation mit ihm heraufbeschwören oder dem Hund gegenüber ein in irgendeiner Weise dominantes Verhalten zeigen, wie es der überlegene Hund dem untergeordneten gegenüber tun würde. Der Hund nimmt seine Familie als Rudel wahr, interpretiert menschliches Verhalten in Hundemanier und reagiert auch so darauf: in der Art eines adulten, dominanten Rudeltiers, das von einem untergeordneten herausgefordert wird. Der Führungsaspekt des Verhaltens eines dominanten Hundes (oder Wolfs) ist in diesem Modell ebenfalls berücksichtigt. In der Durchsetzung willkürlicher Regeln, z. B. sich zuerst durch Türen zu drängeln, übt der dominante Hund vermutlich seine Funktion als Rudelführer aus.

Warum verhalten sich manche Hunde so? Zum einen, so nehmen die meisten Berater an, sind dominant-aggressive Hunde genetisch prädisponiert, dominantes Verhalten zu zeigen, und streben danach, in ihrem Sozialverband eine ranghohe Position einzunehmen. In einem Rudel würden sie wahrscheinlich eine Führungsposition einnehmen. Mit dieser Hypothese stimmt überein, daß die meisten dieser Hunde nicht vollständig gebessert werden können, das Problem vorzugsweise bei Rüden auftritt und selbst sehr erfahrene Leute mit einigen der gravierendsten Fälle von Dominanzaggression nicht immer fertig werden.

Zweitens spielen vermutlich bestimmte Verhaltensweisen von Besitzern eine maßgebliche Rolle bei der Entwicklung eines Problems. Insbesondere wird hinter dem positiven und durch Zuneigung gesteuerten Verhalten dem Hund gegenüber ein grundlegendes „Mißverständnis" zwischen Hund und Familienmitgliedern vermutet, das den Hund in seiner ranghohen Position bestätigt und damit seinen dominant-aggressiven Tendenzen Zündstoff verleiht oder sie erst hervorbringt. Zum Beispiel füttern Familienmitglieder erst den Hund und essen erst dann selbst. Sie lassen den Hund auf Möbel und in die Betten – die begehrtesten Ruheplätze, die dominante Rudelmitglieder für ihre ausschließliche Nutzung reservieren würden. In ihrem Bestreben, nett und gerecht zu ihrem Hund zu sein, kraulen und spielen Besitzer mit ihren Hunden, wann immer diese es wünschen, und überlassen ihnen damit die Kontrolle der sozialen Kontakte. Der Hund darf enge Passagen zuerst durchqueren sowie seine Spielsachen, das Bett und Fressen unter aggressivem Knurren erfolgreich verteidigen. Sie lassen ihn bei allen Kampfspielen gewinnen. Er bekommt mehr oder weniger alles, worum er bettelt. Sie akzeptieren seine Penetranz und seinen häufigen Ungehorsam ohne ernstzunehmende Repressalien. Sie machen einen Bogen um ihn oder steigen über ihn hinweg, um ihn nicht zu stören, wenn er im Wege liegt. Sie gehen sogar soweit, auf Spaziergängen dem Hund die Führung zu überlassen, stehenzubleiben, wenn er stehenbleibt, oder einfach generell hinter ihm herzutraben. Aus dieser Perspektive ist es kaum verwunderlich, daß die Hunde eine falsche Vorstellung gewinnen und sich für den Rudelführer statt das rangniedrigste Mitglied der Familie halten.

Die Rudeltheorie mag zwar eine starke Vereinfachung sein. Aber sie hat ihren praktischen Nutzen für die Auswahl der Behandlungsmethoden bewiesen, die später in diesem Kapitel diskutiert werden sollen und die häufig effektiv zur Entschärfung dieses sehr gefährlichen Verhaltensproblems beitragen.

Sind Besitzer für die Entwicklung des Problems verantwortlich?

In welchem Ausmaß sind die Besitzer selbst für die Entwicklung des Problems der Dominanzaggression verantwortlich? Eine von Tierärzten, Züchtern, Hundetrainern Tierheimpersonal usw. häufig vertretene Ansicht ist, daß Besitzer ihre Hunde durch Verwöhnen und anthropomorphe Behandlung regelrecht dazu erziehen, dominant-aggressiv zu sein. Diese Ansicht bürdet den Besitzer die ganze Last der Verantwortung für das Problem auf.

Sind die Besitzer dominant-aggressiver Hunde aber wirklich verantwortlich? Ist das Verwöhnen und die Vermenschlichung wirklich die Wurzel des Problems? Die meisten Haustier-Problemberater sind nicht dieser Meinung. Erstens wissen die Berater aus Gesprächen und Beobachtungen, daß die meisten verwöhnten oder anthropomorph behandelten Hunde sich nicht dominant-aggressiv entwickeln. Zweitens wissen sie ebenfalls aus Erfahrung, daß das Problem der Dominanzaggression in allen Familiensituationen auftaucht, auch bei vernünftigen, erfahrenen Besitzern, die augenscheinlich keine Fehler begangen haben, was Erziehung, Konsequenz und das Bemühen angeht, ihr Tier nicht zu verwöhnen und es wie einen Hund zu behandeln.

Abbildung 10.3 stellt einige Daten der in Kapitel 3 beschriebenen Umfrage über Besitzer problematischer und unproblematischer Hunde vor, die für das vorliegende Thema relevant sind. Sie vergleicht die Antworten von 55 Besitzern unauffälliger Hunde mit denen von 31 Besitzern dominant-aggressiver Hunde bezüglich Verwöhnen und anthropomorpher Behandlung ihrer Tiere. Einige der Unterschiede zwischen beiden Beispielen entsprechen tatsächlich den verbreiteten Ansichten. So lassen die Besitzer dominant-aggressiver Hunde diese öfter auf Möbel (20 % häufiger) und teilen ihr Essen mit ihnen (12 % häufiger). Andere Unterschiede, wie das Feiern des Geburtstages des Hundes und vertraute Gespräche mit ihm, sind weniger deutlich ausgeprägt (8 % und 9 % häufiger), die Antworten auf die übrigen sechs Fragen wiesen keine nennenswerten Unterschiede auf. Im Durchschnitt ist das Antwortprofil der Besitzer dieser so verschiedenen Tiere erstaunlich ähnlich, obwohl gerade hier die schädlichen Praktiken am deutlichsten hervortreten sollten.

Diese Daten unterstützen den Haustier-Verhaltensberater in seiner Annahme, daß die angeführten Schwächen im Umgang mit Tieren zwar dem Problem in manchen Familien Vorschub leisten, keinesfalls jedoch der *primäre* Grund für die Entwicklung und Verschlimmerung von Dominanzaggression sein können. Hier wie bei vielen anderen Haustier-Verhaltensproblemen ist es vermutlich die problematische Reaktion eines an sich schon potentiell problematischen Tieres auf, statistisch gesehen, normales Besitzerverhalten, das in der Regel nicht zur Entwicklung ernster Verhaltensprobleme führt.

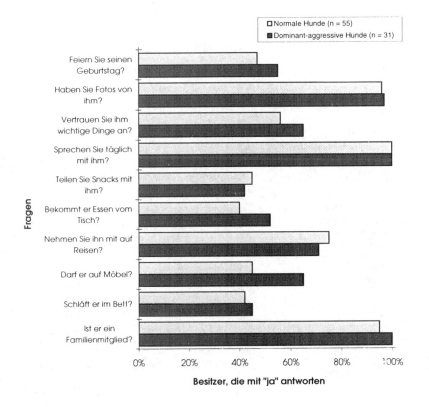

Abb. 10.3: Vergleich anthropomorphisierender und verwöhnender Verhaltensweisen zwischen Besitzern dominant-aggressiver und unproblematischer (normaler) Hunde

MÖGLICHE KAUSALFAKTOREN

Ererbte Prädisposition
(in gravierenden Fällen angenommen)

Unzureichende Besitzerdominanz
(d.h. problematische Besitzer-Hund-Beziehung)

Unabsichtliche Belohnung durch den Besitzer
(Belohnen von zudringlichem/aggressiven Verhalten)

Fehleinschätzungen der Besitzer
(z. B. es sei normal für Hunde, Fressen/Ruheplatz/Spielsachen zu verteidigen; Hunde gut zu behandeln, ist gleichbedeutend damit, ihnen zu gewähren, was sie wollen)

Hormonale Einflüsse
(bei Rüden deutlich häufiger; Kastration und Progestintherapie manchmal erfolgreich; Problem verschlimmert sich manchmal nach Ovarhysterektomie)

Unabsichtliche Förderung durch den Besitzer
(dem Hund werden versehentlich Privilegien hochrangiger Rudelmitglieder eingeräumt)

Fehlen einer angemessenen Bestrafung durch den Besitzer
(z. B. der aggressiven Verteidigung von Fressen/Gegenständen durch Jungtiere)

DOMINANZAGGRESSION

- Aggression gegen Familienmitglieder in kompetitiven Situationen oder als Reaktion auf vom Hund als dominant empfundenes Verhalten seitens des Besitzers.

MÖGLICHE BEHANDLUNGSELEMENTE

Verbessern des Verständnisses des Besitzers
(das Problem ist nicht pathophysiologisch; Erklärung durch „Rudeltheorie")

Erhöhung der Besitzerautorität
(es ist ratsam, härter/strenger zu sein, wenn der Hund nicht potentiell gefährlich ist)

Veränderung der Fürsorge-/Haltungsbedingungen
(z. B. begrenzter Zugang des Hundes zu Möbeln/dem Schlafzimmer/Knochen/Spielsachen im Haus; Verändern des Schlaf-/Freßplatzes)

Spezielle Trainingsmaßnahmen
(z. B. zur Verbesserung des Gehorsams auf Spaziergängen)

Kastration
(manchmal bei Rüden hilfreich; bei Weibchen kontraindiziert)

Mechanische Hilfsmittel
(z. B. Maulkorb, kurze Leine im Haus)

Vermeiden von Konfrontationen
(z. B. Vermeiden der Auslösung von Aggression; sofortiges Abbrechen eines aggressionsauslösenden Verhaltens)

Veränderung der interaktiven Grundregeln zwischen Besitzer und Hund
(weitreichende Veränderungen des normalen Verhaltens des Besitzers gegenüber dem Hund)

Korrektur von Fehleinschätzungen der Besitzer
(z. B. netter zu dem Hund sein; bestimmte Behandlungsvorschläge werden Hund noch aggressiver machen/sind ethisch fragwürdig)

Methoden der systematischen Verhaltenstherapie
(z. B. den Hund trainieren, sich bürsten zu lassen, ohne zu knurren/beißen)

Medikamente
(Progestine sind in manchen Fällen hilfreich)

Mögliche Kausalfaktoren

Das Übersichtsdiagramm gibt eine Zusammenfassung sowohl der *kausalen Faktoren*, von denen bekannt ist oder angenommen wird, daß sie in einigen oder auch in allen Fällen von Dominanzaggression eine Rolle spielen, als auch der unterschiedlichen *Behandlungselemente*, die der Berater unter Umständen vorschlägt. Nicht alle Kausalfaktoren sind für jeden Einzelfall zutreffend. Sie sollten eher als Bereiche betrachtet werden, die der Berater bei der Konsultation sorgfältig prüfen muß, um ein umfassendes Verständnis für das Verhalten des Hundes zu entwickeln.

Ererbte Prädiposition

Aus den oben angeführten Gründen wird oft eine Beteiligung genetischer Faktoren angenommen und geschlußfolgert, daß der Hund sich in annähernd jeder Familie problematisch entwickelt hätte.

Hormonale Einflüsse

Die Tatsachen, daß das Problem häufiger bei Rüden vorkommt, manchmal eine dramatische Verschlimmerung bei Weibchen nach einer Ovarhysterektomie beobachtet wird (O'Farrell und Peachy, 1990; Voith und Borchelt, 1982) und Kastration sowie Progestin-Behandlungen bei Rüden in manchen Fällen eine deutliche Besserung erbracht haben, sprechen für eine hormonelle Beteiligung an dem Problem. Die Art dieser Beteiligung ist jedoch unklar, da eine Kastration allein selten erfolgreich ist und ein merklicher Effekt in den meisten Fällen ausbleibt.

Unzureichende Besitzerdominanz

Haustier-Verhaltensberater betrachten das Problem der Dominanzaggression vor allem als Symptom einer *problematischen Besitzer-Hund-Beziehung*. Die Dominanz des Besitzers reicht nicht aus, um den Hund dazu zu veranlassen, sich in Situationen unterwürfig zu verhalten, die unter Hunden stets Unterwerfung verlangen würden. Ein Beispiel hierfür ist die direkte Rivalität um eine Vorratsquelle, bei der sich ein Hund dem anderen gegenüber als dominant erweist.

Die meisten Hunde fordern ihre Besitzer in keiner Situation aggressiv heraus. Besitzer können ihnen den leckersten Knochen wegnehmen, sie physisch manipulieren, sie bedrohen oder bestrafen, ohne geringste Anzeichen von Aggression hervorzurufen. Im Grunde ist in der normalen Familiensituation die Dominanz des Besitzers über den Hund unangefochten, und der Hund ordnet sich dieser auch unter. Dominant-aggressive Hunde verhalten sich bis zu einem gewissen Grad ebenso, gehorchen jedoch oftmals nur zögernd, würden aber niemals ihre Besitzer aus dem Bett verdrängen oder sie vom Tisch jagen, um z. B. den Truthahn selbst zu fressen. In den sogenannten Konfrontationssituationen allerdings, in denen Aggressionen gegen Besitzer regelmäßig vorkommen, benehmen sich diese Hunde, als würden sie zwar den höheren Rang der Besitzer anerkennen, nicht aber deren „Recht", sie so zu behandeln. Grundsätzlich hat diese Form der Aggression nach O'Farrell (1992) defensiven Charakter, wobei der Hund aggressiv auf etwas reagiert, das er als Bedrohung seiner sozialen Position empfindet, besonders wenn der Besitzer weiter geht, als es ihm bei seinem kaum höheren Rang in der familiären „Dominanzhierarchie" zukommt.

Unabsichtliche Förderung durch den Besitzer

Zwar führt Großzügigkeit und Nachgiebigkeit bei den meisten Tieren nicht zur Entwicklung ernsthafter Verhaltensprobleme, doch sind Haustier-Verhaltensberater von der fördernden Wirkung dieser gutgemeinten Behandlung auf die Entwicklung von Problemen mit Dominanzaggression bei prädisponierten Tieren überzeugt.

Unabsichtliche Belohnung durch den Besitzer

Dominant-aggressive Hunde werden von ihren Besitzern im allgemeinen als willensstark, starrsinnig oder sogar aufdringlich beschrieben. In den meisten Fällen haben die Reaktionen der Besitzer auf das Verhalten des Hundes in der Vergangenheit teilweise zur Entwicklung dieses Verhaltens beigetragen. Die Hunde sind häufig ungehorsam oder gehorchen nur zögernd, weil die Besitzer dieses Verhalten bisher toleriert haben. Die Hunde akzeptieren kein „Nein" als Antwort und geben nicht auf, um etwas mit allen Mitteln (z. B. Bellen, Zupfen am Ärmel) zu betteln, weil sie aus Erfahrung wissen, daß sich der Einsatz lohnt: Letztlich bekommen sie, was sie wollen, wenn sie nur hartnäckig genug sind. Auch Aggression ist bei diesen Tieren in der Vergangenheit immer wieder belohnt worden. Der Besitzer nähert sich, der Hund – im Besitz eines Knochens – knurrt ihn drohend an, worauf der Besitzer den Hund in Ruhe läßt und damit dessen aggressive Reaktion verstärkt. Dies geschieht auch, wenn der Hund beißt, der Besitzer dies kampflos akzeptiert und was immer er gerade zur Provokation dieser Aggression tat, abrupt abbricht. Diese Reaktion ist zwar verständlich und auch tatsächlich nötig, um weitere Verletzungen zu vermeiden, sie hat aber trotzdem eine verstärkende Wirkung auf die Neigung des Hundes, sich künftig in ähnlichen Situationen genauso zu verhalten.

Fehlen einer angemessenen Bestrafung durch den Besitzer

Auch in den Beziehungen zwischen Menschen gibt es Situationen, in denen der Nachwuchs, der zu weit gegangen ist, durch Schelte, zusätzliche Aufgaben oder Entzug von Privilegien in seine Schranken verwiesen werden muß. Solche angemessenen Bestrafungen gehören zu einer normalen Eltern-Kind-Beziehung; nachlässige Eltern haben am Ende möglicherweise unnötige Probleme mit ihren Kindern. Desgleichen sind Haustier-Verhaltensberater davon überzeugt, daß ausbleibende Bestrafung junger Hunde für aggressives Bewachen ihres Futters und von Spielzeug oder das Ignorieren von Befehlen zum Einstellen unerwünschten Verhaltens ein gravierender Fehler ist, der bei zu dominant-aggressiven Reaktionen gegen Menschen prädisponierten Hunden zu Problemen führen kann. Vermutlich entwickeln sich die schwerwiegendsten Fälle von Dominanzaggression auch bei sofortiger Bestrafung nach erstmaligem Auftreten. Doch sind nicht alle Hunde so hoch motiviert, und manche Probleme im Zusammenhang mit Dominanzaggression könnten von den Besitzern im Keim erstickt werden, wenn diese von Anfang an mit effektiven Repressalien unmißverständlich klarstellen würden, daß solches Verhalten nicht toleriert wird.

Fehleinschätzungen der Besitzer

Besitzer, die Bellen und Schnappen als normal empfinden, wenn sie versuchen, dem Hund den Freßnapf wegzunehmen, oder ihn im Schlaf stören, werden dieses Verhalten ohne Gegenmaßnahmen akzeptieren. Auch sind viele Hundehalter überzeugt, ethische Hundehaltung sei gleichbedeutend damit, immer nett zu seinem Hund zu sein, seinem Willen nachzugeben, ihn nie zu ignorieren, wenn er Aufmerksamkeit möchte, ihn immer zu kraulen, wenn er es wünscht, und so weiter. Besitzer meinen es in allem gut, was sie für ihre Hunde tun – oder zu tun unterlassen. Damit aber verschlimmern sie häufig das Problem oder bringen sich um die Möglichkeit, dringend nötige korrektive Maßnahmen zu ergreifen.

Mögliche Behandlungselemente

Auch hier muß betont werden, daß bei diesen wie in allen anderen Abschnitten des Buches angesprochenen „möglichen Behandlungselementen" die Indikation nicht für alle Fälle gleichermaßen gilt. Der Berater muß entscheiden, welche der verschiedenen Methoden und Ansätze in jedem einzelnen Fall am geeignetsten ist.

Verbessern des Verständnisses der Besitzer

Zur Beschwichtigung von Vermutungen, der Hund könnte physisch krank sein, sowie zur Festlegung von Behandlungsvorschlägen ist es wichtig, darauf hinzuweisen, daß es sich hier um ein häufiges Problem von Hunden handelt und im allgemeinen kein Hinweis auf ein medizinisches Problem vorliegt. Ferner muß die grundlegende Natur des Problems ausführlich erklärt und den Besitzern vermittelt werden, daß sie das Verhältnis zu ihrem Hund drastisch ändern müssen. In Fällen von Dominanzaggression ist es auch wichtig, die Besitzer zu warnen, daß in einem Großteil der Fälle bestenfalls eine Verbesserung, nicht aber eine Elimination des Problems erreicht werden kann und es auch nach der Behandlung zuweilen nicht vertretbar ist, das Tier in der Familie zu behalten. Line und Voith (1986) berichten zwar von einer Gesamtverbesserungsrate von 88 % nach kombinierter verhaltensorientierter Behandlung, Kastration und Progestin, eine vollständige Elimination konnte aber nur bei einem der 24 dominant-aggressiven Hunde erreicht werden.

Vermeiden von Konfrontationen

Der erste und wichtigste Hinweis an die Besitzer gefährlicher oder potentiell gefährlicher dominant-aggressiver Hunde lautet, *vorübergehend direkte Konfrontationen zu vermeiden* – das heißt, alle Handlungen zu unterlassen, die schon öfter Aggression ausgelöst haben, momentane Aktivitäten abzubrechen, wenn der Hund anfängt, Drohgebärden zu zeigen. Es kann nicht genug betont werden, wie gefährlich es andernfalls für sie werden kann. Während der Konsultation geben manche Klienten an, ihren Hund jetzt härter behandeln zu wollen und ihm, wie von Hundetrainern oder anderen Besitzern empfohlen, wenn nötig auch mit Schlägen beizubringen, „wer der Herr im Hause ist". Selbst Besitzer, die bei dem Versuch, ihren Hund zu bestrafen, bereits wiederholt ernstlich gebissen wurden, erhalten von anderen immer wieder den Rat, ihre einzige Hoffnung auf Besserung sei ein noch härteres Vorgehen. Der Berater muß die Klienten davon überzeugen, daß dies die Situation vermutlich noch verschlimmern und eventuell sogar eine weitaus heftigere Attacke als zuvor auslösen könnte.

Erhöhung der Besitzerautorität

Zu der oben genannten Regel, wonach Konfrontationen zu vermeiden sind, gibt es eine einzige Ausnahme: wenn der Hund zwar knurrt, den Besitzer aber nie beißt und das Knurren nach Maßregelung einstellt. Es kann in diesen Fällen davon ausgegangen werden, daß es für den Besitzer sicherer ist, den Hund direkt zu konfrontieren und zurechtzuweisen oder den Hund in Antwort auf seine Bedrohung zu bestrafen, wie man es mit einem Welpen täte. Bei leichten Fällen von Dominanzaggression kann auf diese Weise das Problem vielleicht verbessert oder ein für alle Mal eliminiert werden kann. Beim geringsten Verdacht jedoch, die Aggressivität des Hundes könnte durch eine derartige Behandlung eskalieren, wäre dies der schlechteste Ratschlag, den ein Tierarzt oder Verhaltensspezialist geben könnte.

Veränderungen der interaktiven Grundregeln zwischen Besitzer und Hund

In der Regel erhalten Hundehalter mehrere Ratschläge zur Modifizierung ihres normalen, täglichen Umgangs mit dem Hund, die ihre soziale Beziehung beeinflussen und letztlich die Neigung des Hundes zu Aggressionen in Problemsituationen verringern sollen. Der Besitzer soll den Hund beispielsweise immer erst einen Befehl befolgen lassen, bevor er ihm gibt, was der Hund möchte, und niemals Betteln oder forderndes Verhalten belohnen; er soll ihn vollständig ignorieren, wenn er um Streicheleinheiten oder Aufmerksamkeit buhlt; er soll ihn aufstehen lassen, wenn er im Weg liegt, und keine Konkurrenz- oder aggressiven Spiele mit ihm spielen. Da die meisten Besitzer es als unangenehm empfinden, ihren Hund derart zu behandeln, werden sie Behandlungsvorschläge nur befolgen, wenn ihnen die Logik der Maßnahmen ausreichend auseinandergesetzt wurde und sie deren Sinn verstehen. Es muß ihnen z. B. klar sein, daß man unterordnendes Verhalten fördert, indem man den Hund jedesmal ein Kommando ausführen läßt, bevor man seinen Wünschen nachgibt, seine sozialen Kontakte kontrolliert und ihm nicht zuletzt durch die Aufforderung, aus dem Weg zu gehen, seine untergeordnete Position verdeutlicht.

Auch ist es wichtig, die Besitzer auf die möglichen Reaktionen ihres Hundes vorzubereiten: Viele Hunde reagieren heftig und schockiert, verwirrt, manche ziehen sich gar für einige Tage zurück oder wirken depressiv. Den Besitzern muß in diesem Zusammenhang versichert werden, daß es sich hierbei um temporäre Reaktionen handelt und Hunde diese Behandlungsweise nicht als annähernd so unangenehm oder traumatisch empfinden, wie man annehmen möchte.

Veränderung der Fürsorge-/Haltungsbedingungen

Eine ähnliche Strategie zur Herabsetzung des dominanzbezogenen Status des Hundes innerhalb der Familie ist, elementare Veränderungen der Haltungsbedingungen vorzunehmen. Ihn nicht länger auf Möbel oder ins Schlafzimmer zu lassen, ist nur ein Beispiel dafür. Weiterhin sollten sich keine Spielsachen oder Knochen im Haus befinden, die er eventuell gegen Familienmitglieder verteidigen würde. Solche Veränderungen sind zuweilen auch aus praktischen sicherheitstechnischen Gründen ratsam. Den Schlaf- oder Futterplatz eines Hundes an einen abgelegeneren Platz des Hauses zu verlegen, kann eine wirkungsvolle Maßnahme sein, Konfrontationen mit einem Hund zu vermeiden, der vorzugsweise an seinem Ruheplatz oder beim Fressen aggressiv wird.

Korrektur von Fehleinschätzungen der Besitzer

Eine weitverbreitete Fehleinschätzung ist, Aggression seitens des Hundes sei ein Zeichen von Unzufriedenheit mit seiner gegenwärtigen Situation oder dafür, etwas nicht zu bekommen, was er möchte. Dies führt dazu, daß Besitzer dem Problem zu begegnen versuchen, indem sie bewußt netter und aufmerksamer zu dem Hund sind, was aber zu einer weiteren Verschlimmerung führt. Eine hiermit verbundene falsche Auffassung ist, daß das Befolgen der Behandlungsvorschläge, wie den Hund zu ignorieren, wenn er die Aufmerksamkeit auf sich lenken möchte, oder ihn aus dem Schlafzimmer auszusperren, zu Frustration und damit zu noch gesteigerter Aggression führt. Manche Besitzer betrachten es auch als ethisch fragwürdig, ihren Hund entsprechend den Anweisungen des Beraters zu behandeln. Dem ist entgegenzusetzen, daß dies zwar für Kinder durchaus zutreffend ist, Hunde jedoch nicht darunter leiden und mit der neuen Haltungsform meist besser zurechtkommen. Es scheint, als ob sie unbewußt eine solche Behandlung erwarten, vielleicht weil sie der durch ein höheres Tier im Rudel entspricht.

Spezielle Trainingsmaßnahmen

Viele dominant-aggressive Hunde sind aufgrund ihrer zögernden Befolgung von Kommandos oder deren kompletten Mißachtung, ihres hartnäckigen Zerrens an der Leine etc. auf Spaziergängen problematisch zu handhaben. Folglich ist es zuweilen angebracht, diesbezüglich Maßnahmen zur Verbesserung des Verhaltens in die Behandlung mit einzubeziehen. Zum Beispiel kann man Besitzer lehren, Leckerbissen effektiv einzusetzen oder weiterzugehen, um die Neigung des Hundes zu verstärken, dem Befehl „Komm" zu folgen. Auch bestimmte Übungen wie schnelles Gehen mit häufigem Richtungswechsel können hilfreich sein, den Hund daran zu gewöhnen, an der Leine zu folgen statt zu führen.

Methoden der systematischen Verhaltenstherapie

In manchen Fällen kann es nötig werden, systematische verhaltenstherapeutische Methoden anzuwenden, um das Tier gegen Reize zu *desensibilisieren,* die normalerweise Aggression auslösen, während man durch gleichzeitiges *Gegenkonditionieren* andere, in solchen Situationen eher akzeptable Verhaltensweisen zu erreichen versucht. Der häufigste Fall ist die aggressive Reaktion langhaariger Hunde auf tägliches Bürsten. Ein Beispiel zur Vorgehensweise wird in dem Kästchen mit Behandlungsempfehlungen gegeben. Im ersten Schritt gilt es herauszufinden, welche Art der Berührung mit einer Bürste an welchen Körperstellen der Hund ohne Knurren toleriert. Jedesmal, wenn er dies ohne Knurren akzeptiert, wird er mit Leckerbissen belohnt. Im Verlauf von mehrfachen kurzen, täglichen Trainingseinheiten wird der Hund weiterhin belohnt, wenn er sich zuerst nur leicht, später mit steigender Intensität mit der Bürste berühren läßt und dann mit einem, zwei usw. Bürstenzügen und zuletzt – nach einer Periode von mehreren Tagen oder Wochen – normal gebürstet wird.

Kastration

Obwohl es hierzu keine unterstützenden Studien gibt, sind Borchelt und Voith (1986) und viele andere der Auffassung, die Kastration dominant-aggressiver Rüden könne manchmal zur Reduzierung der Aggressivität beitragen.

Angesichts des Ernstes des Problems, der potentiellen Gefährdung von Familienmitgliedern und der kaum vorhandenen ernsten Nebeneffekte einer Kastration, sollte sie neben den verhaltensorientierten Maßnahmen, die nach einhelliger Meinung aller Verhaltensspezialisten eine Schlüsselposition in der Behandlung des Problems einnehmen, empfohlen werden. Eine Ovarektomie weiblicher, dominantaggressiver Hunde ist jedoch kontraindiziert, da diese laut klinischer Erfahrungen und wissenschaftlicher Studien bei manchen Weibchen zu Exazerbationen dieser Form der Aggressivität führt (Borchelt und Voith, 1986; O'Farrell und Peachy, 1990).

Medikamente

Viele Autoren berichten von Erfolgen einer Progestinbehandlung, die manchmal Dominanzaggression zu reduzieren vermag (Borchelt und Voith, 1986; O'Farrell, 1992). Diese Erfolge sind allerdings nur von kurzer Dauer, und folglich wird diese Art der Therapie nur zur temporären Reduzierung von Aggression zu Beginn einer korrektiven Verhaltenstherapie eingesetzt. (Zu Nebenwirkungen und weiteren wichtigen Informationen zum Einsatz von Medikamenten siehe auch den Abschnitt „Medikamentöse Therapie" in Kapitel 8.)

Mechanische Hilfsmittel

Zuletzt sind noch Fälle zu nennen, in denen der Einsatz eines Maulkorbs angebracht ist, wenn die Familienmitglieder keine Möglichkeit haben, aggressionsauslösende Handlungen zu vermeiden. Gleiches gilt für Hunde, die gefährlich werden, wenn man sie von Möbeln oder aus einem Zimmer verweist oder entfernt. Hier kann es hilfreich sein, dem Hund im Haus eine kurze Leine anzulegen, die jederzeit aufgenommen werden kann, um den Hund physisch unter Kontrolle zu bekommen. Nach O'Farrell (1992) trägt dies aus psychologischen Gründen zur Reduzierung der Aggressivität des Hundes bei und verringert beim Hund das Gefühl der Dominanz.

Behandlungsempfehlungen

Das Kästchen mit den Behandlungsempfehlungen zeigt eine Zusammenstellung von beispielhaften Therapievorschlägen. Während manche, wie das Vermeiden von Konfrontationen und das Ignorieren des Hundes, wenn er Zuwendung möchte, in jedem schwerwiegenden Fall gegeben werden, sind andere nur in einigen Fällen angebracht, z. B. daß der Hund keine Spielsachen im Haus haben darf oder daß er von manchen Familienmitgliedern vorübergehend vollständig ignoriert wird. Folglich sind diese Kästchen mit Behandlungsempfehlungen, die im ganzen Buch präsentiert werden, nicht als Vorschlagsliste zu betrachten, die in jedem Falle abzuhaken ist, sondern eher als eine Aufstellung möglicher Vorgehensweisen, die eventuell hilfreich und indiziert sind. In der Tat sind die vom Autor empfohlenen Behandlungsmaßnahmen für gewöhnlich eine Auswahl aus 6 bis 10 der vorgeschlagenen Maßnahmen des Kästchens plus einer, zwei oder gar mehr, neuer, nicht standardisierter Maßnahmen, die auf das spezifische Problem, die Besitzer, das Tier und die genauen Umstände eines Falles cingehen. Im Grunde sind die Kästchen mit Behandlungsempfehlungen als Ausgangspunkt zu betrachten, die dem Tierarzt bei der Ausarbeitung eines optimalen Behandlungsplans für jeden Einzelfall helfen sollen.

BEHANDLUNGSEMPFEHLUNGEN

Dominanzaggression gegen Familienmitglieder

Szenario A: *Geringgradige Fälle, in denen der Hund knurrt, aber nicht potentiell gefährlich ist.*

- Zeigen Sie dem Hund, „wer das Sagen hat", wann immer er Sie anknurrt, indem Sie ihn schelten oder anderweitig ausreichend bestrafen, um das Knurren augenblicklich zu unterbinden.
- Empfohlen werden regelmäßiges Gehorsamstraining und ein allgemein strengerer Umgang mit dem Hund. Der Hund soll nie für zudringliches oder forderndes Verhalten belohnt werden, indem man ihm gibt, was er will.

Szenario B: *Der Hund hat Familienmitglieder gebissen oder erscheint potentiell gefährlich.*

- Vorübergehendes Vermeiden aller aggressiven Konfrontationen, indem Handlungen unterlassen werden, die regelmäßig Aggression auslösen, und/oder momentane Beschäftigungen eingestellt werden, wenn der Hund anfängt, aggressiv zu werden.
- Völliges Ignorieren des Hundes, wann immer er kommt, um Aufmerksamkeit, Kontakt zu erlangen, um gestreichelt zu werden, um Futter bettelt etc., ohne daß er gerufen worden wäre.
- Niemals gibt man dem Hund, was er möchte, wenn er darum bettelt oder etwas fordert.
- „Nichts im Leben ist umsonst": der Hund muß erst Kommandos wie „Sitz", „Bleib", „Komm" und „Platz" befolgen, bevor er etwas bekommt (z. B. sein Fressen, Streicheleinheiten, Auslauf).
- Der Hund wird nur kurz als Belohnung für das Befolgen von Kommandos gestreichelt. Keine Liebkosungen mehr.
- Der Hund darf nicht auf die Möbel oder in die Schlafzimmer.
- Wenn der Hund im Weg liegt, muß er aufstehen und den Besitzer vorbeilassen.
- Er darf im Haus keine Spielsachen, Kau- oder sonstige Knochen haben.
- Der Hund darf beim Nachhausekommen nicht enthusiastisch vom Besitzer begrüßt werden. Dieser soll sich kühl und desinteressiert geben, während er die Begrüßung durch den Hund „toleriert".
- Kompetitive, aggressive und Kampfspiele sollen vermieden werden. Besser noch, man spielt überhaupt nicht mit ihm. Statt dessen sollte man jeden Tag mit ihm in den Park gehen, wo er mit anderen Hunden spielen kann.
- Mehr Strenge in allen Situationen walten lassen, in denen er es toleriert.
- Täglich mindestens eine halbe Stunde mit dem Hund an der Leine gehen, dabei häufig ohne Vorwarnung Richtung und Geschwindigkeit ändern, ihn währenddessen entschlossen in die eine oder andere Richtung ziehen, solange er es ohne das leiseste Anzeichen von Aggression toleriert.
- Den Hund durch regelmäßige Belohnungen mit Leckerbissen oder durch Umdrehen und Weitergehen, ohne sich umzusehen und zu warten, daran gewöhnen, im Freien ohne Leine auf Zuruf schneller und zuverlässiger zu kommen.
- Dem Hund nie gestatten, sich als erster durch die Tür zu drängeln. Man sollte ihn trainieren, den Besitzer als ersten durch die Tür zu lassen.
- Familienmitglieder, die keine Probleme mit dem Hund haben, sollen ihn vorübergehend völlig ignorieren, ihn nicht füttern, kraulen, nicht mit ihm sprechen oder spielen.

> **Beispiel einer verhaltenstherapeutischen Methode, um einen Hund daran zu gewöhnen, sich bürsten zu lassen, ohne aggressiv zu reagieren:**
>
> 1. Benutzen Sie die Lieblingsleckerbissen des Hundes, um mit ihm „Komm", „Sitz", „Platz" und „Bleib" in der Situation zu trainieren, in der er gebürstet werden soll. Geben Sie dem Hund außerhalb dieser Trainingssituation keinerlei Leckerbissen.
> 2. Entscheiden Sie, wie weit Sie mit Bürsten oder Berührungen gehen können, ohne Aggression auszulösen: Finden Sie genau heraus, was der Hund ohne Knurren hinnimmt (z. B. leichtes Bürsten mit 3–4 Strichen ist ungefährlich, längeres oder intensiveres Bürsten jedoch nicht).
> 3. Belohnen Sie den Hund bei diesen über den Tag verteilten Übungseinheiten für sein Stillsitzen oder -stehen während des Bürstens, *ohne zu knurren*, wenn Sie ihn in der Weise bürsten und berühren, die er normalerweise toleriert.
> 4. Sobald sich der Hund an dieses „Spiel" gewöhnt hat, beginnen Sie sehr vorsichtig, über das bisher tolerierte Limit hinauszugehen (z. B. versuchen Sie ihn ein wenig länger oder fester zu bürsten als bisher).
> 5. Sobald er auch dies ohne Knurren hinnimmt, verändern Sie wiederum die Spielregeln, so daß er noch ein wenig mehr aushalten muß, um belohnt zu werden.
> 6. Sollte der Hund an irgendeinem Punkt dieses Procederes knurren, belohnen Sie ihn nicht; warten Sie einige Minuten und nehmen dann das Training in einer vorhergehenden Stufe wieder auf (z. B. mit wesentlich leichterem Bürsten). Verharren Sie einige Zeit auf dieser Stufe, bevor sie erneut die Intensität/Dauer graduell steigern – diesmal jedoch sehr viel langsamer als beim vorigen Versuch.

Besitzer sollten diese Vorschläge befolgen, solange der Hund nicht aufhört zu knurren. Sobald er damit aufhört und sich so untergeordnet, kooperativ und gehorsam wie die meisten anderen Hunde verhält, können die Maßnahmen schrittweise gelockert werden. Sollte das Problem trotz der neuen Behandlungsrichtlinien persistieren – was in fast allen gravierenden Fällen der Fall ist – muß sich der Besitzer darüber im klaren sein, daß diese neue Art des Verhältnisses zum Hund im großen und ganzen so wird bleiben müssen wie während der Behandlung, da sich das Problem ansonsten wieder verschlimmert. Wie O'Farrell (1991) deutlich macht, verhält es sich bei dem Problem der Dominanzaggression ähnlich wie beim Alkoholismus beim Menschen, der zwar häufig kontrolliert, aber nie wirklich geheilt werden kann.

Maximierung der Compliance

Zwar ist der in den Behandlungsempfehlungen aufgezeigte Ansatz bei vielen Hunden sehr effektiv, doch ist die Compliance der Besitzer oftmals ein limitierende Faktor. Einem Besitzer zu raten, seinen Hund zu ignorieren, wenn dieser Zuwendung haben will oder gestreichelt werden möchte, ist die eine Sache – ob er dem Rat auch folgt, jedoch eine andere. Die Besitzer sind möglicherweise nicht vollkommen davon überzeugt, daß dies die beste Vorgehensweise ist, haben nicht genügend Selbstdisziplin, empfinden den Aufwand als lästig oder wollen einfach das Vergnügen den Hund im Bett zu haben, ihn auf die Möbel zu lassen, ihn zu streicheln etc., nicht missen. Bei Besitzern, die eigentlich nicht belästigt werden möchten oder die die nötige Selbstdisziplin zu Durchführung einer Behandlung, bei der sie ihr Verhalten grundlegend ändern müssen, nicht aufbringen, ist der Handlungsspielraum des Beraters sehr gering.

Die Rudeltheorie erscheint vielen Besitzern plausibel, wird von ihnen prompt akzeptiert. Und obwohl man ihrem Gesichtsausdruck entnehmen kann, daß sie Bedenken haben, ob sie auch die rigoroseren Vorschläge werden befolgen können (oder wollen), scheinen sie überzeugt, daß das Problem im großen und ganzen so ist, wie der Berater es darlegt, und die Behandlungsmethode sinnvoll und logisch ist. Das Problem liegt jedoch oft in der Schwierigkeit für Besitzer, diese Art der kompetitiven Einstellung gegenüber ihrem Tier so lange durchzuhalten, wie diese Behandlungsform es voraussetzt. Im Grunde empfinden sie für ihre Hunde wie *Eltern* und sehen sich nicht als Rivalen. Daher fühlen sie sich nicht besonders wohl, wenn sie deren freundliche Annäherungen ignorieren, sie aus dem Weg schieben und sie ganz allgemein in einer Art behandeln sollen, die ihnen herzlos, rauh und selbstsüchtig erscheint.

Wie kann die Compliance in solchen Fällen erhöht werden? Manchmal reicht es aus, die Logik hinter den Behandlungsvorschlägen teilweise zu modifizieren. Die nachfolgenden Abschnitte beschäftigen sich mit diesem modifizierten „Konzeptpaket". Es hat nicht notwendigerweise einen höheren Wahrheitsgehalt als die Erklärungen anderer Haustier-Verhaltensberater oder ist ihnen in irgendeiner Weise sonst überlegen, sondern soll eher als alternativer Ansatz betrachtet werden, der bei manchen Besitzer die Compliance verbessern kann.

Beim klassischen Ansatz wird dem Besitzer erklärt, daß er beginnen muß, sich mehr wie ein Alpha-Tier oder ein Rudelführer zu verhalten. Dagegen argumentiert der alternative Ansatz, daß die Behandlungsvorschläge darauf abzielen, das Verhältnis des Besitzers zu seinem Hund so zu ändern, daß es dem eines adulten Tieres zu einem Jungtier ähnelt, wo Dominanz nie wirklich zur Debatte steht. Den Besitzern wird verdeutlicht, daß die Behandlung wirksam ist, weil sie im Grunde die Neigung des Hundes, Familienmitglieder als „ebenbürtig" zu betrachten, vermindert und gleichzeitig seine Bereitschaft fördert, sie aus der Sicht eines juvenilen Hundes als adulte Rudelmitglieder zu betrachten.

Diese alternative Sicht wiederum eröffnet neue Möglichkeiten, Besitzer von der Notwendigkeit der empfohlenen, für sie unnatürlichen und etwas unerfreulichen Behandlungsmethoden zu überzeugen. Nachfolgend einige Vorschläge, wie den Besitzern die Funktionsweise der Behandlungsempfehlungen erläutert werden kann:

- *Die meisten Hunde benehmen sich in gewisser Hinsicht den Menschen ihrer Familie gegenüber ein Leben lang wie Welpen oder junge Hunde. Sie würden sie nie in Situationen bedrohen, in denen sie vielleicht anderen Hunden drohen, um ihre Dominanz oder ihre Rechte auf bestimmte Gegenstände oder Knochen zu demonstrieren.*
- *Hunde, die das Problem der Dominanzaggression zeigen, scheinen jedoch ein wenig unsicher zu sein, was das Verhalten gegenüber Familienmitgliedern angeht: In manchen Situationen reagieren sie auf diese nicht wie auf deutlich ranghöhere Adulte, sondern eher wie auf Gleichgestellte oder andere Hunde, mit denen sie im Park spielen. Als Ergebnis drohen oder beißen sie in Situationen, in denen diese Art der Aggression regelmäßig unter Hunden vorkommt.*
- *Um diesem Problem erfolgreich zu begegnen, ist es für den Besitzer nötig, die Natur der Beziehung zu seinem Hund zu verändern, indem er sich mehr wie ein adultes Tier den unreifen Rudelmitgliedern gegenüber verhält und indem er bestimmte Handlungen vermeidet, die den Hund ermuntern, seinen Besitzer als Gleichgestellten anzusehen.*
- *Die Schuld für das Problem trifft nicht den Besitzer. Die meisten Besitzer behandeln ihre Hunde so. Bei manchen Hunden allerdings verursacht diese normale Behandlung Probleme. Für diese Hunde ist es besser, zu ihren Besitzern ein Verhältnis wie ein Jungtier zu einem Adulten anstatt ein kameradschaftliches Verhältnis zu haben. Im Prinzip bedeutet das, daß die Besitzer für eine Weile nicht entspannt das tun können, was ihnen im Umgang mit ihrem Hund als natürlich erscheint. Ihr Tier reagiert auf diese normale Behandlung mit der Neigung, sie als Gleichgestellten zu be-*

trachten und zu behandeln, mit dem es konkurriert und den es in manchen Situationen zu dominieren versucht.
- *Die Besitzer mögen manche dieser Maßnahmen als rüde und unangenehm empfinden. Es hilft aber, sie in solchen Augenblicken daran zu erinnern, daß sie durch das Ignorieren der sozialen Initiative ihres Hundes oder durch das Bestehen darauf, daß er aus dem Weg geht, im Grunde normales Verhalten eines adulten Hundes gegenüber Jungtieren imitieren und dadurch dem Hund beibringen, ihnen gegenüber eine andere Sichtweise einzunehmen.*

Vergleich beider Ansätze zur Rechtfertigung der Behandlungsempfehlungen

Zur Erklärung sowohl der grundlegenden Natur des Problems als auch der Logik hinter den verschiedenen Behandlungsvorschlägen nutzt der klassische Ansatz die *Interaktionen adulter Hunde* als Modell. Im Grunde basiert er auf der gleichen Annahme wie der einiger grober Hundetrainer, die den Hund an der Leine „würgen", um „seinen Willen zu brechen", und die meinen, schwache Besitzer seien die Ursache von Problemen mit Dominanzaggression. Der klassische Ansatz wird von den meisten Autoren als der *indirekte* bezeichnet, weil damit sozusagen auf Umwegen das gleiche Ziel verfolgt wird. Der primäre Grund für den Einsatz des indirekten Ansatzes ist seine hohe Sicherheit. Er ist als Ersatz für die „harte Tour" gedacht, die der Berater vorschlagen würde, wenn es ungefährlich erscheint, den Hund direkter zu konfrontieren.

Der oben dargelegte alternative Ansatz hingegen rät Besitzern im Prinzip, sich eher wie die Eltern des Hundes statt wie seine Spielgefährten zu verhalten. Psychologisch könnte der unterschiedliche Effekt, den beide Ansätze auf Besitzer haben, signifikant sein. Durch die Erfassung des Problems im Sinne Dominanz-Unterwerfungs-Beziehungen unter Erwachsenen versucht der klassische Ansatz, dem Besitzer die kompetitive Komponente in der Beziehung zu seinem Hund zu vermitteln. Bei dem Gedanken an die vielen Machtkämpfe, die sie auszufechten hatten, wenn der Hund nicht oder nur zögernd gehorchte, sind die meisten Besitzer prinzipiell bereit, diese kompetitive Komponente zu akzeptieren. Sie sind außerdem bereit, die Beteiligung einer Dominanz- oder Führungskomponente einzugestehen, da sie wissen, daß ihr Hund dickköpfiger und willensstärker und daher für sie schwieriger zu handhaben ist als andere Hunde der Nachbarschaft.

Das Problem liegt jedoch in der konsequenten Durchführung der Empfehlungen. Zwar ist es für Besitzer kein Problem, den Hund Kommandos ausführen zu lassen, bevor er etwas bekommt, aber sie empfinden es als äußerst schwierig, diese kompetitive Einstellung gegenüber ihrem Hund tage- und wochenlang durchzuhalten, wie es die Behandlungsvorschläge vorsehen. Es erscheint ihnen nicht nur grausam, den Hund jedesmal zu ignorieren, wenn er zu ihnen kommt, sondern es fällt ihnen auch schwer, diese Situation als kompetitiv anzusehen und eine kompetitive Einstellung dazu zu finden. Ein Grund für diese Schwierigkeit ist möglicherweise die Tatsache, daß der Besitzer die Motivation des Hundes in diesem Moment keineswegs als kompetitiv empfindet. Gerade dieses liebevolle, Kontakt suchende Verhalten gibt dem Besitzer das Gefühl, von seinem Hund gemocht oder gar geliebt zu werden. Das Gleiche trifft für einige der anderen Empfehlungen zu, z. B. wenn es darum geht, wer zuerst durch die Tür darf. Der Hund zeigt keinerlei Anzeichen, die Situation als kompetitiv zu empfinden. Er scheint nur begierig danach zu sein, ins Freie zu kommen – ein Verhalten, das von Besitzern als positiv gewertet wird.

Mit dem alternativen Ansatz können wenigstens einige dieser psychologischen oder emotionalen Hindernisse für eine optimale Compliance überwunden werden. Erstens legt er auf Konkurrenz nur Wert in der Frage der Führungsposition. Da sich die Besitzer durchaus des mangelnden Respekts ihres Hundes und ihrer eigenen mangelhaften Führungsqualitäten bewußt sind, sehen sie die Notwendigkeit hierfür ein und sind bereit, sorgfältig daran zu arbeiten.

Zweitens bestätigt die alternative Sichtweise viele Auffassungen und Empfindungen der Besitzer. Ihr Hund erscheint ihnen in der Tat in vielerlei Hinsicht wie ein Welpe oder ein Kind, und die Natur ihrer Beziehung entspricht der zwischen einem Erwachsenen und seinem Nachwuchs, sei es zwischen einem adulten Hund und einem Welpen oder einem menschlichen Elternteil und einem Kind. Besitzer sind zwar zu einem gewissen Grad und in bestimmten Situationen bereit, das klassische Erklärungsmodell „Kampf um Vorherrschaft unter Erwachsenen" zu akzeptieren, es wirkt aber nicht vollends überzeugend, da der Hund diese Rolle einfach nicht spielt. Weder in seinem Knurren und Beißen noch in seinem freundlicheren Verhalten kann man eine Strategie zum Erlangen und Behaupten einer dominenten Stellung innerhalb der Familie entdecken, wie das Modell sie unterstellt. Nur selten verhält sich der Hund eindeutig kompetitiv oder als ob er versucht, den Haushalt in irgendeiner Form zu dominieren. Mit seiner Aggressivität scheint er lediglich defensiv auf etwas zu reagieren, was vom Besitzer ausgeht.

Drittens vermag der alternative Ansatz die Compliance bei manchen Besitzern zu erhöhen, weil er einen ethisch eher vertretbaren Grund für die „nötigen Übel" der Behandlung bietet. Er versucht die Besitzer davon zu überzeugen, gewissermaßen (aus der Sicht des Hundes) besser und leichter verständliche Eltern zu sein. Bei diesem Ansatz werden sozusagen die Eltern in den Besitzern angesprochen und man macht sich ihre Fähigkeit zunutze, selbstlos im Interesse der Verbesserung ihrer Beziehung zu ihrem kindgleichen Hund zu handeln.

Im Grunde können selbst die Besitzer solch dominant-aggressiver Hunde sich weiterhin ihren Tieren gegenüber verhalten wie andere Besitzer auch und sie in weiten Bereichen wie menschliche Kinder behandeln. Die Behandlung muß lediglich eher der eines älteren statt eines Kleinkindes entsprechen, indem man beispielsweise sein aufdringliches Betteln ignoriert, Aufmerksamkeit und engen körperlichen Kontakt reduziert, es nicht auf dem Schoß sitzen oder im Bett schlafen läßt und bestimmte Verhaltensbedingungen aufstellt, z. B. daß es sich Belohnungen und Privilegien „verdienen" durch Gehorsam muß. Indem die Parallelen des Verhaltens adulter Hunde gegenüber jugendlichen Rudelmitgliedern und das von menschlichen Eltern einem etwas älteren Kind gegenüber aufgezeigt werden, erweisen sich die Behandlungsvorschläge als weniger schwer zu akzeptieren und durchzuführen, als es bei dem klassischen Ansatz der Fall ist. Durch diese positive Sichtweise auf die Behandlungsvorschläge kann so mancher Besitzer davon überzeugt werden, daß die Behandlung keineswegs unmenschlich ist.

Literatur

Borchelt, P. L., and Voith, V. L. (1982): Diagnosis and treatment of dominance aggression in dogs. *Veterinary Clinics of North America: Small Animal Practice* 12, 655–664.

Borchelt, P. L., and Voith, V. L. (1986): Dominance aggression in dogs. *Compendium on Continuing Education for the Practicing Veterinarian* 8, 36–44.

Hart, B. L., and Hart, L. A. (1985): *Canine and Feline Behavioral Therapy.* Philadelphia: Lea & Febiger.

Neville, P. (1991): *Do Dogs Need Shrinks?* London, Sidgwick & Jackson Ltd.

O'Farrell, V., and Peachy, E. (1990): Behavioural effects of ovariohysterectomy on bitches. *Journal of Small Animal Practice* 31, 595–598.

O'Farrell V. (1992): *Manual of Canine Behaviour.* Shurdington, Cheltenham, Gloucestershire, UK, British Small Animal Veterinary Association.

11 Defensive Aggression gegen Familienmitglieder

Das vorliegende Kapitel befaßt sich mit verschiedenen Formen der defensiven Aggression. Dabei reagiert der Hund auf scheinbare unmittelbare Bedrohungen, die von Mitgliedern seiner Familie ausgehen und sich gegen seine eigene physische wie psychische Unversehrtheit – oder die seiner Welpen – richtet. Die defensive Aggression umfaßt zwei Formen der *Selbstschutzaggression* – durch starke aversive Reize hervorgerufene Aggression und die sogenannte Angstaggression – sowie die *elterliche Aggression* und das manchmal etwas befremdliche Problem der Aggression gegen Babys und Kleinkinder der Familie.

Schmerz- oder strafbedingte Aggression

Wie in Laborexperimenten mit Ratten und Tauben nachgewiesen wurde, kann die Auseinandersetzung mit starken aversiven Reizen selbst bei vergleichsweise friedfertigen Arten zu einem potenten Auslöser von Aggressionen werden. In einem bekannten Experiment zur „schmerzbedingten Aggression" zeigten Tauben, die schmerzhafte Elektroschocks erhalten hatten, eine Neigung, andere Tauben oder selbst einfache Taubennachbildungen, die sich im gleichen Käfig befanden, anzugreifen.

Es ist daher wenig erstaunlich, wenn ein ansonsten friedfertiger Hund ein Familienmitglied beißt, das eine Wunde behandelt oder ihn gar schlägt. Die Tatsache allerdings, daß Familienhunde solche Wundbehandlungen oder schmerzhaften Mißhandlungen auch hinnehmen, ohne sich zu wehren, macht deutlich, daß selbst so anscheinend simple und normale Probleme wie dieses aus komplexen Verhaltensstrukturen einer interspezifischen Familie herrühren. Aggressive Verhaltensweisen von Haustieren sind hier immer, zumindest teilweise, mit der Art der sozialen Beziehung zu ihren menschlichen Familienmitgliedern verknüpft.

Mögliche Kausalfaktoren

Aversive Reize

Die Art und die Intensität der auslösenden Reize selbst sind für das Verständnis der Problematik von unmittelbarer Bedeutung. Gewöhnlich sind sie für die Tiere außerordentlich unangenehm, und die defensiv-aggressiven Reaktionen der Tiere sind durchaus nachzuvollziehen. Größtenteils verhalten sich die Besitzer in solchen Situationen sehr verständnisvoll. Sie verübeln es dem Hund nicht, wenn er versucht, sich in schmerzhaften und sehr unangenehmen Situationen zu wehren. Folglich werden sie künftig möglicherweise davon absehen, den Hund nochmals derart schwer zu bestrafen, oder werden schmerzhafte medizinische Behandlungen vorsichtiger durchführen.

Frühere Erfahrungen mit ähnlichen aversiven Reizen

Eine überschießende schmerz- oder strafbedingte Aggression auf einen aversiven Reiz kann natürlich auch bei Tieren beobachtet werden, die in der Vergangenheit in ähnlichen Situationen starken Schmerz oder große Angst erlebt haben. Tatsächlich können solche Fälle von schmerz- oder strafbedingter Aggression eine Art konditionierte, angstbedingte Aggression sein, die weiter unten diskutiert wird.

Unzureichende Besitzerdominanz

Die Art der Beziehung des Hundes zu seinem Besitzer kann in einer defensiven Situation

MÖGLICHE KAUSALFAKTOREN

Aversive Reize
(z. B. Bestrafung; schmerzhafte medizinische Behandlung)

Unzureichende Besitzerdominanz
(wird durch Dominanzproblem in der Besitzer-Hund-Beziehung verstärkt)

Mangelndes Training
(z. B. Knurren/Beißen, das in der Vergangenheit nicht bestraft wurde)

Frühere Erfahrungen mit ähnlichen negativen Reizen
(d. h. konditionierte Hypersensitivität/Angst aufgrund früherer Erfahrungen mit negativen Reizen)

Unabsichtliche Belohnung durch den Besitzer
(Beendigung des aversiven Reizes durch den Besitzer belohnt das aggressive Verhalten des Hundes; Beruhigen des aggressiven Hundes belohnt die Aggression)

SCHMERZ-/STRAFBEDINGTE AGGRESSION

- Anknurren und Beißen von Familienmitgliedern als defensive Antwort auf physische Bestrafung oder schmerzhafte Reize.

MÖGLICHE BEHANDLUNGSELEMENTE

Vermeiden von Problemsituationen
(Aufgeben der Bestrafungsmethode oder Bestrafen durch unangenehmes Geräusch statt durch Schläge)

Methoden systematischer Verhaltenstherapie
(z. B. Belohnung durch Leckerbissen, um nichtaggressives Verhalten in medizinischen Behandlungssituationen zu gegenkonditionieren)

Standardisiertes Gehorsamstraining
(erhöht die Kontrolle durch den Besitzer; lehrt den Besitzer, ein Tier zu trainieren)

Medikamente
(Analgetika, Tranquilizer)

Einstellen ineffektiver Behandlungsmethoden
(Aggression nicht mehr bestrafen; den Hund als Reaktion auf Aggression nicht mehr beruhigen/streicheln

Stärkung der Besitzerautorität/Dominanz
(z. B. mehr Strenge mit dem Hund; Dominanz-verbessernde Maßnahmen aus Kapitel 10)

Mechanische Hilfsmittel
(z. B. Tragen eines Maulkorbs während der medizinischen Behandlung)

---

maßgeblich die Neigung des Hundes, zu beißen, beeinflussen. Viele dominant-aggressive Hunde reagieren auf bestimmte Berührungen, auf Schelte und auf physische Bestrafung aggressiv. Hunde, die in der Vergangenheit Tendenzen zu dominantem Verhalten ohne ernsthafte Aggressionen gezeigt haben (z. B. Knurren zur Verteidigung des Futternapfes oder nur unwilliges Akzeptieren eines Verweises vom Sofa), scheinen eher schmerz- oder strafbedingte Aggressionen an den Tag zu legen als andere Hunde. Daher sollte bei Hunden, deren aggressive Reaktion auf Schmerz überproportional ist und bei denen keine konditionierte Angst beteiligt zu sein scheint, das Problem am besten als ein weiteres Symptom eines dominanzbezogenen Problems in der Besitzer-Hund-Beziehung gewertet werden.

Unabsichtliche Belohnung durch den Besitzer

Wenn Besitzer detailliert bestimmte Situationen schildern, z. B. eine täglich erforderliche medizinische Versorgung ihres Hundes, wird oftmals deutlich, daß der Besitzer durch seine Reaktionen unbewußt den Hund dazu bringt, bei jeder Behandlung aggressiver zu reagieren. Ein häufiges Szenario ist das Einbringen von Salbe in das Ohr des Hundes, was er einige Sekunden lang toleriert, sich dann aber umdreht, knurrt oder nach der Hand des Besitzers schnappt. Der Besitzer – vornehmlich aus Besorgnis, das Beißen sei ein Hinweis auf die Schmerzhaftigkeit der Behandlung – reagiert daraufhin häufig mit einem sofortigen Abbruch der Behandlung. Statt dessen streichelt er den Hund und beruhigt ihn, bis er soweit entspannt scheint, daß die Behandlung wieder aufgenommen werden kann. Für den Hund bedeutet das im Grunde, daß sich sein Knurren und Schnappen bezahlt machen: seine Aggression wird beharrlich belohnt, indem der Besitzer die Behandlung abbricht und ihn streichelt und tröstet.

Derselbe Effekt zeigt sich auch bei Bestrafung durch den Besitzer. Wenn die Intensität der Bestrafung eine gewisse Schwelle überschreitet, wird der Hund vermutlich das unterwürfige Verhalten durch verteidigendes Knurren und Schnappen ersetzen. Dies veranlaßt möglicherweise den Besitzer, sofort aufzuhören, wodurch im Grunde die Aggression des Hundes belohnt und eine ähnliche Reaktion auf derartige Bestrafung künftig wahrscheinlicher wird. Weiterhin legt die Tatsache, daß Lerneffekte immer eine Tendenz zur Verallgemeinerung aufweisen, die Vermutung nahe, daß die Reizschwelle, die über nichtaggressive Unterwerfung oder aggressiven Selbstschutz entscheidet, mit der Zeit herabgesetzt wird. Wenn der Hund feststellt, daß Schnappen den Besitzer von allzu harter Bestrafung abhält, wird er diese Verhaltensstrategie auch später bei einer milderen Bestrafung anzuwenden versuchen, die er früher problemlos tolerierte.

Mangelndes Training

Die meisten Besitzer schelten oder bestrafen ihre Hunde vom Welpenalter an für aggressives Knurren oder Schnappen nach Menschen. Manche sind solchen Reaktionen gegenüber jedoch erstaunlich tolerant, weil sie sie entweder als normales Hundeverhalten ansehen oder derartige Vorkommnisse nicht besonders ernst nehmen. Prinzipiell lohnt es sich bei der Befragung eines Besitzers, dessen Einstellung zu geringgradiger Aggression, wie auch seine Vorgehensweise in der Vergangenheit zur Kontrolle derselben, herauszufinden. Denn manche Hunde bedrohen oder beißen Menschen deshalb so schnell, weil die Besitzer in ihren Gegenmaßnahmen zu nachlässig waren, um eine nachhaltige und starke Hemmung zu erzielen.

Mögliche Behandlungselemente

Vermeiden von Problemsituationen

Bei strafbedingter Aggression sollte entweder die Art der Bestrafung unterlassen werden oder ein anderer bestrafender Reiz zum Einsatz kommen, der keine Aggression gegen den Besitzer auslöst. Ein Knall aus einer Preßlufthupe zu Beispiel oder das laute Schütteln einer Metallbüchse mir einigen Münzen darin erschrecken den Hund, ohne Aggressionen bei ihm auszulösen.

Die meisten Autoren zum Thema Haustierprobleme stimmen mit Hart und Hart (1985) in der Annahme überein, daß der naheliegende Vorteil eines lauten Geräusches als Mittel der Bestrafung darin liegt, daß es anonymer ist, als den Hund zu schelten oder zu schlagen; folglich erkennt es der Hund nicht als vom Besitzer kommend. Entsprechend wird Besitzern häufig empfohlen, Geräusche versteckt anzuwenden, so daß der Hund ihren Ursprung nicht ausmachen kann. Allerdings können hier außer der Frage, ob der Hund den Ursprung des Reizes kennt oder nicht, noch andere Faktoren eine Rolle spielen, allen voran die Tatsache, daß ein lautes Geräusch noch so unangenehm sein kann – es ist auf jeden Fall nicht schmerzhaft. Angsterzeugende Reize rufen in bestimmten Situationen ungleich seltener Aggressionen hervor als solche, die Schmerz oder körperliches Unbehagen erzeugen. Der zweite wichtige Faktor für das Ausbleiben einer aggressiven Reaktion auf akustische angsterzeugende Reize ist schlichtweg das Fehlen von Aggression beim Besitzer selbst. Einen Hund mit der Hand, seiner Leine oder einer aufgerollten Zeitung zu schlagen, ist ein äußerst aggressiver Vorgang, der unweigerlich von entsprechend aggressiver Mimik, Haltung und Ausdrucksweise des Besitzers begleitet wird. Zwar kann auch der Schall eines Preßluftgerätes oder das Schütteln einer Dose mit Münzen aggressiv wirken, doch wird die Kombination aus fremdem Geräusch und dem vergleichsweise wenig aggressiven Verhalten des Besitzers nicht als die Art von „Angriff" empfunden, die eine aggressive Reaktion zur Folge hat.

Eine praktische Folgerung aus dieser Diskussion ist der Hinweis an den Besitzer, sich beim Einsatz solch alternativer Strafmaßnahmen bei potentiell aggressiven Hunden nicht aggressiv zu verhalten; er sollte zum Beispiel lächeln und sich anderweitig beschäftigen, als habe er das Geschehene nicht einmal wahrgenommen, statt den Hund streng anzustarren.

Einstellen ineffektiver Behandlungsmethoden

Ein Tier aufgrund aggressiver Reaktionen auf Bestrafung noch härter zu bestrafen, vermag Aggression manchmal erfolgreich zu unterdrücken. Dies ist aber eine gefährliche Strategie. Härtere Bestrafung ruft eine unter Umständen noch heftigere Aggression hervor oder das Tier reagiert verängstigt auf seinen Besitzer – ein potentiell ernstes Verhaltensproblem (Kapitel 15). Daher ist es bei einem auf Bestrafung aggressiv reagierenden Hund im allgemeinen sinnvoller, mehr Gewicht auf ein Verhaltenstraining zu legen, das auf Belohnung basiert, als einfach die Intensität des Bestrafungsreizes heraufzusetzen. Gleiches gilt für die Bestrafung von aggressivem Verhalten bei schmerzhafter, unangenehmer oder angstauslösender medizinischer Behandlung, die in manchen Fällen vielleicht wirkungsvoll ist. Muß eine derartige Bestrafung aber härter ausfallen als leichtes Schelten, um die Aggression zu unterdrücken, dann sollte besser eine andere, auf Belohnung basierende Methode wie unten beschrieben gewählt werden, um zu erreichen, daß der Hund die medizinischen Behandlungen friedfertig toleriert.

Die Vermeidung der unabsichtlichen Belohnung von aggressivem Verhalten ist ebenfalls ein potentiell wichtiges Behandlungselement. Obwohl es unvermeidlich ist, daß sich der knurrende und schnappende Hund durch Beenden des aversiven Reizes in seinem Tun bestätigt fühlt, kann eine Belohnung durch gutgemeintes Beruhigen/Streicheln sehr wohl vermieden werden. Die meisten Besitzer begehen diesen Fehler vermutlich, weil sich diese Strategie in der betreffenden Situation bezahlt zu machen scheint – wodurch der Besitzer wiederum ermutigt wird, auch weiterhin so vorzugehen. Auf lange Sicht jedoch wird das Beruhigen eines aggressiven Tieres künftig dessen Tendenz zu aggressivem Verhalten in ähnlichen Situationen eher noch erhöhen.

Methoden systematischer Verhaltenstherapie

Die Belohnung durch Leckerbissen kann oft effektiv zur Gegenkonditionierung nichtaggressiven Verhaltens genutzt werden, wenn das Tier eine länger dauernde, unangenehme Behandlung erdulden muß, wie zum Beispiel das Reinigen der Ohren. Das einfache Procedere der in Kapitel 10 erläuterten Verhaltensschulung, einem aggressiv-dominanten Hund anzugewöhnen, das Bürsten zu tolerieren, kann hier leicht übernommen werden. Der Hund wird stufenweise durch unterschwellige Abwandlungen des aversiven Reizes *desensibilisiert*, während er gleichzeitig für nichtaggressives Verhal-

BEHANDLUNGSEMPFEHLUNGEN

Schmerz- oder strafbedingte Aggression

Szenario A: *Überproportional heftige Bestrafung löst bei einem im Grunde friedfertigen Hund Selbstschutzaggression aus.*

1. Einstellen zumindest der allzu heftigen Bestrafung. Schelte in einer Intensität, die ausreicht, um eine unterwürfige oder geringgradige Schreck-/Angstreaktion auszulösen, erfüllt die Kriterien einer effektiven Bestrafung unerwünschten Verhaltens.
2. Bestrafung von Drohverhalten oder Beißen ist kontraindiziert, da dies den Hund vermutlich noch aggressiver werden läßt.
3. Statt Strafe sollten Leckerbissen als Belohnung eingesetzt werden, um den Hund mittels folgender Methode ein akzeptables Verhalten in Problemsituationen beizubringen:
   (Eine geeignete auf Belohnung basierende Trainingsmethode empfehlen)

Szenario B: *Schmerzhafte medizinische Behandlung löst bei einem im Grunde friedfertigen Hund Selbstschutzaggression aus.*

(Wenn es um eine besonders schmerzhafte medizinische Behandlung geht, die der Hund vermutlich nie tolerieren wird, ohne aggressiv zu werden, sollte er während der Prozedur einfach einen Maulkorb tragen. Handelt es sich dagegen um einen weniger schmerzhaften Vorgang, kann mit dem Hund nichtaggressives Verhalten nach der in Kapitel 10 beschriebenen Methode für dominant-aggressive Hunde geübt werden).

Szenario C: *Aggression ist symptomatisch für einen Mangel an geeignetem Training (d. h. zur Hemmung von Aggressivität) oder ein geringgradiges Dominanzproblem.*

1. Einstellen von Schlägen oder anderen Bestrafungen, die den Hund veranlassen zu beißen. In ungefährlichen Situationen sollte dem Knurren des Hundes durch milde Bestrafung (z. B. an die Leine legen, unangenehmes Geräusch) oder Schelte entgegengewirkt werden, die zur Unterdrückung des Drohverhaltens ausreicht.
2. In allen vom Hund tolerierten Situationen mehr Strenge walten lassen.
3. Benutzen der Lieblingsleckerbissen des Hundes während des Trainings als Belohnung für Gehorsam.
4. „Nichts im Leben ist umsonst": Der Hund muß eines der Kommandos „Sitz", „Bleib", „Komm", oder „Platz" ausführen, bevor er etwas bekommt, das er möchte (z. B. sein Futter, Streicheleinheiten, Spiel, Aufmerksamkeit).
5. Der Hund sollte *niemals* bekommen was er will (siehe oben), wenn er darauf drängt oder darum bettelt, indem er bellt, seinen Besitzer anstarrt, winselt, an Personen hochspringt, sie anstupst, beleckt oder kratzt..

Szenario D: *Strafbedingte Aggression ist ein Symptom einer mittel- bis hochgradigen Dominanzaggression.*

(Das Problem ist wie in Kapitel 10 beschrieben zu behandeln und eventuell sollte an einer auf Belohnung basierenden Methode gearbeitet werden, um das Verhalten des Hundes in bisher bestraften Situationen zu verbessern).

ten in einer für ihn unangenehmen Situation belohnt wird. Die Intensität des aversiven Reizes wird im Laufe von Tagen oder Wochen erhöht, bis der Hund normal behandelt werden kann.

Verbesserung der Autorität/Dominanz des Besitzers

Manche Hunde tolerieren medizinische Behandlung und physische Manipulationen durch einige Personen, z. B. den Tierarzt, der in dominanter, selbstbewußter Manier auftritt, jedoch nicht von anderen – ihren Besitzern beispielsweise –, wo es eventuell an ausreichendem Respekt mangelt. Sollte eine Befragung der Besitzer ergeben, daß ihre Hunde sie auch in anderen Situationen anknurren oder oft nur zögernd gehorchen, wäre es hilfreich, den Besitzern einige der im vorigen Kapitel angeführten Ratschläge zur Verbesserung ihrer Dominanzposition zu geben. Sind die dominanzbezogenen Probleme nur gering ausgeprägt und größtenteils Schuld des Besitzers, der in einer Vielzahl von Situationen zu nachlässig ist, kann es unter Umständen schon ausreichen, wenn der Besitzer strenger mit dem Hund ist und darauf besteht, daß dieser seine Befehle befolgt und z. B. aufhört zu bellen oder zu knurren. Ein solchen Vorgehen kann häufig zu einer raschen Stärkung des dominanzbezogenen Respekts des Hundes vor seinem Besitzer führen und damit die Neigung des Hundes, sich den Berührungen/Behandlungen des Besitzers aggressiv zu widersetzen, verringern.

Standardisiertes Gehorsamstraining

Auch dies ist eine respektsteigernde Maßnahme, die regelmäßig Besitzern von Hunden empfohlen wird, die nicht nur auf medizinische Behandlung oder Bestrafung aggressiv reagieren, sondern auch sonst ungehorsam oder schwierig zu kontrollieren sind.

Mechanische Hilfsmittel

Einige Hunde lassen sich medizinisch nur versorgen, wenn sie dabei einen Maulkorb tragen. Stellt diese allein situationsbezogene Selbstschutzaggression das einzige Problem dar, dann kann diese simple Maßnahme Abhilfe schaffen. Sie wird oft Besitzern empfohlen, die diese Methode bisher nicht in Erwägung gezogen oder sie abgelehnt haben aus Angst, dem Hund psychischen Schaden zuzufügen. Wenn derartige Fehleinschätzungen eine Rolle spielen, sollte man sich ausreichend Zeit nehmen, die Ängste der Besitzer anzusprechen, ihnen die Vorteile eines Maulkorbes wie auch seine geringfügigen Nachteile aufzeigen und erläutern, wie man den Hund an das Tragen des Maulkorbes gewöhnen kann.

Medikamente

Bei schmerzhaften medizinischen Behandlungen oder anderen physisch unangenehmen Prozeduren, die das Tier sehr verängstigen, können Analgetika oder Tranquilizer als temporärer Zusatz einer Verhaltenstherapie oder zur Einleitung der Behandlung zum Einsatz kommen, wenn diese nur gelegentlich durchgeführt werden muß. (Zu Nebenwirkungen und anderen wichtigen Hinweisen siehe „Medikamentöse Therapie" in Kapitel 8.)

„Angstaggression" gegen bestimmte Familienmitglieder

Die sogenannte Angstaggression gilt als Aggression zum Selbstschutz, die gegen eine Person oder ein Tier gerichtet ist, die/das der Hund fürchtet und in die Flucht zu schlagen, fernzuhalten oder vor der/dem er wegzulaufen versucht. Die Angstkomponente ist bei manchen Hunden sehr auffällig. Sie versuchen wegzulaufen, legen die Ohren an, ziehen Schwanz und Kopf ein, wann immer die gefürchtete Person sich ihnen nähert. Bei anderen Hunden wiederum scheint der Aggression eine augenfällige Angstkomponente zu fehlen. Sie wirken bei Annäherung freundlich, kommen möglicherweise sogar schwanzwedelnd und flehenden Blickes auf die Person zu, schnappen aber ohne Vorwarnung bei der geringsten Handbewegung zu.

Im letzteren Fall ist es vermutlich richtig anzunehmen, daß der Hund sich in einem von

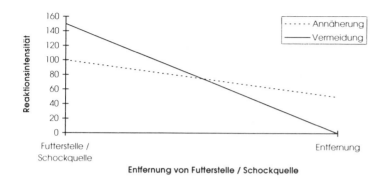

Abb. 11.1: Relative Stärke von Annäherungs- und Vermeidungstendenzen in Relation zur Entfernung von einer Futter-/Schockquelle

Psychologen als *Annäherung/Vermeidungs-Konflikt* beschriebenen Zustand befindet. Das heißt, er wird gleichzeitig von freundlichen, Kontakt suchenden und ängstlichen, Kontakt vermeidenden Motivationen beherrscht. Tierexperimente belegen dieses Phänomen sehr anschaulich. Bei der getrennten Messung der von speziell angeschirrten Ratten aufgewandten Kraft, in einem langen Korridor entweder eine Futterquelle zu *erreichen* oder sich von einer Stelle zu *entfernen*, an der ihnen Elektroschocks zugefügt wurden, erhält man die Annäherungs- und Vermeidungskurven in Abbildung 11.1. Prinzipiell wenden Ratten selbst auf weite Distanzen große Zugkraft auf, um an Futter zu gelangen, sind in derselben Entfernung aber nicht ausreichend motiviert, sich noch weiter von einer Schmerzquelle zu entfernen, was aus der steileren Neigung der Vermeidungskurve zu ersehen ist. Werden nun beide Motivationen gleichzeitig ausgelöst, indem hungrige Ratten mit Futter in einer Zielbox am Ende des Korridors unter Schock gesetzt werden, so ist anzunehmen, daß beide Tendenzen – Annäherung und Vermeidung – aktiviert werden. Das theoretische Modell sagt hierfür folgendes voraus: Das Tier wird sich der Box anfangs aus großer Distanz schnell nähern, die Geschwindigkeit verlangsamen, je näher es dem Punkt kommt, an dem beide Motivationen gleich stark sind – und vielleicht zögern und hin und her schwanken, als würden die „konkurrierenden" Motivationen es gleichzeitig in beide Richtungen zerren –, dann aber primär zu entkommen versuchen, je näher es der kombinierten Futter/Schock-Stelle gebracht wird. Dies entspricht auch dem tatsächlichen Ablauf des Experiments (Walker, 1987).

Die nachfolgende Diskussion setzt sich mit dem Problem der Angstaggression auseinander, wie sie üblicherweise in Familien auftritt. Ähnliche, gegen fremde Menschen oder Hunde gerichtete Probleme werden in den Kapiteln 12 bzw. 14 behandelt.

Mögliche Kausalfaktoren

Unabsichtliche Förderung durch den Besitzer

Die häufigste Ursache angstbedingter Aggression gegen Familienmitglieder ist die übermäßig harte Bestrafung. Der Besitzer wird den Hund zunächst bestrafen, um unerwünschtes Verhalten wie Anbellen von Fremden oder Defäkieren im Haus zu unterbinden. Führt diese Methode nicht gänzlich zum Ziel und weiß sich der Besitzer keinen anderen Rat mehr, erscheint eine Intensivierung der bisherigen Strafe nur folgerichtig. Schließlich schien die Bestrafung schon früher geholfen zu haben, das Problem des Bellens etwas zu mildern. Und obwohl sich das Problem des Defäkierens durch die Bestrafung noch nicht wesentlich gebessert hat, erweckt der „schuldbewußte" Blick des Hundes beim Besitzer, der die Fäzes auf dem Boden findet, den Eindruck, die Bestrafung würde erste Resultate zeigen.

MÖGLICHE KAUSALFAKTOREN

Unabsichtliche Förderung durch den Besitzer
(z. B. konditionierte Angst infolge übermäßig harter Bestrafung; Reaktion der gefürchteten Person belohnt/bekräftigt Aggression)

Traumatische Erlebnisse
(einzelne erschreckende/schmerzhafte Erlebnisse führen manchmal zu intensiver und nachhaltiger Angst)

Fehleinschätzungen des Besitzers
(z. B. Aggression sollte immer bestraft werden; auch Bestrafung lange nach dem Fehlverhalten ist wirksam)

Unabsichtliche Belohnung durch andere Familienmitglieder
(z. B. Streicheln/Ablenkung/Beruhigen eines aggressiven Hundes belohnt Aggression gegen die gefürchtete Person)

„ANGSTAGGRESSION" GEGEN BESTIMMTE FAMILIENMITGLIEDER

- Angstbedingte Aggression gegen bestimmte Familienmitglieder bei deren Annäherung, Berührung, Fassen nach dem Hund, In-die-Ecke-Drängen, Bedrohen, etc.

MÖGLICHE BEHANDLUNGSELEMENTE

Verbesserung des Verständnisses des Besitzers
(Problem ist als normales Verhalten hochgradig ängstlicher Tiere zu betrachten; Behandlung muß sich auf die zugrundeliegende Angst konzentrieren)

Vermeiden von Problemsituationen
(z. B. gefürchtete Person sollte physischen Kontakt nicht erzwingen oder Dinge tun, vor denen der Hund sich fürchtet)

Veränderung der interaktiven Grundregeln
(z. B. gefürchtete Person übernimmt die Fütterung; andere sollen den Hund vorübergehend ignorieren)

Vermeiden unabsichtlicher Verstärkung
(z. B. ängstliches Verhalten soll von anderen Familienmitgliedern ignoriert werden)

Methoden systematischer Verhaltenstherapie
(systematische Desensibilisierung/Gegenkonditionierung durch „Annäherungsversuche" durch Familienmitglieder)

Einstellen ineffektiver/kontraproduktiver Behandlungsmethoden
(heftige Bestrafung ist kontraindiziert, insbesondere durch die gefürchtete Person)

Korrektur von Fehleinschätzungen der Besitzer
(z. B. Angstaggression sollte bestraft werden)

Konventionelles Gehorsamstraining durch die gefürchtete Person
(neue, positivere Regeln für den Hund im Umgang mit der betreffenden Person)

Trainieren in Problemsituationen
(Belohnen nichtängstlichen Verhaltens in Anwesenheit der gefürchteten Person)

Mechanische Hilfsmittel
(z. B. Maulkorb)

Medikamente
(in Einzelfällen Tranquilizer als Zusatzmittel; Benzodiazepine sind kontraindiziert)

Daher erscheint es für den Besitzer nur folgerichtig, eine zum Teil erfolgreiche Erziehungsmethode weiter zu verschärfen. Fällt die Bestrafung jedoch zu schwer aus, reagieren manche Hunde aggressiv und knurren und schnappen, um sich gegen derartige Attacken zu verteidigen. Später kann es zu einer Generalisierung der Aggression von der Reaktion auf die eigentliche Bestrafung zu einer Reaktion auf die Androhung einer Strafe oder sogar auf die zu dichte Annäherung der bestrafenden Person kommen.

Tiere reagieren in solchen Momenten ängstlich, und vermutlich spielt hier eine Form von *klassisch konditionierter Angst* eine Rolle. Bei der klassischen Konditionierung (auch Pawlowsche Konditionierung genannt) wird ein neutraler Stimulus wiederholt und zeitlich eng mit Reiz gekoppelt, der ein Instinktverhalten auslöst. Später wird dieser vormals neutrale Stimulus selbst zur Auslösung des gleichen Verhaltens ausreichen. Wird zum Beispiel zeitgleich mit der Gabe von Futter *(unkonditionierter Reiz)* in das Maul des Hundes – was automatisch Speichelfluß hervorruft – wiederholt eine Klingel *(konditionierter Stimulus)* betätigt, dann wird der Speichelfluß bald nur infolge des Klingelns einsetzen. In der besprochenen familiären Situation entspricht die Annäherung der Person dem Klingeln und die heftige Bestrafung dem Futter: Infolge der engen zeitlichen Abfolge der Annäherung der Person und der Bestrafung beginnt die Annäherung Aggression und unterschwellige Angst auszulösen, die vorher nur durch die Bestrafung verursacht wurde.

Aus der Sicht der Verhaltenswissenschaft macht diese klassisch konditionierte Angst nur einen Teil der Problematik aus. Denn durch die erfolgreiche Vertreibung oder das Fernhalten einer gefürchteten Person wird die Aggression belohnt und somit verstärkt. Im Grunde wenden viele Hunde, die nach jedem schnappen, der ihnen zu nahe kommt, eine erlernte defensive Verhaltensstrategie an, die am Ende einer langen Reihe von Entwicklungsstadien steht, in denen sich dieses Verhalten wieder und wieder als effektive Maßnahme zur Vertreibung unliebsamer Personen herausgestellt hat. Daher zahlt sich Angstaggression für einen Hund, der sich vor jemandem fürchtet und jeglichen Kontakt vermeiden will, aus.

Schließlich spielt noch ein weiterer Aspekt bei Angstaggressionen gegen Familienmitglieder eine Rolle. Für jemanden, der den Hund an sich sehr gern hat, kann es sehr unangenehm sein, wie ein Monstrum behandelt zu werden, das es um jeden Preis zu meiden gilt. In der Gewißheit, mit der Bestrafung möglicherweise zu weit gegangen zu sein, wird das Familienmitglied jede weitere Bestrafung unterlassen und versuchen, den angerichteten Schaden wiedergutzumachen. Dies kann sich jedoch schwierig gestalten. Der Hund wird möglicherweise nicht gehorchen und verzweifelt versuchen, eine gewisse Distanz zu wahren. In dieser Situation sind viele Leute ungeduldig oder begreifen nicht, daß der Prozeß der Angstreduzierung allmählich vonstatten gehen muß. Sie versuchen statt dessen ständig, sich dem Hund zu nähern, ihn zu kraulen oder in anderer Weise von ihren guten Absichten zu überzeugen. Auch Kindern fällt es schwer, die ablehnende Haltung des Hundes zu akzeptieren. Da sie mit ihm spielen wollen, jagen sie ihn, treiben ihn in die Enge und versuchen, ihn zu streicheln – auch hier nur in der besten Absicht, dem Hund zu zeigen, daß er nichts zu fürchten hat. Dem Hund jedoch erscheinen diese Versuche, den Sicherheitsabstand zu unterschreiten, als Bedrohung, die ihn nervös und vorsichtig macht, statt ihn zu ermutigen, sich in der Gegenwart der gefürchteten Person zu entspannen.

Fehleinschätzungen der Besitzer

Wenn die Ursache des Problems in einer übermäßig harten Bestrafung begründet liegt, sind Fehleinschätzungen des Besitzers nicht selten daran beteiligt. Einige häufige Fehleinschätzungen sind:
- Aggression gegen Menschen sollte *immer* bestraft werden.
- Je heftiger die Aggression, desto schwerer sollte die Bestrafung ausfallen.
- Wenn sich milde Bestrafung bewährt hat, müßte eine schwerere Bestrafung noch besser wirken.

- Bei korrekter Durchführung wird auch eine lange nach der Missetat (Kot-/Urinabsatz im Haus) erfolgte Bestrafung ihre Wirkung nicht verfehlen.
- Der „schuldbewußte" Blick eines Hundes lange nach einer Missetat ist ein Zeichen dafür, daß die als Lektion erteilte Bestrafung erste Wirkung zeigt.

Solche falschen Ansichten zu erkennen und den Besitzern zu erläutern, warum sie falsch sind, trägt häufig entscheidend dazu bei, daß sie die kontraproduktive Bestrafungsmethode zugunsten einer auf Belohnung basierenden Alternative aufgeben.

Traumatische Erlebnisse

Neben übermäßig harter Bestrafung gibt es noch andere Ursachen für Angstaggressionen gegen Familienmitglieder. Meist wurde der Hund in der Vergangenheit von einem Kind geärgert oder unabsichtlich durch Ziehen am Schwanz oder dgl. mißhandelt. Es muß sich dabei jedoch nicht um ein Kleinkind handeln. Manchmal schikanieren oder quälen ältere Kinder Tiere auf bösartige Weise (z. B. mit Feuerwerkskörpern), um sich vor Freunden zu profilieren. Mit dem Begriff *traumatisch* wird die Möglichkeit hervorgehoben, daß einmalige Erlebnisse manchmal nachhaltigen Einfluß auf das Verhalten von Tieren haben. Im Extremfall reicht ein sehr erschreckendes Erlebnis aus, um eine tiefgreifende und lahaltende Angst zu produzieren.

Unabsichtliche Belohnung durch andere Familienmitglieder

Die gefürchtete Person kommt zu nahe, der Hund knurrt, und sofort streichelt und beruhigt ein anderes Familienmitglied den Hund, um ihn von der Gutmütigkeit der gefürchteten Person zu überzeugen. Man kann vielleicht einen furchtsamen Hund in einer aktuellen Situation durch Streicheln, gut Zureden, Füttern oder die Aufforderung zum Spiel dazu bringen, sich zu entspannen. Aber als unmittelbare Reaktion auf aggressives oder ängstliches Verhalten seitens des Hundes wird das Verhaltensproblem dadurch nur noch zusätzlich verstärkt.

Mögliche Behandlungsansätze

Verbessern des Verständnisses des Besitzers

Den Besitzern müssen zwei allgemeine Aspekte dieser Problematik nahegebracht werden. Erstens: der Hund zeigt ein primär normales Verhalten für ein Tier, das hochgradig verängstigt ist und sich wirklich ernsthaft bedroht fühlt. Zweitens: die zugrundeliegende Angst und nicht die Aggression selbst muß Behandlungsschwerpunkt sein. Sind diese beiden Aspekte den Besitzern einmal klar, sind sie den notwendigen Behandlungsmethoden gegenüber aufgeschlossen und können die Logik jeder der Empfehlungen nachvollziehen.

Einstellen ineffektiver/kontraproduktiver Behandlungsmethoden

Zweifelsohne ist heftige Bestrafung auch dann kontraindiziert, wenn Bestrafung nicht die Ursache des Angstproblems ist. Dies gilt insbesondere für die Person, die der Hund fürchtet. Diese sollte, außer in dringenden Fällen (z. B. Attackieren eines Fremden), selbst von milderen Bestrafungsformen wie Schelte absehen. Es mag unter Umständen nach wie vor nötig sein, manche Verhaltensweisen des Hundes mit Schelte oder durch Anleinen zu bestrafen. Bei Tieren jedoch, die zu Angst und Aggression gegen die bestrafende Person neigen, sollten die Familienmitglieder besser andere Verhaltensprobleme korrigieren und das Grundverhalten des Hundes vorwiegend mit Methoden steuern, die auf Belohnung basieren. Milde Bestrafung sollte nur zur temporären Unterdrückung von problematischem Verhalten eingesetzt werden, damit positiv bewertete Alternativen ausgelöst und belohnt werden können.

Vermeiden von Problemsituationen

Die gefürchtete Person sollte weitestgehend von Handlungen absehen, die den Hund ängstlich und aggressiv machen. Dies bedeutet nicht nur, ihn nicht zu bestrafen, sondern vor allem, ihn in Ruhe zu lassen und sich ihm nicht zu nähern, um ihn zu streicheln, wenn ihn dies in Angst versetzt. Im Grunde ist es am besten abzuwarten, bis der Hund von allein merkt, daß er von dieser Person nichts mehr zu befürchten hat, und sich entspannt. Den Hund zu rufen und sein Kommen zu belohnen, ist akzeptabel und manchmal sogar hilfreich, wenn es darum geht, den Ernst der Situation zu mildern. Sich dem Hund allerdings zu nähern, wenn er sich nervös oder ängstlich zeigt, sollte unter allen Umständen vermieden werden.

Korrektur von Fehleinschätzungen

Wenn Fehleinschätzungen oder falsche Ansichten die Einstellung überproportional harter Strafen oder die Einführung alternativer Ansätze zur Korrektur von Verhaltensproblemen behindern, müssen diese unmittelbar während der Beratung besprochen werden. Der Berater sollte diplomatisch, aber bestimmt darlegen, daß manche Ansichten falsch sind, und sollte vor allem produktivere Perspektiven anbieten. Dies ist eine unumgängliche Aufgabe, die viel Fingerspitzengefühl erfordert. Man sollte dabei die Meinung der Besitzer primär mit einbringen, ihnen aber eine andere Lösung als sinnvoller nahelegen.

Veränderung der interaktiven Grundregeln zwischen Familie und Hund

In einigen Fällen kann die Veränderung der äußeren Bedingungen des Umgangs der Familienmitglieder mit dem Hund sehr nützlich sein. Im Fallbeispiel von Bernard, das in den *Behandlungsempfehlungen* am Ende dieses Abschnittes vorgestellt wird, empfiehlt der Autor die Einstellung aller Bestrafungen, die Übernahme täglicher Pflichten wie Spazierengehen oder Füttern, das Verteilen von Belohnungen durch Bernard; gleichzeitig sollen die übrigen Familienmitglieder den Hund ignorieren, bis er beginnt, die Angst vor Bernard abzulegen. Diese Strategie, die Abhängigkeit des Hundes von der gefürchteten Person zu erhöhen und sie als die einzige Quelle der wichtigsten Belohnungen (Nahrung, Auslauf, Aufmerksamkeit, Kraulen) erscheinen zu lassen, kann in einigen Fällen eine enorm günstige Wirkung haben.

Die Compliance ist bei solchen Empfehlungen allerdings häufig gering. So sind die anderen Familienmitglieder zwar gerne bereit, einige der Pflichten an die gefürchtete Person abzugeben, möchten aber nicht einmal vorübergehend auf Kontakt mit dem Hund verzichten. In erster Linie haben sie das Gefühl, den Hund zu bestrafen, da er zu Beginn dieser Behandlung Anzeichen von Verstörtheit zeigt. Zum anderen sind sie, da das Problem nicht sie, sondern ein anderes Familienmitglied betrifft, nicht in gleicher Weise bemüht, dem Problem abzuhelfen. Dies gilt insbesondere, wenn die Reaktion des Hundes gegen die gefürchtete Person als gerechtfertigt angesehen wird. Der Grad der Compliance wird also wesentlich von der interfamiliären Dynamik mitbestimmt.

Konventionelles Gehorsamstraining durch die gefürchtete Person

Wo engerer Kontakt möglich ist, ohne Angst und/oder Aggression auszulösen (z. B. bei Spaziergängen im Freien, wenn sich der Hund nicht bedrängt fühlt), kann die gefürchtete Person auch ein konventionelles Gehorsamstraining der vier Grundkommandos durchführen und den Hund zuerst nur mit Leckerbissen, später nach deutlicher Entspannung der Lage mit einer Kombination aus Leckerbissen und Streicheln belohnen. Bei korrekter Durchführung sind solche Übungen ein großes Vergnügen für den Hund und können eine neue Grundlage für den Umgang mit der gefürchteten Person bilden.

Die potentielle Wirksamkeit dieses Ansatzes basiert auf zwei Prinzipien der Verhaltenswissenschaft. Die Rolle als einzige Quelle hochgeschätzter Futterbelohnungen fördert erstens die Entwicklung einer neuen, positiveren Einstellung des Hundes zu der gefürchteten Person durch mit klassischer Konditionierung assoziiertes Lernen. Zweitens sind das aggressions- oder angstfreie Kommen, Sitzen, Ablegen etc. alternative Verhaltensweisen, die während dieser Trainingseinheiten gefördert werden, gleichzeitig ist damit eine Abnahme in Frequenz und Intensität des unerwünschten Verhaltens (Aggression, Aversion, Fluchtverhalten) verbunden. Im Grunde gegenkonditioniert die gefürchtete Person selbst Verhaltensweisen, die mit dem problematischen Verhalten „konkurrieren" – eine der wirkungsvollsten Methoden zur Behebung einer Vielzahl von Verhaltensproblemen.

Vermeiden unabsichtlicher Belohnung

Die anderen Familienmitglieder müssen lernen, sorgfältig auf Knurren, Bellen, Schnappen oder Zeichen ängstlichen Verhaltens (z. B. Aversion, Hilfesuche bei anderen Angehörigen) des Hundes zu reagieren. Im Grunde sollten sie aufhören, den Hund zu beruhigen oder ihn durch Streicheln, gutes Zureden oder Ablenkung zu trösten. All diese Reaktionen können als positive Belohnung fungieren und unter Umständen den Hund darin bestärken, sich auch künftig in diesen Situationen aggressiv und/oder ängstlich zu verhalten. Die Hundehalter werden sich dieser Gefahr nur selten von selbst bewußt, denn diese Maßnahmen scheinen – zumindest für den Augenblick – Wirkung zu zeigen. Hier muß in aller Deutlichkeit darauf hingewiesen werden, daß ein Tier, das jedesmal gekrault wird und das Zentrum der Aufmerksamkeit ist, wenn es knurrt oder Schutz sucht, auf lange Sicht dahingehend konditioniert wird, dies eher häufiger statt seltener zu tun.

Die übrigen Familienmitglieder sollten solches Verhalten selbstverständlich beharrlich ignorieren. Es gibt jedoch Fälle, in denen die anderen Familienmitglieder Verhaltensweisen wie Knurren und Bellen durch Schelten besser unterbinden sollten. Dies gilt insbesondere dann, wenn beispielsweise ein Kleinkind angeknurrt wird und die Eltern mittels ihrer dominanzbezogenen Autorität dem Hund Einhalt gebieten. Grundsätzlich soll mit dem Einsatz von Strafmaßnahmen Zurückhaltung geübt werden, wenn Angst der Auslöser des problematischen Verhaltens ist. Dies heißt aber nicht, daß alle Formen der Bestrafung in jedem Fall kontraindiziert sind. Geringgradige Bestrafung, wie einen Hund zu schelten, der hieran gewöhnt ist, wird kaum Angst hervorrufen, vermittelt aber dennoch mit Nachdruck das Mißfallen des Besitzers über das Verhalten und kündigt bei Ungehorsam gleichzeitig Konsequenzen an. Wie dies ganz allgemein bei Angstproblemen der Fall ist (siehe Kapitel 15), kann auch allzu große Zurückhaltung in der Zurechtweisung ängstlicher Hunde ein gravierender Fehler sein, der die Lösung anderer Probleme verhindert oder aber diesen erst zum Durchbruch verhilft.

Trainieren in Problemsituationen

Statt Teil des Problems zu sein, sollten die übrigen Familienmitglieder versuchen, an der Lösung teilzuhaben, indem sie wünschenswertes Verhalten durch Streicheln, Aufmerksamkeit, Lob, Spiel etc. fördern. Auf seiten des Hundes bedeutet dies, sich der gefürchteten Person gegenüber nicht wie bisher aggressiv oder ängstlich zu verhalten. Insbesondere wenn die Behandlung erste Erfolge zeigt und der Hund graduell, ohne Anzeichen von Furcht, engeren Kontakt toleriert, sollten andere Familienmitglieder den Prozeß bewußt durch das Belohnen des Hundes in diesen bis vor kurzem kritischen Situationen fördern.

Methoden systematischer Verhaltenstherapie

Die in der Verhaltenstherapie klassische Methode der *systematischen Desensibilisierung* zur Behandlung von Hunden, die eine bestimmte Person fürchten, hat in der Literatur große Beachtung gefunden. Sie ist aber im allgemeinen zur Behandlung von Angstaggressionen gegen Familienmitglieder weniger wirkungsvoll, als die weiter oben beschriebenen Maßnahmen, da sie sehr zeitaufwendig und schwierig durchzuführen ist. Zudem erscheint sie ein wenig zu ausgefeilt, um Probleme zu lösen, deren Ursprung in der Dynamik der Familiensituation zu suchen ist. Grundsätzlich ist die Methode der klassischen systematischen Desensibilisierung – immer kombiniert mit gleichzeitiger Gegenkonditionierung nichtängstlichen Verhaltens durch Futterbelohnung – vermutlich am wirkungsvollsten bei Angstaggression gegen Kinder oder Schwerbehinderte in der Familie einzusetzen, wenn die betroffene Person nicht die für Bernard im nachfolgenden Kästchen empfohlene, aktive Rolle spielen kann. Young (1982) bietet eine hervorragende, detaillierte Beschreibung einer systematischen

BEHANDLUNGSEMPFEHLUNGEN

Angstbedingte Aggression gegen ein bestimmtes Familienmitglied

Fallbeispiel: Bernard, der 16jährige Sohn der Familie, wurde zweimal vom zweijährigen West Highland White Terrier gebissen, als er diesen einmal durch einen Schlag mit der Hand, das andere Mal mit der Leine, bestrafte. Der Hund hat offensichtlich Angst vor Bernard, knurrt, wenn er ihm zu nahe kommt, insbesondere im Haus; vor anderen Familienmitgliedern fürchtet er sich nicht und reagiert im Freien weitaus weniger ängstlich auf Bernard.

- Bernard sollte vollständig die Fütterung des Hundes übernehmen.
- Soweit es seine Zeit erlaubt, sollte Bernard die Pflicht übernehmen, mit dem Hund spazieren zu gehen.
- Auf diesen Spaziergängen kann Bernard bestimmt, aber ruhig, und niemals drohend auftreten. Er soll den Hund unter keinen Umständen physisch bestrafen (z. B. schlagen, an der Leine rucken).
- Der Einsatz übermäßig heftiger Bestrafung (d. h. Strafe, die mehr bewirkt als einen leichten Schrecken oder eine unterwürfige Reaktion) sollte auch von allen anderen Familienmitgliedern vermieden werden.
- Bernard soll sich dem Hund nie nähern, um ihn zu streicheln oder mit ihm zu spielen. Statt dessen soll er warten, bis der Hund freiwillig zu ihm kommt, selbst wenn dies Tage oder Wochen dauert.
- Es kann auch hilfreich sein, mit dem Hund auf Spaziergängen täglich zwei bis drei kurze, nicht länger als fünf Minuten dauernde Gehorsamsübungen durchzuführen. Er soll den Hund rufen und ihn dann mit seinen Lieblingsleckerbissen für das Befolgen der vier Grundkommandos „Komm", „Sitz", „Platz" und „Bleib" belohnen. Die Kommandos sollten in einer ruhigen Stimmlage erteilt und für Fehler sollte der Hund nicht gerügt werden.
- Um den angstreduzierenden Prozeß zu beschleunigen, sollten alle anderen Familienmitglieder den Hund *vollständig ignorieren*, bis sich erste Tendenzen einer Besserung einstellen. Prinzipiell sollte Bernard in den nächsten zwei oder drei Wochen der einzige sein, der den Hund streichelt, mit ihm spricht, mit ihm spazieren geht, mit ihm spielt und so weiter.

Desensibilisierungs/Gegenkonditionierungs-Therapie, die zur Herabsetzung der Angst des Hundes und damit auch der Angstaggression gegen ein Kleinkind angewendet werden kann.

Mechanische Hilfsmittel

Wie auch bei anderen Formen der caninen Aggression, wenn weder die Familiensituation noch die interaktiven Grundregeln zwischen Familie und Hund ausreichend verändert werden können, um die gefährdete Person zu schützen, sollte der Hund in allen potentiell gefährlichen Situationen einen Maulkorb tragen. Ganz besonders bei Gefährdung von Kindern ist dies das Mittel der Wahl. Bei Kleinkindern, die nicht vom Hund fernzuhalten sind, ist es auf jeden Fall erforderlich.

Medikamente

Anxiolytika können wie bei anderen Angstproblemen in Einzelfällen ein nützlicher Zusatz sein, wenn beispielsweise hochgradige Angst und/oder enger physischer Kontakt mit der gefürchteten Person nicht vermieden werden können. Detaillierte Informationen zum Einsatz von Pharmaka zur Behandlung von Angstproblemen finden sich in Kapitel 15. Amerikanische Tierärzte haben festgestellt, daß Benzodiazepine zu einer Verstärkung der Aggression führen können. Es wird angenommen, daß sie die Angst herabsetzen und damit auch die angstbedingte Hemmung gegen aggressives Verhalten. Sollte dies den Tatsachen entsprechen, sind Benzodiazepine bei ängstlichen Hunden, die aggressive Tendenzen jeglicher Art aufweisen, kontraindiziert. (Zu Nebenwirkungen und weiteren wichtigen Hinweisen siehe auch den Abschnitt „Medikamentöse Therapie" in Kapitel 8.)

Defensive Aggression gegen Kleinkinder der Familie

Ein Familienhund, der nach Babys und Kleinkindern schnappt oder sie anknurrt, beunruhigt verständlicherweise die Eltern, und so sind sie ganz besonders an einer fachlichen Meinung darüber interessiert, wie gefährlich die Situation für ihr Kind tatsächlich ist und wie mit dieser neuen, äußerst bedenklichen und streßreichen Situation umzugehen ist.

Nach Erfahrung des Autors läßt sich diese Problematik in zwei allgemeine Kategorien einteilen. Einmal kann sie rein selbstverteidigend im herkömmlichen Sinne sein, wenn der Hund knurrt und schnappt, weil das Kind ihm zu nahe kommt, ihn krault, am Schwanz zieht, auf seinen Rücken klopft, auf seine Pfoten tritt und so weiter. Größtenteils verhält sich der Hund bei Annäherung des Kindes zurückhaltend und versucht ihm möglichst aus dem Wege zu gehen. Häufig reagiert er bei Annäherung ängstlich und versucht, dem Kind fernzubleiben. Er schnappt nur, wenn man ihn am Rückzug hindert – das typische Muster der Angstaggression. In anderen Fällen ist die Angst bei weitem nicht so offensichtlich. Hier toleriert der Hund das Kind, nähert sich ihm sogar manchmal und verhält sich ihm gegenüber normal, solange das Kind nichts tut, was der Hund als schmerzvoll oder unangenehm empfindet und was ihn zum Knurren und Schnappen veranlaßt – das typische Muster der durch aversive Reize ausgelösten Aggression.

Die zweite Kategorie der Problematik scheint eine Form der kompetitiven oder dominanzbezogenen Aggression zu sein. Der Hund reagiert mit drohendem Knurren auf die Annäherung oder Berührung durch das Kind, wenn es sich beispielsweise auf einem seiner Rastplätze befindet. Es kommt vor, daß er das Kind auch in anderen kompetitiven Situationen anknurrt, wenn sowohl Hund als auch Kind mit einem Elternteil auf dem Boden spielen. Bei dieser Form der Aggression zeigt der Hund keine Anzeichen von Angst vor dem Kind und es scheint sich auch nicht um eine Reaktion auf physisch aversive Reize zu handeln. Viel eher verhält er sich wie ein ranghöheres Tier einem rangniedrigeren Jungtier gegenüber, das eines der ungeschriebenen Gesetze der sozialen Ordnung des Rudels verletzt hat.

Prinzipiell lassen sich die unterschiedlichen Probleme, die Hart und Hart (1985) unter der allgemeinen Überschrift „kompetitive Aggression gegen Kinder" oder auch der eher irreführenden, aus der Humanpsychologie übernommenen Annahme der „Geschwisterrivalität" zusammenfassen, mit Hilfe des Schemas auf Seite 139 gut voneinander abgrenzen.

Mehrere Punkte sind zu diesem Klassifikations-System anzumerken. Erstens: Es handelt sich um eine empirische Einteilung, die auf den Eindrücken des Autors aus einer Anzahl von Fällen dieser Art beruht. Sie soll daher lediglich als eine vorläufige Arbeitsgrundlage betrachtet werden, die dem Berater als Leitfaden in der Befragung der Besitzer und zur Beobachtung des Verhaltens des Hundes gegenüber dem Kind in der breitgefächerten Vielfalt der dieser Kategorie zugehörigen Fälle dienen soll. Zweitens: Diese Einteilung macht deutlich, daß die Motivation der Hunde von Fall zu Fall sehr unterschiedlich sein kann. Das Kind kann die Quelle aversiver Reize und ein Angstauslöser sein, aber auch als Rivale oder ungezogener Untergeordneter betrachtet werden. Drittens:

Selbstschutzaggression

- Ausgelöst durch echte *aversive Stimuli* durch das Kind, die von heftigen, potentiell sehr schmerzhaften und Angst auslösenden Schlägen, Am-Schwanz-Ziehen und Im-Ohr-Stochern etc. bis hin zu relativ leichtem, wiederholtem Klopfen auf seinen Rücken oder Zerren an seinem Fell reichen können.
- *Angstbedingte Aggression*, ausgelöst durch das Herannahen/Ausholen/Berühren seitens der gefürchteten Person, in diesem Fall aus:
  - Angst vor dem *betreffenden Kind* aufgrund einer ihm zugefügten Mißhandlung oder durch Erschrecken über lautes Spielen, hektisches Verhalten oder Schreien etc. oder
  - Angst vor *allen Kleinkindern*, was entweder auf vergangenen Mißhandlungen durch Kleinkinder oder den Mangel an frühen Erfahrungen im Umgang mit Kleinkindern beruht.

Kompetitive (dominanzbezogene) Aggression

- In Antwort auf das *dominante Verhalten* eines Kindes (z. B. Berühren oder sich über den Hund beugen) oder in *kompetitiven Situationen* (z. B. während des Spiels mit einem erwachsenen Familienmitglied; Kind faßt ein Spielzeug des Hundes an oder nähert sich ihm während er frißt).

Die verschiedenen Kategorien schließen sich nicht gegenseitig aus. Es ist zum Beispiel durchaus möglich, daß manche Hunde aus Gründen knurren, denen sowohl selbstverteidigende als auch dominanzbezogene Motivationen zugrunde liegen. Auch unterschiedliche Motivationen zu unterschiedlichen Zeitpunkten sind möglich, wenn der Hund sich nicht sicher ist, wie er das Kind behandeln soll, und das Verhalten daher von Zeit zu Zeit schwankt. Dieser letzten und möglicherweise aufschlußreichen Erscheinungsform begegnet man regelmäßig. Vielleicht sind manche Hunde schlichtweg unsicher, wie mit diesem kleinen, lästigen, lauten, freundlichen, aber doch gefährlichen und unberechenbaren Familienmitglied umzugehen ist, das solche Bevorzugung durch die anderen Familienmitglieder erfährt. Das Kind zerrt unter Umständen lachend an seinem Fell, schreit lauthals, wenn der Hund mit ihm spielen möchte, und fürchtet sich weitaus weniger, wenn es angeknurrt wird, als mancher Erwachsene. Dies mag ein verständlicher Grund für das weitaus komplexere und instabilere Verhältnis des Hundes zum Kleinkind als zu den anderen, älteren Kindern oder erwachsenen Familienmitgliedern sein. Im Grunde kann der Hund das Kind je nach Situation als Spielgefährten, schlecht erzogenen Untergeordneten, konkurrierenden Rivalen, Angstauslöser, Peiniger oder Streßquelle empfinden und behandeln.

In Tabelle 11.1 sind einige statistische Informationen dargelegt, die aus den letzten 11 Fällen des Autors stammen. Interessanterweise waren die 3 Rüden und 1 Weibchen, die auch geringgradige Dominanzaggression gegen andere Familienmitglieder zeigten, *nicht* dieselben Tiere, die in der Vergangenheit aggressiv auf nicht zur Familie gehörige Kinder reagiert hatten. Dies steht in Übereinstimmung mit der Unterscheidung zwischen Selbstschutz- und Dominanzaggression nach dem beschriebenen Klassifikationsschema.

Mögliche Kausalfaktoren

Aversive Reize

In einigen Fällen ist die Aggression eine unmittelbare Reaktion auf vom Kind ausgehende, aversive Reize. Der Hund knurrt das Kind zum Beispiel an oder schnappt nach ihm, während es an seinem Fell zerrt oder ihn wiederholt auf den Rücken schlägt. Auch hierbei sind Kleinkinder zuweilen sehr hartnäckig und machen

Tabelle 11.1: Statistische Daten aus 11 Fällen von Aggression gegen Kleinkinder innerhalb der Familie

Rüden (n = 7)	
Alter des Kindes:	7 Monate – 2 Jahre (Durchschnitt: 1 1/2 Jahre)
Andere gravierende Verhaltensprobleme?	4 Hunde
Geringgradige Dominanzaggression gegen Erwachsene der Familie?	3 Hunde*
Geringe/hochgradige Aggression gegen Kinder außerhalb der Familie?	3 Hunde*
(* 6 verschiedene Hunde)	
Weibchen (n = 4)	
Alter des Kindes:	7 Monate – 3 Jahre (Durchschnitt: 11 Monate)
Andere gravierende Verhaltensprobleme?	2 Hunde
Geringgradige Dominanzaggression gegen Erwachsene der Familie?	1 Hund**
Geringe/hochgradige Aggression gegen Kinder außerhalb der Familie?	1 Hund**
(** 2 verschiedene Hunde)	

es dem Hund unmöglich, sie zu meiden oder ihnen zu entkommen. Sie folgen ihm womöglich in sein Versteck, packen ihn an der Pfote oder am Fell, um seine Vermeidehaltung zu unterbinden, sobald sich eine Chance bietet, was natürlich auch eine Art unangenehmer Behandlung darstellt und den Hund dazu veranlassen kann, sich bedrängt zu fühlen und sich vehementer zu verteidigen.

Traumatische Erfahrungen

Oftmals liegt der Schlüssel zur Klärung der Ursachen bestimmter Reaktionen mancher Hunde in der Vergangenheit. Ein Hund, der in der Vergangenheit eine extrem schmerzhafte Erfahrung mit einem Kleinkind gemacht hat (z. B. Stich ins Auge, grobes Ziehen oder Stoßen einer Gliedmaße), wird vermutlich hypersensibel auf einige Verhaltensweisen von Kindern reagieren. Dieses Problem wird zu Recht der Angstaggression zugerechnet, da der Aspekt der Angst deutlich aus dem Meiden und anderem ängstlichen Verhalten abzulesen ist.

Begrenzte frühe Erfahrungen

In einigen Fällen spiegelt die Reaktion des Hundes auf Kleinkinder in der Familie seine Reaktion auf Kleinkinder im allgemeinen wider: Der Hund hat Vorbehalte und reagiert ängstlich, eventuell aggressiv und unter allen Umständen auf alle Kleinkinder. Eine Möglichkeit der Erklärung dieser grundsätzlich ablehnenden Haltung ist, daß das Tier während seiner ersten Lebensmonate, die sich entscheidend auf das spätere Sozialverhalten des Hundes auswirken, wenig oder keinen Kontakt zu Kindern hatte. In der Tat ergibt die Befragung der Besitzer häufig, daß der Hund die ersten drei bis vier Lebensmonate in einer abgeschiedenen, ländlichen Umgebung mit nur ein oder zwei Erwachsenen verbracht hat. Das laute, hektische und übermäßig aktive Verhalten von Kindern werden diese Hunde daher immer als fremd, bedrohlich und als im Grunde aversiv empfinden.

Hunde, deren negative Einstellung zu Kindern von einem Mangel an frühen Erfahrungen herzurühren scheint, zeigen in der Regel zwei Reaktionen auf Kleinkinder innerhalb der Familie: Sie werden diese entweder angstvoll mei-

MÖGLICHE KAUSALFAKTOREN

Aversive Reize
(z. B. Kind schlägt Hund, zerrt ihn am Fell oder am Schwanz etc.)

Begrenzte frühe Erfahrungen
(mögliche Quelle grundlegenden Mißtrauens/Angst vor allen Kindern)

Genetische Prädisposition
(z. B. Neigung zu Dominanzaggression, Ängstlichkeit, Lärmhypersensibilität, niedrige Hemmschwelle für Knurren/Beißen)

Unabsichtliche Belohnung durch andere Familienmitglieder
(z. B. Streicheln/Ablenken, um das Knurren zu beenden)

Traumatische Erfahrung
(Angst vor dem Kind nach ausgesprochen schmerzhafter/erschreckender Erfahrung mit ihm)

Dominanzbezogene Aggression
(Aggression weist Parallelen zu kompetitiver Aggression gegen Erwachsene oder andere Hunde auf)

Unabsichtliche Förderung durch den Besitzer
(z. B. verminderte Aufmerksamkeit/Streicheln/Spiel in Anwesenheit des Kindes können das Kind zu einem unangenehmen Stimulus werden lassen)

Mangelndes Training
(Knurren und Schnappen nach Menschen, das in anderem Zusammenhang von Besitzern toleriert wird)

DEFENSIVE AGGRESSION GEGEN KLEINKINDER DER FAMILIE

- Bellen, Knurren oder Beißen, das sich gegen Kinder der Familie im Alter von 6 Monaten bis 3 Jahren richtet und in Selbstverteidigung oder dominanzbezogenem Kontext geschieht.

MÖGLICHE BEHANDLUNGSELEMENTE

Vermeiden von Problemsituationen
(z. B. Trennen von Hund und Kind, wenn sie unbeaufsichtigt sind)

Einstellen kontraproduktiver Behandlungsmethoden
(z. B. mehr Aufmerksamkeit für den Hund in Abwesenheit des Kindes)

Training in potentiellen Problemsituationen
(Kombination aus Belohnungen für friedliches Verhalten und milder Bestrafung von Aggressionen gegen Kinder)

Konventionelles Gehorsamstraining
(z. B. zur Verbesserung der Kontrolle des Besitzers über den Hund in potentiellen Problemsituationen)

Mechanische Hilfsmittel
(Maulkorb in potentiell gefährlichen Situationen)

Verbessern des Verständnisses der Besitzer
(z. B. mögliche gravierende Konsequenzen für das Kind; Knurren ist ernstzunehmendes Drohverhalten)

Verändern der interaktiven Grundregeln innerhalb der Familie
(z. B. Füttern, Aufmerksamkeit, Spiel, Leckerbissen, Privilegien nur in Anwesenheit des Kindes; Ratschläge aus Kap. 10 zur Verringerung des Status dominantaggressiver Hunde innerhalb der Familie)

Vermeiden unabsichtlicher Belohnung problematischen Verhaltens
(kein Streicheln/Beruhigen/Ablenken als direkte Antwort auf Aggression gegen das Kind)

Methoden zur systematischen Verhaltenstherapie
(z. B. Desensibilisierung/Gegenkonditionierung zur Herabsetzung der Angst vor dem Kind in einigen Fällen möglich)

den und ihnen gegenüber aggressiv wie auf eine Bedrohung reagieren, oder sie werden sie schlichtweg meiden und sie wie ein verspieltes Kätzchen, das ständig auf ihre Pfote tritt, aggressiv verscheuchen – im Grunde eine Art der interspezifischen Aggression, die Parallelen zu gelegentlichen aggressiven Interaktionen zwischen Vertretern unterschiedlicher Spezies aufweist, die dasselbe Freigehege eines Zoos teilen. Diese Meinung postuliert, daß der Hund seinen Besitzer als Artgenossen ansieht, während er das Kind wie einen Artfremden behandelt. So überzogen diese Theorie erscheinen mag, so groß ist der Unterschied zwischen einem Tier, das einige ältere Familienmitglieder wie Götter behandelt, während es die jüngeren Familienmitglieder kaum wahrnimmt.

Das Ignorieren von Babys und Kleinkindern läßt allerdings nicht zwingend auf mangelnde Erfahrung mit Kleinkindern in frühen Lebensabschnitten schließen und sie daher als angemessene Partner für arttypisches Sozialverhalten ausscheiden. Eine Vielzahl von Hunden wird sich desinteressiert verhalten, weil das Kind zu Interaktionen, die der Hund mit anderen Familienmitgliedern pflegt, nicht imstande ist: Seine Versuche, normales Sozialverhalten auszulösen, werden regelmäßig mißlingen oder eine Anzahl andersartiger, manchmal unangenehmer Verhaltensweisen, als von den übrigen Familienmitgliedern gewöhnt, hervorrufen. Die meisten dieser Hunde sind keineswegs aggressiv, weil das Kind tatsächlich als halbwüchsiger Artgenosse und Rudelmitglied betrachtet wird, dessen gelegentliches unangenehmes Verhalten toleriert oder friedlich gemieden werden muß.

Dominanzbezogene Aggression

Die Reaktionen von Hunden auf das im Grunde unschuldige, unwissende und freundliche einjährige Kind der Familie können vielgestaltig sein. Wiederholt werden Kleinkinder in Selbstverteidigung von Hunden gebissen, die sich vor ihnen fürchten, manche werden wie unangenehme, aber im Grunde unwichtige Plagen rüde vertrieben, wieder andere werden von Tieren bedroht und gebissen, die sie als Halbwüchsige zu betrachten scheinen, die man in ihre Schranken weisen und in die Hierarchie der Familie eingliedern muß. Diese Problemsituationen präsentieren sich, wie bei der Dominanzaggression, auf zweierlei Art: der Hund reagiert entweder auf dominante Gesten eines Individuums, das er als rangniedriger einstuft (z. B. Berührungen bestimmter Art, sich über den Hund beugen oder ihn intensiv anstarren), oder er kämpft in kompetitiven Situationen aggressiv um limitierte Ressourcen (z. B. Knochen, Spielzeug, einen Platz neben dem Besitzer auf dem Sofa, Streicheleinheiten oder pure Aufmerksamkeit). Grundsätzlich können manche Fälle von Aggression gegen Kleinkinder als kompetitive Aggression betrachtet werden, die exakt der gegen andere Familienmitglieder oder andere Hunde ausgeübten entspricht.

Genetische Prädisposition

Mannigfaltige genetische Unterschiede spielen in der komplexen Struktur der menschlichen Familie eine Rolle und tragen zum Verständnis der aggressiven Reaktionen mancher Hunde auf kleine Kinder in Situationen bei, in denen die meisten Hunde sich friedlich verhalten würden. Die meisten Verhaltensspezialisten vermuten eine genetische Beteiligung an Angstproblemen und Dominanzaggression bei einigen Hunden. Auch die Annahme einer teilweisen, genetischen Determination hinter dem Phänomen der Hypersensibilität gegen Lärm, der niedrigen Reizschwelle für Bellen, Knurren oder Beißen, das oft mit der Aggression gegen Kleinkinder einhergeht, ist durchaus gerechtfertigt. Zuletzt können genetisch festgelegte Unterschiede in der „Persönlichkeit" des Hundes bezüglich Spieltrieb, Ausgeglichenheit, Erregbarkeit, etc. einen großen Einfluß auf den Umgang mit den spielerisch groben und daher oft unangenehmen Annäherungen eines ungehemmten und unkoordinierten Kindes haben. Obwohl es real keine Möglichkeit zur Bestimmung der Relevanz solch potentieller genetischer Faktoren im täglichen Leben gibt, ist der Verdacht berechtigt, daß diese Faktoren am typischen Erscheinungsbild mancher Probleme beteiligt sind und somit bei deren Behandlung als limitierender Faktor fungieren.

Unabsichtliche Förderung durch den Besitzer

Einen Beitrag hierzu leistet die unterschiedliche Behandlung des Hundes durch die erwachsenen Familienmitglieder je nach An- oder Abwesenheit des Kindes. Um das Aufkeimen von „Eifersucht" zwischen dem Hund, der bisher das Zentrum der Aufmerksamkeit war, und einem Baby zu verhindern, bemühen sich viele Eltern bewußt, dem Hund die ihm zustehende Aufmerksamkeit zukommen zu lassen. Das Problem liegt jedoch darin, daß - ob absichtlich (es ist nur gerecht, dem Hund eine gewisse Zeit mit seinem Besitzer einzuräumen) oder zufällig (es ist nur Zeit für den Hund, wenn das Baby schläft) - dem Hund in Abwesenheit des Kindes ein wesentlich höheres Maß an Aufmerksamkeit, Streicheleinheiten und Spiel zuteil wird. Dies wiederum kann dazu führen, daß der Hund die Präsenz des Babys als Indikator für eine geringere Zahl an befriedigenden Interaktionen mit seinem Besitzer wertet. Tierversuche belegen, daß Reize, die mit dem Ende oder der Reduzierung positiver Belohnung assoziiert werden, als unangenehm empfunden werden und möglicherweise ein Vermeidungsverhalten auslösen. Eine Taube zum Beispiel lernt, auf eine Scheibe an der Wand zu picken, nur um damit eine Lichtquelle auszuschalten, die anzeigt, daß es für das Picken an einer anderen Scheibe keine Belohnung mehr gibt (Rilling, Askew, Ahlskog und Kramer, 1989). Interessanterweise wiesen Azrin, Hutchinson und Hake (1966) nach, daß die Tauben zu Beginn der belohnungslosen Phase eine erhöhte Bereitschaft zu Aggression gegen andere Tauben in ihrer Nähe zeigten - sogenannte *umgerichtete Aggression*. Dies ist ein weiterer Hinweis für den negativen Effekt auf das Tier, den das Ende der Möglichkeit, begehrte Belohnungen zu ergattern, mit sich bringt.

Ob dieser Effekt tatsächlich dazu führt, das Kind als einen konditionierten aversiven Reiz zu empfinden, der künftig „abgelehnt", gemieden und möglicherweise angegriffen wird, ist unbekannt. Die theoretische Möglichkeit dieser Auswirkung - und die damit verbundene Chance diese differenzierte Lernfähigkeit vorteilhaft zu nutzen und das Kind zu einem *positiven Stimulus* zu machen, indem man dem Hund in Anwesenheit des Kindes mehr Aufmerksamkeit schenkt als sonst - reicht aus, um eine bewußte Manipulation der erteilten Aufmerksamkeit durch die erwachsenen Familienmitglieder als Standardelement in die Behandlung einzubeziehen.

Unabsichtliche Belohnung durch andere Familienmitglieder

Ein weiterer kausaler, lernabhängiger Faktor scheint bei fast allen Fällen von Aggression und Angst bei Hunden mitzuwirken: die unbeabsichtigte Belohnung problematischen Verhaltens durch andere Familienmitglieder, die eben dieses Verhalten durch Beruhigung und Bestätigung des Tieres (z. B. Ansprechen, Kraulen) oder durch Ablenkung (z. B. Leckerbisse, Spielzeug oder Spiele) zu beenden versuchen. Der Grund für die weite Verbreitung dieser Herangehensweise an die Problematik ist ihre unmittelbare Wirksamkeit: häufig läßt sich das Problemverhalten in der jeweiligen Situation beenden. Der langfristige Effekt dieser Maßnahmen gestaltet sich jedoch völlig anders: Durch diese Verfahrensweise belohnen Besitzer im Grunde das Problemverhalten und lehren das Tier indirekt, sich künftig in ähnlichen Situationen noch problematischer zu verhalten.

Mangelndes Training

In einer Vielzahl von Situationen sind manche Besitzer erstaunlich nachlässig, was die Kontrolle ihres Tieres bezüglich Bellen, Knurren und Schnappen angeht. Dies beginnt meist beim jungen Hund, der spielerisch aggressiv ist, und hält im Verlauf seines Lebens an, wenn er zum Beispiel auf der Straße aggressiv auf Passanten reagiert. In den meisten Fällen von Aggressionen gegen Kleinkinder innerhalb der Familie spielt dieser Mangel an Training keine wesentliche Rolle. Es gibt jedoch Fälle, da das Versäumnis des Besitzers, bei seinem Hund von Anfang an auf eine hohe Hemmschwelle für Aggressionen gegen Menschen hinzuarbeiten, dazu führen kann, daß das Tier eine sehr niedrige Hemmschwelle für die oben genannten Fehlleistungen hat, die sich letztlich gegen alles – inklusive Kleinkinder – richten können.

Soll eine Behandlung erwogen werden?

In 5 der zusammengefaßten 11 Fälle aus Tabelle 11.1 rät der Autor dringend, das Tier in eine Familie ohne Kleinkinder abzugeben. In drei Fällen war dies der einzige Ratschlag. In den übrigen beiden Fällen wollten sich die Besitzer keinesfalls von ihrem Tier trennen, so daß empfohlen wurde, den Hund in der Nähe des Kindes und bis es älter und weniger gefährdet sei, einen Maulkorb tragen zu lassen. In den verbleibenden 6 Fällen, in denen das Ausmaß des Problems nicht kalkulierbar war, wies der Autor nachdrücklich auf die Gefahr hin, daß das Kind gebissen werden könnte, das Tragen eines Maulkorbes daher unerläßlich sei und daß ein anderes Zuhause für den Hund gesucht werden sollte, falls durch die Behandlung nicht alle Anzeichen des Problems eliminiert würden. Grundsätzlich sollte in Fällen, in denen eine vollständige Behebung des Problems sowie eine absolute Sicherheit für das Kind nicht zu gewährleisten ist (z. B. bei Dominanzaggression, Aggression gegen alle Kinder), nachdrücklich darauf hingewiesen werden, daß das Kind vom Hund ernsthaft verletzt werden könnte. Es ist dringend zu raten, den Hund in eine Familie ohne Kleinkinder zu geben oder ihm in der Nähe des Kindes unter allen Umständen einen Maulkorb anzulegen.

In diesen Fällen muß auch klargestellt werden, daß einer Behandlung keine großen Erfolgschancen einzuräumen sind. Kurz, die Sicherheit des Kindes sollte deutlich Vorrang vor dem Wunsch der Eltern haben, ihr Tier um jeden Preis zu behalten, selbst wenn dies im Extremfall zur Abgabe eines Tieres führen kann, das dem Kind vielleicht niemals Schaden zugefügt hätte.

Ein weiterer wichtiger Aspekt ist der Streßfaktor. Bis der Verhaltensspezialist hinzugezogen wird, haben Familien meist mehrere anstrengende Tage oder Wochen hinter sich, die mit dem ersten Knurren des Hundes gegen das Kind begannen. Auch Eltern, die solche Aggression nicht überbewerten, sind hiervon betroffen. Während sie sich einzureden versuchen, daß dieses Verhalten des Hundes nicht unbedingt eine wirkliche Gefahr bedeutet, sind sie dennoch von diesem Zeitpunkt an wachsam und beobachten den Hund aufmerksamer, wenn das Kind in der Nähe ist, so daß sie jederzeit bereit sind, im Falle erneuter Aggressivität des Hundes schnell einzugreifen. Die meisten Eltern reagieren jedoch heftiger. Für sie ist das Verhalten des Hundes in höchstem Maße alarmierend und sie haben all ihr Vertrauen darauf, daß der Hund sich niemals gegen das Kind wenden würde, verloren. Kurz, das Leben der Familie wird jetzt von ständiger Sorge, Unruhe und Streß geprägt, was selbst etliche Wochen nach dem Vorfall nicht gänzlich wieder verblaßt. Man kann gewissermaßen von einem unwiederbringlichen Verlust der Unschuld sprechen – die Familie mußte erkennen, daß ihr geliebtes Haustier zu einem Verhalten fähig ist, das sie ihm bis zu diesem Vorfall nicht zugetraut hätten.

So erfolgt die Konsultation vor dem Hintergrund dauernder Anspannung und der Unfähigkeit, dem Hund in der Nähe des Kindes zu vertrauen, und in ständiger Furcht vor dem Schlimmsten. Nicht zuletzt befinden sich die Besitzer in einem konstanten Gewissenskonflikt, ob sie den Hund behalten, abgeben oder sogar einschläfern lassen sollen. Im Grunde steht nicht nur die Unversehrtheit des Kindes auf dem Spiel, sondern das gesamte Familiengefüge. Der Berater muß daher auch auf die Streßsituation der Familie eingehen, indem er Mitgefühl zeigt, erläutert, daß Probleme dieser Art unweigerlich Sorgen, Streß und Unsicherheit mit sich bringen, und wenn nötig darlegt, daß die Haltung eines potentiell gefährlichen Hundes nicht nur das Kind einer ständigen Gefahr aussetzt, sondern daß dann auch die gegenwärtigen Sorgen und Befürchtungen noch jahrelang bestehen bleiben können. Diese Komponente hochgradiger Belastung innerhalb der Familie muß als Merkmal solcher Fälle bei Konsultationen angesprochen und bei Behandlungsvorschlägen mit in Erwägung gezogen werden.

Viele Eltern, die die dringende Empfehlung des Beraters, den Hund in eine Familie ohne Kleinkinder abzugeben, befolgt haben, waren hinterher sehr dankbar und brachten dies schriftlich oder telephonisch zum Ausdruck. Die Hunde leben jetzt in Familien mit älteren Kindern, haben sich perfekt an die Situation gewöhnt, und die Besitzer haben im nachhinein erkannt, daß dies die beste und auch einzig richtige Entscheidung war.

Mögliche Behandlungsansätze

Vermeiden von Problemsituationen

Besitzer werden angewiesen, den Hund in allen nicht zu überwachenden Situationen vom Kind getrennt zu halten und die beiden unter keinen Umständen, selbst für wenige Minuten, allein im selben Raum zu lassen. Zwar haben sie dies seit dem ersten Zwischenfall meist ohnehin so gehalten, doch sind Eltern immer wieder im Zweifel, ob sie zu ängstlich sind und die Gefahr des Kindes überbewerten oder ob sie sie im Gegenteil unterschätzen und den Hund längst hätten abgeben sollen. Wie gefährlich ist der Hund wirklich für das Kind? Diese Frage ist oft der einzige Grund für das Hinzuziehen eines Beraters, von dem eine verläßliche Antwort erwartet wird.

Wie bereits oben erörtert, kommt es primär darauf an, Situationen zu umgehen, in denen das Kind gebissen und möglicherweise schwer verletzt werden könnte. Dies bedeutet, die Besitzer müssen das Risiko extrem ernst nehmen und Schritte zur Vermeidung einer Attacke selbst in jenen Grenzfällen einleiten, in denen dies Besitzern wie Berater unwahrscheinlich erscheint. „Unwahrscheinlich" reicht hier schlichtweg nicht aus. Zu riskieren, daß fünf, drei oder auch nur eines dieser 100 Kinder ernstlich gebissen wird, ist inakzeptabel, da Besitzer wie Berater durch das Knurren des Hundes gewarnt waren und ein Angriff daher vermeidbar gewesen wäre.

Verbessern des Verständnisses der Besitzer

Der Berater muß für gewöhnlich in diesen Fällen den Besitzern einige Dinge erklären oder betonen. Erstens: Auch geringfügiges Knurren ist aggressivem Drohverhalten zuzurechnen und daher ernst zu nehmen. Zuweilen sind die Besitzer so überzeugt, ihr Hund würde dem Kind nie etwas antun, daß sie sein Knurren, Bellen und selbst Schnappen als gelinden Ausdruck seines Mißfallens statt als alarmierendes Zeichen möglicher Gefahr für ihr Kind werten. Entsprechend sollte unmißverständlich klargestellt werden, daß auch ansonsten freundliche, friedfertige Familienhunde, von denen man dies nie erwartet hätte, unter ähnlichen Umständen schon Kinder angegriffen und ernstlich verletzt haben. Es sollte hervorgehoben werden, daß Kleinkinder ganz besonders in Gefahr sind, da sie die bestehende Gefahr nicht erfassen und dazu neigen, die Drohgebärden des Hundes zu ignorieren anstatt den momentanen Kontakt zu ihm abzubrechen, wie dies ein Erwachsener oder ein älteres Kind tun würde. Darüber hinaus werden sie meist schwerer verletzt als Erwachsene. Laut Krankenhausstatistiken sind bei Kleinkindern Gesichtsverletzungen deshalb besonders häufig, weil sie sich oft mit dem Hund auf dem Boden befinden oder dazu neigen, mit ihrem Gesicht nahe an den Hund heranzukommen.

Kleinkinder müssen als unbelehrbar betrachtet werden, was die Fähigkeit angeht, dem Hund fernzubleiben oder in seiner Nähe vorsichtig zu sein. Natürlich sind sie vom verhaltenswissenschaftlichen Standpunkt betrachtet nicht wirklich unbelehrbar – das Fernbleiben vom Hund könnte durch Bestrafung bei jeder Annäherung konditioniert werden. Hart und Hart (1985) empfehlen denn auch, das Kind mit einem Wassersprüher einzusprühen. Dieser Vorschlag mutet allerdings reichlich naiv an. Tiere ziehen Kleinkinder magisch an: sie sind äußerst erstrebenswerte Spielgefährten, von denen sich nur die ängstlichsten Kinder fernhalten werden. Wenn selbst ein Biß das Kind nicht belehren kann – eine Vielzahl von Kindern wird mehr als einmal aus dem gleichen Grund gebissen –, wird der Erfolg einer Spritzpistole zwangsläufig bescheiden ausfallen. Ist man nicht bereit, das Kind heftig genug zu bestrafen, um Angst vor dem Hund zu erreichen, was für die meisten Eltern eine inakzeptable Alternative ist, dann spricht nur wenig für diese Methode. Weiterhin ist sie kontraindiziert, wenn eine Konzentration auf die Erziehung des Kindes von der Priorität ablenkt, effektive Vorsorgemaßnahmen gegen Attacken zu treffen.

Einstellen kontraproduktiver Behandlungsmethoden

Wenn das Verhalten des Hundes nur schwerlich als eine verständliche Reaktion auf eine Mißhandlung irgendeiner Art durch das Kind zu erklären ist (z. B. Zerren am Fell, Stochern im Ohr), nehmen Eltern in aller Regel an, der Hund sei aus Eifersucht auf das Kind oder die ihm zuteil werdende Zuneigung und Aufmerksamkeit aggressiv.

Diese Annahme verleitet viele Eltern dazu, dem Problem durch mehr ungeteilte Aufmerksamkeit für den Hund, insbesondere in Abwesenheit des Kindes, beizukommen. Aus den oben genannten Gründen kann die Assoziation von Aufmerksamkeit mit der Abwesenheit des Kindes – und wenig oder keine Aufmerksamkeit in dessen Gegenwart – zu einer Eskalation des Problems führen.

Verändern der interaktiven Grundregeln innerhalb der Familie

Zwei Modifikationen des routinemäßigen Umgangs von Familienmitgliedern mit dem Hund können hier hilfreich sein. Falls der Hund eine grundlegende Aversion oder „Antipathie" für das Kind haben sollte, sollten die Vorzüge des Hundelebens wie Aufmerksamkeit, Streicheleinheiten, Spielen, Leckerbissen etc. nur in Anwesenheit des Kindes zur Verfügung stehen und zu anderen Zeiten teilweise oder ganz entfallen. Ähnliche Empfehlungen, wie den Hund erst in Gegenwart des Kindes in den Genuß von Privilegien kommen zu lassen (z. B. Zutritt zum Wohnzimmer), sind ebenfalls angebracht.

Die zweite sinnvolle Veränderung der Grundregeln betrifft Hunde, die geringe Symptome von Dominanzaggression gegen andere Familienmitglieder zeigen und deren Aggression gegen das Kind eine Manifestation dieses Problems zu sein scheint (d. h., der Hund warnt oder lehrt einen Untergeordneten eine Lektion). Hier ist es wichtig, den Status des Hundes innerhalb der Familie durch die Anwendung einiger in Kapitel 10 zu Dominanzaggression gegebener Ratschläge herabzusetzen.

Trainieren in Problemsituationen

Der Einsatz konventioneller Trainingsstrategien in potentiellen Problemsituationen, in denen der Hund manchmal knurrt oder das Kind anbellt, kann hier ebenso wirkungsvoll sein wie bei anderen Verhaltensproblemen. Das heißt im Prinzip: Streicheln, Lob und vielleicht sogar Leckerbissen als Belohnung für friedfertiges Verhalten (d. h. für jegliches freundliche oder ruhige Verhalten) in Gegenwart des Kindes werden mit geringgradiger Bestrafung (z. B. Schelte, die unterwürfiges Verhalten auslöst) für Aggression kombiniert. Häufige Bestrafung in Anwesenheit des Kindes ist zwar nicht wünschenswert – dies wäre möglicherweise der Zuneigung zum Kind abträglich. Die Eltern sollen in diesen Situationen aber nicht zögern, dem Hund in ihrer Position als Rudelführer zu verdeutlichen, daß sein Verhalten inakzeptabel ist.

Vermeiden unabsichtlicher Belohnung problematischer Verhaltensweisen

Im Verlauf der Diskussion über die nötige Reaktion auf Knurren/Bellen müssen die Besitzer auch ausdrücklich davor gewarnt werden, Problemverhalten unabsichtlich zu belohnen. Hier wie für die anderen Aggressionsprobleme gilt, daß Kraulen, Beruhigen oder Ablenken als Antwort auf das Knurren des Hundes zwar für den Moment erfolgreich zu sein scheint, diese Reaktionen aber im Grunde belohnende Funktion haben, die die Tendenz des Tieres, sich auch künftig so zu verhalten, noch verstärken.

Konventionelles Gehorsamstraining

Um den Gehorsam und die Besitzerdominanz zu verbessern, um Besitzern eine erhöhte Kontrolle über das Verhalten ihrer Hunde in potentiellen Problemsituationen zu geben und um das Grundtraining für einige Abläufe Domi-

BEHANDLUNGSEMPFEHLUNGEN

Defensive Aggression gegen Babys und Kleinkinder

In allen Fällen:
- Lassen Sie das Kind *niemals* mit dem Hund allein – nicht einmal für ein oder zwei Minuten.

In allen Fällen potentiell gefährlicher Hunde mit unvermeidbarem, engem Kontakt zum Kind:
- Der Hund sollte in Gegenwart des Kindes *immer*, aber auch zuweilen in dessen Abwesenheit einen Maulkorb tragen. Er sollte nie angelegt oder abgenommen werden, bevor oder nachdem das Kind den Raum betritt oder verläßt, damit der Vorgang nicht in direkten Zusammenhang mit dem Kind gebracht wird.

Szenario A: *Der Hund zeigt potentiell gefährliche Selbstschutz- oder dominanzbezogene Aggression, die anscheinend <u>nicht</u> ausreichend behandelbar ist, um die Gefahr für das Kind zu eliminieren. Die folgenden Ratschläge stammen aus zwei unterschiedlichen Fällen.*
- Der Hund stellt eine Gefahr für den kleinen Sohn dar, die durch eine Behandlung nicht vollständig ausgeräumt werden kann. Daher kann die Sicherheit des Sohnes nur garantiert werden, wenn der Hund in eine Familie ohne Kleinkinder abgegeben wird. *(Der Fall beinhaltet vermutlich Dominanzaggression gegen das Kind.)*
- Der Hund sollte in Gegenwart von Kleinkindern *immer* einen Maulkorb tragen. Dies sollte als permanente Maßnahme betrachtet werden. Durch Verhaltenstraining oder andere Behandlungsmaßnahmen ist eine ausreichende Reduzierung der Gefahr für das Kind, gebissen zu werden, nicht zu erreichen. *(Diese Klienten lehnten den Ratschlag des Autors kategorisch ab und waren trotz der Gefahr für ihren Sohn und andere Kleinkinder nicht bereit, den Hund abzugeben)*

Szenario B: *Der Hund zeigt potentiell gefährliche, aber bisher geringgradige und anscheinend behandelbare Aggression.*
- Das Knurren ist ein Anzeichen potentiell gefährlicher Aggression. Lassen Sie ihr Kind daher nie mit dem Hund allein – auch nicht für wenige Augenblicke.
- Knurren gegen das Kind oder andere Menschen sollte immer ausreichend hart gescholten werden, um dieses Verhalten sofort zu unterbinden.
- Loben und streicheln Sie den Hund häufig in Gegenwart des Kindes, spielen Sie mit ihm und belohnen Sie ihn mit Leckerbissen für das Befolgen von Befehlen.
- Ignorieren Sie den Hund, wenn das Kind abwesend ist, im Verlauf der nächsten Monate völlig.
- In der Zwischenzeit darf er nur im Beisein des Kindes ins Wohnzimmer und auch dann nur gleichzeitig mit dem Kind.

(In dem entsprechenden Fall wurden auch einige der Hinweise aus Kapitel 10 gegeben, um die Dominanzposition des Hundes innerhalb der Familie herabzusetzen und den Gehorsam und die Kontrollierbarkeit zu verbessern, indem man ihn Kommandos ausführen läßt, um etwas Gewünschtes zu erlangen. Weiterhin dürfen Betteln oder penetrantes Verhalten nicht belohnt werden, die sozialen Kontakte müssen durch das Ignorieren seiner Annäherungsversuche kontrolliert werden und in einer Reihe von Situationen ist mehr Strenge geboten.)

nanz-reduzierender (z. B. Hund muß ein Kommandos ausführen, um sich „zu erarbeiten", was er möchte) oder systematischer Verhaltenstherapie durchzuführen, wird manchmal angeraten, daß Besitzer ihren Hunden die vier Grundkommandos beibringen („Sitz", „Platz", „Komm", „Bleib").

Methoden systematischer Verhaltenstherapie

Hart und Hart (1985, S. 41) gaben Klienten folgende Empfehlungen zur Durchführung einer systematischen Verhaltenstherapie, um ihren zweijährigen Samoyeden zu lehren, sich vom Kleinkind der Familie am Fell ziehen zu lassen, ohne zu knurren oder zu schnappen (die Schlüsselaussagen sind etwas umformuliert):

1. *Beginnen Sie den Hund zu streicheln und belohnen Sie ihn mit seinen bevorzugten Leckerbissen. Im Verlauf mehrerer, kurzer täglicher Übungseinheiten verstärken Sie den Druck so lange, bis Sie am Fell ziehen. Fahren Sie fort, nichtaggressives Verhalten trotz anhaltender Erhöhung des Zuges zu belohnen, und lassen Sie schließlich einen anderen Erwachsenen weitermachen. Behalten Sie dieses Procedere bei, bis die Reaktion des Hundes selbst auf verhältnismäßig heftiges Zerren positiv und friedfertig ist.*
2. *Bringen Sie Ihr Kind ein, indem es sich im Blickfeld des Hundes befindet, während er am Fell gezogen wird.*
3. *Zuletzt lassen Sie das Kind selbst am Fell ziehen.*

Ob eine systematische Verhaltenstherapie wie die zitierte angebracht oder praktikabel ist, wird durch die spezifische Natur der Problematik bestimmt. Hier war es beispielswcise die Reaktion des Hundes auf einen bestimmten Stimulus (Zerren am Fell), den die Eltern im Verlauf der Übungseinheiten zu modifizieren imstande waren (d. h. Steigerung von Streicheln zu immer stärkerem Druck und später Zug am Fell). Diese Charakteristika ermöglichen das Erstellen einer systematischen *Desensibilisierungs/Gegenkonditionierungs-Strategie*, um den Hund graduell daran zu gewöhnen, auf diesen Problem-auslösenden Stimulus nicht-aggressiv zu reagieren. Ein weiteres Element, das die Durchführung dieses Ansatzes ermöglicht, ist die Tatsache, daß die Furcht des Hundes sich nur gegen dieses eine Kind richtete.

Allerdings sind solche Verhaltenstherapien bei den im täglichen Familienleben auftretenden schweren Verhaltensproblemen selten angebracht und nur selten erfolgreich. Sie sind komplex und zeitaufwendig und ihre korrekte Durchführung erweist sich für den durchschnittlichen Besitzer als schwierig. Darüber hinaus benötigen sie im Anfangsstadium für gewöhnlich die ständige Überwachung durch den Berater und die Grundvoraussetzungen für einen erfolgreichen Einsatz sind oft nicht gegeben. Falls die Aggression des Hundes beispielsweise durch die Annäherung des Kindes und nicht durch das Zerren am Fell ausgelöst wurde, wäre eine erfolgreiche Desensibilisierung davon abhängig, daß der Hund nie näher an das Kind herankommt, als er es entspannt und angstfrei zu tolerieren gelernt hat – eine Voraussetzung, die im Umfeld der meisten Familien, in denen Aggression gegen Kleinkinder auftritt, unmöglich zu erfüllen ist.

Mechanische Hilfsmittel

Auch hier gilt wie bei allen anderen Formen der caninen Aggression, daß bei nicht ausreichend gewährleisteter Sicherheit einer gefährdeten Person, durch Veränderung der Familiensituation oder der interaktiven Grundregeln, der Hund in allen potentiell gefährlichen Situationen einen Maulkorb tragen sollte. Insbesondere in Anwesenheit kleiner Kinder ist das Tragen eines Maulkorbes in ihrer Nähe eine kluge Vorsichtsmaßnahme. Bei Kindern, die einfach nicht vom Hund fernbleiben können oder wollen, ist sie unerläßlich.

Der Berater, der diese Maßnahme empfiehlt, sollte darauf hinweisen, daß der Hund den Maulkorb zunächst ablehnen, sich aber daran gewöhnen wird. Er muß aber auch darlegen, wie dies erreicht werden kann, ohne daß sich die Aggressivität des Hundes gegenüber dem Kind noch weiter erhöht: Im Grunde muß ein direkter (für den Hund offensichtlicher) Zusammenhang zwischen der Präsenz des Kindes und dem Anlegen/Tragen des Maulkorbes vermieden werden. So sollte man dem Hund den Maulkorb auch in Abwesenheit des Kindes anlegen, sollte den Maulkorb nie bei Eintreten des Kindes anlegen oder bei seinem Weggang abnehmen. Das Tragen des Maulkorbes kann dem Hund auch erträglicher gemacht werden, indem man ihm besonders viel Aufmerksamkeit schenkt, ihn besonders oft streichelt oder ihm sonstige Privilegien einräumt, während er den Maulkorb trägt.

Elterliche Aggression

Es kommt vor, daß ein Weibchen mit einem Wurf aggressiv auf Familienmitglieder reagiert, die sich dem Brutplatz nähern wollen. Manche Weibchen zeigen nach einer Pseudogravidität ähnliches Verhalten – Bewachen des Brutplatzes und von Welpensurrogaten (z. B. ausgestopfte Spielsachen oder andere kleine Gegenstände), die sie dort versammelt hat.

Kausalfaktoren

Genetische Prädisposition

Anhand der beiden Fakten, daß es anscheinend keinen empirischen Faktor gibt, der zu diesem Verhalten führt, und daß manche Weibchen sich während jeder Pseudogravidität so verhalten und andere nie, wird allgemein angenommen, daß das Vorhandensein einer genetischen Prädisposition für die aggressive Verteidigung von Welpen, Welpensurrogaten und/oder des Brutplatzes einer der wichtigsten Kausalfaktoren für die Erscheinungsform dieser Form der defensiven Aggression innerhalb der Gruppe ist.

Auslösung durch das Opfer

Aggressive Reaktionen dieser Art werden in der Regel nur dann gefährlich, wenn Kinder oder andere Familienmitglieder die Warnung des Hundes nicht ernst nehmen und sich dem Brutplatz zu weit nähern und versuchen, das Weibchen zu streicheln, die Welpen aufzunehmen oder die Ersatzwelpen zu entfernen. Eine weitere Gefahrenquelle stellt die ungünstige Plazierung des Brutplatzes dar, die es der Familie schwer macht, sie zu umgehen, ohne zu nahe zu kommen.

Hormonelle Einflüsse

In dem Maße, wie das Phänomen der Pseudogravidität unter hormoneller Kontrolle steht, trifft dies auch für die zugehörige Form der Aggression zu, die im Grunde bei manchen Weibchen als normaler Aspekt der Pseudogravidität zu betrachten ist.

Mögliche Behandlungsansätze

Verbessern des Grundverständnisses des Besitzers

Den Besitzern muß erklärt werden, daß es sich um erbliches Elternverhalten handelt, das aus unbekannten Gründen bei den einzelnen Tieren unterschiedlich stark ausgeprägt ist.

Vermeiden problematischer Situationen

Im allgemeinen wird nicht versucht, dieses Problem durch Training oder Methoden zur Modifizierung des Verhaltens des Tieres zu behandeln. Statt dessen machen es sich die Familienmitglieder zur Regel, sich vom Brutplatz fernzuhalten, bis sich die Reaktion des Hundes auf ihre Annäherung wieder normalisiert.

Richtigstellen von Fehlern der Besitzer

In einigen Fällen gelingt es Familienmitgliedern erfolgreich, die Drohungen zu ignorieren und sich dem Brutplatz zu nähern, um das Weibchen davon zu überzeugen, daß es nichts zu fürchten hat. In anderen Fällen kann dies jedoch die Lage verschlimmern oder gefährlicher sein, als der Besitzer annimmt. Sollte ein erster Versuch fehlgeschlagen sein, dann sollten es die Besitzer dabei belassen.

Modifikation der Haltungsbedingungen

Den Brutplatz schlichtweg an einen abgeschiedeneren, ruhigeren Ort im Haus zu verlegen, ermöglicht häufig ein sicheres Leben mit diesem temporären Problem.

Medikamentöse Therapie

Laut Allen (1986) kann Pseudogravidität manchmal mit Östrogenen, Androgenen (z. B. *Miboleron)*, Progestagenen, dem synthetischen Ergotamin *Bromocriptin* und *Prostaglandin* Fα erfolgreich therapiert werden. Zwar stellt Voith (1989) fest, daß *Miboleron* das momentane Mittel der Wahl sei, empfiehlt aber dennoch, Symptome von Pseudogravidität mit *Megestrolacetat* bei 2 mg/kg oral für die Dauer von fünf bis acht Tagen zu behandeln. Dies sollte zu einem frühen Zeitpunkt der Pseudogravidität stattfinden.

Gleichzeitig stellt sie aber auch fest, daß 10–15 % der Hunde nach Absetzung des Medikamentes erneut eine Pseudogravidität durchmachen. Johnston (1991) dagegen legt dar, daß eine solche Behandlung von geringem Wert ist, da nach Beendigung der medikamentösen Therapie eine hohe Rezidivrate besteht. (Zu Nebenwirkungen und anderen wichtigen Informationen siehe „Medikamentöse Therapie" in Kapitel 8.)

Methoden zur systematischen Verhaltenstherapie

Wenn eine Annäherung an den Brutplatz zur Versorgung der Welpen nötig ist, oder wenn Besitzer und Hund so dicht beieinander leben, daß es im Grunde keine Ausweichmöglichkeit gibt, wäre es für den Besitzer angebracht, eine gewisse *Desensibilisierung/Gegenkonditionierung* mit Leckerbissen als Belohnung für friedliches Verhalten bei „Annäherungsversuchen" durch Familienmitglieder durchzuführen. Das Vorgehen entspricht dem weiter oben in diesem Kapitel beschriebenen Ablauf für Angstaggression.

Wenn Platzmangel die Ursache des Problems ist, besteht die Möglichkeit, das Weibchen an wiederholte Annäherungen zu *gewöhnen*. Man sollte es sich zur Regel machen, dem Brutplatz gerade so nahe zu kommen, daß dies beim Weibchen eine leicht negative Reaktion auslöst (d. h. Verdacht, Nervosität). Dies wird im Tagesverlauf mehrmals wiederholt, bis es sich daran gewöhnt hat und nicht mehr negativ reagiert. Der Abstand kann im Verlauf einiger Tage langsam und schrittweise verkürzt werden, bis sich das Tier auch daran gewöhnt hat. Als Regel für diesen Ansatz gilt, sich dem Weibchen niemals weiter zu nähern, als es dies mit nur *geringen* Anzeichen von Unbehagen toleriert.

Obwohl die Unterschiede zwischen dem Procedere der *Desensibilisierung* und *Gewöhnung* geringfügig zu sein scheinen, gibt es einen wesentlichen Unterschied in Konzept und Vorgehensweise. Während die Desensibilisierung so gestaltet und durchgeführt wird, daß selbst geringgradige negative Reaktionen ausbleiben, liegt das Hauptaugenmerk der Gewöhnung auf der schrittweisen Reduzierung geringgradiger negativer Reaktionen, die tatsächlich manchmal in einem Kontext absichtlich ausgelöst werden, in dem das Tier lernen kann, daß es sich um harmlose oder unwichtige Stimuli handelt (Leibrecht und Askew, 1980).

Kastration

Problematische Reaktionen dieser Art bei Weibchen während der Stillzeit oder einer Pseudogravidität sind immer wieder einer der Hauptgründe für eine Ovarektomie, die ein erneutes Auftreten des Problems aus offensichtlichen Gründen verhindert.

Literatur

Allen, W. E. (1986): Pseudopregnancy in the bitch: the current view on aetiology and treatment. *Journal of Small Animal Practice* **27**, 419–424.

Azrin, N. H., Hutchinson, R. R., and Hake, D. F. (1966): Extinction-induced aggression. *Journal of the Experimental Analysis of Behavior* **9**, 191–204.

Borchelt, P. L., and Voith, V. L. (1982): Classification of animal behavior problems. *Veterinary Clinics of North America: Small Animal Practice* **12**, 571–585.

Hart, B. L., and Hart, L. A. (1985): *Canine and Feline Behavior Therapy.* Philadelphia, Lea & Febiger.

Johnston, S. D. (1991): Questions and answers on the effects of surgically neutering dogs and cats. *Journal of the American Veterinary Medical Association* **198**, 1206–1214.

Leibrecht, B. C., Askew, H. R. (1980): Chapter 12: Habituation from a Comparative Perspective. In Denny, M. R. (ed.): *Comparative Psychology: An Evolutionary Analysis of Animal Behavior.* New York, John Wiley & Sons.

O'Farrell V. (1992): *Manual of Canine Behaviour.* 2nd edition. Shurdington, Cheltenham, Gloucestershire, UK, British Small Animal Veterinary Association Publications.

Rilling, M., Askew, H. R., Ahlskog, J. E., and Kramer, T .J. (1969): Aversive properties of the negative stimulus in a successive discrimination. *Journal of the Experimental Analysis of Behavior* **12**, 917–932.

Voith, V. L. (1989): Behavioral disorders. In Ettinger, J. S. (ed): *Textbook of Veterinary Internal Medicine.* Philadelphia, W. B. Saunders.

Walker, S. F. (1987): *Animal Learning: An Introduction.* London, Routledge & Kegan Paul Inc.

Young, M. S. (1982): Treatment of fear-induced aggression in dogs. *Veterinary Clinics of North America: Small Animal Practice* **12**, 645–653.

12 Defensive Aggression gegen fremde Menschen

Die konventionelle Kategorisierung aggressiven Verhaltens gegen fremde Menschen oder gegen Menschen, die der Hund zwar erkennt, aber nicht als Rudelmitglieder (d. h. Mitglieder der Familie) behandelt, in protektive (territorial/protektive) Aggression und Angstaggression (Borchelt und Voith, 1982; O'Farrell, 1992; Voith, 1989) oder territoriale und angstbedingte Aggression (Hart und Hart, 1985) bedarf einer Modifikation. Folgende Aspekte sind in Betracht zu ziehen:

- Sogenannte territorial aggressive Hunde – das heißt Hunde, die nur dann auf Fremde aggressiv reagieren, wenn diese Garten oder Haus betreten – zeigen mit unterschiedlicher Intensität auch Anzeichen von Angst. Manche sind offensiv aggressiv ohne eine Spur der Angst, während andere deutlich ängstlich sind und den Übergriff eines Fremden auf ihr häusliches Territorium mit einem Schwanken zwischen aggressivem Vorstoß und angstvollem Rückzug beantworten und ängstliches Verhalten gegenüber Fremden vor allem außerhalb ihres Zuhauses an den Tag legen.
- Aggression gegen Fremde auf der Straße scheint meist eher aus selbstverteidigenden Motiven zu erfolgen anstatt, wie häufig durch die Titulierung „protektiv" angedeutet, aus Gründen der Verteidigung des Besitzers. Wenn der Hund sich an der Seite des Besitzers befindet, ist es schwer zu sagen, was der Hund verteidigt – sich selbst, den Besitzer oder die „Gruppe" (d. h. sich selbst *und* den Besitzer). Diese Hunde reagieren jedoch manchmal aggressiv auf die Annäherung eines Fremden, wenn der Besitzer ein Stück weit entfernt ist, verhalten sich aber andererseits ruhig, wenn ein Fremder sich dem Besitzer in dieser Situation nähert. Letztlich kann die Lage zusätzlich erschwert werden, wenn der Hund nur in Gegenwart des Besitzers (oder auf dessen Schoß/in dessen Arm) den „Mut" aufzubringen scheint, Fremde aggressiv anzugehen. In einiger Entfernung zu ihm wird er sich still zurückziehen, den Fremden meiden und zu seinem großen Beschützer zurückeilen. Besitzer neigen zwar dazu anzunehmen, die primäre Motivation des Hundes sei, sie zu beschützen, dies ist aber allem Anschein nach nicht der Fall.
- Ähnlich wie bei den sogenannten territorial aggressiven Hunden, schwankt der Anteil der beteiligten Angst auch bei Hunden, die sich auf der Straße aggressiv gegen Fremde verhalten. Manche sind offensiv aggressiv und zeigen geringe oder keine offensichtliche Angst, während bei anderen die Kombination aus aggressiver Drohung und angstvollem Rückzug deutlich zu Tage tritt (z. B. in Antwort auf jegliche unerwartete Vorwärtsbewegung des Fremden).
- Sowohl bei Hunden, die nur zu Hause aggressiv gegen Fremde sind, als auch bei denjenigen, die auf Fremde überall aggressiv reagieren, richtet sich die Aggression manchmal nur gegen bestimmte Typen von Fremden, z. B. Männer oder Kinder. Eine mögliche Erklärung hierfür wäre das Empfinden des Hundes, dem manche Fremden gefährlicher erscheinen als andere – vielleicht aufgrund negativer Erfahrungen der Vergangenheit. An der Problematik kann daher auch konditionierte Angst beteiligt sein.
- Bezeichnenderweise sind selbst die Besitzer von augenscheinlich furchtlosen Hunden davon überzeugt, daß deren Aggression gegen Fremde in der Öffentlichkeit oder auch nur zu Hause auf der, der Aggression zugrundeliegenden Angst des Hundes vor Fremden beruht. Vielfach erinnern sie sich

an die ängstlichen oder zurückhaltenden Reaktionen des jungen Tieres auf Fremde und haben seither immer angenommen, es handle sich beim jetzigen Problem um eine Manifestation dieses grundlegenden Mißtrauens/Angst vor Fremden, die der Hund von Anfang an zeigte.

Alles in allem sprechen die dargestellten Beobachtungen dafür, die bei diesen Aggressionen gegen Fremde beteiligte Angst eher als einen von Hund zu Hund variierenden Aspekt oder als eine zugrundeliegende Eigenschaft mit individuell unterschiedlicher Ausprägung zu betrachten, statt eine spezielle Kategorie der „Angstaggression" zu definieren.

Tabelle 12.1 stellt Daten aus zwei Umfragen vor, die diese Sichtweise unterstützen. Es werden die Antworten mehrerer Besitzer problematischer und unproblematischer Hunde bezüglich der Frage ausgewertet, ob der Hund übermäßig ängstliche Reaktionen zeigt. Hieraus ist ersichtlich, daß die protektiv/territorial aggressiven Tiere (siehe „gruppendefensive Aggression" in der Tabelle) fast ebenso häufig wie Hunde mit dem klassischen Muster der Angstaggression (d. h. „Selbstschutzaggression") manchmal oder häufig übermäßig ängstlich reagieren, seltener im Vergleich zu Hunden mit nichtaggressiven Angstproblemen, deutlich öfter jedoch als Hunde mit Problemen ohne kausalen Zusammenhang zu Angst oder Aggression gegen Fremde sowie normale, unproblematische Hunde. Dies bedeutet aber nicht zwangsläufig eine direkte Verbindung zwischen der Aggression und dem ängstlichen Verhalten, auf das sich der Besitzer in seiner Antwort bezieht. Es besteht aber ein beträchtlicher Unterschied zwischen den beiden Gruppen von Hunden, die auf Fremde aggressiv reagieren, und dem Durchschnitt der normalen Hundepopulation. Viele oder die meisten, auf Fremde aggressiv reagierenden Hunde sind in der Regel eher ängstlich, ganz im Gegenteil zu der landläufigen Vorstellung vom territorial aggressiven Hund, der ein tapferer, furchtloser Kämpfer ist.

Wie in der Tabelle dargestellt, werden Fälle defensiver Aggression gegen Menschen außerhalb des familiären Sozialverbandes in der vorliegenden Diskussion primär in *Selbstschutz-*

Tabelle 12.1: Antworten von Besitzern von Hunden mit unterschiedlichen Problemen und normalen Hunden auf die Frage: „Zeigt Ihr Hund übermäßig ängstliche Reaktionen?"

„Zeigt Ihr Hund übermäßig ängstliche Reaktionen?"	Umfrage 1	Umfrage 2		
	„Ja"	„Oft"	„Manchmal"	„Nie"
Selbstschutzaggression (klassisches Muster der „Angstaggression")	70% (n=10)	40%	60% (n=5)	0%
Gruppendefensive Aggression (klassisches Muster der „protektiven" oder „territorialen" Aggression)	69% (n=23)	54%	25% (n=24)	21%
Nichtaggressive Angstprobleme (z. B. Phobien, Trennungsangst)	91% (n=11)	63%	37% (n=8)	0%
Andere ernste Probleme (z. B. ohne Beteiligung ängstlichen Verhaltens oder von Aggression gegen fremde Menschen)	52% (n=33)	19%	33% (n=21)	48%
Normale Tiere (ohne nennenswerte Verhaltensprobleme)	Keine Daten gesammelt	4%	42% (n=55)	55%

und *gruppendefensive* Aggression unterteilt. In Fällen von Selbstschutzaggression scheint das Tier in Notwehr zu handeln, nachdem es zuerst versucht hat, den Fremden zu meiden oder ihm zu entkommen, und erst aggressiv reagiert, wenn es in die Enge getrieben, unerwartet gegriffen oder bedroht wird. Zwar fällt dies landläufig in die Kategorie „Angstaggression", doch variiert der Anteil der offensichtlichen Angst bei dieser Form der Aggression beträchtlich. Manche Hunde verhalten sich beim Herannahen von Fremden extrem ängstlich, während andere nur schnappen, wenn ein Fremder sie anfaßt, dann allerdings ohne vorher feststellbare Zeichen von Angst, wie gesenktem Kopf und Schwanz, angelegten Ohren oder versuchtem Ausweichen. Gruppendefensive Aggression ist dagegen eine offensivere Form der Aggression; beispielsweise bei der Bedrohung und dem Angriff auf den Briefträger zu beobachten. Die Funktion dieses Verhaltens liegt nicht nur in der Selbstverteidigung gegen eine unmittelbare physische Bedrohung, sondern vielmehr darin, einen unerwünschten Fremden zu vertreiben und fernzuhalten, damit gleichzeitig eine Warnung zu verbinden (lautes Bellen) und vielleicht Rudelmitglieder für eine gemeinschaftliche, aggressive Gegenüberstellung zu gewinnen (Stimmungsübertragungseffekt). Wie bereits oben dargestellt, bestehen auch hier zwischen den einzelnen Tieren beachtliche Unterschiede in der Äußerungsform der an der gruppenverteidigenden Demonstration erkennbar beteiligten Angst. Manche werden einen Eindringling ohne Zögern tapfer und scheinbar furchtlos attackieren, während andere Fremden eher ambivalent und „feige" gegenübertreten, indem sie sich schleunigst zurückziehen, wenn ein Fremder sich ihnen nähert, um einen gewissen Sicherheitsabstand zu wahren oder um nach ihm zu schnappen, sobald er den Rücken wendet.

Gruppendefensive Aggression könnte weiter in territoriale und nichtterritoriale Formen unterteilt werden, analog der, von vielen auf diesem Gebiet Tätigen vorgenommenen Unterscheidung zwischen „territorialer" und „protektiver" Aggression, doch würde dies zu weit führen. Wie in Kapitel 9 ausgeführt, scheint das Territorialverhalten von Hunden ein Relikt der Tendenz von Wölfen zu sein, das Zentrum oder den Brutbereich des Reviers des Rudels heftiger zu verteidigen als den Rest. Auch die Anwendungsschwierigkeiten einer Unterscheidung in territorial und nichtterritorial schränken deren Nutzen deutlich ein. Es mag zwar zutreffen, daß manche Hunde Fremde, die sich ihrem Garten nähern, attackieren, außerhalb ihres Bereiches dagegen freundlich zu ihnen sind, doch ist dies nicht die Regel. Besitzer von Hunden, die vorwiegend ihr Haus und ihren Garten gegen Fremde verteidigen, berichten, daß der Hund manchmal Fremde auf der Straße bedroht, sich nie von Fremden anfassen oder sie nahe an sich heran läßt und Menschen außerhalb seiner Familie grundsätzlich skeptisch gegenübersteht.

Im Grunde werden in diesem Kapitel zur Kategorisierung der verschiedenen Aggressionsformen weder Unterschiede im Grad der gezeigten Angst noch zwischen der variierenden Intensität der Aggression zu Hause und auf der Straße berücksichtigt. Vielmehr werden sie in den verschiedenen Fällen von selbst- und gruppenverteidigender Aggression als wichtige Aspekte betrachtet. Dies wertet keineswegs die Relevanz dieser Unterschiede ab. Ganz im Gegenteil ist es sogar entscheidend, in Betracht zu ziehen, wie ängstlich das Tier ist und in welchem Kontext die Aggression auftaucht, um die Probleme im einzelnen zu verstehen und die richtige Behandlung zu wählen.

Gruppendefensive Aggression gegen fremde Menschen

Im Gegensatz zum Muster der Selbstschutzaggression, bei dem der Hund sich ruhig verhalten, den bedrohlichen Fremden zu meiden versuchen wird und nur aggressiv reagiert, wenn er in die Enge getrieben wird, neigen Hunde bei gruppendefensiver Aggression dazu, sich Fremden, die sich ihnen auf der Straße oder in ihrem Garten nähern, mutig entgegenzustellen. Statt den Typ Mensch, der Aggression auslöst, zu meiden, werden solche Hunde sich beinahe bemühen, diesen zu bedrohen und zu attackieren – indem sie auf ihn zulaufen, wenn sie ihn

MÖGLICHE KAUSALFAKTOREN

Begrenzte frühe Erfahrungen
(mangelnder Kontakt mit Fremden/bestimmten Typen in einer frühen Lebensphase)

Absichtliche Förderung durch den Besitzer
(Aggression des jungen Hundes durch Besitzer gebilligt/absichtlich belohnt)

Fehleinschätzungen von Besitzern
(Nach Behebung des Problems wird der Hund in Notsituationen Haus/Besitzer nicht mehr verteidigen)

Unzureichende Besitzerdominanz
(hat einen Hund zur Folge, der ungehorsam ist oder nur zögernd gehorcht und schwer zu kontrollieren/reformieren ist)

Stimmungsübertragungen
(die Aggression eines Hundes führt häufig zu einer Übertragung auf die Gruppe, wenn mehr als ein Hund in der Familie lebt)

Traumatische/negative Erfahrungen
(angst-/schmerzauslösende Erfahrungen mit Fremden in der Vergangenheit)

Unabsichtliche Belohnung durch den Besitzer
(Kontrollversuche der Aggression durch Streicheln/Beruhigen des Hundes oder durch Ablenkung mit Spielen/Leckerbissen etc.)

Fehlendes Gehorsamstraining
(hat einen schwer kontrollierbaren Hund zur Folge und einen Besitzer, der nicht gelernt hat, seinen Hund zu erziehen)

Belohnung/Auslösung durch Opfer
(z. B. Aggression des Opfers kann die Aggression/Angst des Hundes verstärken; ein Opfer, das bei Bedrohung stehenbleibt/sich zurückzieht, belohnt die Aggression)

Unzureichende Haltungsbedingungen
(z. B. zu lange alleine im Freien angekettet)

GRUPPENDEFENSIVE AGGRESSION GEGEN FREMDE MENSCHEN

- Anbellen oder Attackieren von fremden Menschen in der Öffentlichkeit oder wenn sie das Haus/den Garten betreten.

MÖGLICHE BEHANDLUNGSELEMENTE

Vermeiden von Problemsituationen
(z. B. Halten des Hundes an der Leine auf Spaziergängen/von Besuchern im Haus fernhalten)

Konventionelles Gehorsamstraining
(steigert die Kontrolle/Dominanz des Besitzers; Grundlagentraining für Gegenkonditionierung nötig; lehrt den Besitzer, sein Tier zu trainieren)

Korrektur von Fehlern der Besitzer
(Beenden unabsichtlichen Belohnens von Aggression)

Methoden systematischer Verhaltenstherapie
(z. B. besondere Orte für Training im Freien; inszenierte „Übungsbesuche" durch diverse Fremde; systematische Manipulation von Aufmerksamkeit)

Korrektur von Fehleinschätzungen der Besitzer
(z. B. Beheben des Problems wird den Wert des Hundes als Beschützer der Familie/des Hauses herabsetzen; aggressiv auf Leute zu reagieren, die Angst haben, ist normales Hundeverhalten)

Verbesserung der Dominanz des Besitzers
(z. B. Verbesserung der Kontrolle des Besitzers in Problemsituationen)

Training in Problemsituationen
(z. B. Verknüpfen von Bestrafung der Aggression mit Belohnungen für nichtaggressives Verhalten, Methode der frühzeitigen Intervention)

Mechanische Hilfsmittel zur Kontrolle der Aggression/des Hundes
(z. B. Leine, Maulkorb, Kopfhalter)

in der Ferne entdecken, und ihn offensiv und scheinbar furchtlos angreifen. Diesem Bereich sind nicht nur „territoriale" und „protektive" Aggression zuzurechnen, sondern auch viele der fälschlicherweise als „Beuteaggression" bezeichneten Fälle, wie das Jagen, Anbellen und Beißen von Joggern oder Radfahrern.

Mögliche Kausalfaktoren

Begrenzte frühe Erfahrungen

Eine Vielzahl Hunde, die gruppendefensive Aggression zeigen, vermeiden weitgehend jeglichen Kontakt zu fremden Menschen. Bei manchen Tieren äußert sich diese grundsätzlich negative Einstellung in Gestalt offensichtlicher, tief verwurzelten Angst oder Mißtrauens gegen Fremde: die Spätfolge eines Defizits an Kontakt zu verschiedenen Typen von Menschen in einer frühen Lebensphase. Eine Befragung der Besitzer ergibt meist, daß der Hund aus einem Zwinger auf dem Land stammt, wo sich der Kontakt zu Menschen in den ersten Lebensmonaten auf ein bis zwei Mitglieder der Familie beschränkte.

Traumatische/negative Erfahrung(en)

Eine zugrundeliegende Angst vor allen Fremden oder bestimmten Typen von Fremden wie Männern, Kindern oder sogar in differenzierterer Form, z. B. nur vor blonden Mädchen zwischen 5 und 10 Jahren, kann aufgrund schlechter Erfahrungen mit diesem Typ auch später im Leben noch auftreten. Mehrere negative oder auch ein traumatisches Erlebnis, bei dem der Hund sehr erschreckt oder mißhandelt wurde, können dazu führen, daß der Hund alle oder nur einen bestimmten Typ von fremden Menschen als bedrohlich empfindet.

Absichtliche Förderung durch den Besitzer

Sobald der Welpe oder junge Hund ein Alter erreicht, in dem er beginnt, Fremde anzuknurren oder anzubellen, müssen die Besitzer sich dessen bewußt sein, daß dies zum Problem werden könnte, und müssen daher darauf achten, dieses Verhalten bei jedem Auftreten zu unterbinden. Manche Besitzer reagieren jedoch genau entgegengesetzt: sie belohnen das Verhalten mit Lob und Streicheleinheiten, denn der Hund entsprach mit seinem Verhalten ihren Erwartungen – er verteidigt ihr Haus gegen Fremde. Für die meisten Tierhalter ist geringgradige Aggressivität gegen Fremde, die den Garten betreten, verständlich, akzeptabel und sogar erwünscht. Erst bei Verschlimmerung der Aggression und einem Kontrollverlust über die Aggression wird ein Verhaltensspezialist hinzugezogen.

Zwar ist eine absichtliche Förderung von Aggression durch den Besitzer in der Öffentlichkeit seltener, doch empfinden Besitzer, die selbst zu Mißtrauen oder Vorbehalten gegen Fremde neigen, das gelegentliche aggressive Bellen ihres Hundes beim Passieren von Fremden beruhigend – insbesondere wenn sie annehmen, der Hund versuche, primär sie und nicht sich selbst zu verteidigen. Unmittelbar nach erfolgreicher Einschüchterung eines imposant wirkenden Fremden wirken Aufmerksamkeit und Lob durch den Besitzer als klare Billigung. Vielfach tendieren Hunde nur auf nächtlichen Spaziergängen zu Aggressivität. Die Besitzer (vorwiegend Frauen) glauben häufig, ihr Hund könne nachts nicht so gut sehen wie tagsüber und sei deshalb nervös und unsicher. Tatsächlich ist aber anzunehmen, daß der Hund lediglich die Unsicherheit und Nervosität des Besitzers reflektiert, die sich durch weniger Schelte und unabsichtliches oder absichtliches Belohnen der Aggression ausdrücken.

Eine weitere bezeichnende Entwicklung wird zuweilen in Fällen beobachtet, in denen Welpen von Anfang an Angst vor Fremden haben. Aus Besorgnis, der Welpe könnte zu einem ängstlichen adulten Tier werden, begrüßen und belohnen Besitzer jeden Ansatz von Aggression, der an die Stelle der Angst tritt, da ihnen dies als Schritt in die richtige Richtung erscheint. In diesen Fällen tritt die Verbindung der zugrundeliegenden Angst vor Fremden mit der späteren Entwicklung des Problems der gruppendefensiven Aggression deutlich zu Tage.

Unabsichtliche Belohnung durch den Besitzer

Auf die Frage, wie sie mit der Aggression ihres Hundes gegen Fremde zu Hause und auf Spaziergängen umgehen, antworten die meisten Besitzer, daß Streicheln und beruhigende Worte meist dazu beitragen, ihn zu beruhigen. Auch Ablenkung durch das Werfen eines Gegenstandes oder die Gabe von Leckerbissen erfüllen ihren Zweck. Solch unabsichtliche Belohnungen durch den Besitzer sind ein Kennzeichen nahezu aller Fälle dieser Kategorie, selbst wenn die Besitzer zuweilen korrekt reagieren, indem sie den Hund für seine Aggression schelten. Unglücklicherweise ist die Konsequenz aus diesen kurzfristigen Teilerfolgen eine graduelle Verschlimmerung des Problems.

Auch wenn es nicht belohnend wirkt, verschlimmert lautes Schreien und Schimpfen, das nicht nur keinerlei unterdrückende Wirkung hat, sondern vom Hund als Unterstützung seines aggressiven Auftretens durch den Besitzer mißdeutet werden kann, unter Umständen die Situation weiter. Eine weitere Möglichkeit ist, daß der Hund genau weiß, daß der Besitzer ihn „anbellt" und nicht die andere Person, diese unangenehme Behandlung der Situation aber ein weiteres negatives Element hinzufügt, wodurch die Aggression durch eine Art umgerichtete Aggression noch gesteigert wird.

Fehleinschätzungen der Besitzer

„Wird er noch ein guter Wachhund sein und uns in Notsituationen verteidigen, wenn wir ihn dazu erziehen, freundlich zu Fremden zu sein?" Ein Großteil der Besitzer steht der Aggression gegen Fremde mit gemischten Gefühlen gegenüber. Einerseits wird ihr Hund zunehmend gefährlich und im Beisein von Fremden immer schwerer kontrollierbar. Erreichen sie andererseits eine Abnahme der Aggression gegen Fremde, wird er dann Haus und Familie noch genauso effektiv wie jetzt verteidigen? Sie wissen genau um den Ernst des Problems, sind aber zurückhaltend in der Ergreifung wirkungsvoller Maßnahmen, da sie fürchten, der Hund würde zu zahm und verliere somit seinen Wert als Wachhund und Beschützer der Familie.

Besitzer von der Grundlosigkeit ihrer Angst zu überzeugen, ist daher zur Maximierung der Compliance mit den Behandlungsempfehlungen unumgänglich. Diese kann nur erreicht werden, wenn man sie davon überzeugt, daß die Lösung dieses Aggressionsproblems keinerlei Einfluß auf die Fähigkeit des Hundes hat, eine echte Bedrohung für Haus und Familie zu erkennen und angemessen zu reagieren.

Fehlendes Gehorsamstraining

Viele Besitzer vernachlässigen grundlegendes Gehorsamstraining in bezug auf Verhalten gegenüber Fremden nicht nur, sie erziehen ihr Tier überhaupt nicht und haben folglich auch andere größere oder kleinere Probleme mit ihrem Tier. Ein immer wiederkehrender Aspekt fehlenden Grundlagentrainings ist nicht nur ein Tier, das in zahlreichen Situationen schwer zu kontrollieren ist, sondern auch Besitzer, die schlichtweg keine Ahnung von Hundeschule haben.

Unzureichende Besitzerdominanz

Zuweilen sind Besitzer aufgrund ihres Verhältnisses zu ihrem Hund, der alle Befehle und Kontrollversuche des Besitzers ignoriert und keinerlei Respekt vor ihm zu haben scheint, nicht imstande, ihren Hund zu kontrollieren oder zu trainieren. Tatsächlich hat unzureichende Besitzerdominanz einen schwer zu beherrschenden Hund zur Folge, der nur zögernd gehorcht und kaum zu erziehen ist, wenn er Verhaltensprobleme zeigt, die reduziert oder eliminiert werden sollen. Laut einer Statistik von 47 Fällen gruppendefensiver Aggression gegen Fremde, im Haus oder auf der Straße, zeigten nach Aussagen der Besitzer (siehe Kapitel 6, Formular zu Information über Klienten im Abschnitt über Verhaltensprobleme) 22 dieser Hunde (d. h. 46,8 %) mittelgradige oder hochgradige Dominanzaggression (13 Hunde) bzw. mindestens zwei Symptome wenigstens geringgradiger Dominanzprobleme (9 Hunde, die manchmal Familienmitglieder anknurrten, um Rastplatz/Futter/Spielsachen zu verteidigen, wenn sie gebürstet/abgetrocknet oder wenn sie gescholten wurden). Angesichts der Tatsache, daß von 55 Tieren ohne wesentliche Verhaltensprobleme 20 % geringgradige Dominanzprobleme aufwiesen, ist es naheliegend, daß in einer Vielzahl der Fälle von Aggression gegen Fremde die unzureichende Besitzerdominanz eine Rolle spielt.

Belohnung/Auslösung durch das Opfer

Ein weiterer Faktor, der für die Entwicklung dieses Problems mitverantwortlich zeichnet, ist das Verhalten des Opfers der Aggression des Hundes. Wenn sich zwischen den bedrohten Personen und dem Hund ein Zaun befindet oder der Hund angebunden ist, reagieren sie unter Umständen aggressiv auf die Aggression des Hundes – schelten den Hund, bedrohen ihn vielleicht mit einem Gegenstand oder werfen etwas nach ihm. Personen, die auf der Straße von einem Hund bedroht werden, verhalten sich vielleicht ähnlich und versuchen, dem Bellen ein Ende zu machen, indem sie den Hund erschrecken. Derartige Reaktionen von Opfern bekräftigen den Hund in seiner Einschätzung, daß sie bedrohliche Feinde sind, die es zu vertreiben gilt. Somit wird der Hund darin bestärkt, sich auch künftig so zu verhalten. Nicht zuletzt kann auch abruptes Stehenbleiben oder Umdrehen und Weggehen, um Bisse zu vermeiden, zu einer Belohnung des aggressiven Verhaltens beitragen.

Manche Leute werden anscheinend häufiger auf der Straße oder bei Besuchen von Hunden angebellt. Besitzer sind im allgemeinen der Ansicht, daß diese Leute besonders große Angst vor Hunden haben und daß ihr Hund das spürt und aus irgendeinem Grund aggressiv darauf reagiert. Sollte dies tatsächlich zutreffen, liegt der Schluß nahe, daß diese Leute sich anders verhalten als andere und den Hund vielleicht besorgt oder intensiv anstarren, was dieser eventuell als bedrohlich empfindet.

Stimmungsübertragung

Wenn einer von mehreren Hunden einer Familie anfängt, einen Fremden anzubellen, ist es wahrscheinlich, daß die anderen sich anschließen. Viele Besitzer stellen fest, daß dieses Aggressionsproblem „ansteckend" zu sein scheint, da nach einer Weile auch der friedfertigste Hund der Familie zunehmend aggressiv auf Fremde reagiert. Im sogenannten Schneeballeffekt stimuliert das Bellen des einen Hundes wiederum die nächsten. Das wiederum feuert den ersten an und führt zu einer Eskalation der Aggression.

Der Effekt der Stimmungsübertragung unterstreicht die Tatsache, daß Verteidigung bei Hunden vielfach eine Angelegenheit der Gruppe ist, bei der die Rudelmitglieder mit vereinten Kräften Drohverhalten zeigen oder Eindringlinge angreifen und verjagen. Es enthüllt den fundamentalen *gruppendefensiven* Charakter der hier diskutierten Problematik.

Unzureichende Haltungsbedingungen

Viele Hunde, die lange Zeit angekettet alleine im Freien verbringen, werden hochgradig aggressiv gegen Fremde. Ein Grund hierfür können Passanten sein, die die Immobilität des Hundes ausnutzen, um ihn zu ärgern oder zu bedrohen. Ein weiterer Grund mag frustrationsbedingte Aggression aufgrund der drastisch eingeschränkten Bewegungsfreiheit sein: Verhaltensspezialisten gehen davon aus, daß ein weitverbreiteter Grund für Aggression Bedingungen sind, die den Versuch eines Tieres blockieren oder durchkreuzen, ein Verhaltensmuster auszuleben oder ein gewünschtes Ziel zu erreichen. „Langeweile" wird ebenfalls häufig insofern als Faktor angegeben, als die limitierten Umwelteindrücke und Bewegungsmöglichkeiten an der Herabsetzung der Hemmschwelle beteiligt sind, die die Reaktion auf neue Stimuli reguliert und damit eine weitaus heftigere Reaktion auslöst, als es sonst der Fall wäre.

Mögliche Behandlungselemente

Vermeiden von Problemsituationen

Es ist unerläßlich, den Hund an der Leine zu führen, wenn andere Leute oder der Typ

Mensch in der Nähe sind, die beim Hund Aggression auslösen (Kinder, Jogger). Dies gewährleistet nicht nur die Sicherheit der anderen, sondern der Hund ist nahe genug beim Besitzer, so daß dieser wirksam eingreifen und die Aggression verhindern kann.

Den Hund von Besuchern fernzuhalten, ist ein weitverbreiteter Lösungsversuch bei Hunden, die auf Besucher im Haus aggressiv reagieren. Besitzer bringen wiederholt ihre Besorgnis darüber zum Ausdruck, das Einsperren in einen anderen Raum während der Anwesenheit von Gästen könnte zu noch höherer Aggressivität des Hundes führen oder ihm psychologischen Schaden zufügen. Obwohl das Einsperren für gewöhnlich in direktem zeitlichen Zusammenhang mit dem Eintreffen des Besuchers steht und daher in der Tat die Ablehnungshaltung (und damit die Aggressivität) verstärkt, ist dies das geringere Übel. Besitzer sollten deshalb in ihrer Handlungsweise bestärkt werden, die dem Hund keine psychologischen Schäden verursacht.

Korrektur von Fehleinschätzungen

Vor der Erwägung von Behandlungsmaßnahmen sollten Besitzer, die Vorbehalte gegen die Behandlung des Problems haben, dahingehend versichert werden, daß unabhängig davon, in welchem Maße der Hund zu nichtaggressivem Verhalten in der Gegenwart von Fremden erzogen wird, dies nicht gleichbedeutend damit ist, daß er Familienmitglieder nicht vor einem feindseligen Fremden verteidigen wird. Hunde sind aufmerksame Beobachter menschlicher Körpersprache und menschlichen Verhaltens im allgemeinen. Es ist daher anzunehmen, daß sie schnell zwischen einem freundlichen und einem feindlichen Fremden zu unterscheiden vermögen – und entsprechend zum Schutz der Familie reagieren. Falls Besitzer diese Befürchtungen äußern, ist es ratsam, diese Angelegenheit ausführlich zu besprechen. Die Compliance würde leiden, wäre der Berater nicht imstande, den Besitzer davon zu überzeugen, daß die Behebung des Aggressionsproblems keinerlei Einfluß auf den Wert des Hundes als Wachhund in Notsituationen hat.

Ein weiterer Irrglaube mancher Besitzer ist, es sei normal für Hunde, aggressiv auf Menschen zu reagieren, die sich vor ihnen fürchten. Der Berater muß nachdrücklich klarstellen, daß es sich keineswegs um normales Hundeverhalten handelt und daher korrigiert werden sollte.

Konventionelles Gehorsamstraining

Aus einer Reihe von Gründen sollte Besitzern grundsätzlich die Durchführung eines Grundtrainings für Gehorsam entweder nach den Vorgaben in Kapitel 8 oder durch den Besuch einer Hundeschule als erster Schritt empfohlen werden. Es erhöht die Kontrolle über den Hund in allen potentiellen Gefahrensituationen. Der Hund wird zu korrekter Ausführung von Kommandos erzogen, die am häufigsten zur Gegenkonditionierung in Situationen eingesetzt werden, in denen der Hund zum gegenwärtigen Zeitpunkt Fremde bedroht und attakiert. Es verbessert die Dominanzposition des Besitzers. Der Besitzer lernt einige wertvolle Lektionen bezüglich der Erziehung und Kontrolle seines Hundes, die in nahezu allen künftigen Problemsituationen angewandt werden können.

Verbessern der Dominanz des Besitzers

Wie bereits erwähnt, zeigt etwa die Hälfte der vorgestellten Hunde auch Dominanzaggression gegenüber ihren Besitzern oder zwei/mehrere Symptome geringgradiger Dominanzprobleme. In diesen Fällen kann die Anwendung einiger der Empfehlungen aus Kapitel 10 die Fähigkeit des Besitzers verbessern, erfolgreich gegen Aggression vorzugehen, sie zu verhindern oder zu unterbinden.

Korrektur von Fehlern der Besitzer

Viele Besitzer von Hunden, die auf Spaziergängen gegen Fremde gerichtetes, gruppendefensives Verhalten zeigen, haben sich daran gewöhnt, die Aggression des Hundes durch verschiedene Methoden der Beruhigung oder Ablenkung zu kontrollieren, wie es auch in vielen anderen Problemsituationen mit Hunden der Fall ist. Den Besitzern muß in aller Deutlichkeit erklärt werden, daß diese Maßnahmen ihren Zweck zwar für den Augenblick erfüllen, gleichzeitig aber das künftige Problemverhalten in Frequenz und Intensität verstärken und daher um jeden Preis zu vermeiden sind. Sollten Besitzer hieran Zweifel haben, mag eine Erinnerung an die, all ihren Maßnahmen zum Trotz zunehmende Verschlimmerung des Problems überzeugend wirken.

Trainieren in Problemsituationen

Besitzer müssen lernen, auf Problemsituationen völlig anders zu reagieren als bisher. Einerseits muß jegliche Belohnung des Hundes wie Streicheln oder Ablenkung durch Spielen wegfallen. Statt dessen müssen sie beginnen, Aggression konsequent zu bestrafen; sei es durch nachdrückliches Schelten des Hundes oder durch ein lautes, erschreckendes Geräusch, das dem Hund unangenehm ist und wodurch er mit der Zeit lernen wird, sein aggressives Verhalten zu kontrollieren oder einzustellen. Die Art der Bestrafung richtet sich nach dem jeweiligen Tier, der Situation und dem Besitzer selbst. Als Richtlinie für den Besitzer gilt, eine Methode der Bestrafung zu finden, die wirkungsvoll genug ist, *jedes Auftreten* von Aggression *sofort* zu stoppen, ohne den Hund dabei unnötig zu verängstigen. Bei den meisten Hunden kann dies durch lautes und bestimmtes Schimpfen, das mehr Autorität verheißt als bisher, erreicht werden. Hart und Hart (1985) schlugen vor, den Hund zu schlagen, wenn keine mildere Bestrafung zum Ziel führt. Die Mehrheit der Haustier-Problemberater zieht allerdings alternative Methoden wie laute Geräusche der physischen Bestrafung von Hunden vor, die die Schelte ihrer Besitzer ignorieren, weil entweder die Motivation zum Problemverhalten zu hoch oder der Besitzer nicht imstande ist, seinen Maßnahmen genügend Autorität zu verleihen. Zur Verteidigung von Hart und Hart (1985) sei jedoch gesagt, daß in der Tat eine Menge Besitzer ihre Hunde in der Vergangenheit zu bestimmten Zeiten physisch bestraft haben, ohne die Nebenwirkungen zu provozieren (z. B. der Hund beginnt, seinen Besitzer zu fürchten), vor denen viele Verhaltensspezialisten warnen. Hunde beißen einander von Zeit zu Zeit, also kann ein gelegentlicher „Biß" des Besitzers zuweilen ein sehr effektives Mittel sein, den Hund kurzfristig zu lehren, sich etwas respektvoller zu verhalten, und Bedingungen dafür zu schaffen, daß künftig Schelte (ohne Schläge) wirkungsvoller sein wird als früher.

Forschungsergebnisse zur Lernfähigkeit von Tieren belegen, daß Bestrafung dann am wirkungsvollsten ist, wenn dem Tier gleichzeitig ein alternatives, an eine Belohnung geknüpftes Verhaltensmuster zur Verfügung steht. Ein Tier ausschließlich zu bestrafen ist weit weniger effektiv, als Bestrafung mit einer belohnten, gegenkonditionierten Verhaltensweise zu kombinieren (d. h. ein Verhalten, das nur isoliert, also nicht in Kombination mit dem unerwünschten Verhalten ausgeführt werden kann), wenn es gilt, die Frequenz künftigen Auftretens herabzusetzen.

Es darf auch nicht allein bei der Bestrafung problematischen Knurrens und Bellens bleiben. Besitzer müssen lernen, ruhiges, nicht-aggressives Verhalten in der Gegenwart von Fremden zur Kenntnis zu nehmen und zu belohnen (durch Streicheln und zu Beginn auch mit Leckerbissen). Hierzu gibt es mehrere Vorgehensweisen. Man kann damit beginnen, den Hund periodisch für sein ruhiges Verhalten in den Minuten, nachdem das unerwünschte Verhalten mittels Bestrafung vorübergehend unterdrückt wurde, zu belohnen. Wird indessen ein Zeitpunkt gewählt, da die Motivation zu bellen und zu knurren nicht so hoch ist, kann man eine aktivere Trainingsmethode praktizieren und mit dem Hund einige der Kommandos im Beisein von Fremden üben und belohnen, die sonst mit dem Hund allein trainiert wurden. In Fällen, da die Motivationen des Hundes, sein aggressives Verhalten fortzusetzen, nicht so stark sind und die Familie es zur festen Regel gemacht hat, den Hund nur in solchen Situationen mit Leckerbissen zu belohnen, kann dies eine sehr wirkungsvolle Methode sein, den Hund bei Laune zu halten und mit der Konditionierung akzeptablen Verhaltens gegenüber Fremden zu beginnen.

Viele Verhaltensspezialisten empfehlen den Einsatz einer Ablenkung oder einer *Methode der frühen Intervention,* um den Prozeß der Gegenkonditionierung zu erleichtern. Hierbei wird ein lautes oder ungewohntes Geräusch benutzt, um den Hund in potentiellen Problemsituationen abzulenken, in genau dem Moment, in dem der Hund den Fremden wahrnimmt. Dies lenkt die Aufmerksamkeit des Hundes auf den Besitzer, der ihn dann rufen und für ein erwünschtes, alternatives Verhalten belohnen kann (Ablegen, Hinsetzen, Bleiben), *bevor er beginnt, aggressiv zu werden.* Das Timing ist hier von entscheidender Wichtigkeit. Unterbricht der Besitzer das Tier oder lenkt es ab, noch bevor er das potentielle Opfer entdeckt hat, wird das Problem zwar gemieden, aber das Tier wird aus dieser Erfahrung nichts Sinnvolles lernen. Wartet man zu lange, bis der Hund den Fremden schon anbellt, so wird das unerwünschte Bellen noch verstärkt.

Nach vielfacher Wiederholung dieses Vorgangs übernimmt das laute oder ungewohnte Geräusch, das der Besitzer einsetzt, um die Aufmerksamkeit des Hundes zu erlangen, die Funktion eines, von experimentellen Psychologen als *diskriminativer Stimulus* bezeichneten Reizes, der dem Hund gewissermaßen eine Belohnung unter der Voraussetzung anderen Verhaltens in Aussicht stellt. Im Idealfall ist das Geräusch nach erfolgreichem Einsatz dieser Methode über mehrere Wochen nicht mehr nötig, da dann das Auftauchen eines Fremden zu einem diskriminativen Reiz geworden ist, der eine mögliche Belohnung für ein bestimmtes Verhalten signalisiert (zum Besitzer laufen, „Sitz" machen). Wird zum Beispiel ein Hund, der sonst immer Jogger jagte, jedesmal sogleich von dem gerade entdeckten Jogger abgelenkt und von seinem Besitzer gerufen und für sein Verhalten mit Leckerbissen belohnt, dann wird er sich am Ende, sobald er einen Jogger sichtet, nach seinem Besitzer umdrehen und in Erwartung einer Belohnung zu ihm hinlaufen, ohne vorher gerufen zu werden. Bei erfolgreicher Durchführung kann mittels dieser Methode die Art der Reaktion des Hundes auf und dessen Empfinden für das Ziel seiner früheren Aggression verändert werden. Statt eines bedrohlichen Eindringlings, den es zu vertreiben gilt, kann der Fremde etwas weit Positiveres für den Hund werden – ein Signal dafür, daß eines der am meisten geschätzten Dinge des Hundelebens unmittelbar bevorsteht.

Die exakte Anwendung dieser Trainingsprinzipien variiert natürlich in Abhängigkeit des Auftretens der Aggression zum Beispiel gegen Fremde auf der Straße oder Besucher im Haus. Im Freien steht meist mehr Platz zur Verfügung. Wenn der Besitzer Gegenden für Spaziergänge aussucht, die diese Art Training begünstigen, und Fremde auf große Distanzen ausgemacht werden können, kann das erwünschte, alternative Verhalten beim Hund viel einfacher ausgelöst werden, bevor dieser aggressiv und erregt wird. Zu Hause sind die Räumlichkeiten beengt und alles geschieht zu schnell: es klingelt und der Hund hetzt bellend zur Haustür, bevor der Besitzer die Möglichkeit hat, in irgendeiner Form zu reagieren. In dieser Situation muß der Schwerpunkt der Behandlung einzig auf einer bestrafungsbedingten Unterdrückung aggressiven Verhaltens in Kombination mit häufiger Belohnung ruhigen Verhaltens in Anwesenheit von Fremden liegen.

Methoden systematischer Verhaltenstherapie

In schweren Fällen oder solchen, in denen die physischen Einschränkungen durch die Umgebung nicht zu einer Besserung des Verhaltens des Hundes auf Spaziergängen führen, könnte eine Verhaltenstherapie konzipiert werden, die zu bestimmten Zeiten, in besonderer Umgebung und auf besondere Weise durchgeführt wird. Man könnte beispielsweise zweimal täglich zu einem nahegelegenen Park fahren und ruhiges, nichtaggressives Verhalten im Beisein von Fremden an einem Ort üben, der speziell für diese Übungen ausgewählt wurde (d. h. sehr weitläufig, im richtigen Abstand zum Fußweg, nicht zu viele andere Hunde und Ablenkung). Im Laufe der Zeit kann der Abstand zum Fußweg reduziert werden, das Training kann an unterschiedlichen Orten stattfinden, die immer größere Nähe zu Fremden, mehr Fremde, mehr

Ablenkung und so weiter bieten. Bei einen Hund, der gegenwärtig zu gefährlich ist, um losgelassen zu werden, damit er aus einer Distanz auf Kommando zu seinem Besitzer zurückkommt, sobald ein Fremder in Sicht ist, kann die Benutzung einer besonders langen Leine erwogen werden.

In manchen extrem schwerwiegenden Fällen von Aggression gegen Besucher im Haus kann die Reaktion des Hundes beim Eintreten von Fremden derart heftig ausfallen, daß eine aggressionsunterdrückende Bestrafung keine Wirkung zeigt. Auch hier kann die Ausarbeitung eines Konzeptes für spezielle verhaltenstherapeutische Maßnahmen, die es ermöglichen, den Hund schrittweise zu einem anderen Verhalten in ähnlichen Situationen zu erziehen, sehr hilfreich sein.

Eine in der Literatur zu Verhaltensproblemen von Haustieren häufig beschriebene Methode ist, eine Reihe von Übungsbesuchen durch jemanden zu arrangieren, der die Rolle des Fremden übernimmt. Dies kann primär ein Freund der Familie oder ein Nachbar sein, den der Hund gut kennt; in mehrmals täglich stattfindenden Trainingseinheiten klingelt er an der Tür, kommt herein, nimmt den Mantel ab und setzt sich im Wohnzimmer. Beginnend mit dem Zeitpunkt des Klingelns wird dem Hund befohlen, zu sitzen oder sich abzulegen, später wird er immer wieder für das Verbleiben (und Ruhigbleiben) an einem bestimmten Platz oder die Befolgung anderer Befehle belohnt, die in den Tagen vor den Übungsbesuchen gewissenhaft und oft geübt wurden. Wird der Hund aggressiv, dann wird er gescholten oder anderweitig nachdrücklich bestraft, um die Aggression augenblicklich zu unterdrücken. Wenn der Hund gute Leistung bringt, kann der Besucher ein Nachbar sein, den der Hund nicht so gut kennt, aber noch gut genug, um die ausgelöste Aggression, anders als im Falle eines völlig Fremden, kontrollierbar zu machen. Im letzten Schritt können andere Leute, die der Hund nicht kennt, die Rolle des Besuchers übernehmen.

Einen völlig anderen Ansatz speziellen Trainings zum Umgang mit Aggression gegen fremde Besucher im Haus wird von Hart und Hart (1985) vorgeschlagen: Hier wird versucht, den Hund zu konditionieren, Fremde zu „mögen", indem die Mitglieder der Familie ihn außer in Gegenwart von Fremden völlig ignorieren (Aufmerksamkeit, Streicheln, Spielen entfällt). Sobald jedoch ein Fremder das Haus betritt, wird der Hund gestreichelt, mit ihm gesprochen und er erhält häufig Leckerbissen – insbesondere vom Besucher selbst, falls der Hund diese von ihm annimmt. Es ist selbstverständlich, daß zu Beginn dieser Methode viele Freunde kontaktiert und um Hilfe gebeten werden, damit in den ersten Tagen möglichst viele Besuche stattfinden.

Zumindest theoretisch könnte diese Methode hoch effizient sein, wenn sie über lange Zeit konsequent angewandt würde. Das Problem liegt jedoch in der Weigerung der meisten Besitzer, ihren Hund so zu behandeln. Die Compliance kann selbst unter günstigsten Voraussetzungen der limitierende Faktor sein. Wenn aber die Empfehlungen eine vollständige Einstellung aller Interaktionen mit ihrem Hund über Tage und Wochen verlangen, wird die Compliance zum unüberwindlichen Problem. Die anderen oben erläuterten Methoden haben vielleicht nicht das gleiche Potential, den Hund dazu zu bringen, Fremde zu „mögen" – das erklärte Ziel der Methode von Hart und Hart (1985) –, aber auch sie können sehr erfolgreich sein, ohne daß die Besitzer ihre Hunde auf eine für sie unangenehme, unethische oder psychologisch nicht konsequent durchführbare Weise behandeln müßten.

Mechanische Hilfsmittel zur Kontrolle der Aggression/des Hundes

Wenn Probleme auf Spaziergängen auftauchen, sollten die Besitzer ihren Hund in allen potentiellen Problemsituationen, in denen der Kontakt mit dem Typ fremder Menschen wahrscheinlich ist, der Aggressionen auslöst, an der Leine halten. Dies schützt andere Leute und hält den Hund in der unmittelbaren Nähe des Besitzers, damit aufkeimende Aggression erfolgreich unterdrückt werden kann. Das Tragen eines Maulkorbs ist eine weitere Option für Situationen, in denen der Hund frei herumlau-

BEHANDLUNGSEMPFEHLUNGEN

Gruppendefensive Aggression gegen fremde Menschen

Szenario A: *Der Besitzer kann den Hund gefahrlos schelten oder physisch bestrafen, um Aggression gegen Fremde im Haus erfolgreich zu beenden.*

- Gegen Fremde im Haus gerichtetes Bellen und Knurren sollte immer gerügt oder anderweitig ausreichend hart bestraft werden, so daß der Hund bei Bestrafung *sofort* und *jedesmal* sein Verhalten einstellt. Er sollte in genau dem Moment gescholten/bestraft werden, in dem er *beginnt*, aggressiv zu werden.
- Gutes Benehmen (z. B. ruhig, nichtaggressiv, freundlich, gehorsam) sollte großzügig mit Streicheln, Lob, aber vor allem mit Leckerbissen in Situationen belohnt werden, in denen die Aggression wiederholt auftritt. Ansonsten erhält der Hund keine Leckerbissen.
- Unabsichtliche Belohnung der Aggression gegen Besucher durch Beruhigungsversuche, Ablenkungsmanöver (Streicheln, Zureden, Hochheben, Gabe von Knochen, Spielzeug) etc. sollte vermieden werden.
- Bis zur vollständigen Lösung des Problems sollte der Hund in Gegenwart von Besuchern einen Maulkorb tragen. *(Besonders angebracht bei unberechenbaren Hunden, die Gäste schnell und ohne Vorwarnung angreifen, ohne vorher Zeichen von Aggression gezeigt zu haben.)*

Szenario B: *Der Besitzer kann den Hund gefahrlos schelten oder physisch bestrafen, um Aggression gegen Fremde auf Spaziergängen erfolgreich zu unterbinden.*

- Der Hund sollte auf Spaziergängen ein Würgehalsband oder einen Kopfhalter tragen, um eine physische Kontrolle zu ermöglichen. Bei einem erneuten Angriffsversuch muß eine ausreichende Kontrolle vorhanden sein, um ihn zurückzuhalten. *(Besonders angebracht in Fällen, in denen eine rein physische Kontrolle des Hundes schwierig ist.)*
- Der Hund sollte z. B. bei der Benutzung öffentlicher Verkehrsmittel oder bei unvermeidlichem, engem Kontakt mit Fremden einen Maulkorb tragen.
- Anfangs sollte der Hund in potentiellen Problemsituationen immer an der Leine gehalten werden, damit eine physische Kontrolle möglich ist und er dem Besitzer immer nahe genug ist, damit dieser sofort etwas gegen das Bellen unternehmen kann.
- Das Anbellen/Anknurren von Fremden auf der Straße sollte immer ausreichend hart bestraft, mit einem energischen „Nein" gerügt, einem heftigen Ruck an der Leine oder einem erschreckenden Geräusch geahndet werden, so daß er *jedesmal* und *sofort* damit aufhört. Der *Beginn* der Aggression ist der richtige Moment für eine Bestrafung.
- Gutes Benehmen (d. h. ruhig, nichtaggressiv, freundlich, gehorsam) sollte großzügig mit Streicheln, Lob und vor allem mit Leckerbissen in Gegenwart der Fremden belohnt werden, auf die der Hund häufig aggressiv reagiert. Außerhalb dieser Situationen bekommt der Hund keine Leckerbissen.
- Unabsichtliches Belohnen des aggressiven Verhaltens durch Beruhigungs-/Ablenkungsmanöver (Streicheln, Zureden, Hochheben, Ablenken mit Spielsachen, Knochen etc.) ist zu vermeiden.
- Es ist jedoch akzeptabel und oft auch ratsam, den Hund durch Zuruf oder einen Befehl abzulenken, *bevor* er auf einen herannahenden Fremden aggressiv reagieren kann, um ein gewünschtes Verhalten auszulösen und dann belohnen zu können, wenn der Fremde gerade vorübergeht.

(Wenn es gewünscht wird, den Hund zuweilen frei laufen zu lassen, oder Besitzer nicht willens sind, ihren Hund an der Leine zu halten, sind einige zusätzliche Empfehlungen zum Training des Hundes zu geben, um ihn zu schnellerem und zuverlässigerem Kommen auf Befehl bei Spaziergängen zu erziehen.)

fen soll, um mit Artgenossen zu spielen. Ist die physische Kontrolle eines aggressiven Hundes selbst an der Leine problematisch – dies ist oft bei großen Hunden zierlicher oder älterer Damen der Fall –, so sind weitere Hilfsmittel zur Kontrolle vonnöten. Hierfür kommen Halsbänder in Frage, die sich in unangenehmer Weise enger um den Hals schließen, wenn der Hund an der Leine zerrt, oder sogenannte Kopfhalter, die beim Zerren an der Leine ebenfalls eine unangenehme Wirkung entwickeln und z. B. den Kopf des Hundes zur Seite drücken.

Zu Hause ist das Halten an der Leine oder das Tragen eines Maulkorbs bei Anwesenheit von Besuchern ratsam. Dadurch werden Knurren und Bellen zwar nicht verhindert, aber die Tatsache, daß der Hund nicht beißen kann, wirkt auf den Besitzer wie auch auf den Besucher sehr viel entspannender, als es sonst der Fall wäre. Außerdem versetzt es den Besitzer in die Position, konzentrierter an Trainingsmaßnahmen heranzugehen, die schließlich das Tragen der Leine oder des Maulkorbs überflüssig machen.

Gruppendefensive Aggression gegen vertraute Menschen

Gruppendefensive Aggression kann auch persönlichere Formen annehmen, bedingt durch wiederholte Zusammentreffen mit bestimmten Nachbarn, die regelmäßig am Garten vorbeikommen, oder Kinder, die in derselben Straße wohnen, Tierbesitzer, denen man immer wieder auf Spaziergängen begegnet, oder Menschen, die sich regelmäßig dem Haus nähern (Briefträger). Feindselige Beziehungen zwischen dem Hund und bestimmten Leuten können ein derart gravierendes Ausmaß annehmen, daß der Hund auf diese heftiger reagiert als auf Fremde.

Die Entwicklung dieses Problems kann einen unterschiedlichen Verlauf nehmen. Opfer geraten möglicherweise über das Bellen in Wut und reagieren mit Drohgebärden, Schreien oder dem Werfen von Gegenständen – wodurch die Aggression des Hundes gegen sie nur weiter verstärkt wird. Kinder, die den Hund ärgern, provozieren einen ähnlichen Effekt. Das Bellen des Hundes erregt die Aufmerksamkeit der Kinder und mit der Zeit avanciert die Provokation des Bellens zum Sport auf dem Nachhauseweg. Eine Person, die gewöhnlich ängstlich auf den Hund reagiert, kann dadurch eine bei jedem Treffen gesteigerte Aggression auslösen. Es ist unklar, warum ängstliche Menschen besonders oft das Ziel von gruppendefensiver Aggression von Hunden werden. Wie bereits erwähnt, wird angenommen, daß sie den Hund besonders intensiv anstarren oder sich aus der Sicht des Hundes in irgendeiner Weise merkwürdig verhalten. Ein letztes Beispiel bezieht sich auf Besitzer von Hunden in der Nachbarschaft, mit denen der Hund in der Vergangenheit Probleme hatte. In der Absicht, Raufereien zu verhindern oder zu beenden, konfrontierten sie den Hund eventuell direkt und scholten ihn. Vielleicht umfaßte der Versuch des anderen Besitzers, die Hunde zu trennen, auch Verhaltensweisen, die der Hund als Bedrohung empfand.

Mit dieser Art Probleme umzugehen und sie zu verstehen, verhält sich ähnlich dem Vorgehen bei Aggression gegen Fremde. Allerdings kommt das potentiell wichtige Element der möglichen Modifikation des Verhaltens des betreffenden Opfers hinzu. Mit den Eltern der Kinder, die den Hund ärgern, kann gesprochen werden. Die regelmäßigen Passanten, die entweder ängstlich oder aggressiv auf den Hund reagieren, können gebeten werden, das Verhalten des Hundes einfach zu ignorieren. Diesen Reaktionen keine Aufmerksamkeit zu schenken, kann mit der Elimination der auslösenden oder belohnenden Stimuli identisch sein, die das Problem aufrecht hielten oder sogar intensivierten.

Selbstschutzaggression gegen fremde Menschen

Es gibt eine Reihe von Gründen, bevorzugt den Terminus *Selbstschutzaggression* anstelle der landläufigen Angstaggression für Probleme zu verwenden, bei denen die Tiere mit Knurren und/oder Schnappen defensiv reagieren, wenn man sich ihnen nähert, nach ihnen greift oder sie anfaßt. Erstens ist Selbstverteidigung eine zutreffende Beschreibung der biologischen Funktion dieses Verhaltens und daher in dieser Hinsicht dem Begriff der Angstaggression vorzuziehen. Zweitens sind ängstliche Körperhaltung, Mimik und allgemeine Flucht-/Meide-Verhaltensweisen auch in Verbindung mit anderen Typen defensiver Aggression zu beobachten oder sind im Gegenteil drastisch verkürzt und bei einigen „Angstbeißern", die Fremden gegenüber primär freundlich sind, aber auf Berührung zuschnappen, nur schwerlich auszumachen. Drittens umfaßt die Kategorie der selbstverteidigenden Aggression auch aggressive Reaktionen auf aversive Stimuli wie zum Beispiel bestrafungs- oder schmerzbedingte Aggression gegen Fremde, die der Hund bis zu diesem Vorfall nicht fürchtete. Biologisch betrachtet ergibt dies Sinn: Auch hier reagiert der Hund sowohl aggressiv als auch ängstlich auf etwas, das er offensichtlich als unmittelbare Bedrohung seines Wohlbefindens betrachtet. Nicht zuletzt ist die Titulierung „Selbstschutz" angemessen, weil sie den Einzelcharakter der aggressiven Verhaltensweise betont, bei der im Gegensatz zur gruppendefensiven Aggression ein „Schneeballeffekt" zu fehlen scheint.

Entsprechend der im vorhergehenden Kapitel besprochenen, selbstverteidigenden Aggression gegen Familienmitglieder, können die unterschiedlichen Typen der Selbstverteidigungsaggression gegen fremde Menschen im folgenden Schema zusammengefaßt werden:

- Ausgelöst durch wirkliche *aversive Stimuli* seitens Fremder, die von schmerzhaften bis hochgradig verängstigenden Vorfällen reichen, wie von der betreffenden Person attackiert oder gepackt zu werden.
- *Angstbezogene Aggression*, ausgelöst durch das Herannahen oder Greifen/Berühren der gefürchteten Person nach dem Tier, die einen der folgenden Punkte beinhaltet:
  - Angst vor *bestimmten Individuen* als Ergebnis früherer Mißhandlungen/Drohungen durch diese Person.
  - Angst vor *allen Fremden*, einen Kontaktmangel mit fremden Menschen in einer frühen Lebensphase reflektierend.
  - Angst vor *bestimmten Typen von Fremden* (z. B. Kinder, Männer, Männer auf Krücken etc.), aufgrund unangenehmer Erfahrungen in der Vergangenheit mit diesem Typ Mensch oder unzureichender Erfahrungen mit ihm während der ersten 3–4 Lebensmonate.

Mögliche Kausalfaktoren

Begrenzte frühe Erfahrungen

Angst vor Fremden, die in Selbstschutzaggression endet, kann manchmal auf einen Kontaktmangel mit fremden Menschen – oder bestimmten Typen fremder Menschen – in den ersten drei Lebensmonaten des Hundes zurückgeführt werden. Es ist wichtig, diese Möglichkeit bei der Befragung der Besitzer abzuklären, da es außerordentlich schwierig ist, dieser Art ängstlicher Tendenzen beizukommen. Sie sind sehr resistent gegen Modifikationsversuche, und sowohl Behandlungsansatz als auch Prognose können demzufolge grundlegend anders ausfallen als in Fällen von später im Leben entstandener Angst.

Angst-/schmerzauslösende Erfahrungen

Für die Wahl der Therapie ist die Entstehungsweise der Angst zwar nicht essentiell, aber sie trägt dazu bei, den Schweregrad und die Korrigierbarkeit des Problems festzulegen. Am günstigsten fällt die Prognose für leichte bis mittelschwere Fälle jüngeren Ursprungs aus.

Auslösung/Verstärkung durch das Opfer

Das Verhalten des Opfers ist in Fällen von Selbstschutzaggression immer relevant. Schmerzbedingte Aggression gegen den Tierarzt, wenn dieser eine schmerzhafte Region oder den Körper des Tieres berührt, ist nur ein Beispiel dafür. Ein anderer häufig wiederkehrender Ablauf ist ein Fremder, der sich der

MÖGLICHE KAUSALFAKTOREN

Begrenzte frühe Erfahrungen
(mögliche Quelle der Angst vor Fremden/ Typen von Fremden)

Auslösung/Belohnung durch das Opfer
(Aggression seitens des Opfers kann Angst/ Angstaggression verstärken; bei Bedrohung anzuhalten/sich zurückziehen belohnt Aggression)

Genetische Prädisposition
(manche Hunde sind aus genetischen Gründen ängstlicher als andere oder haben eine niedrigere Hemmschwelle, zu knurren/ schnappen)

Angst-/schmerzauslösende Erfahrungen
(Angst als Resultat angst-/schmerzauslösender Erfahrungen mit Fremden in der Vergangenheit)

Unabsichtliche Belohnung durch den Besitzer
(z. B. Besitzer reagiert auf Aggression mit Streicheln, Beruhigen, Ablenkung, Spielen, Leckerbissen)

SELBSTSCHUTZAGGRESSION GEGEN FREMDE MENSCHEN

- Aggression gegen fremde Menschen, wenn diese zu nahe kommen, nach dem Hund greifen, ihn berühren oder in die Enge treiben etc.

MÖGLICHE BEHANDLUNGSELEMENTE

Vermeiden von Problemsituationen
(den Hund nicht in Situationen bringen, in denen enger Kontakt zu Fremden unvermeidlich ist; Rat an Leute, den Hund nicht anzufassen; Hund in der Öffentlichkeit nicht unbeobachtet lassen)

Korrektur von Fehlern der Besitzer
(z. B. Beendigung unabsichtlicher Belohnung von Aggression; Bestrafung von Aggression ist manchmal kontraindiziert)

Konventionelles Gehorsamstraining
(Verbessern der Kontrolle des Besitzers in potentiellen Problemsituationen)

Mechanische Hilfsmittel
(Tragen eines Maulkorbes bei unvermeidbarem Kontakt zu Fremden)

Training in Problemsituationen
(mögliches Rügen von Aggression durch den Besitzer und Belohnen nichtaggressiven Verhaltens gegen Fremde in manchen Fällen)

Methoden systematischer Verhaltenstherapie
(z. B. Desensibilisierung/Gegenkonditionierung vermittels „Übungsannäherungen" der gefürchteten Personen; Reizüberflutung)

Verbesserung der Dominanz des Besitzers
(Erhöhung der Kontrolle des Besitzers in potentiellen Problemsituationen)

Angst des Tieres nicht bewußt ist und es berührt, während es zum Beispiel vor einem Supermarkt angekettet ist, oder ein Fremder, der, ohne es zu bemerken, zu nahe an einer Stelle vorbeiläuft, an der das Tier liegt (z. B. unter einem Restauranttisch). In beiden Fällen hat das Tier kaum Ausweichmöglichkeiten und fühlt sich schnell bedrängt.

Das Verhalten des Opfers kann das Problem auch noch in anderer Weise beeinflussen. Es reagiert möglicherweise aggressiv auf die Bedrohung und versucht, den Hund zu erschrecken oder zu bestrafen, was dazu führt, daß die Aggression eskaliert und der Hund diese oder ähnliche Personen künftig noch mehr fürchtet. Opfer, die sich in Reaktion auf Knurren oder Schnappen sofort zurückziehen, belohnen die Aggression und tragen zu einer Stabilisierung und Verstärkung der Tendenz des Hundes bei, auch in ähnlichen Situationen aggressiv zu reagieren.

Unabsichtliche Belohnung durch den Besitzer

Wie bei anderen Aggressionsproblemen begehen Besitzer auch hier den Fehler, das Tier zu streicheln, zu beruhigen oder abzulenken, wenn es aggressiv auf einen Fremden reagiert. Auch diese Art der Reaktion von Besitzern ist eine Quelle der Belohnung, die das Problem nachhaltig beeinflussen kann.

Genetische Prädisposition

Manche Hunde sind in einer Reihe von Situationen weitaus ängstlicher als andere, ohne daß in der Geschichte des betreffenden Tieres etwas Außergewöhnliches zu finden wäre (mangelnde frühe Erfahrungen, negative Erlebnisse im späteren Leben).

Zusätzlich scheint die Hemmschwelle mancher Hunde, zu knurren und zu schnappen, herabgesetzt zu sein, wenn sie sich durch irgend etwas gestört fühlen, obwohl die Besitzer dies nicht durchgehen lassen. In der Tat zeichnen zuweilen genetische Differenzen für unterschiedliche Ängstlichkeit oder Aggressionsschwellen bei Hunden verantwortlich.

Mögliche Behandlungselemente

Vermeiden von Problemsituationen

Da diese Hunde es nicht darauf anlegen, Menschen zu beißen, heißt das Vermeiden von Problemsituationen für den Besitzer meist: (1) Schlüsselsituationen wie Menschenansammlungen oder Restaurants, wo die Nähe des Hundes zu ihm unbekannten Menschen unumgänglich ist, zu meiden sowie (2) den Hund überall da, wo sich jemand dem Hund nähern und ihn streicheln könnte (z. B. vor Supermärkten), nicht allein zu lassen. Dazu gehört aber auch, (3) Gästen, Kindern, anderen Haustierbesitzern etc. mitzuteilen, daß es gefährlich ist, den Hund anzufassen.

Mechanische Hilfsmittel zur Kontrolle von Aggression

Kann physischer Kontakt zu Fremden nicht vermieden oder vom Besitzer nicht kontrolliert werden, ist das Tragen eines Maulkorbes sinnvoll. Deutsche Hundebesitzer lehnen dies meist ab, weil es die Leute dazu veranlaßt, den Hund anzustarren, und Fremde dazu neigen, dies als „Mißhandlung" zu interpretieren. Dennoch ist er in einigen spezifischen Situationen das Mittel der Wahl. Natürlich tragen Hunde nicht gerne einen Maulkorb, aber sie gewöhnen sich daran. Die negative Reaktion darauf kann auch gemildert werden, indem man den Maulkorb unmittelbar vor dem hochgeschätzten Spaziergang anlegt oder dem Hund deutlich mehr Aufmerksamkeit widmet, solange er den Maulkorb trägt.

Korrektur von Fehlern der Besitzer

Hierunter fallen zwei häufige Fehler, die einer Richtigstellung bedürfen. Der erste ist eine derart heftige Bestrafung, daß sich zu der Angst vor Fremden noch die Angst vor Bestrafung gesellt – was das Problem weiter verschärft. Der zweite Fehler geschieht durch positive Handlungen, die die Funktion einer Belohnung oder Verstärkung übernehmen können und den Hund in seinem Verhalten bestärken, wenn er gerade jemanden angeknurrt oder nach jemandem geschnappt hat.

Trainieren in Problemsituationen

Viele Verhaltensberater lehnen zwar den Einsatz von Strafmaßnahmen in allen Fällen von Selbstschutzaggression kategorisch ab, doch geht dies unter Umständen ein wenig zu weit. Keinesfalls soll die zugrundeliegende Angst des Tieres verstärkt werden, doch gibt es immer wieder Fälle, in denen Tiere ungewöhnlich schnell aggressiv auf Fremde reagieren, die sie aber offensichtlich nicht als große Bedrohung empfinden. Insbesondere in diesen Fällen wäre es falsch, die Aggression unreflektiert, ohne deutliches Zeichen von Mißfallen seitens des Besitzers durchgehen zu lassen, um die Hemmschwelle des Tieres für künftige Aggressionen anzuheben. Ist der Besitzer nicht identisch mit der gefürchteten Person, so ist die Gefahr sehr gering, daß Schelte die bereits tief sitzenden Vorbehalte oder die Angst des Hundes vor unbekannten Personen noch verstärkt. Kurz, das potentielle Risiko, daß sich die Angst des Hundes durch das Verhalten des Besitzers noch verstärkt, tritt manchmal hinter die Vorteile zurück, die der Besitzer erzielt, indem er kraft seiner Autorität den Hund lehrt, seine Aggression außer in Fällen übermächtiger Angst zu unterdrücken.

In vielen dieser Fälle spielt ein weiterer, eher psychologischer Faktor eine Rolle. Besitzer, die sich der vergleichsweise übersteigerten Ängstlichkeit ihres Tieres bewußt sind, tendieren oft dazu, es zu bemitleiden, nicht gereizt oder ungeduldig mit ihm zu sein und vor allem mit Strafmaßnahmen zur Kontrolle seines Verhaltens weitaus zurückhaltender zu sein als Besitzer normaler Tiere.

Daher kommt es häufig vor, daß ein Hund, der bisher nur in einer bestimmten Situation ängstlich reagierte, dann auch in einer Vielzahl anderer Situationen problematisch wird, weil die Besitzer nicht so streng mit ihm verfahren wie mit einem nichtängstlichen Tier. Generell ist wohl die beste Empfehlung an Hundebesitzer, auch mit einem ängstlichen Tier möglichst (d. h. in allen Situationen, in denen es nicht ausdrücklich kontraindiziert ist) genauso umzugehen wie mit jedem anderen Hund und von ihm das gleiche Maß an Gehorsam und die gleiche Kontrolle problematischen Verhaltens zu erwarten wie von jedem anderen Hund. Vielfach bedeutet dies, den Besitzern zu verdeutlichen, daß – unabhängig von Angst – Hunde in einer auf Menschen ausgerichteten Umwelt mit auf Menschen ausgerichteten Rahmenbedingungen und Verboten zu akzeptablem Verhalten erzogen werden müssen. Dabei soll eine ausgewogene Kombination aus Belohnungen für erwünschtes Verhalten und Strafe für Fehlverhalten zum Einsatz kommen.

Alles in allem sollte Besitzern, die zu streng mit ihrem Hund verfahren, und solchen, deren Bestrafung eines ängstlichen Tieres für dessen Aggression gegen einen Fremden das Problem nur noch weiter verschlimmert, unmißverständlich und dringend geraten werden, die Bestrafungen umgehend einzustellen. Dennoch gibt es auch viele Fälle, in denen vorsichtig dosierte Schelte durch den Besitzer dazu beiträgt, die Hemmschwelle des Hundes für Aggression anzuheben, ohne das zugrundeliegende Angstproblem zu verschlimmern.

Diese Diskussion beleuchtet bisher nur den Gesichtspunkt der Anwendbarkeit von Strafmaßnahmen bei Selbstverteidigungsaggression. Ein weiterer Aspekt ist der Einsatz positiver Maßnahmen, die Besitzer in Problemsituationen anwenden können, um den Schweregrad des Problems zu reduzieren. Die Tatsache, daß die Aggression sich gegen Fremde richtet, die sich dem Hund nähern oder ihn zu streicheln versuchen, erschwert die Konzipierung eines informellen Gegenkonditionierungsverfahrens für den täglichen Gebrauch, um den Hund allmählich zu trainieren, in potentiellen Problemsituationen nicht aggressiv zu reagieren. Trotzdem ist auch dieser Ansatz in manchen Fällen praktikabel. Wenn es der Hund beispielsweise zuweilen toleriert, von Gästen gestreichelt zu werden, sollte der Besitzer den Gästen, die den Hund kraulen wollen, raten, ihn vorher mit Leckerbissen für sich zu gewinnen und dann langsam die Hand nach ihm auszustrecken und den Kopf des Tieres zu berühren, während sie ihm einen weiteren Leckerbissen anbieten. Später können sie ihm noch mehr geben, während sie ihn ganz leicht und nur kurz kraulen.

Methoden systematischer Verhaltenstherapie

Zur Behandlung von Selbstschutzaggression sind zwei verhaltenstherapeutische Ansätze möglich. Der erste ist eine konsequente Anwendung des Desensibilisierungs-/Gegenkonditionierungsverfahrens unter Einsatz einer Reihe von Übungs-Annäherungsversuchen der Person oder des Personentyps, den der Hund fürchtet. Die Person nähert sich wiederholt, bleibt in einer vorbestimmten Distanz vom Hund stehen, während der Besitzer ihn gleichzeitig mit Leckerbissen für nichtaggressives Verhalten belohnt. Die Person ist angewiesen, bei jedem Versuch den gleichen Abstand zu halten, bis der Hund gelernt hat, dies ohne Anzeichen von Angst oder Unbehagen zu tolerieren. Im Verlauf dieses Lernprozesses, wenn das Tier sich daran gewöhnt hat, entspannt zu bleiben, wird die Distanz so lange schrittweise reduziert, bis die Person ganz nahe ist und den Hund vorsichtig anfassen oder sogar streicheln darf. Bei korrekter Durchführung verspürt der Hund während des gesamten Procedere keine Angst.

Am nützlichsten ist diese Methode, wenn das Tier nur eine bestimmte Person oder einen bestimmten Personentyp fürchtet, z. B. 5- bis 10jährige, blonde Mädchen. Hier könnte das Üben mit blonden Mädchen dieser Altersstufe eine Übertragung auf andere, ähnliche Kinder bewirken. Fürchtet der Hund allerdings alle Fremden oder alle ihm unbekannten Männer, ist diese Methode weniger erfolgversprechend. Die Angst vor bestimmten Individuen wird möglicherweise im Verlauf der Trainingseinheiten verringert, jedoch ist eine Übertragung auf andere Fremde oder unbekannte Männer problematisch.

Die zweite Methode der Verhaltenstherapie ist *Reizüberflutung*. Diese kann eingesetzt werden, wenn eine mehr oder minder kontinuierliche, mehrstündige Exposition des Hundes gegen den gefürchteten Personentyp gewährleistet ist. Reagiert der Hund beispielsweise ängstlich auf große Menschenmengen reagiert, könnte der Besitzer mehrere Stunden täglich mit dem Hund (der einen Maulkorb trägt) in einer belebten Passage verbringen, wo der Hund stündlich hunderten von vorübereilenden Fremden ausgesetzt wäre. Der Schlüssel zu einer korrekten Anwendung dieser Methode ist das ausreichend lange Verbleiben des Besitzers in der betreffenden Situation, um die Angst des Hundes nennenswert zu verringern, was mehrere Stunden in Anspruch nehmen kann. (Zu Einzelheiten über Vorgehensweise, Anwendung und Grenzen der Reizüberflutung siehe Kapitel 15)

Alles in allem sind verhaltenstherapeutische Vorgehensweisen, die der Selbstschutzaggression gegen Fremde entgegenwirken sollen, zwar in Einzelfällen einsetzbar, diese Methoden sind aber extrem zeitaufwendig. Für Besitzer sind sie sowohl schwierig in der Durchführung als auch schwierig zu arrangieren und zu koordinieren angesichts der Tatsache, daß manchmal dem Hund unbekannte Personen hinzugezogen werden müssen. Oft fehlt diesen Methoden auch der nötige Generalisierungseffekt, um sicherzugehen, daß der Hund keine Gefahr mehr für Fremde darstellt, denen er in Zukunft begegnen wird. Kurz, diese Methoden sind in Einzelfällen nützlich, bieten aber in der Mehrzahl der Fälle keine praktikablen und wirklich effektiven Lösungen.

Konventionelles Gehorsamstraining

Führt ein Hund die vier Grundkommandos („Komm", „Platz", „Sitz", „Bleib") zuverlässig aus, kann der Besitzer die Bewegungen des Hundes in bestimmten, potentiellen Problemsituationen kontrollieren und damit Probleme häufig ganz vermeiden.

Verbesserung der Dominanz des Besitzers

Maßnahmen zur Verbesserung der Dominanz des Besitzers sind aus ähnlichen Gründen wichtig. Ein Hund, der zum Beispiel ein Konfliktverhalten zeigt, indem er freundlich auf Fremde zugeht, aber bei Berührung zuschnappt, sollte von ihnen ferngehalten werden. Das ist allerdings für Besitzer dominanter Hunde, die oft nur zögernd oder überhaupt nicht gehorchen, sehr schwierig.

BEHANDLUNGSEMPFEHLUNGEN

Selbstschutzaggression gegen fremde Menschen

Szenario A: *Die Angst des Tieres vor herannahenden Fremden und deren Berührungen kann nicht entscheidend reduziert werden, daher konzentrieren sich die Empfehlungen auf die anderweitige Vermeidung von Aggression.*

- Der Hund sollte immer einen Maulkorb tragen, wenn er beengten Bedingungen wie einem vollen Restaurant, einer Schar Kleinkinder oder der Benutzung öffentlicher Verkehrsmittel ausgesetzt wird und enger physischer Kontakt zu Fremden unvermeidbar ist.
- Es gibt keine Möglichkeit, das tief verwurzelte Mißtrauen, die Angst oder Antipathie des Hundes gegen Fremde vollständig zu eliminieren. Es wird daher immer nötig sein, fremde Besucher im Haus oder Fremde, die sich auf der Straße dem Hund nähern, vorzuwarnen, nicht unvermittelt nach dem Hund zu greifen, ihn anzufassen, zu streicheln oder sich ihm zu weit zu nähern.
- Entweder sollte zu Hause ein tägliches Gehorsamstraining durchgeführt oder eine Hundeschule besucht werden. Dies verleiht dem Besitzer in Problemsituationen mehr Kontrolle über den Hund. *(In dieser Hinsicht sind einige zusätzliche Empfehlungen zur Verbesserung der Dominanz des Besitzers hilfreich.)*
- Unabsichtliche Belohnung von Aggression gegen Fremde durch Streicheln, Zureden, Hochheben oder Ablenkung jeglicher Art als Reaktion auf Knurren/Schnappen muß eingestellt werden. Obwohl diese Methoden momentanen Erfolg zeigen, verschlimmern sie langfristig das Problem.
- Knurren und Schnappen nach Menschen sollte immer streng gescholten werden. *(In Fällen angemessen, in denen eine günstige Auswirkung auf die Hemmschwelle des Hundes zur Ausübung von Aggression zu erwarten ist, ohne gleichzeitig seine Angst vor Fremden zu verschlimmern.)*

Szenario B: *Das Problem ist vergleichsweise geringfügig, der Hund reagiert nur manchmal ängstlich und aggressiv auf Fremde.*

- Großzügige Belohnung erwünschten Verhaltens (d. h. keine ängstlichen oder aggressiven Reaktionen) durch Streicheln, Lob und vor allem mit Leckerbissen in der Gegenwart des Personentyps, gegen den sich die Aggression gewöhnlich richtet. Außerhalb dieser Situationen werden keine Leckerbissen vergeben.
- Ängstliches Verhalten ohne Anzeichen von Aggression ist grundsätzlich zu ignorieren; d. h., alle Zuwendung wird bei Anzeichen von Angst entzogen.
- Training, Kontrolle oder Schelten des Hundes sollten als natürlich betrachtet und entsprechend gehandhabt werden. Dies bedeutet unter anderem, Knurren und Schnappen nach Menschen immer streng zu schelten.

Intraspezifische versus interspezifische Aggression

Wie bereits erläutert, werden die meisten Hunde bereits frühzeitig in ihrem Leben auf Menschen „geprägt", sie wachsen als Mitglied eines menschlichen Sozialverbandes auf, ihr täglicher Kontakt zu Artgenossen ist vergleichsweise begrenzt und sie leben mit ihren Besitzern in einer größtenteils von Menschen besiedelten Welt. Es ist daher nicht verwunderlich, daß diese Kombination aus ständigem Kontakt zu Menschen, früher Prägung und teilweisem Kontaktentzug zu Artgenossen die Auslösung intraspezifischen Sozialverhaltens durch Menschen erleichtert. Tatsächlich benehmen sich die meisten Haushunde Menschen gegenüber bis zu einem gewissen Grad so, als handle es sich um andere Hunde. Alle Aggressionsprobleme, die in diesem und dem vorhergehenden Kapitel diskutiert werden, gehen von der Annahme aus, daß Hunde die Menschen in ihrer Familie sowie Fremde als Artgenossen wahrnehmen und entsprechend auf sie reagieren.

Man stelle sich andererseits die Reaktion eines Hundes in den erwähnten Problemsituationen der Selbstverteidigung vor, wenn er wild in einem Rudel ohne jeglichen Kontakt zu Menschen aufgewachsen ist. Hier scheint es angebracht, die extrem ängstlichen und aggressiven Reaktionen, die durch Menschen ausgelöst werden, die sich Hunden nähern oder sie zu berühren versuchen, welche immer wildlebend waren oder experimentell in den ersten Lebensmonaten von jedem Kontakt mit Menschen isoliert gehalten wurden (Scott und Fuller, 1965; zahlreiche bei Fox und Bekoff zitierte Studien, 1985; Voith und Borchelt, 1985), als Modell für *interspezifisches,* selbstverteidigendes Verhalten zu verwenden. In der Praxis bezieht sich daher die Frage, ob Formen der defensiven Aggression gegen Menschen grundsätzlich intra- oder interspezifisches Verhalten darstellen, direkt auf den Ursprung der zugrundeliegenden Angst des Tieres vor Menschen. Im einzelnen scheint die Annahme gerechtfertigt, daß Hunde, die von Geburt an immer in engem Kontakt zu Menschen standen, diese als Artgenossen wahrnehmen; daher kann jede Aggression gegen diese zu Recht als Form der intraspezifischen Aggression bezeichnet werden. Wenn die Aggression aber andererseits eine Manifestation intensiver und irreversibler Angst ist, die eindeutig im Bezug zu mangelnden frühen Erfahrungen in den ersten 3–4 Lebensmonaten steht – die von Verhaltensforschern als entscheidend für die Identifikation mit der Art betrachtet werden und daher als Bezugspunkt des Sozialverhaltens erwachsener Hunde gelten –, so liegt zumindest eine teilweise, grundlegend interspezifische Aggression vor.

Das bekannte „Käfigkoller"-Syndrom nimmt eine Art Zwitterstellung ein. Einerseits ist die Angst vor Fremden besonders ausgeprägt und der Hund bewegt sich auf Spaziergängen, als sei die Welt voll von potentiell gefährlichen Beutejägern. Gleichzeitig unterscheidet sich das Verhalten den Familienmitgliedern gegenüber nicht von dem eines normalen Hundes. Natürlich drängt sich die Frage auf, wie es zu einem so dramatischen Unterschied im Verhalten und einer daraus folgenden Einschätzung der Menschen kommen kann. Ein Identifikationsdefizit mit der eigenen Art aufgrund mangelnder früher Erfahrungen würde ein Alles-oder-nichts-Ergebnis zu Folge haben. Eine mögliche Erklärung wäre, daß die Annahme, die „Welt sei voller gefährlicher Beutejäger", ein Trugschluß ist. Das heißt, der Hund hatte ein minimales Maß an Kontakt, das zur Ausbildung normalen Sozialverhaltens gegenüber Menschen ausreichte. Der Mangel an Kontakten zu Fremden jedoch führte dazu, sie als völlig fremdartig und bedrohlich einzuordnen. Für Hunde, die ihre ersten Monate in einsamen, ländlichen Gegenden verbracht haben, gehören in diese Kategorie auch Verkehrsgeräusche. Letztendlich ist die Angst vor allem Fremden stärker als jegliche Neigung des Hundes, sich Artgenossen zu nähern und Kontakt aufzunehmen. Diese Annahme geht mit der Beobachtung konform, daß manche dieser Tiere sehr schnell und vollständig jegliche Angst vor vertrauten Menschen verlieren.

Was die Behandlung spezifischer Verhaltensprobleme angeht, kann diese spekulative Diskussion lediglich von akademischem Interesse sein. Ob es sich nun um einen Fall mangelnder früher Erfahrungen handelt, bei dem ein Hund trotz seiner tief verwurzelten Angst vor Fremden normal in einer Familie leben kann, oder um eine praktisch vollständige Isolation von allen Menschen in einer frühen Lebensphase, vergleichbar der in den Studien von Scott und Fuller, wobei der Hund nie in der Lage sein wird, selbst vertraute Menschen als Artgenossen zu betrachten oder zu behandeln – die Prognose für jegliche Art von Behandlung des zugrundeliegenden Angstproblems ist dieselbe: Es sind nur sehr begrenzte Erfolge möglich. Und was die Chancen betrifft, daß sich der Hund noch zu einem normalen Haustier entwickelt, muß davon ausgegangen werden, daß der Hund irreversibel geschädigt ist.

Literatur

Borchelt, P. L., and Voith, V. L. (1982): Classification of animal behavior problems. *Veterinary Clinics of North America: Small Animal Practice* **12**, 571–585.

Fox, M. W., and Bekoff, M. (1975): The Behaviour of Dogs. In E. S. E. Hafez (ed.), *The Behaviour of Domestic Animals*. 3rd Edition. London: Baillière Tindall.

Hart, B. L., and Hart, L. A. (1985): *Canine and Feline Behavior Therapy*. Philadelphia, Lea & Febiger.

O'Farrell V. (1992): *Manual of Canine Behaviour*. British Small Animal Veterinary Association. Shurdington, Cheltenham, Gloucestershire, UK.

Scott, J. P, and Fuller, J. L. (1965): *Genetics and Social Behavior of the Dog*. Chicago, Chicago University Press.

Voith, V .L. (1989): Behavioral disorders. In Ettinger, S. (ed): *Textbook of Veterinary Internal Medicine*. Philadelphia, W.B. Saunders.

Voith, V. L., and Borchelt, P. L. (1985): Fears and phobias in companion animals. *Compendium on Continuing Education for the Practicing Veterinarian* **7**, 209–221.

13 Andere Formen der Aggression gegen Menschen

Spielerische Aggression gegen menschliche Familienmitglieder

Für manche Familienmitglieder wird die aggressive Spielweise ihres Hundes zum Problem. Die Hunde stürzen auf ihre Besitzer zu, springen an ihnen hoch, kneifen sie in die Hände und beißen oder zerren an ihren Hosenbeinen. Die Reaktionen der Betroffenen variieren stark.

Wenn ein Kleinkind erschreckt reagiert und versucht wegzulaufen oder zu weinen beginnt oder wenn eine ältere, schwache Person verwirrt wird und versucht, den Hund von sich zu schieben oder ihn zu schlagen, kann das Verhalten des Opfers die Intensität der Attacke unter Umständen stimulieren. Hunde von aktivem, ungezügeltem Typus, die in agressivem Spiel völlig aufgehen, können die Abwehrreaktionen des Besitzers als Teil des Spiels fehlinterpretieren, es sei denn, es handelt sich um ausgesprochen heftige Schelte (Voith, 1989).

Manchmal sind sich selbst die Besitzer nicht mehr sicher, ob es sich wirklich um spielerisches Verhalten handelt. Die einfache Erklärung, daß besonders rauhes Spiel für viele Hunde selbstverständlich ist – und die Reaktion des Opfers vom Hund als spielerisch fehlinterpretiert werden kann –, hilft ihnen, das Verhalten des Hundes und die Beweggründe der Behandlungsempfehlungen zu verstehen. In einem Fall des Autors wurde die bei einem Cocker Spaniel beobachtete spielerische Aggression als gefährliche Aggressivität fehlinterpretiert, was zu folgenschweren Fehlentscheidungen wie der Erwägung der Euthanasie führen kann.

Mögliche Kausalfaktoren

Genetische Prädisposition

Einige Hunde sind hochgradig aktiv und extrem verspielt und haben eine starke Vorliebe für aggressivere Spiele – dies ist vermutlich genetisch bedingt.

Unzureichende Fürsorge-/ Haltungsbedingungen

Hunde mit einem ausgeprägten Spieltrieb müssen diesen ausleben können. Wird ihnen die Gelegenheit zum Spiel mit Artgenossen vorenthalten, haben sie keine andere Wahl, als ihr Spiel oder die Aufforderung dazu an Menschen zu richten. Bei diesen Hunden ist das Problem der spielerischen Aggression also ein Symptom dafür, daß die Grundbedürfnisse des Hundes bezüglich Spiel und sozialer Kontakte nicht ausreichend befriedigt werden.

Unabsichtliche Förderung durch den Besitzer

Bevor das Verhalten zum Problem wurde, haben die Besitzer möglicherweise ihren Hund ermutigt, aggressiv zu spielen, indem sie spielerisch mit ihm kämpften oder Tauziehen spielten und die Kräfte und Hartnäckigkeit des Hundes direkt mit ihren eigenen gemessen wurden.

Unabsichtliche Belohnung durch den Besitzer

Jedesmal, wenn der Besitzer an einem Spiel teilnimmt, das der Hund initiiert hat, belohnt dies das Verhalten des Hundes und vermutlich wird er auch künftig versuchen, Spiele dieser

MÖGLICHE KAUSALFAKTOREN

Genetische Prädisposition
(z. B. für hohen Aktivitätsdrang/Spieltrieb)

Unabsichtliche Förderung durch den Besitzer
(das Spielen kompetitiver/aggressiver Spiele mit dem Hund wie Hetzen, Tauziehen, spielerische Kämpfe)

Stimulation/Auslösung durch das Opfer
(Zurückziehen, Scheuchen oder Versuche, den Hund zu schlagen, verstärken die Angriffe)

Mangelnde Besitzerdominanz
(Hund ist aufgrund von dominanzbedingten Problemen in vielen Situationen ungehorsam/schwer zu beherrschen)

Unzureichende Fürsorge-/Haltungsbedingungen
(fehlende Bewegung/Gelegenheit mit anderen Hunden zu spielen)

Unabsichtliche Belohnung durch den Besitzer
(Spielen mit dem Hund als Reaktion auf seine Aufforderung; Kontrollmaßnahmen durch Ablenkung)

Mangelndes Training
(z. B. zur Unterdrückung unerwünschten Verhaltens auf Kommando)

Fehleinschätzungen der Besitzer
(z. B. die Annahme, es handle sich um eine potentiell gefährliche Aggression oder Anzeichen einer Erkrankung, verhindert wirksame Gegenmaßnahmen)

SPIELERISCHE AGGRESSION

- Spielerische Aggression, die für Mitglieder der Familie zum Problem wird.

MÖGLICHE BEHANDLUNGSELEMENTE

Korrektur von Fehleinschätzungen der Besitzer
(z. B. Erklärung, daß es sich nicht um eine gefährliche Form von Aggression handelt)

Vermeiden von Problemsituationen
(z. B. keinerlei Spiel mit dem Hund)

Einstellen ineffektiver Behandlungsmethoden
(z. B. ineffektives Schelten; Jagen des Hundes, um ihn zu schlagen)

Stärkung der Autorität des Besitzers
(z. B. strenger mit dem Hund umgehen)

Verändern der interaktiven Grundregeln zwischen Besitzer und Hund
(zur Stärkung der Dominanz des Besitzers)

Veränderung der Fürsorge-/Haltungsbedingungen
(mehr Bewegungsmöglichkeit/mehr Spielgelegenheit mit anderen Hunden)

Korrektur von Fehlern der Besitzer
(Einstellung unbeabsichtigter Belohnung des Problemverhaltens; aggressive Spielweise nicht länger fördern/auslösen)

Konventionelles Gehorsamstraining
(zur Verbesserung des Gehorsams des Hundes und um den Besitzer zu lehren, seinen Hund zu kontrollieren/trainieren)

Trainieren in Problemsituationen
(Kombination aus Bestrafung des Problemverhaltens und dem Auslösen/Fördern erwünschter Spiele)

Art zu initiieren. Der Versuch, dem Problem der zunehmend unerwünschten Aufforderung des Hundes zum Spiel beizukommen, indem man ihm nachgibt, kann sich als gravierender Fehler erweisen. Des weiteren ist es falsch, diese spielerische Aggression durch das Werfen eines Spielzeuges oder durch einen Leckerbissen als Ablenkung zu beenden zu versuchen. Dies unterbindet den Angriff zwar für den Augenblick, verleitet den Hund jedoch aus offensichtlichen Gründen dazu, sich in Zukunft noch aggressiver zu verhalten.

Auslösung/Stimulierung durch das Opfer

Hat das aggressive Verhalten des Hundes einen Punkt erreicht, an dem es nicht länger zu tolerieren ist, werden sich Besitzer ihrer anscheinend begrenzten Möglichkeiten bewußt. Der Hund ignoriert die Weigerung des Besitzers zu spielen und wird durch leichte Schelte sowie halbherzige Abwimmelungsversuche sogar motiviert, noch rauher zu spielen. Wird der Besitzer ängstlich und versucht sich zurückzuziehen, beginnt das Spiel für den Hund in eine neue, noch vergnüglichere Phase einzutreten. Kurz, ist die Entwicklung erst soweit fortgeschritten, wird jede verhältnismäßig milde Maßnahme zur Bekämpfung des Problems die Sache weiter verschlimmern.

Mangelndes Training

Besitzer von derart undisziplinierten und unkontrollierbaren Hunden waren in der Regel in den ersten Lebensmonaten des Hundes zu nachsichtig mit seinem ungebärdigen Verhalten (Springen auf Möbel, forderndes Bellen, Zerren an Hosenbeinen oder Händen des Besitzers, um seinen Willen durchzusetzen). Besitzer hingegen, die von Anfang an eine klare Vorstellung von der Erziehung ihres Hundes vor Augen haben – ihm z. B. ausreichenden Respekt vor einem energischen „Nein!" einzuflößen, um unerwünschtes Verhalten sofort zu beenden – und die entschlossen sind, den Hund entsprechend abzurichten, haben kaum Probleme mit einem Tier, dessen Spielverhalten problematische Formen anzunehmen beginnt.

Mangelnde Besitzerdominanz

Die Unkontrollierbarkeit des Hundes in Situationen spielerischer Aggression reflektiert unter Umständen einen grundsätzlichen Ungehorsam, der für ein Dominanzproblem zwischen Hund und Familienmitgliedern symptomatisch ist.

Fehleinschätzungen der Besitzer

Manchmal sind Besitzer sehr wohl imstande, mit dem Problem umzugehen, haben aber naheliegende Schritte nicht eingeleitet, weil sie letztlich die spielerische Natur des Problems verkannt haben. Im Grunde verhindert die Annahme oder die Befürchtung, die Aggression des Hundes könnte gefährlich werden oder Zeichen einer medizinischen oder psychologischen Erkrankung sein, die Anwendung effektiver, problemlösender Maßnahmen.

Mögliche Behandlungselemente

Korrektur von Fehleinschätzungen der Besitzer

Den Besitzern muß erklärt werden, daß eine aggressive Spielweise für manche Hunde normal ist, die meisten Hunde untereinander so spielen und daher ihre Ängste, einen Hund zu besitzen, der Anzeichen einer potentiell gefährlichen Aggression und gestörtes oder neurotisches Verhalten zeigt, unbegründet sind. Dies reduziert die Besorgnis der Besitzer und schafft eine Perspektive, dank derer sie die Logik der verschiedenen Behandlungselemente verstehen.

Veränderung der Haltungsbedingungen

Besitzer von Hunden, die spielerische Aggression zeigen, sollten eingehend zu den Möglichkeiten befragt werden, die dem Hund täglich für Auslauf und Spiel mit anderen Hunden zur Verfügung stehen. Wenn diese unzureichend sind, ist den Besitzern dringend zu raten, ihrem Hund das Nötige zukommen zu lassen. Es sollte ihnen auch verdeutlicht werden, daß das Tier, wenn ihm keine Gelegenheit zu der dringend notwendigen Bewegung und zum Spiel in einem normalen Umfeld (d. h. im Freien mit anderen Hunden) gegeben wird, keine andere Wahl hat, als sich mit Vorhandenem zu begnügen. So wird es die ganze Familie mit seinem ungehörigen Verhalten und ständigen Betteln um Spielmöglichkeiten verrückt machen.

Vermeiden von Problemsituationen

Ein möglicher Ansatz ist in manchen Fällen die kategorische Weigerung des Besitzers, mit dem Hund zu spielen. Dies gilt insbesondere dann, wenn das Spiel zaghaft und unschuldig beginnt, sich aber schrittweise aggressiver gestaltet und vom Besitzer nur schwer zu beenden ist. Hat der Hund ein- bis zweimal täglich ausreichend Gelegenheit, mit Artgenossen zu spielen, wird er das mangelnde Interesse des Besitzers vermutlich schnell und ohne Komplikationen hinnehmen.

Korrektur von Fehlern der Besitzer

Ein offensichtlicher Fehler von Besitzern ist es, mit einem sich in dieser Hinsicht problematisch entwickelnden Tier aggressive Spiele zu spielen. Besitzer sollten verstehen, daß sie jedesmal, wenn sie dem Wunsch des Tieres nach einem aggressiven oder kompetitiven Spiel nachgeben – in dem Glauben, nur so das lästige Betteln beenden zu können –, das fordernde Verhalten des Hundes und die Art des Spieles unterstützen und belohnen. Prinzipiell sollte es innerhalb der Familie zu einer eisernen Regel werden, keine Spiele dieser Art mit dem Hund zu spielen und alle Versuche des Hundes, solche Spiele zu initiieren, entweder zu ignorieren oder zu bestrafen.

Ein weiterer Fehler, der einer Korrektur bedarf, ist das Vertrauen der Besitzer auf Ablenkungsmanöver, wie das Werfen eines Balles oder die Gabe eines Leckerbissen, um die Aggression zu beenden. Auch dies verstärkt problematische Verhaltensweisen.

Einstellen ineffektiver Methoden

Hundebesitzer glauben oft, ihr Tier durch zaghaftes Anschreien oder kurzes, drohendes Verfolgen zu bestrafen. In Wahrheit kann dies genau die Art Spiel sein, die der Hund bevorzugt. Selbst wenn der Besitzer dem Hund letztlich nahe genug kommt, um ihn zu schlagen, akzeptiert dieser es womöglich als Teil des Spiels. Nur beherzte Bestrafung unterdrückt das augenblickliche Verhalten effizient. Dies muß vielen Besitzern erst verdeutlicht werden. Diejenigen, die bisher auf ineffektive oder kontraproduktive Strafmaßnahmen vertrauten, sollten ermutigt werden, diese entweder einzustellen oder dahingehend zu modifizieren, den Hund mit mehr Nachdruck, beispielsweise unter Zuhilfenahme eines lauten, unangenehmen Geräusches, zu bestrafen.

Konventionelles Gehorsamstraining

Spielerisch aggressive Hunde haben oft Besitzer, die keinen Sinn darin sehen, ihr Tier zu irgendeinem Verhalten zu erziehen. Um das Problem zu lösen, muß der Besitzer diese passive Haltung aufgeben. Ein möglicher Ansatz ist, daß die Besitzer ihren Hunden die Befehle „Sitz", „Bleib", „Platz" und „Komm" beibringen (entweder vermittels der in Kapitel 8 beschriebenen Methoden oder in einer Hundeschule). Wie schon erläutert, lernt nicht nur der Hund etwas Sinnvolles, sondern auch der Besitzer erhält eine wichtige Lektion zum Thema Kontrolle und Modifikation des Verhaltens seines Hundes auch in anderem Kontext.

Stärkung der Autorität des Besitzers

Ein weiterer Ansatzpunkt ist die unter allen Umständen strengere und unerbittlichere Haltung des Besitzers, auch in Situationen der spielerischen Aggression. Ausgerüstet mit einem neuen Verständnis für die verspielte und an sich harmlose Natur des Problems, ist ein Besitzer, der die spielerischen Attacken vorher aus Hilflosigkeit oder Angst tolerierte, nun in der Lage, den Hund zu konfrontieren und ihm unmißverständlich klarzumachen, daß solches Verhalten nicht länger geduldet wird. In Einzelfällen kann dies eine vollständige, mitunter spontane Lösung des Problems zur Folge haben.

BEHANDLUNGSEMPFEHLUNGEN

Spielerische Aggression

- Der Hund sollte immer sofort für aggressives Schnappen nach Händen, Beinen, Hosen, Schuhen, etc. gescholten oder anderweitig bestraft werden (z. B. durch ein lautes Geräusch).
- Dieses Schelten oder andere Bestrafung sollte in genau dem Moment stattfinden, in dem die Aggression einsetzt.
- Die Bestrafung muß hart genug ausfallen, um das Problemverhalten *auf der Stelle* und *jedesmal* zu beenden, sie sollte aber nicht so heftig sein, daß der Hund sehr ängstlich wird und einige Zeit braucht, um sich davon zu erholen.
- Kräftemessen (z. B. Seilziehen), direkte Konkurrenz zwischen Besitzer und Hund (z. B. Wettlauf) und spielerische Kämpfe sollten mit dem Hund nicht ausgetragen werden.
- Als allgemeine Regel sollte der Hund niemals die Hand, den Arm oder Kleidungsstücke einer Person in den Mund nehmen dürfen, weder im Spiel, noch um seinen Willen durchzusetzen.
- Der Hund soll zu akzeptableren Spielen ermutigt werden, z. B. Werfen eines Balles, Stockes, oder Frisbees, *bevor* er beginnt, sich aggressiv zu verhalten.
- Vermeiden unbeabsichtigten Belohnens von Aggression, indem man mit dem Hund spielt oder ihn mit dem Werfen eines Gegenstandes oder der Gabe von Leckerbissen ablenkt, nachdem er begonnen hat, am Besitzer hochzuspringen, ihn in die Hand oder die Hosenbeine etc. zu kneifen.
- Den Hund mindestens zweimal täglich an einen Ort bringen, an dem er so lange mit Artgenossen spielen kann, bis er die Lust an weiteren Spielen verliert.

Wenn das Opfer ein Kleinkind ist:

- Das Kind darf nie mit dem Hund allein gelassen werden. Auch wenn die Motivation des Hundes spielerischer Natur ist, können solche Attacken auf ein Kind hochgradig angstauslösend wirken. Es kann außerdem zu potentiell ernsten Gesichts-, Augen- und anderen Verletzungen kommen.

(Besteht gleichzeitig ein geringgradiges Dominanzproblem zwischen Besitzer und Hund, sollten einige der Empfehlungen aus Kapitel 10 gegeben werden. Konventionelles Gehorsamstraining kann im Falle besonders ungebärdiger Hunde ebenfalls indiziert sein.)

Trainieren in Problemsituationen

Manche Probleme lassen sich leider nicht so einfach lösen. Besitzer sind womöglich nicht gewillt oder imstande, ihren Hund täglich mit anderen Hunden in Kontakt zu bringen. Oder es handelt sich um Menschen, die Schwierigkeiten haben, sich ausreichend Autorität zu verschaffen, um das Verhalten des Hundes nachhaltig zu beeinflussen. Das hat einen nie endenden Kampf mit dem Hund zur Folge, den die Besitzer nicht gewinnen können. In diesen Fällen ist (1) die konsequente Anwendung bestrafender Reize von ausreichender Intensität vonnöten, um das unerwünschte Verhalten bei jedem Vorfall zu unterdrücken. Dies wird mit einem Prozedere (2) verknüpft, das den Hund trainiert, in problematischen Situationen akzeptables Spielverhalten zu zeigen. Um dies zu erreichen, kann der Besitzer einen Gegenstand zur Erzeugung lauter Geräusche bei sich tragen, um den Hund für Attacken auf Bekleidung, Arme oder Beine jedesmal sofort bestrafen zu können. Gleichzeitig wird der Besitzer instruiert, neue Formen des Spiels wie das Jagen eines Balles oder Frisbee konsequent auszulösen (Voith, 1989). Der Besitzer sollte jedoch darauf achten, diese neuen Spiele *vor* dem Auftreten spielerischer Aggression – nicht während und auch nicht danach – auszulösen, da das Werfen eines Balles ansonsten als Belohnung aufgefaßt und die Aggression weiter verstärkt würde.

Zwar ist es zu Beginn schwierig, sich für eine Bestrafungsart sowie alternative Spiele zu entscheiden und die richtige Anwendung bzw. das korrekte Timing für beides zu finden, doch entwickeln die Besitzer für gewöhnlich ohne fremde Hilfe befriedigende Lösungswege. Prinzipiell reicht es für sie aus zu wissen, daß ein neues Spiel gefunden werden muß, welches das erwünschte Verhalten beinhaltet. Nach einigen Experimenten findet sich das geeignete Spiel von selbst. Gleiches gilt selbstverständlich für die Wahl des Geräusche erzeugenden Gegenstandes zu Bestrafung des Hundes. Auch hier ist eine Erprobungsphase nötig, da Tiere individuell verschieden auf unterschiedliche Geräusche reagieren. Für gewöhnlich finden Besitzer aber relativ schnell ein effektives Geräusch.

Veränderung der interaktiven Grundregeln zwischen Besitzer und Hund

Manchmal stellt sich im Laufe einer Befragung heraus, daß der Ungehorsam des Hundes in der Spielsituation für die Existenz eines geringgradigen Dominanzproblems zwischen Hund und Besitzer symptomatisch ist. Zusätzlich zum problematischen Spiel verteidigt der Hund Spielzeug in aggressiver Manier, gehorcht in einer Reihe von Situationen, wenn überhaupt, nur zögernd oder reagiert auf Bürsten, Abtrocknen oder beim Liegen auf seinem Rastplatz mit Knurren. Sollte ein entsprechendes Dominanzproblem existieren, so sind dem Klienten zusätzlich zu den Empfehlungen zur Kontrolle der spielerischen Aggression noch einige der in Kapitel 10 gegebenen Empfehlungen zur Verbesserung des Hund-Besitzer-Verhältnisses durch Veränderung der allgemeinen Umgangsformen mit dem Hund durch Familienmitglieder zu unterbreiten.

Umgerichtete Aggression

Borchelt und Voith (1982) definieren sogenannte umgerichtete Aggression als „Knurren oder Beißen, das gegen eine Person oder einen Gegenstand gerichtet ist, der nicht mit dem die ursprüngliche Aggression auslösenden identisch ist". Im typischen Ablauf beißt ein Hund, der gerade mit einem anderen Hund rauft oder diesen bedroht, entweder seinen Besitzer oder den Besitzer des anderen Hundes, wenn derjenige versucht, die Feindseligkeiten abzubrechen oder zu verhindern, indem er sich dazwischen stellt, die beiden auseinanderzieht oder einen der beiden vom Kampfplatz wegzuziehen versucht. Hunde können aber auch aggressiv auf ihren Besitzer reagieren, wenn sie sich gegen andere Menschen aggressiv gebärden und der Besitzer versucht, das Knurren und Beißen zu unterbinden, indem er ihn packt, zurückhält oder ihn vom Opfer wegzerrt.

Besitzer ziehen es zwar vor, diese Bisse als „Unfälle" zu werten: der Hund schnappt in seiner Aufregung nach allem, was sich bewegt. Aber eine intensive Befragung des Besitzers zum Verhalten des Hundes in anderen Situationen läßt eine andere Möglichkeit plausibel erscheinen: Der Biß des Hundes signalisiert seinem nicht besonders dominanten Besitzer, daß dieser sich aus den – aus der Sicht des Hundes – wichtigen Angelegenheiten herauszuhalten hat. Dies gilt auch für potentiell gefährliche Angelegenheiten, wodurch die Beteiligung von Selbstschutzaggression wahrscheinlich wird. Ein Eingreifen des Besitzers zu diesem Zeitpunkt könnte den Hund ablenken oder seine Bewegungs-/Verteidigungsmöglichkeiten einschränken und so dem Kontrahenten einen temporären Vorteil verschaffen. Dies heißt mit anderen Worten, die Aggression würde im psychologischen Sinne nicht „umgerichtet", wie dies für ein Tier zutrifft, das sich von einem Kampf mit einem überlegenen Gegner zurückzieht, um sich umzudrehen und ein schwächeres Glied der Gruppe zu beißen.

Es scheint aber nicht notwendig, hierfür eine eigene Kategorie der Aggression einzurichten. Das Verhalten ist primär als Selbstschutzaggression zu verstehen, die im allgemeinen für ein Dominanzproblem zwischen Besitzer und Hund symptomatisch ist. Tatsächlich setzen sich Besitzer, die ihrem Hund gegenüber keine klare Dominanzposition einnehmen, einem deutlichem Risiko aus – was beispielsweise auch für schmerz- und strafbedingte Aggression gilt.

Es ist interessant, daß viele Besitzer diese Bisse (selbst wenn es der fünfte oder sechste ist) so bereitwillig als Unfälle ansehen. Im wesentlichen neigen Besitzer dazu, ihrem im Grunde loyalen, vertrauenswürdigen und folgsamen Hund einzuräumen, in der Hitze des Gefechts nicht gewußt zu haben, was er tat. Dieser Gedanke ist offenbar beruhigender, als zu glauben, der Biß des Hundes sei absichtlich geschehen und eindeutig gegen sie gerichtet gewesen. In den meisten Fällen ist es wichtig, den Besitzern zu erklären, daß es für einen Hund nicht ungewöhnlich ist, andere Mitglieder des Rudels in hochgradig erregenden und potentiell gefährlichen Situationen so zu behandeln. Was die Compliance mit den Behandlungsempfehlungen angeht, ist es entscheidend, die Besitzer davon zu überzeugen, ihre „Unfall-Theorie" zugunsten der realistischeren Sichtweise aufzugeben, wonach der Hund sich seiner Tat vollends bewußt war.

Obwohl es sich um eine spezifische Problematik handelt, in der Selbstschutz- und/oder dominanzbezogene Aggression hervorgerufen wird – eher als das Gesamtbild einer anderen Aggressionsform –, werden nachfolgend einige Behandlungselemente besprochen. Das Eingreifen des Besitzers in aggressive Konfrontationen mit anderen Hunden ist einer der Hauptgründe für Bisse des eigenen Hundes. Daher ist es außerordentlich wichtig, daß der Berater in dieser Angelegenheit einige fundierte Empfehlungen geben kann.

Mögliche Behandlungselemente

Korrektur von Fehlern der Besitzer/Opfer

Manche übermäßig besorgten Besitzer greifen grundsätzlich in aggressive Auseinandersetzungen zwischen Hunden ein, auch wenn dies nicht unbedingt nötig ist. Das geht in manchen Fällen so weit, daß jede Art der Auseinandersetzung mit anderen Hunden unterbunden wird. In letzterem Fall laufen die Besitzer nicht nur Gefahr, verletzt zu werden, sondern enthalten dem Hund auch wertvolle soziale Erfahrungen im Umgang mit Artgenossen vor, die zum gegenseitigen Verständnis und zur positiven Kontaktaufnahme mit Nachbarhunden beitragen. Daher muß manchmal der Rat an Besitzer ergehen, jedes Eingreifen zu unterlassen. Trotz mancher Vorbehalte übervorsichtiger Besitzer, ob dies wirklich die beste Maßnahme sei, um weitere Bisse zu vermeiden – oder ob Raufereien mit anderen Hunden gut für ihren Hund sind –, können sie in der Regel dazu überredet werden, es zumindest einige Male in Situationen zu versuchen, in denen der Kontrahent gleich groß und nicht außergewöhnlich aggressiv ist.

Richtigstellung von Fehleinschätzungen der Besitzer

Um den Grundstein zu einer Verhaltensänderung der Besitzer zu legen, ist es nötig, sie über die Funktion und den normalen Ablauf caniner Aggression in Kenntnis zu setzen. Die Diskussion sollte folgende Punkte betonen: Aggression gegen Artgenossen ist normales canines Verhalten. Es ist nicht immer negativ und sollte daher nicht grundsätzlich unterbunden werden. Aggression sieht häufig bösartiger und gefährlicher aus, als sie tatsächlich ist. Unterwürfiges Verhalten seitens des Unterlegenen hemmt meist jede weitere Aggression beim Sieger – wodurch die ernsten Verletzungen verhindert werden, die der Besitzer fürchtet. Manchen Hunden schadet es nicht, auf der Verliererseite solch einer Auseinandersetzung zu stehen und die gesamte Tragweite ihrer hemmungslosen und allzu selbstsicheren und im Grunde unangebrachten Provokation anderer Hunde am eigenen Leibe zu spüren. Kurz, von anderen Hunden eine „Abreibung" zu bekommen, kann für unerfahrene oder unvollständig sozialkompetente Hunde, die ständig Probleme mit friedfertigen und verspielten Nachbarhunden herausfordern, durchaus heilsam sein.

Mechanische Hilfsmittel

Sind die Auseinandersetzungen eines Hundes häufig bösartig, ziehen ernstliche Verletzungen nach sich und müssen daher verhindert werden, kann eine sinnvolle Lösung darin bestehen, den Hund beim Passieren von Gegenden mit potentiellen Feinden oder Typen von Hunden, die als kampflustig bekannt sind, an der Leine zu halten. Das verhindert eine Rauferei und damit wird ein Eingreifen überflüssig. Manche Besitzer, die daran gewöhnt sind, ihren Hund frei laufen zu lassen, sind zurückhaltend in der Durchführung dieser Maßnahme. Sie lehnen den Gebrauch einer Leine entweder grundsätzlich ab oder es fehlt ihnen an Urteilskraft. Sie müssen daher an ihre Pflichten als Hundebesitzer erinnert werden, die auch den Schutz anderer Hunde und deren Besitzer vor der potentiell gefährlichen Aggression ihres Hundes umfassen.

Eine lange, ausrollbare Leine (um den Hund aus sicherer Distanz wegziehen zu können) oder eine Art Kopfhalter, die die Kontrolle über den Hund verbessern, können in Fällen von Aggression gegen den Besitzer hilfreich sein, wenn dieser den Hund wegzuziehen versucht sobald die Begrüßung eines anderen Hundes und das dazugehörige Beschnüffeln der Analregion eine aggressive Wendung nehmen. Auch das Tragen eines Maulkorbes kann in einigen Fällen eine Lösungsmöglichkeit sein.

Konventionelles Gehorsamstraining

Ist der Hund in einer Reihe von Situationen ungehorsam und schwer zu beherrschen, sollten konventionelle Gehorsamsübungen empfohlen werden. Wenn der Besitzer das Training selbst durchführen will, sollte der erste Schritt sein, den Hund Kommandos ausführen zu lassen, wenn kein anderer Hund in der Nähe ist, später die gleichen in der Nähe von anderen Hunden. Die einzige Hoffnung, die Entwicklung von Situationen zu unterbinden, in denen der Besitzer eingreifen muß und riskiert, gebissen zu werden, besteht in manchen Fällen darin, mittels der Durchführung dieses Grundtrainings deutlich mehr Kontrolle über den Hund zu erlangen.

Verändern der interaktiven Grundregeln innerhalb der Familie

Wie bereits erwähnt ist eine geringe Dominanz des Besitzers über den Hund ein häufiger Aspekt bei Fällen, in denen Besitzer bei dem Versuch, eine Rauferei oder Aggression gegen Menschen zu beenden, mehrfach von ihrem Hund gebissen werden. Daher sollte die Natur der Beziehung zwischen Besitzer und Hund zu Beginn der Konsultation genauestens beleuchtet werden. Selbst geringe Anzeichen in diese Richtung sollten den Berater dazu veranlassen, dem Klienten einige der Empfehlungen aus Kapitel 10 zur Verbesserung der Dominanz des Besitzers ans Herz zu legen.

Beuteaggression gegen Menschen

Drei Kategorien von Aggressionsproblemen werden im allgemeinen von Autoren auf dem Gebiet der Tierverhaltenstherapie der Beuteaggression zugerechnet beziehungsweise werden für diesen Typ der interspezifischen Aggression gehalten. Der erste und am weitesten verbreitete ist das Jagen, Verbellen und Schnappen nach Radfahrern, Joggern oder Autos. Der zweite Problemtyp ist der extreme Ausnahmefall, wenn Hunderudel einen Menschen jagen, attackieren und verletzen, im schlimmsten Fall sogar töten und Teile von ihm fressen. Ebenso selten ist der dritte Typ, bei dem der Hund der Familie einen Säugling tötet – für gewöhnlich wenige Stunden nachdem es von der Klinik nach Hause gebracht wurde.

Das Jagen und Beißen von Radfahrern, Joggern etc.

Für dieses Verhalten gibt es zwei mögliche Interpretationen. O'Farrell (1992) nimmt an, daß es sich um interspezifisches Beuteverhalten handelt – der Hund beginnt, das sich bewegende Ziel zu jagen, und wird, wenn das Verhaltensmuster komplett abläuft, die „Beute" ohne Knurren und Drohen attackieren und sie so lange beißen, bis sie sich nicht mehr bewegt.

O'Farrell bietet für das seltene Auftreten von Attacken zwei Möglichkeiten an: entweder ist der auslösende Reiz nicht stark genug (d. h. der Hund beginnt die Jagd, verliert dann aber das Interesse und kehrt um) oder der Hund hält inne, wenn er der Beute zu nahe kommt und bellt, statt sie anzugreifen. Nach O'Farrells Hypothese ist dieses Bellen eine Übersprunghandlung, die den zugrundeliegenden Konflikt zwischen der Motivation zu beißen und sich fernzuhalten widerspiegelt, da das Objekt ein „anatomisches Rätsel" aufgibt (Fahrrad) oder zu bedrohlich aussieht (fauchende Katze).

Diese Erklärung mag für manche Fälle gelten, aber mit der Frage, warum der Hund dem Ziel nachjagt (Fangen, Fressen, Verjagen), kann eine weitere Möglichkeit auftauchen. Wie Campbell (1992) andeutet, beinhalten die meisten Vorfälle sogenannter räuberischer Aggression kein Beuteverhalten, sondern eher gruppendefensive Aggression: ein Versuch, ein unerwünschtes/gefürchtetes Individuum mit einer aggressiven Haltung zu vertreiben, was biologisch gesehen zwei Funktionen hätte: die anderen Gruppenmitglieder zu warnen und sie für die gruppendefensiven Bemühungen zu gewinnen. Warum ist ein gehender Mensch akzeptabel, ein langsam laufender dagegen nicht? Wie in Kapitel 12 diskutiert, kann auch hier Angst beteiligt sein – zumindest zu Beginn, als das Problem erstmals ausgelöst wurde. Der junge Hund war möglicherweise an zu Fuß gehende Menschen gewöhnt, erschreckte sich aber oder fühlte sich bedroht, als er plötzlich zum ersten Mal einem Menschen begegnete, der lief. Viele Hunde reagieren tatsächlich so auf fremd wirkende oder sich merkwürdig benehmende Menschen, wie zum Beispiel Männer auf Krücken, Frauen, die quietschende Kinderwagen schieben, Leute im Rollstuhl oder geistig Behinderte, deren Bewegungen abrupt und unkoordiniert sind. Eine weitere Angstquelle ist eine Erfahrung des jungen Hundes, der spielerisch einen Jogger jagte, welcher stehenblieb und dem Hund drohte und ihn damit in Angst versetzte. Beginnt ein Hund, so auf Jogger zu reagieren, reichen die Drohungen mancher Jogger und die Tatsache, daß die Drohgebärden jedesmal insofern ihren Sinn erfüllen, als der Jogger wegläuft, aus, um eine graduelle Verschlimmerung des Problems zu erklären.

Selbst wenn diese Sichtweise zutrifft und die Natur des Problems eher gruppendefensives als räuberisches Verhalten ist, gestaltet sich die Analyse der Situation schwieriger als in Situationen eindeutig gruppendefensiver Verhaltensweisen gegen Fremde auf der Straße. Denn letztlich kann sich echtes Beuteverhalten zu solchen Fällen gesellen. Nicht weil der Hund eine Ersatzbeute beschleicht und jagt, sondern weil die Jagd selbst sich als lohnend erweist, was mit dem Defizit des Hundes zusammenhängt, sein genetisch vorprogrammiertes Jagdverhalten ausleben zu können. Immerwährend um die Gelegenheit betrogen, in einem natürlichen Umfeld zu jagen, wird das Jagen von Gegenständen wie Bällen, Stöcken, Frisbees oder Vögel (die immer entkommen) zu einem beliebten Spiel vieler Haushunde. Nach jahrelangen Rangeleien mit Joggern oder Radfahrern und der Einsicht, daß diese letztendlich harmlos und hilflos sind, erlangt der „sportliche" Anreiz bei manchen Hunden größere Bedeutung.

Unabhängig von einer Beteiligung räuberischen Verhaltens an manchen Fällen von Jagden auf Jogger, Radfahrer oder Autos, scheint der wichtigste Faktor für die ursprüngliche Entwicklung des Problems und Behandlungsresistenz die vielfach grundsätzlich negative Einstellung oder zugrundeliegende Angst/Antipathie/Mißtrauen des Hundes gegenüber seinem Ziel zu sein. Daher erscheinen Parallelen zu echtem Beuteverhalten weitgehend oberflächlich. Zum großen Teil handelt es sich um gruppendefensive Aggression, lediglich mit dem Unterschied zu den im letzten Kapitel erwähnten Fällen, in denen sich das Ziel bewegt und daher möglicherweise ein potentiell selbstbelohnendes Jagdverhalten neben dem gewöhnlichen Bellen, Knurren und Schnappen auslöst.

Echtes Beuteverhalten von Hunderudeln gegenüber Menschen

Borchelt et al. (1983) berichten von Einzelfällen, in denen Rudel von Hunden eindeutig identifizierbares, gegen Menschen gerichtetes Beuteverhalten zeigten – Jagen, Attackieren und manchmal Töten und Fressen von Teilen des Opfers. Im allgemeinen sind das kleine, temporäre Gruppen aus frei herumlaufenden Haushunden, die normalerweise nicht aggressiv auf Menschen reagieren. In manchen Fällen scheint eine Kombination aus allen drei Elementen dieses räuberische Rudelverhalten ausgelöst zu haben: die Hunde jagten gerade ein kleines Tier, das Opfer war ein Kind, das mit Schreien und/oder Weglaufen auf die Hunde reagierte.

Wright (1991) belegt anhand von Statistiken, entnommen aus einer Zahl von Studien, daß die meisten und auch die schwerwiegendsten oder tödlichen Hundebisse nicht von Streunern, sondern von in häuslicher Obhut gehaltenen Hunden stammen. Ein erhöhtes Risiko besteht dabei für Kinder. Zwei in diesem Artikel zitierte Studien berichten, daß in den USA in den Jahren 1966–1980 in 64 von 74 Fällen (86,4 %) Kinder unter 12 Jahren Opfer tödlicher Hundebisse waren, bzw. in den Jahren 1979–1988 in 110 von 157 (70 %) Kinder unter 9 Jahren die Opfer von Attacken mit Todesfolge waren. Vermutlich war aber nur in wenigen Fällen Beuteverhalten die Ursache.

Tödliche Attacken von Familienhunden auf Neugeborene

Wright (1991) zitiert eine Studie, die folgende Statistiken aus den USA vorstellt: „.... die jährliche Todesrate für Säuglinge unter einem Jahr lag bei 68,3 Todesfällen/100 Millionen. Die Rate der Neugeborenen war besonders hoch: 295 Todesfälle/100 Millionen/Jahr, beinahe 370mal so hoch wie für Erwachsene im Alter von 30 bis 49 Jahren." (S. 307).

Nach Voith (1984) ereignen sich Übergriffe auf Neugeborene meist im Verlauf des ersten Tages, an dem das Baby ins Haus gebracht wird, „wenn der Hund unerwartet, in einem unbeaufsichtigten Augenblick dem Baby begegnet". In demselben Artikel beschreibt Voith einen solchen tödlichen Angriff auf einen Säugling.

„Ein unglückseliger Fall betraf einen Hund, der sich nie zuvor aggressiv gegen Menschen verhalten hatte. Er hatte jedoch einen ungewöhnlichen Hintergrund. Die ursprünglichen Besitzer hatten den Hund vom Welpenalter bis zu eineinhalb Jahren, gaben ihn dann weg oder verkauften ihn, weil er häufig Kaninchen, Erdhörnchen und Vögel tötete.

Fünf Jahre später, einige Monate vor der Geburt ihres zweiten Kindes, begegneten die ursprünglichen Besitzer dem Hund wieder und nahmen ihn wieder auf. Der Hund war im Lauf dieser fünf Jahre vernachlässigt und mißhandelt worden, war aber freundlich zu den Familienmitgliedern und spielte mit den Kindern im Haushalt und in der Nachbarschaft. Während er an Kleinkinder gewöhnt war, waren Babys ihm fremd.

Als die Mutter mit ihrem Neugeborenen aus dem Krankenhaus zurückkam, wurde der Hund im Zuge einer Vorsichtsmaßnahme nach draußen gebracht, wenn das Baby unbeaufsichtigt war. Einige Stunden später durfte der Hund ins Haus und verhielt sich dem Baby gegenüber sehr aufmerksam. Es befand sich in einem Korb und die Mutter trat einige Schritte zurück, um mit ihrem Mann im angrenzenden Raum zu sprechen. Plötzlich schoß der Hund hoch, packte das Baby am Kopf und trug es durch den Raum. Er ließ es fallen, sobald die Eltern zu schreien anfingen, doch das Baby war bereits tödlich verletzt.

Hierbei handelt es sich um einen besonders traurigen Fall, da die Mutter ganz bewußt die Regel befolgt hatte, den Hund nicht mit dem Baby alleine zu lassen. Sie rechnete nicht damit (noch würde jemand anderes damit rechnen), daß der Hund den Säugling in ihrem Beisein attackieren würde, da er sich freundlich gegenüber Kleinkindern verhielt und auch sonst keine Aggression gegen Menschen zeigte. Unglücklicherweise war der Beutetrieb bei diesem Hund besonders stark ausgeprägt; nur wenige Leute sind sich dessen bewußt, daß manche Hunde Neugeborene als mögliche Beute betrachten..... Bevor dieser Hund euthanasiert wurde, wurden seine Reaktionen auf kleine Säugetiere und Vögel beobachtet. Er versuchte fortwährend, jedes kleine Tier zu jagen, das er erspähte." (S. 540–541)

Voith (1984) ist überzeugt, daß dieses Verhalten das Resultat der Reaktion des Hundes auf das Baby wie auf eine ihm unbekannte Spezies ist, statt auf einen Menschen – daß es sich also im Grunde um reines Beuteverhalten handelt.

Voith (1984) warnt in dieser Hinsicht vor drei Typen potentiell gefährlicher Hunde: „... jene, die bereits manifeste Tendenzen von Aggression gegen Babys zeigen; jene, die allgemein auch auf Erwachsene aggressiv reagieren, und jene, die als räuberisch bekannt sind, d.h. sie jagen und töten Erdhörnchen, Vögel, Katzen, Ziegen, Schafe oder andere Säugetiere". (S. 539)

Das Kästchen mit den Behandlungsempfehlungen basiert weitestgehend auf Voiths Vorschlägen zur sicheren Gewöhnung des Familienhundes an ein Neugeborenes. Es enthält auch Ratschläge, um eine Minimierung der Gefahr der Ausbildung einer Aggression des Hundes gegen das Baby in den Folgemonaten zu erreichen.

Idiopathische Aggression oder sogenanntes „Wutsyndrom"

Hart und Hart(1985) definieren eine Sonderform der Aggression, die sie als idiopathische, bösartige Attacken auf Menschen bezeichnen, deren Charakteristika „unvorhersehbare und nicht provozierte, bösartige Attacken auf Menschen sind, die der Hund gut kennt". Diese Attacken sind selten (d.h. weniger als einmal im Monat) ohne erkennbare Warnzeichen seitens des Hundes. Besitzern fällt allerdings manchmal auf, daß der Hund „sie nicht zu erkennen scheint oder auch einen abwesenden, glänzenden Blick bekommt". Das Problem als „Wutsyndrom" bezeichnend, pflichtet O'Farrell (1992) diesen Beobachtungen bei. Sie gibt jedoch zu bedenken, daß diese Attacken dem Besitzer zwar „verrückt und nicht provoziert" erscheinen mögen, „gründliche Untersuchungen der Problematik aber in der Regel ergeben, daß der Besitzer etwas getan hatte (häufig werden hier Berührung des Hundes oder leichtes Streifen im Vorübergehen genannt), was vom Hund als Herausforderung oder Bedrohung irgendeiner Form betrachtet wurde. Diese Hunde zeigen üblicherweise auch noch andere Anzeichen von Dominanz innerhalb der Familie" (S. 88).

Voith (1989) geht in dieser Hinsicht mit O'Farrell konform und meint, daß „die verfügbaren Berichte über solche Hunde denen über dominanzbezogene Aggressionsmuster gleichen. Das aggressive Verhalten richtet sich hauptsächlich gegen Familienmitglieder und wird durch Streicheln oder einem an das Tier gerichteten Befehl heraufbeschworen" (S. 235). Sie fügt hinzu, daß dieses Problem besonders häufig bei Berner Sennhunden, Englischen Cocker Spaniels, Springer Spaniels und Bernhardinern auftritt. Hart und Hart (1985) fügen dieser Liste noch Dobermann Pinscher und Deutsche Schäferhunde hinzu.

Hart und Hart (1985) geben an, daß die pathologische Untersuchung der Tiere mit diesem Syndrom in der Regel „keine ausgeprägten Veränderungen des Zentralnervensystems oder anderer Organsysteme ergibt". Sie weisen aber gleichzeitig darauf hin, daß „nach eingehender pathohistologischer Untersuchung von Teilen des Gehirns bei einigen Hunden eine geringgradige Enzephalitis nachgewiesen wurde" (S. 48). Die Autoren vermuten, daß eine „mühsame neuropathologische Untersuchung" noch andere Beweise für einen pathologischen Prozeß im Gehirn liefern würde.

Gegenwärtig ist es schwierig, diese Problematik zu beurteilen, die, wenngleich selten, doch häufig genug und vom normalen Aggressionsmuster abweichend auftritt, um als ausgeprägtes Syndrom eigener Art anerkannt zu werden – wie dies alle oben aufgeführten Autoren tun. Im Grunde wäre ein größeres Maß an Information vonnöten. Sowohl mehr detaillierte Informationen zu jedem Fall als auch mehr Ergebnisse mühevoller neuropathologischer Untersuchungen, die, wie Hart und Hart vermuten, zusätzliche Beweise für pathologische Prozesse innerhalb des Zentralnervensystems liefern würden.

In der Zwischenzeit sollte der Berater sich der Existenz dieses Syndroms bewußt sein und besondere Vorsichtsmaßnahmen zum Schutz

BEHANDLUNGSEMPFEHLUNGEN

Empfehlungen zur sicheren Gewöhnung eines Hundes an ein Neugeborenes

1. Schon bevor das Baby geboren wird, sollten die in Kapitel 8 beschriebenen Maßnahmen ergriffen werden, um den Hund zu lehren, auf Kommando zu kommen, sich abzulegen, hinzusetzen und für geraume Zeit am Platz zu bleiben. *(Dies trägt dazu bei, dem Besitzer eine relativ gute Kontrolle über das Verhalten des Hundes zu verschaffen, wenn Hund und Baby sich in den ersten Stunden, Tagen und Wochen, nachdem das Baby aus dem Krankenhaus nach Hause gebracht wurde, gemeinsam im selben Raum befinden.)*
2. Besondere Vorsicht und Wachsamkeit ist in den ersten ein bis zwei Tagen nach dem Eintreffen des Babys im Haus angebracht, wenn der Hund noch darüber erregt oder neugierig ist. *(Voith [1984] schlägt vor, daß Eltern erst nach voller Gewöhnung des Hundes an die Gegenwart/Geräusche/Bewegungen des Kindes [d. h. er kümmert sich wenig darum, Babygeräusche und -bewegungen machen ihn nicht unruhig oder neugierig, der Hund bleibt unter allen das Baby betreffenden Umständen entspannt und verhältnismäßig desinteressiert] langsam die Regeln lockern können.)*
3. Der Hund ist bei Ankunft von Mutter und Baby aus dem Krankenhaus vom Baby getrennt zu halten. Der Hund soll zuerst die Mutter alleine begrüßen, und sollte zuerst an den Geruch des Babys gewöhnt werden, bevor man die beiden einander einige Stunden später vorstellt.
4. Der Hund sollte während der Vorstellung an der Leine gehalten werden.
5. Er sollte sitzen und das Baby aus einiger Distanz betrachten, so daß er es nicht erreichen kann, wenn er nach ihm schnappt, und Leckerbissen für Stillsitzen und friedliches Verhalten bekommen.
6. Dieser Vorstellungsprozeß sollte mehrmals wiederholt und der Hund für das Befolgen von Befehlen und das Verharren an einem bestimmten Platz über immer längere Zeiträume in Gegenwart des Babys belohnt werden.
7. Schließlich darf der Hund das Baby aus der Nähe beschnüffeln, wenn er es schon ausreichend kennt und keine Anzeichen von Aufregung oder Beunruhigung mehr zeigt. Die Entscheidung über den richtigen Zeitpunkt für diesen Schritt liegt jedoch ganz im Ermessen der Besitzer.
8. In den darauf folgenden Tagen, Wochen und Monaten sollte dem Hund betont mehr Aufmerksamkeit geschenkt werden (d. h. mehr mit ihm sprechen, ihn kraulen, mit ihm spielen, ihn für Folgsamkeit belohnen, etc.), wenn das Baby präsent ist. *(Dadurch wird sichergestellt, daß er die positiven Dinge mit dem Baby in Verbindung bringt, statt es als die Ursache geringerer Aufmerksamkeit für ihn seitens der Eltern anzusehen, weil diese so mit dem Säugling beschäftigt sind. Wenn die Eltern also das Gefühl bekommen, der Hund könnte sich ausgeschlossen fühlen, sollte dies in Gegenwart des Babys wieder gutgemacht werden.)*
9. Als generelle Regel sollte der Hund nie mit dem Baby im selben Raum alleine gelassen werden. Für Augenblicke, in denen die Eltern den Raum für einen Moment verlassen müssen und die beiden nicht immer unter Aufsicht stehen können, ist das Anbringen einer Sperre oder eines feinmaschigen Drahtgitters am Türrahmen des Kinderzimmers ratsam.
10. Den Hund in Gegenwart des Babys einen Maulkorb tragen zu lassen, ist in manchen Fällen eine sinnvolle Option. Es sollte jedoch darauf geachtet werden, daß der Hund das Anlegen nicht in direkten Zusammenhang mit dem Erscheinen des Babys bringt. Er sollte den Maulkorb auch in Situationen tragen, wenn das Baby nicht dabei ist, um jegliche Assoziation damit zu vermeiden.

von Familienmitgliedern treffen, wenn er von derartigen Problemen in Kenntnis gesetzt wird. In diesem Zusammenhang schlagen Hart und Hart (1985) vor, daß trotz der Fachberichte über einzelne Behandlungserfolge mit Antikonvulsiva wie *Primidon, Phenobarbital* und *Diphenylhydantoin* zur „Kontrolle der Attacken", der beste Rat an die Besitzer eines solchen Hundes lauten muß, ihn zu euthanasieren, wenn man die unberechenbare, explosive und außerordentlich gefährliche Natur dieser Attacken bedenkt. O'Farrell (1992) stimmt grundsätzlich damit überein, weist allerdings darauf hin, daß die Verordnung von *Primidon* oder die Behandlung des Problems als Dominanzaggression zwar in der Regel einige Besserung verspricht, die Attacken aber dennoch so heftig verlaufen, daß selbst eine Verbesserung des Grundproblems nicht dazu führt, „ein Zusammenleben mit dem Hund zu erlauben". Kurz, zur Sicherheit der Familie ist äußerste Vorsicht geboten, ein Experimentieren mit Medikamenten, die *möglicherweise* helfen, das Problem zu lindern oder die Attacken zu mildern, ist kontraindiziert.

Pathophysiologische Ursachen für Aggressionsprobleme

Die Liste der bekannten pathophysiologische Zustände, die dafür bekannt sind, gelegentlich aggressives Verhalten hervorzurufen, ist lang: neurologische Beeinträchtigungen, Herz-Kreislauf-Erkrankungen, degenerative Prozesse des Zerebrums oder des Hippocampus, psychomotorische Epilepsie, virale, bakterielle oder Pilzinfektionen, Traumata, Parasitenbefall, chemische Anomalien, Toxikosen, Mißbildungen und so weiter (Voith, 1989; Reisner, 1991).

Die Geschichte dieser Probleme unterscheidet sich häufig substanziell von den in diesem und den vorangehenden drei Kapiteln zur Diskussion gestellten Problemen. Dies ist jedoch nicht immer der Fall, wenn zum Beispiel ein Tier, das Schmerzen leidet, auf eine Annäherung oder Berührung durch Familienmitglieder mit Selbstschutzaggression reagiert. Hier drängt sich der Verdacht eines pathophysiologischen Vorgangs nicht durch die Form und den Auslöser des Problems, sondern durch die merkliche Wesensänderung des Tieres auf.

Im allgemeinen sollten Verhaltensspezialisten immer eine gründliche Untersuchung durch den Tierarzt vorschlagen – und den Tierarzt der Familie darüber in Kenntnis setzen, daß sie das Verhaltensproblem mit einem möglichen pathophysiologischen Prozeß in Zusammenhang bringen –, wann immer (1) das Problem in keines der üblichen Muster von Verhaltensproblemen einzuordnen ist, (2) ein merkwürdiger/ungewöhnlicher Aspekt des Verhaltens des Tieres nicht zu erklären ist oder (3) eine relativ schnelle und/oder dramatische Veränderung des Verhaltens des Tieres aufgetreten ist, die offensichtlich keine Konsequenz aus einer Veränderung des Umfeldes ist.

Das folgende Zitat von Reisner (1991) faßt die Erwartungen an einen Tierarzt in solchen Fällen zusammen:

„Ist der primäre Grund für die Konsultation verhaltensbedingt, müssen physische Ursachen differentialdiagnostisch ausgeschlossen werden. Die Anamnese sollte eine detaillierte Aufstellung und Ergebnisse physischer und neurologischer Untersuchungen beinhalten. Ein längerer Besuch in der Praxis kann zur Erfassung aller nötigen Fakten notwendig werden. Weiterführende Untersuchungen wie Serumanalyse, Urinanalyse, normale sowie Kontraströntgenuntersuchungen, Elektroenzephalogramm, Liquoruntersuchungen, sowie weitere diagnostische Tests können zur Klärung herangezogen werden."

Literatur

Borchelt, P. L, Lockwood, R., Beck, A. M., and Voith, V. L. (1983): Attacks by packs of dogs involving predation on human beings. *Public Health Reports* **98**, 57–66.

Borchelt, P. L., and Voith, V. L. (1982): Classification of animal behavior problems. *Veterinary Clinics of North America: Small Animal Practice* **12**, 571–585.

Campbell, W. E. (1992): *Behavior Problems in Dogs*. Goleta, California, American Veterinary Publications, Inc.

O'Farrell, V. (1992): *Manual of Canine Behaviour.* British Small Animal Veterinary Association. Shurdington, Cheltenham, Gloucestershire, UK.

Reisner, I. (1991): The pathophysiologic basis of behavior problems. *Veterinary Clinics of North America: Small Animal Practice* **21**, 207–224.

Voith, V. L. (1984): Procedures for introducing a baby to a dog. *Modern Veterinary Practice* **July**, 539–541.

Voith, V. L. (1989): Chapter 43: Behavioral Disorders. In Ettinger, J. S. (ed.) *Textbook of Veterinary Internal Medicine.* Philadelphia, W. B. Saunders Company, pp. 227–240.

Wright, J. C. (1991): Canine aggression toward people: Bite scenarios and prevention. *Veterinary Clinics of North America: Small Animal Practice* **21**, 299–314.

14 Aggression gegen andere Hunde

Das vorliegende Kapitel macht sich das funktionelle Schema zur Klassifizierung von Aggression gegen Menschen zunutze, wie es in Kapitel 9 vorgestellt wird, um Probleme zu verstehen und zu klassifizieren, die Aggression gegen andere Hunde beinhalten. Die Tatsache, daß die gleichen Grundtypen von Aggression auftreten, wenn sich die Aggression gegen andere Hunde richtet, ist nicht verwunderlich, denn Hunde, die in frühen Phasen ihres Lebens regelmäßigen Kontakt zu Menschen hatten, betrachten diese als Artgenossen. Im Gegensatz dazu sind Hunde, die in dieser Phase wenig oder keinen Kontakt mit anderen Hunden hatten, später möglicherweise unfähig, mit ihnen normalen Kontakt aufzunehmen. Im Extremfall verhalten sie sich, als würden sie andere Hunde nicht als Artgenossen erkennen.

Mit Ausnahme der Kategorie spielerischer Aggression innerhalb des Sozialverbandes ist das in Tabelle 14.1 dargestellte Schema mit dem in Kapitel 9 für Aggression gegen Menschen vorgestellten identisch. Auch hier erweist sich eine Unterteilung des Problems in *intraspezifisch bzw. interspezifisch* und *innerhalb bzw. außerhalb der Gruppe/des Sozialverbandes* in bezug auf Klassifizierung und Verständnis der Parallelen und auch der Unterschiede zwischen den verschiedenen häufigen und weniger geläufigen Typen von Aggressionsproblemen unter Hunden als hilfreich.

Die Problematik der Verteidigung der Nachkommenschaft innerhalb der Gruppe soll hier nicht weiter beleuchtet werden, da diese nur sehr selten den Ausschlag für eine Konsultation der Besitzer bei einem Experten gibt. Andere Probleme werden nur in kombinierter

Tabelle 14.1: Funktionelles Schema zur Klassifizierung von Aggressionsproblemen zwischen Hunden

Intraspezifische Aggression *(Hund reagiert auf andere Hunde wie auf Artgenossen)*		Interspezifische Aggression *(Artgenossen werden behandelt wie Mitglieder einer anderen Spezies)*
Aggression innerhalb der Gruppe *(zwischen Mitgliedern eines Sozialverbandes)*	**Aggression außerhalb der Gruppe** *(gegenüber Hunden außerhalb des Sozialverbandes)*	
Kompetitive Aggression *(dominanzbezogen oder possessiv)*	Kompetitive Aggression *(dominanzbezogen oder possessiv)*	Kompetitive Aggression *(interspezielle Konkurrenz)*
Selbstschutzaggression	Selbstschutzaggression	Selbstschutzaggression
Verteidigung der Nachkommenschaft	Gruppendefensive Aggression	Gruppendefensive Aggression
		Beuteverhalten

Form angesprochen (z. B. Selbstschutzaggression, gruppendefensive und kompetitive Aggression *außerhalb des Sozialverbandes* werden unter dem Begriff „Aggression gegen Hunde in der Nachbarschaft" zusammengefaßt). Während sie in der Theorie gut zu unterscheiden sind, ist es bei spezifischen Problemfällen keineswegs eindeutig, ob eine einzelne oder eine Kombination mehrerer der angedeuteten Motivationsvariationen vorliegt.

Abbildung 14.1 stellt in einem Abriß von Aggression zwischen Hunden diese entweder als gravierendes (Haupt- oder größeres zweitrangiges Problem in 40 Fällen) oder geringfügiges Problem (9 Fälle) in 49 von 147 Fällen bei Hunden (33 %) dar. Daraus ist zu ersehen, daß bei Hunden, die ansonsten im Umgang mit anderen Hunden unauffällig sind – und diese vermutlich als Artgenossen betrachten und entsprechend behandeln –, Aggression gegen nicht zur Familie gehörende Hunde das am weitesten verbreitete Problem und an fast dreiviertel aller Fälle beteiligt ist.

Eine Bemerkung vorweg: Die Tatsache, daß Hunde sowohl Menschen wie Artgenossen gegenüber ähnliche Grundtypen von Aggression entgegenbringen, ist nicht gleichbedeutend damit, daß ein Hund, der Menschen gegenüber ein bestimmtes Problemverhalten zeigt, dies auch anderen Hunden gegenüber zeigt. Meist ist das Gegenteil der Fall. Hunde können in einer Reihe von Situationen aggressiv auf Menschen reagieren, aber niemals Auseinandersetzungen mit Artgenossen haben und umgekehrt.

Kompetitive Aggression zwischen Hunden desselben Haushalts

In der Literatur schließt Aggression innerhalb des Sozialverbandes üblicherweise sowohl innergeschlechtliche Dominanzaggression als auch quellenbezogene, possessive Aggression ein, bei der beispielsweise das unterlegene von zwei Tieren es gelegentlich schafft, ein besonders geschätztes Objekt wie Futter in aggressiver Manier gegen das dominantere Rudelmitglied zu verteidigen.

In diesem Abschnitt soll lediglich innergeschlechtliche Aggression innerhalb der Familie diskutiert werden. Die meisten, dem Verhaltensberater vorgestellten Probleme beziehen sich auf die allgemeine, dominanzbezogene Beziehung zwischen den beiden Tieren, statt auf hochspezifische Problemsituationen, wie Aggression, die nur in der Nähe des Futternapfes auftritt, einzugehen. Problemen wie diesem ist durch getrennte Fütterung leicht beizukommen.

In 6 von 49 Fällen von Aggression aus Abbildung 14.1 zwischen Hunden im selben Haushalt betrafen je die Hälfte Aggressionen zwischen Rüden und zwischen Weibchen.

Mögliche Kausalfaktoren

Fehlen einer stabilen Dominanz-Unterwerfungs-Beziehung

Ein häufiges Szenario ist die Entwicklung gegenseitiger Bedrohungen und Raufereien über

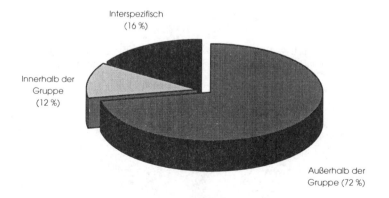

Abb. 14.1: Häufigkeit gravierender Aggressionsprobleme zwischen Hunden

MÖGLICHE KAUSALFAKTOREN

Fehlen einer stabilen Dominanz-Unterwerfungs-Beziehung
(z. B. neuer Hund in der Familie; jüngerer Hund wächst heran, stellt Dominanzposition des vorher dominanten Hundes in Frage)

Auswirkung von Erfahrungen
(Aggressivität kann nach heftigen Raufereien deutlich zunehmen)

Fehleinschätzungen der Besitzer
(Aggression ist immer abartig, unerwünscht, es muß sofort eingegriffen werden)

Mangelndes Training
(z. B. schwierig für Besitzer, Aggression zu verhindern/unterdrücken, wenn die Hunde nicht dazu erzogen sind, Befehlen zu gehorchen)

Hormoneller Einfluß
(Problem bei Rüden häufiger)

Unabsichtliche Förderung durch den Besitzer
(Besitzer bevorzugt/unterstützt den weniger dominanten Hund in kompetitiven/Konfrontationssituationen)

Unabsichtliche Belohnung durch den Besitzer
(z. B. Versuche, Aggression durch Streicheln des aggressiven Hundes zu beenden; ihn mit Leckerbissen, Spielzeug, Spielen abzulenken)

Mangelnde Besitzerdominanz
(Mangel an Besitzerdominanz bedeutet mangelnde „Autorität", einzugreifen und Raufereien zu stoppen)

KOMPETITIVE AGGRESSION ZWISCHEN HUNDEN DESSELBEN HAUSHALTS

- Raufereien zwischen Hunden desselben Haushaltes in Situationen dominanzbezogener Interaktionen und/oder direkter Konkurrenz um von beiden geschätzte Gegenstände, Plätze, etc.

MÖGLICHE BEHANDLUNGSELEMENTE

Verbessern des Besitzerverständnisses
(z. B. Natur von Dominanzhierarchien; Funktion stabiler Dominanz-Unterwerfungs-Beziehungen zur Vermeidung von Kämpfen)

Veränderung der Haltungsbedingungen
(z. B. Hunde getrennt halten, wenn sie alleine gelassen werden)

Kastration
(des unterlegenen oder beider Rüden; Weibchen nur bei direktem Zusammenhang mit dem Östrus)

Einstellen ineffektiver Behandlungsmethoden
(z. B. Schelten des Aggressors; grundsätzliches Eingreifen zur Unterdrückung von Aggression)

Verbessern der Besitzerdominanz
(zur Verbesserung der Fähigkeit des Besitzers, den Hund zu kontrollieren)

Vermeiden von Problemsituationen
(getrennte Fütterung der Hunde; Vermeiden anderer kompetitiver Situationen)

Mechanische Hilfsmittel
(z. B. Leine/Maulkorb)

Korrektur von Fehlern der Besitzer
(z. B. Unterstützung/Bevorzugung des weniger dominanten der beiden Hunde in Konfrontations-/Konkurrenzsituationen)

Konventionelles Gehorsamstraining
(zur Verbesserung der Kontrollmöglichkeiten des Besitzers)

Methoden der Verhaltenstherapie
(z. B. Gegenkonditionieren nichtaggressiven Verhaltens; Desensibilisierung; Gewöhnung)

Medikamente
(z. B. Progestin-Therapie)

mehrere Tage hinweg, nachdem ein zweiter adulter oder nahezu adulter Hund ins Haus genommen wurde. Häufig ist auch die Entstehung von Drohungen/Raufereien zwischen einem erwachsenen Tier, das seit geraumer Zeit in der Familie lebt, und einem jüngeren, jetzt größeren 6–12 Monate alten Tier, das ausreichend gereift ist, um die Dominanzposition des älteren in Frage zu stellen. Im Grunde ereignen sich ernsthafte Kämpfe nur, wenn (1) zwischen Paaren von Rüden oder Weibchen noch keine stabile Hierarchie gebildet wurde oder (2) eine Umkehrung der gegenwärtigen Dominanz-Unterwerfungs-Beziehung unausweichlich ist und gerade beginnt.

Hormoneller Einfluß

Probleme dieser Art sind unter Rüden wesentlich häufiger zu beobachten. Rüden scheinen prinzipiell mehr um die Dominanzbeziehung und all die damit für das dominante Tier verbundenen „Privilegien und Rechte" besorgt als Weibchen. Weibchen in Familien formen zwar ebenfalls Hierarchien, zur Determinierung dieser Beziehungen sind aber nur in seltenen Fällen ernsthafte Ränkekämpfe nötig. Besitzer können oftmals ganz einfach das dominante Tier identifizieren, indem sie beobachten, welches Tier in bestimmten Situationen die Führung übernimmt, das Spielzeug oder den einzigen Knochen bekommt oder sich bei Begrüßung und Streicheln nach vorne drängt. Bei einer Befragung stellt sich aber meist heraus, daß es zwischen beiden noch nie zu ernsthaften Auseinandersetzungen gekommen ist. Manchmal allerdings raufen Weibchen bösartig miteinander und müssen getrennt werden, um ernsthafte Verletzungen zu vermeiden. Im Gegensatz zu Rüden, die am Ende eine stabile Dominanz-Unterwerfungs-Beziehung entwickeln, was Probleme untereinander drastisch reduziert, geben manche Weibchen den Kampf nicht auf, der zusehends eskaliert.

Daher wird Aggression unter Weibchen von manchen Autoren (z. B. Neville, 1991) als gefährlicher erachtet als die zwischen Rüden. Manche Besitzer berichten von Kämpfen zwischen Weibchen, bei denen eine Kapitulation und das unterwürfige Auf-den-Rücken-legen die Attacken des aggressiveren Weibchens nicht zu bremsen vermochten, wie das bei Rüden der Fall ist. Ein Grund hierfür ist nicht bekannt. Unter Umständen handelt es sich um eine durch den Domestikationsprozeß bedingte Aberration. Interessanter ist die Frage, ob es hier nicht vielleicht weniger um ein „Kräftemessen" im Sinne der Dominanzposition der beiden, sondern vielmehr um den Ausschluß der Rivalin aus dem Sozialverband geht. Eine weitere Möglichkeit ergibt sich aus der Beobachtung ernsthafter Ränkekämpfe zwischen Wölfen an, wenn das bisherige Alpha-Tier von seinem Herausforderer besiegt wird. Auch hier reichen Unterwerfungsgesten möglicherweise nicht aus, um die Angriffe des Herausforderers zu beenden, und so bleibt dem unterlegenen Tier nichts weiter übrig, als die Flucht zu ergreifen oder sich weiterhin in aggressiver Form zu verteidigen, um schwerwiegende Verletzungen zu verhindern (Feddersen-Petersen, 1993).

Es besteht daher die Möglichkeit, daß für Ränkekämpfe zwischen zwei hochmotivierten Tieren – weiblich oder männlich – nicht dieselben Regeln gelten wie für weniger wichtige Auseinandersetzungen.

Auswirkungen von Erfahrungen

In den schwersten Fällen innergeschlechtlicher Auseinandersetzungen zwischen Familienhunden berichten Besitzer häufig, daß der Grad der Aggression nach der ersten ernsten Auseinandersetzung zunehmend so weit eskalierte, bis die beiden Hunde bereits auf den ersten Blick übereinander herfielen, nachdem sie einander eine Weile nicht gesehen hatten. O'Farrell (1992) verweist auf einen weiteren erfahrungsbedingten Kausalfaktor, wonach „einer der Hunde in einer frühen Phase seines Lebens nur wenig Gelegenheit zur Sozialisierung mit anderen Hunden hatte. Dadurch ist er nicht ausreichend imstande, die Körpersprache des anderen zu verstehen". Vermutlich verhindert dies die Bildung einer Hierarchie zur Vermeidung von Aggression.

Unabsichtliche Förderung durch den Besitzer

Viele Besitzer begehen den Fehler, den weniger dominanten Hund durch Schelte oder sonstige Bestrafung des dominanten Hundes zu unterstützen oder den unterlegenen zuerst zu streicheln, ihm den einzigen Knochen oder das einzige Spielzeug zukommen zu lassen, häufiger die Aufmerksamkeit auf ihn zu richten oder ihm Privilegien wie das Liegen unter Möbelstücken oder das Schlafen im Bett des Besitzers einzuräumen, die dem anderen Hund verweigert werden. Dies gilt ganz besonders in Fällen, in denen der alteingesessene Hund der Familie, das „Alpha-Tier", von einem aggressiven Neuling in seiner Stellung massiv bedroht wird. Diese Art der Bevorzugung durch den Besitzer führt notgedrungen zu heftigeren Auseinandersetzungen und wirkt der Bildung einer stabilen Hierarchie entgegen, weil der Besitzer entweder die Aggression des dominanteren Hundes zum Teil unterdrückt oder vom Hund als Verbündeter des unterlegenen Tieres empfunden wird. Des weiteren kann die bevorzugte Behandlung des weniger aggressiven Hundes den Prozeß der Einsicht und Akzeptanz seiner neuen untergeordneten Stellung verzögern.

Für die Reaktion der Besitzer gibt es eine Reihe von Erklärungen. Wie bereits ausführlich in Kapitel 2 besprochen, handelt es sich im Grunde um menschliches Elternverhalten; das Ergebnis eines funktionierenden Verhaltenssystems, das sich herausgebildet hat, um eine möglichst große Zahl von Nachkommen zu betreuen und erfolgreich aufzuziehen. Bei Kindern mag eine solche demokratische, auf Fairneß basierende Behandlung angebracht sein, indem den kleineren und schwächeren Kindern eine bevorzugte Behandlung (z. B. intensivere Fürsorge, besserer Schutz) zuteil wird, um deren Entwicklung zu gesunden Erwachsenen zu gewährleisten. Eine entsprechende Behandlung des Hundes kann jedoch fehl am Platze sein und reflektiert ein grundlegend falsches Verständnis der Bedeutung stabiler Dominanz/Unterwerfungs-Beziehungen für die Erhaltung des Hausfriedens.

Ein weiteres psychologisches Element ist möglicherweise die Neigung der Besitzer, die Aggression des Hundes unbewußt in menschlichen Dimensionen zu sehen, was dazu führt, den aggressiven Hund weniger zu mögen, ihn abzulehnen und zu schelten, wie man es mit einem offenkundig aggressiven Mitglied eines kleinen menschlichen Sozialverbandes tun würde. Auf menschliche Sozialverbände angewandt, würde der „soziale Druck", der durch Ablehnung eines Mitglieds durch den Großteil der Gruppe entstünde, dieses entmutigen und weiteren störenden Aggressionen entgegenwirken. Auf das Verhältnis von Hunden untereinander kann sich solches Verhalten jedoch negativ auswirken.

Nicht zuletzt gibt es noch einen praktischen Grund für ein solches kontraproduktives Verhalten seitens der Besitzer. Gibt es eine logischere oder natürlichere Art und Weise, eine Aggression zu beenden, als den Aggressor zu bestrafen? Reaktionen dieser Art sind unter Umständen in Fällen hartnäckiger und potentiell gefährlicher Aggression durchaus angebracht, bei weitgehend ungefährlichen oder sich gerade innerhalb der Familie entwickelnden Problemen wirken sie verstärkend und kontraproduktiv.

Fehleinschätzungen der Besitzer

Aufgrund des Unverständnisses vieler Besitzer bezüglich der positiven Rolle von Aggression zwischen Hunden, die zur Bildung klarer, stabiler und damit friedvoller Dominanz/Unterwerfungs-Beziehungen innerhalb der Familie führt, betrachten diese sie als in jeder Weise unerwünscht und auch völlig unverständlich bei Hunden, die alles bekommen, was sie wünschen oder benötigen, und sich ansonsten zu mögen scheinen. Ein weiterer Irrglaube der Besitzer ist die Annahme, diese Kämpfe seien immer gefährlich und müßten daher um jeden Preis verhindert werden.

Unabsichtliche Belohnung durch den Besitzer

Wie für andere Formen der Aggression gilt auch hier, daß Besitzer immer wieder ein Problem unabsichtlich belohnen und so zu einer progressiven Verschlimmerung beitragen, wenn sie versuchen, die Aggression zu stoppen, oder verhindern wollen, daß ein Knurren sich zu einer Rauferei auswächst, indem sie den aggressiven Hund beruhigen und ablenken (Spielzeug, Leckerbissen, Spiel).

Mangelndes Grundlagentraining

Überproportionale Aggression zwischen Hunden kann zuweilen durch einen starken Besitzer, der beide Hunde vollständig unter seiner Kontrolle hat, verhindert oder unterdrückt werden. Das Fehlen eines grundlegenden Gehorsamstrainings – das auch beinhaltet, Fehlverhalten auf Befehl einzustellen – muß daher als einer der maßgeblichen Faktoren einiger Fälle von Aggression unter Hunden angesehen werden.

Unzureichende Besitzerdominanz

Die Natur der Beziehung des Besitzers zu einem oder beiden Hunden kann limitierend auf dessen Fähigkeit wirken, im rechten Moment in aggressive Auseinandersetzungen einzugreifen. Gibt es zwischen Besitzer und einem oder beiden Hunden ein Dominanzproblem, neigen sie zu Ungehorsam oder gehorchen nur zögernd, ignorieren Befehle des Besitzers sowie andere Ansätze zur Kontrolle von Situationen, in denen sie hochmotiviert sind, etwas auszuführen, was der Besitzer seinerseits unterbinden möchte. Insbesondere in potentiell gefährlichen Fällen, in denen eine Unterdrückung der Auseinandersetzung ausgesprochen kritisch ist, sollten Besitzer eingehend über die Reaktion beider Hunde in Situationen befragt werden, in denen Dominanzprobleme zwischen ihnen und ihren Hunden zutage treten (siehe Kapitel 10).

Ausgehend von der Beobachtung, daß Aggression häufiger zwischen ranghöheren Mitgliedern eines Wolfsrudels auftritt, stellt O'Farrell (1992) die Tatsache zur Diskussion, daß die Aggressivität zwischen Hunden zum Teil unzureichende Besitzerdominanz reflektiert, was die Hunde zu der Annahme verleitet, innerhalb der Familie höhere Rangstufen einzunehmen, als es ihnen sonst zustünde.

Mögliche Behandlungselemente

Verbessern des allgemeinen Verständnisses des Besitzers

Um Besitzern bei der Bewältigung des Problems zu helfen, muß ihnen als erstes die Rolle von Dominanzhierarchien in Hunderudeln verdeutlicht werden. Sie müssen begreifen, welche Rolle aggressives Verhalten und aggressive Gebärden, die Dominanz und Unterwerfung signalisieren, bei der Bildung und Aufrechterhaltung dieser Hierarchien spielen und daß solche Hierarchien bei der Festlegung des Zugangs der einzelnen Hunde zu begrenzten Nahrungsquellen, Ruheplätzen, Partnern etc. dazu beitragen, daß die meisten gefährlichen Auseinandersetzungen vermieden werden. Prinzipiell müssen Besitzer verstehen, daß Probleme dieser Art zwischen Hunden desselben Haushaltes unter bestimmten Bedingungen normal sind, daß ernsthafte Auseinandersetzungen ein Zeichen für noch instabile hierarchische Strukturen sind und daß zur Lösung des Problems Schritte unternommen werden müssen, die die Herausbildung solcher Strukturen fördern.

Vermeiden von Problemsituationen

Ist das Problem, wie in Fällen von sogenannter possessiver Aggression, größtenteils situationsspezifisch, d. h., Kämpfe sind auf die Zuteilung bestimmter Vorräte (z. B. Futter) beschränkt, kann das Problem bereits vollständig gelöst werden, indem der Besitzer solche Situationen von vornherein vermeidet (z. B. durch getrennte Fütterung der Hunde). Tauchen Probleme in einer Reihe kompetitiver Situationen auf, kann es hilfreich sein, Abläufe zeitlich so zu gestalten, daß diese Situationen vermieden werden (z. B. getrennte Fütterung der Hunde, keine gemeinsamen Spiele, Entfernung aller Spielsachen aus dem Haushalt), bis die Wirkung anderer Maßnahmen einsetzt.

Veränderung der Haltungsbedingungen

Bei potentiell gefährlicher Aggression ist es vielfach ratsam, die beiden Hunde getrennt voneinander zu halten, wenn sie alleine gelassen werden.

Mechanische Hilfsmittel

Wie in allen Fällen potentiell gefährlicher Aggression können mechanische Hilfsmittel wie das Anleinen eines oder beider Hunde oder das Anlegen eines Maulkorbs bei beiden in bestimmten Situationen indiziert sein.

Kastration

Eine retrospektive Studie zu den Auswirkungen der Kastration auf Aggression unter Rüden belegt, daß die Aggression in 5 von 8 Fällen erfolgreich reduziert oder eliminiert werden konnte (Hopkins et al., 1976). Die meisten auf diesem Gebiet Tätigen scheinen aus ihrem Erfahrungsbereich eine Erfolgsquote von ca. 60 % zu bestätigen, denn trotz ihrer geringen Repräsentativität werden die Ergebnisse dieser Studie häufig in der Literatur als Richtlinie angegeben.

Im Zusammenhang damit wird Besitzern von Rüden empfohlen, den dominanteren der beiden Hunde – oder denjenigen, der es auf lange Sicht sein wird – auszumachen und den anderen kastrieren zu lassen, um das Aggressionsgefälle noch zu vergrößern und eine schnelle Etablierung einer stabilen Dominanzhierarchie zu fördern. Sind Kämpfe zwischen zwei ähnlichen Tieren (z. B. Wurfgeschwister) sehr heftig und vermag keiner der beiden, sich eine dominante Position zu verschaffen, ist oftmals die Kastration beider Rüden angezeigt. Dies ist sowohl bei unterschiedlicher Effektivität, mit kompetitiven Vorteilen des einen, als auch bei gleich starker Herabsetzung der Aggression beider Tiere hilfreich.

Eine Ovariohysterektomie von Weibchen ist nur bei direktem Zusammenhang von Aggression und Östrus indiziert (Voith, 1989).

Während O'Farrell (1992) die Verabreichung von *Delmadion* vor der Kastration empfiehlt, um deren Effektivität vorab zu bestimmen, geben Hart und Hart (1985) an, daß es schwierig, wenn nicht gar unmöglich ist, die Erfolgsaussichten im voraus zu bestimmen.

Angesichts der Tatsache, daß Aggression unter Rüden häufig erfolgreich durch Kastration beigelegt wird, ist es verwunderlich, daß der Effekt einer Kastration bei Dominanzaggression vermeintlich gleichen Ursprungs gegen menschliche Familienmitglieder um so viel geringer und seltener ist. Möglicherweise liegt das daran, daß Menschen nicht auf den veränderten Geruch des kastrierten Hundes reagieren, wie es bei anderen Rüden der Fall ist. In diesem Zusammenhang nehmen Hart und Hart (1985) an, daß die Auswirkungen einer Kastration auf Aggressionen zwischen Rüden sowohl auf einer Herabsetzung des Konkurrenzgefühls als auch auf dem veränderten Geruch eines kastrierten Rüden beruht, infolge dessen er auf andere weniger provokant wirkt. Eine zweite Möglichkeit ist, daß sich die Dominanzaggression gegen Menschen in einigen wesentlichen Punkten von der gegen Hunde unterscheidet. Vielleicht ist es ein eher defensiver anstatt offensichtlich kompetitiver Aspekt, der hier ausgelebt wird. Und nicht zuletzt entspricht gegen Menschen gerichtetes Verhalten wohl auch nie genau dem gegen Tieren gerichteten Verhalten. Trotz weitgehender Übereinstimmungen ist es mit Sicherheit ein Fehler, anzunehmen, das Verhalten von Hunden gegenüber Menschen und gegenüber Artgenossen sei identisch – d. h., der Hund würde den Unterschied zwischen Artgenossen und Menschen nicht wahrnehmen.

Korrektur von Fehlern der Besitzer

In allen Fällen kompetitiver Aggression zwischen Hunden desselben Haushaltes ist es ein schwerwiegender Fehler, den schwächeren Hund in Konkurrenz- oder Konfrontationssituationen zu unterstützen, indem man das dominantere Tier rügt oder sicherstellt, daß der unterlegene Hund das umkämpfte Objekt oder Privileg bekommt. Tatsächlich müssen Besitzer genau das Gegenteil tun und dem dominanten Hund eine bevorzugte Stellung einräumen, indem sie ihn zuerst streicheln, ihn zuerst begrüßen oder füttern, ihm Privilegien zukommen lassen, die dem anderen Hund verweigert werden, und bei aggressiven Konfrontationen immer seine Seite beziehen und den anderen Hund schelten, egal wer von beiden die Auseinandersetzung initiiert hat.

BEHANDLUNGSEMPFEHLUNGEN

Kompetitive Aggression zwischen Hunden desselben Haushalts

Zwischen Rüden:

- Die Erfolgsaussichten einer Kastration des am wenigsten dominanten Hundes – oder desjenigen, der schließlich diese Position einnehmen wird – zur Reduzierung oder Eliminierung des Problems sind gut.
- Medikamentöse Therapie mit einem Hormonpräparat kann die Aggression vorübergehend in einem Maße reduzieren, das die erfolgreiche Durchführung anderer Behandlungsempfehlungen ermöglicht *(d. h. die unter Szenario A und B aufgeführten).*

Zwischen Weibchen:

- Ovariohysterektomie ist nur dann sinnvoll, wenn die Aggression mit der Läufigkeit korreliert.

Szenario A: *Die Aggression scheint nicht ausgesprochen gefährlich zu sein und ist ein Zeichen dafür, daß sich noch keine stabile Dominanzhierarchie zwischen den beiden Hunden herausgebildet hat.*

- Niemals dürfen dem untergeordneten der beiden Hunde spezielle Privilegien eingeräumt werden (z. B. Liegen auf Möbeln), die dem anderen verweigert werden.
- Die Dominanzstruktur zwischen den beiden soll immer unterstützt werden, indem der dominantere zuerst nach draußen darf, zuerst begrüßt, gefüttert und gestreichelt wird, und indem man sichergeht, daß er das Spielzeug, den Knochen etc. bekommt, wenn nur eines/einer zur Verfügung steht, und daß er ausschließlichen Zugang zu den begehrtesten Futter-/Rastplätzen hat.
- Beendigung der Bestrafung des falschen Hundes. Wann immer beide Hunde knurren, ist der untergeordnete zu schelten, auch wenn der andere die Situation provoziert hat.

Bei Unklarheiten bezüglich der Dominanz:

- Beobachten Sie die Hunde in den nächsten Tagen eingehend, um festzustellen, welcher von beiden zuerst durch Türen geht, als erster in das Auto hinein- oder herausspringt, sich bei Begrüßung und Streicheln nach vorne drängt, das einzige Spielzeug/den einzigen Knochen bekommt etc.

Wenn ein übervorsichtiger Besitzer in der Vergangenheit in kleinere Konflikte zwischen Hunden zu schnell eingegriffen hat:

- Greifen Sie nur in Kämpfe ein, wenn für einen der beiden Hunde Verletzungsgefahr besteht. Grundsätzlich ist eine gelegentliche Rauferei normal und kann der Herausbildung jener Art von Beziehung zwischen beiden dienen, die künftige Konfrontationen verhindert.

> **Szenario B:** *Die Aggression ist außerordentlich bösartig und gefährlich.*
>
> - Lassen Sie die Hunde niemals zusammen allein.
> - Die Hunde sollten im Verlauf mehrerer Wochen und Monate dazu erzogen werden, auf Befehl die vier Grundkommandos auszuführen, auch in Situationen, in denen sie sehr aufgeregt sind oder ganz offensichtlich etwas anderes tun möchten.
> - Jedes Knurren ist mit ausreichender Autorität zu bestrafen, um das Verhalten augenblicklich zu beenden. Wenn das Knurren eingestellt ist, ist der Hund zu rufen und bei Gehorsam sofort zu belohnen.
> - Unbeabsichtigte Belohnung aggressiven Verhaltens durch Streicheln oder Zuspruch, um den Aggressor zu beruhigen, oder Ablenkung durch Spiele, Leckerbissen sind zu vermeiden.
> - Vorübergehend ist es zu vermeiden, beide Hunde in eine kompetitive Situation (z. B. bei der Fütterung) zu bringen, wo häufig Aggressionen ausgelöst werden.
>
> *Spezielle Methoden der Verhaltenstherapie für Hunde, die beim ersten Anblick des anderen zu raufen beginnen:*
>
> - Die Hunde sind für mehrere Stunden täglich an einander gegenüberliegenden Endes eines Raumes anzubinden. Sie sollen gefüttert und für das Befolgen von Kommandos in dieser Situation häufig belohnt werden. Beginnen die Hunde, sich in Anwesenheit des jeweils anderen zu entspannen, und verhalten sie sich friedfertig, wird die Distanz im Verlauf mehrerer Tage schrittweise verkürzt. Zu allen anderen Zeiten sind die Hunde völlig getrennt voneinander zu halten.
>
> *(Zusätzliche Empfehlungen aus Kapitel 10 zur Stärkung der Besitzerdominanz sind häufig in allen oben beschriebenen Fällen nötig.)*

Für gewöhnlich wissen Besitzer, welcher der beiden Hunde der dominantere ist oder sein wird, sobald der jüngere alt genug ist. Gelegentlich ist es nicht ganz so offensichtlich. Dann sollten die Besitzer genau beobachten, wer von den beiden Hunden zuerst durch Türen geht, zuerst ins und aus dem Auto springt, die Familie zuerst begrüßt, die von beiden Tieren bevorzugten Ruheplätze belegt oder den Knochen/das Spielzeug bekommt, wenn nur einer/eines zur Verfügung steht.

Einstellen ineffektiver Behandlungsmethoden

Wie weiter oben dargelegt, kann ein Schelten des Aggressors die Situation in jenen Fällen weiter verschlimmern, in denen eine Unterdrückung der Aggression nicht um jeden Preis nötig ist. Weiterhin ist es, mit Ausnahme der gravierendsten Fälle, kontraproduktiv, grundsätzlich immer einzugreifen und aggressives Verhalten bereits im Stadium des Knurrens beider Hunde zu unterdrücken. Auch wenn es für den Besitzer schwierig zu beurteilen ist, ob er in bestimmten Situationen eingreifen sollte oder nicht, ist es bei Hunden, deren Aggression keine gefährlichen Dimensionen annimmt – oder die sich bei ihren Raufereien noch nie gegenseitig verletzt haben – manchmal am besten, sich zurückzuhalten und die beiden ihre Querelen allein bewältigen zu lassen.

Konventionelles Gehorsamstraining

Im Falle potentiell gefährlicher Aggression und in Situationen, in denen sie ständig wiederkehrt, weil keiner der beiden Hunde sich durchzusetzen vermag, kann ein Eingreifen und die Kontrolle beider Hunde ein Muß werden. Sind die Möglichkeiten einer Kontrolle aufgrund mangelnden Trainings begrenzt, sollte konventionelles Gehorsamstraining nach den in Kapitel 8 beschriebenen Methoden oder durch Besuch einer Hundeschule empfohlen werden.

Verbessern der Besitzerdominanz

Aufgrund eines „Mangels an Respekt", der für ein Dominanzproblem zwischen Besitzer und Hund bezeichnend ist, kann es sein, daß einer oder beide Hunde Befehle, Schelte oder andere Maßregelungen ignorieren. Falls solche Probleme nicht bestehen, sind die Besitzer dank ausreichender Autorität in der Lage, Aggressionen zwischen den Hunden notfalls zu beenden oder zu verhindern. Sollte dem nicht so sein, kommen unter Umständen auch einige der Empfehlungen aus Kapitel 10 in Frage.

Methoden systematischer Verhaltenstherapie

In manchen Fällen kann es erstrebenswert sein, das Gehorsamstraining auf verschiedene potentielle Problemsituationen auszudehnen, in denen es immer wieder zu Raufereien kommt, um nichtaggressives Verhalten wie zum Beispiel Sitzen, Ablegen und Platz auf Kommando zu gegenkonditionieren. Ein Beweis für den Erfolg und das Potential langfristigen Trainings sind gut ausgebildete Hunde in Hundeclubs, die andere Hunde auf Kommando ignorieren und stilliegen, bis ein anderer Befehl ergeht.

Manchmal ist das Problem der Aggression zwischen Hunden einer Familie derart eskaliert, daß sie bereits beim gegenseitigen Anblick bösartig aufeinander losgehen. Hier sollte eine Desensibilisierung/Gegenkonditionierung oder eine Gewöhnungstherapie durchgeführt werden. Zum Beispiel könnten die Hunde gänzlich getrennt gehalten und nur einige Stunden am Tag an entgegengesetzten Seiten desselben Raumes angeleint werden. In dieser Zeit werden sie gefüttert und für das Befolgen von Befehlen in dieser Situation häufig mit Leckerbissen belohnt. Im Verlauf mehrerer Tage wird der Abstand in dem Maße verkürzt, wie sie lernen, in der Gegenwart des anderen entspannt und friedlich zu bleiben.

Medikamente

Eine Progestin-Therapie wird häufig erfolgreich zur Herabsetzung von Aggression unter Rüden (intakt und kastriert) eingesetzt. Hart und Hart (1985) empfehlen eine orale Verabreichung von *Megestrolazetat* in einer Dosierung von 0,5 mg/kg/Tag oder eine Einzeldosis *Medroxyprogesteronazetat* in der Dosierung 5 mg/kg, subkutan oder intramuskulär injiziert. Deren Wirkung ist jedoch zeitlich begrenzt. Daher sollte eine solche Behandlung nur dann als Zusatz betrachtet werden, wenn eine temporäre Herabsetzung der Aggression die eigentliche verhaltensorientierte Therapie unterstützt. (Zu Nebenwirkungen und anderen wichtigen Informationen siehe Kapitel 8, Abschnitt „Medikamentöse Therapie".)

Selbstschutzaggression gegen einen anderen Hund desselben Haushalts

Es ist schwer zu sagen, in welchem Maße Selbstschutzaggression (d. h. entweder schmerz- oder angstbedingt) an Auseinandersetzungen zwischen Hunden innerhalb der gleichen Familie beteiligt sind. Zumindest einige der im letzten Abschnitt angeführten Fälle könnten seitens des angegriffenen Hundes dieses Element beinhalten. Dies ist ein weiterer Fall, der wissenschaftliche Beobachtungsmethoden erfordert. Ein erfahrener Hunde-Ethologe könnte mittels Analyse von Filmaufzeichnungen einer Reihe von Problemfällen sicherlich mehr zur Differenzierung und Charakterisierung der verschiedenen Formen von Aggression zwischen Hunden beitragen, als es auf der Basis von bloßen Berichten der Besitzer möglich ist.

Aggression gegen andere Hunde in der Nachbarschaft

Viele Hunde werden auf Spaziergängen in aggressive Auseinandersetzungen mit anderen

Hunden verwickelt. Häufig handelt es sich dabei um Aggression unter Rüden. Es gibt allerdings noch eine Reihe anderer Szenarien. Weibchen können aggressiv aufeinander reagieren. Sowohl Rüden als auch Weibchen können auf alle anderen Hunde aggressiv reagieren, auf bestimmte Typen von Hunden oder nur auf diejenigen, mit denen es bereits in der Vergangenheit Probleme gab. Die Äußerungsform dieser Aggression ist sehr variabel und reicht von deutlicher selbstverteidigender/ ängstlicher Qualität bis hin zu gewagterer, rein offensiver Aggression. Nicht zuletzt gibt es Hunde, die sich anderen Hunden gegenüber weder besonders ängstlich noch aggressiv verhalten, sie aber trotz einer scheinbar freundlichen Annäherung zu provozieren scheinen.

Wie bei der Aggression gegen unbekannte Menschen benutzen Haustier-Verhaltensberater auch hier in der Regel verschiedene Kategorien, um Aggressionsprobleme zwischen Hunden der Nachbarschaft zu klassifizieren, z. B. in *innergeschlechtliche, Angst-, Beute-, Territorial- und protektive Aggression*. Dies ist im Grunde eine empirische Unterteilung und spiegelt die Tatsache wider, daß jemand, der zahlreiche Fälle von Aggression zwischen Hunden gesehen hat und der die verschiedenen Abläufe auf der Basis gemeinsamer Merkmale in Kategorien einteilen müßte, ohne jedoch eine Vorstellung von der Zahl der Kategorien oder ihrer Merkmale zu haben, vermutlich zu demselben Ergebnis käme: eine Kategorie für Aggression unter Rüden, einer für Aggression unter Weibchen, eine Kategorie für offensichtlich ängstliche Hunde, die nur reagieren, wenn man sich ihnen nähert bzw. sie in die Enge treibt, eine Kategorie für Tiere, die andere Hunde bösartig attackieren und eventuell sogar töten, als seien sie Angehörige einer anderen Spezies, und zwei Kategorien für sonstige Fälle, deren Einordnung von der Korrelation der Intensität oder Wahrscheinlichkeit aggressiven Verhaltens mit der Entfernung des Hundes von seinem Zuhause abhängt.

Diese Art der Klassifizierung von Problemen ist somit eine objektive Widerspiegelung der Realität. Sie ist auch für die Praxis von Nutzen: Die oben genannten Termini beziehen sich in treffender Weise auf übliche Abläufe und daher gibt es keinen Grund, sie nicht weiter zu verwenden. Zu einem weitergehenden Verständnis der Aggression zwischen Hunden muß man jedoch noch weiter gehen. Ist Aggression unter Rüden in diesem Kontext mit der Aggression unter Rüden desselben Haushalts identisch? Hat sie dieselbe Funktion? Ist sie in diesem Zusammenhang mit der Funktion weiblicher innergeschlechtlicher Aggression zu vergleichen? Reagieren wirklich nur Hunde, die nach menschlichem Empfinden Angstaggression zeigen, in gewisser Weise „aus Angst"? Oder sind territoriale und protektive Aggression manchmal eine Reflektion der Angst des Tieres vor anderen Hunden oder Typen anderer Hunde, wie es bei vergleichbaren Arten von Aggression gegen Menschen der Fall ist? Ist Beuteaggression wirklich auf die Beute gerichtet? Oder ist sie eine Erscheinungsform interspezifischer Konkurrenz oder gar eine Form intraspezifischen Verhaltens, im Zuge dessen Hunde, obwohl sie als Artgenossen erkannt werden, in bösartiger Manier angegriffen werden. In welcher Beziehung stehen all diese verschiedenen Formen von Aggression gegen andere Hunde auf Spaziergängen zu Aggression gegen andere Hunde in derselben Familie einerseits und gegen nicht zur Familie gehörige Menschen andererseits?

Mit Ausnahme der später zu diskutierenden interspezifischen Aggression, bei der Hunde aufgrund begrenzter früher Erfahrungen auf andere Hunde nicht wie auf Artgenossen reagieren, legt die zu Beginn dieses Kapitels dargestellte Klassifizierung eine Kategorisierung der Aggression gegen Hunde außerhalb des Sozialverbandes nach biologischen Gesichtspunkten nahe; abhängig von der primären biologischen Funktion für den Hund sind dies *selbstverteidigende, gruppendefensive* oder *kompetitive Aggression*, die dazu dienen, (1) sich selbst gegen eine unmittelbare physische Bedrohung zu schützen, (2) sich anderen Gruppenmitgliedern anzuschließen, um sich gegen Außenseiter zu schützen, die möglicherweise eine vergleichbare unmittelbare Bedrohung oder durch Ausschöpfung der Futtervorräte, des Unterschlupfes etc. eine eher mittelbare Bedrohung der Existenz der Gruppe darstellen, oder (3) eine deutliche Dominanz gegenüber Individuen zu schaffen oder zu unterhalten, die sich in einem Sozialverband in eine Reihe von Vorteilen umsetzen ließe, z. B. alleinigen Zugang zu Ressourcen wie Futter, Partner und Ruheplätze zu haben, ohne darum kämpfen zu müssen.

Obwohl dieses funktionelle Schema die Angstaggression als Selbstschutzaggression und territoriale sowie protektive Aggression als Formen gruppendefensiver Aggression zusammenfaßt, ist die innergeschlechtliche Aggression zwischen fremden Hunden eine Form der kompetitiven Aggression, die vom funktionellen Standpunkt aus schwerer nachvollziehbar ist als die Aggression unter Rüden desselben Haushaltes. Warum sollte ein Rüde schwere Verletzungen oder sein Leben riskieren, um eine Dominanzposition gegenüber einem ihm fremden Rüden zu etablieren, wenn zum gegebenen Zeitpunkt gar keine Konkurrenzsituation besteht und sie sich vermutlich künftig nie wieder über den Weg laufen werden?

Auf diese faszinierende Frage gibt es eine Reihe von Antworten. Erstens ist Aggression unter Rüden, die einander fremd sind, im Grunde gruppenspezifisches Verhalten, das außerhalb des normalen sozialen Kontextes ausgeübt wird. Ethologen haben bei Vögeln, Fischen und anderen Spezies beobachtet, daß bei mangelnder Gelegenheit zur Ausübung speziestypischen Verhaltens (Jagen, Sexualverhalten, Aggression) in ihrem normalen Umfeld die Motivation zur Ausübung dieser Verhaltensformen derart zunimmt, daß schließlich Minimalreize oder sogar unter normalen Bedingungen inadäquate Stimuli zu deren Auslösung ausreichen.

Somit dürfte das heftige Interesse, die Aufregung, der Spieltrieb *und* die Aggression, die auf Spaziergängen durch andere Hunde ausgelöst werden, größtenteils symptomatisch sein für den Zustand teilweisen Kontaktmangels zu Artgenossen, unter dem die meisten unserer Haustiere leiden. So sind sie auf Spaziergängen hochmotiviert, mit anderen Hunden nicht nur gruppenexternes Verhalten, sondern auch gruppeninterne Spiele und dominanzbezogenes Sozialverhalten zu praktizieren, für das ihre menschlichen Rudelmitglieder nicht die adäquaten Auslöser sind.

Eine zweite Möglichkeit besteht darin, die Aggression zwischen einander fremden Rüden als kompetitiv nicht im Sinne der Schaffung / Aufrechterhaltung einer bestimmten Dominanzposition innerhalb einer sozialen Hierarchie zu betrachten, sondern als ein Mittel zur Klärung der „Nutzungsrechte" auf Territorien zwischen Vertretern unterschiedlicher Gruppen – wodurch eine im Grunde *gruppendefensive* Funktion erfüllt wird. Obwohl solche Fälle von Aggressionen hinsichtlich der gemeinsamen Nutzung eines Territoriums von Rüden, die einander häufiger begegnen, völlig sinnlos erscheinen, muß man bedenken, wie dieses gruppenexterne Verhalten in einer natürlichen Umgebung vonstatten ginge. Zumindest theoretisch könnten dominanzbedingte Drohungen und Scharmützel in angrenzenden Gebieten beider Rudel die Bewegungs- und territorialen Nutzungsmuster beider Rudel in einer Art und Weise beeinflussen (z. B. durch künftiges Meiden solcher Schauplätze seitens der unterlegenen Tiere), die unter Stadt- oder Vorstadthunden ausgeschlossen ist. Sie sind Mitglieder menschlicher Familien, deren Territorialverhalten völlig anders gestaltet ist. Aus dieser Perspektive wäre Aggression zwischen einander unbekannten Rüden im wesentlichen von gruppendefensiver Natur, deren Ziel es ist, einem Eindringling zu signalisieren, daß der Bewohner dieses Territoriums ein zäher Bursche ist, den der andere zukünftig besser meiden sollte. In der Tat besteht die Aufgabe darin, potentielle Gebietskonflikte mit einem Minimum an gefährlichen Raufereien zu lösen und künftige Konfrontationen überflüssig zu machen.

Die letzte Möglichkeit, Aggression unter einander fremden Rüden zu erklären, liegt in der Ansicht, dieses Verhalten könnte als eine Form von kompetitiver oder Dominanzaggression betrachtet werden, die nichts oder nur wenig mit der Verteidigung der Gruppe oder deren Territorium zu tun hat. Vielmehr könnte das Verhalten darauf ausgerichtet sein, die Frage der Dominanz zwischen zwei Individuen, die gerade dabei sind, neue soziale Beziehungen aufzubauen, schnell zu klären, um künftige aggressive Auseinandersetzungen zu vermeiden. Tatsächlich sind anfänglich aggressive Interaktionen zwischen fremden Rüden häufig der Auftakt zu späteren positiveren Beziehungen – insbesondere, wenn einer der beiden die klar dominierende Position einnimmt. Wenn zum Beispiel der weniger aggressive Hund sich dem dominanten Verhalten des anderen unterwirft, ist es möglich, daß die beiden schon bald miteinander spielen. Daher gilt selbst bei einander fremden Hunden, daß dieses Verhalten nicht dazu dient, den Unterlegenen zu vertreiben, sondern eine Art der Beziehung miteinander einzugehen, die es den Tieren erlaubt, bestimmte positive Interaktionen in kompetitiven Situationen auszuüben, wie zum Beispiel gemeinsam mit einem Stock oder einem Menschen zu spielen, ohne zu raufen.

Dieser Blickwinkel postuliert im Grunde für unsere Haushunde nichts anderes, als daß eine Unterscheidung zwischen Verhalten innerhalb und außerhalb des Sozialverbandes nicht immer so klar zu treffen ist, wie dies für wildlebende Hunde in stabilen Rudeln der Fall wäre, die regelmäßig ihre Territorien verteidigen und Eindringlinge verjagen. Tatsächlich wird angenommen, daß diese Form der gruppenexternen kompetitiven Aggression schnell und auf natürlichem Wege zu gruppeninternem Verhalten führt – daß sie vielleicht das erste Stadium eines *gruppenbildenden Prozesses* ist, der möglicherweise in Gang kommt, wenn zum Beispiel streunende Hunde, die sich später zu einem Rudel zusammenfinden, sich das erste Mal begegnen oder wenn ein neues Mitglied in einen bereits existierenden Verband aufgenommen wird.

Diese Form der Aggression unter Rüden könnte daher in Verbindung mit dem Spiel zwischen fremden Hunden und der Tatsache, daß sich fast alle Familienhunde auf Spaziergängen stark zueinander hingezogen fühlen, ein weiterer Indikator für die hohe Motivation unserer Hunde sein, Verbände mit echten Artgenossen zu bilden, auch wenn wir der Meinung sind, sie hätten alles, was sie brauchen. Der Zustand des teilweisen Kontaktmangels zu Artgenossen, mit Ausnahme kurzzeitiger täglicher Kontakte, käme hier ebenfalls zum Tragen.

Im folgenden werden noch mögliche Kausalfaktoren und Behandlungselemente für all jene Formen der Aggression gegen andere Hunde bei Spaziergängen besprochen, die nicht auf gravierende Auswirkungen früher Erfahrungen auf die Fähigkeit zu sozialen Kontakten mit Artgenossen zurückzuführen sind. Obwohl es hier um eine Vielzahl von Aggressionsformen und verwandten Problemszenarien geht, lassen sie sich dank der vielen Parallelen im Behandlungsansatz in einem gemeinsamen Abschnitt behandeln. Gleichzeitig werden die Unterschiede bezüglich Ursachen und Behandlungselementen der einzelnen Problematiken aufgezeigt.

Mögliche Kausalfaktoren

Genetische Prädisposition

Bei manchen Problemen ist das Vorliegen einer genetischen Prädisposition naheliegend. Manche Rüden reagieren auf andere Rüden hochgradig aggressiv, während wieder andere nur höchst selten in derartige aggressive Interaktionen verwickelt werden. Meist gibt es keine schlüssige Erklärung für die individuellen Unterschiede bezüglich der zurückliegenden Erfahrungen mit anderen Hunden, des häuslichen Umfeldes, der Behandlung durch die Besitzer, fehlenden Kontaktes mit Artgenossen etc. – ein Hinweis auf genetische Unterschiede zwischen den Tieren.

Hormoneller Einfluß

Während sogenannte Angst-, Territorial-, und protektive Aggression von einer Kastration unbeeinflußt bleiben, kann Aggression unter Rüden der Nachbarschaft auf diese Weise oftmals reduziert oder eliminiert werden; dies legt deutlich einen hormonellen Einfluß nahe.

Begrenzte frühe Erfahrungen mit Artgenossen

Manche Hunde haben Schwierigkeiten, mit anderen Hunden auszukommen. Manche Besit-

MÖGLICHE KAUSALFAKTOREN

Genetische Prädisposition
(z. B. innergeschlechtliche Aggression)

Begrenzte frühe Erfahrungen mit Artgenossen
(mögliche Quelle der Angst vor allen Hunden; Verhalten sozial unerfahrener Hunde proviziert möglicherweise Aggression)

Mangelndes Gehorsamstraining
(geringe Kontrollfähigkeit des Besitzers)

Unzureichende Besitzerdominanz
(geringe Kontrollfähigkeit des Besitzers)

Hormoneller Einfluß
(z. B. Aggression zwischen Rüden ist oft durch Kastration zu beheben)

Negative Erfahrungen der Vergangenheit
(z. B. konditionierte Angst vor bekannten Individuen oder Hunden eines speziellen Typs aufgrund von Attacken in der Vergangenheit)

Unabsichtliche Belohnung durch den Besitzer
(z. B. Streicheln/Ablenken des Hundes zur Reduzierung der Angst/Aggression)

AGGRESSION GEGEN ANDERE HUNDE IN DER NACHBARSCHAFT

MÖGLICHE BEHANDLUNGSELEMENTE

Vermeiden von Problemsituationen
(z. B. Verändern der Zeiten/Routen der Spaziergänge, um bekannte Feinde zu meiden, sorgfältige Wahl der Orte/Zeiten für Freilauf)

Konventionelles Gehorsamstraining
(Verbessern der Kontrollfähigkeit des Besitzers)

Verbessern der Besitzerdominanz
(Verbessern der Kontrollfähigkeit des Besitzers)

Methoden systematischer Verhaltenstherapie
(z. B. Gegenkonditionieren nichtaggressiven Verhaltens in einer Reihe von Situationen mit zunehmender Nähe zu anderen Hunden)

Verändern der Fürsorge-/Haltungsbedingungen
(z. B. Halten des Hundes an der Leine in potentiellen Problemsituationen; verstärktes Angebot von Kontakten zu Artgenossen)

Kastration
(bei Aggression unter Rüden)

Trainieren in Problemsituationen
(Kombination von Belohnung und Strafe zur Verbesserung des Verhaltens in Gegenwart anderer Hunde)

Korrektur von Fehlern der Besitzer
(z. B. Beendigung unbeabsichtigten Belohnens/ineffektiven Scheltens; nicht in jede Rauferei eingreifen)

Medikamente
(Progestin-Therapie als Zusatz zu Umerziehungsmaßnahmen bei Aggression unter Rüden)

Mechanische Hilfsmittel
(Maulkorb, Kopfhalter)

zer berichten, daß ihre Hunde in einem relativ jungen Alter von ihren Wurfgeschwistern getrennt wurden und in den darauffolgenden Monaten wenig Kontakt zu Artgenossen hatten. Das mag zwar möglicherweise nicht zwangsläufig dazu führen, daß der Hund zu normalem Sozialverhalten mit anderen Hunden vollkommen unfähig ist. Aber Langzeitwirkungen auf das Verhalten des Hundes gegenüber Artgenossen können dennoch zu erwarten sein. Diese Hunde können im Umgang mit anderen Hunden etwas ängstlich oder unsicher wirken. Vielleicht neigen sie deshalb zu merkwürdigem oder zum Teil falschem speziestypischem Verhalten oder zu falschen Interpretationen von kommunikativem Verhalten ihrer Artgenossen.

Selbst wenn sie anderen Hunden gegenüber nicht außergewöhnlich aggressiv auftreten, provoziert möglicherweise allein ihr Gebaren die Aggression der anderen. Tatsächlich beschreiben manche Besitzer folgenden Ablauf: Ihr Hund nähert sich anderen in freundlicher, nichtaggressiver Manier, aber selbst die geselligsten Nachbarhunde scheinen nicht viel mit ihm zu tun haben zu wollen. Sie knurren und schnappen möglicherweise nach ihm, wenn er weiterhin beharrlich versucht, mit ihnen sozialen Kontakt aufzunehmen.

Negative Erfahrungen der Vergangenheit

Sogenannte Angstaggression gegen andere Hunde ist häufig. Besitzer berichten zum Beispiel, ihr Hund sei merklich ängstlich und daher aggressiv gegenüber manchen Hunden oder Typen von Hunden (z. B. große/kleine Hunde), mit denen er in der Vergangenheit schlechte Erfahrungen gemacht hat. Die konditionierenden Wirkungen solcher Erfahrungen können sich jedoch auch anders äußern. Statt sich offen ängstlich zu verhalten, benehmen sie sich, als würden sie manche Typen von Hunden oder Individuen schlichtweg „nicht mögen", und sind daher geneigt, sich diesen gegenüber in jedweder Situation aggressiv zu verhalten. Auf die Frage, wie sie zu dieser Überzeugung gelangen, geben Besitzer immer wieder Vorfälle aus der Vergangenheit an, mit denen diese Probleme begannen. Üblicherweise wurde der Hund von einem bestimmten Individuum angegriffen und reagiert seither aggressiv auf dieses Tier und alle, die ihm ähnlich. Zusätzlich schildern Besitzer häufig, ihr Hund sei in den Wochen und Monaten nach dem Vorfall tatsächlich merklich ängstlich gewesen, das Verhalten seinen Opfern gegenüber sei dann aber zusehends weniger ängstlich, dafür aber merklich aggressiver geworden.

Interessanterweise sind es nicht immer die körperlich überlegenen Hunde, die am meisten gefürchtet werden. Manchmal haben große Hunde vor kleinen Hunden Angst oder verhalten sich ihnen gegenüber aggressiv, seit sie von einem besonders aggressiven Individuum dieser Größe plötzlich und in bösartiger Manier attackiert wurden. Hier ist Vorsicht angebracht, denn theoretisch ist es möglich, daß Attacken auf kleinere Hunde auch Ausdruck einer generellen Aggression des Hundes gegen Artgenossen sein können, der es lediglich nicht wagt, sich mit einem Hund seiner Größe zu messen.

Mangelndes Gerhorsamstraining

Häufig fehlt Hunden, die in Gegenwart anderer Hunde die meisten Probleme verursachen, ein ausreichendes Training durch ihre Besitzer, um Befehle zu befolgen und Fehlverhalten auf Anweisung zu unterdrücken.

Unzureichende Besitzerdominanz

Natürlich sind gerade Besitzer von Hunden, die besonders oft ungehorsam sind oder nur zögernd gehorchen, besonders hilflos, wenn es gilt, eine Rauferei unter Hunden zu unterbinden oder zu beenden. Wie immer ist es außerordentlich wichtig, während der Konsultation das Dominanzverhältnis zwischen Besitzer und Hund zu beleuchten.

Unabsichtliche Belohnung durch den Besitzer

Besitzer sollten immer eingehend nach ihrer Reaktion z. B. auf das Knurren ihres Hundes gegen einen anderen Hund befragt werden. Wenn sie versuchen, ihn durch etwas abzulenken, das ihm Spaß macht, wie die Aufforderung zum Spiel, Leckerbissen, ein Ball etc., oder wenn sie in der Annahme, der Hund sei ängstlich, ihn kraulen und beruhigen, um die Angst zu reduzieren, sollten sie gewarnt werden, daß sie unter Umständen durch eine Belohnung des Verhaltens zu dem Problem beitragen.

Mögliche Behandlungselemente

Vermeiden von Problemsituationen

In Einzelfällen können Besitzer möglicherweise Problemsituationen einfach vermeiden. Zum Beispiel können Tiere, die bisher frei umherlaufen durften, bei Spaziergängen an die Leine genommen werden, Zeiten oder Routen der Spaziergänge können verändert werden, um eine Begegnung mit dem Widersacher/den Widersachern zu vermeiden, oder Zeiten des Freilaufs oder die Orte dafür können sorgfältiger ausgewählt werden. Viele Besitzer von Hunden, die bisher regelmäßig in aggressive Auseinandersetzungen mit Artgenossen verwickelt wurden, erzielen mit diesen Anpassungsmaßnahmen zufriedenstellende Ergebnisse.

Kastration

Wie bereits dargestellt, kann eine Kastration zuweilen eine dramatische Reduzierung der Aggression unter Rüden herbeiführen. Sie scheint jedoch keinen positiven Einfluß auf andere Formen der Aggression gegen fremde Hunde zu haben.

Konventionelles Gehorsamstraining

Der erste Schritt zur Verbesserung der Kontrollfähigkeit von Besitzern, die in Problemsituationen – oder potentiellen Problemsituationen – wenig oder keine Kontrolle über ihr Tier haben, ist konventionelles Gehorsamstraining, entweder unter Anwendung der in Kapitel 8 erläuterten Methoden oder durch die Teilnahme an einem Kurs der Hundeschule.

Trainieren in Problemsituationen

In Fällen, in denen ein konventioneller Ansatz zur Umerziehung indiziert ist, sind die allgemeinen Trainingsprinzipien die gleichen wie in Fällen gruppendefensiver Aggression gegen fremde Menschen. Das heißt, die konsequente Anwendung einer Kombination aus (1) prompt dargebotenen Futter- und/oder sozialen *Belohnungen* für erwünschtes Verhalten in potentiellen Problemsituationen (z. B. die Ausführung der vier Grundkommandos statt der Bedrohung potentieller Ziele) mit (2) einer ausreichend harten *Bestrafung*, um Problemverhalten auf der Stelle zu unterbinden.

Hier kann es allerdings noch schwieriger sein, Besitzern für jedwede Situation Verhaltensregeln vorzugeben, als in Fällen von Aggression gegen fremde Menschen, denn es ist unrealistisch und kontraproduktiv, Hunde dazu zu erziehen, sich von Artgenossen fernzuhalten. Sollte ein Hund dazu erzogen werden, sich von Widersachern fernzuhalten, mit denen er in der Vergangenheit Probleme hatte? Oder sollte beiden erlaubt werden, ihr Dominanzproblem auszutragen, selbst wenn das bedeutet, sie kämpfen zu lassen, bis einer von beiden unterliegt? Theoretisch scheint dies die vernünftigste Lösung zu sein. Allerdings können Raufereien zwischen Hunden manchmal mit bösen Verletzungen oder gar mit dem Tod eines der Kontrahenten enden. Und wie steht es im Falle der ersten Begegnung mit einem fremden Hund? Wie soll sich der Besitzer eines Hundes, der manchmal, jedoch nicht immer aggressiv auf andere Hunde reagiert, in dieser Situation verhalten? Soll er sofort eingreifen, um Probleme zu verhindern? Oder soll er den beiden erlauben, sich einander zu nähern und Kontakt aufzunehmen, zumindest solange das Problem nicht zutage tritt?

Viele der Interaktionen von Hunden (die verschiedene Arten von Aggressionsproblemen zwischen Hunden zeigen) mit Nachbarhunden sind im Grunde friedfertig und auf lange Sicht gut für die Hunde. Und positive Erfahrungen im Umgang mit anderen Hunden zu sammeln ist eines der besten Heilmittel für manche Hunde, die aggressiv gegenüber Artgenossen sind.

Wie aber soll man entscheiden, welche Zusammentreffen man zulassen darf und wann man in frühen Phasen einer aggressiven Konfrontation eingreifen soll oder sich lieber zurückhält, wann man die Rauferei beenden oder sie bis zum Ende ablaufen lassen soll?

Dies sind offensichtlich für Besitzer schwierige Entscheidungen. Sie müssen jedoch getroffen werden, da sie die Komplexität und Unsicherheiten widerspiegeln, die den Situationen innewohnen, in denen diese Aggressionsprobleme unter Hunden auftauchen. Besitzer müssen prinzipiell lernen, ihr Verhalten den unterschiedlichen Arten von Hunden, Besitzern und Situationen anzupassen. Die Erfahrung lehrt sie, welche Hunde der Nachbarschaft am besten zu meiden sind, beziehungsweise welche nicht gemieden werden müssen, weil entweder keine aggressiven Auseinandersetzungen mit ihnen stattfinden oder diese in der Regel harmlos verlaufen. Die Erfahrung lehrt sie ferner, fremde Hunde schon aus der Distanz und während früher Phasen näheren Kontakts der beiden Hunde einzuschätzen. Auch Warnungen anderer Hundebesitzer sind hier hilfreich. Manche Besitzer aggressiver Rüden rufen herannahende Hundebesitzer an, ob es sich bei ihrem Hund ebenfalls um einen Rüden handelt, und nehmen ihren eigenen Hund sofort an die Leine, wenn dem so ist. Wenn Interaktionen zwischen Hunden eine aggressive Wendung nehmen, müssen Besitzer beide Hunde genau beobachten, um den Ernst der Konfrontation einschätzen zu können. Nicht zuletzt müssen zuweilen auch die irrationalen Wünsche von Hundebesitzern, die jede noch so kleine Konfrontation unterbinden wollen, akzeptiert werden, wenn man sich keine Feinde in der Nachbarschaft schaffen will. Für erfahrene Hundehalter mag es ein Leichtes sein, überbesorgte Hundebesitzer zu verspotten, die sich ängstigen, wenn ihr Hund in eine aggressive Auseinandersetzung verwickelt wird. Aber auch diesen ängstlichen Besitzern gegenüber sollte man sich diplomatisch verhalten, wenn man an friedfertigen Beziehungen zu anderen Hundehaltern, denen man täglich begegnet, interessiert ist.

Insbesondere bei einem bekanntermaßen aggressiven Hund, dessen Aggression sich gegen bestimmte Typen von Hunden oder Individuen der Nachbarschaft richtet, mit denen der Hund in der Vergangenheit eine Reihe von Problemen hatte, kann die Methode der *frühen Intervention* erfolgreich eingesetzt werden. Mit dieser Methode wird z. B. ein Hund trainiert, in der Gegenwart potentieller Ziele wie Joggern und Radfahrern zum Besitzer zu kommen und seine Befehle zu befolgen. Der Hund wird gerufen, sobald einer seiner Erzfeinde oder ein Hund des Typs, der immer Aggression hervorruft, gesichtet wird, und sofort mit seinen Lieblingsleckerbissen für seinen Gehorsam belohnt. Um jedoch effektiv zu sein und nicht Gefahr zu laufen, unbeabsichtigt aggressives Verhalten zu belohnen, muß der Hund gerufen werden, *bevor* er Anzeichen von Aggression zeigt. (Detailliertere Erläuterungen zu dieser Methode finden sich in Kapitel 12.)

Manche Besitzer können schließlich im wesentlichen das gleiche Ziel der frühen Intervention erreichen, indem sie lediglich größere Autorität ausüben. Sobald sie einen anderen Hund sehen, mit dem es möglicherweise Probleme geben wird, rufen sie den Hund zurück bzw. befehlen ihm energisch, zu kommen, wenn er nicht sofort reagiert. In Kombination mit Belohnung für Gehorsam kann diese Methode manchmal zur Vermeidung von Problemen, zur Verbesserung der Kontrolle des Besitzers und zur Gegenkonditionierung erwünschten Verhaltens (z. B. sofortiges Zurückkommen zum Besitzer) in potentiellen Problemsituationen sehr wirksam sein.

Verbessern der Besitzerdominanz

In einer Vielzahl der Fälle von Aggression unter Hunden reflektieren die Schwierigkeiten der Besitzer, ihre Tiere zu kontrollieren und zu erziehen, ein Problem in der Beziehung zwischen Besitzer und Hund, dem in den Empfehlungen des Beraters Rechnung getragen werden muß. Häufig müssen zunächst hier deutliche Fortschritte erzielt werden, indem mit Hilfe der direkten oder indirekten Maßnahmen aus Kapitel 10 eine Verbesserung der Besitzerdominanz erzielt wird. Erst dann hat der Besitzer überhaupt eine Chance, das Verhalten seines Hundes gegenüber anderen Hunden zu verbessern.

Korrektur von Fehlern der Besitzer

Übervorsichtige Besitzer, die immer eingreifen, noch bevor die Drohungen ihres Hundes gegenüber anderen Hunden eine Rauferei provozieren, begehen unter Umständen einen Fehler. Die meisten Auseinandersetzungen sind kurzlebig und für keinen der Beteiligten gefährlich. Im Normalfall dauert es nicht lange, bis ein kleiner Hund, der sich mit einem großen angelegt hat, merkt, daß es Zeit ist aufzugeben, sich auf den Rücken zu drehen und die Niederlage einzugestehen – dies ist genau die Art Lektion, von der manche Hunde profitieren.

Ein weiterer häufig beobachteter Fehler von Besitzern ist die unbeabsichtigte Belohnung der Drohgebärden durch Streicheln und gutes Zureden, als versuchten sie, ihren Hund zu beruhigen und davon zu überzeugen, daß seine Aggression unbegründet ist. Selbst wenn der belohnende Effekt an sich vernachlässigbar ist, signalisieren solche Reaktionen das Einverständnis und die Unterstützung durch den Besitzer, was wiederum verstärkend auf die Aggression wirkt.

Besitzer, die andere Hunde oder deren Besitzer schelten oder anschreien, ihren eigenen Hund anschreien oder zu milde bestrafen, um eine Wirkung zu erzielen, verschlimmern das Problem letztlich nur. Solches Verhalten seitens des Besitzers kann vom Hund als Teilnahme des Besitzers an der Auseinandersetzung fehlinterpretiert werden und verstärkt so die Aggression vermittels des Effektes der Stimmungsübertragung, die koordiniertes, aggressives Gebaren bei Paaren oder Gruppen von Hunden hervorbringt. Schelten kann jedoch bei manchen Problemen durchaus angezeigt sein, wenn es effektiv genug ist, die Drohgebärden *sofort* und bei *jedem Auftreten* zu beenden. Ist Bestrafung indiziert, Schelte aber nutzlos – wie dies oft bei sanften Besitzern vorkommt –, muß der Besitzer zu einer anderen Bestrafungsmethode greifen, z. B. zum Rucken an der Leine oder den Einsatz eines lauten Geräusches (z. B. durch ein Preßluftgerät), das der Hund als unangenehm empfindet.

Methoden systematischer Verhaltenstherapie

Der Einsatz von Leckerbissen oder sozialen Belohnungen (d. h. Streicheleinheiten, Lob) zur Gegenkonditionierung von Gehorsam auf die vier Grundkommandos in Gegenwart anderer Hunde ist ein notwendiger Zusatz zu bestrafungsbedingter Unterdrückung von Aggression in Fällen, in denen dies angezeigt ist. Die Belohnung gehorsamen und nichtaggressiven Verhaltens erfolgt normalerweise informell, wann immer es die Situation erlaubt; allerdings gibt es Fälle, in denen dieser Ansatz in ein systematisches verhaltenstherapeutisches Verfahren integriert werden kann. Gehorsamstraining kann zu Beginn am Rande eines Feldes durchgeführt werden, auf dem Hunde spielen oder erzogen werden. Im Verlauf der Zeit kann dieser Abstand schrittweise verkürzt werden, während der Hund gleichzeitig lernt, die anderen zu ignorieren und während der Übungseinheit weiterhin die Kommandos seines Besitzers auszuführen.

Aber selbst relativ anspruchslose Vorgehensweisen der Verhaltenstherapie wie diese erfordern einen engagierten Besitzer, der den Langzeitcharakter des Trainingsprogrammes überblickt und geduldig, hochmotiviert und selbstdisziplniert genug ist, dieses durchzuziehen. Bedauerlicherweise sind allzu wenige Klienten an dieser Option interessiert. Im allgemeinen lieben sie ihr Tier sehr und würden das belastende Problem nur zu gerne lösen. Aber sie sind vielbeschäftigte Menschen mit vielen Verpflichtungen und sind daher häufig nicht bereit, den nötigen Aufwand an Zeit und Mühe zur Behebung des Problems zu erbringen.

Medikamente

Viele Verhaltensspezialisten empfehlen in einigen schweren Fällen von Aggression unter Rüden die Verabreichung von Progestinen, *Megestrolazetat* oder *Medroxyprogesteronazetat*, als zusätzliche Maßnahme. Hart und Hart (1985) berichten von einer nach klinischen Erfahrungen zu erwartenden Verbesserungsrate von 75 % bei kastrierten Rüden. Es ist jedoch allgemein bekannt, daß die positiven, aggressionsreduzierenden Effekte dieser Medikamente lediglich temporärer Natur sind. Eine Langzeittherapie mit diesen Medikamenten hat zudem ernste Nebenwirkungen, und eine befriedigende Lösung des Problems kann daher nur gefunden werden, wenn das Hauptgewicht auf Maßnahmen zur Umerziehung oder Problemkontrolle liegt. (Zu Nebenwirkungen und anderen wichtigen Informationen siehe Kapitel 8, Abschnitt „Medikamentöse Therapie".)

Verändern der Fürsorge-/Haltungsbedingungen

Eine hilfreiche Veränderung ist, den Hund in potentiellen Problemsituationen an der Leine zu halten. Eine weitere ist, die Zeiten und Routen der Spaziergänge so zu legen, daß der tägliche Kontakt mit Artgenossen intensiviert wird. Dies ist bestimmt nicht in allen Fällen hilfreich, doch für Hunde, die aufgrund ihres mangelnden Kontaktes zu anderen Hunden in der Vergangenheit durch ihr merkwürdiges, unsicheres, leicht ängstliches oder ansonsten ungewöhnliches Verhalten häufig Aggression provoziert haben, kann dies positive Erfahrungen vermitteln, die die Frequenz und Schärfe der Aggressionsprobleme mit anderen Hunden reduzieren.

Mechanische Hilfsmittel

In manchen besonders schwerwiegenden Fällen kann es nötig werden, den Hund auf Spaziergängen einen Maulkorb oder einen Kopfhalter tragen zu lassen. Neville (1991) empfiehlt zuweilen, sowohl die anderen Hunden durch ein besonders bösartiges Tier drohende

---

BEHANDLUNGSEMPFEHLUNGEN

Aggression gegen andere Hunde in der Nachbarschaft

- Setzen Sie die Lieblingsleckerbissen des Hundes als Belohnung für ruhiges, gehorsames und nichtaggressives Verhalten in Gegenwart anderer Hunde ein. Zu anderen Zeiten bekommt er keine Leckerbissen.
- Anfangs ist zu erwarten, daß dieser Ansatz nur in Situationen erfolgreich sein wird, in denen der Hund nicht allzu aufgeregt oder aggressiv ist (oder wenn die anderen Hunde sich nicht in unmittelbarer Nähe befinden).
- Vermeiden Sie unbeabsichtigtes Belohnen von Aggression durch Streicheln, Leckerbissen, Spiele oder andere Ablenkungsmanöver, um den Hund zur Einstellung seiner Drohgebärden zu bewegen.

Situationen, in denen bestrafende Maßnahmen zu Unterdrückung von Aggression angebracht sind:

- Jedesmal, wenn der Hund bellt oder einen anderen Hund anknurrt, schelten oder bestrafen Sie ihn heftig genug, um die Aggression augenblicklich zu unterbinden.
- Sobald der Hund sich in dieser Situation beruhigt hat, weisen Sie ihn an, sich hinzusetzen oder abzulegen, und belohnen Sie seinen Gehorsam mit Leckerbissen und/oder Streicheln und Lob.
- Den Hund anzuschreien oder zu schelten, um seiner Aggression Einhalt zu gebieten, ist nur dann angezeigt, wenn dies wirklich funktioniert. Falls nicht, dann reagieren Sie vermutlich nicht mit dem nötigen Maß an Autorität und ermuntern den Hund möglicherweise, noch aggressiver zu werden.

> *Fälle geringgradiger Aggression, in denen ein erhöhtes Maß an Kontakt zu Artgenossen der Reduzierung des Problems zuträglich sein könnte:*
> - Häufige Spielzeiten mit anderen Hunden sind in solchen Fällen oftmals die beste Medizin.
> - Intervenieren Sie nicht in jeder aggressiven Konfrontation. Manchmal ist es besser, die Hunde die Angelegenheit unter sich klären zu lassen.
>
> *Fälle, in denen der Hund eine ernste Gefahr für andere Hunde darstellt:*
> - Vermeiden Sie durch Abänderung der Zeiten/Routen des Spaziergangs wenn möglich aggressive Auseinandersetzungen mit den Erzfeinden des Hundes.
> - Der Hund sollte bei Spaziergängen an der Leine gehalten werden, bis sich sein Verhalten anderen Hunden gegenüber gebessert hat.
> - Ist der Hund auch an der Leine unkontrollierbar, dann ist eine Art Kopfhalter ratsam, der die physische Kontrolle erleichtert. Das Tragen eines Maulkorbes ist eine weitere Option.
>
> *Beispiel der Methode der frühzeitigen Intervention, die in bestimmten Fällen hilfreich ist:*
> - Ist der Hund von der Leine, rufen Sie ihn und belohnen Sie sein Kommen mit einem Leckerbissen, sobald Sie einen anderen Hund herannahen sehen, aber *bevor* Ihr Hund beginnt, aggressiv zu werden.
>
> *Zusätzliche Ratschläge für einige Fälle von Aggression unter Rüden:*
> - Die Erfolgsaussichten einer Reduzierung/Eliminierung der Kampfbereitschaft mit anderen Rüden nach einer Kastration sind gut.
> - Eine temporäre Verabreichung von Hormonpräparaten kann dazu beitragen, die Aggression soweit zu reduzieren, daß ein Verhaltenstraining durchgeführt werden kann.
>
> *(Zusätzliche Empfehlungen aus Kapitel 10 zur Verbesserung der Besitzerdominanz sind in den oben angeführten Fällen oftmals vonnöten.)*

Gefahr zu eliminieren als auch Besitzer mit effektiveren Mitteln zu physischer Kontrolle des Hundes während Auseinandersetzungen auszustatten.

Interspezifische Aggression gegen andere Hunde

Interspezifische gruppendefensive/ selbstverteidigende Aggression

Hunde, die im Alter von 6 Wochen von ihrem Wurf getrennt werden und denen jeglicher Kontakt zu Artgenossen versagt ist, werden später vielleicht Schwierigkeiten im Umgang mit anderen Hunden haben. Hunde, die zu einem noch früheren Zeitpunkt entfernt werden, sind häufig aggressiv gegen andere Hunde oder in anderer Weise nicht sozialkompetent (Hart und Hart, 1985; O'Farrell, 1992). Sie richten nahezu ihr gesamtes Sozialverhalten auf den Menschen und ignorieren andere Hunde entweder völlig oder behandeln sie wie unerwünschte Eindringlinge, die es zu vertreiben gilt. Wie auch bei anderen prägungsähnlichen Phänomenen der Tierwelt, ist die Wirkung dieser frühen Erfahrung nahezu irreversibel und es gibt in der Regel keinen Weg, einen solchen Hund zu normalen Interaktionen mit oder zu „Zuneigung" zu anderen Hunden zu erziehen.

Erkennen Hunde, die andere Hunde vollständig ignorieren oder aggressiv auf alle anderen Hunde reagieren, diese wirklich nicht als Artgenossen? Es ist schwierig, dies mit Sicherheit zu sagen. Viele Beispiele von Prägung bei anderen Spezies, bei denen späteres *intraspezifisches* Sexualverhalten zum Beispiel auf eine andere Spezies gerichtet ist, betreffen Tiere, die allem Anschein nach nicht zu einem normalen Umgang mit Artgenossen fähig sind. Dies führte einige Tier-Verhaltenswissenschaftler zu der Hypothese, es könnte eine Art von Mißidentifikation mit der falschen Art vorliegen (z. B. Grier und Burk, 1992). Wenn man davon ausgeht, daß Hunde in der Lage sind, Menschen als Artgenossen zu empfinden und entsprechend auf sie zu reagieren, dann ist der Verdacht, daß eine Unfähigkeit zum Erkennen von Hunden als Artgenossen möglich ist, vielleicht gar nicht so unbegründet.

Es gibt allerdings noch eine zweite Möglichkeit, das aggressive Verhalten dieser Hunde zu erklären. Daß sie nämlich trotz der Fähigkeit, andere Hunde als Artgenossen zu erkennen, aufgrund nicht vorhandener, aber entscheidender früher Erfahrungen nicht imstande sind, eine normale Sozialkompetenz zu entwickeln. Sie erweisen sich demzufolge in der Ausführung von und Reaktion auf speziestypisches Verhalten (d. h. korrekte Interpretation) als gewissermaßen unzulänglich. Dies wiederum provoziert so lange aggressive Reaktionen der anderen Hunde, bis diese zu konditionierten aversiven Reizen werden, die bei den sozial verarmten Tieren zu defensiver Aggression führen. Ohne gründliche Forschung bezüglich dieser Frage kann man nicht sicher sein, ob Hunde, die auf alle anderen Hunde aggressiv reagieren oder in anderer Weise keinen normalen Umgang mit ihnen pflegen, tatsächlich interspezifisches Verhalten an den Tag legen. Folglich sollte der Gebrauch dieses Terminus in Abbildung 14.1 als vorläufig betrachtet werden. Solches Verhalten kann auch eine Kombination aus *intra-* und *interspezifischen* Elementen darstellen oder in beschränktem Maße dem selbstverteidigenden/ gruppendefensiven Verhalten ähneln, das sich gegen Vertreter anderer Spezies richtet.

Räuberische „Aggression"/ interspezifische Konkurrenz

Greifen große Hunde kleinere (sowie alle anderen kleineren Tiere wie Katzen, Kaninchen etc.) unvermittelt und in bösartiger Manier beim ersten Blickkontakt an – packen sie am Genick und schütteln sie ohne den geringsten Hinweis auf speziestypisches Verhalten, das normalerweise beim ersten Zusammentreffen einander fremder Hunde abläuft –, kann echtes *interspezifisches* Beuteverhalten oder interspezifisches Konkurrenzverhalten beteiligt sein. Diese Problematik ist allerdings eher selten. Aus den acht Fällen (insgesamt 49) des Autors von Aggression zwischen Hunden, bei denen die Hunde nie mit Artgenossen interagierten und unweigerlich aggressiv auf diese reagierten, paßte nur einer in dieses Bild.

Literatur

Borchelt, P. L., and Voith, V. L. (1982): Classification of animal behavior problems. *Veterinary Clinics of North America: Small Animal Practice* **12**, 571–585.

Feddersen-Petersen, D. (1993): Verhaltensprobleme älterer Hunde. *Der praktische Tierarzt* **74**, 46–49.

Grier, J. W., and Burk, T. (1992): *Biology of Animal Behavior*. St. Louis. Mosby-Year Book Inc.

Hart, B. L., and Hart, L. A. (1985): Canine and Feline Behavioral Therapy. Philadelphia: Lea & Febiger.

Hopkins, S. G., Schubert, T. A., and Hart, B. L. (1976): Castration of adult male dogs: Effects on roaming, aggression, urine marking, and mounting. *Journal of the American Veterinary Medical Association* **168**, 1108

Mech, L. D. (1970): *The Wolf: The Ecology and Behavior of an Endangered Species*. New York, The Natural History Press.

Neville, P. (1991): *Do Dogs Need Shrinks?* London, Sidgwick & Jackson Ltd.

Nott, H. M. R. (1992): Social behaviour of the dog. In Thorne, C. (ed) *The Waltham Book of Dog and Cat Behaviour*. Oxford, Pergamon Press.

O'Farrell, V. (1992): *Manual of Canine Behaviour*. British Small Animal Veterinary Association. Shurdington, Cheltenham, Gloucestershire, UK.

15 Angstprobleme

Häufig werden Haustier-Verhaltensberater mit Angstproblemen bei Hunden konfrontiert. Sie versuchen wegzulaufen, sich unter einem Tisch oder hinter ihrem Besitzer zu verstecken, zittern, winseln, bellen, hecheln und werden manchmal in Reaktion auf angstauslösende Stimuli aggressiv.

Unter Ausschluß von Problemen im Zusammenhang mit Trennungsangst (Kapitel 16) und den verschiedenen Formen der Selbstschutzaggression, die in den Kapiteln 11–14 diskutiert wurden, berichteten 31 von 154 Besitzern problematischer Hunde (d. h. etwa 20 %), ängstliches Verhalten sei eines der Hauptprobleme ihres Hundes. Insgesamt wurden für diese 31 Hunde 54 verschiedene Angstprobleme genannt.

Während die in Abbildung 15.1 enthaltenen Prozentzahlen von denen einiger Artikel abweichen, auf die sich Tuber et al. (1982) beziehen, gehen diese Studien mit den meisten aktuellen Statistiken konform, die Angst vor plötzlich auftretenden, lauten Geräuschen, Verkehrslärm, fremden Menschen und anderen Hunden als die häufigsten Auslöser spezifischer Angstprobleme nennen.

Angstprobleme nehmen zuweilen bizarre Formen an. Ein Fall aus der jüngsten Geschichte des Autors betraf einen Hund, der nach Angaben seines Besitzers große Angst vor den von Flugzeugen hinterlassenen Kondensstreifen hatte. Während des Hausbesuchs stellte sich nach genauer Beobachtung des Hundes, der auf die hinterlassenen Kondensstreifen kaum reagierte, heraus, daß es nicht um die Kondensstreifen ging, sondern der weite, offene Himmel die Angst auslöste. Der Hund starrte ständig in den freien Himmel, zitterte und versuchte, sich auf Spaziergängen in den weiträumigen Straßen des Wohngebiets an die Beine seines Besitzers zu pressen. Das Ehepaar versicherte dem Autor, der Hund sei an bedeckten Tagen ein völlig anderes Tier – ohne die leisesten Anzeichen von Angst. Die „Phobie vor blauem Himmel" des Hundes trat auch im Hause in Erscheinung. Während er an wolkigen Tagen gerne neben der großen Glasschiebetür liegt, die zur Terrasse führt, verkriecht er sich an wolkenlosen Tagen unter den Kaffeetisch, weit weg von der Tür, die dem Hund ständig eine gute Aussicht auf einen breiten Streifen blauen Himmels bietet.

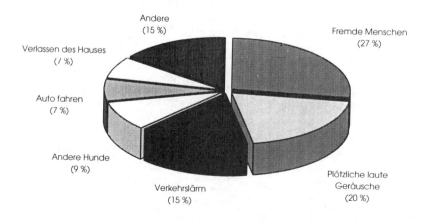

Abb. 15.1: Häufigkeit verschiedener angstauslösender Stimuli in 54 Fällen von Angstproblemen bei Hunden (n = 31)

Angstprobleme

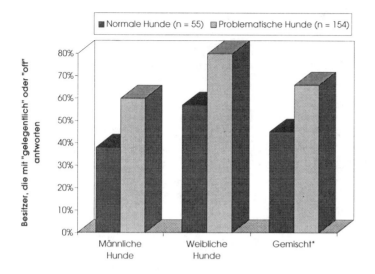

Abb. 15.2: Häufigkeit, mit der Besitzer problematischer bzw. normaler Hunde die Frage „Wie oft zeigt Ihr Hund übermäßige Angstreaktionen" mit „gelegentlich" oder „häufig" beantworten (* *Ausgenommen 31 Hunde, die speziell wegen Angstproblemen vorgestellt wurden.*)

Abbildung 15.2 bietet zusätzliche statistische Informationen zur Prävalenz ängstlichen Verhaltens von problematischen Hunden sowie von unauffälligen Hunden. Unter Verwendung des Fragebogens zur Patienteninformation aus Kapitel 6 wurden 154 Besitzer problematischer Hunde und 55 Besitzer unproblematischer Hunde gebeten, Angaben zur Häufigkeit (d. h. „oft", „gelegentlich", „nie") „übermäßiger Angstreaktionen" ihres Hundes zu machen.

Die folgenden drei Aspekte der in der Abbildung präsentierten Ergebnisse scheinen erwähnenswert:

- Übermäßige Angstreaktionen scheinen bei Weibchen beider Gruppen häufiger vorzukommen.
- Übermäßige Angstreaktionen werden mit größerer Häufigkeit bei Problemtieren als bei unauffälligen Hunden berichtet. Selbst unter Ausschluß der 31 wegen Angstproblemen vorgestellten Tiere bleibt eine geringe Diskrepanz zwischen beiden Gruppen erhalten (d. h. Diskrepanz zwischen den beiden „kombinierten" Balken). Es bleiben jedoch jene Hunde aus der Gruppe der problematischen Tiere, die ängstliche Reaktionen zusammen mit Aggression und Trennungsangst zeigen. Es ist daher anzunehmen, daß ängstliches Verhalten in Kombination mit diesen Problemen für die Diskrepanz zwischen beiden Gruppen verantwortlich zeichnet.
- Die relativ hohe Frequenz (45 %) in der „kombinierten" Gruppe, mit der Besitzer von normalen Hunden „oft" (zweimal) oder „gelegentlich" (23mal) ankreuzten, ist bemerkenswert. Scheinbar ist es für Hunde völlig normal, von Zeit zu Zeit als Reaktion auf laute Geräusche, Fremde, andere Hunde etc. übermäßige Angst an den Tag zu legen.

Mögliche Kausalfaktoren

Genetische Faktoren

Vier Kategorien von Beweisen legen bei manchen Tieren eine partielle genetische Beteiligung an hochgradig ängstlichen Reaktionen auf Umweltreize nahe. Erstens: Im Gegensatz zu anderen Problemen wie Dominanzaggression ist die Tendenz zu ängstlichen Reaktionen im späteren Leben teilweise durch die Veranlagung zu ängstlichen Reaktionen bei Welpen ab der zirka achten Woche vorhersagbar (Goddard und Beilharz, 1985). Zweitens: Die Vorberichte über einige ängstliche Hunde deuten nicht auf frühen Erfahrungsmangel oder späte-

MÖGLICHE KAUSALFAKTOREN

Genetische Faktoren
(Verdacht, wenn Angst nicht Ergebnis zurückliegender Erfahrungen ist)

Auswirkungen traumatischer/negativer Ereignisse
(z. B. Bestrafung, Autounfall, Attacke durch andere Hunde, Kinder ärgern den Hund, laute Geräusche in der Nachbarschaft)

Begrenzte frühe Erfahrungen
(z. B. mit Fremden, Kindern, Verkehrslärm etc. während der ersten drei Lebensmonate)

Unabsichtliche Belohnung/Förderung durch den Besitzer
(z. B. unabsichtliche Belohnung ängstlichen Verhaltens; emotionales Verhalten, Meideverhalten des Besitzers verstärken die ängstliche Reaktion des Tieres auf bestimmte Situationen/Stimuli)

ANGSTPROBLEME
- Angst vor Fremden, lauten Geräuschen, Verkehr, anderen Hunden etc.

MÖGLICHE BEHANDLUNGSELEMENTE

Vermeiden von Problemsituationen
(insbesondere bei heftiger Angst)

Korrektur von Fehlern der Besitzer
(z. B. Einstellen unbeabsichtigter Belohnung)

Methoden systematischer Verhaltenstherapie
(systematische Desensibilisierung/Gegenkonditionierung; Reizüberflutung)

Konventionelles Gehorsamstraining
(um die Besitzerkontrolle in Problemsituationen zu verbessern)

Verbesserung der Besitzerdominanz
(wenn fehlende Besitzerdominanz für das Problem relevant ist)

Einstellen kontraproduktiver Behandlungsmethoden
(z. B. Ende der Exposition gegen hochgradig angstauslösende Situationen)

Medikamente
(z. B. Anxiolytica sind in manchen Fällen indiziert)

Trainieren in Problemsituationen
(Ignorieren ängstlichen Verhaltens und Auslösung/Belohnung nichtängstlichen Verhaltens in Problemsituationen)

Stärkung der Autorität des Besitzers
(zur Verbesserung der Kontrolle in Problemsituationen)

---

re traumatische Erfahrungen hin. Manchmal entwickelt sich ein Welpe aus einem Wurf ansonsten unauffälliger Tiere trotz gleichen Erfahrungsschatzes zu einem hochgradig ängstlichen Tier. Drittens: Durch selektive Züchtung gelangten Murphree und Kollegen (Murphree et al., 1967; Murphree 1972; Dykman et al., 1979) zu zwei Zuchtlinien Deutscher Kurzhaarpointer – eine, die im wesentlichen normal war, und die zweite, deren Tiere im Alter von drei Monaten mit hochgradigen Angstreaktionen auf Lärm, neue Reize und auch auf vertraute Menschen reagierten. Viertens: Die „Neophobie" von Wölfen, das heißt ihre Neigung, furchtsam auf neue Reize zu reagieren, ist allgemein bekannt – eines der Charakteristika, das während des Domestikationsprozesses der Selektion zum Opfer fiel.

Diese Beweise deuten jedoch nicht darauf hin, daß Angstprobleme bei Hunden grundsätzlich auf genetische Faktoren zurückzuführen sind. Vermutlich ist das Gegenteil der Fall; die meisten Fälle reflektieren ein Defizit an frühen Erfahrungen, negative Erfahrungen in späteren Lebensphasen oder eine Kombination beider. Aber in manchen Fällen legt das offensichtliche Fehlen solcher Erfahrungen, zusammen mit der Information, daß die Hunde schon als Welpen außergewöhnlich ängstlich gewesen seien, die Vermutung einer genetischen Beteiligung an dieser Entwicklung nahe – eine Vermutung, die für die Auswahl der Behandlungsmethoden und -ziele von großer praktischer Bedeutung ist.

Begrenzte frühe Erfahrungen

Zahlreiche Studien beweisen, daß Hunde, die in den ersten drei Lebensmonaten nur wenig Kontakt mit Menschen oder neuen Umweltreizen hatten – der Zeitraum zwischen 3. und 12. Lebenswoche wird in dieser Hinsicht als entscheidend betrachtet –, später im Leben furchtsam auf diese reagieren. Borchelt und Voith (1985) legen bei der Besprechung einiger dieser Studien Wert darauf zu betonen, daß diese Ängste nicht, wie oftmals angenommen, absolut irreversibel sind, sondern manche zumindest teilweise durch Nachholen entsprechender Erfahrungen mit bestimmten Stimuli zu beheben sind. Diese Erkenntnis ist jedoch die Ausnahme. Bei der Mehrzahl der Hunde innerhalb dieser Studien hatten eigens konzipierte Behandlungsstrategien zur Reduzierung der Angst nur wenig oder keinen Erfolg. Es ist daher nicht erstaunlich, daß in vielen Fällen Hunde, deren Angst vor fremden Menschen, Kindern, Städten etc. auf mangelnde frühere Reizexposition zurückzuführen sind, weiterhin extrem ängstlich blieben, auch wenn sie diese fehlenden Erfahrungen mit den gefürchteten Stimuli später in großem Umfang nachgeholt haben. Bei diesen Hunden scheint die Tendenz zu ängstlichen Reaktionen auf manche Reize in der Tat irreversibel. Daher liegt das Augenmerk therapeutischer Maßnahmen weniger auf der Eliminierung des Problems als vielmehr darauf, den Klienten den Umgang damit zu erleichtern.

Auswirkungen traumatischer/negativer Ereignisse

Angst vor einer bestimmten Reizart kann das Resultat eines einzigen traumatischen Ereignisses sein. Zum Beispiel kann ein Tier nach Beteiligung an einem Autounfall hochgradige Angst vor dem Autofahren bekommen oder es reagiert nach einer Attacke eines großen, schwarzen Hundes mit ernsten Verletzungsfolgen künftig allen großen, schwarzen Hunden gegenüber furchtsam. Der Entwicklungsprozeß von Angst kann aber auch langsamer vonstatten gehen, durch eine Serie negativer Erfahrungen mit Reiztypen, die erst allmählich zu Angst führen. Häufige Bestrafung durch den Besitzer, wiederholte Mißhandlungen durch Kinder und wiederkehrende laute Geräusche an bestimmten Stellen in der Nachbarschaft können zu Angstproblemen führen, die sich mit jeder Exposition weiter verschlimmern.

Unabsichtliche Belohnung/Förderung durch den Besitzer

Was wäre natürlicher für Eltern, als ihr Kind, das sich ängstigt, hochzuheben, zu umarmen, abzulenken oder ihm gut zuzureden? Alle Besitzer neigen unbewußt dazu, das gleiche mit einem verängstigten Haustier zu tun. Diese Reaktionen ziehen zwei zusammenhängende Effekte nach sich. Erstens fungieren sie unter Umständen als Belohnung und verstärken somit, wenn nicht die zugrundeliegende Angst per se, so doch einige der offensichtlich angstbedingten Verhaltensweisen, wie das Schutzsuchen beim Besitzer, Kauern hinter seinen Beinen, Wimmern und Zittern. Zweitens vermittelt das besorgte oder gar alarmierte Verhalten des Besitzers dem Hund unabsichtlich die falsche Nachricht, es handle sich in der Tat um eine gefährliche Situation oder einen Stimulus, die oder den selbst der Besitzer fürchtet. Manche Besitzer beginnen tatsächlich, diese Situationen oder Stimuli zu fürchten, und versuchen diese daher mit allen Mitteln zu vermeiden, weil es ihnen äußerst unangenehm ist, ihren Hund so leiden zu sehen.

Mögliche Behandlungselemente

Vermeiden von Problemsituationen

Bei hochgradig ängstlichen Tieren ist es oftmals nötig, neben den Behandlungsvorschlägen zur Reduktion der Angst zusätzlich Empfehlungen zur Prävention einer weiteren Verschlimmerung des Problems sowie zur Verbesserung der Kontrollfähigkeiten der Besitzer zu geben. Die erste ist das temporäre Meiden von Problemsituationen (z. B. Verändern der Routen auf Spaziergängen, Vermeiden des Kontaktes mit Fremden, Meiden öffentlicher Verkehrsmittel oder von Autos), insbesondere bei außergewöhnlich ängstlichen Tieren. Reagieren Tiere auf einen gefürchteten Reiz hochgradig ängstlich, trägt dies unter Umständen zu einer Aufrechterhaltung der Angst oder einer noch extremeren Reaktion bei einer erneuten Reizexposition bei. Ebenso wie Schmerz ist Angst ein extrem unangenehmer Zustand, der starken Einfluß auf die Reaktion des Tieres in entsprechenden Situationen hat.

Die temporäre Vermeidung von Problemsituationen wird häufig empfohlen, bis das Tier – vermittels verschiedener nachfolgend erläuterter Trainingsmethoden – gelernt hat, weniger bedrohlichen Variationen des angstauslösenden Stimulus ausgesetzt zu sein, ohne ängstlich zu reagieren.

Einstellen kontraproduktiver Behandlungsmethoden

Manchmal halten es Besitzer für ausreichend, ihr Tier der gefürchteten Situation auszusetzen; früher oder später wird das Tier lernen, daß ihm nichts geschieht, und wird sich entspannen. Dies trifft theoretisch insoweit zu, als sich ein Tier, das man lange genug in einer angstauslösenden Situation verharren läßt, schließlich bis zu einem gewissen Grad entspannen wird. Jedoch bewegt sich die Zeitspanne, in der dies eintritt, eher im Bereich von Stunden als von den wenigen Minuten, die Besitzer als ausreichend annehmen, um einen Gewöhnungsprozeß einzuleiten. Wie bereits oben erwähnt, hat eine Exposition des Tieres gegenüber gefürchteten Reizen, die für eine Habituation zu kurz ist, vermutlich eine negative Auswirkung auf das Problem.

Korrektur von Fehlern der Besitzer

Ein von allen Besitzern begangener Fehler ist es, auf einen ängstlichen Hund in gleicher Weise einzugehen wie auf ein verängstigtes Kind, d. h. zu versuchen, die Angst durch Beruhigung oder Ablenkung (Streicheln, Hochheben, Spielen, Leckerbissen) zu reduzieren. Obwohl diese Reaktionen der Besitzer kurzzeitige Besserung bezüglich des Zitterns und Verkriechens bringen, können sie (1) auf lange Sicht die Angstkomponenten verstärken und könnten (2) aus der Sicht des Tieres als ein Zeichen interpretiert werden, daß der Besitzer die Situation auch als bedrohlicher oder bedeutender bewertet, als sie eigentlich ist. Wie bereits oben erwähnt, ist diese unbeabsichtigte Nachricht nicht immer falsch. Besitzer beginnen diesen Situationen aufgrund der heftigen Reaktionen ihres Hundes sensibilisiert gegenüberzustehen. In der Folge versuchen viele von ihnen, diese um ihrer selbst und ihres Hundes willen zu vermeiden.

Medikamente

In den folgenden Fällen sind Medikamente zur Behandlung von Angstproblemen manchmal nützlich:
- Als alleinige Behandlungsmethode, wenn ein Trauma der jüngsten Vergangenheit die Ursache des Problems ist (z. B. der Hund hat einige Tage nach einem Unfall große Angst beim Autofahren).
- Eine systematische Verhaltenstherapie, die zur Reduzierung der Angst nötig wäre, ist praktisch nicht durchführbar.

- Als temporärer Zusatz zu einem Training oder einer Verhaltenstherapie, wenn das Tier zu Beginn zu ängstlich ist, um auf die Gegenkonditionierung in angemessener Weise zu reagieren.
- Um das Tier bei unvermeidlicher Reizexposition vor übermäßigen Angstreaktionen zu schützen (z. B. bei den ersten Vorboten eines Gewitters).

Von Therapieerfolgen bei Angstproblemen wird bei den folgenden Medikamenten berichtet:

Diazepam in folgenden Dosierungen:
- 0,1–0,5 mg/kg per os (Shull-Selcer und Stagg, 1991; Voith und Borchelt, 1985)
- 0,55–2,2 mg/kg per os im Bedarfsfall (Marder, 1991)
- 1–2 mg/kg per os zwei- bis dreimal täglich (Hart und Hart, 1985)

Paradoxe Erregbarkeit oder Hyperaktivität sind häufige Nebenwirkungen (Voith und Borchelt, 1985), die manchmal durch Erhöhung der Dosis beseitigt werden können (Shull-Selcer und Stagg, 1991). Alle Autoren betonen, daß Besitzer bei der Erstanwendung des Medikamentes zur Beobachtung der Reaktion ihres Hundes zu Hause bleiben sollten.

Voith (1989) warnt vor der verstärkenden Wirkung von Diazepam auf Aggression bei ängstlichen Hunden und empfiehlt, bei Angst vor Menschen, ganz besonders bei Hunden, die früher schon aggressiv reagiert haben, auf die Verabreichung zu verzichten.

Ein Benzodiazepin mit längerer Wirkung, *Chlorazepat Dipotassium*, ist ebenfalls erfolgreich bei der Behandlung von Lärm- oder Gewitterphobien in einer Dosierung von 5,6 mg/Hund per os bei kleinen Hunden, 11,25 mg/Hund per os bei mittelgroßen Hunden und 22,5 mg/Hund per os bei großen Hunden zum Einsatz gekommen (Shull-Selcer und Stagg, 1991).

Nach Marder (1991) und Shull-Selcer und Stagg (1991) wurden *Buspiron* und der Betablocker *Propanolol* gelegentlich mit Erfolg eingesetzt. Marder empfiehlt, *Buspiron* bei 2,5–10 mg/Hund per os zwei- bis dreimal täglich zu dosieren.

Voith und Borchelt (1985) sowie Marder (1991) schlagen vor, *Phenothiazine* (z. B. *Acetylpromazin* bei 0,5–1 mg/kg per os nach Marder) nur zur Kontrolle extrem ängstlicher Hunde einzusetzen, aber nicht als Versuch, Angstprobleme per se zu reduzieren oder zu eliminieren. Nach Voith und Borchelt (1985) und Shull-Selcer und Stagg (1991) gilt das gleiche für *Phenobarbital*. Marder (1991) verwendet *Phenothiazine* nur zur Behandlung beispielsweise von „Hunden mit Lärmphobien oder Trennungsangst, wenn diese besonders destruktiv sind oder Gefahr besteht, daß sie durch ein Fenster springen".

Das folgende Zitat von Shull-Selcer und Stagg (1991) faßt die oben zum Ausdruck gebrachten Meinungen zusammen und präsentiert sinnvolle Leitfäden für die Verordnung von Medikamenten in relevanten Fällen:

„Acetylpromazinmaleat und Phenobarbital werden für gewöhnlich in der Tiermedizin zur Unterstützung der Kontrolle ängstlicher Hunde angewandt. In der Behandlung von Lärmphobien ist oftmals eine Sedation bis zum Grad einer gewissen Desorientierung und Ataxie nötig, bevor die Verhaltenskomponente der Angstreaktion ausreichend abgeschwächt ist. Bei einzelnen Hunden mit hochgradigen Angstreaktionen kann weitgehende Sedierung die einzig effektive Form der Behandlung sein. Sind die phobischen Reaktionen weniger stark ausgeprägt, können auch weniger stark sedierende Anxiolytika ausreichen ... und sind daher als Einstiegspharmakon bei Hunden mit gering- bis mittelgradigen Angstreaktionen indiziert." (S. 364)

Vor der Verordnung von Medikamenten sollte der Leser zu Nebenwirkungen und anderen wichtigen Informationen über Arzneimittel den Abschnitt „Medikamentöse Therapie" des Kapitels 8 zu Rate ziehen.

Methoden systematischer Verhaltenstherapie

Die klassische Methode der Desensibilisierung/Gegenkonditionierung, die manchmal zur Reduzierung der Angst vor bestimmten Personen oder bestimmten Stimuli zum Einsatz kommt, ist einem ähnlichen Procedere analog, das die verschiedenen von Shull-Selcer und

Stagg (1991) zitierten Quellen als „die weithin als verläßlichste Behandlung für Phobien bei Menschen akzeptierte" beschreiben. Interessanterweise wurde dieses Verfahren ursprünglich als experimentelle Behandlung für Phobien von Tieren entwickelt – um die Angst von Katzen vor Käfigen herabzusetzen, in denen sie starken Elektroschocks ausgesetzt wurden (Wolpe, 1958).

Der Ansatz der Verhaltenstherapie basiert auf folgenden Prinzipien:
- Die Vorgehensweise ist nur sinnvoll, um (1) Ängste vor *spezifischen Stimuli* – einem bestimmten Individuum, einem bestimmten Personentyp oder einer bestimmten Art von Lärm – zu reduzieren, denen (2) das Tier in *unterschiedlicher Intensität* ausgesetzt wird: von anfänglich sehr gering (z. B. Person in großer Entfernung, leises Geräusch) bis allmählich immer intensiver (z. B. Person immer näher, Geräusch immer lauter) analog dem beim Tier erreichten Gewöhnungseffekt.
- Das Tier darf außerhalb der Trainingseinheiten nicht mit dem gefürchteten Reiz konfrontiert werden. Ist eine Exposition unvermeidlich (z. B. Gewitter), kann die Kontrolle der Angstreaktion mit Hilfe von Medikamenten dazu beitragen, den Verlust des in den Therapieeinheiten erzielten Erfolges zu verhindern.
- In jedem Stadium wird das Tier für die Ausführung eines kompetitiven, nicht mit ängstlichem Verhalten kompatiblen Verhaltens in Gegenwart des furchterregenden Reizes mit Leckerbissen belohnt. Dabei könnte es sich beispielsweise um die Befolgung eines Kommandos und/oder das ruhige Warten (d. h. ohne merkliche Zeichen von Angst wie gesenkter Kopf und Schwanz) auf einen Leckerbissen handeln. Diese Auslösung und Stärkung eines kompetitiven Verhaltens, das mit der ängstlichen Verhaltensweise inkompatibel ist, wird als *Gegenkonditionierung* bezeichnet.
- Oberstes Gebot des Procederes ist es, das Tier nie einer Variante des gefürchteten Reizes auszusetzen, die eine merkliche Angstreaktion auslöst. Eine leichte Nervosität des Tieres ist zu vertreten, da sich diese bei wiederholter Exposition und Belohnung bald legt. Reagiert das Tier allerdings zu irgendeinem Zeitpunkt extrem ängstlich, ist dies ein Indikator für eine falsche Durchführung (z. B. die Intensität wurde zu schnell erhöht), weshalb die Reizstärke wieder auf ein Niveau herabgesetzt werden muß, das keine Angst auslöst. Im Idealfall zeigt das Tier während des gesamten Verfahrens gegen den gefürchteten Stimulus nie mehr als leichte Unruhe.

Tuber et al. (1982) liefern einen ausführlichen und hervorragenden Bericht darüber, wie diese allgemeinen Behandlungsprinzipien in der Therapie von Trennungsangst (siehe Kapitel 16), Angst vor Gewittern, lauten Geräuschen und ungewohnten Personen und Orten angewandt werden können. Für alle diese Fälle gelten dieselben Prinzipien. Zu Anfang wird das Tier nur sehr milden Versionen des gefürchteten Stimulus ausgesetzt und für die furchtlose Befolgung von Kommandos in dieser Situation mit Leckerbissen oder Streicheleinheiten belohnt. Später wird dieses Training auf eine abgestufte Serie von Stimuli oder Situationen ausgeweitet, auf die das Tier zuvor etwas – aber nicht viel – ängstlicher reagierte, während gleichzeitig sicherzugehen ist, daß das Tier im Verlauf des gesamten Procedere niemals Angst verspürt.

Angst vor Gewittern ist ein interessantes Beispiel, das in aller Ausführlichkeit von Voith und Borchelt (1985), Tuber et al. (1982) sowie von Hart und Hart (1985) diskutiert wird. Nach dem Erwerb einer Aufzeichnung von Donnergeräuschen und einem Test mit großer Lautstärke, um sicherzugehen, daß es sich um den angstauslösenden Reiz handelt, wird mit dem Training begonnen. Das Geräusch wird in einer Lautstärke abgespielt, die den Hund nicht stört, während er gleichzeitig für Stillsitzen, Ablegen und am Platz bleiben, ohne Angst zu zeigen, belohnt wird. Im Verlauf vieler Trainingseinheiten wird die Lautstärke langsam erhöht, bis der Hund keine Angst mehr zeigt, wenn es in der Lautstärke eines echten Gewitters abgespielt wird. Im letzten Schritt werden die Besitzer angewiesen, diese Art Training beim Herannahen eines Gewitters durchzuführen.

Zwar kann diese Trainingsmethode tatsächlich dazu führen, Hunden die Angst vor dem aufgezeichneten Gewittergeräusch zu nehmen, das zuvor große Angst auslöste, doch gestehen alle Autoren (z. B. Tuber et al., 1982; Voith und Borchelt, 1985; Shull-Selcer und Stagg, 1991), die sich intensiv mit diesem Procedere beschäftigt haben, ein, daß es sich oftmals nicht auf echte Gewitter transferieren läßt. Vermutlich überträgt eine Aufzeichnung nur einen Teil des kombinierten akustischen (Donner sowie die Geräusche von Wind und Regen), visuellen (Blitz) und möglicherweise elektromagnetischen Stimulus, dem sich der Hund bei einem Gewitter ausgesetzt sieht. Selbst die akustische Komponente per se kann Probleme bereiten, da ihr die gewaltigen, charakteristischen Schallwellen echten Donners fehlen (Shull-Selcer und Stagg, 1991). Ein weiteres, hiermit zusammenhängendes Problem ist die unterschiedliche Qualität der einzelnen Gewitter bezüglich ihrer exakten akustischen Eigenschaften aufgrund von atmosphärischen Bedingungen wie Windrichtung und -geschwindigkeit, relativer Luftfeuchtigkeit und Temperatur.

Im allgemeinen ist der Erfolg systematischer verhaltenstherapeutischer Maßnahmen zur Desensibilisierung/Gegenkonditionierung weitaus höher, wenn gefürchtete Stimuli während der Trainingseinheiten naturgetreuer reproduziert werden können (z. B. Angst vor Gewehrschüssen, Angst vor einer bestimmten Person).

Eine weitere Verhaltenstherapie aus dem Humanbereich, die manchmal in der Behandlung von Angstproblemen bei Hunden eingesetzt werden kann, ist die *Reizüberflutung*. Hier wird der Hund dem angstauslösenden Stimulus in voller Stärke so lange ausgesetzt, wie dies zu einer deutlichen Angstreduzierung erforderlich ist, unter Umständen mehrere Stunden lang. Dieses Vorgehen erfordert tägliches ausgedehntes Training über viele Tage hinweg. Die oberste Regel lautet hier, daß diese Methode nur dann erfolgreich sein kann, wenn das Tier am Ende einer Übungseinheit deutlich weniger ängstlich ist als zu Beginn. Wenn das Tier zu früh aus dieser Situation entfernt wird und es noch ebenso ängstlich ist wie zu Beginn, wird sich das Problem vermutlich eher verschlimmern als abmildern.

Während diese Methode zur Behandlung von Gefährtentieren nicht allzu verbreitet ist, gibt es doch Situationen, in denen eine Reizüberflutung angebracht und effektiv sein kann. Hunde, die zum Beispiel Menschenansammlungen fürchten, können zwei- bis dreimal die Woche in ein belebtes Einkaufszentrum mitgenommen werden und sich dort mehrere Stunden an einer besonders stark frequentierten Stelle wie einem Hauptdurchgang aufhalten, an dem ständig viele Menschen vorbeikommen. Dies garantiert eine ständige Reizexposition in einer angstauslösenden Situation. Ein augenfälliger Nachteil ist der große Zeitaufwand dieser Methode: Nur die engagiertesten Besitzer nehmen es auf sich, 4–5 Stunden pro Trainingseinheit, mehrere Tage in der Woche und über einen Zeitraum von mehreren Wochen in einer Umgebung zu verbringen, die sie selbst eventuell als anstrengend empfinden. Ein weiterer potentieller Nachteil dieser Vorgehensweise ist, daß die Angst des Tieres bei der ersten Exposition derart eskaliert, daß es in Panik gerät und vielleicht gefährlich aggressiv auf jeden reagiert, der ihm zu nahe kommt. Zu Beginn müssen Besitzer daher darauf achten, auch wenn ihr Hund in anderen Situationen noch nie aggressiv reagierte. Das Tragen eines Maulkorbes könnte eine sinnvolle Maßnahme sein, wenn ein enger Kontakt zu Fremden nicht vermieden werden kann.

Trainieren in Problemsituationen

Die beschriebenen formalen Methoden der Verhaltenstherapie sind für viele der Angstprobleme bei Hunden nicht praktikabel (z. B. Angst vor Verkehrslärm oder Fremden auf der Straße). Es kommt hinzu, daß Angstprobleme nicht immer so gravierend sind, um eine zeitaufwendige systematische Verhaltenstherapie erforderlich zu machen, vor allem, wenn man bedenkt, daß in den alltäglichen Problemstellungen beachtliche Erfolge durch weniger aufwendige Methoden erzielt werden können. Die nachfolgenden Abschnitte befassen sich mit einigen dieser alternativen Maßnahmen, die in vielen Fällen von Nutzen sind.

- *Völliges Ignorieren des ängstlichen Verhaltens des Hundes:*

Wenn der Hund beginnt, sich auf der Straße ängstlich zu gebärden, sollte der Besitzer einfach weitergehen, als sei nichts passiert. Er sollte den Hund nicht ansehen oder mit ihm sprechen, langsamer oder schneller gehen, die Richtung ändern oder stehenbleiben und auf ihn warten. Sofern die Angst nicht extrem heftig ist, wird der Hund sie überwinden und nachkommen, wenn er sieht, daß der Besitzer weitergeht und diesmal nicht noch einmal zu ihm zurückkommt. Ist der Hund an der Leine, sollte der Besitzer ihn weiterziehen, vielleicht mit einem heftigen Ruck an der Leine, wenn der Hund sich weigern sollte. In anderen Situationen, wie innerhalb des Hauses, sollte der Besitzer einfach so tun, als bemerke er das ängstliche Verhalten seines Hundes nicht, und vielleicht aufstehen, sich bewegen oder den Raum verlassen, ohne den Hund zu beachten, mit ihm zu sprechen oder ihn anzusehen.

- *Methode der frühen Intervention:*

Entdeckt der Besitzer den gefürchteten Stimulus (z. B. eine herannahende Person oder ein Fahrrad) im Freien, wenn dieser noch ein Stück entfernt ist und der Hund noch nicht ängstlich reagiert, kann es sinnvoll sein, den Hund zu rufen, seinen Gehorsam mit einem Leckerbissen zu belohnen sowie ihm mehrere Befehle zu geben und deren korrekte Ausführung zu belohnen, während der gefürchtete Stimulus den Hund passiert – vorausgesetzt, das Tier kann dazu überlistet werden, dem Besitzer mehr Aufmerksamkeit zu schenken als dem Angstauslöser und dabei nur leicht unruhig zu werden. Kann aber die Angstreaktion des Tieres durch vorherige Auslösung alternativer Verhaltensweisen nicht verhindert werden, sollte diese Strategie nur in Situationen angewendet werden, in denen die Angst des Tieres nicht allzu gravierend ist (z. B. wenn sich der angstauslösende Reiz in größerer Distanz befindet). Prinzipiell sollte das Tier keine Belohnungen mehr erhalten, wenn es sich bereits sehr fürchtet, denn dies belohnt das ängstliche Verhalten und verschlimmert somit das Problem. In diesem Fall ist es besser, das ängstliche Verhalten vollständig zu ignorieren und diese Methode des frühen Eingreifens für günstigere Situationen zu reservieren.

- *"Jolly routine" nach Campbell:*

Campbell (1992) beschreibt eine der frühen Intervention ähnliche Methode, die er Besitzern im Kampf gegen eine Reihe von Verhaltensproblemen empfiehlt. Statt den Hund zu rufen (bevor er beginnt, Angst zu zeigen) und ihn für sein Kommen und seinen Gehorsam mit Leckerbissen zu belohnen, nachdem man eine herannahende Person, Radfahrer etc. entdeckt hat, die der Hund fürchtet, wird der Besitzer angewiesen, die Methode der „Jolly routine" durchzuführen. Dies bedeutet letztlich nichts anderes, als das zu tun, „was dem Hund am meisten Spaß macht", was ihn also veranlaßt, mit dem Schwanz zu wedeln, und seine Spiellaune weckt. Der Besitzer kann beispielsweise in die Hände klatschen, einen Ball springen lassen, lachen und sich glücklich gebärden oder etwas sagen, das den Hund immer zu positiven Reaktionen veranlaßt wie „Willst du Gassi gehen?". Dies wird in der gleichen provokanten Tonlage ausgesprochen wie Zuhause, bevor man tatsächlich einen Spaziergang unternimmt.

Wie bei der Methode der frühen Intervention unter Verwendung besonders begehrter Leckerbissen, ist der Einsatz der Jolly routine, gerade bevor das Problemverhalten auftritt, ein Mittel der Auslösung und anschließenden Belohnung eines Verhaltens, das mit dem Problemverhalten inkompatibel ist, und daher im Grunde nichts anderes als eine Methode der Gegenkonditionierung. Sie hat den zusätzlichen Vorteil, dem Tier eine sehr positive Einstellung zu seiner eigenen Reaktion zu vermitteln, und trägt somit zur generellen Veränderung der Einstellung des Hundes zur gefürchteten Situation bei.

Die meisten Verhaltensberater empfehlen die Vergabe von Leckerbissen, da diese eine starke Wirkung auf das Verhalten aller Problemhunde zeigen, für den Besitzer einfach in der Handhabung sind und – sollten sie nichts anderes bewirken – ihr Effekt sich mit der Häufigkeit der Anwendung eher verstärkt als abschwächt, wie es mit anderen Versuchen des Besitzers geschieht, wenn der Hund sich daran gewöhnt hat (Spielversuche, positives Verhalten). Campbells Methode erweist sich allerdings bei jenen Hunden als ideal, bei denen der Anblick eines Balles oder Stocks in der Hand ihres Besitzers zur Auslösung eines unmittelbaren und starken Effekts ausreicht.

- *Kontrollierte Exposition gegen gefürchtete Stimuli analog der Desensibilisierungsmethode:*

Ist die Angst des Hundes vor herannahenden Autos, Fahrrädern, Hunden so übermächtig, daß das Zeigen eines Balles oder das Anbieten von Leckerbissen zur Auslösung des gewünschten Konkurrenzverhaltens (und damit zu Verhinderung des ängstlichen Verhaltens) nicht ausreicht, kann es für den Besitzer nötig werden, diese Methode in Einzelschritten anzuwenden: sie wird zuerst an Orten durchgeführt, die fern von vorbeifahrenden Autos, Fahrrädern und Hunden liegt. Im Verlauf mehrerer Tage und Wochen nähert man sich progressiv dem gefürchteten Stimulus. Bei Objekten, deren Bewegungsfreiheit limitiert ist (Autos auf Straßen, Räder auf Fahrradwegen), ist es für den Besitzer einfach, die Distanz zu regulieren.

Handelt es sich jedoch um Angst vor anderen Hunden, muß der Besitzer spontan Möglichkeiten ergreifen, wann immer sie sich bieten, um die Methode der frühen Intervention einzusetzen, wenn sich z. B. ein herannahender Hund in den ersten Tagen in ca. 50–100 m Abstand befindet, später in 30–60 m, dann nur noch 20–40 m und so weiter. Diese Vorgabe eines minimal nötigen Abstandes schließt von vornherein aus, daß die Methode in Situationen angewendet wird, von denen der Besitzer aus Erfahrung weiß, daß das gewünschte Verhalten nicht ausgelöst wird. Hier kann die Methode unter Umständen sogar Schaden anrichten.

Konventionelles Gehorsamstraining

Die Erziehung des Hundes zum Befolgen der vier Grundkommandos ist eine wichtige Voraussetzung für die meisten bisher besprochenen Methoden zur Reduzierung der Angst des Tieres. Die oben angeführte Beschreibung der Methode der frühen Intervention beispielsweise setzt voraus, daß der Hund die Befolgung der Grundkommandos bereits beherrscht. Für die absolute Notwendigkeit eines konventionellen Gehorsamstrainings bei den meisten Angstproblemen gibt es noch weitere Gründe. Übermäßig ängstliche Hunde neigen dazu, heftig an der Leine zu zerren, wegzulaufen, stehenzubleiben und nicht mehr weiterlaufen zu wollen, sich zu weigern, in eine bestimmte Richtung zu laufen, und zu versuchen, den Besitzer wieder nach Hause zu ziehen – Verhaltensprobleme, denen viele Besitzer machtlos gegenüberstehen. In Extremfällen sind Spaziergänge eine einzige Konfrontation von Besitzer und Hund, im Rahmen derer Besitzer entweder das tun müssen, was ihre Hunde wollen, oder an jeder Straßenecke fünf Minuten damit zubringen, das Tier zu überreden oder zu bestechen, die Richtung einzuschlagen, in die der Besitzer gehen möchte. Bei einem kleinen Hund gibt es keinen anderen Ausweg, der angstbedingten Dickköpfigkeit und dem Ungebaren beizukommen, als ihn hochzuheben und für eine Weile zu tragen, wann immer man eine dieser Problemstellen erreicht. Aus der Sicht des Besitzers können diese Begleiterscheinungen weitaus unangenehmer sein als die eigentliche Angst des Tieres.

Stärkung der Autorität des Besitzers

Ein weiteres Charakteristikum vieler Fälle von Angstproblemen ist die Zurückhaltung mancher Besitzer, „hart" durchzugreifen und Ungehorsam schon im Keim zu ersticken. Entweder bedauern sie den Hund, wenn sie sehen oder annehmen, er reagiere aus Angst, oder sie befürchten, ihre Schelte oder der strenge Befehlston würden den Hund nur noch weiter verängstigen. Einigen Besitzern ist daher sehr geholfen, wenn man ihnen rät, den Ungehorsam des Hundes nicht länger zu tolerieren, egal wie

BEHANDLUNGSEMPFEHLUNGEN

Angstprobleme

Einige Empfehlungen, die in einer Vielzahl von Fällen angewendet werden können:

- Zum gegenwärtigen Zeitpunkt ist es zu vermeiden, das Tier Situationen auszusetzen, in denen es sehr ängstlich reagiert.
- Ängstliches Verhalten (z. B. Zittern, Verstecken) sollte immer völlig ignoriert werden; das heißt, der Hund darf nicht gestreichelt, angesprochen, abgelenkt oder hochgehoben werden, wenn er Anzeichen von Angst zeigt.
- Wenn der Hund bei Spaziergängen Probleme bereitet, sich z. B. weigert weiterzugehen, sollte dies völlig ignoriert werden und man sollte ohne zu zögern weitergehen und dem Hund keine Aufmerksamkeit schenken, egal was er versucht, um den Besitzer aufzuhalten.
- Was Training, Kontrolle, Disziplinieren angeht, sollte der Hund als völlig normal betrachtet und entsprechend behandelt werden.
- Ignoriert der Hund den Befehl, unerwünschtes Verhalten wie heftiges Zerren an der Leine oder Verbellen von Passanten einzustellen, muß mehr Autorität eingebracht werden und die Schelte nachdrücklich genug sein, um das Verhalten bei jedem Auftreten sofort zu unterbinden.
- Der Hund sollte immer in irgendeiner Weise belohnt werden, wenn er sich in Situationen furchtlos verhält, in denen er normalerweise ängstlich reagiert.

Szenario A: *Beispiele der frühen Intervention zur Herabsetzung der Angst des Hundes vor Radfahrern.*

- Läuft der Hund frei herum, wird er, sobald ein Radfahrer in Sicht kommt, aber *bevor* er beginnt, merkliche Angst zu zeigen, gerufen und für das Kommen auf Kommando belohnt. Sobald er kommt, wird er angewiesen zu sitzen oder sich abzulegen; dieser Gehorsam wird belohnt und eine weitere Belohnung erfolgt, wenn er dem Radfahrer im Vorüberfahren nur wenig Beachtung schenkt.

ODER

- Sobald der Hund einen nahenden Radfahrer sichtet, wird er freudig gerufen, noch *bevor* er beginnt, ängstlich zu werden. Man versucht, ihn für sein Lieblingsspiel zu gewinnen (z. B. einem Ball hinterherjagen). Der Besitzer sollte sich dem Spiel widmen und den Radfahrer nicht beachten. Dieses Spiel wird zu keiner anderen Zeit mit dem Hund gespielt.
- Ist die Angst für die erfolgreiche Durchführung dieser Methoden zu groß, sollten diese Übungen an einen Ort verlegt werden, an dem sich Radfahrer in größerer Distanz befinden. Hat der Hund gelernt, sie in dieser Situation zu ignorieren, kann die Übung im Verlauf einiger Tage oder Wochen wieder näher an Bürgersteige oder Radwege verlegt werden.

Szenario B: *Der Hund ist geringgradig ängstlich, aber nicht aggressiv gegen Kinder.*

- Täglicher Kontakt mit verständnisvollen, geduldigen Kindern, die warten, bis der Hund auf sie zukommt – statt zu versuchen, einen engen Kontakt zu erzwingen –, könnte zu einer graduellen Reduzierung der Angst beitragen.
- Nachdem der Hund die vier Grundkommandos einige Tage lang geübt hat, sollten die Kinder diese täglichen Trainingseinheiten übernehmen und in der Folge sollten sie die einzigen sein, die dem Hund Belohnungen geben, mit ihm spielen etc.

Szenario C: *Beispiel einer Methode systematischer Verhaltenstherapie zur Reduzierung von Angst bei einem Hund, der Angst vor Autofahrten hat (z. B. zittert, winselt, sabbert, hechelt).*

- **Von entscheidender Wichtigkeit:** Jeder dieser Schritte muß sorgfältig geübt werden, bis der Hund gelernt hat, in dieser Situation völlig ruhig zu bleiben, ohne die *geringsten Anzeichen von Angst* zu zeigen, bevor zum nächsten Schritt übergegangen werden kann:
  1. Während zwei bis drei kurzer, täglicher Trainingseinheiten sollen Leckerbissen als Belohnung verwendet werden, um den Hund zu lehren, die vier Grundkommandos zu befolgen. Dies wird zuerst zu Hause und später im Freien geübt. Zu keiner anderen Zeit werden Leckerbissen verteilt.
  2. Üben der vier Grundkommandos neben dem Auto, bei geschlossenen Türen.
  3. Wiederholung derselben Übung bei geöffneten Autotüren.
  4. Belohnen des Hundes mit Leckerbissen, wenn er in den geparkten Wagen steigt und die Kommandos dort befolgt.
  5. Belohnung für das Befolgen der Grundkommandos im Wagen bei geschlossenen Türen.
  6. Belohnung für das Befolgen der Grundkommandos im Wagen bei laufendem Motor (aber ohne loszufahren).
  7. Belohnung, wenn er sitzen oder liegen bleibt, ohne ängstliches Verhalten zu zeigen, wenn der Gang eingelegt wird.
  8. Belohnung für ruhiges Verhalten, nachdem man einige Meter gefahren ist.
  9. Schrittweise Verlängerung dieser kurzen Fahrten (nach 5 Metern anhalten, dann nach 10, 20, 30, 50 etc., bei gleichzeitiger Belohnung für Stillsitzen).
  10. Schrittweises Verlängern dieser Ausfahrten.

- Falls das Tier zu irgendeinem Zeitpunkt dieses Verfahrens ängstlich wird, wurde zu schnell vorgegangen. Das Training wird an eine Stufe zurückversetzt, an der der Hund keine Angst zeigte, und es wird von neuem begonnen. Diesmal wird jedoch langsamer von Stufe zu Stufe vorgegangen.
- Während der gesamten Therapie sollte der Hund nie zu einer normalen Fahrt im Auto mitgenommen werden. Selbst Gelegenheitsfahrten würden jeden Erfolg dieser Übungen zunichte machen.
- Wenn die Angst des Tieres sehr ausgeprägt ist, wird es vermutlich mehrere Wochen täglichen Trainings (wie oben beschrieben) in Anspruch nehmen, um sie zu eliminieren.

Szenario D: *Verabreichung von Medikamenten bei einem Hund, der auf gelegentlichen Autofahrten hochgradig ängstlich reagiert, wenn schnell gefahren wird.*

- Dem Hund sollte vor jeder Autofahrt mit absehbarer, hoher Geschwindigkeit ein effektiver Tranquilizer verabreicht werden.
- Dem Hund ist vor den etwa 20 nächsten schnellen Autofahrten ein Tranquilizer zu verabreichen. Vor den darauffolgenden 20 Fahrten wird die halbe Dosis gegeben, dann wiederum die halbe Dosis für die nächsten 20 Fahrten, bis das Medikament nicht mehr notwendig ist.
- Der Hund sollte *nie* zu schnellen Fahrten mitgenommen werden, ohne eine ausreichende Dosis erhalten zu haben.

sehr er sich fürchtet. In diesem Zusammenhang richten sich die spezifischen Ratschläge nach den Details der Problematik. Neben Maßnahmen wie dem Ignorieren der Versuche des Hundes, stehenzubleiben oder die Richtung zu ändern, sowie dem Veranlassen des widerstrebenden Hundes, sich nach einem oder wiederholtem heftigen Ruck an der Leine wieder vorwärts zu bewegen, ist es manchmal in Situationen, in denen Schelte angebracht ist, empfehlenswert, den Hund in scharfem Ton zu maßregeln, genauso wie man mit einem normalen Hund in dieser Situation verfahren würde. Grundsätzlich sollte den Besitzern verdeutlicht werden, daß der Hund – ob ängstlich oder nicht – dazu erzogen werden muß, auf Kommando zu gehorchen und Leitfiguren anzuerkennen wie jeder andere Hund auch. Dies kann ein „noch ein wenig härteres" Durchgreifen nach sich ziehen, insbesondere wenn der sanfte, verständnisvolle Ansatz offensichtlich mehr Probleme verursacht, als er zu lösen vermag.

Verbessern der Besitzerdominanz

Natürlich legt die obige Beschreibung eines unerzogenen Hundes, der versucht, seinen Besitzer in eine andere Richtung zu zerren, Kommandos ignoriert und hochgehoben werden muß, den Verdacht nahe, daß zumindest in manchen Fällen auch ein Dominanzproblem zwischen Hund und Besitzer beteiligt sein könnte. In der Tat legen manche ängstlichen Tiere ein geringgradiges Dominanzproblem oder sogar Dominanzaggression an den Tag. Daher sollten Besitzer eingehend bezüglich der Reaktionen ihres Hundes auf Befehle in anderen Situationen befragt werden. Knurrt er jemals andere Mitglieder der Familie an, gehorcht er ganz allgemein nur zögernd oder ist er häufig penetrant und fordernd? Bei Bedarf können einige der Empfehlungen aus Kapitel 10 zur Verbesserung der Besitzerdominanz gegeben werden.

Literatur

Campbell, W. E. (1992): *Behavior Problems in Dogs.* Goleta, California, American Veterinary Publications, Inc.

Dykman, R. A., Murphree, O. D., and Reese, W. G. (1979): Familial anthropophobia in pointer dogs? *Arch. Gen. Psychiatry* **36**, 988–993

Goddard, M. E., and Beilharz, R. G. (1985): Early prediction of adult behaviour in potential guide dogs. *Applied Animal Behavioural Science* **15**, 247–260.

Hart, B. L., and Hart, L. A. (1985): *Canine and Feline Behavioral Therapy.* Philadelphia: Lea & Febiger.

Marder, A. R. (1991): Psychtropic drugs and behavioral therapy. *Veterinary Clinics of North America: Small Animal Practice* **21**, 329–342

Murphree, O. D., Dykman, R. A., and Peters, J. E. (1967): Genetically determined abnormal behavior in dogs: results of behavioral tests. *Conditioned Reflex* **2**, 199–205.

Murphree, O. D. (1972): Reduction of anxiety in genetically timid dogs: Drug-induced schizokinesis and autokinesis. *Conditioned Reflex* **7**, 170–176

O'Farrell, V. (1992): *Manual of Canine Behaviour.* British Small Animal Veterinary Association. Schurdington, Cheltenham, Gloucestershire, England

Shull-Selcer, E. A., and Stagg, W. (1991): Advances in the understanding and treatment of noise phobias. *Veterinary Clinics of North America: Small Animal Practice* **21**, 353–367.

Tuber, D. S., Hothersall, D., and Peters, M. F. (1982): Treatment of fears and phobias in dogs. *Veterinary Clinics of North America: Small Animal Practice* **12**, 607–623.

Voith, V. L., and Borchelt, P. L. (1985): Fears and phobias in companion animals. *Compendium on Continuing Education for the Practicing Veterinarian* **7**, 209–221.

Wolpe, J. (1958): *Psychotherapy by Reciprocal Inhibition.* Palo Alto, California, Stanford University Press.

16 Trennungsangst

Hunde, die ernste Probleme verursachen, sobald man sie allein zu Hause zurückläßt, zeigen drei häufige Symptome, die einzeln oder in Kombination auftreten können:
- *Übermäßige Lautäußerungen:* viele Hunde bellen, winseln oder heulen so laut und ausdauernd, daß sie in Wohnhäusern eine schwere Belästigung der Nachbarn darstellen. In vielen Fällen sind die Nachbarn schlecht auf die Besitzer zu sprechen, die im Grunde gezwungen sind, etwas gegen das Problem zu unternehmen, wenn sie dort wohnen bleiben wollen.
- *Destruktives Verhalten:* Hunde können Schäden durch Kratzen an Türen, Böden oder Wänden um Fenster und Türen herum verursachen sowie Matratzen, Sofas und so weiter zerstören.
- *Ausscheidungsverhalten:* entweder Kotabsatz oder Urinieren oder beides.

Dieses Problem ist relativ weit verbreitet. Zwischen 10 und 30 % der Fälle von Verhaltensberatern betreffen Hunde dieser Art. Dies ist vermutlich nur die Spitze des Eisbergs, denn viele Leute, deren Hund dieses Problem zeigt, haben sich damit abgefunden, ihn nicht allein lassen zu können. Sie nehmen ihn entweder überallhin mit oder lassen ihn bei einem Freund oder Nachbarn, wenn eine Trennung unvermeidlich ist. Den Hund im Auto zu lassen, manchmal mehrere Stunden lang, ist eine weitere Strategie im Umgang mit diesem Problem. Manche Hunde tolerieren dies weitaus besser, als allein zu Hause gelassen zu werden.

Auch wenn die Symptome übermäßiger Lautäußerung, Zerstörungswut und Ausscheidungsprobleme häufig mit anderen Problemen einhergehen, ist Trennungsangst meist leicht zu diagnostizieren. Besitzer sind sich der Tatsache bewußt, daß ihr Hund nicht gerne allein ist. Der angerichtete Schaden zeigt, daß dies kein bloßes spielerisches Zerstören ist. Die Lautäußerungen sind zu dauerhaft, um eine unmittelbare Antwort auf einen externen Reiz darzustellen. Ferner kommt es vor, daß der Hund eine halbe Stunde, nachdem er draußen war, ins Haus macht.

Wie der Name des Syndroms bereits impliziert, wurde in der Literatur zu Haustierproblemen immer die Ansicht vertreten, dieses Problem müsse aufgrund seiner Eigenschaften als Angstproblem behandelt werden, da diese Tiere anscheinend hochgradig ängstlich reagieren, wenn man sie allein läßt.

Nach dieser Theorie widerspricht es der geselligen Natur des Hundes, allein zu sein. Sie müssen daher lernen, das Alleinsein zu tolerieren, ohne ängstlich zu werden. Dies wird am besten erreicht, indem sie regelmäßig allein gelassen werden, wie dies erfahrene Besitzer praktizieren. Manche Hunde allerdings, die als Jungtiere nicht daran gewöhnt wurden, allein gelassen zu werden, reagieren später beim ersten Mal sehr ängstlich – eine Art „phobische Reaktion" oder angstvolle Antwort auf eine Situation, die objektiv betrachtet harmlos ist; eine Angst, die mit jeden Alleinsein zusehends wächst, wenn das Tier sich in dieser Situation fürchtet.

Die nachfolgenden Fakten dienen zur Unterstützung dieser Angsthypothese:
- Die Beteiligung von Ausscheidungsproblemen und fluchtorientiertem, destruktivem Verhalten (z. B. Kratzen an Türen) in manchen Fällen steht in Einklang mit der Annahme, Angst sei das zugrundeliegende Problem.
- Manchmal taucht das Problem erst auf, nachdem das Tier in einer erschreckenden Situation, wie einem Gewitter, allein war.
- Wiederholt werden Tiere anscheinend bereits ängstlich, bevor der Besitzer das Haus

verläßt, und legen Anzeichen von Angst wie Zittern, gesenkten Kopf und angelegte Ohren an den Tag.
- Häufig zeigen sie während der ersten halben Stunde der Abwesenheit ihres Besitzers die frequentesten/intensivsten Symptome, vermutlich weil die Angst in dieser Zeit am größten ist.
- Der Hund begrüßt seinen Besitzer bei dessen Rückkehr mit überschwenglicher Begeisterung und Zuneigung, wodurch der Eindruck entsteht, der Hund fühle sich wie aus einer extrem verzweifelten und erschreckenden Situation errettet.
- Solche Hunde folgen ihren Besitzern in der Regel überall hin, weigern sich, eine geschlossene Tür zu akzeptieren, die sie vom Rest der Familie trennt, und protestieren lauthals, bis sie geöffnet wird. Auch dies ist als Zeichen der Verzweiflung und Angst zu werten, die diese Tiere befällt, wenn sie allein sind.
- Eine Desensibilisierung/Gegenkonditionierung, die zur graduellen Reduzierung der Angst konzipiert ist, ist häufig erfolgreich.

O'Farrell (1992) distanziert sich im Laufe einiger spezifischer Interpretationsvorschläge der drei Hauptsymptome etwas von dieser klassischen Betrachtungsweise. Als Rudeltier ist es dem Hund unangenehm oder für ihn beunruhigend, allein gelassen zu werden – Reaktionen, die sich nach ihrer Definition im gleichen Maße auf Probleme im Rahmen von Aufregung oder Übererregung wie auf Phobien beziehen. Dieser Zustand von Unruhe oder nervöser Erregung führt dann aus verschiedenen Gründen zu den symptomatischen Verhaltensweisen: „Dinge zerbeißen und Graben sind Übersprunghandlungen, verursacht durch den Anstieg der Unruhe, die auch unkontrolliertes Urinieren oder Defäkation zur Folge haben kann". Kratzen an der Tür wird als „Versuch, dem Rest des Rudels zu folgen" gewertet sowie Bellen und Heulen als „Versuche, die Aufmerksamkeit des Rudels zu erregen". Von theoretischem Interesse ist die Erwägung O'Farrells, einige Symptome als *Übersprunghandlungen* (d. h. zusammenhangloses Verhalten in Antwort auf Konflikte oder Streßsituationen) zu interpretieren, sowie die ausdrückliche Anerkennung einiger Symptome als *instrumentelle Verhaltensstrategien*, die biologisch verständlich sind, wenn man den beunruhigten, verzweifelten Zustand und die Situation des Hundes bedenkt.

O'Farrells Vorschläge als Ansatz nutzend, werden in der nachfolgenden Diskussion diese und andere Aspekte des Syndroms der Trennungsangst aus einer ethologischen wie auch experimentell psychologischen Warte diskutiert mit dem Ziel, eine detailliertere und umfassendere Sichtweise der Natur und der Ursachen dieses hochinteressanten Verhaltensproblems zu entwickeln.

Dieser weiter gefaßte und umfassendere theoretische Ansatz geht gleich dem O'Farrells von der Annahme aus, daß Tiere zwar vielleicht nicht hochgradig ängstlich werden, wenn man sie allein läßt, wie dies ursprünglich angenommen wurde, daß sie aber dennoch auf eine für sie – und vermutlich für alle Hunde – von Natur aus streßvolle und unangenehme Situation reagieren. Das unterschiedliche Empfinden von Hunden bezüglich der einzelnen Situation – und auch ihre prädisponierten Reaktionen darauf – spiegelt vermutlich eine Reihe von Faktoren, wie genetische Prädisposition (z. B. Geselligkeit, Bewegungsdrang, Schwelle der Lautäußerung), das Alter des Hundes und vorangegangene Erfahrungen im Umgang mit verschiedenen unangenehmen Situationen, wider. Das Alter ist ganz offensichtlich ein wichtiger Faktor, da sich Welpen leicht an das Alleinsein gewöhnen, während bei älteren Hunden ein mehrwöchiges Training mit Spezialmethoden nötig werden kann.

Zwar bedeutet das Gewöhnen von Welpen an das Alleinsein nichts anderes, als sie von den ersten Tagen an regelmäßig allein zu lassen. Aber zum Verständnis der Gründe für dieses Vorgehen gehört mehr, als nur einen einfachen Gewöhnungsprozeß zu postulieren. Im wesentlichen geht es bei dem Problem der Trennungsangst darum, daß Welpen, wenn sie allein gelassen werden, dieser gering- oder hochgradig unangenehmen Situation zu einem Zeitpunkt ihres Lebens aussetzt, da sie naturgemäß dazu neigen, im Umgang mit dieser temporär verarmten Umwelt erwünschte (aus der Sicht des Besitzers) Verhaltensweisen zu entwickeln. Bellen, Winseln und Heulen, wenn die Hündin zur Nahrungsaufnahme oder Ausscheidung für eine Weile den Brutplatz verläßt, wären für Welpen in freier Wildbahn ein Zeichen schlechter Adaptation: es könnte Jäger anlocken, Beutejägern in der Nähe signalisieren, daß die Welpen jetzt allein sind, oder die Nahrungssuche der Hündin unterbrechen beziehungsweise verschieben. In menschlichen Behausungen sind alleingelassene Welpen in der Regel in ihrer Bewegungsfreiheit auf einen Platz beschränkt, an dem sie lediglich ihre eigenen Spielsachen durch Beißen und Kauen zerstören können. Übersprunghandlungen oder frustrationsbedingtes, aggressives Verhalten würden sich deshalb gegen diese richten. Welpen spielen gerne mit kleinen Gegenständen, die man in ihrer Reichweite hinterläßt, wenn sie gerade dazu motiviert sind und sich ansonsten nichts Interessantes in ihrer Umgebung findet. Natürlich verschlafen Welpen auch einen guten Teil des Tages und schlafen möglicherweise noch mehr, wenn ihre Umgebung monoton ist. Alles in allem sind die Reaktionen, die beim Welpen durch die streßvolle, verarmte oder unangenehme Situation des Alleinseins ausgelöst werden – wie Spielen, Kauen an geeigneten Gegenständen oder Schlafen –, größtenteils auch dann noch für den Besitzer akzeptabel, wenn der Hund herangewachsen ist.

Ganz anders verhält sich dies jedoch bei einem älteren Hund, der zum ersten Mal in seinem Leben mit der Situation, völlig allein zu sein, konfrontiert wird. Bellen und Heulen sind natürliche Formen des Rufens, die dazu dienen können, vom Rudel getrennte Mitglieder zurückzurufen oder umgekehrt. Destruktives, auf Fluchtpunkte innerhalb des Hauses gerichtetes Verhalten ist unschwer als Ausbruchsversuch zum Wiederfinden des Rudels zu deuten. Gegen Sofas und Matratzen gerichtetes, destruktives Verhalten könnte eine Art Übersprunghandlung oder umgerichtete Aggression darstellen, die durch die frustrierende Situation bedingt ist, alle Fluchtwege versperrt zu finden. Wie jeder Hundebesitzer bestätigen kann, sind erwachsene Hunde in der Tat sehr darauf bedacht, jederzeit in engem Kontakt mit der Familie zu sein – und werden schnell unruhig und verstört, wenn dies nicht möglich ist. Es kommt nur selten vor, daß Hunde, die frei laufen, sich weiter als eine gewissermaßen fixe Distanz von ihrem Besitzer entfernen. Entsprechend können die meisten Hunde leicht dazu erzogen werden, schneller und zuverlässiger zu kommen, wenn sie gerufen werden, sobald der Besitzer davon überzeugt werden kann, den Hund nur ein einziges Mal zu rufen und dann unbeirrt weiterzulaufen.

Daher entspricht das Bild eines Tieres, das problematische Verhaltensweisen zeigt, sobald es allein ist, nicht zwingend dem eines hochgradig ängstlichen Tiers, sondern eher dem eines Tieres, das seine gegenwärtige Situation als unangenehm empfindet und unruhig, unsicher und/oder frustriert ist, weil es nicht imstande war, sein Problem durch Lautäußerungen oder Fluchtversuche zu lösen. Anders als beim Jungtier, entwickeln sich aus den natürlichen Reaktionen des reiferen Tieres auf diese Situation – lauter und länger zu bellen, heftiger an der Tür zu kratzen, um zu entkommen, und in der Folge noch unruhiger oder aggressiver zu werden, wenn diese Versuche, das Problem zu lösen, scheitern – Trennungsangst mit Zerstörungswut und Lautäußerungen. Obwohl das Ausscheidungsverhalten keinen instrumentellen Wert verkörpert, ist anzunehmen, daß es eine Antwort ist auf das ansteigende Streßniveau, die Aufregung oder Erregung, die dieser Situation innewohnen.

Diese Darstellung eines verzweifelten, erregten, beunruhigten, frustrierten Tieres, das mit ineffektiven Verhaltensweisen versucht, eine verarmte/unzureichende Umweltsituation zu bewältigen, ist nur der Ausgangspunkt für das Verständnis dieser Problematik. Denn auf den ersten Blick würde die Theorie über das Lernverhalten bei Tieren nahelegen, daß das ältere Tier, das zum ersten Mal alleingelassen wird, zwar anfänglich vermutlich so reagiert, diese Verhaltensweisen aber auf lange Sicht verschwinden würden, wenn sie sich als ineffektiv erweisen. Das ist jedoch nicht der Fall. Die Trennungsangst scheint sich sogar mit der

Zeit eher noch zu verstärken anstatt zu verringern.

Hieran sind vermutlich mehrere Faktoren beteiligt. Zum ersten reagieren zwar viele Hunde, die unter Trennungsangst leiden, vielleicht nicht tatsächlich ängstlich (oder nicht so ausgeprägt), wie allgemein geglaubt. Dennoch ist anzunehmen, daß das Tier zu diesem Zeitpunkt große Verzweiflung und Unbehagen empfindet. Ähnlich der Angst selbst, verstärken solcherlei Empfindungen die ohnehin schon unangenehme Situation noch weiter und wirken daher unter Umständen selbsterhaltend und selbststärkend.

Ein zweiter Faktor, der zur progressiven Verschlimmerung des Problems beitragen kann, ist die fordernde, aufdringliche Art, mit der viele Tiere, die mit diesem Problem behaftet sind, nicht nur auf eine verschlossene Tür reagieren, sondern auf jegliche Situation, in der sie etwas von ihrem Besitzer wollen. Die Reaktion ihrer Besitzer zeigt, warum sich die Hunde so verhalten: sie neigen dazu, leicht nachzugeben, wenn der Hund nur lange und lautstark genug protestiert. Prinzipiell wird ein Hund, der die Erfahrung gemacht hat, daß Hartnäckigkeit sich auszahlt, nicht annähernd so schnell aufgeben wie ein Hund, der seinen Willen nur sehr selten durch solches Verhalten erreicht. Interessanterweise kann dies zur Entwicklung von Bedingungen beitragen, unter denen nachdrückliche Lautäußerungen des alleingelassenen Hundes oder sein Kratzen an der Tür am ehesten, beispielsweise durch die Rückkehr des Besitzers, belohnt werden. Vor allem wird der Hund in seinem Winseln/Bellen/Kratzen jedesmal bestärkt, wenn er Anzeichen der Rückkehr des Besitzers (z. B. das Auto des Besitzers, das in die Einfahrt fährt, Schritte im Flur) oder Zeichen seiner *vermeintlichen* Rückkehr (z. B. irgendein Auto, das in die Einfahrt fährt, irgend jemandes Schritte im Flur) wahrnimmt, während er gerade eines dieser problematischen Verhalten ausübt. Tierexperimente, bei denen wahllos Belohnungen an Tiere verteilt wurden – ohne jegliche Verbindung zu dem momentanen Verhalten –, zeigten, daß selbst diese einen enormen Einfluß auf das Verhalten der Tiere ausübten und beispielsweise die Entwicklung ausgefeilter „abergläubischer Verhaltensrituale" bei Tauben begünstigten, wie das Drehen im Kreis, das Laufen von Achterfiguren im Käfig und wiederholtes Kopfnicken. Unter diesen Umständen neigt jede Taube zur Entfaltung ihres eigenen, manchmal bizarren Rituals, das sie wieder und wieder ausführt, als glaube sie, dies sei der Weg, an Körner zu gelangen. Man nimmt an, daß die anfänglich zufällige Belohnung verschiedener Verhaltensweisen bei den einzelnen Tauben der Grund für die Entwicklung des idiosynkratischen Verhaltens einer jeden ist: zufällig belohntes Verhalten weist eine hohe Tendenz zu Wiederholung auf. Dies wiederum erhöht die Wahrscheinlichkeit, daß es gerade ausgeführt wird, wenn die nächste „Belohnung" erfolgt.

Trennungsangst zeigt insofern deutliche Ähnlichkeiten zu diesen Experimenten, als es in der Realität nichts gibt, wodurch der Hund das gewünschte Ziel (d. h. die Rückkehr des Besitzers) erreichen kann. Tiere verhalten sich jedoch nicht so. Ganz im Gegenteil, ihr Winseln/Bellen/Kratzen ist häufig sehr ausdauernd und erstreckt sich in Intervallen über mehrere Stunden täglich. Dies ist zum Teil darauf zurückzuführen, daß diese Verhaltensweisen, werden sie nur lange genug durchgeführt, irgendwann zufällig belohnt werden – insbesondere nach nur kurzer Abwesenheit des Besitzers. Das bestärkt den Hund darin, diese Verhaltensweisen zu wiederholen, und verlängert damit gleichzeitig die tägliche Dauer des Bellens und Winselns. Das wiederum erhöht die Wahrscheinlichkeit, daß die Rückkehr des Besitzers oder Geräusche im Freien, die den Anzeichen für seine Rückkehr auch nur im Entferntesten ähneln, als Belohnung und damit als weitere Verstärkung des Verhaltens fungieren. Aus dieser Perspektive kann eine höhere Intensität/Frequenz der Symptome in der ersten halben Stunde auch die höhere Wahrscheinlichkeit der Rückkehr des Besitzers zu dieser Zeit widerspiegeln und nicht, wie allgemein vermutet, den Grad des Unbehagens des Tieres, der zu dieser Zeit am höchsten wäre.

Ein dritter Faktor, der in manchen Fällen zum progressiven Fortschreiten des Problems beiträgt, ist die Tatsache, daß Nachbarn in

MÖGLICHE KAUSALFAKTOREN

Unangenehme Umgebungsbedingungen
(d. h. sehr geselliges Tier wird über lange Zeiträume allein gelassen)

Mangel an frühen Erfahrungen
(wurde während der ersten Lebensmonate nicht allein gelassen)

Traumatische Erfahrung
(z. B. Hund ängstigte sich stark während eines Gewitters, als er allein war)

Belohnende Effekte
(z. B. Besitzer kehrt zurück, während der Hund noch bellt/heult; Nachbar versucht, den Hund durch die Tür zu beruhigen)

Probleme in der Besitzer-Hund-Beziehung
(z. B. der Hund ist auch in anderen Situationen aufdringlich/fordernd)

Erbliche Prädispositionen
(z. B. Geselligkeit, Aktivitätsgrad, Spieltrieb, Neigung zu Lautäußerungen)

Plötzliche Veränderung der familiären Situation
(z. B. adultes Tier wird nach dem Tod seines Besitzers oder eines anderen Hundes in der Familie zum ersten Mal allein gelassen)

Konditionierte emotionale Effekte
(z. B. Angst/emotionale Verzweiflung wirken selbstverstärkend; Bestrafung verstärkt Widerwillen gegen die Situation)

Äußere, auslösende Stimuli
(z. B. Stimuli außerhalb der Wohnung können Anfälle von Heulen oder Zerstörungswut auslösen)

TRENNUNGSANGST

- Destruktives Verhalten, Ausscheidung und/oder andauernde Lautäußerungen, während er allein zu Hause zurückgelassen wird.

MÖGLICHE BEHANDLUNGSELEMENTE

Vermeiden von Problemsituationen
(den Hund nur für die Dauer der kurzen Trainingseinheiten allein lassen)

Systematische Verhaltenstherapie
(spezielle Gegenkonditionierungs-/Desensibilisierungsmethoden)

Veränderung der interaktiven Grundregeln zwischen Besitzer und Hund
(Empfehlungen zur Verringerung der aufdringlichen/fordernden Verhaltensweisen)

Veränderung der Fürsorge-/Haltungsbedingungen
(z. B. Erwerb eines zweiten Hundes ist in manchen Fällen hilfreich)

Einstellen ineffektiver Behandlungsmethoden
(Bestrafung kontraindiziert)

Korrektur von Fehlern der Besitzer
(z. B. den Raum/Wohnung wieder betreten, solange der Hund bellt/heult)

Mechanische Hilfsmittel
(Kiste/Käfig im Falle von Destruktivität oder Ausscheidung im Haus)

Medikamentöse Therapie
(Anxiolytika sind nur bei einer kleinen Zahl milder Fälle effektiv)

Wohnhäusern das Verhalten unter Umständen noch belohnen, indem sie dem Hund von draußen gut zureden, ihn zu beruhigen versuchen oder ihn schelten – eine natürliche Reaktion von Nachbarn, die, wie der Hund selbst, versuchen, dieses Problem irgendwie zu lösen. Auch Besitzer begehen dieselben Fehler. So warten sie beispielsweise eine Weile vor der Tür und kommen zurück, wenn der Hund zu lärmen beginnt, um ihn entweder mit Worten zu beruhigen („Mama kommt ja bald zurück") oder zu schelten, was aber vielleicht nicht unangenehm genug ist, um den belohnenden Effekt der Rückkehr des Besitzers zu überwiegen.

Im übrigen kann diese eher komplexe Sichtweise der Dynamik der Entwicklung und Aufrechterhaltung der Trennungsangst auch zur Aufklärung der Zerstörungswut beitragen. Tierexperimente zeigen, daß gegen Artgenossen oder Gegenstände gerichtete Aggression durch das Ausbleiben einer erwarteten Belohnung ausgelöst werden kann – eine Art Situation, die jeder nachvollziehen kann, der schon einmal vergebens Geld in einen Automaten gesteckt hat, der sich dann als kaputt erwies. Vielleicht ist das heulende Tier nicht nur frustriert über das Ausbleiben einer Wirkung, sondern auch darüber, daß sich die Hoffnung auf die Rückkehr des Besitzers nicht erfüllt, nachdem vor dem Haus Autotüren zuschlugen; dies mag zur Auslösung einer aggressiven Reaktion ausreichen. Fehlanzeigen dieser Art sind besonders in Mietshäusern häufig, in denen viele Leute aus und ein gehen.

Die Beteiligung ausgeprägter Angst in manchen Fällen von Trennungsangst scheint klar: Hunde, die dieses Problem zeigen, nachdem sie von einem Gewitter heftig verängstigt wurden, sind hierfür ein Beispiel. Dennoch ist Angst vermutlich nicht *die* zugrundeliegende Ursache der Trennungsangst, sondern ist in Fällen, die bereits ein so schweres Ausmaß erreicht haben, ein zusätzlicher Faktor, der das Unbehagen in einer Situation und somit auch die Reaktion des Tieres noch verstärkt.

Die Beobachtung, daß diese Tiere häufig scheinbare Anzeichen von Angst, wie Zittern, gesenkten Kopf, angelegte Ohren, zeigen oder einen „deprimierten" Eindruck machen, wenn ihre Besitzer sich zum Aufbruch fertig machen, ist oftmals eher als das Erheischen von Aufmerksamkeit einzustufen anstatt als wirkliche Angst. Derartiges Verhalten alarmiert die Besitzer sofort und weckt ihr Mitleid. Sie verschieben ihren Aufbruch und überhäufen ihr Tier nochmals mit Aufmerksamkeiten, trösten es und bitten es, diesmal keine Probleme zu machen. Das wiederum erklärt die Häufigkeit dieser Verhaltenskomponenten bei Tieren, die im Grunde von ihren wohlmeinenden Besitzern unabsichtlich dazu erzogen wurden, diese Verhaltensweisen letztlich als Instrumente einzusetzen, um ihre mißliche Lage zu beenden, wann immer sie es möchten.

Warum aber funktioniert die klassische Methode der Desensibilisierung/Gegenkonditionierung so ausgezeichnet, wenn es gilt, ein Tier an das Alleinsein zu gewöhnen, ohne ängstlich zu werden (z. B. Voith und Borchelt, 1985), wenn Trennungsangst kein primäres Angstproblem ist? Die Antwort darauf liegt möglicherweise darin, daß nicht nur das Unbehagen in einer Situation (und die damit verbundene Angst, Unsicherheit, Unruhe, Frustration etc.) vermittels Desensibilisierung reduziert wird, sondern gleichzeitig eine Gegenkonditionierung erwünschter Reaktionen seitens des Hundes erfolgt. Kurz, eine Schlußfolgerung aus dieser spekulativen Diskussion über die Natur der Trennungsangst könnte sein, daß die Gegenkonditionierung der entscheidende Aspekt des verhaltenstherapeutischen Verfahrens ist. Das hat wichtige, praktische Schlußfolgerungen; denn der klassische Therapieansatz kann leicht verändert werden, um gegenkonditionierende Effekte zu optimieren, während gleichzeitig die Angstreduzierung als explizites Behandlungsziel in den Hintergrund rückt.

Mögliche Kausalfaktoren

Unangenehme Umgebungsbedingungen

Bei so geselligen Tieren wie Hunden scheint die Annahme gerechtfertigt, daß sie Alleinsein als extrem unangenehm empfinden. Die meisten Hunde lernen schon früh im Leben, mit diesen Phasen des Alleinseins umzugehen, indem sie zum Beispiel schlafen, an dafür vorgesehenen Gegenständen kauen oder etwas anderes, für den Besitzer Unproblematisches tun. Andere wiederum reagieren mit ineffektivem, instrumentellem Verhalten, Übersprunghandlungen, frustrationsbedingtem oder durch ausbleibende Belohnung ausgelöstem, aggressivem Verhalten sowie mit Symptomen hochgradiger emotionaler Erregung, wie Ausscheidung in der Wohnung. Dies ist ein Zeichen für ihr außerordentliches Unbehagen in dieser Situation und/oder für das Versäumnis, eine für den Besitzer akzeptable Verhaltensweise zu deren Bewältigung erlernt zu haben.

Ererbte Prädispositionen

Die Antwort auf die Frage, warum sich nur manche Hunde in dieser Hinsicht als problematisch erweisen, liegt wohl zum Teil in dem subjektiv unterschiedlichen Empfinden von Unbehagen jedes einzelnen Individuums. Das wiederum ist auf ererbte genetische Unterschiede zwischen Hunden im Hinblick auf solche Charakteristika wie Geselligkeit, Neigung zu Lautäußerungen/Kauen von Gegenständen/Spieltrieb sowie Aktivitätsunterschiede und damit zusammenhängenden Bewegungsdrang zurückzuführen. Hunde, die viel schlafen, nicht besonders aktiv sind, im Vergleich zu anderen Hunden eine relativ hohe Schwelle zur Auslösung von Bellen haben, die gerne an Gegenständen kauen oder mit ihnen spielen und die nicht so sehr auf engen Kontakt mit ihrer menschlichen Familie oder Artgenossen fixiert sind, entwickeln vermutlich weit seltener das Problem der Trennungsangst als Hunde, die gegenteilige Merkmale aufweisen.

Mangel an frühen Erfahrungen

Ein weiterer, relevanter Faktor sind die Erfahrungen, die junge Hunde mit dem Alleinsein gemacht haben. Die meisten Hunde werden im Verlauf ihrer ersten Lebenswochen allein in der Wohnung zurückgelassen. Sie müssen von Anfang an lernen, allein in der Küche zu schlafen. Ihr Winseln und Bellen werden ignoriert und daher bald eingestellt. Von da an werden sie für unterschiedliche Zeitspannen (einige Minuten bis mehrere Stunden täglich) allein gelassen. Hunde, die Trennungsangst zeigen, haben meist eine andere Geschichte. Sie durften vermutlich von der ersten Nacht an im Schlafzimmer ihres Besitzers schlafen. Vermutlich war auch immer jemand bei ihnen – meist eine ältere Person – oder sie wurden immer überall mit hingenommen und wurden während ihrer ersten Lebensmonate niemals allein gelassen.

Plötzliche Veränderung der familiären Situation

Wiederholt taucht das Problem der Trennungsangst plötzlich im Zusammenhang mit Veränderungen der familiären Situation auf, aufgrund derer der Hund zum ersten Mal in seinem Leben allein gelassen wird (z. B. Tod einer älteren Person oder eines anderen Tieres, in deren/dessen Gesellschaft der Hund sich bei Abwesenheit des Besitzers befand). Ein ebenfalls häufig beobachteter Ablauf ist, daß Hunde, die über Jahre hinweg nahezu täglich über Stunden allein waren, nach einer längeren Phase, in der ein Mitglied der Familie immer zugegen war (z. B. aufgrund zeitweiliger Arbeitslosigkeit oder längerer Krankheit), Probleme verursachen, wenn sie danach wieder allein gelassen werden.

Traumatische Erfahrungen

Ein klassisches Beispiel ist das plötzliche Auftreten von Trennungsangst, nachdem ein Hund, der sich vor Gewittern fürchtet, während eines solchen allein gelassen wurde. In diesem Fall kann eine echte phobische Angstreaktion als gegeben angenommen werden, die mit der plötzlich erworbenen Angst eines Hundes vor Autofahrten zu vergleichen ist, der in einen Unfall verwickelt war.

Konditionierte emotionale Effekte

Wenn ein Problem derart eskaliert ist, daß Alleinsein als hochgradig unangenehm empfunden wird – das heißt, das Tier steht unter einer schweren emotionalen Belastung, anstatt sich nur etwas unwohl zu fühlen –, dann gerät das Tier mit seiner Verzweiflung in einen Teufelskreis, was die Situation immer unerträglicher erscheinen läßt und so den Grad der Verzweiflung unter ähnlichen Situationen wiederum ansteigen läßt: ein Effekt, der in der Entwicklung von Phobien bei Mensch und Tier parallel verläuft und die Behandlung menschlicher Phobien so schwierig macht. Um erfolgreich zu sein, muß die nötige Verhaltenstherapie die Exposition gegen die angstauslösenden Stimuli dahingehend kontrollieren, daß die ausgelöste Angst sich auf ein Maß beschränkt, bei dem eine Gewöhnung einsetzt, bevor der Stimulus auf das nächste, geringgradig höhere Niveau angehoben wird. Im Gegensatz dazu können zu starke Stimuli den Erfolg dieses Procederes gefährden und das Maß der Angst vor der Situation eher verstärken als verringern. Ein ähnlicher Ablauf wird für die Entwicklung von Trennungsangst bei Hunden angenommen: Wenn der Grad des Unbehagens unterhalb einer bestimmten Schwelle bleibt, kann Habituation (d. h. wiederholtes Alleinlassen des Tieres) zu einer Gewöhnung des Tieres an die Situation führen. Ist jedoch die Situation unangenehmer als dies, hinterläßt jede erneute Trennung beim Tier einen dauerhaften Eindruck, der zur Verstärkung des Unbehagens bei künftigen Gegebenheiten beiträgt.

Aus dieser Perspektive ist auch nachvollziehbar, warum Bestrafung von Lautäußerung, zerstörerischem Verhalten oder Ausscheidungsproblemen durch den Besitzer kontraindiziert ist. Obwohl das Warten vor der Tür mit nachfolgendem Hineinlaufen und Bestrafen des Hundes, sobald er zu bellen anfängt, das Bellen temporär unterbindet – oder zumindest verzögert –, sind derartige Handlungen dazu prädestiniert, das Unbehagen des Hundes in dieser Situation noch zu steigern. Das Gleiche gilt für eine Bestrafung lange nach dem Vorfall, wenn ein Hund für die Zerstörung eines Gegenstandes oder die Ausscheidung im Haus erst Stunden nach dem Ereignis, bei der Rückkehr des Besitzers bestraft wird. Kurz, Bestrafung führt mit hoher Wahrscheinlichkeit zu einer Verstärkung des Widerwillens gegen die Situation und treibt somit den Teufelskreis, den selbstverstärkenden Charakter des Problems weiter an.

Belohnende Effekte

Oftmals nehmen Vorfälle folgenden Verlauf: Der Besitzer verläßt die Wohnung, wartet eine Weile vor der Tür, um zu hören, ob der Hund Probleme macht, und kehrt zurück, um den Hund zu beruhigen und zu bestätigen, falls er winselt oder bellt. Selbst Schelte könnte zu diesem Zeitpunkt belohnend wirken, sofern sie zu milde ausfällt, um die Freude und Erleichterung über die Rückkehr des Besitzers zu überschatten. Eine weitere Quelle unabsichtlicher Bestätigung sind die Nachbarn. Gestört durch das Winseln, Bellen oder Heulen des Hundes – oder aus Sympathie für die mißliche Lage des Hundes –, versuchen Nachbarn, ihn durch die Tür mit beruhigenden Worten zu besänftigen. Nicht zuletzt können Geräusche eines Wagens in der Einfahrt, ein fahrender Lift oder jedes andere ungewöhnliche Geräusch im Freien, das den Hund anfangs Glauben macht, sein Besitzer kehre zurück, das problematische Verhalten belohnen.

Es gibt noch eine weitere, interessante Möglichkeit. Tierexperimente haben ergeben, daß eine Veränderung eines offensichtlich neutralen Stimulus (z. B. Ein-/Ausschalten eines Lichts) Verhaltensweisen zu belohnen und zu stärken vermag, insbesondere wenn diese Tiere für längere Zeitabschnitte unter isolierten, monotonen Bedingungen gehalten wurden. Zweifelsohne könnte ein Verstärkungseffekt auch in der Situation von Trennungsangst auftreten, in der ein „unterstimulierter" Hund beinahe jede Art von Veränderung (z. B. Geräusch im Freien) in seiner monotonen Umgebung willkommen heißen würde.

Alles in allem vermag eine Vielzahl unterschiedlicher Vorkommnisse, mit oder ohne Bezug zum Verhaltensproblem des Hundes, dieses zu belohnen und zu stärken, wenn sie zeitgleich mit diesem Verhalten auftreten. Mit zunehmendem Schweregrad des Problems und steigender Tendenz des Hundes, einen Großteil der Zeit mit Lautäußerungen, Kratzen an der Tür oder dem Zerreißen von Zeitungen zu verbringen, erhöht sich korrelierend auch die Frequenz dieser verstärkenden Ereignisse und trägt damit zu einer weiteren Exazerbation des Problems bei.

Einfluß äußerer Stimuli

Manche Besitzer erfahren von ihren Nachbarn, daß ihr Hund seine minutenlangen Bell- oder Heultiraden auf ein Geräusch außerhalb der Wohnung hin, wie Klingeln an der Tür oder die Ankunft des Postboten, beginnt. Dieser Effekt könnte auf einem erhöhten Erregungszustand in Kombination mit der Unterbrechung seines Schlafes oder einer anderen erwünschten, mit dem Bellen konkurrierenden Handlung des Hundes beruhen, die er zu diesem Zeitpunkt eventuell gerade ausübte. Eine weitere Begründung für dieses Verhalten liegt in der möglicherweise aufsteigenden Unruhe oder gar Aggressivität über die ausbleibende Rückkehr des Besitzers nach dem Geräusch einer zugeschlagenen Autotür oder von nahenden Schritten (d. h. die erwartete Belohnung bleibt aus).

Probleme in der Besitzer-Hund-Beziehung

In vielen Fällen sind die Hunde nicht nur, wenn sie im Haus durch eine geschlossene Tür von ihrem Besitzer getrennt sind, sondern auch in verschiedenen anderen Situationen fordernd und aufdringlich. Häufig scheinen Symptome von Trennungsangst, wie Lautäußerungen oder Kratzen an der Tür, bezeichnend für die grundsätzliche Verfahrensweise des Hundes zu sein, das zu erreichen, was er möchte – aber auch für die Tendenz des Besitzers, sich in der Vergangenheit derart manipuliert haben zu lassen.

Mögliche Behandlungselemente

Die im Kästchen weiter unten mit Behandlungsempfehlungen umrissene Behandlungsmethode ist eine modifizierte Version der von O'Farrell (1992) empfohlenen Verfahrensweise. Der Hauptunterschied liegt in der Schwerpunktverlagerung von der Desensibilisierung auf das nun als vorrangig betrachtete Training des Hundes, sich mit akzeptablen Verhaltensweisen, wie dem ruhigen Sitzen oder Liegen auf seinem Ruheplatz oder dem Kauen an einem Plastiktier, zu beschäftigen.

Vermeiden von Problemsituationen

Die oberste Prämisse aller therapeutischen Ansätze im Bezug auf Trennungsangst ist, daß der Hund, abgesehen von den kurzen Absenzen des Besitzers im Rahmen der Therapie, nicht allein zu lassen ist. Den Hund länger als diese vorgegebenen Intervalle allein zu lassen, kommt einem größeren Rückschlag gleich, wodurch man gezwungen ist, zu sehr kurzen Absenzen zurückzukehren und den Trainingsprozeß mit langsam ansteigenden Zeitintervallen von vorn zu beginnen.

Einstellen ineffektiver Behandlungsmethoden

Bestrafung eines Fehlverhaltens lange nach dem Vorfall – wenn der Hund zum Beispiel während der Abwesenheit des Besitzers ins Haus gemacht hat, aber erst bei dessen Rückkehr dafür bestraft wird – ist aus zwei Gründen kontraindiziert. Erstens: Um effektiv zu sein, muß Bestrafung entweder noch während des Vorfalls oder unmittelbar danach erfolgen (d. h. ein bis zwei Sekunden später). Zweitens: Konditionierte Angst aufgrund übermäßig harter Bestrafung zum Zeitpunkt der Rückkehr kann den Widerwillen gegen das Alleinsein noch verstärken und damit auch das Problem verschlimmern.

Systematische Verhaltenstherapie

Die im Kästchen mit Behandlungsempfehlungen umrissene Therapie hat zwei positive Auswirkungen auf das Verhalten des Hundes. Die Dauer der Absenzen unterliegt einer strikten Kontrolle, so daß der Hund nur für so lange Zeit allein ist, wie er dies ohne Beklemmungen erträgt. Dies wiederum ermöglicht dem Tier eine Habituation an den unangenehmen Zustand, allein gelassen zu werden – das Element der *Desensibilisierung*. Zusätzlich ist dieses

Element dafür vorgesehen, den Hund dazu zu erziehen, während der Abwesenheit seines Besitzers erwünschte Verhaltensweisen auszuüben (z. B. Sitzen oder Liegen auf seinem Ruheplatz, Kauen an einem Plastiktier) – das Element der *Gegenkonditionierung*.

Diese beiden Aspekte sind allen Ansätzen der Verhaltenstherapie in Fällen von Trennungsangst gemeinsam. Das vorliegende Procedere unterscheidet sich jedoch vom klassischen Ansatz (Voith und Borchelt, 1985) insofern, als sich das Hauptaugenmerk auf eine Neuordnung der Situation richtet: Das Tier wird ermutigt, zum besseren Umgang mit der unangenehmen Situation des Alleinseins bestimmte alternative Verhaltensweisen zu entwickeln. Im Vergleich dazu betrachtet der klassische Ansatz den Aspekt der Gegenkonditionierung als Zusatzmaßnahme, deren Hauptfunktion darin besteht, die durch Habituation erzielte Reduzierung des Unbehagens zu beschleunigen.

Korrektur von Fehlern der Besitzer

Beginnt der Hund zu bellen, während er gerade dazu erzogen werden soll, sich allein in einem anderen Raum des Hauses ruhig zu verhalten, oder wenn der Besitzer bei seiner Rückkehr Lautäußerungen des Hundes hört, sollte er den Raum/das Haus erst betreten, nachdem sich der Hund wieder einige Minuten lang ruhig verhalten hat. Um jeden Preis ist eine Rückkehr zu einem Zeitpunkt oder kurz danach zu vermeiden, da der Hund gerade Lautäußerungen von sich gibt, da dies als starke Belohnung des Bellens oder Heulens fungieren könnte.

Veränderung der interaktiven Grundregeln zwischen Besitzer und Hund

Es kann hilfreich sein, den Besitzer zusätzlich zur Verhaltenstherapie dahingehend zu instruieren, Betteln oder aufdringliches Verhalten niemals zu belohnen sowie den Hund zu ignorieren, wenn er um Aufmerksamkeit buhlt, sofern die Lautäußerungen oder die Zerstörungswut während des Alleinseins Ausdruck von fordernden oder audringlichen Verhaltenstendenzen sind, die auch in anderen Situationen auftreten.

Mechanische Hilfsmittel

Insbesondere wenn der Hund destruktiv ist oder im Haus ausscheidet, ist es sinnvoll, ihn dazu zu erziehen, in einer großen Kiste oder einem Käfig zu bleiben, solange er allein ist. Dies könnte nach einem mehrtägigen „Vortraining" geschehen, im Verlaufe dessen der Hund lernt, ohne Probleme in die Kiste/den Käfig zu gehen und darin zu bleiben. Man stellt sein Bett hinein und benutzt Leckerbissen, um ihn zu belohnen, wenn er hineingeht und eine Weile darin bleibt, zuerst bei geöffneter, später bei verschlossener Tür. Im Idealfall sollte diese Methode lediglich als Zusatz zu einer Verhaltenstherapie eingesetzt werden. Prinzipiell kann das verhaltenstherapeutische Verfahren das gleiche sein, nur daß der Hund in den Käfig statt an seinen Rastplatz geschickt wird, bevor der Besitzer den Raum verläßt.

Veränderung der Fürsorge-/Haltungsbedingungen

Der Erwerb eines zweiten Hundes löst das Problem in aller Regel nicht (Voith und Borchelt, 1985). Bei Hunden, „die in der Vergangenheit enge Beziehungen zu anderen Hunden hatten" oder solchen, deren Problem erst nach dem Tod eines anderen Hundes im Haushalt begann, sieht O'Farrell (1992) allerdings gewisse Erfolgschancen.

Anxiolytika

Einige amerikanische Spezialisten berichten vom erfolgreichen Einsatz von *Amitryptilin HCl, Imipramin Hydrochlorid* oder *Megestrolazetat* (Voith und Borchelt, 1985) zur Behandlung milder Fälle von Trennungsangst. Voith und Borchelt (1985) empfehlen *Amitryptilin HCl* in einer Dosierung von 1–2 mg/kg oder *Megestrolazetat* bei 1–2 mg/kg für die Dauer von 10–14 Absenzen des Besitzers, für die nächsten 10–14 Absenzen nur noch die halbe Dosis, und zuletzt, vor der vollständigen Absetzung, für weitere 10–14 Absenzen ein Viertel der Initialdosis. (Zu Nebenwirkungen und anderen wichtigen Informationen siehe unter Kapitel 8 den Abschnitt „Medikamentöse Therapie".)

Zwar wurde die Effektivität dieser medikamentösen Therapie bisher keinem systematischen Vergleich mit der einer Verhaltenstherapie unterzogen, doch vertreten die meisten Autoren die Ansicht, daß eine Verhaltenstherapie selbst in schwersten und langwierigsten Fällen effektiv verlaufen kann, während eine medikamentöse Therapie nur gelegentlich und in milden Fällen, deren einziges Symptom Bellen ist, erfolgversprechend ist.

Warnhinweise

Für den Berater ist es bei einer therapeutischen Verfahrensweise wie dieser von entscheidender Wichtigkeit, die praktischen Schwierigkeiten zu bedenken, die manche Besitzer damit haben, ihre Hunde dazu zu erziehen, über einen längeren Zeitraum an derselben Stelle zu bleiben. Grundsätzlich sollte Besitzern, die dies nie zuvor durchgeführt haben, der Ablauf eines Gehorsamstrainings demonstriert werden. Nachdem der Berater den Hund die vier Grundkommandos gelehrt hat, sollte der Teller mit den Belohnungen an den Besitzer übergeben werden, der fortan das Training übernimmt, während der Berater nur zuschaut und Ratschläge erteilt. In Fällen von Trennungsangst ist einige Tage nach der ersten Konsultation eine zweite empfehlenswert, während derer die grundsätzliche Vorgehensweise des Besitzers und die Reaktionen des Hundes beobachtet werden können. Kurz, ohne beträchtliche Starthilfen ist zu befürchten, daß einige Besitzer entmutigt werden und frustriert aufgeben, ohne über die Anfangsphase des Trainings – in der der Hund lernt, für mehr als einige Sekunden an demselben Platz zu bleiben – überhaupt hinausgekommen zu sein.

Literatur

Borchelt, P. L. and Voith, V. L. (1982): Diagnosis and treatment of separation-related behavior problems in dogs. *Veterinary Clinics of North America: Small Animal Practice* **12**, 625–635.

O'Farrell (1992): *Manual of Canine Behavior*. Shurdington, Cheltenham, Gloucestershire, England, British Small Animal Veterinary Association.

Voith, V. L. and Borchelt, P. L. (1985): Separation anxiety in dogs. *Compendium on Continuing Education for the Practicing Veterinarian* **7**, 42–53.

BEHANDLUNGSEMPFEHLUNGEN

Trennungsangst

Zur Reduzierung aufdringlicher, fordernder Verhaltensweisen:

- Der Hund sollte *niemals* bekommen, was er möchte (z. B. Futter, Streicheleinheiten, Spiele, Aufmerksamkeit, Spazierengehen), wenn er bettelt oder sich in irgendeiner Weise aufdringlich oder fordernd verhält, z. B. bellt, winselt, am Besitzer hochspringt, kneipt, leckt oder kratzt. Bei solchen Gelegenheiten sollte er rundweg ignoriert oder weggeschickt werden, wenn er zu lästig wird.
- Zeiten und Dauer jeglichen sozialen und physischen Kontakts mit dem Hund sollten vom Besitzer bestimmt werden. Wann immer er um Aufmerksamkeit buhlt, spielen oder gekrault werden will, ohne gerufen worden zu sein, sollte er ebenfalls ignoriert werden. Nachdem er aufgegeben und sich zurückgezogen hat, kann er gerufen und wie üblich gestreichelt oder mit ihm gespielt werden.

Beispiel einer verhaltenstherapeutischen Verfahrensweise, um den Hund dazu zu erziehen, an seinem Ruheplatz oder auf einem speziellen Teppich ruhig zu warten oder an einem Kauknochen zu kauen, statt vor der Tür zu bellen/heulen:

- In zwei bis vier kurzen, täglichen Übungseinheiten unter Verwendung seiner Lieblingsleckerbissen sollte der Hund dazu erzogen werden, zu kommen, zu sitzen und sich entweder an seinen Ruheplatz oder auf einem kleinen Vorlegeteppich in einem Raum aufzuhalten, der ein gutes Stück von der Eingangstür entfernt ist. Wird ein Vorlegeteppich benutzt, sollte dieser nur für die Dauer der Trainingseinheit ausgelegt werden.
- Außerhalb dieser Zeiten sollte der Hund für die gesamte Dauer der Verhaltenstherapie keinesfalls allein im Haus zurückgelassen werden.
- Einige Kauknochen oder Spielsachen sollten am oder direkt vor dem Ruheplatz des Hundes deponiert und nach jeder dieser Übungseinheiten wieder entfernt werden. Nur zu diesen Zeiten sollte der Hund die Möglichkeit haben, an diese Gegenstände zu gelangen.
- Das ruhige Abwarten wird während der Trainingseinheiten mit Streicheln, Lob und Leckerbissen belohnt. Beginnend mit sehr kurzen Zeitintervallen (d. h. einigen Sekunden) und einem graduellen Anheben derselben, sollte der Hund dazu erzogen werden, dies in folgenden Intervallen zu tun:
  - bis zu 3 min, wenn der Besitzer im selben Raum bleibt.
  - bis zu 3 min, wenn der Besitzer den Raum bei geöffneter Tür abwechselnd verläßt und wiederkommt.
  - bis zu 3 min, wenn der Besitzer den Raum abwechselnd verläßt und wiederkommt und dabei jeweils die Tür schließt.
  - bis zu 10 min bei geschlossener Tür, während der Besitzer aber in der Wohnung bleibt.
  - bis zu 10 min bei geöffneter Tür, während der Besitzer die Wohnung jedoch verläßt.
- Der Hund darf niemals länger allein gelassen werden, als er gelernt hat, ruhig an seinem Rastplatz oder auf dem Teppich zu warten, ohne Zeichen von Unruhe darüber zu zeigen, daß

man ihn allein gelassen hat. Verläßt er den Teppich und erwartet seinen Besitzer bei dessen Rückkehr an der Tür, oder zeigt er Anzeichen von Beunruhigung, dann wurde er zu lange allein gelassen und das Training muß für einige Tage auf deutlich kürzere Zeitintervalle zurückgesetzt werden.

- Die Länge der Absenzen vom Raum oder der Wohnung sollte so variiert werden, daß es für den Hund nicht vorhersehbar ist, ob sie 5 s oder 5 min dauern.
- Sollte es aus irgendwelchen Gründen vorkommen, daß der Hund in der Zeit, in der der Besitzer sich außerhalb des Raumes oder der Wohnung befindet, anfängt zu bellen, sollte dieser sich ruhig verhalten und warten, bis der Hund sich beruhigt und mindestens 3 min nicht mehr bellt, bevor er erneut hereinkommt.
- Niemals darf der Hund dafür gescholten oder bestraft werden, selbst wenn man ihn während des Bellens erwischt.
- Ist der Hund einmal dazu erzogen, für 10 min an seinem Ruheplatz oder auf dem Vorlegeteppich zu bleiben, selbst wenn sein Besitzer das Haus verläßt, können die Absenzen schrittweise verlängert werden (d. h. 15, 20, 30, 45 Minuten, 1 Stunde etc., unregelmäßig durchsetzt mit weitaus kürzeren Absenzen von 1, 3, 5 oder 10 min).
- Es kann den Prozeß deutlich beschleunigen, wenn dem Hund unmittelbar vor den Trainingseinheiten mehr Gelegenheit zu erschöpfenden Aktivitäten gegeben wird. Selbst nach Lösung des Problems sollte der Hund immer ausreichen Auslauf erhalten, bevor er allein gelassen wird.

17 Ausscheidungsprobleme

Von 149 Hunden, die in der Praxis vorgestellt wurden, hatten 23 (etwa 15 %) Ausscheidungsprobleme im Haus. Dies kommt der von Voith und Borchelt (1985) angegebenen Zahl von 20 % ziemlich nahe. Diese Autoren zitieren ferner eine Studie mit 800 Hundebesitzern, die ihre Tiere zu medizinischen Behandlungen in eine Universitätsklinik brachten. Die Studie ergab, daß ca. 5,5 % der Tiere aus diesem normalen Patientengut von Zeit zu Zeit ins Haus eliminierten.

Die Hauptprobleme im Zusammenhang mit der Ausscheidung sind *unerwünschtes Urinieren/Defäkieren, Urinmarkieren, unterwürfiges Urinieren, erregungsbedingtes Urinieren* sowie Urinieren und/oder Defäkieren im Zusammenhang mit *Trennungsangst* oder *Angstreaktionen*. In letzterem Fall kann die Ausscheidung sowohl in direktem Bezug zu einem angstauslösenden Reiz, wie einem Gewitter oder lauten Geräuschen, stehen oder eine indirekte Konsequenz solcher Reaktionen sein, wenn ein Hund sich zum Beispiel so sehr vor Verkehrslärm fürchtet, daß er es vermeidet, nach draußen zu gehen, und dabei seine Hemmung, ins Haus zu machen, verliert (Voith und Borchelt, 1982).

Unerwünschtes Urinieren/ Defäkieren (d. h. der Hund ist nicht zuverlässig stubenrein)

Zwischen unerwünschtem Urinieren/Defäkieren und Harnabsatz und/oder Defäkieren als Folge von Trennungsangst eine Unterscheidung vorzunehmen, ist manchmal problematisch (z. B. wenn das Problem während der Nacht auftritt, wenn das Tier, getrennt von der Familie, in die Küche gesperrt wird). Voith und Borchelt (1985) legen anhand der nachfolgend genannten Symptome nahe, daß es bei diesem Problem um Trennungsangst anstatt mangelnde Stubenreinheit geht:

- Der Hund ist zuverlässig stubenrein, wenn er Zugang zu seinem Besitzer hat.
- Der Hund verhält sich auch manchmal laut und destruktiv und eliminiert ins Haus, wenn man ihn allein läßt.
- Die Ausscheidung erfolgt in der Regel kurze Zeit nachdem der Besitzer das Haus verläßt (d. h. oft innerhalb weniger Minuten). Bei mangelnder Stubenreinheit geschieht dies erst mehrere Stunden nach dem Weggang des Besitzers (Voith und Borchelt, 1982).
- Hund zeigt vor dem Weggang seines Besitzers Anzeichen von Angst oder Verstörtheit.

Die alleinige Tatsache, daß der Hund nur in Abwesenheit seines Besitzers ins Haus eliminiert, entscheidet noch nicht darüber, ob es sich um Trennungsangst oder mangelnde Stubenreinheit handelt. Ausscheidung, die nur in Abwesenheit des Besitzers erfolgt, ist unter Umständen lediglich ein Zeichen dafür, daß der Hund in der Vergangenheit dabei erwischt und dafür bestraft wurde und dieses Verhalten deshalb in Gegenwart anderer unterdrückt. Außerdem kann das Problem in Gegenwart des Besitzers einfach deshalb nicht auftreten, weil der Hund mehr Gelegenheit hat, ins Freie zu gelangen (Voith und Borchelt, 1982, 1985).

Mögliche Kausalfaktoren

Pathophysiologische Zustände

Wenn ein zuverlässig stubenreiner Hund beginnt, im Haus zu urinieren oder zu defäkieren, ist das oftmals ein Hinweis auf einen pathophysiologischen Zustand. Basierend auf Reisner (1991) und Parker (1989) werden nachfolgend einige der organischen Erkrankungen ge-

MÖGLICHE KAUSALFAKTOREN	
Pathophysiologische Zustände (kann für verschiedene medizinische Zustände oder Nachwirkungen vergangener Erkrankungen symptomatisch sein)	**Mangel an nötigem Training** (bei Welpen oder älteren Hunden, die nie ganz stubenrein waren)
Unzureichende Fürsorge-/Haltungsbedingungen (z. B. Hund wird nicht oft genug ins Freie gelassen)	**Konsequenz aus anderen Verhaltensproblemen** (kann sich z. B. als Resultat von Ausscheidung im Haus in Verbindung mit Trennungsangst oder Angstproblemen entwickeln)

UNERWÜNSCHTES URINIEREN ODER DEFÄKIEREN

• Der Hund ist nicht zuverlässig stubenrein.

MÖGLICHE BEHANDLUNGSELEMENTE	
Einstellen ineffektiver Methoden (z. B. Bestrafung lange nach Ausscheidung)	**Anwendung effektiver Methoden zum Erlernen von Stubenreinheit** (Befolgen der Grundregeln der Erziehung von Welpen oder älteren Hunden zu Stubenreinheit)
Verändern der Fürsorge-/Haltungsbedingungen (z. B. Ernährungsumstellung; Änderung der Fütterungszeiten; Beschränken des Hundes auf bestimmte Räume, wenn er allein ist; lange im Freien lassen)	**Medikamente** (Laxanzien oder Diuretika in seltenen Fällen, wenn der Hund Urinieren/Defäkieren im Freien vollständig unterdrückt)

nannt, die zu unerwünschtem Urinieren oder Defäkieren führen können: entzündliche Erkrankungen wie Cystitis, Urethritis, Prostatitis, Vaginitis, Enteritis sowie Colitis, Diarrhoe, Colon irritabile, Hypoglykämie, Hypokalzämie, Diabetes mellitus, Diabetes insipidus, medulläre Auswaschungen sowie jede Ursache von Polyurie, wie Hyper- oder Hypoparathyreoidismus oder Hyper- und Hypoadrenocortizismus.

Reisner (1991) verweist darauf, daß bei einer Beteiligung von sowohl Urinieren als auch Defäkieren eine zugrundeliegende organische Ursache unwahrscheinlich ist, es sei denn, es handle sich um eine spinale oder neurologische Erkrankung. Sie berichtet auch ausführlich über verschiedene Ursachen von Inkontinenz.

Dieses medizinische Problem ist allerdings leicht von den in diesem Abschnitt diskutierten Verhaltensproblemen zu unterscheiden, die ein normales canines Ausscheidungsverhalten umfassen, das jedoch vorzugsweise im Haus anstatt im Freien erfolgt.

Wie Voith und Borchelt (1985) darlegen, kann eine Erkrankung, im Verlaufe derer der Hund nicht anders konnte, als im Haus auszuscheiden, von einem Problem bezüglich Stubenreinheit gefolgt sein. Nach Heilung des medizinischen Problems bleibt die neue Ausscheidungsgewohnheit aus demselben, lernbedingten Grund bestehen, der einen Hund dazu bringt, stubenrein zu werden: nachdem das Tier nämlich einige Male an einem bestimmten

Platz oder auf eine bestimmte Oberfläche ausgeschieden hat, entwickelt es eine gewisse Vorliebe dafür (bzw. verliert die Hemmung davor), weiterhin dort auszuscheiden.

Mangel an nötigem Training

Voith und Borchelt (1985) weisen darauf hin, daß Hunde mit Problemen bezüglich der Stubenreinheit „im allgemeinen auch in der Vergangenheit noch nie zuverlässig stubenrein waren". Besitzer gestehen häufig ein, ihrem Hund seien nach Wochen oder Monaten der vermeintlichen Lösung dieser Problematik immer wieder vereinzelt „Unfälle" passiert.

Zweifellos ist das Versäumnis des Besitzers, ein adäquates Training durchzuführen, oftmals der Grund dafür, wenn Welpen und junge Hunde besonders lange brauchen, um stubenrein zu werden. Häufig gibt es auch hier zunächst eine Reihe merklicher Fortschritte, die dann von Rückfällen gefolgt werden, bevor der Besitzer schließlich professionelle Hilfe hinzuzieht.

Unzureichende Fürsorge- und Haltungsbedingungen

Den Hund nicht ausreichend ins Freie zu lassen, kann bei älteren Hunden Hauptursache des Problems oder bei jungen Hunden der Grund dafür sein, daß sie nie zuverlässig stubenrein werden. Bei manchen Krankheitsbildern muß der Hund häufiger als normal urinieren oder defäkieren – eine Tatsache, an sich die Besitzer gewöhnen müssen. Faktoren wie Ernährung, Anzahl und Verteilung der Mahlzeiten oder Verfügbarkeit von Trinkwasser können das Problem ebenfalls beeinflussen. In einem Fall genügte es zum Beispiel, einen fünf Monate alten Labrador abends – zur dritten Mahlzeit des Tages – nicht mehr zu füttern, um dem gelegentlichen, nächtlichen Kotabsatz im Flur abzuhelfen.

Konsequenz aus anderen Verhaltensproblemen

Es ist auch möglich, daß ein Hund, der anfangs aus Trennungsangst oder anderen angstbezogenen Gründen ins Haus eliminiert hat, in der Folge seine anerzogene Hemmung, ins Haus zu machen, verliert.

Mögliche Behandlungselemente

Einstellen ineffektiver Methoden

Ausgehend von den Grundprinzipien der Lernfähigkeit von Tieren ist es unschwer zu verstehen, warum die üblicherweise von Besitzern angewandte Methode, den Hund Stunden nach seinem Vergehen an den Tatort zurückzubringen und ihn zu bestrafen, niemals das Problem löst. Um effektiv zu sein, muß die Bestrafung während oder unmittelbar nach (d. h. innerhalb von ein bis zwei Sekunden) dem unerwünschten Verhalten erfolgen. Den Besitzern sollte das erläutert werden und sie sollten diese Bestrafungsmethode gänzlich aufgeben und sich statt dessen ausschließlich auf andere, wirklich erfolgversprechende Methoden konzentrieren. Die Tatsache, daß die meisten derartig bestraften Hunde schließlich stubenrein werden, ist nicht mit einem Erfolg der Methode gleichzusetzen. Offensichtlich haben diese Besitzer an anderer Stelle richtig gehandelt und haben beispielsweise den Hund aufmerksam beobachtet, solange er sich im Haus aufhält, und dafür gesorgt, ihn zu Zeiten, zu denen er normalerweise uriniert und Kot absetzt, ausreichend lange im Freien zu lassen.

Ein Grund für das Festhalten der Besitzer an dieser nutzlosen Methode der verzögerten Bestrafung ist der „schuldbewußte" Blick des Hundes bei ihrer Rückkehr, der sie davon überzeugt, daß der Hund zumindest weiß, „daß er etwas falsch gemacht hat" – was zumindest ein Schritt in die richtige Richtung zu sein scheint. Wie im folgenden Zitat von Voith und Borchelt (1982) kurz erläutert, deutet der „schuldvolle" Blick jedoch nichts in dieser Art an:

„Einige Hunde ... lernen, das Vorhandensein von Urin und/oder Fäzes im Haus, die Rückkehr des Besitzers und die Wahrscheinlichkeit von Bestrafung zu assoziieren. Bei diesen Hunden wird nur dann von einem 'schuldvollen Ausdruck' berichtet, wenn 'sie etwas falsch gemacht haben'. Was von Besit-

zern als 'schuldvoll' interpretiert wird, sind canine Unterwerfungs- und Meideverhaltensweisen. Der Hund zeigt diese Haltung nur, wenn Ausscheidungsprodukte im Haus sind, da er nur aus diesem Anlaß bestraft wird." (S.641)

Einsatz effektiver Methoden zum Erlernen von Stubenreinheit

Effektive Erziehung zu Stubenreinheit beinhaltet die Schaffung von Bedingungen, unter denen das Tier nur im Freien an Plätzen ausscheidet, die für den Besitzer vertretbar sind. Wenn dies erreicht ist, entwickelt das Tier, ohne daß weitere Maßnahmen nötig werden, eine Präferenz, diese vorbestimmten Plätze für seine Ausscheidung zu wählen und gleichzeitig alle anderen zu meiden. Vom Welpenalter an zeigen Hunde eine natürliche Neigung, bestimmte Plätze für ihre Ausscheidung zu wählen und diese immer wieder aufzusuchen. Im Grunde müssen Besitzer die Entwicklung dieser Präferenz lediglich in die gewünschte Richtung lenken, indem sie sicherstellen, daß die Ausscheidung einige Wochen lang nur an diesem gewünschten Ort stattfindet. Um dies zu erreichen, wird bei jungen Hunden folgendermaßen vorgegangen:

- Der Hund sollte immer dann, wenn eine Ausscheidung zu erwarten ist, vom Besitzer nach draußen an den Ort gebracht werden, den der Hund zum Ausscheiden benutzen soll. Diese Zeiten sind:
  - sobald der Besitzer nach Hause zurückkommt, nachdem er einige Zeit weg war;
  - kurz nachdem der Hund aufwacht;
  - kurz nach den Mahlzeiten;
  - sobald der Besitzer Verhaltensweisen bemerkt, die ein baldiges Ausscheiden ankündigen, wie Umherlaufen, Schnüffeln oder anderes Verhalten (z. B. Rastlosigkeit vor der Haustüre), das andeuten könnte, der Hund „muß";
  - wenn seit dem letzten Auslauf eine gewisse Zeitspanne verstrichen ist. Diese variiert von Hund zu Hund, und Besitzer müssen ihre Taktik daher dem Rhythmus ihres Hundes anpassen.

- Der Hund sollte genau beobachtet werden, solange sein Besitzer zu Hause ist, insbesondere wenn seit dem letzten Kotabsatz/Urinieren eine gewisse Zeit vergangen ist oder wenn der Hund eine Ecke des Raumes aufsucht, die er schon einmal dafür benutzt hat.
- Milde Bestrafung, wie den Hund mit Händeklatschen oder einem anderen lauten Geräusch zu erschrecken, ist angemessen, allerdings nur, wenn er auf frischer Tat ertappt wird. Dies unterbricht den Ausscheidungsvorgang, so daß der Hund auf der Stelle nach draußen gebracht werden kann, um sein „Geschäft" dort zu erledigen. Es erzieht den Hund auch dazu, eine Ausscheidung in Gegenwart des Besitzers zu unterdrücken, was hilfreich ist, falls der Hund aufmerksam beobachtet werden kann, sobald die nächste Ausscheidung ansteht.
- Wird der Hund allein zu Hause zurückgelassen, sollte Vorsorge getroffen werden, daß der Hund die Ausscheidung bis zur Rückkehr des Besitzers mit großer Wahrscheinlichkeit unterdrückt. Er könnte beispielsweise in einem Raum eingeschlossen werden, in dem er in der Vergangenheit noch nie eliminiert hat, oder es kann eine Barriere errichtet werden, um ihn auf eine kleine Region in der Nähe seines Ruheplatzes/seiner Decke zu beschränken (z. B. eine Ecke der Küche). Von Welpen bevorzugte Plätze liegen immer ein Stück weit von ihren Ruhe-/Schlafplätzen entfernt.
- Wird die Abwesenheit des Besitzers voraussichtlich länger sein, als der Welpe seinen Drang kontrollieren kann, können Zeitungen an den Platz gelegt werden, den der Hund vermutlich aufsuchen wird. Dies verhindert die Ausbildung von Präferenzen für andere Bodenbeläge (z. B. Teppiche), ferner kann die Größe und Lokalisation der abgedeckten Bereiche während des Vorgangs der Erziehung zur Stubenreinheit variiert werden, falls sich hier tatsächlich eine ausgeprägte Präferenz herausbildet.

Derselbe Ansatz zur Verhinderung einer Ausscheidung im Haus und die Anordnung der Dinge in einer Weise, daß der Hund sich bei

Ausscheidungsdrang immer im Freien befindet, wird bei der Erziehung von adulten Hunden zu Stubenreinheit angewandt, die dies nie zuvor waren oder aus irgendeinem Grund ihre Hemmungen, ins Haus zu machen, verloren haben. In Abhängigkeit von den Einzelheiten jedes Falles könnten eine oder mehrere der folgenden Methoden ebenfalls hilfreich sein:

- Ist der Hund allein, kann er an einer Leine auf ein Areal nahe seinem Ruheplatz oder in einer großen Kiste oder einem Käfig mit seinem Bett darin beschränkt werden. Der Hund sollte schrittweise an den Käfig gewöhnt werden, indem man sein Bettzeug hineingibt und ihn unter Zuhilfenahme von Leckerbissen hineinlockt; im Verlauf mehrerer Tage sollte er schrittweise an das zunehmend längere Verbleiben im Käfig bei offener Tür gewöhnt werden. Zuletzt wird im Rahmen des Trainings die Käfigtür kurz, dann immer länger geschlossen. Nach Ansicht von O'Farrell (1992) können adulte Hunde vermutlich tagsüber für die Dauer von 2–3 Stunden und die ganze Nacht über in einem solchen Käfig gelassen werden.
- Ist der Hund daran gewöhnt, zu einem bestimmten Zeitpunkt in der Nacht zu defäkieren, und liegen keine Hinweise auf eine gastrointestinale Erkrankung vor, empfehlen Hart und Hart (1985) „ein Training des Verdauungssystems", indem man um Mitternacht mit dem Hund hinausgeht und dies über den Verlauf von Wochen immer weiter hinauszögert (d. h. 1.00, 2.00, 3.00, 4.00 Uhr etc.), bis der Hund gelernt hat, die Nacht durchzustehen, ohne Kot absetzen zu müssen.
- Eine ähnliche Methode wird von O'Farrell (1992) empfohlen: Der Hund schläft neben dem Bett seines Besitzers an der Leine, die an dessen Handgelenk befestigt ist, so daß der Besitzer aufwacht, sobald der Hund rastlos wird und aufsteht, um einen Platz zum Urinieren zu finden. Der Besitzer befiehlt dem Hund, sich wieder hinzulegen, wartet, bis er sich beruhigt hat, und geht dann mit ihm hinaus. „Bei aufeinanderfolgenden Gelegenheiten werden die Wartezeiten für den Hund verlängert, so daß er es schließlich die ganze Nacht aushält." (S. 112)
- Der Hund sollte mit Lob, Streicheleinheiten und Leckerbissen (die er zu keinem anderen Zeitpunkt erhält) belohnt werden, sobald er „sein Geschäft" im Freien verrichtet. Es läßt sich nicht mit Sicherheit sagen, inwieweit diese Maßnahme die Entwicklung vertretbarer Ausscheidungsgewohnheiten begünstigt. Bei Welpen ist sie unnötig. Bei älteren Hunden allerdings, deren Problem weitaus schwieriger zu korrigieren sein kann, versucht man, alle verfügbaren oder potentiell hilfreichen Faktoren zu maximieren.
- Dies gilt auch für die Reinigung der Stellen. Es ist nötig, dies auch bei Welpen durchzuführen, um eine Auslösung der Ausscheidung durch verbleibende Gerüche zu vermeiden. Bei älteren Hunden sollte man sich, was dies angeht, lieber doppelt vergewissern. O'Farrell (1992) empfiehlt verdünntes Bleichmittel, ein biologisches Reinigungsmittel oder einen kommerziellen Geruchshemmer.

Veränderung der Fürsorge-/Haltungsbedingungen

Die Modifikation der Ernährung, der Wasseraufnahme oder der Fütterungszeiten des Hundes kann oft sehr hilfreich sein. Eine Ernährung mit einem reduziertem Rohfasergehalt kann die Häufigkeit des Kotabsatzes reduzieren (O'Farrell, 1992). Den Hund ab dem späten Nachmittag nicht mehr zu füttern oder ihm den freien Zugang zum Wasser zu verwehren, kann ebenso sehr effektiv zu einer Verringerung des Ausscheidungsdrangs während der Nacht beitragen.

Selbstverständlich können auch so simple Maßnahmen wie die Verlegung des nächtlichen Ruheplatzes des Hundes von einem Raum in den anderen manchmal sinnvoll sein, wenn der Hund eine besondere Vorliebe für einen bestimmten Platz oder einen bestimmten Bodenbelag entwickelt.

Nach Voith und Borchelt (1982) können manchmal die Präferenzen für bestimmte Orte und Oberflächen innerhalb des Hauses derart ausgeprägt sein, daß die Hunde eine Ausscheidung im Freien völlig unterdrücken. In diesen Fällen kann es hilfreich und auch nötig sein, sie nach Möglichkeit so lange ausschließlich im Freien zu halten, bis sie draußen urinieren und Kot absetzen. Zur Unterstützung dieser Methode kann die Restriktion des Zugangs zu Futter und Wasser eingesetzt werden. Die beiden Autoren empfehlen z. B., dem Hund für 12–24 Stunden den Zugang zu Wasser zu verwehren und ihm dann zu erlauben, soviel zu trinken wie er möchte, ihn dann sofort ins Freie zu lassen und zu warten, bis er uriniert hat.

Medikamente

In manchen Fällen kann die Anwendung eines Diuretikums oder Abführmittels dazu führen, daß das Tier trotz starker Hemmungen keine andere Wahl hat, als draußen wiederholt zu urinieren/Kot abzusetzen (Voith und Borchelt, 1982, 1985).

Urinmarkieren

Wie aus Statistiken von Voith und Borchelt (1985) hervorgeht, entwickelten 40 % der we-

---

BEHANDLUNGSEMPFEHLUNGEN

Unerwünschtes Urinieren und Defäkieren im Haus

Grundregeln zur Erziehung von Welpen zu Stubenreinheit:

- Urinieren und Defäkieren im Haus müssen vollständig verhindert werden: entweder durch genaue Überwachung oder durch Beschränkung des Hundes auf einen kleinen Bereich, nahe seinem Rastplatz, an dem eine Ausscheidung unwahrscheinlich ist, solange er allein gelassen werden muß.
- Der Hund soll sooft wie möglich nach draußen gelassen werden. Der Besitzer sollte genau darauf achten, wann der Hund tagsüber Harn oder Kot absetzen muß, und seinen Plan entsprechend anpassen.
- Der Besitzer sollte dafür sorgen, sofort nach seiner Rückkehr mit dem Hund nach draußen zu gehen, ebenso nach den Mahlzeiten, nachdem er aufwacht oder wenn dem Besitzer Schnüffeln, Umherlaufen oder die übliche Rastlosigkeit (an einem sonst aufgesuchten Platz) vor der Ausscheidung auffallen.
- Der Hund sollte ausreichend Zeit im Freien verbringen können, um Harn und Kot abzusetzen.
- Der Welpe sollte durch in die Hände klatschen erschreckt werden, wenn der Besitzer ihn beim Urinieren oder Kot absetzen erwischt oder wenn er mit dieser Absicht in die Hocke geht. Dies unterbricht die Handlung und erlaubt dem Besitzer, den Welpen zur Beendigung „seines Geschäftes" nach draußen zu bringen.
- Der Hund soll nicht erst bei Entdeckung von Flecken lange nach der Tat bestraft werden. Wird er nicht auf frischer Tat ertappt, wird er den Grund der Bestrafung nicht verstehen, selbst wenn man ihm den Fleck zeigt. Im Grunde kann man nichts mehr ausrichten, wenn man den Fleck entdeckt.
- Weiß der Besitzer, daß er für längere Zeit abwesend sein wird und der Hund damit unweigerlich ins Haus machen wird, soll er die Region, auf die der Hund beschränkt ist, mit Zeitungen auslegen, damit er diese zumindest dem Teppich oder den Küchenfliesen vorzieht.

> *Eine Auswahl alternativer Vorschläge für verschiedene Fälle älterer Hunde:*
> - Trainieren sie den Hund zur Stubenreinheit wie einen Welpen. Das heißt, er muß zu Zeiten nach draußen gebracht werden, wenn Kot- oder Harnabsatz wahrscheinlich sind (z. B. nach den Mahlzeiten, nach dem Aufwachen, nach der Rückkehr des Besitzers nach längerer Abwesenheit, oder wenn er es durch beginnende Unruhe, Beschnüffeln des Bodens oder Umherlaufen ankündigt). Zusätzlich muß er im Haus genau beobachtet werden, um Ausscheidungen weitgehend zu unterbinden.
> - Der Hund sollte häufiger ins Freie gelassen und für Kot- und Harnabsatz belohnt werden. Sobald er im Freien in die Hocke geht, sollte er gelobt werden. Sobald er nach der Ausscheidung aufsteht, sollte er mit einem besonderen Leckerbissen belohnt werden. Zu keiner anderen Zeit sollte er Leckerbissen erhalten.
> - Milde Bestrafung des Hundes ist angebracht (z. B. Schelte oder lautes in die Hände klatschen), wenn er ins Haus macht, aber nur, wenn er auf frischer Tat ertappt wird. Bestrafung mehr als ein paar *Sekunden* danach ist völlig ineffektiv.
> - Der Hund sollte am späten Nachmittag keine Mahlzeit mehr erhalten. Eine einzige große Mahlzeit am Morgen ist ausreichend.
> - Nach 18.00 Uhr abends sollte der Hund keinen Zugang mehr zu Wasser haben.
> - Durch (1) nächtliche Beschränkung des Hundes auf einen anderen Raum, (2) Halten des Hundes in einem kleinen Raum mit einem anderen Bodenbelag, (3) schrittweise Gewöhnung des Hundes an das Verbringen der Nacht in einem großen Käfig, mit seinem Bettzeug und Wasser darin, oder indem man ihn (4) vorübergehend im Schlafzimmer schlafen läßt, kann ein neues nächtliches Arrangement getroffen werden, um Defäkation während der Nacht gänzlich zu verhindern.
> - Verhindert keine der empfohlenen Maßnahmen einen Harn- oder Kotabsatz zwischen 3.00 und 6.00 Uhr morgens, sollte der Besitzer um 3.00 Uhr aufstehen und mit dem Hund nach draußen gehen. Wenn dies hilft, kann der Besitzer im Verlauf der folgenden Wochen immer später aufstehen (3.30, 4.00, 4.30, 5.00, etc.).

gen Urinmarkierens im Haus vorgestellten Hunde dieses Verhalten, bevor sie ein Jahr alt waren, und 90 % waren jünger als zwei Jahre. Urinmarkieren ist nahezu ausschließlich ein Problem von Rüden, die regelmäßig kleine Mengen von Urin an bestimmte Plätze im Haus sprühen. Bei den markierten Stellen handelt es sich in der Regel um vertikale Oberflächen oder Ecken von Gegenständen (z. B. Stuhl- und Tischbeine); die Gegenstände werden in der typischen Haltung der Rüden, mit erhobenem Bein markiert. In den meisten Fällen von Urinmarkieren sind für den Besitzer keine klar ersichtlichen Stimuli vorhanden. In anderen Fällen wiederum wird berichtet, daß die Hunde nach Besuchen anderer Hunde, als Reaktion auf läufige Hündinnen in der Nachbarschaft sowie auf Besucher oder neue Gegenstände im Haus markieren.

Es ist schwierig festzustellen, warum manche Hunde im Haus markieren. Obwohl das Verhalten von den meisten Fachleuten als territoriales Verhalten interpretiert wird, weisen Voith und Borchelt (1985) darauf hin, daß Hunde sowohl innerhalb als auch außerhalb dessen, was sie als ihr Territorium betrachten, markieren. Geruchsmarkierung hält zudem andere Hunde nicht vom markierten Territorium fern und typischerweise dringen Hunde in das Territorium anderer Hunde ein, um zu markieren. Die Autoren diskutieren auch die Möglichkeit einer informativen Funktion des Markierens, um die Bewohner eines Gebietes einem fremden Hund vorzustellen, indem sie ihm ermöglichen, die Gerüche mit den Geruchsmerkmalen der Individuen zu vergleichen, die er dort antrifft – eine Theorie, die die Tatsache erklären könnte, daß Hunde oft beim Anblick des anderen markieren und dann des anderen Geruchsmarken untersuchen. Schließlich erwähnen die Autoren noch Sexuallockstoffe, Werben, Orientierung, Dominanzkommunikation, Alarmsignale und Bevölkerungsdichte als damit in Zusammenhang stehende Funktionen. Sie verweisen auch auf eine Studie, in der festgestellt wurde, daß Hunde doppelt so oft über die Geruchsmarken bekannter Hunde und viermal so häufig über die unbekannter Hunde markieren als über ihre eigenen. Daraus folgt, daß Urinmarkieren eine wichtige *kommunikative* Verhaltensweise ist, die mit den Beziehungen zwischen benachbarten Gruppen und Individuen verbunden ist. Keine dieser Erkenntnisse erklärt jedoch, warum eine kleine Minderheit von Hunden im Haus markiert, obwohl sie dort nie andere Hunde oder deren Geruchsmarken vorfinden.

Angesichts der Tatsache, daß das Markieren im Haus eindeutig „aus dem Rahmen fällt", da Hunde normalerweise nicht in der Nähe ihrer Ruheplätze markieren (Hart und Hart, 1985), ist es denkbar, daß es sich dabei entweder um eine *Übersprunghandlung* (d. h. eine „irrelevante" Aktivität, die durch eine Konfliktsituation ausgelöst wird) oder eine *Leerlaufhandlung* handelt, die eine hohe Motivation zu markieren, kombiniert mit dem Fehlen der normalerweise auslösenden Stimuli (z. B. Geruchsmarken anderer Hunde, Anblick anderer markierender Hunde), reflektieren. Obwohl auch diese Spekulation noch immer nicht die Frage beantwortet, warum manche Hunde markieren und andere nicht, ist es vermutlich sinnvoller, dieses Verhaltensproblem in einen verständlichen ethologischen Rahmen zu fassen, als es das von Neville (1991) gewählte Herangehen bietet. Er geht davon aus, daß Hunde aus Nervosität, Erregung, Unsicherheit oder Verletzlichkeit ins Haus markieren – und daß sie sich folglich „zur Stärkung des eigenen Sicherheitsgefühls mit ihrem eigenen Duft umgeben" (S. 248). Dies ist eine Version der kürzlich von O'Farrell und Neville (1994) veröffentlichten Erklärung des Markierungsverhaltens bei Katzen, und der Leser sei an dieser Stelle auf Kapitel 20 verwiesen, das eine ausführliche und kritische Einschätzung solcher Ansätze zur Erklärung von Verhaltensproblemen bei Tieren enthält.

Laut einer weitverbreiteten Meinung ist Urinmarkieren bei Rüden häufig mit Dominanzverhalten oder dominanten Persönlichkeiten korreliert, woraus zu schließen ist, daß ein dominanteres Verhalten des Besitzers das Problem lösen würden (z.B. Neville, 1991; O'Farrell, 1992; Campbell, 1992). Es scheint jedoch keine Beweise zu geben, die diese Annahme untermauern. Voith und Borchelt (1982) bringen zu diesem Thema folgende Meinung zum Ausdruck:

„Nach unseren Erfahrungen besteht zwischen Urinmarkieren bei Hunden und dominanzbezogenen Problemen bei Gefährtenhunden kein Zusammenhang. Vielmehr gibt es in der Literatur nur bei wenigen Spezies der Caniden Hinweise auf nachweisbare Zusammenhänge zwischen Markierverhalten und Dominanz. Bei Wölfen markieren unterwürfige Tiere mit Urin, dies jedoch seltener als dominante Tiere. Die Funktion des Urinmarkierens beinhaltet mehr als eine schlichte Signalwirkung von Dominanz." (S. 640)

Die Statistiken des Autors unterstützen diese Sichtweise. Bei keinem der 54 Hunde des aktuellen Patientenguts mit Dominanzaggression oder anderen dominanzabhängigen Verhaltensweisen wurde über Urinmarkieren berichtet, nicht einmal gelegentlich. Von den 5 während dieser Zeit wegen Urinmarkierens vorgestellten Hunden zeigte nicht einer ein Dominanzproblem oder eine „dominante Persönlichkeit". Interessante Hinweise ergaben sich auch aus dem Abschnitt zu Verhaltensproblemen auf dem Fragebogen zur Information über die Klienten aus Kapitel 6. Mit Ausnahme der Tiere, die speziell aufgrund von Ausscheidungsproblemen vorgestellt wurden, hatten 11 % von 64 Rüden mit gering- oder hochgradigen Dominanzproblemen in der Vergangenheit gelegentlich ins Haus uriniert, während die Zahl bei Rüden ohne apparentes Dominanzproblem bei 15 % von 48 Rüden lag. Zwar sind

MÖGLICHE KAUSALFAKTOREN

Genetische Prädisposition
(möglicherweise in manchen Fällen beteiligter Faktor)

Durch Urin ausgelöstes Markieren
(alte Geruchsmarken werden untersucht und übertüncht)

Sozial auslösende Stimuli
(z. B. anderer Hund zu Besuch im Haus, läufige Hündin in der Nähe, anderer Hund markiert im Haus)

Hormonale Faktoren
(Problem bei Rüden weitaus häufiger; Kastration oftmals erfolgreich)

URINMARKIEREN

- Rüde hebt den Hinterlauf und hinterläßt kleine Mengen von Urin an vertikalen Oberflächen oder Objekten im Haus.

MÖGLICHE BEHANDLUNGSELEMENTE

Kastration
(oft effektiv bei Rüden)

Training in Problemsituationen
(z. B. Bestrafung während der Tat; Gegenkonditionieren eines konkurrierenden Verhaltens, wenn der auslösende Stimulus identifiziert wurde)

Medikamente
(Progestin-Therapie)

Einstellen ineffektiver Methoden
(z. B. Bestrafung lange nach dem Markieren)

Veränderung der Fürsorge-/Haltungsbedingungen
(Fernhalten von markierten Stellen/Räumen; Stellen des Bettes an eine markierte Stelle; sorgfältige Reinigung der markierten Stellen)

---

diese Zahlen, was die Frage nach den Gründen des Urinierens angeht, nicht leicht zu interpretieren, da nicht zwischen Urinmarkieren und anderen Arten von Urinierungsproblemen unterschieden wurde, doch der Unterschied zwischen den beiden Gruppen würde vermutlich genau umgekehrt ausfallen, wenn Urinmarkieren im Haus tatsächlich in Zusammenhang mit Dominanz stünde.

Davon ausgehend, daß viele problematische Hunde mehr als ein gravierendes Verhaltensproblem an den Tag legen, ist es kaum verwunderlich, daß gelegentlich ein dominantaggressiver Hund mit einem problematischen Markierungsverhalten vorgestellt wird. In solchen Fällen ist ein Zusammenhang zwischen den beiden Problembereichen jedoch nicht zwingend. Während es in jedem Fall empfehlenswert ist, eine abnorm hohe Dominanz eines Hundes herabzusetzen, scheint es nach dem aktuellen Wissensstand keinen Grund zu geben, dies routinemäßig zur Behandlung von Urinmarkieren zu empfehlen.

Mögliche Kausalfaktoren

Genetische Prädisposition

Dies ist eine mögliche Antwort auf die Frage, warum bestimmte Hunde im Haus markieren. Das heißt jedoch nicht, daß dies in Einzelfällen mit Sicherheit feststellbar ist, sondern eher, daß das Problem nicht unbedingt auf den unten angeführten Kausalfaktoren beruht. Theoretisch ist es möglich, daß die genetische Disposition eine abnorm hohe Motivation vorgibt, mit Urin zu markieren, oder anders ausgedrückt, die Schwelle beziehungsweise die Hemmechanismen, die das Urinieren im Haus unterbinden, abnorm niedrig sind. Eine genetische Prädisposition kann selbst in jenen Fällen nicht ausgeschlossen werden, in denen eindeutig auslösende Stimuli, wie eine läufige Hündin nebenan oder ein anderer Hund zu Besuch, vorhanden sind. Denn auch hier bleibt die Frage offen, warum nur manche Hunde in dieser Situation markieren.

Sozial auslösende Stimuli

In zwei der letzten fünf Fälle des Autors lebten zwei beziehungsweise fünf andere Hunde in demselben Haushalt. In einem dritten Fall markierte ein Yorkshire-Terrier nur dann, wenn man bei der Mutter der Besitzerin zu Besuch war, die einen Dackel besitzt. Dieser letzte Fall ist ein eindeutiges Beispiel für den Zusammenhang zwischen sozial auslösenden Stimuli und dem Problem des Urinmarkierens. Was die beiden ersten Fälle angeht, ist es interessant, darüber zu spekulieren ob alle diese Hunde auch dann zu markieren begonnen hätten, wenn sie alleine in einem Haushalt wären und keine anderen Hunde im Haus antreffen oder beim Markieren im Haus beobachten oder keine Duftmarken anderer Hunde im Haus riechen würden. Vermutlich nicht.

Durch Urin ausgelöstes Markieren

Eine besondere Art des sozial auslösenden Stimulus ist der olfaktorische Reiz, der von alten Duftmarken ausgeht. Sowohl bei Wölfen (z.B. Mech und Peters, 1977) als auch bei Hunden lösen Duftmarken Neugier und erneutes Markieren an derselben Stelle aus – häufiger bei unbekannten Hunden als bei bekannten sowie wiederum häufiger bei bekannten Duftmarken als bei den eigenen (Dunbar und Carmichael, 1981). Aber auch ihre eigenen Duftmarken werden untersucht und erneut markiert. Es ist daher anzunehmen, daß die Geruchsrückstände früherer Markierungen innerhalb des Hauses für erneutes Markieren mitverantwortlich sind und zur Persistenz oder allmählichen Verschlimmerung des Problems beitragen.

Hormonale Faktoren

Das Problem des Urinmarkierens ist bei Rüden weitaus häufiger als bei Hündinnen, und die Kastration von Rüden kann oftmals zur Reduzierung oder Eliminierung des Problems beitragen (z.B. Hopkins et al., 1976). Diese Tatsachen sprechen dafür, daß hormonale Einflüsse bei der Problematik eine Rolle spielen.

Zwei weitere Erkenntnisse deuten die mögliche Signifikanz hormonaler Einflüsse auf das Markieren bei Hunden an. Während des Östrus ist die Frequenz des Urinierens bei Hündinnen deutlich erhöht, was als eine Art hormonbeeinflußten Urinmarkierens gesehen werden kann, um den Rüden der Nachbarschaft die Paarungsbereitschaft des Weibchens zu signalisieren. Und Fox (1963) verweist auf Experimente, mit denen nachgewiesen wurde, daß das Heben des Beines vor dem Urinieren durch Injektion von Testosteron bei jungen Rüden und Hündinnen induziert werden kann – ein Beleg für den direkten Einfluß von Hormonen auf das Ausscheidungsverhalten.

Mögliche Behandlungselemente

Kastration

Die Kastration von Rüden ist häufig erfolgversprechend. Eine unkontrollierte respektive Untersuchung von 10 Hunden, die wegen Markierens im Haus kastriert wurden, ergab bei drei Rüden einen schnellen Rückgang des Problems und einen langsameren bei zwei weiteren (Hopkins et al., 1976).

Nach Hart und Hart (1985) bleibt das Markierverhalten außerhalb des Hauses von einer Kastration unbeeinflußt, was „... vermutlich darauf zurückzuführen ist, daß die olfaktorischen Reize, die der Urin der anderen Rüden auslöst und die die wichtigsten Stimuli zur Auslösung des Markierverhaltens sind, außerhalb des Hauses am stärksten sind." (S. 239)

Einstellen ineffektiver Methoden

Alle Hundebesitzer versuchen, dem Urinmarkieren ein Ende zu setzen, indem sie ihre Hunde bestrafen, sobald die Flecke entdeckt werden. Meistens wird der Hund an die betreffende Stelle zurückgebracht, um ihn dort zu bestrafen oder zu schlagen. Dabei wird seine Nase nahe an die Stelle gehalten in der Hoffnung, er möge den Grund der Bestrafung verstehen. Ergebnisse aus der experimentellen Forschung jedoch ergeben, daß eine Bestrafung, die später als einige Sekunden nach dem Fehlverhalten erfolgt, unmöglich einen supprimierenden Einfluß auf ein künftiges mögliches Auftreten dieses Verhaltens hat (Borchelt und Voith, 1985). Sollte diese Methode zuweilen scheinbar erfolgreich sein, dann möglicherweise deshalb, weil diese Art der Bestrafung ein allgemeines Meiden der betreffenden Stelle nach sich zieht. Damit kann in Fällen, in denen die Stelle den entscheidenden Stimulus zur Auslösung des Markierens darstellt, ein indirekter Erfolg erzielt werden. Es gibt jedoch noch andere Methoden, Hunde dazu zu erziehen, bestimmten Orten fernzubleiben; daher sollte Hundebesitzern dringend nahegelegt werden, sich von der Vorstellung, eine verzögerte Bestrafung könne das Problem lösen, zu trennen.

BEHANDLUNGSEMPFEHLUNGEN

Urinmarkieren

- Sorgfältige Reinigung der markierten Stellen, da der zurückbleibende Uringeruch weiteren Harnabsatz provozieren könnte.
- Der Hund soll gescholten oder anderweitig bestraft werden (z. B. durch ein plötzliches, lautes Geräusch), wenn er beim Markieren im Haus erwischt wird. Die Bestrafung sollte zu einer sofortigen Unterbindung des Verhaltens ausreichen.
- Der Besitzer muß aufhören, den Hund zu bestrafen, wenn er ihn nicht auf frischer Tat ertappt. Dies ist zur Lösung des Problems vollkommen ineffektiv, da der Hund die Strafe nicht mit der Handlung des Harnabsatzes in Verbindung bringt.
- Markieren kann oft durch das Umstellen des Futternapfes, der Wasserschüssel oder des Ruheplatzes an die markierten Stellen beendet werden.
- Markiert der Hund immer in Antwort auf ein bestimmtes Ereignis, wie ein neuer Hund im Haus oder die Ankunft des Briefträgers, sollte der Hund zu diesen Zeiten genau beobachtet und gerufen werden, sobald er sich zu der Stelle aufmacht, die er für gewöhnlich markiert, und für sein Kommen und Bleiben bis zum Ende der kritischen Situation mit einem besonderen Leckerbissen (den er sonst nie bekommt) belohnt werden. Hat er jedoch schon zu urinieren begonnen, wird er nicht belohnt. Er wird statt dessen gescholten oder so sehr erschreckt, daß er die Handlung sofort abbricht.
- Die Erfolgsquote einer Kastration zur Reduzierung oder Eliminierung des Problems liegt bei etwa 50 %.
- Medikamentöse Therapie unter Einsatz eines Hormonpräparates trägt manchmal zur Kontrolle des Problems bei.

Trainieren in Problemsituationen

Milde Bestrafung durch Schelte oder Erschrecken eines Hundes, der auf frischer Tat ertappt wird, ist jedoch empfehlenswert. Obwohl es in der Regel zwar lediglich ein Markieren in Gegenwart des Besitzers verhindert, kann es ein Schritt in die richtige Richtung sein, indem die Häufigkeit des Markierens im Haus insgesamt reduziert wird und das Problem zumindest in bestimmten Schlüsselsituationen durch eine genaue Überwachung durch den Besitzer vollständig unterbunden werden kann.

Wenn Markieren als Reaktion auf einen bestimmen Stimulus auftritt, wie dem Betreten des Hauses durch einen anderen Hund oder einen Besucher, ist es unter Umständen möglich, ein alternatives Verhalten, wie zum Beispiel Ablegen oder einen Leckerbissen holen, als Antwort auf die Reize, die normalerweise das Markieren auslösen, zu gegenkonditionieren. Ein möglicher Behandlungsansatz ist die Methode der frühen Intervention, das heißt, der Hund wird gerufen, sobald er den auslösenden Stimulus bemerkt, aber noch *bevor* er zu markieren beginnt (oder vor dem Markieren schnüffelt, die Stelle aufsucht etc.), und wird dann mit einem besonders beliebten Leckerbissen belohnt, bis die auslösende Phase vorüber ist. Diese Methode muß allerdings mit absoluter Konsequenz über einen längeren Zeitraum angewendet werden, um die Reaktion des Hundes auf die auslösende Situation vollständig und dauerhaft zu verändern.

Veränderung der Fürsorge-/Haltungsbedingungen oder des häuslichen Umfeldes

Einige potentiell hilfreiche Maßnahmen bezüglich Veränderungen der Fürsorge-/Haltungsbedingungen oder des häuslichen Umfeldes werden nachfolgend aufgeführt:
- Verweigerung des Zugangs zu Stellen im Haus, an denen bereits früher markiert wurde.
- Zeitweise Unterbringung des zweiten Hundes der Familie bei Verwandten/Freunden, um festzustellen, ob die Entfernung des anderen Tieres einen Einfluß auf die Frequenz des Markierens hat.
- Plazieren und Belassen des Ruheplatzes, Futternapfes oder der Wasserschüssel an markierten Stellen.
- Sorgfältige Reinigung jeder markierten Stelle, um den verbleibenden Uringeruch weitgehend zu beseitigen, der eine Wiederholung auslösen könnte.

Medikamente

Hart und Hart (1985) empfehlen die Verabreichung eines Progestins mit Langzeitwirkung, z. B. *Medroxyprogesteron*, für den Fall, daß die Kastration keine Wirkung zeigt oder der Hund bereits früher kastriert wurde. Die empfohlene Dosis liegt bei einer einmaligen Injektion von 5–10 mg/kg, die alle ein bis zwei Monate zu wiederholen sein kann. *Megestrolazetat* wird ebenso häufig für verschiedene Verhaltensprobleme von Rüden verordnet. Marder (1991) empfiehlt eine Dosis von 2,2–4,4 mg/kg/Tag per os mit anschließender Halbierung der Dosis alle zwei Wochen.

Burghardt (1991) empfiehlt eine Dosis von 2–4 mg/Tag, wobei die Dosis schneller reduziert wird; 3–4 Tage einmal täglich, einmal jeden zweiten Tag für 4–8 Tage, 2–4 Wochen lang zweimal wöchentlich, dann einmal wöchentlich ohne zeitliche Begrenzung. (Zu Nebenwirkungen und anderen wichtigen Informationen siehe den Abschnitt „Medikamentöse Therapie" in Kapitel 8.)

Unterwürfiges Urinieren

Meist sind es junge Hunde, gelegentlich aber auch ungewöhnlich ängstliche oder unterwürfige, ältere Hunde, die manchmal im Rahmen unterwürfigen Verhaltens gegenüber Menschen urinieren; zum Beispiel in einer Begrüßungssituation oder wenn jemand den Hund ausschimpft, bestraft oder dominantes Verhalten zeigt, wie den Hund hochzuheben, sich über ihn zu lehnen, ihn zu streicheln oder ihn direkt anzustarren. Andere Komponenten unterwürfigen Verhaltens umfassen Senken der Kopf-Hals-Partie, Anlegen der Ohren, Zusammenkneifen der Lippen zur Formung des so-

MÖGLICHE KAUSALFAKTOREN	
Genetische Prädisposition (in Fällen vermutet, in denen es keine umweltbedingten Ursachen gibt)	**Frühere Bestrafungen** (Problem kann Ergebnis der Bestrafungen durch den Besitzer sein)
Begrenzte frühe Erfahrungen (z. B. unterwürfiges Urinieren in Verbindung mit Angst vor bestimmten Typen von Menschen aufgrund mangelnder Erfahrungen mit ihnen in einer frühen Lebensphase)	**Unabsichtliche Auslösung/Förderung durch den Besitzer** (Problem kann Antwort auf dominantes/aggressives Verhalten des Besitzers sein)
	Unabsichtliche Belohnung durch den Besitzer (z. B. Besitzer unterbricht Handlung, bzw. beruhigt den Hund in Antwort auf das Urinieren)

UNTERWÜRFIGES URINIEREN

- Welpe oder unterwürfiger, älterer Hund uriniert und zeigt unterwürfige Gesten, wenn man sich ihm nähert, ihn bestraft, hochhebt, begrüßt etc.

MÖGLICHE BEHANDLUNGSELEMENTE	
Vermeiden von Problemsituationen (Vermeiden von Handlungen, die beim Hund Urinieren auslösen)	**Einstellen kontraproduktiver Behandlungsmethoden** (z. B. Einstellen der Bestrafung des Urinierens)
Einstellen unabsichtlicher Belohnung (z. B. Aufmerksamkeit auf den Hund richten, wenn er Problemverhalten zeigt)	**Methoden systematischer Verhaltenstherapie** (z. B. Desensibilisierung des Hundes gegen Hochheben; gegenkonditionieren von Sitzen/Stehen in Begrüßungssituationen)

genannten „unterwürfigen Grinsens", Vermeidung von Augenkontakt, sowie Ducken in einer Art halben Hocke oder Rollen auf den Rücken mit einem angehobenen Hinterlauf (Voith und Borchelt, 1985).

In einer Serie von 71 Fällen, in denen kein ernstliches Ausscheidungsproblem bestand, gaben 5 von 54 Besitzern von Rüden (ca. 9 %) und 3 von 17 Besitzern von Hündinnen (ca. 17 %) auf die entsprechende Frage einer Verhaltens-Checkliste an, unterwürfiges Urinieren

käme gelegentlich vor. Dies stimmt mit der Behauptung von Hart und Hart (1985) überein, wonach dieses Verhalten unter Hündinnen weiter verbreitet ist. Die Tatsache, daß das Urinieren in einem Großteil dieser acht Fälle in Antwort auf die Bestrafung eines anderen Fehlverhaltens durch den Besitzer auftrat, steht ebenfalls in Einklang mit der ethologischen Sichtweise, daß die biologische Funktion unterwürfigen Urinierens und anderer Formen unterwürfigen Verhaltens die ist, weitere Aggressionen seitens eines anderen Hundes zu verhindern.

Ein weiterer Fall, in dem unterwürfiges Urinieren das primäre Problem darstellte, betraf zwei Shih-Tzu-Hündinnen, die 4jährige Mutter und eines ihrer einjährigen, weiblichen Jungen. Der ältere Hund urinierte in Reaktion auf Hochheben vor dem Bürsten und auf das Bürsten selbst (das der Hund haßte), der jüngere Hund urinierte bei der Begrüßung durch Fremde wie auch durch Familienmitglieder. Nach Angaben des Besitzers zeigten einige der anderen Welpen desselben Wurfes ähnliche Symptome in unterschiedlicher Ausprägung, was eine genetische Prädisposition bezüglich des unterwürfigen Urinierens nahelegt.

Mögliche Kausalfaktoren

Genetische Prädisposition

Im oben erwähnten Fallbeispiel scheint eine genetische Prädisposition zu unterwürfigem Urinieren oder ungewöhnlich unterwürfigen Reaktionen auf Situationen, die normalerweise keine derart extreme Antwort hervorrufen, offensichtlich.

Frühere Bestrafungen

Manchmal entwickelt sich das Problem bei einem Hund, der vorher weder außergewöhnlich unterwürfig noch ängstlich war, direkt als Folge von Strafmaßnahmen, die zunächst zur Kontrolle eines anderen Problems und später zur Unterdrückung des unterwürfigen Urinierens selbst angewandt wurden. Bei dieser Art konditionierter Reaktion auf das Verhalten des Besitzers fallen Behandlungsmethoden, Ziele und Prognose ein wenig anders aus als bei Hunden, die von Anfang an hochgradig unterwürfig waren.

Begrenzte frühe Erfahrungen

Unterwürfiges Urinieren tritt auch bei Hunden auf, die aufgrund unzureichender Erfahrungen in den ersten drei Lebensmonaten ängstlich auf Menschen oder bestimmte Typen von Menschen reagieren. Die oftmals irreversible Natur solch früher Defizite deutet an, daß eine Behandlung auf der Annahme basieren sollte, daß das Problem unter Kontrolle gebracht werden muß, selbst wenn gegen die zugrundeliegende Angst nicht viel auszurichten ist.

Unabsichtliche Auslösung durch den Besitzer

Es kommt vor, daß Besitzer sich über ihren Hund beugen, ihn hochheben, streicheln, kämmen oder ihn liebevoll bestaunen, in Unkenntnis der Tatsache, daß diese Verhaltensweisen von ihrem Hund als dominante Gesten verstanden werden könnten und somit tendenziell eine unterwürfige Reaktion hervorrufen. Wenn man davon ausgeht, daß die Bestrafung durch den Besitzer im wesentlichen eine Form aggressiven Verhaltens ist, überrascht es nicht, daß dies auch unterwürfiges Verhalten auslösen kann. Ein solcher Effekt kann auch auf einem allgemeineren Beziehungsniveau wirksam werden: Wenn der Besitzer in vielen Situationen übermäßig streng, strafend oder tyrannisch mit seinem Hund verfährt, kann dies der Entwicklung hochgradiger Unterwürfigkeit und damit der Wahrscheinlichkeit unterwürfigen Urinierens Vorschub leisten.

Unabsichtliche Belohnung durch den Besitzer

Es ist nur natürlich und sicher auch ratsam, wenn der Besitzer Tätigkeiten oder Handlungen (z.B. Bestrafen, Streicheln, Hochheben, sich über den Hund beugen), die Urinieren auslösen, sofort abbricht. Dennoch kann eine solche Reaktion das unterwürfige Verhalten noch belohnen, was wiederum die Wahrscheinlichkeit eines künftigen Auftretens erhöht. Dies ist ein verständlicher Aspekt der Dynamik dieser Situation, wenn man bedenkt, daß die Aufgabe unterwürfigen Verhaltens als direkte Antwort auf Bedrohung oder dominantes, aggressives Verhalten die ist, weitere Drohungen oder aggressive Handlungen zu verhindern.

Eine weitere Quelle der Belohnung des Verhaltens sind verständnisvolle Reaktionen, indem der Hund beruhigt wird, während er im Zuge hochgradiger Unterwürfigkeit uriniert.

Mögliche Behandlungselemente

Vermeiden von Problemsituationen

Den Hund nicht hochzuheben, wenn er in Antwort auf diese Behandlung unterwürfiges Urinieren zeigt, kann im Umgang mit manchen Problemsituationen der sinnvollste Weg sein. Im oben dargestellten Fall der Shih-Tzu-Hündin hat der Besitzer sich angewöhnt, den Hund nicht hochzuheben, wenn er sich ihm von vorne oder der Seite genähert hat. Nähert man sich von hinten, um sie hochzuheben, wird das Urinieren in der Regel verhindert. Eine weitere Methode zur Vermeidung kritischer Situationen wäre, wenn Begrüßung und Fellpflege im Freien stattfinden, wo das Urinieren kein Pro-

---

BEHANDLUNGSEMPFEHLUNGEN

Unterwürfiges Urinieren

- Wann immer der Hund uriniert, sollte er völlig ignoriert werden, das heißt: keine Schelte, aber auch keine positiv geartete Aufmerksamkeit, wie mit dem Hund sprechen, ihn streicheln, wodurch das Verhalten belohnt würde.
- Einstellen heftigen Scheltens und anderer Bestrafungsmethoden in Antwort auf das Urinieren oder andere problematische Verhaltensweisen. Statt dessen werden die empfohlenen, auf Belohnung basierenden Methoden angewandt.

Harnabsatz ereignet sich während der Begrüßung: (3 Behandlungsalternativen)

- Begrüßung von Gästen und Familienmitgliedern soll kürzer und gelassener ablaufen.
- Begrüßungen sollten immer außerhalb des Hauses stattfinden.
- Der Besitzer soll nach seiner Rückkehr den Hund erst begrüßen, wenn dieser lange genug Zeit hatte, sich zu beruhigen.

Beispiel einer Verhaltenstherapie zur Reduzierung unterwürfigen Urinierens beim Hochheben, um den Hund zu bürsten, oder beim Bürsten selbst:

- Muß der Hund gründlich gebürstet werden, sollte dies nur im Freien geschehen, bis er dazu erzogen ist, das Bürsten zu tolerieren, ohne zu urinieren.
- Im Verlauf der folgenden Trainingseinheiten soll der Hund häufig Leckerbissen als Belohnung erhalten. Über den Zeitraum mehrerer Wochen soll jeder Schritt mehrmals täglich geübt werden, bis das gewünschte Ziel erreicht wird und man zur nächsten Stufe übergehen kann. Der Hund soll belohnt werden:
  – für Sitzen, Ablegen und Kommen auf Kommando
  – wenn er beim Hochheben weder Angst noch Unsicherheit zeigt (Hochheben zuerst nur knapp über den Boden, später zunehmend höher)
  – wenn er beim Bürsten weder Angst noch Unsicherheit zeigt (zuerst nur ganz leichtes Bürsten mit ein oder zwei Bürstenstrichen, später länger)
- Außerhalb dieser Trainingseinheiten erhält der Hund keine Leckerbissen.

blem darstellt. Auch durch das Einstellen von Bestrafung anderen Fehlverhaltens, wenn dies unterwürfiges Urinieren auslöst, kann man Problemsituationen vermeiden.

Einstellen kontraproduktiver Behandlungsmethoden

Bestrafung des unterwürfigen Urinierens ist aus offensichtlichen Gründen absolut kontraindiziert. Die meisten Besitzer finden dies selbst heraus, sobald sich das Verhalten nach Bestrafung rapide verschlimmert.

Einstellen unabsichtlicher Belohnung

Zwar ist der belohnende Effekt des unterwürfigen Urinierens – die Einstellung der auslösenden Handlung des Besitzers – unvermeidlich, doch sind andere Formen der Belohnung, wie den Hund mit Aufmerksamkeit und Einfühlungsvermögen zu überhäufen, wenn er sich unterwürfig verhält, sehr wohl zu vermeiden. Hunde sollten für dieses Verhalten weder bestraft noch belohnt werden. Statt dessen sollten sie völlig ignoriert werden, d. h., man nähert sich ihnen nicht, spricht nicht mit ihnen und sieht sie auch nicht an.

Methoden systematischer Verhaltenstherapie

In manchen Fällen können Hunde mit verhaltenstherapeutischen Methoden graduell zur Ausführung alternativer Verhaltensweisen (d. h. anstelle des Urinierens) in Problemsituationen *desensibilisiert* und/oder *gegenkonditioniert* werden. Die im Kästchen mit Behandlungsempfehlungen dargestellte Methode, den Hund dazu zu erziehen, nicht zu urinieren, wenn er hochgehoben wird, dient als Beispiel einer solchen Vorgehensweise. Der Hund sollte wiederholt vom Besitzer hochgehoben werden, ohne gebürstet zu werden (Element der Desensibilisierung), und für das Unterlassen des Urinierens sowie für ruhiges/nicht ängstliches Verhalten belohnt werden (Element der Gegenkonditionierung). Instrumentelles Lernen kann als weiteres Beispiel einer Gegenkonditionierung eingesetzt werden, um einen Hund schrittweise daran zu gewöhnen, bei der Begrüßung des Besitzers sitzen oder stehen zu bleiben. Diese Methode könnte zur Behebung eines Problems bei einem Tier eingesetzt werden, das dazu neigt, unterwürfig auf den Rücken zu rollen und bei der Begrüßung zu urinieren.

Erregungsbedingtes Urinieren

In der bereits erwähnten Checkliste für Verhaltensprobleme gaben 5 von 71 Besitzern (7 %) von Hunden ohne ernsthafte Ausscheidungsprobleme an, ihr Hund uriniere manchmal beim Spielen oder bei der Begrüßung seines Besitzers nach längeren Abwesenheiten. Voith und Borchelt (1985) bestätigen, daß dieses Problem bei Welpen besonders ausgeprägt ist, sich aber nach einigen Monaten verliert.

Angesichts der Art der Situation, in der das Urinieren auftritt, der Tatsache, daß die Hunde beim Stehen oder Gehen urinieren, sowie der Erfahrungen, die die meisten Menschen selbst schon einmal mit ungewolltem Harnabsatz gemacht haben, begreifen die meisten Besitzer auf Anhieb, daß es hier nicht um ein konventionelles Problem der Stubenreinheit geht. Folglich sehen die meisten von einer Bestrafung des Hundes ab und versuchen statt dessen, das Problem in den Griff zu bekommen, indem sie Bedingungen schaffen, unter denen sich der Hund in Schlüsselsituationen nicht so sehr erregt.

Mögliche Kausalfaktoren

Genetische Prädisposition

Warum legen manche Hunde dieses problematische Verhalten an den Tag und andere nicht? Vermutlich spielen hier eher Unterschiede in der genetischen Prädisposition statt Erfahrungen der Vergangenheit eine Rolle. Obwohl ein Lernvorgang insofern beteiligt sein kann, als eine Serie von belohnenden Erfahrungen in einer bestimmten Situation die Erregung des Hundes bei einer erneuten Exposition noch verstärken kann, stellt sich selbst hier die Frage, warum

> **MÖGLICHE KAUSALFAKTOREN**
>
> **Genetische Prädisposition**
> (mögliche Erklärung für die Inkontinenz mancher Hunde in erregenden Situationen)
>
> **Inadäquate Fürsorge-/Haltungsbedingungen**
> (z. B. Erregung nach Phasen sozialer Isolierung/fehlender Bewegung größer)
>
> **Unabsichtliche Förderung durch den Besitzer**
> (Verhalten des Besitzers während der Begrüßung/des Spielens kann Erregung des Hundes verstärken)
>
> **Physiologische Faktoren**
> (z. B. schwacher Blasen-/Blasensphinctertonus)

> ## ERREGUNGSBEDINGTES URINIEREN
> • Hund uriniert bei hohem Erregungszustand während der Begrüßung oder des Spiels im Stehen oder Laufen.

> **MÖGLICHE BEHANDLUNGSELEMENTE**
>
> **Vermeiden von Problemsituationen**
> (z. B. Begrüßung findet draußen statt; Vermeiden von Begrüßung/übermäßiger Erregung zu bestimmten Zeiten)
>
> **Einstellen ineffektiver/wenig wünschenswerter Methoden**
> (Bestrafung kontraindiziert)
>
> **Medikamentöse Therapie**
> (z. B. Tonuserhöhung des Blasensphincter)
>
> **Veränderung der Fürsorge-/Haltungsbedingungen**
> (z. B. das Tier nicht so lange allein lassen; es häufiger nach draußen lassen; ausreichende Möglichkeiten zu Spiel/Bewegung bieten)
>
> **Trainieren in Problemsituationen**
> (Auslösen oder Gegenkonditionieren von Verhalten, das mit dem erregungsbedingten Harnabsatz nicht zusammenhängt)

sich die Spannung nicht bei allen hochgradig erregten Hunden durch Urinieren entlädt.

Unabsichtliche Förderung durch den Besitzer

Durch das Fördern wilder Spiele und erregter Begrüßungen tragen Besitzer zur Verstärkung des Problems bei.

Inadäquate Fürsorge-/Haltungsbedingungen

Eine sehr verbreitete Situation ist die, daß ein junger, aktiver Hund, der lange Zeit allein gelassen wird, sich bei Rückkehr seines Besitzers übermäßig aufregt. Im Grunde kann man hier von einer Art sozialer Deprivation oder Aktivitätsdefizit sprechen. Natürlich kommt dabei der Harndrang des Tieres nach mehreren Stunden des Eingesperrtseins erschwerend hinzu. Vielleicht ist das Problem durch Aufregung in Kombination mit einer vollen Blase zu erklären.

Physiologische Faktoren

Im Grunde ist der erregungsbedingte Harnabsatz nichts anderes als eine situationsbedingte

Erscheinungsform der Inkontinenz. Voiths (1989) Anregung, der Einsatz von Pharmaka, die den Tonus des Blasensphincters erhöhen oder den Tonus der Blase reduzieren, sei in manchen Fällen hilfreich, läßt auf ein physiologisches Problem als primären Grund schließen.

Mögliche Behandlungselemente

Vermeiden von Problemsituationen

Für gewöhnlich zeigt sich das Problem nicht in jeder Spiel- oder Begrüßungssituation – nur dann, wenn die Hunde hochgradig erregt sind und/oder wenn dabei ihre Blase voll ist. Werden diese Situationen vermieden, beispielsweise durch ausbleibende Erwiderung der Begrüßung zu bestimmten Zeiten, ausschließlich im Freien stattfindende Begrüßungen (wo Urinieren kein Problem darstellt) oder keine weitere Stimulierung des Hundes, wenn er bereits aufgeregt ist, kann womöglich eine zufriedenstellende Lösung des Problems erreicht werden. Die meisten Besitzer verfahren auf diese Weise mit dem Problem.

Verändern der Fürsorge-/ Haltungsbedingungen

Wird der Hund nicht allzu lange allein gelassen, verringert das unter Umständen seine Erregung bei der Rückkehr des Besitzers und – wird er häufiger ins Freie gelassen – seine Blase wird nicht so stark gefüllt sein wie bei längeren Absenzen des Besitzers. Arbeitet der Besitzer den ganzen Tag, sind gelegentliche Besuche eines Nachbarn, der den Hund spazieren führt, sehr hilfreich, ganz besonders dann, wenn der Hund in dieser Zeit Gelegenheit hat, sich auszutoben.

Einstellen ineffektiver/wenig wünschenswerter Methoden

Bestrafung ist zur Behandlung dieser Problematik kontraindiziert, da es unwahrscheinlich ist, daß Hunde lernen können, den Harnabsatz in diesen Situationen zu unterdrücken. In den Fällen, in denen eine Bestrafung erfolgreich zu sein scheint, beruht dies vermutlich auf der veränderten emotionalen Einstellung des Hundes zu dieser Situation. Begrüßungen verursachen dann „gemischte Gefühle" statt enthusiastischer Aufregung – in den Augen der meisten Besitzer eine unerwünschte Wandlung.

Trainieren in Problemsituationen

Sind Problemsituationen unvermeidbar, ist der Schlüssel zu einer Lösung vermutlich der, Verhaltensweisen des Hundes auszulösen und zu stärken, die, wenn nicht gänzlich inkompatibel mit gleichzeitigem Harnabsatz, so doch zumindest die Wahrscheinlichkeit seines Auftretens herabsetzen. Die Wahl der alternativen Verhaltensweise für Problemsituationen variiert von Situation zu Situation. Eine Veränderung der Begrüßungsform des Hundes zu erreichen, wäre zum Beispiel möglich, indem der Besitzer bei seiner Rückkehr das Lieblingsspielzeug des Hundes mitbringt, das er für ihn wirft, bevor er den Hund begrüßt. Gleichermaßen kann ein Spiel bewußt gefördert, ein anderes dagegen, währenddessen das Urinieren auftritt, eingestellt werden. Letztlich kann auch ein Gehorsamstraining, im Verlaufe dessen der Hund Kommandos erlernt, die er später in potentiellen Problemsituationen ausführt, ein sinnvoller Ansatz sein, das Verhalten des Hundes zu modifizieren und die Wahrscheinlichkeit des Harnabsatzes in diesen Situationen zu reduzieren.

Medikamentöse Therapie

Nach Voith (1989) steigert *Phenylpropanolamin HCl*, in einer Dosis von 0,55–4,4 mg/kg zweimal täglich, den Blasentonus und unterstützt die Unterdrückung von Erregung und unterwürfigem Harnabsatz. Marder (1991) empfiehlt Dosierungen von 12,5–50 mg zwei- bis dreimal täglich. Sie stellt auch fest, daß das tricyclide Antidepressivum *Imipramin*, in einer Dosierung von 2,2–4,4 mg/kg per os ein- bis zweimal täglich, bei jenen Tieren effektiver war, bei denen „eine medikamentöse Behandlung nötig war". (Zu Nebenwirkungen und anderen wichtigen Informationen siehe den Abschnitt „Medikamentöse Therapie" in Kapitel 8.)

Harn- oder Kotinkontinenz

Fälle, in denen Defäkation oder Harnabsatz nicht unter Ablauf des normalen Verhaltensrepertoires erfolgen, das heißt, Kotabsatz in der Hocke sowie Hocke oder Heben eines Hinterlaufes beim Urinieren – oder Harnabsatz in hochgradig erregtem, unterwürfigem oder ängstlichem Zustand –, ist eine medizinische statt einer verhaltenstherapeutischen Behandlung indiziert. In den Fällen von Harn- und Kotinkontinenz, die gelegentlich an Verhaltensspezialisten überwiesen werden, wird dieser für gewöhnlich erst nach Ausschluß pathophysiologischer Ursachen hinzugezogen. Meist bleibt dem Verhaltensspezialisten nichts weiter übrig, als die Verdachtsdiagnose des Tierarztes zu bestätigen, daß es sich um kein Verhaltensproblem handelt und daher weitere diagnostische Schritte zur Abklärung der Ursache nötig sind.

Literatur

Borchelt, P. L., and Voith, V. L. (1985): Punishment. *Compendium on Continuing Education for the Practicing Veterinarian* **7**, 780–788.

Burghardt, W. F. (1991): Using drugs to control behavior problems in pets. *Veterinary Medicine* **November,** 1066–1075.

Dunbar, I., and Carmichael, M.: The response of male dogs to urine from other males. *Behav. Neural. Biol.* **3**, 465–470.

Fox, M. W. (1963): *Canine Behavior*. Springfield, Illinois, Charles C. Thomas

Marder, A. R. (1991): Psychotropic drugs and behavioral therapy. *Veterinary Clinics of North America: Small Animal Practice* **21**, 329–342.

Mech, L. D., and Peters, R. P. (1977): The study of chemical communication in free-ranging mammals. In D. Müller-Schwarze and M. M. Mozell (eds), *Chemical Signals in Vertebrates*. New York, Plenum.

Neville, P. (1991): *Do Dogs Need Shrinks?* London, Sidgwick and Jackson Limited.

O'Farrell, V. (1992): *Manual of Canine Behaviour*, 2nd Edition. Shurdington, Cheltenham, Gloucestershire, England, British Small Animal Veterinary Association.

O'Farrell, V., and Neville, P. (1994): *Manual of Feline Behaviour*. Shurdington, Cheltenham, Gloucestershire, England, British Small Animal Veterinary Association.

Parker, A. J. (1989): Behavioral signs of organic disease. In Ettinger, S.J. (ed), *Textbook of Veterinary Internal Medicine*, 3rd ed., Philadelphia, WB Saunders.

Reisner, I. (1991): The pathophysiologic basis of behavior problems. *Veterinary Clinics of North America: Small Animal Practice* **21**, 207–224

Voith, V. L. (1989): Behavioral disorders. In Ettinger, S. (ed): *Textbook of Veterinary Internal Medicine*. Philadelphia, WB Saunders.

Voith, V. L., and Borchelt, P. L. (1982): Diagnosis and treatment of elimination behavior problems in dogs. *Veterinary Clinics of North America: Small Animal Practice* **12**, 637–644.

Voith, V. L., and Borchelt, P. L. (1985): Elimination behavior and related problems in dogs. *Compendium on Continuing Education for the Practicing Veterinarian* **7**, 537–549.

18 Weitere Verhaltensprobleme

Zusätzlich zu den geläufigen Problemen bezüglich Aggression, Angst sowie Ausscheidung, die in den vorangegangenen Kapiteln diskutiert wurden, gibt es noch eine Reihe anderer Probleme, mit denen Tiermediziner wie auch andere Haustier-Verhaltensberater konfrontiert werden. Üblicherweise handelt es sich bei diesen aber nur um geringfügige Makel an einem ansonsten verhaltensunauffälligen Hund oder um zusätzliche Probleme bei Hunden, die aufgrund anderer, schwerwiegenderer Probleme vorgestellt werden. Dies ist jedoch nicht immer der Fall, denn zuweilen können diese Probleme für Besitzer ebenso störend sein, wie die in den vorangegangenen Kapiteln besprochenen.

Unkontrollierbarkeit auf Spaziergängen

Hund kommt nicht auf Befehl

Häufig sind drei Kausalfaktoren mit dieser Problematik – einer potentiell gravierenden für Besitzer und eines der häufigsten Probleme überhaupt – vergesellschaftet.

Der Hund ist hochmotiviert, etwas anderes zu tun; zum Beispiel mit einem anderen Hund zu spielen, einem Geruch zu folgen oder ein kleines Tier zu jagen

Die unterschiedlich prompte Resonanz des Hundes auf den Befehl „Komm" hängt für gewöhnlich davon ab, womit er sich zu diesem Zeitpunkt beschäftigt. Verliert er gerade das Interesse an seiner Beschäftigung und findet sich in der Umgebung nichts Fesselndes, ist es wahrscheinlich, daß er sofort kommt. Sind aber noch andere Hunde in der Nähe und der Hund ist gerade dabei, einen davon zu begrüßen, mit ihm zu spielen oder ihn zu bedrohen, kann er den Befehlen seines Besitzers gegenüber taub sein. Auf die Frage, ob ihr Hund auf Befehl gehorcht, antworten viele, „nur, wenn es ihm in den Kram paßt", oder ähnlich – ein offensichtlicher Bezug zur eben beschriebenen situations-/motivationsbedingten Variationsbreite.

Der Hund ist nicht zu konsequentem Gehorsam erzogen und/oder unabsichtlich darauf „trainiert", auf Befehl nicht zu kommen

Viele Besitzer, die ein derartiges Problem mit ihrem Hund haben, haben sich nicht konsequent genug darum bemüht, das Verhalten ihres Hundes durch den Einsatz konventionellen Gehorsamstrainings zu verbessern, wie es viele Besitzer instinktiv mit ihren Hunden vom Welpenalter an tun, indem sie das Kommen auf Befehl durch überschwengliches Lob, Streicheleinheiten und Babysprache anerkennen. Zusätzlich haben manche Besitzer die kontraproduktive Angewohnheit angenommen, ihren Hund für sein zögerliches Kommen zu schelten, wenn er schließlich doch kommt, wodurch das Problem nur weiter verschlimmert wird. Besitzer sind sich des Fehlers zwar in gewisser Weise bewußt, sind aber manchmal zu wütend oder auch zu frustriert, um sich anders zu verhalten. Ferner schließen sie aus dem Verhalten des Hundes, wenn er kommt, daß diese Methode auf lange Sicht doch funktioniert: er kommt zögernd, Kopf und Schwanz gesenkt, Augenkontakt vermeidend, als „wüßte er genau, daß er etwas falsch gemacht hat". Daher wird angenommen, daß Bestrafung „Schuldgefühle" verstärkt, wodurch die Häufigkeit des Fehlverhaltens abnimmt. Der Hund jedoch zeigt lediglich deshalb Anzeichen von Angst, weil er für sein

Kommen, das er verständlicherweise so lange wie möglich hinauszögert, doch bestraft wird.

Dominanzprobleme zwischen Besitzer und Hund

Viele Hunde, die die Befehle ihres Besitzers mißachten, zeigen auch noch andere Verhaltensweisen, die einen geringeren Grad an Respekt vor ihrem Besitzer andeuten als üblich – das heißt, es liegt ein dominanzbezogenes Problem vor. Daher ist es nötig, die Besitzer eingehend nach den Anzeichen möglicher Symptome von Dominanzaggression (z. B. knurrt er den Besitzer an, wenn dieser versucht, ihm einen Knochen wegzunehmen, ihn im Schlaf stört, ihm etwas befiehlt oder ihn bürstet, badet, schubst oder krault?), aber auch nach geringfügigeren dominanzbezogenen Problemen zu befragen (z. B. ist der Hund dickköpfig, gehorcht immer nur zögerlich oder in manchen Situationen überhaupt nicht?). Gibt es in diesem Bereich Probleme – wie es nicht allzu selten vorkommt –, sollten einige der Anregungen aus Kapitel 10 zur Verbesserung der Besitzerdominanz, zusammen mit den im Kästchen mit Behandlungsempfehlungen angeführten, gegeben werden.

Die Behandlungsempfehlungen beschreiben ein konventionelles Procedere zur Lösung des Problems. Verschiedene mögliche Elemente zur Problemlösung wurden kombiniert, um eine maximal effektive Methode zur möglichst schnellen Verbesserung des Gehorsams in dieser Situation zu erreichen.

Fehlverhalten wird auf Befehl nicht eingestellt

Egal, ob der Hund an der Leine zerrt, nach dem Eis eines Kindes schnappt oder jemanden im Rollstuhl anbellt – es gibt häufig Gelegenheiten, da sich normalerweise wohlerzogene Hunde ungehörig benehmen und der Besitzer diesem Verhalten Einhalt gebieten muß. Haben Besitzer manchmal Schwierigkeiten, kleinere Probleme zu unterbinden – der Hund aber im allgemeinen keine größeren Probleme wie die in diesem Buch beschriebene bereitet –, ist immer wieder eines der drei folgenden Szenarien beteiligt: Die Besitzerdominanz ist nicht so ausgeprägt, wie sie es sein sollte, Besitzer sind aus ethischen Gründen zurückhaltend, autoritäre oder bestrafende Maßnahmen einzusetzen, oder sind aus persönlichkeitsbedingten Gründen nicht imstande, diese effektiv durchzuführen (z. B. besonders sanftmütige oder milde Charaktere).

In allen drei Fällen gilt die gleiche Empfehlung: *ein strengerer Umgang mit dem Hund*. Das bedeutet, ihn zu schelten oder heftiger zu schelten, möglicherweise in Verbindung mit einem zusätzlichen, bestrafenden Stimulus, wie einem jähen Ruck an der Leine. Dadurch wird nicht nur das Problemverhalten beendet und, bei konsequenter Anwendung, zu einer künftigen Modifikation des Verhaltens des Hundes beigetragen, sondern unter Umständen steigert diese Methode auch den grundsätzlichen Respekt des Hundes vor seinem Besitzer, der in der Vergangenheit nur widerstrebend auf diese Weise reagierte. Einer der Gründe dafür, daß die meisten Besitzer wenig Probleme mit ihrem Hund haben, ist ihr gesunder Menschenverstand, der sie gegenüber ihren Hunden vom Welpenalter an mit ausreichender Strenge auftreten läßt, wann immer ihr Hund versucht, ein „Nein" zur Beendigung eines Fehlverhaltens zu ignorieren.

Den besonderen Fall des Zerrens an der Leine betreffend, beschreibt O'Farrell (1992) kurz eine mögliche Trainingsmethode zur Lösung von Problemen, die sich trotz wiederholten Scheltens oder sonstiger Strafmaßnahmen des Besitzers hartnäckig halten:

„Eine Analyse der Situation bringt normalerweise ans Licht, daß das Zerren durch die Fortführung des Spaziergangs und neue, interessante Gerüche und Eindrücke belohnt wird. Diese Situation kann der Besitzer umkehren, indem er sich umdreht und zurückgeht, sobald der Hund anfängt zu ziehen. Das Umdrehen sollte von einem Kommando, wie „Bei Fuß", begleitet sein, so daß schließlich das Kommando allein ausreicht, um das Zerren zu beenden." (S. 113)

BEHANDLUNGSEMPFEHLUNGEN

Trainieren eines Hundes, auf Spaziergängen auf Kommando zu kommen

- Man nehme eine ausreichende Menge der Lieblingsleckerbissen des Hundes (d. h. ca. 30 erbsengroße Stückchen Käse, Kekse oder Wurst), um diese als Belohnung auf Spaziergängen zu verwenden. Abgesehen von Belohnungen für andere Trainingsziele erhält der Hund zu keiner anderen Zeit Leckerbissen.
- In den ersten Trainingswochen soll der Hund jedesmal *unmittelbar* nach erfolgtem Gehorsam auf das Kommando „Komm" belohnt werden. Der Besitzer sollte sich während der Belohnung zufrieden und voll des Lobes für den Hund verhalten und ihn auch streicheln.
- In den Anfangshasen des Lernprozesses sollte der Besitzer, wenn er den Hund ruft, seine Hand auffallend ausstrecken, als ob er den Leckerbissen zeigen wolle. Der Hund wird diesen zwar aus der Entfernung nicht sehen, aber er wird die Körperhaltung und Armbewegungen sowie deren Bedeutung schnell erkennen lernen.
- Insbesondere während der ersten Tage sollte der Hund nur gerufen werden, wenn aus Erfahrung angenommen werden kann, daß er seine Beschäftigung unterbrechen und kommen wird. Ansonsten sollte ein solcher Moment abgewartet werden oder alternativ die Methode des Weitergehens angewandt werden, die weiter unten beschrieben wird.
- Der Besitzer soll immer erfreut reagieren und den Hund großzügig mit Lob, Streicheleinheiten und Leckerbissen bedenken, selbst wenn er nur zögernd auf den Befehl gehorcht und der Besitzer eigentlich wütend über die lange Verzögerung ist.
- Der Hund darf nie für zögerndes Kommen oder Fehlverhalten (hat z. B. jemanden angebellt) bestraft werden, wenn er schließlich doch kommt. Derartige Bestrafung kommt viel zu spät, um etwas zu bewirken. Man soll immer daran denken, daß die Bestrafung dem Verhalten gilt, das der Hund zur Zeit der Bestrafung (z. B. kommt auf Befehl) ausführt. In der Tat bedeutet ein Schelten des Hundes für zu langsames Kommen nichts anderes, als daß er dieses künftig noch weiter hinauszögern wird.
- Der Hund sollte nicht sofort, nachdem er gekommen ist, an die Leine gelegt werden, auch wenn es an der Zeit ist, den Heimweg anzutreten. Er sollte zuerst gelobt und gestreichelt werden, einige Leckerbissen für den Gehorsam auf die Kommandos „Sitz" und „Bleib" erhalten und erst nach einer kleinen Verzögerung an die Leine gelegt werden; allerdings nicht ohne ihn erneut zu loben, zu streicheln und mit Leckerbissen für seine Kooperation zu belohnen.
- Wenn der Hund einige Wochen lang zuverlässig gehorcht, kann langsam mit der Reduzierung der Leckerbissen begonnen werden, indem der Leckerbissen anfangs nur ab und zu, dann aber zunehmend häufiger weggelassen wird. Es ist jedoch sinnvoll, die Leckerbissen nie völlig wegzulassen sowie den Hund für Gehorsam grundsätzlich zu loben und zu streicheln.
- Statt der Leckerbissen kann man als effektive Belohnung auch einen Ball oder Ähnliches werfen, wenn der Hund dieses Spiel sehr liebt. Der Ball sollte auf Spaziergängen immer mitgeführt werden und nur zur Belohnung für Kommen auf Kommando geworfen werden – und als zusätzliche Belohnung für das Apportieren.

Methode des Weitergehens:

- Kommt der Hund nicht unmittelbar nachdem er gerufen wurde, sollte sich der Besitzer umdrehen und weitergehen, bis der Hund es bemerkt und nachkommt. Der Hund sollte trotzdem wie üblich für sein Kommen belohnt werden, egal wie lange es dauert.

(In Fällen, bei denen das Verhalten für ein dominanzbezogenes Problem in der Besitzer-Hund-Beziehung symptomatisch ist, können einige der Empfehlungen aus Kapitel 10 zur Verbesserung der Besitzerdominanz nützlich sein.)

Betteln/Fordern von Futter, Spielen, Streicheln etc.

Obwohl dieses häufige Problem oft eher geringfügig ist, kommt es doch vor, daß das Verhalten des Hundes außer Kontrolle geraten ist und sein aufdringliches, forderndes Bellen, Kratzen, Stupsen, Hochspringen oder Kneifen wird für die Familienmitglieder zu einer Plage. Theoretisch ist das Problem leicht zu lösen. Besitzer müssen es nur zu einer eisernen Regel machen, daß der Hund bei derartigem Verhalten niemals bekommt, worum er bettelt – ein Lernprozeß bei Tieren, der mit dem Terminus *Extinktion* belegt wird. Ebenso sind alle potentiell belohnenden, ablenkenden Maßnahmen tabu, die zur Beendigung des Problemverhaltens eingesetzt werden, zum Beispiel das Anbieten eines Spielzeugs, um ihn vom Bellen abzuhalten, während die Familie ißt. Ist der Hund zu fordernd und lästig, um ignoriert zu werden, sollte er gescholten oder anderweitig mit ausreichender Härte bestraft werden, um das störende Verhalten auf der Stelle zu unterbinden. Eine weitere erfolgversprechende Methode in solchen Fällen ist es, aufzustehen und den Raum zu verlassen, sobald der Hund unerträglich wird – ein Weg, den Hund zu ignorieren, der gleichzeitig auch eine milde bestrafende Wirkung hat.

Im Grunde ist jedem Besitzer klar, daß dies vermutlich die richtige Art ist, mit dem Problem umzugehen. Nachdem sie aber versucht haben sich entsprechend zu verhalten, sind sie sich dessen nicht mehr so sicher. Denn bekommt der Hund nicht, was er durch sein aufdringliches und forderndes Verhalten erreichen will, verschlimmert sich das Problem weiter: er bellt lauter, springt noch hektischer umher, bis der Besitzer schließlich klein beigibt.

Manchen Besitzern fehlt es an Selbstdisziplin und gesundem Menschenverstand. Zuweilen finden sie das aufdringliche Verhalten ihres Hundes sogar amüsant und sind im Grunde nicht willens, die Extinktionsmethode mit absoluter, ausnahmsloser Konsequenz durchzuführen, die zur Beseitigung des Problems nötig ist. Den meisten Besitzern fehlt es aber auch am nötigen Vertrauen in diese Methode, um sie kompromißlos mit vollem Einsatz anzuwenden. In solchen Fällen muß der Berater die Dynamik des Problems detailliert aus der Sichtweise der folgenden vier tierverhaltenswissenschaftlichen Prinzipien zu erklären versuchen. Um Erfolg zu haben, müssen Besitzer genau wissen, was sie in den einzelnen Stadien der Extinktion zu erwarten haben:

- Bei allen höheren Tieren, bei denen die Methode der Extinktion (d. h. völliges Einstellen jeglicher Belohnung eines Verhaltens, das in der Vergangenheit immer, oft, gelegentlich belohnt wurde) angewandt wird, reagieren die Tiere darauf initial mit einer *Zunahme* der Häufigkeit und Intensität. Erst später, wenn diese verstärkten Bemühungen keinen Erfolg gezeigt haben, wird die Frequenz des Verhaltens zurückgehen.
- Der Extinktionsprozeß ist für Tiere aversiv. Der Terminus „Frustration" wird häufig gebraucht, um die allgemeine Reaktion des Tieres auf die veränderte Situation zu charakterisieren und auf parallele Verhaltensweisen in ähnlichen Situationen hinzuweisen, in denen ein angestrebtes Ziel nicht erreicht werden kann. Sein beunruhigtes, manchmal aggressiv forderndes Verhalten zu dieser Zeit ist mit unserem eigenen vergleichbar, wenn beispielsweise ein Automat nach dem Geldeinwurf das gewünschte Getränk nicht „ausspuckt" (man versucht es erneut, betätigt den Geldrückgabeknopf wiederholt mit zunehmender Energie, klopft, tritt gegen die Maschine, flucht etc.). So könnten Besitzern die Gefühle eines Tieres in der ersten Phase des Extinktionsprozesses veranschaulicht werden.
- Teilweise Belohnung ruft größeren Widerstand gegen die Extinktion hervor: d. h., Reaktionen, die in der Vergangenheit nur vereinzelt belohnt wurden (statt jedesmal), sind wesentlich schwerer auszulöschen als jene, die in der Vergangenheit jedesmal belohnt wurden. Es scheint, als würde das Tier sehr viel länger brauchen, um einzusehen, daß das Verhalten nicht belohnt werden wird, wenn es in der Vergangenheit daran gewöhnt war, das Verhalten manchmal auszuführen, ohne daß eine Belohnung eingetre-

ten wäre. Für das oben erwähnte Beispiel des Getränkeautomaten bedeutet dies, daß wir so schnell aufgeben, weil wir in der Vergangenheit *immer belohnt* wurden, wenn wir den Automaten bedienten. Nicht annähernd so leicht geben wir am „einarmigen Banditen" in Spielkasinos auf, der uns lediglich *intermittierend*, willkürlich belohnt, wodurch es unmöglich wird, vorherzusagen, welcher Druck auf den Hebel belohnt werden wird.

- Der Verlauf der Extinktion ist in zweierlei Hinsicht unregelmäßig. Erstens: Das Verhalten ist nicht regelmäßig, sondern stellt sich in großen Schüben ein, unterbrochen von unterschiedlich langen Perioden ohne Reaktionen. Daher steht zu erwarten, daß das Tier nach einer Weile hartnäckiger Versuche aufgeben wird, weggeht, um es später erneut zu versuchen, anscheinend wieder aufzugeben und so weiter – das Ganze in unregelmäßiger Folge. Zweitens: Das Tier stellt die Versuche möglicherweise an einem Tag ein, setzt aber mit erhöhter Energie am nächsten wieder ein. Diese *Spontanerholung* (d. h. Wiederaufnahme einer Antwort, die am Tag zuvor augenscheinlich aufgegeben wurde) kann für einige Zeit Tag für Tag auftreten – wobei die Intensität und Dauer dieser erneuten Reaktionen im Verlauf vieler Tage irregulär abnehmen wird.

Es ist nicht nötig, daß der Berater den Besitzern all diese technischen Details minutiös erklärt. Statt dessen ist es wichtig, die Grundprinzipien zu verstehen und diese in eine verständliche Alltagssprache, gepaart mit Beispielen aus dem Humanbereich, umzusetzen, um Besitzer daran zu erinnern, wie sie selbst auf solche Situationen reagieren. Primär gilt es, ihnen zu verdeutlichen, daß die Eliminierung von Problemen durch Extinktion ein langwieriger Prozeß ist, in dessen Verlauf sich das Verhalten des Tieres auf einer stündlich oder täglich wechselnden Basis als unerwartet persistent und äußerst variabel herausstellt. Dies trägt zur Verbesserung des Verständnisses der Besitzer bei, warum diese Methode in der Vergangenheit nicht funktionierte und was sie künftig anders machen müssen, um sie effektiv zur Behebung dieses Problems einzusetzen. Die Besitzer sollten nachdrücklich vor den Folgen einer halbherzigen Anwendung dieser Methode gewarnt werden. Das aufdringliche Verhalten seines Hundes zu ignorieren, aber schließlich doch nachzugeben, wenn er besonders aufdringlich und unerträglich wird, erzieht den Hund lediglich dazu, noch aufdringlicher und unerträglicher zu werden. In der Tat signalisiert dies dem Hund, daß er letztlich bekommt, was er will, wenn er nur nicht aufgibt. Daher sollten Besitzer entweder dazu bereit sein, die Methode korrekt und konsequent anzuwenden, oder gänzlich davon Abstand zu nehmen. Denn eine inkonsequente Durchführung macht das Problem für die Zukunft noch schwieriger zu korrigieren.

Zeigt die Extinktion trotz konsequenter Durchführung keinen Erfolg, dann gibt es für das Verhalten des Hundes vermutlich zumindest teilweise Motivationen, die von einer Belohnung durch den Besitzer unabhängig sind. Häufig ist das Verhalten selbstbelohnend. Die Streicheleinheiten, die ein Hund bekommt, wenn er bei der Begrüßung an Familienmitgliedern und Gästen hochspringt, ist eventuell nur ein Teilgrund für die trotz wiederholter Bestrafung bestehende Persistenz des Verhaltens. Es kann auch eine natürliche Ausdrucksform der erhöhten Aktivität und Erregung durch die Umstände der Begrüßung sein. Eine weitere Möglichkeit könnte in Zusammenhang mit dem Größenunterschied zwischen Mensch und Hund stehen, der es dem Hund unmöglich macht, Interaktionen von Angesicht zu Angesicht auszuführen, wie dies unter Hunden und Wölfen üblich ist (z. B. subdominante Wölfe lecken zur Begrüßung die Schnauze des dominanten Rudelmitgliedes).

Unter diesen Voraussetzungen reicht eine Extinktion alleine womöglich nicht aus, so daß eine Kombination aus Bestrafung und Gegenkonditionierung nötig wird: d. h., ein Ignorieren und/oder Bestrafen unerwünschten Verhaltens (z. B. Hochspringen) können mit einer Methode kombiniert werden, bei der Leckerbissen und andere Belohnungen schrittweise zur Ausführung akzeptabler alternativer Verhaltensweisen (z. B. Stillsitzen) des Hundes in

> BEHANDLUNGSEMPFEHLUNGEN
>
> ## Betteln/Fordern von Aufmerksamkeit, Spiel, Futter etc.
>
> 1. Es muß zur eisernen Regel innerhalb der Familie werden, dem Hund nie nachzugeben, wenn er um etwas bettelt oder etwas fordert. Er soll völlig ignoriert werden, wann immer er beginnt zu betteln/fordern, bis er aufgibt, selbst wenn dies einige Minuten dauert.
> 2. Wird der Hund so aufdringlich, daß es unmöglich ist, ihn zu ignorieren (z. B. bellt mit zunehmender Lautstärke), steht man entweder auf und verläßt den Raum oder rügt den Hund nachdrücklich genug, um dem Verhalten sofort Einhalt zu gebieten.
> 3. Die ersten ein bis zwei Tage wird der Hund in Reaktion auf diese Behandlung noch mehr betteln/noch fordernder sein. Dies ist völlig normal. Seine bisherige Strategie zeitigt keinen Erfolg, also versucht er ganz automatisch, massiver vorzugehen. Allerdings wird er früher oder später aufgeben, wenn der Besitzer hartnäckig genug ist und nicht nachgibt.
> 4. Diese Methode muß absolut konsequent durchgeführt werden, um erfolgreich zu sein. Ab und an weich zu werden und nachzugeben, verschlimmert das Problem.
> 5. Der Besitzer sollte darauf vorbereitet sein, daß das Verhalten nicht plötzlich eingestellt wird und der Hund fortan nie wieder betteln/aufdringlich sein wird: er wird für ein oder zwei Tage aufhören, es einige Male wieder versuchen, wiederum aufgeben, es einige Tage später erneut versuchen usw.

Problemsituationen führen (z. B. Askew, 1991). In der Tat lehrt man das Tier neue, effektive (für den Hund) und gleichzeitig vertretbare (für den Besitzer) Strategien zur Erlangung gewünschter Belohnungen in dieser Situation.

Es ist jedoch am besten, nicht unnötig komplizierte Methoden anzuwenden. Bei den meisten aufdringlichen/bettelnden Hunden ist der selbstbelohnende Aspekt vernachlässigbar gering: Daher reicht es für die Besitzer aus, es zu einer eisernen Regel zu machen, derartiges Verhalten künftig nie wieder zu belohnen.

Ungewöhnliches Verhalten zum Erheischen von Aufmerksamkeit

Manche Hunde bedienen sich bizarrer Methoden, um die Aufmerksamkeit ihrer Besitzer auf sich zu lenken. So kommt es häufig vor, daß Hunde, die sich gerade von einer Krankheit oder Verletzung erholt haben, die ihre Bewegungsfreiheit beeinträchtigte, nach der Heilung weiterhin eine Abwandlung der Behinderung zu demonstrieren. Ein weitverbreitetes Beispiel dafür ist die sogenannte „Mitleid heischende Lahmheit", bei der ein Hund nach Heilung einer früheren Lahmheit weiter hinkt, obwohl keine Anzeichen des körperlichen Problems mehr bestehen. Ein weiteres Beispiel sind gelegentliche oder häufige „Anfälle", die mit scheinbaren Atembeschwerden, Muskelspasmen, Laufunfähigkeit etc. einhergehen, obwohl bei medizinischen Tests keine pathophysiologischen Ursachen festgestellt werden können.

Das fortgesetzte Hinken ist insofern verständlich, als das Lahmen während der Krankheit häufig mit überschwenglicher Besorgnis und Aufmerksamkeit belohnt wurde. Wie es allerdings einem Hund gelingt, dieses anfallsartige Verhalten zu erlernen, ist nur schwer nachvollziehbar. Einer der Fälle des Autors betraf einen von zwei Pudeln, der sporadische „Anfälle" hatte, die die Besitzerin derart erschreckten, daß sie den Hund ständig beobachtete und jedesmal selbst vor Aufregung kurz vor einem

Anfall stand, sobald er scheinbare Muskelkrämpfe, das Vorstadium eines Anfalls, zeigte. Bei der Befragung der Besitzerin stellte sich heraus, daß der erste Anfall dieser Art auftrat, als der Hund für einige Minuten in eine Art Ohnmacht fiel, nachdem er sich den Kopf an einem Stein angeschlagen hatte, als er mit dem anderen Hund im Garten tollte. Man könnte sich vorstellen, daß die Besitzerin diesen Vorfall traumatischer empfand als der Hund und künftig alarmiert reagierte, wenn der Hund auch nur vage Anzeichen (z. B. ungewöhnlich häufiges oder unregelmäßiges Atmen, Zittern, Zucken) zeigte, die denen des ersten Vorfalls ähnelten. Dies könnte den Grundstein gelegt haben für ein unbeabsichtigtes *Shaping* (Terminus technicus für das Erreichen eines Zielverhaltens durch Belohnung einer Reihe von schrittweisen Annäherungen an das eigentlich gewünschte Verhalten), das im Laufe der Zeit einen erlernten „Anfall" hervorbringen kann, der dem von der Besitzerin gefürchteten zum Verwechseln ähnlich ist.

Die erste Maßnahme in solchen Fällen müssen natürlich eine medizinische Untersuchung und Tests sein, um einen pathologischen Prozeß auszuschließen. Wird danach eine rein verhaltensbedingte Ursache vermutet, ist es oftmals sinnvoll, zunächst diese Möglichkeit weiter zu verfolgen, bevor man umfangreichere medizinische Tests durchführen läßt, da die Diagnose eines Aufmerksamkeit erheischenden Verhaltens auf der Grundlage folgender Kriterien meist sehr einfach ist:

Häufig anzutreffendes Profil von Besitzer/häuslicher Situation

Hart und Hart (1985) deuten an, daß solche Probleme besonders häufig in Haushalten vorkommen, in denen die Hunde mit „Zuneigung und Streicheleinheiten überhäuft werden" oder in denen es mehr als einen Hund und daher Konkurrenz um die Aufmerksamkeit des Besitzers gibt. Eine dritte, häufig anzutreffende Charakteristik kann ein allzu besorgter Besitzer sein, der überreagiert und extrem nervös und aufgeregt reagiert, wenn sein Hund sich ungewöhnlich gebärdet.

Vorgeschichte und gegenwärtige Art der Besitzer-Hund-Interaktionen in Übereinstimmung mit der Diagnose „Aufmerksamkeit heischendes Verhalten"

Will man das Verhalten als lernbedingtes Phänomen erklären, wird man nach einem Muster einer graduellen Entwicklung (z. B. zunehmend überzogenes Verhalten, ansteigende Häufigkeit) und einem Hinweis auf die auslösende Ursache fahnden: das heißt, was passierte, als der Besitzer das Verhalten zum ersten Mal wahrnahm und sich zu sorgen begann? Dabei muß es sich nicht um derart Dramatisches wie im oben beschriebenen Beispiel handeln, eher um eine beinahe beiläufige Feststellung, wie ein ungewöhnliches Atmen oder ein Zucken. Natürlich können sich auch Krankheitsprozesse unter Umständen graduell verschlimmern und dasselbe progressive Entwicklungsmuster hervorbringen. Daher ist dieser Aspekt nicht der entscheidende, wenn es darum geht, eine pathologische gegen eine verhaltensbedingte Ursache abzuwägen. Das Fehlen eines graduellen Entwicklungsmusters allerdings, das man bei einem Lernprozeß erwarten würde, legt den Schluß nahe, daß es sich womöglich doch um eine somatische Erkrankung handelt.

Um zu beurteilen, in welchem Maße ein Lernprozeß an dem Verhalten beteiligt ist, muß unbedingt auch die Reaktion der Besitzer auf das Problemverhalten in die Untersuchung einbezogen werden. Zum Beispiel neigen Besitzer dazu, sich bei den ersten Anzeichen des Problemverhaltens zu sorgen, sie unterbrechen ihre Arbeit, kümmern sich um den Hund, heben ihn hoch und bieten ihm Spielzeug oder Leckerbissen an in dem Versuch, eine Verschlimmerung des Verhaltens zu verhindern. Kurz, Fragen in diese Richtung können ergeben, daß aus der Sicht des Hundes ein unmittelbarer und erheblicher Profit in einem derartigen Verhalten liegt.

Problem tritt nur im Beisein des Besitzers auf

Laut Hart und Hart (1985) ist Detektivarbeit nötig, um festzustellen, ob der Hund das Verhalten auch an den Tag legt, wenn niemand in der Nähe ist, um es zu beobachten und zu belohnen. Während das bei sporadisch auftretenden Verhaltensweisen, wie den oben erwähnten Anfällen, vermutlich nicht möglich ist, kann beispielsweise ein gelerntes Hinken leicht festgestellt werden, indem sich jemand versteckt und den Hund beobachtet (z. B. durch ein Fenster oder Schlüsselloch), wenn dieser allein ist. Manchmal tritt auf diese Weise ein dramatischer Unterschied zu Tage: Ist der Hund allein, läuft er ohne die geringsten Anzeichen seines mitleiderregenden Humpelns, das er zur Schau trägt, sobald sein Besitzer in der Nähe ist. Hart und Hart werten dies als schlüssigen Beweis einer Aufmerksamkeit heischenden Motivation.

Größere Häufigkeit bei geringerer Aufmerksamkeit des Besitzers

Im oben erwähnten Fall des Pudels fiel der Besitzerin auf, daß die Wahrscheinlichkeit eines Anfalls deutlich höher lag, wenn Gäste anwesend waren und sie sich vornehmlich mit diesen beschäftigte, statt wie sonst üblich ihre ganze Aufmerksamkeit den Hunden zuzuwenden.

Veränderte Reaktion des Besitzers hat drastische Auswirkung auf das Verhalten

Kann der Besitzer dazu überredet werden, das Problem in einer Weise anzugehen, wie sie weiter oben im Kästchen mit Behandlungsempfehlungen bei Betteln oder Aufdringlichkeit angegebenen ist – das heißt, lieber den Raum zu verlassen, als den Hund zu schelten, oder das Verhalten einfach zu ignorieren –, kann eine Verbesserung schnell und dramatisch eintreten, was natürlich für die Diagnose Aufmerksamkeit heischendes Verhalten und gegen eine körperliche Ursache sprechen würde.

Stereotypien

Stereotypien sind repetitive, gleichartige oder ritualisierte (d. h. hochgradig formkonstant), augenscheinlich funktionslose Handlungen, die Tiere häufig oder beinahe ständig ausführen – in manchen Fällen bis zur Selbstverstümmelung. Als Beispiele sind Flankensaugen, das Bekauen der Füße, Selbstkratzen, Leckgranulome, Fliegenschnappen (wenn keine Fliegen da sind), Schwanzjagen, Kreislaufen etc. anzuführen. Leuscher et al. (1991) weisen jedoch darauf hin, daß die o. g. Definition noch einer gewissen Modifikation bedarf: (1) Manche Stereotypien (z. B. regungsloses Starren an die Wand) sind kontinuierlich und somit nicht repetitiv, (2) die Form des Verhaltens kann etwas variabler sein, als man es aufgrund des Terminus Stereotypie erwarten würde (insbesondere solange es sich in der Anfangsphase befindet), und (3) einige Stereotypien, wie beispielsweise Masturbation, beinhalten ein offensichtliches zweckdienliches/funktionelles Element.

Leuscher et al. (1991) bieten zur Klassifikation von Stereotypien bei Hunden folgendes Schema an:

Körperpflege-Verhalten: Kauen an Füßen/Nägeln, Flankensaugen, Leckgranulome (Akrodermatitis), Belecken von Gegenständen, Selbstkratzen

„Halluzinatorisch" (wenn sich das Verhalten gegen ein nonexistentes Objekt richtet): Starren, Fliegenschnappen, Beutesuchen/mit der Nase am Boden entlang schnüffeln, Stürzen auf Beute

Fressen/Trinken: Polyphagie, Polydipsie, Sabbern, Kies/Dreck fressen, Steine kauen, Stoffsaugen

Lokomotorisch (d. h. bewegungsbezogen): Kreisen/Herumwirbeln, Hin- und Herlaufen, Springen am Platz, Entlanglaufen am Zaun, Graben, Erstarren

Lautäußerungen: rhythmisches Bellen, Verbellen von Futter, sich selbst Anknurren

Neurotisch: bösartiges Beißen in Füße oder Schwanz, unvorhersehbare Aggression gegen Menschen

Erkenntnisse und Ideen aus zwei Spezialgebieten haben den Behandlungsansatz dieser verhältnismäßig breitgefächerten Problematik bei Gefährtentieren wesentlich beeinflußt. Das erste befaßt sich mit Zoo- und Nutztieren. Da manche Stereotypien zu größeren ökonomischen Problemen für Bauern werden können, sind sie bei Nutztieren sehr viel umfassender untersucht als bei Gefährtentieren. Fraser und Broom (1990) widmen der Beschreibung und Behandlung häufiger Stereotypien bei Nutztieren drei Kapitel. Sie unterscheiden drei Kategorien, je nachdem, wogegen sich die Stereotypie richtet: gegen *den eigenen Körper,* die *unbelebte Umgebung* oder *andere Individuen.* Beispiele bei Pferden, Kühen, Schweinen sowie Hühnern sind Hin- und Herlaufen, Schaukeln, Schwanken, den Körper an etwas Reiben, Scharren oder Treten gegen den Stall, Kopfschütteln oder -nicken, Augenrollen, Beißen in Stangen, Pressen gegen die Tränke, Selbstverstümmelung, Belecken des eigenen Haarkleides/Wolle/Federn, Saugen an/Fressen von harten Gegenständen/Abfall/Erde/Dung, Überfressen, Polydipsie, homosexuelles Verhalten sowie Anstupsen des Bauches, der Analregion, Milchsaugen und gegen andere Tiere gerichtetes, aggressives Verhalten.

Fraser und Broom (1990) stellen fest, daß Stereotypien „sich als eine Konsequenz aus den Haltungsbedingungen der Tiere erwiesen haben" und daher „ein Indikator geringen Wohlbefindens" sind. Spezifische, von den Autoren erwähnte Kausalfaktoren sind mit Situationen vergesellschaftet, in denen die Tiere keine Kontrolle über ihre Umgebung haben, künftige Ereignisse für sie unvorhersehbar sind, sie in einer monotonen Umgebung leben oder keine ausreichenden Bewegungsmöglichkeiten haben, es ihnen an Sozial- wie Sexualpartnern, aber auch an Futter und anderen Ressourcen fehlt. Des weiteren wurden Erbfaktoren identifiziert, und auch Auswirkungen sensorischer Eindrücke wiederholter Aktivitäten scheinen in manchen Fällen eine Wirkung auf die Gehirnfunktionen zu haben.

Auch Leuscher (1991) stellt bei Gefährtentieren ähnliche Kausalfaktoren zur Diskussion. Zum Beispiel ein Konflikt, der durch unzureichende Umwelt- oder Haltungsbedingungen verursacht wird, Symptome eines erhöhten Erregungszustandes oder von Leerlaufhandlungen infolge fehlender auslösender Stimuli oder Zielobjekte für artgemäßes Verhalten, Übersprunghandlungen, Einschränkung normaler motorischer Abläufe, Veränderungen des sozialen Umfelds (Trennung vom Besitzer), instabile Sozialordnung (Veränderung von Dominanzbeziehungen) oder mangelnde Vorhersagbarkeit oder Kontrollierbarkeit des Umfeldes.

Daher liegt sowohl für Stereotypien bei Haustieren als auch bei Nutztieren der Schluß nahe, daß der Hauptgrund in *problematischen Umweltbedingungen* zu suchen ist, die mit dem natürlichen Verhaltensrepertoire des Tieres in irgendeiner Weise nicht vereinbar sind. So ist es die Aufgabe des Beraters, sowohl bei Haus- als auch bei Nutztieren festzustellen, ob es sich dabei um Mängel, Stör- oder Streßfaktoren oder auch Bedrohungen aus der Umwelt handelt. Eine zentrale, bislang ungeklärte Frage in beiden Diskussionen ist, ob Stereotypien insofern einen funktionellen Wert haben, als sie dem Tier den Umgang mit den negativen Umweltbedingungen erleichtern (z. B. über notwendige Energieentladungen, Erregungsabbau oder sensorisches Feedback), oder aber funktions- und wertlose Energieverschwendungen sind, die einen pathologischen Zustand des Nervensystems reflektieren.

Über die vielen Parallelen bei den Kausalfaktoren aus der Umwelt hinaus gibt es in der Umwelt von Nutz- beziehungsweise Haustieren einen Unterschied, der zum Verständnis der Stereotypien von Haustieren möglicherweise von entscheidender Bedeutung ist. Der enge, beinahe ständige Kontakt und die intensiven Interaktionen zwischen Besitzer und Haustier – und die daraus resultierenden, unter Umständen einflußreichen Auswirkungen von Aufmerksamkeit, Streicheleinheiten und anderen Kontakten des Besitzers zu seinem Tier – können in einigen Fällen dafür verantwortlich sein, daß eine unabsichtliche Verstärkung durch den Besitzer die Entwicklung und Aufrechterhaltung einer Stereotypie in genau der gleichen Weise unterstützt, wie dies bei dem im letzten Abschnitt erläuterten, Aufmerksamkeit erheischenden Verhalten der Fall ist.

Das zweite Spezialgebiet mit unmittelbarer Relevanz für Stereotypien bei Haustieren ist die klinische Psychologie und Psychiatrie der Humanmedizin. Leuscher et al. (1991) verweisen mit Nachdruck auf die Ähnlichkeiten von Stereotypien bei Gefährten- und anderen Haustieren mit *obsessiv-kompulsiven Verhaltens-*

anomalien beim Menschen (z. B. stereotypes, ritualisiertes Verhalten, wie kompulsives Händewaschen, an den Haaren ziehen oder Überprüfen von Gashahn/Schloß/Licht etc.) und argumentieren, daß es „weniger zweideutig ist, Stereotypien als obsessiv-kompulsive Erkrankungen" oder OCD zu beschreiben, eine Abkürzung, die im weiteren Verlauf des Artikels häufig im Zusammenhang mit Stereotypien verwendet wird. Auch Overall (1994) hält diesen Terminus für viele Stereotypien für geeignet:

„*Um in der Humanmedizin als obsessivkompulsive Erkrankung anerkannt zu werden, muß das Verhalten ritualisiert und in einem Maße invasiv – kognitiv oder physisch – sein, daß es normale Körperfunktionen beeinträchtigt. Diese Kriterien sind auf canines Verhalten anwendbar, das stereotypes, ritualisiertes Im-Kreis-laufen, Drehen und Umherlaufen beinhaltet, aber auch Heulen, halluzinatorische und der Nahrungsaufnahme zugehörige Verhaltensweisen; ebenso zahlreiche selbstvestümmelnde/körperpflegende Verhaltensstörungen wie Leck-Akrodermatitiden."* (S. 1738)

Die Parallelen zwischen obsessiv-kompulsiven Erkrankungen bei Menschen und Stereotypien bei Gefährtentieren sind in zweierlei Hinsicht von Bedeutung. Wenn zum einen viele der Stereotypien von Gefährtentieren tatsächlich direkte Analogien zu obsessiv-kompulsiven Erkrankungen bei Menschen aufweisen, können diese als Modell des menschlichen Krankheitsbildes dienen. Anhand dieses Modells können die Verhaltensphänomene, ihre physiologischen Grundlagen und verschiedenen Behandlungsmöglichkeiten (medikamentös/verhaltenstherapeutisch) erforscht werden. Zum anderen können in der Humanmedizin zur Behandlung von obsessiv-kompulsiven Erkrankungen erfolgreich eingesetzte Pharmaka bei Tieren möglicherweise ähnlich erfolgreich angewandt werden – was auch in der Tat der Fall zu sein scheint.

Behandlungsmöglichkeiten

Das Phänomen der Stereotypien ist sehr komplex und weitreichend und umfaßt dabei sowohl Gefährtentiere und andere Nutztiere als auch Menschen. Obwohl die Ursachen in manchen Fällen weitgefächert und schwer festzustellen sind, können aus der oben geführten Diskussion doch einige Behandlungsmöglichkeiten abgeleitet werden, die oftmals in Fällen von Gefährtentieren hilfreich sein können. Diese werden im folgenden angeführt, allerdings nicht in Form spezifischer Behandlungsempfehlungen, sondern vielmehr als Bereiche, die der Berater bei der Befragung der Besitzer untersuchen muß.

- *Beinhaltet das Verhalten ein Aufmerksamkeit heischendes Element? Wie reagiert der Besitzer auf dieses Verhalten? Zeigt das Tier das Verhalten auch, wenn es allein ist?*

Wenn das Ziel, die Aufmerksamkeit des Besitzers zu erregen, anscheinend eine größere Rolle spielt, sollten Besitzer das stereotype Verhalten ignorieren – oder, noch besser, den Raum jedesmal bei dessen Einsetzen verlassen. Allein dadurch können in manchen Fällen drastische Verbesserungen erreicht werden. Dem Vorschlag Overalls (1992a, 1992b, 1992c, 1994) entsprechend, ist es für gewöhnlich durchaus sinnvoll, diese Möglichkeit vor der Einleitung verschiedener medikamentöser Behandlungsschritte zu untersuchen und auszuschließen.

- *Kann das Verhalten durch Ablenkung des Tieres abgebrochen werden?*

Ist dies möglich, kann diese Unterbrechung als Basis eines Behandlungsansatzes dienen. Zum Beispiel kann ein Stimulus, der regelmäßig bei Einsetzen der Stereotypie zur Ablenkung der Aufmerksamkeit des Tieres auf eine andere, positiv belohnte Beschäftigung eingesetzt wird, später zur Verhinderung des Verhaltens herangezogen werden, sofern er konsequent und gleich vor jedem Auftreten angewandt wird.

Kann das Verhalten indes nicht unterbrochen werden und das Tier muß entweder physisch gezügelt werden oder darf das Verhalten so lange ausführen, bis es von selbst aufhört oder vor Erschöpfung zusammenbricht, dann ist die Motivation, das Verhalten auszuführen, zu hoch und kann allein mit verhaltenstherapeutischen Maßnahmen nicht beherrscht werden. Hier ist eine medikamentöse Therapie indiziert. Wird eine solche Therapie durchgeführt, kann die Fähigkeit, das Verhalten zu unterbrechen, ein wichtiger Indikator dafür sein, ob das Problem mit Hilfe der medikamentösen Therapie so weit reduziert werden konnte, daß verhaltenstherapeutische Maßnahmen wirksam eingesetzt werden können.

- *Fehlt es dem Tier an etwas Wichtigem?*

Sozialkontakte mit Artgenossen und Auslauf sind zwei Möglichkeiten. Ferner kann es an umweltbedingten Auslösern artgemäßen Verhaltens (Jagen, Suchen, Spielen etc.) mangeln.

- *Gibt es im Umfeld des Tieres Stör-, Angstfaktoren oder Bedrohungen? Wird es über längere Zeiträume allein gelassen? Ist der Zeitplan der Familie aus der Sicht des Tieres zu ungeregelt und wenig kalkulierbar? Zeigt es Angst oder Meideverhalten gegenüber Menschen oder anderen Tieren im Haushalt? Zeigt es sonstige Anzeichen negativer Reaktionen auf etwas oder jemanden im Haushalt?*

In solchen Fällen sollten einige dieser Faktoren dahingehend modifiziert werden, daß sie dem Tier weniger Unbehagen verursachen.

- *Könnte Frustration beteiligt sein? Ist dem Tier in irgendeiner Weise die Ausführung eines Verhaltens verwehrt? Unterbindet der Besitzer manche seiner artgemäßen Verhaltensweisen durch physische (Anketten) oder andere Restriktionen (Bestrafung)?*

Wenn bei dem Problem Bestrafung irgendeine Rolle spielt, sollte dem Besitzer angeraten werden, diese zu unterlassen und statt dessen alternativen, auf Belohnung basierenden Vorgehensweisen den Vorzug zu geben, falls korrektive oder kontrollierende Maßnahmen tatsächlich nötig werden.

- *Könnte sich das Tier, die Motivation betreffend, in einer Art Konfliktsituation befinden?*

Häufige Konflikte betreffen Tendenzen, sich gegenüber einer Person gleichzeitig aggressiv und ängstlich zu verhalten oder sich fremden Menschen, anderen Hunden, bestimmten Familienmitgliedern zu nähern (in freundlicher Ansicht), aber sie auch zu meiden (aus Angst).

Durch die Identifizierung und Eliminierung jeglicher Quellen von Streß, Angst, Frustration, Konflikt etc. in der Umwelt kann sich die Notwendigkeit einer medikamentösen Behandlung des Problems erübrigen. In vielen Fällen ergibt sich jedoch aus der Befragung der Besitzer in dieser Hinsicht nichts Ungewöhnliches: Die Behandlung des Tieres durch seinen Besitzer, seine Aktivitäten, Spielgewohnheiten, Bedürfnisse sowie all seine sonstigen Reaktionen auf einzelne Aspekte seiner Umwelt scheinen sich nicht von denen anderer Tiere zu unterscheiden. Im Grunde ist eine medikamentöse Behandlung indiziert, nachdem ein verhaltensorientierter Ansatz trotz „Beseitigung der mutmaßlichen Ursache des Konfliktes und der Gewährleistung, daß die Umwelt, Haltungsbedingungen und Trainingsmethoden den Stereotypien keinen Vorschub mehr leisten," das Problem nicht beheben konnte.

Medizinische Behandlungsmethoden

Oftmals wird eine medizinische Behandlung physischer Folgen einiger Stereotypien notwendig (z. B. Akrodermatitis, schwere Bißverletzungen am Schwanz). Ebenso kann die Verhinderung physischer Reaktionen (z. B. Bedecken oder Blockieren des Zugriffs auf manche Körperteile, die die Tiere belecken, beißen oder kratzen) indiziert sein.

Im Gegensatz zu fast allen anderen in diesem Buch besprochenen Problemen ist eine medikamentöse Therapie hier oftmals der einzig effektive Weg, Stereotypien bei Tieren zu behandeln. Die Tabelle 18.1 bietet eine Zusammenstellung verschiedener Medikamente, die bei einigen Stereotypien nachweislich mit Erfolg eingesetzt wurden. Die meisten dieser Medikamente sind nicht für die Verhaltensbehandlung und/oder den Veterinärbereich zugelassen (Burghardt, 1991; Marder 1991) und ihr Einsatz war in vielen Fällen nur experimentell

Tabelle 18.1: Wirksame Medikamente und Dosierungen zur Behandlung von Stereotypien bei Hunden

Medikament	Dosierung	Literatur
Amitriptylin HCl	2,2–4,4 mg/kg per os einmal tgl. 1–2 mg/kg per os zwei- oder dreimal tgl. 1–2 mg/kg zweimal tgl. 0,25–1 mg/kg	Marder (1991) Overall (1992c) Leuscher et al. (1991) Burghardt (1991)
Naltrexon	2,2 mg/kg per os ein- oder zweimal tgl.	Overall (1992c)
Naloxon	11 to 22 µg/kg i.m., i.v. oder s.c. je nach Bedarf	Overall (1992c)
Fluoxetin	1 mg/kg per os einmal tgl. 1 mg/kg per os ein- bis zweimal tgl.	Marder (1991), Overall (1992c)
Imipramin HCl	2,2–4,4 mg/kg per os ein- bis zweimal tgl.	Marder (1991)
Clomipramin	1–3 mg/kg per os einmal tgl. 1–3 mg/kg per os halbiert alle 12 Stunden (max. 200 mg/d oder 3 mg/kg, Dosis muß in jedem Falle allmählich erreicht werden)	Marder (1991), Leuscher et al. (1991) Overall (1992c)
Hydroxyzin HCl	2,2 mg/kg per os dreimal tgl. 2 mg/kg dreimal tgl.	Overall (1992c) Burghardt (1991)
Buspiron	2,5–10 mg/Hund per os zwei- bis dreimal tgl. 1 mg/kg per os ein- bis zweimal tgl.	Marder (1991) Overall (1992c)

mit teilweise großen Variationsbreiten in der Dosierung. Die Tabelle stellt Informationen von Marder (1991), Leuscher et al. (1991), Burghardt (1991) und Overall (1992c) zusammen. Zwecks Erläuterungen von Nebenwirkungen und weiteren wichtigen Informationen zum Einsatz von Medikamenten in der Behandlung von Verhaltensproblemen wird der Leser insbesondere auf Burghardt (1991) und Marder (1991) sowie auf den Abschnitt „Medikamentöse Therapie" des Kapitels 8 verwiesen.

Destruktives Verhalten

Zusätzlich zu destruktivem Verhalten, das in direktem Zusammenhang mit Trennungsangst (Kapitel 16) und Angstproblemen (Kapitel 15) steht, treten weitere Probleme mit destruktivem Verhalten bei Junghunden auf, die Gegenstände zerbeißen, sowie bei älteren Tieren, deren sozialen/betriebsamen/spielerischen Bedürfnissen nicht ausreichend Rechnung getragen wird.

Zerbeißen von Gegenständen bei Welpen

Das normale Verhalten von Jungtieren, kleine Gegenstände (z. B. Socken, Schuhe) zu beißen oder zu zerkauen, kann durch den Einsatz folgender Maßnahmen unterbunden werden:
- Ist der Hund ohne Aufsicht, sollte er in einem „welpensicheren" Raum, einer abgeriegelten Ecke eines Raumes oder einer großen Kiste untergebracht werden (Voith, 1989), wo er lediglich Zugang zu erlaubten Gegenständen hat.
- Dem Hund sollten ständig Nylon- oder Rohhaut-Spielzeuge (Kauknochen) zur Verfügung stehen. Man sollten dem Hund kei-

nen alten Schuh zum Zerkauen anbieten in der Hoffnung, daß er neue dann verschmähen wird. Ganz im Gegenteil, dies verstärkt nur noch die Neigung des Hundes, Schuhe jeglicher Art zu attackieren und zu zerstören – möglicherweise sogar das Haus nach ihnen zu durchsuchen.

- Das Kauen erlaubter Gegenstände sollte gefördert werden, indem diese dem Hund wiederholt angeboten werden oder man mit ihm um diese Objekte rauft.
- Die Aufmerksamkeit des Hundes abzulenken (z. B. durch ein Geräusch) und sie auf ein erlaubtes Spielzeug zu konzentrieren (z. B. durch Werfen dieses Objektes), ist hilfreich, aber nur dann, wenn die Ablenkung erfolgt, *bevor* der Hund beginnt, einen verbotenen Gegenstand zu zerkauen. Erfolgt sie zu spät, wirkt die Ablenkung durch den Besitzer unter Umständen belohnend und somit problemverstärkend.
- Auf frischer Tat ertappt, sollte der Hund für das Zerbeißen anderer Gegenstände als seiner Spielzeuge bestraft werden (z. B. Schelte, Erschrecken). Der Effekt derartiger Bestrafungen ist am größten, wenn sie just in dem Moment einsetzt, in dem der Hund den Gegenstand ins Maul nimmt. Bestrafung, die mehr als einige Sekunden nach der Beendigung der Beschäftigung mit dem Gegenstand einsetzt, ist völlig wirkungslos.
- Wird wiederholt an verbotenen Gegenständen gekaut, können diese mit „Fallen" ausgerüstet werden, indem man beispielsweise einige Blechdosen darüber hängt und diese so mit dem Gegenstand verknüpft, daß sie herunterfallen und den Hund erschrecken, sobald er daran zieht (Hart und Hart, 1985), oder indem man ein Gewürz (Pfeffer) darüber streut, um den Geschmack zu verderben. Dies sind Beispiele der von Hart und Hart (1985) als *anonyme Bestrafung* (im Gegensatz zur *interaktiven Bestrafung* wie Schelte oder in die Hände klatschen, die direkt vom Besitzer kommt) bezeichneten Vorgehensweise. Die Hauptvorteile der anonymen Bestrafung liegen in der unmittelbaren Wirkung – mit einer vernachlässigbaren Verzögerung zwischen dem Verhalten und der Strafe – und dem fehlenden Bezug zwischen Strafe und Besitzer. Der Nachteil der interaktiven Bestrafung ist der einsetzende Lerneffekt, der den Hund dazu veranlaßt, diese Gegenstände nur in Abwesenheit seines Besitzers zu zerkauen.

Destruktives Verhalten bei älteren Hunden

Die meisten Vorkommnisse von destruktivem Verhalten bei älteren Hunden stehen in Verbindung mit Trennungsangst. Zuweilen tritt dieses Verhalten allerdings bei Hunden auf, die keineswegs bekümmert sind, sondern denen es vielmehr an nötigem Auslauf, Gelegenheit zu spielen oder sozialer Stimulation mangelt. Im Gegensatz zu zerstörerischem Verhalten infolge von Trennungsangst, das normalerweise einige Minuten nach dem Weggang des Besitzers einsetzt, beginnt das durch Deprivation bedingte zerstörerische Verhalten meist erst viel später – bis zu einigen Stunden, nachdem der Hund allein gelassen wurde. Vermutlich kann nötige Aktivität oder Spieltrieb nicht ausgelebt werden, da der Hund beengt ist und/oder auslösende Reize fehlen, wodurch es zu allgemeiner Rastlosigkeit, Versuchen, mit neuen Gegenständen im Haus zu spielen, oder Übersprunghandlungen (z. B. Graben ohne Anlaß, Jagen, Attackieren von Beute), aber auch zu frustrationsbedingtem, umgerichtetem aggressivem Verhalten in Form von zerstörerischem Verhalten kommt. Wenn man Trennungsangst ausschließen kann, weil der Zeitpunkt des Schadens dies nahelegt und weitere Symptome (z. B. Lautäußerungen, wenn der Hund allein gelassen wird, ständiges Verfolgen des Besitzers) fehlen, ist die auslösende Ursache des zerstörerischen Verhaltens oftmals nicht festzustellen. Trotz dieser Unsicherheit bleiben die Empfehlungen zum Umgang mit dem Problem unverändert:

- Der Hund sollte auf einen Raum beschränkt werden, in dem kein Schaden angerichtet werden kann.
- Destruktives Verhalten oder Spiel, das sich gegen ungeeignete Objekte richtet, soll bestraft werden: entweder durch interaktive Bestrafung, indem der Besitzer den Hund in

dem Moment schilt, wenn dieser den Gegenstand in den Mund nimmt, oder durch anonyme Bestrafung durch Präparieren des Objektes durch eine übelschmeckende Substanz oder Installieren einer Falle, wie umgedrehte Mäusefallen, oder Blechdosen, die auf Berührung herabfallen.
- Dem Hund sollte größtmögliche Bewegungsfreiheit im Haus zugestanden werden.
- Wann immer der Hund für längere Zeit allein gelassen wird, sollte ihm eine Reihe von Spielsachen zum Kauen zur Verfügung stehen. Manche davon sollten dem Hund auch zu anderen Zeiten zugänglich sein, wobei er durch Apportierspiele und Kämpfe um diese Objekte dazu ermutigt werden sollte, mit ihnen zu spielen, bis er sich an sie gewöhnt hat. Die verbleibenden Spielsachen sollten normalerweise weggeräumt und dem Hund erst bei Verlassen des Hauses gegeben werden, da sich kaum vorhersagen läßt, ob bestimmte Spielsachen für den Hund als Kauobjekte attraktiver sind, wenn sie ihm nur teilweise oder aber immer zur Verfügung stehen.
- Der Besitzer ist davon zu überzeugen, daß dem Hund tagsüber mehr Gelegenheit zu Auslauf und Sozialkontakten gegeben werden *muß*, indem beispielsweise um die Mittagszeit jemand ins Haus kommt und mit dem Hund spazierengeht. Das ist in Fällen entscheidend, in denen das Problem einen Hinweis darauf liefert, daß das Tier unter diesen langen Perioden sozialer Isolation und aufgezwungener Inaktivität merklich leidet.

Übermäßiges Bellen

Borchelt und Voith (1981) nennen folgende Ätiologien für übermäßiges Bellen, Heulen und Winseln: *Aggression, trennungsbedingtes Verhalten, Spiel, Reaktion auf auslösende Reize, Stimmungsübertragung* und *Angst*. Auf dieser Liste fehlt der häufige, hier bereits diskutierte Fall, wenn der Hund mit Hilfe des Bellens etwas zu *erbetteln* oder zu *fordern* versucht (Futter, Spiel, Aufmerksamkeit). Nicht zuletzt führen Leuscher et al. (1991) eine achte mögliche Ursache übermäßigen Bellens an: *Lautäußerungsstereotypien*, bei denen Hunde „kompulsiv" ihr Fressen verbellen, „aggressiv knurren", wenn sie in ihren Schwanz/Fuß beißen, oder „ein einzelnes Bellen ohne augenscheinlichen Auslöser in einem konstanten Intervall wiederholen" (S. 403). Besonders verbreitet ist dies bei Hunden, die einen großen Teil der Zeit allein im Freien verbringen.

Dieser Abschnitt wird sich auf nur zwei Bereiche der Problematik der Lautäußerungen konzentrieren, zum einen auf *Reaktionen auf auslösende Reize* und zum anderen auf *Stimmungsübertragungen*, die in den vorangegangenen Diskussionen zu den Themen Aggression (Kapitel 9–14), Trennungsangst (Kapitel 16), Angstproblemen (Kapitel 15) oder bettelndes/forderndes Verhalten, Stereotypien und Spielverhalten (erster Abschnitt dieses Kapitels) nicht berücksichtigt wurden. Obwohl beide Probleme in Situationen auftreten können, in denen ein Hund zu bellen beginnt, nachdem er zuvor einen anderen bellen hörte, ist die Stimmungsübertragung nicht ausschließlich ein Sonderfall von Reaktionen auf auslösende Reize. Bellt ein Hund einen anderen an, der bereits bellt, dann ist dies eine unmittelbare Reaktion auf einen Signalreiz (d. h. das Bellen des anderen Hundes). Eine Stimmungsübertragung dagegen tritt dann auf, wenn ein Hund durch einen anderen bereits bellenden Hund stimuliert wird und zusammen mit diesem auf einen Reiz bellt (z. B. Lärm, Person, anderer Hund, Bellen eines anderen Hundes). Somit ist Stimmungsübertragung im Prinzip ein durch Stimuli von Artgenossen ausgelöster Motivations- oder Erregungseffekt, der die Reizantwort auf andere Stimuli noch verstärkt. Aus biologisch-funktioneller Sicht würde also die Stimmungsübertragung das Verhalten und die zugrundeliegenden Stimmungen/Motivationen der Rudelmitglieder in einer Weise koordinieren, um z. B. gruppendefensive Verhaltensweisen zu ermöglichen, bei denen alle Rudelmitglieder gemeinsam einen Eindringling verbellen.

Weitere Verhaltensprobleme 267

MÖGLICHE KAUSALFAKTOREN

Arttypische Reaktion auf auslösende Situationen
(z. B. natürliche Reaktion auf unerwartete/ungewöhnliche/potentiell bedrohliche Reize)

Meist hohe Motivation/niedrige Hemmschwelle
(vermutlich genetische Unterschiede zwischen Hunden; möglicherweise zugrundeliegendes Angstproblem)

Unabsichtliche Belohnung durch Besitzer
(z. B. Einsatz von Beruhigungsmethoden, um das Bellen zu beenden)

Mangelnde Besitzerdominanz
(führt zu mangelnder Fähigkeit des Besitzers, Problemverhalten zu unterbinden)

Stimmungsübertragung
(z. B. die Ansteckungskraft von Bellen zwischen zwei oder mehr Hunden desselben Haushaltes)

Umweltbedingte Frustration/Konflikt/Streß
(Übererregung/Überreaktion aufgrund von Frustration, Streß oder Konflikten infolge nicht optimaler Umweltbedingungen)

Mangelndes Gehorsamstraining
(z. B. um Fehlverhalten auf Kommando zu unterbinden)

Fehleinschätzungen der Besitzer
(das Problem muß bei einem guten Wachhund in Kauf genommen werden)

ÜBERMÄSSIGES BELLEN

- In Antwort auf ungewöhnliche/unerwartete/potentiell bedrohliche, auslösende Stimuli oder durch Stimmungsübertragung.

MÖGLICHE BEHANDLUNGSELEMENTE

Veränderung der Fürsorge-/Haltungsbedingungen
(z. B. Anbieten häufigerer Möglichkeiten sich auszutoben; mehr Kontakt mit anderen Hunden)

Korrektur von Fehlern der Besitzer
(z. B. Beenden unabsichtlicher Belohnungen)

Konventionelles Gehorsamstraining
(zur Verbesserung der Kontrolle und Trainingsfähigkeiten des Besitzers)

Verbessern der Besitzerdominanz
(zur Verbesserung der Kontrollfähigkeit des Besitzers in Problemsituationen)

Korrektur von Fehleinschätzungen der Besitzer
(z. B. Überzeugen des Besitzers, daß der Hund trotz Korrektur des Problems ein guter Wachhund bleiben wird)

Einstellen ineffektiver Behandlungsmethoden
(z. B. verzögerte Bestrafung)

Trainieren in Problemsituationen
(konventionelle Kombination von Belohnung akzeptablen Verhaltens und Bestrafung von Problemverhalten)

Mechanische Hilfsmittel
(in manchen Fällen Halsband, das Elektroschock/aversives Geräusch auslöst)

Mögliche Kausalfaktoren

Arttypische Reaktion auf auslösende Situationen

Als Reaktion auf plötzliche, unerwartete Geräusche oder andere Reize, die den Hund erschrecken oder seine Aufmerksamkeit erregen, zu bellen, ist nach biologischen Kriterien nachvollziehbar. Solange Ursache und Bedeutung des Stimulus noch nicht identifiziert sind, fungiert es als Warnung an die übrigen Rudelmitglieder; es soll deren Aufmerksamkeit erregen und sie veranlassen, in die Richtung zu sehen, in die das Tier bellt, oder sich ebenfalls an dessen Standort zu begeben. Sobald die Ursache in Gestalt eines unbekannten Artgenossen oder unerwünschten Eindringlings identifiziert ist, könnte das Bellen zu dem in den Kapiteln 12 und 14 diskutierten koordinierten Gruppendrohverhalten führen. Im wesentlichen handelt es sich um speziestypisches, defensives Verhalten, mit dem sich die Gruppe gegen potentielle Gefahren jeglicher Art verteidigt.

Hunde verbellen aber auch potentielle Beute, z. B. wenn ein Hund am Fuße eines Baumes steht und nach einem Eichhörnchen bellt. Auch hier liegt die mutmaßliche Hauptfunktion des Bellens in der Kommunikation: es soll die Aufmerksamkeit der anderen Rudelmitglieder erregen. Dieses Problem ist für Besitzer allerdings nicht so gravierend wie defensives Bellen.

Stimmungsübertragung

Sowohl warnendes, drohendes Bellen als Reaktion auf einen ungewohnten, unerwarteten oder potentiell bedrohlichen Reiz als auch Verbellen potentieller Beutetiere ist insofern „ansteckend", als das Bellen eines Tieres in der Regel andere Hunde zum Bellen verleitet, die nicht bellen würden, wenn sie allein wären. Derartige Probleme der Stimmungsübertragung sind am häufigsten in Haushalten mit zwei oder mehr Hunden zu beobachten.

Meist hohe Motivation/niedrige Hemmschwelle

Vom Welpenalter an bellen manche Hunde bei jeder sich bietenden Gelegenheit bereitwilliger als andere. Es scheint daher große Unterschiede zu geben sowohl hinsichtlich der Wahrscheinlichkeit, daß ein Reiz Bellen auslöst, als auch der Dauer und Intensität des Bellens. Während diese Unterschiede größtenteils den im folgenden diskutierten Faktoren unterliegen, sind einige vermutlich auch genetischen Ursprungs.

Da das Bellen im Grunde ein gruppendefensives Verhalten ist, überrascht es nicht, daß es sich bei vielen Hunden mit niedriger Hemmschwelle und solchen, die mit großer Intensität und Ausdauer bellen, wenn sie erst einmal damit begonnen haben, meist um eher ängstliche Tiere handelt. Inwieweit Probleme bezüglich des Bellens als Angstprobleme (Kapitel 15) zu betrachten und möglicherweise zu behandeln sind, sollte im Rahmen der Konsultation eingehend untersucht werden.

Symptomatisch für umweltbedingte Frustration/Konflikte/Streß

Manche Hunde nehmen jedes Geräusch oder jeden ungewöhnlichen Reiz zum Anlaß, um zu bellen. Jedoch nicht so sehr aus Angst oder zur Verteidigung, sondern einfach deshalb, weil sie sich schneller aufregen als andere Hunde. Übermäßiges Bellen kann daher auch ein Problem von Übererregung sein, wobei der Hund infolge verschiedener Faktoren dazu neigt, in normalen Alltagssituationen „überzureagieren". Da dies als eigenständiges Problem diskutiert wird (s. u.), sei an dieser Stelle nur erwähnt, daß solche Überreaktionen oft ein Zeichen dafür sind, daß der Hund unter äußeren Bedingungen lebt, die er als „frustrierend" (z. B. der Hund wird an einer Kette gehalten, die ihn am Auslauf hindert oder daran, sich Artgenossen zu nähern) oder streßvoll empfindet oder die häufig kontroverse Motivationen hervorrufen (z. B. der Hund fühlt sich von etwas oder jemandem angezogen, schreckt aber gleichzeitig davor zurück). Diese Faktoren kommen oftmals im Verlauf der Konsultation ans Licht, wenn der Berater absichtlich Bereiche „abklopft", die mit der Möglichkeit in Zusammenhang stehen, daß das Bellen letztlich eine Form der Überreaktion ist, die unter Umständen auf ein für den Hund unzureichendes Umfeld hindeutet.

Unabsichtliche Belohnung durch den Besitzer

Das unabsichtliche Belohnen unerwünschter Lautäußerungen ist in jenen Fällen ein wesentlicher Faktor, in denen der Besitzer durch Streicheln, gutes Zureden oder Ablenkung mit einem Leckerbissen versucht, den Hund, der auf Geräusche von draußen mit Bellen reagiert, zu beruhigen. Diese Maßnahmen vermögen zwar in manchen Situationen das Bellen zu beenden, verstärken aber dennoch aus naheliegenden Gründen die Neigung des Hundes, auch künftig in ähnlichen Situationen zu bellen.

Mangelndes Gehorsamstraining

Besitzer, denen es Probleme bereitet, ihren Hund vom Bellen abzuhalten, haben in der Regel auch in anderen Situationen Schwierigkeiten, den Hund im Zaum zu halten: der Hund macht nicht auf Kommando „Sitz" oder legt sich ab, kommt nicht auf Zuruf oder stellt ein Fehlverhalten auf Befehl nicht ein. In manchen Fällen liegt dies schlichtweg daran, daß sich die Besitzer niemals die Mühe gemacht haben, ein konventionelles Gehorsamstraining durchzuführen, das auch eine Lektion beinhaltet, die den Hund lehrt, die gerade ausgeführte Beschäftigung auf Befehl einzustellen.

Mangelnde Besitzerdominanz

Ungehorsam und die damit einhergehende Unfähigkeit des Besitzers, problematische Verhaltensweisen zu unterbinden, sind häufig Symptome einer geringen Besitzerdominanz. Daher ist es in allen derartig gelagerten Fällen unerläßlich, die Besitzer eingehend zu möglichen Anzeichen von Dominanzaggression und geringfügigen Dominanzproblemen zu befragen.

Fehleinschätzungen der Besitzer

In dem Irrglauben, derartiges Verhalten sei für einen guten Wachhund unerläßlich, sind manche Besitzer zurückhaltend, etwas gegen das Bellen zu unternehmen, da sie eine Beeinträchtigung seiner Funktion als Wachhund fürchten.

Mögliche Behandlungselemente

Veränderung der Fürsorge-/Haltungsbedingungen

Tritt das übermäßige Bellen bei Hunden auf, die den ganzen Tag allein im Freien, an einer Kette festgebunden oder in einem Zwinger verbringen, dann sollte den Besitzern verdeutlicht werden, daß der Hund auf diese Weise seiner Unzufriedenheit mit dieser Situation, unter der er leidet, Ausdruck verleiht. Ist es notwendig, den Hund unter diesen Bedingungen zu halten, sollten ihm tagsüber wenigstens einige Gelegenheiten zu ausreichendem Auslauf und Kontakt zu Artgenossen gegeben werden. Ähnliches ist in Fällen eines hochgradig aktiven Hundes zu empfehlen, der den ganzen Tag ohne Auslaufmöglichkeiten und Sozialkontakte allein zu Hause ist.

Korrektur von Fehleinschätzungen der Besitzer

Da viele Besitzer um den Wert des Tieres als Beschützer der Familie und des Besitzes fürchten, wenn sie das Problem beheben, muß ihnen verdeutlicht werden, daß man durchaus einen guten Wachhund haben kann, ohne gleichzeitig unter dem ständigen Anschlagen des Hundes auf harmlose Reize leiden zu müssen. Zusätzlich zu dem Hinweis, daß die Reduzierung des Bellens seine Neigung, Familie und Besitz vor Eindringlingen zu schützen, nicht signifikant verringert, kann eine Trainingsmaßnahme vorgeschlagen werden, die den Hund dazu erzieht, das Bellen nach kurzer Zeit oder auf Befehl wieder einzustellen. Auf jeden Fall müssen die Besitzer vollends davon überzeugt sein, daß korrektive Maßnahmen keine dieser unerwünschten Nebenwirkungen haben. Ansonsten steht zu befürchten, daß sie die empfohlene Behandlung nur halbherzig durchführen und damit kaum eine Besserung erzielen.

Korrektur von Fehlern der Besitzer

Den Hund durch Streicheln, Anbieten eines Spielzeugs, Spielen oder einen Leckerbissen vom Bellen (z. B. wegen eines Geräusches von draußen) abzulenken, belohnt das Verhalten und erhöht die Wahrscheinlichkeit des Bellens in ähnlichen Situationen. Das eigentliche Problem besteht jedoch darin, daß dieses Problemmanagement in der betreffenden Situation insofern Wirkung zeigt, als der Hund aufhört zu bellen – wodurch die Bemühungen des Besitzers belohnt werden und somit die Wahrscheinlichkeit ihrer erneuten Anwendung unter ähnlichen Bedingungen in der Zukunft erhöht wird. In der Tat erschweren diese kurzfristigen Erfolge die bei Besitzern zu leistende Überzeugungsarbeit, diese Methode zugunsten einer neuen, anfänglich weit weniger effektiven und gleichzeitig aufwendigeren Maßnahme aufzugeben. Und selbst Besitzer, denen klar ist, daß es ein schwerer Fehler ist, den Hund mit Leckerbissen zu „bestechen", damit er aufhört zu bellen, werden sich möglicherweise in Situationen, in denen das Bellen sämtliche Nachbarn stört, gezwungen fühlen, so zu handeln.

Einstellen ineffektiver Behandlungsmethoden

Die häufigste dieser Maßnahmen ist die verspätete Bestrafung, wenn Hund und Besitzer sich in einiger Entfernung voneinander befinden und das Bellen somit nicht unmittelbar bestraft werden kann. Den Besitzern muß nahegelegt werden, daß eine effektive Bestrafung während des Verhaltens stattzufinden hat – bestenfalls genau in dem Moment, da das zu bestrafende Verhalten beginnt.

Konventionelles Gehorsamstraining

Ein Ansatz zur Verbesserung des Gehorsams des Hundes in der Situation des Bellens ist die Durchführung eines konventionellen Gehorsamstrainings unter Berücksichtigung der in Kapitel 8 empfohlenen Methoden. Dies ist eine für Hund und Besitzer wertvolle Lektion, die den Grundstein zu einem Training in eigentlichen Problemsituationen legt.

Trainieren in Problemsituationen

Wie bei vielen der bereits diskutierten Probleme liegt auch hier die effektivste Methode zur Erziehung des Hundes, das problematische Verhalten in bestimmten Situationen zu unterlassen, in der Kombination von unmittelbarer Bestrafung des Verhaltens und Belohnung eines bestimmten alternativen Verhaltens. Die Bestrafung kann sich auf schlichte Schelte belaufen, wenn diese heftig genug ist, um das Verhalten sofort und zuverlässig zu unterdrücken. Ist der Hund dadurch nicht ausreichend zu beeindrucken, sollte zum Beispiel ein Gegenstand zu Erzeugung eines lauten Geräusches betätigt werden, das den Hund erschreckt oder das er als ausgesprochen unangenehm empfindet (z. B. ein Preßluftgerät, das Geräusch einer Blechdose mit Münzen darin).

Das belohnte, alternative Verhalten kann mannigfaltig sein, solange der Hund dabei nicht bellt. Der Hund kann gerufen werden und zum Sitzen oder Ablegen aufgefordert sowie anschließend für seinen Gehorsam belohnt werden und noch ein weiteres Mal, wenn er auf Befehl ruhig in dieser Position verharrt. Zuerst kann dieses Verfahren angewendet werden, sobald das Bellen durch die Schelte oder das aversive Geräusch beendet worden ist. Später ist es möglich und auch erstrebenswert, das erwünschte Verhalten auszulösen, kurz bevor der Hund anfängt zu bellen – also genau in dem Moment, in dem sowohl Besitzer als auch Hund den Stimulus, der für gewöhnlich das Bellen hervorruft, wahrnehmen. Diese Version der Methode des frühen Eingreifens ist in manchen Fällen nicht nur zur Kontrolle des Problems sehr effektiv, sondern es läßt sich damit auch die Art und Weise verändern, wie der Hund den Reiz wahrnimmt und darauf reagiert: nach einer Weile kann der Reiz, der ursprünglich Bellen ausgelöst hat, den Hund dazu veranlassen, zu seinem Besitzer zu laufen, „Sitz" zu machen und sich ganz allgemein mehr für seinen Besitzer und dessen Angebot zu interessieren als für den Stimulus an sich.

Hart und Hart (1985) empfehlen eine andere Art der Gegenkonditionierung, um einen Hund, der häufig im Freien allein gelassen wird, dazu zu erziehen, sich still zu verhalten (vorausgesetzt, es handelt sich nicht um Trennungsangst). Zuerst versucht man festzustellen, wieviel Zeit vergeht, bevor der Hund zu bellen beginnt. Ist dies beispielsweise ein Zeitraum von 10 min, sollte der Besitzer den Hund im Rahmen der Trainingseinheiten wiederholt für Intervalle von 5–10 min verlassen; dabei sollte entweder eine andere Person den Hund unbemerkt beobachten oder es sollte ein Kassettenrecorder benutzt werden, um festzustellen, ob der Hund während der Abwesenheit gebellt hat. Wenn nicht, wird der Hund nach der Rückkehr des Besitzers mit Zuwendung und Leckerbissen dafür belohnt. Das wird viele Male bei zunehmend längeren Abwesenheiten des Besitzers wiederholt, immer unter der Prämisse, daß der Hund während dieser Zeit nicht bellt.

Dieses Vorgehen mag zwar in manchen Fällen erfolgreich sein, dennoch sollte ein Aspekt der von Hart und Hart geführten Diskussion einer kritischen Betrachtung unterzogen werden, da er in direktem Widerspruch zu einem der, im vorliegenden Buch immer wieder hervorgehobenen Grundprinzipien des Lernverhaltens von Tieren steht. Es geht dabei namentlich um die Tatsache, daß das „Nichtbellen" belohnt wird. Was würde wohl geschehen, wenn der Hund zuweilen 3 oder 4 Minuten bellt, bevor der Besitzer zurückkehrt, und manchmal nicht – und würde im nachhinein entsprechend belohnt oder nicht. Wird der Hund auf diese Art und Weise lernen, ruhiges Verhalten mit Belohnung und Bellen mit dem Ausbleiben der Belohnung zu assoziieren? Um diese Unterscheidung vornehmen zu können, müßte er die ausbleibende Belohnung mit dem einige Minuten früher stattgefundenen Bellen verknüpfen können. Forschungen auf diesem Gebiet haben allerdings zu der Feststellung geführt, daß Lerneffekte für Tiere, selbst bei Verzögerungen von einigen Sekunden, schwierig sind. Was genau wird dann bei der Rückkehr des Besitzers belohnt? Im Grunde die Beschäftigung, die der Hund zum Zeitpunkt der Rückkehr des Besitzers ausführt – wie zum Beispiel das ruhige Sitzen am Tor. Funktioniert diese Methode, dann nicht deshalb, weil das „Nichtbellen" belohnt wird, sondern weil ein bestimmtes, erwünschtes Verhalten belohnt und konstant bestärkt wird.

Verbessern der Besitzerdominanz

Für den Fall, daß Ungehorsam in der Situation des Bellens ein geringgradiges Dominanzproblem zwischen Besitzer und Hund widerspiegelt, sind einige der in Kapitel 10 erläuterten Maßnahmen zur Verbesserung der Besitzerdominanz indiziert.

Mechanische Hilfsmittel

Halsbänder, die dem Tier einen Schock versetzen oder einen aversiven Laut von sich geben, werden in manchen Fällen erfolgreich zur Kontrolle des Verbellens externer Stimuli eingesetzt, wenn der Hund allein ist. Diese Halsbänder können durch das Bellen aktiviert werden – und somit funktionieren, wenn der Besitzer nicht zu Hause ist – oder durch eine Fernbedienung, die der Besitzer im Haus betätigen kann, während der Hund im Freien bellt. Der Einsatz von Schockhalsbändern birgt laut Hart und Hart (1985) mehrere mögliche Problematiken. Das Halsband könnte unabsichtlich durch das Bellen eines anderen Hundes aktiviert werden, es könnte zu lose sitzen, um einen Schock zu vermitteln, es könnte die Haut des Hundes durch den Kontakt verbrennen und letztlich könnte es schwierig sein, sicherzustellen, daß der Schock auf der niedrigsten, effektiven Stufe erfolgt (d. h., daß eine Anpassung an die verschiedenen elektrischen Widerstände erfolgt, die durch Veränderungen der Haut, je nachdem ob der Hund naß oder trocken ist, auftreten). Voith (1989) erwähnt ein weiteres Problem: die Gefahr, daß ein Teufelskreis, eine Kette aus Elektroschocks und Bellen entstehen kann, wenn der Hund in Reaktion auf den Schock bellt, das Halsband aber nicht mit einem Verzögerungsmechanismus ausgestattet ist, so daß nach Auslösung eines Schocks eine Pause entsteht.

Insgesamt erscheint es wohl sinnvoller, und aus Tierschutzgründen vorzuziehen, wenn diese Halsbänder einen aversiven Laut von sich

BEHANDLUNGSEMPFEHLUNGEN

Übermäßiges Bellen (ohne Bezug zu Aggressionsproblemen)

Szenario A: *Der Hund bellt aufgrund eines Geräusches im Hausflur und ignoriert den Befehl des Besitzers, aufzuhören oder von der Tür wegzubleiben.*

- Bellen sollte ausreichend gescholten werden, um es bei jedem Auftreten augenblicklich zu unterbinden. Man kann den Hund auch zwei oder dreimal bellen lassen und ihn dann schelten, falls er auf Befehl nicht sofort aufhört zu bellen.
- Ignoriert der Hund die Schelte, muß ihr entweder mehr Nachdruck verliehen werden oder es muß ein anderer Weg gefunden werden, das Verhalten effektiv zu unterbinden (z. B. ein plötzliches lautes Geräusch, das der Hund als ausgesprochen unangenehm empfindet).
- Ruhiges Verhalten in Problemsituationen sollte immer mit Streicheln, Lob und vor allem mit Leckerbissen belohnt werden, wenn der Hund beispielsweise draußen ein Geräusch hört und nicht bellt oder auf ein nachdrücklich vorgebrachtes Verbot das Bellen einstellt. Zu keinem anderen Zeitpunkt erhält der Hund Leckerbissen.
- Bei konsequenter Durchführung über mehrere Wochen kann es auch effektiv sein, den Hund abzulenken, sobald er das Geräusch hört, aber *bevor* er zu bellen beginnt, indem man seine Aufmerksamkeit auf sich lenkt und ihn dann für ein alternatives Verhalten belohnt (z. B. wenn er auf Kommando kommt, sitzt etc.).
- Vermeiden unabsichtlichen Belohnens des Bellens, wenn man beispielsweise versucht, den Hund durch Streicheln, gutes Zureden oder Ablenkung mit etwas, das er mag (Spielzeug, Spiele, Futter), zu beruhigen. Obwohl diese Maßnahmen den Hund vorübergehend ruhigstellen, belohnen sie langfristig das Bellen und verschlimmern es somit weiter.

Szenario B: *Der Hund wird an einer Kette oder in einem Zwinger lange allein im Freien gelassen und bellt lauthals bei jeder sich bietenden Gelegenheit.*

- Das übermäßige Bellen ist ein Zeichen, daß der Hund es als streßvoll und frustrierend empfindet, so lange Zeit allein im Freien, bei stark eingeschränkter Bewegungsfreiheit verbringen zu müssen. Es ist daher notwendig, die Zeitspannen, die der Hund allein im Freien verbringt, drastisch zu verkürzen und/oder einen Weg zu finden, dem Hund 2–3mal täglich Auslauf und Kontakt zu Artgenossen zu ermöglichen. (Dies allein wird das Problem zwar nicht lösen, doch stellt es einen notwendigen ersten Schritt dar, Bedingungen zu schaffen, unter denen korrektive Maßnahmen erfolgreich eingeführt werden können).

(Ist das Unvermögen des Besitzers, das Bellen direkt zu unterdrücken, symptomatisch für eine unzureichende Besitzerdominanz, sind möglicherweise Empfehlungen aus Kapitel 10 zur Verbesserung der Besitzerdominanz angebracht).

geben. *Nach Ansicht aller bekannten Haustier-Verhaltensspezialisten sollten Schockhalsbänder nur von sehr erfahrenen Beratern eingesetzt werden – oder von Klienten im Beisein des Beraters –, die sich der potentiellen Probleme bewußt sind und sie zu vermeiden wissen.*

Hyperaktivität und Übererregbarkeit

Manche Hunde sind während eines Großteils ihrer Wachzeiten extrem rastlos und aktiv. Obgleich es normal ist, daß Hunde beim Eintreffen von Besuchern oder wenn der Besitzer den

Anschein erweckt, bald spazierengehen zu wollen, zunächst aufgeregt sind, steigt das Erregungsniveau mancher Tiere weit höher, als in diesen und anderen Situationen (z. B. Autofahrten) angebracht wäre. Als Ursache für diese Probleme von Hyperreaktivität und Übererregung bei einzelnen Hunden kommen viele Faktoren in Frage. Als erster Schritt zur Behandlung dieser Probleme ist es hilfreich, eine mögliche Beteiligung folgender Faktoren abzuwägen.

Kausalfaktoren

Physiologische Erkrankung

Hyperaktivität oder Übererregbarkeit können Leitsymptome einer organischen Erkrankung wie zum Beispiel Hyper- oder Hypoparathyreoidismus (Parker, 1989) sowie von Hyperkinese (Hart und Hart, 1989) sein. Eine Erkrankung sollte vor allem dann differentialdiagnostisch erwogen werden, wenn eine ausführliche Konsultation etwas Ungewöhnliches über den Fall zu Tage fördert und der Fall in keines der Schemata paßt, die durch die üblichen, im folgenden erläuterten Kausalfaktoren vorgegeben werden.

Alter des Hundes

Manche Welpen und Junghunde sind extrem verspielt und aktiv, was besonders Besitzern ohne Erfahrung mit jungen Hunden oder mit Schwierigkeiten bei der Kontrolle des Tieres abnorm erscheinen kann. In den meisten Fällen kann dies jedoch als normales Spielverhalten bei besonders verspielten und aktiven Hunden betrachtet werden.

Normales Aktivitätsniveau

Einige adulte Hunde bleiben bezüglich ihres Spieltriebs und ihrer Vorliebe für körperliche Anstrengungen immer Junghunde. Spaziergänge, bei denen sie mit anderen Hunden tollen und spielen können, bilden den Höhepunkt ihrer Tage, zu Hause quengeln sie ständig, indem sie ihrem Besitzer wieder und wieder einen Ball bringen und ihn so lange zum Spiel auffordern, bis er ihrem Drängen nachgibt. Im Grunde können extremer Spieltrieb und ein hohes Aktivitätsniveau normale „Persönlichkeitscharakteristika" mancher Hunde darstellen, die die meisten Besitzer trotz der entstehenden Probleme (Quengeln, Aufforderung zum Spiel, häufiger Auslauf) als positiv bewerten.

Unzureichende Fürsorge-/ Haltungsbedingungen

Die im vorangegangenen Abschnitt beschriebenen Hunde benötigen ein weit größeres Maß an Auslauf und Bewegung als andere. Werden sie nicht häufig genug ins Freie gelassen, ständig an der Leine gehalten, haben wenig oder keine Gelegenheit zu Kontakten mit anderen Hunden oder verbringen den Großteil des Tages allein in einem Zwinger, ist abzusehen, daß sie rastlos werden, um Aufmerksamkeit oder Spielgelegenheit quengeln oder übermäßig erregbar werden (z. B. wenn es an der Zeit ist, spazieren zu gehen, wenn irgend etwas Außergewöhnliches geschieht oder bei einer gelegentlichen Autofahrt). Der Berater sollte grundsätzlich die Möglichkeit in Erwägung ziehen, daß der Hund sich auf die eine oder andere Art problematisch gebärdet, weil ihm dringend notwendige Gelegenheiten zu Auslauf und Spiel ständig vorenthalten werden.

Auswirkungen von Konflikten, Streß und Frustration

Hunde können hyperaktiv oder übererregbar werden, wenn sie einer aversiven oder ängstigenden Situation (niedrig fliegendes Flugzeug) ausgesetzt sind, ständig in Situationen gebracht werden, die einen Motivationskonflikt auslösen (z. B. die Motivation, sich einem gefürchteten Familienmitglied zu nähern, ihm aber gleichzeitig fernzubleiben), oder physisch an einer Aktivität gehindert werden, zu deren Ausführung sie hoch motiviert sind (z. B. nach draußen zu können, um einer Fährte nachzuspüren oder mit einem Hund zu interagieren, den sie durch das Fenster sehen). Diesen Möglichkeiten sollte im Verlauf einer Konsultation ebenfalls nachgegangen werden.

Belohnung durch den Besitzer

Die Befragung der Besitzer bezüglich ihrer exakten Reaktion auf Hyperaktivität und Übererregung ihres Hundes bringt oft eine unabsichtliche Belohnung des Verhaltens durch den Besitzer ans Licht. Wie auch bei vielen anderen Verhaltensproblemen bei Hunden zeitigen Strategien zur momentanen Kontrolle des Verhaltens, wie zum Beispiel Streicheln oder Ablenkung durch ein beliebtes Spielzeug, zwar kurzzeitigen Erfolg, belohnen das Verhalten aber gleichzeitig und sind daher strikt kontraindiziert.

Mögliche Behandlungselemente

Veterinärmedizinische Untersuchung

Hart und Hart (1985) empfehlen in Fällen von Hyperaktivität/Übererregung als ersten Schritt eine medizinische Untersuchung, um pathophysiologische Ursachen auszuschließen. Dies ist in besonders gravierenden oder ungewöhnlichen Fällen unerläßlich.

Bedürfnisse nach Bewegung/Spiel des Tieres erfüllen

Manche Klienten hatten in der Vergangenheit weniger aktive Tiere und gehen automatisch davon aus, daß die Gewohnheiten aus dieser Zeit auch für ihr neues, weitaus aktiveres Tier angemessen sind. In diesen Fällen reicht es meist aus, die Besitzer darüber zu informieren, daß ein von Natur aus aktiveres Tier entsprechend mehr Bewegung braucht als andere. Sind die Besitzer schlichtweg zu bequem und betrachten es als lästige Pflicht, derart viel Zeit aufwenden zu müssen, um den Ansprüchen ihres Hundes gerecht zu werden, kann man sie lediglich noch darüber aufklären, daß sie weiterhin Probleme mit ihrem Hund haben werden, wenn sie nicht beginnen, den Bedürfnissen des Hundes ausreichend Rechnung zu tragen. Letztlich ist es zwar verständlich, daß der Terminkalender mancher Besitzer es unmöglich macht, während des Tages ausgiebige Spaziergänge mit ihrem Hund zu unternehmen. Doch muß ihnen trotzdem verdeutlicht werden, daß sie entweder eine befriedigende Lösung finden müssen, um ihrem Hund den nötigen Auslauf und Gelegenheiten zum Spielen zu ermöglichen (z. B. indem jemand anderes gebeten oder dafür bezahlt wird, sich mit dem Hund zu beschäftigen, wenn der Besitzer arbeitet), oder aber in Erwägung ziehen sollten, für den Hund einen neuen Besitzer zu finden, der mehr Zeit für ihn hat.

Beseitigung von Quellen von Konflikten/Streß/Frustration

Werden diese Kausalfaktoren identifiziert, kann es möglich sein, ihnen entgegenzuwirken. Angstprobleme sind therapierbar, Familienmitglieder können angewiesen werden, ihr Verhalten dem Hund gegenüber auf vielerlei Weise zu verändern, und man kann dem Hund den Zugang zu jenen Teilen des Hauses verweigern, wo er der Stimulierung durch aversive oder erregende Reize von draußen am stärksten ausgesetzt ist.

Beseitigung von Quellen der Belohnung durch den Besitzer

Sobald überaktives oder erregtes Verhalten auftritt, sollte es entweder vollständig ignoriert oder in einem entsprechenden Ausmaß gerügt werden, um es zu unterbinden. Die meisten Besitzer sind sich in ihrem Verhalten unschlüssig – sollen sie den Hund schelten, ihn streicheln, ignorieren oder ihm ein Spielzeug oder einen Leckerbissen anbieten? Entsprechend allen anderen Verhaltensproblemen ist es auch hier außerordentlich wichtig, den Besitzern für den Umgang mit dem unerwünschten Verhalten des Hundes konkrete Verhaltensmaßregeln an die Hand zu geben. Ebenso wichtig ist es, ihnen ausführlich zu erläutern, warum ihre bisherige Verfahrensweise, nämlich den Hund mit irgend etwas abzulenken, was er mag, kontraproduktiv ist und auf lange Sicht das Problem nur weiter verschlimmert.

Grundlegendes Gehorsamstraining

Vielfach hat sich einfaches Gehorsamstraining unter Verwendung von Leckerbissen zusammen mit dem konsequenten Bemühen um mehr Strenge im Umgang mit dem Hund bewährt. Manche Besitzer haben nur wenig Zeit in Gehorsamstraining investiert und sind zu nachgiebig, wenn sich der Hund ihren Wünschen widersetzt. Gerade in solchen Fällen kann die oben erwähnte Kombination sehr hilfreich sein, sobald es darum geht, den Hund unter Kontrolle zu halten, wenn er aufgeregt wird und zum Beispiel an Gästen hochspringt, vor der Haustür bellt oder sich problematisch im Auto verhält.

Gegenkonditionieren von annehmbarem Verhalten in Problemsituationen

Je nach Lage der Problematik können verschiedene Methoden des Gegenkonditionierens angebracht sein. Unangemessene Spielgewohnheiten, die aggressive Attacken auf den Besitzer, zerstörerisches Verhalten und/oder lästiges Bellen umfassen, können auf geeignete Objekte umgerichtet werden oder durch Förderung einer anderen Spielweise reduziert werden (d. h. Verweigerung unerwünschter Spiele, gleichzeitige Auslösung von und Teilnahme an erwünschten Spielen). Gleichermaßen können Hunde, die an Gästen hochspringen, unter Verwendung von Leckerbissen allmählich gegenkonditioniert werden, sich auf Befehl hinzusetzen und sitzen zu bleiben, wenn ein Gast die Wohnung betritt. Gegenkonditionierung kann auch in Form einer Verhaltenstherapie, wie zum Beispiel der von O'Farrell (1992) vorgeschlagenen, durchgeführt werden:
„Der Hund wird vorab daran gewöhnt, im Wagen zu sitzen, wenn ihn das nicht aufregt. Im Verlauf einer Trainingseinheit durchläuft der Besitzer eine Hierarchie von Stimuli und belohnt den Hund, solange dieser sich ruhig verhält. Eine typische Hierarchie von Reizen sähe etwa folgendermaßen aus: der Schlüssel wird in die Zündung gesteckt, ohne ihn umzudrehen, der Motor wird angelassen und sofort wieder abgestellt, der Motor wird für längere Zeit laufengelassen, schließlich werden kurze Strecken gefahren... Während der Behandlungsphase sollten mit dem Hund keine längeren Autofahrten unternommen werden".
(S. 100)

Aus rein praktischen Gründen sollten solche komplizierten Verfahren wohl eher als letzter Ausweg statt als Mittel der Wahl betrachtet werden. Viele Besitzer sind nicht Willens, ständig ein großes Maß an Zeit und Mühe aufzuwenden, das nötig wäre, um solch ein Procedere korrekt auszuführen. Ferner gibt es hierbei eine Reihe von Fehlern, die selbst sehr motivierte und aufrichtige Besitzer begehen können. Ebenso schwierig in der Durchführung ist die zweite von O'Farrell vorgeschlagene Methode, jedesmal, wenn der Hund sich aufregt, das Auto anzuhalten, den Motor abzustellen und so lange zu warten, bis der Hund sich wieder beruhigt hat, bevor man ihn wieder startet. Nur wenige Besitzer wären unter den täglichen Verkehrsbedingungen bereit, dies auszuführen. O'Farrell führt alternativ noch folgende Möglichkeiten an: der Hund wird in einen Käfig gesperrt, ihm wird ein Geschirr angelegt, damit er nicht aus dem Fenster sehen kann, oder er sitzt angeschirrt auf dem Vordersitz des Wagens neben dem Besitzer, falls die Trennung vom Besitzer die Ursache seiner Erregung ist. Solch simple Lösungen sind manchmal am realistischsten, effektivsten und vor allem am sichersten für ein potentiell gefährliches Problem wie dieses.

Problematisches Sexualverhalten

Dieser Abschnitt wie auch der darauffolgende, der sich mit maternalen Verhaltensproblemen befaßt, basiert auf den kurzen, aber hervorragenden Erörterungen von Hart und Hart (1985).

Mangelnder Sexualtrieb von Zuchttieren

Hart und Hart (1985) nennen folgende Kausalfaktoren:
- Der Rüde ist eventuell mit der Zuchtstation nicht vertraut genug – oder fühlt sich darin nicht wohl.
- Die Fehlorientierung des Rüden beim Bespringungsversuch kann aus mangelnden frühen Kontakten und Spielen sexueller Prägung mit anderen Hunden resultieren.

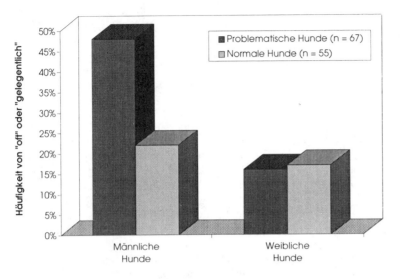

Abb. 18.1: Anteil von Besitzern problematischer bzw. normaler Hunde, die die Frage „Zeigt Ihr Hund Sexualverhalten gegenüber Menschen?" mit „gelegentlich" oder „oft" beantworten

- Hündinnen ziehen auch am Höhepunkt des Östrus manche Rüden anderen vor, daher ist ein Mangel an sexuellem Interesse der Hündin auch aus dieser Warte zu sehen.
- Hündinnen, die nicht paarungsbereit sind, machen eventuell einen „stillen Östrus" durch, ein Zustand, in dem die Hündin „sich zwar physiologisch im Östrus befindet, sich aber nicht entsprechend verhält".
- Auch Rüden zeigen im Hinblick auf Sexualkontakte Präferenzen für manche Hündinnen, mit denen sie sich bevorzugt paaren.

Unerwünschtes Bespringungsverhalten

Meist ist dieses Verhalten auf Arme oder Beine von Menschen gerichtet, aber auch unbelebte Gegenstände wie Handtücher oder Kissen können Ziel dieses Verhaltens sein. Die Abbildung 18.1 zeigt einige relevante Daten, die den Antworten der Besitzer problematischer und nichtproblematischer Hunde aus dem Fragebogen zur Klienteninformation aus Kapitel 6 entstammen.

Der Unterschied zwischen den 32 Rüden und 23 Hündinnen in der normalen, nicht problematischen Gruppe war erstaunlich gering angesichts der weitverbreiteten Ansicht, daß das Problem unter Rüden viel häufiger auftritt. Zwar bestand kein Unterschied zwischen problematischen und unproblematischen Hündinnen, doch war die relative Häufigkeit des Bespringens unter Rüden mit Verhaltensproblemen doppelt so hoch wie bei Rüden ohne signifikante Verhaltensprobleme. In der Vermutung, daß dies in direktem Zusammenhang mit Dominanz zu sehen ist (da Bespringen häufig von Hunden eingesetzt wird, um ihre Dominanz über andere zu demonstrieren, und gleichzeitig Dominanzprobleme bei Rüden häufiger sind), wurden die Ergebnisse über die 48 problematischen Rüden in eine Gruppe mit gering- bis hochgradigen Dominanzproblemen und eine Gruppe problematischer Hunde, die aber kein problematisches Dominanzverhalten zeigen, aufgeteilt. Hier zeigten 50 % der Rüden mit gering- bis hochgradigen dominanzbezogenen Problemen (n = 30) zumindest gelegentliches Bespringen, während diese Zahl bei Rüden, die keine Anzeichen von Dominanzproblemen aufwiesen (n = 18), bei 44 % lag. Dies scheint darauf hinzuweisen, daß der Dominanz im Hinblick auf Bespringungsversuche bei Menschen eine weitaus geringere Rolle zukommt, als in der Regel angenommen wird.

Eine mögliche Erklärung des Unterschieds im Bespringen bei normalen und problematischen Rüden liegt in den größeren Problemen, die Besitzer problematischer Rüden haben, das unerwünschte Verhalten unter Kontrolle zu bringen. Nahezu alle Besitzer finden dieses Verhalten abstoßend, schelten den Hund dafür und versuchen, ihn sogleich von sich wegzuschieben. Die Daten aus Abbildung 18.1 repräsentieren daher möglicherweise den Anteil derjenigen Rüden und Hündinnen, die das Problemverhalten trotz der Versuche der Besitzer, diese Angewohnheit zu unterbinden, entweder gelegentlich oder häufig zeigen. Entsprechend belegt die Diskrepanz zwischen problematischen und normalen Rüden möglicherweise nur die Unfähigkeit der Besitzer problematischer Rüden, problematisches Verhalten jedweder Art zu beherrschen – sowohl geringere Probleme wie dieses, als auch schwerere Verhaltensprobleme, aufgrund derer die Hunde vorgestellt werden. Das Fehlen eines ähnlichen Effektes bei Hündinnen mag darauf hindeuten, daß Bespringungsverhalten bei ihnen nicht so hoch motiviert und/oder so schwer zu kontrollieren ist wie bei Rüden.

Bespringen bei Welpen

Dieses Verhalten ist bei Welpen häufig zu beobachten und meist auf Kinder gerichtet. Hart und Hart (1985) sind der Ansicht, daß es sich hier um ein „spielerisches Sexualverhalten bei Welpen" handelt, das sich meist von allein verliert. Durch milde Bestrafung (z. B. Schelte und Wegschieben) sollte es jedesmal unterbunden werden.

Bespringen bei älteren Hunden

Hart und Hart (1985) sowie O'Farrell (1992) haben folgende mögliche Kausalfaktoren herausgestellt:
- Bespringen von Menschen ist ein Zeichen für die zu früh erfolgte Entfernung des Welpen von seinem Wurf und einen damit verknüpften Mangel an Kontakt zu anderen Hunden in einer frühen Lebensphase. Die Umrichtung des Sexualverhaltens auf die Spezies, mit der ein Tier während einer kurzen, aber entscheidenden Phase seines frühen Lebens Kontakt hatte, ist ein Aspekt, der häufig mit der Prägung verschiedener Spezies assoziiert wird, bei denen offensichtliche „Fehlidentifikationen mit der eigenen Art" auftreten (Grier und Burk, 1992). Scheinen sich Hunde gar nicht für Artgenossen zu interessieren, reagieren sie aggressiv oder zumindest unbeholfen und zwiespältig, wenn diese sich ihnen nähern, so kann auch dies ein Zeichen früher Erfahrungsdefizite sein.

Diese Erklärung mag zwar einleuchtend scheinen, aber Daten aus Befragungen (unter Verwendung des Fragebogens zur Klienteninformation aus Kapitel 6) der Besitzer von 40 problematischen und 29 normalen Rüden, ob ihre Hunde manchmal (1) mit anderen Hunden spielen oder (2) auf Menschen gerichtetes Sexualverhalten zeigen, unterstützen diese simple Erklärungsmethode nicht, die davon ausgeht, daß Hunde, die beständig Menschen zu bespringen versuchen, auf Menschen statt auf Hunde geprägt sind. Wäre dem so, dann müßten Hunde, die Menschen zu bespringen versuchen, mit denen identisch sein, die nie mit anderen Hunden spielen – eines der Leitsymptome eines gestörten intraspezifischen Sozialverhaltens. Tabelle 18.2 jedoch belegt beinahe das exakte Gegenteil: Hunde, die auf Menschen gerichtetes Sexualverhalten zeigen, spielen demnach häufiger mit anderen Hunden als diejenigen, die ihren Besitzern gegenüber niemals Sexualverhalten an den Tag legen.

Tabelle 18.2: Relative Häufigkeit, mit der Rüden, die Sexualverhalten gegen Menschen zeigen, bzw. Rüden, die dies nie zeigen, zumindest gelegentlich mit anderen Hunden spielen

	Normale Rüden	Problematische Rüden
Bespringen Menschen häufig oder gelegentlich	86%	84%
Bespringen Menschen nie	73%	62%

- Bespringen kann zur Belohnung von Aufmerksamkeit heischenden Konsequenzen für den Hund führen. Ansatzweises Schelten des Hundes für sein Verhalten kann eher als Belohnung statt als Bestrafung empfunden werden (z. B. der klassische Fall des vernarrten Besitzers, der seinen Hund verliebt ansieht und ihn sanft darauf hinweist, das eben ausgeführte Verhalten sei verboten). Einige Besitzer finden das Bespringen gar amüsant, lachen über den Hund und tolerieren das Verhalten für eine Weile oder versuchen es sogar zu provozieren, um ihre Freunde zu belustigen.

- O'Farrell (1992) stellt die Hypothese auf, daß Bespringen oftmals „weniger Ausdruck einer aberranten sexuellen Präferenz, als vielmehr eine Übersprunghandlung in Antwort auf einen Konflikt oder Aufregung" ist. Des weiteren werde das Verhalten oftmals durch Fremde ausgelöst, „durch die der Hund in einen Konflikt zwischen Freundlichkeit und Aggression gerät", oder durch Kinder, „die mit Hunden wilder umgehen als andere und ihnen widersprüchliche Signale geben, die für die Hunde schwer zu interpretieren sind" (S. 112). Diese Annahme scheint plausibel und einer Erwägung wert, wenn ein erhöhter Erregungszustand oder ein möglicher Konflikt wiederkehrende Aspekte spezifischer Situationen sind, in denen Bespringen auftritt.

Konsequente Bestrafung durch Wegschieben des Hundes und ausreichend heftige Schelte, um ihn von der Wiederaufnahme des Verhaltens abzuhalten, reicht in der Regel aus, um das Problem zu mildern oder zu beseitigen. Obwohl Hart und Hart (1985) ebenfalls diese direkte Bestrafungsmethode mit „sozialer Isolation oder zumindest Ignorieren des Hundes für etwa eine Stunde" empfehlen, gibt es anerkannten Lerngrundsätzen für Tiere zufolge keinen Grund zu der Annahme, daß diese Art der lang andauernden „Bestrafung" einen Effekt auf das Bespringungsverhalten des Hundes hat. Man bestraft ein *Verhalten* und nicht das Tier selbst, wobei Bestrafung nur dann einen Sinn hat, wenn sie unmittelbar auf das zu bestrafende Verhalten eintritt. Daher ist der tatsächliche Entzug der Aufmerksamkeit das bestrafende Element, nicht aber die darauffolgende Zeit des Ignorierens.

Eine Kastration oder die Behandlung mit Progestinen ist laut einiger Berichte in vielen Fällen erfolgreich (O'Farrell, 1992; Hart und Hart, 1985). Bedenkt man allerdings, daß es sich um ein vergleichsweise geringes Problem handelt, das leicht eliminiert oder durch Bestrafung zumindest unterdrückt werden kann, gibt es kaum eine Rechtfertigung für die drastischen Maßnahmen.

Streunen

Nichtkastrierte Rüden nehmen zuweilen den Geruch einer läufigen Hündin auf und verschwinden für einige Stunden oder zuweilen auch Tage. Kastration scheint hier in etwa 90 % der Fälle (Hopkins et al., 1976) wirksam zu sein. Natürlich kann eine Kastration das Problem nicht lösen, wenn die Gründe des Weglaufens zum Beispiel in simpler Neugier, Kontaktsuche oder Spieltrieb mit anderen Hunden sowie Nahrungssuche liegen. Die meisten Besitzer haben genügend Erfahrung mit ihrem Hund, um die Ursachen zu erkennen. Sie haben entweder schon gesehen, wie stark ein läufiges Weibchen auf ihren Hund wirkt, oder sie haben ihren Hund nach einem seiner Ausbrüche wiedergefunden und wissen daher, wohin er läuft und warum.

Maternale Verhaltensprobleme

Nervosität und Kannibalismus

Muttertiere werden zuweilen übermäßig nervös und attackieren oder fressen ihre eigenen Jungen. In der Diskussion dieser Problematik weisen Hart und Hart (1985) darauf hin, daß Kannibalismus am eigenen Nachwuchs bei vielen Säugern zu beobachten ist (sowohl bei Wildtieren als auch bei domestizierten Tieren). In freier Wildbahn besteht eine wesentliche Funktion dieses Verhaltens darin, „die Wurfgröße den Umweltbedingungen und dem Nahrungsangebot zum Zeitpunkt des Werfens anzupassen". Auch die Entfernung kränklicher Welpen vom Rest des Wurfes, bevor die anderen sich anstecken, ist ein möglicher Grund.

Mit Ausnahme des Fressens eines kränklichen Welpen, scheint es bei Haushunden, die gut versorgt sind, keine biologische Rechtfertigung für dieses Handeln zu geben. Über die Gründe dieser Maladaption spekulierend, zählen Hart und Hart kommentarlos eine Reihe weitverbreiteter Ansichten auf, wonach diese Form des Kannibalismus möglicherweise mit der Unreife des Muttertiers, fehlender Erfahrung mit einer Mutterschaft, Hyperemotionalität und Störfaktoren aus der Umwelt zusammenhängt. Die Autoren gehen in ihren Hypothesen davon aus, daß zum einen Störfaktoren aus der Umwelt Kannibalismus auslösen könnten, da die ihm zugrundeliegenden Mechanismen zwangsläufig dahingehend programmiert sein müssen, bereits auf die ersten Anzeichen von Abnormalitäten bei einem Welpen zu reagieren (z. B. Welpe ist kalt oder inaktiv) – das heißt, bevor es so krank wird, daß es die übrigen Wurfgeschwister ansteckt. Zum anderen könnte beim Partus mit der Austreibung der Plazenta der Abfall des Progesteronspiegels unter Umständen „Irritabilität und Aggression gegen den Nachwuchs auslösen".

Ein Hauptargumentationspunkt dieses Kapitels bei Hart und Hart ist die Tatsache, daß das menschliche Eingreifen im Verlauf des gesamten Domestikationsprozesses maladaptiven Genen für maternale Verhaltensprobleme, die in freier Wildbahn ausgemerzt würden, Möglichkeit zur Kumulation gegeben hat. Dies wiederum impliziert eine genetische Beteiligung an maternalen Verhaltensanomalien, wie Kannibalismus und Vernachlässigung gesunder Welpen unter günstigen Umweltvoraussetzungen.

Gleichgültigkeit des Muttertieres

Hart und Hart (1985) nehmen daher an, daß solche domestikationsbedingten, maladaptiven Gene oder Gengruppen auch für die Vernachlässigung der Jungen durch das Muttertier verantwortlich sind. Es können jedoch noch zwei weitere Faktoren eine Rolle spielen: eine Art hormonaler Defekt der dem maternalen Verhalten zugrundeliegenden Mechanismen oder, wenn der Wurf zum Beispiel nur ein einziges Junges hervorbringt, ein Mangel an visuellen, olfaktorischen und akustischen Reizen, die von den Welpen ausgehen und zur Aufrechterhaltung des Mutterinstinktes notwendig sind – ein bei Ratten experimentell nachgewiesener Effekt.

Abgesehen von der Tatsache, daß genetisch vorprogrammiertes Verhalten beteiligt zu sein scheint, das aus unbekannten Gründen nicht richtig abläuft, weiß man im Grunde nur wenig über diese Problematik. Wie auch bei Kannibalismus, ist der Handlungsspielraum der Besitzer begrenzt. Außer der Beseitigung eventueller Störfaktoren in der Umwelt bleibt ihnen nur, das Verhalten des Muttertiers genau zu beobachten und bei aberrantem Verhalten einzugreifen.

Pseudogravidität

Pseudogravidität ist eine bekannte Erscheinung bei nichtgraviden Hündinnen, die maternales Verhalten, wie Nestbau, Bewachung abgeschlossener Bereiche und Bemutterung bestimmter Gegenstände, ebenso beinhaltet wie damit zusammenhängende Veränderungen der Physis, z. B. geblähtes Abdomen, ödematöser Uterus, Anschwellen der Mammaleiste sowie unter Umständen Laktation (Voith, 1980). In einem exzellenten, ausführlichen Artikel zu diesem Thema stellt Voith (1980) die Hypothese auf, daß es sich um ein prinzipiell normales canines Phänomen handelt, dessen Funktion in freier Wildbahn darin liegt, die „Tanten" von Welpen zu Ammen zu machen, die zum Überleben eines Wurfes beitragen können – ein adaptiver Mechanismus der freien Wildbahn aufgrund der engen genetischen Verwandtschaft junger und unfruchtbarer weiblicher Rudelmitglieder. Der Autor präsentiert auch Zahlen, die das nicht unerhebliche Potential eines solchen Mechanismus in einem wolfähnlichen Rudel verdeutlichen.

Die bei heutigen Haushunden aus genetischer Sicht maladaptive Pseudogravidität, die die Besitzer unter Umständen veranlaßt, ihre Hündinnen ovariohysterektomieren zu lassen, ist ein im wesentlichen funktionsloses Überbleibsel eines vormals in freier Wildbahn sinnvollen Mechanismus. Dies ist ähnlich einzustufen wie vorprogrammiertes Jagdverhalten von Haushunden. Auch dieses Verhaltensmerkmal hat seine Bedeutung verloren, da es dem „unnatürlichen" Umfeld an vielen Merkmalen und Voraussetzungen fehlt, unter deren Beteiligung sich ein artgemäßes Verhaltensrepertoire entwickelt.

Selbstverständlich verhindert eine Ovariohysterektomie künftige Pseudograviditäten, und sowohl Voith (1980) als auch Hart und Hart (1985) empfehlen eine Behandlung mit *Megestrolazetat* in einer Dosierung von 2 mg/kg per os einmal am Tag, die häufig die Symptome unterdrückt. (Zu Nebenwirkungen und anderen wichtigen Informationen siehe den Abschnitt „Medikamentöse Therapie" des Kapitels 8.)

Gestörte Nahrungsaufnahme

Pica (Allotriophagie)

Manche Hunde fressen immer wieder unangemessene Materialien wie Steine oder andere Gegenstände, die Obstruktionen verursachen können und chirurgisch behoben werden müssen (Houpt, 1991). Die Ursache dieses Verhaltens ist zwar unklar, aber Hart und Hart (1985) legen nahe, daß es sich um ein Aufmerksamkeit heischendes Verhalten handeln könnte, das sich im Laufe der Zeit infolge der unabsichtlichen Belohnung durch den Besitzer entwickelt, der sich sorgt, wenn das Tier Objekte aufnimmt, festhält und schließlich abschluckt (z. B. Aufmerksamkeit im Zusammenhang mit der Sorge um das Wohlergehen des Hundes oder Verfolgen des Hundes, was dieser möglicherweise genießt).

O'Farrell (1992) vermutet, daß eine Art Verwechslung der unterschiedlichen Funktionen des Maules eine Rolle spielen könnte: „Manchmal verwechselt das Tier die Funktionen und schluckt einen Gegenstand, den es ursprünglich nur untersuchen oder entfernen wollte" (S. 108). Wie es zu dieser Verwechslung kommt – falls es sich um eine solche handelt –, ist allerdings unklar.

Jedenfalls empfehlen die Autoren übereinstimmend, das Verhalten entsprechend der Vorgehensweise für Aufmerksamkeit heischendes Verhalten zu behandeln, d. h., entweder die Methode der *Extinktion* anzuwenden, bei der jede Aufnahme von Gegenständen mit dem Maul vom Besitzer ignoriert wird, oder die *anonyme Bestrafung*, bei der beliebte Gegenstände mit etwas Aversivem, wie Pfeffer, „präpariert" werden.

Verschluckt der Hund Gegenstände erst dann, wenn man sich ihm nähert, um sie ihm wegzunehmen, sollte diese Vorgehensweise eingestellt werden. Sind die Gegenstände gefährlich oder für den Besitzer von Wert oder unterläßt er das Abschlucken trotz der Ignoranz des Besitzers nicht, kann der Hund in speziellen Übungseinheiten dazu erzogen werden, Gegenstände auf Kommando fallen zu lassen, indem man Leckerbissen als Belohnung für wiederholtes, gehorsames Fallenlassen von Objekten einsetzt, die dem vom Hund bevorzugten Gegenstand zunehmend ähnlich sind. Der Gegenstand wird dem Hund zum Festhalten im Maul angeboten, danach wird der Hund sofort für das Fallenlassen des Objektes auf Kommando belohnt. Später wird, wann immer der Hund etwas im Maul trägt, nach dem gleichen Schema vorgegangen: der Besitzer zeigt dem Hund die Belohnung, die dieser erhält, sobald er den Gegenstand fallen läßt. O'Farrell (1992) schlägt zusätzlich eine Intervention seitens des Besitzers vor (in die Hände klatschen, um den Hund abzulenken), sowie er beobachtet, daß der Hund sich dem Objekt nähert. Der Hund soll dann gerufen und für sein Kommen belohnt werden, indem man beispielsweise einen Ball für ihn wirft.

Houpt (1991) weist darauf hin, daß das ständige Angebot von Nahrung, zur Verfügung stehende „attraktive, aber gleichzeitig ungefährliche" Spielsachen und das Tragen eines Maulkorbes manchmal sinnvoll oder auch nötig sind.

Frißt der Hund Gras, erinnern Hart und Hart (1985) daran, daß dies eine Reaktion auf ein gastrointestinales Problem sein könnte, sofern es Erbrechen auslöst oder eine abführende Wirkung entfaltet. In diesem Falle dient das Verhalten dazu, „den Körper von Endoparasiten zu reinigen".

Koprophagie

Koprophagie bzw. das Fressen von Kot ist eine unter Haushunden verbreitete Unart. Abbildung 18.2 zeigt vergleichend die relative Häufigkeit dieses Verhaltens in einer problematischen (n = 67) und einer unproblematischen (n = 55) Gruppe von Hunden. Warum dieses Verhalten bei Hündinnen häufiger auftritt als bei Rüden, ist unklar. Wie schon im vorangegangenen Abschnitt zum Sexualverhalten gemutmaßt, ist auch hier die größere Häufigkeit des Kotfressens bei problematischen Hunden vermutlich auf die Unfähigkeit der Besitzer dieser Hunde zurückzuführen, ihre Hunde bei kleineren Verhaltensproblemen unter Kontrolle zu halten, wie dies bei Besitzern unproblematischer Tiere der Fall ist.

Grundsätzlich fehlt es an experimentellen Studien über Koprophagie, aber auch am Verständnis der Problematik. Hart und Hart(1985) bieten folgende Erklärungsvarianten an:

- Es handelt sich möglicherweise um eine Übersprungshandlung aus „Langeweile" – d. h. um eine aus ihrem Funktionsbereich herausgelöste Aufnahme von fäkalen Ausscheidungsprodukten von Welpen, die bei Muttertieren genetisch vorprogrammiert ist. Die Beobachtung, daß dieses Verhalten besonders häufig bei Hunden auftritt, die geraume Zeit allein und eingesperrt verbringen, geht mit dieser Hypothese konform.
- Es mag sich aber auch um ein Aufmerksamkeit heischendes Verhalten handeln, das von den Besitzern in gleicher Weise belohnt wird wie im Falle von Pica. Da das Verhalten als abstoßend empfunden wird, reagieren manche Besitzer sehr heftig und unmittelbar darauf, indem sie den Hund rufen und ihn mit Spielen oder Leckerbissen abzulenken versuchen.
- Unter Umständen geschieht Koprophagie als Reaktion auf ein unerkanntes Ernährungsdefizit.
- Bei sehr jungen Tieren kann es dazu beitragen, „eine geeignete Darmflora aufzubauen" oder auch eine Population erwünschter, verdauungsstimulierender Mikroorganismen zu etablieren.

O'Farrell (1992) fügt eine weiter Möglichkeit hinzu:

- Wie das Aasfressen, kann auch Koprophagie ein Ausdruck „instinktiver Bevorzugung bereits verderbender Nahrung sein".

Schließlich merkt Houpt (1991) an:

- Die orale Aufnahme der Fäzes von Huftieren, insbesondere von Pferdefäzes, die „mit den Produkten der groben intestinalen Fer-

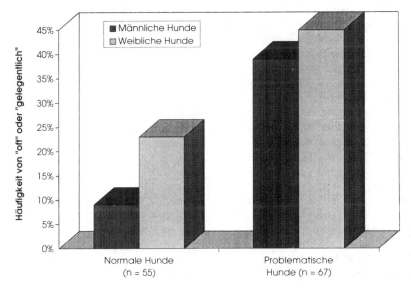

Abb. 18.2: Anteil von Besitzern problematischer bzw. normaler Hunde, die die Frage „Frißt Ihr Hund Exkremente?" mit „gelegentlich" oder „oft" beantworten

mentation angereichert sind und einen Hund vermutlich am Leben erhalten können, wenn kein Fleisch zur Verfügung steht" (S. 288), ist eine natürliche Verhaltensweise, die auf den Kot anderer Spezies „umgerichtet" sein kann, wenn keine Fäzes von Huftieren verfügbar sind.

Houpt (1991) führt noch weitere mögliche Ursachen an, z. B. daß Hunde ihre eigenen Fäzes fressen und damit ihren „Besitzer imitieren, der diese entfernt", oder versuchen, „den Beweis verschwinden zu lassen, da die Bestrafung für Kotabsatz im Haus darin besteht, die Nase des Hundes in den Kot zu reiben". Allerdings scheint wenig für diese Vorstellungen zu sprechen. Hunde imitieren beobachtetes Verhalten nicht auf diese direkte Art und Weise, und kein Tierverhaltensforscher würde Tieren die Fähigkeit zu solch menschlichem, kalkulierendem Verhalten zuerkennen.

Koprophagie bei einem Hund, der seine eigenen Fäzes nur dann frißt, wenn er über einen langen Zeitraum allein eingesperrt ist, läßt sich behandeln, indem man die Fäzes mit einem für den Hund übelschmeckenden Mittel, wie scharfer Pfeffer, präpariert. Damit könnte eine konditionierte Aversion gegen Fäzes erreicht werden (Hart und Hart, 1985). Houpt (1991) empfiehlt die Injektion von scharfer Pfeffersauce in die Exkremente, damit die Präparation für den Hund nicht sofort offenbar wird, wie dies beim Bestreuen mit Pfeffer der Fall wäre.

O'Farrell (1992) stellt fest, daß Veränderungen des Speiseplans manchmal dazu beitragen, dem Hund die eigenen Fäzes weniger schmackhaft erscheinen zu lassen. Sie schlägt vor, (1) eine ballaststoff- und proteinreiche, kohlenhydratarme Nahrung anzubieten, (2) ein Eisenzusatzpräparat zu verabreichen, (3) der Nahrung für die Dauer von etwa einer Woche verstärkt Pflanzenöl in einer Dosierung von etwa 15 ml/4,5 kg Körpergewicht zuzusetzen (Dosierungsanweisung nach McKeown et al., 1988) und/oder (4) dem Hund mehrmals täglich kleinere Nahrungsportionen anzubieten, wodurch, ähnlich der Ballaststoffanreicherung, das Völlegefühl verstärkt und der Appetit des Hundes reduziert wird. Im Zuge dessen empfiehlt Houpt (1991), die Hundenahrung mit Pankreasenzymen oder Fleischemulgatoren anzureichern, was den Geschmack der Fäzes verdirbt. Sie verweist zudem auf die Möglichkeit, eine konditionierte Geschmacksaversion zu erzeugen, indem *Apomorphin* in die Fäzes injiziert wird, was kurz nach Ingestion zu Übelkeit und Erbrechen führt. Da diese Lerneffekte oftmals nur mit neuartigem Futter zu erreichen sind, lenkt Houpt ein, daß dies nur funktionieren wird, wenn die Unart der Koprophagie neueren Ursprungs ist und der Hund nicht bereits zuvor gelernt hat, daß es sich bei Fäzes um „ungefährliches Futter" handelt. Zuletzt zitiert sie einen Fall, bei dem das Problem durch eine Nahrungsumstellung, die weiche Fäzes produzierte, gelöst wurde.

Welche dieser Methoden auch anwendet werden, sollte man immer bedenken, daß es im Falle einer Übersprungshandlung, die signalisiert, daß der Hund unter seinen gegebenen Haltungsbedingungen leidet, aus ethischen und auch praktischen Gründen angezeigt ist, diese Bedingungen zu verändern. Ist es unvermeidlich, den Hund allein zu lassen, sollte zumindest dafür gesorgt sein, daß im Laufe des Tages jemand vorbeikommt, der etwas Zeit mit ihm verbringt und mit ihm spazieren geht.

Frißt der Hund auf Spaziergängen Fäzes, kann man versuchen, (1) das Verhalten beharrlich zu ignorieren, wodurch das Problem schließlich eliminiert werden kann, falls der Grund dafür in der unabsichtlichen Belohnung des Verhaltens durch den Besitzer lag, (2) den Hund bei jedem Vorfall dieser Art heftig schelten – die von den meisten Besitzern oftmals mit Erfolg praktizierte Verfahrensweise – oder (3) ein wenig mit der Nahrungszusammensetzung zu experimentieren, wenn ein Ernährungsdefizit als Ursache in Betracht kommt.

Anorexie

Für Anorexie oder mangelnden bzw. fehlenden Appetit geben Hart und Hart (1985) folgende mögliche Kausalfaktoren an:
- Medizinische oder physiologische Ursachen, wie beispielsweise eine gastrointestinale Erkrankung oder eine Futtermittelall-

ergie. Die Autoren verweisen darauf, daß Anorexie eine adaptive Reaktion auf Krankheiten ist; die damit einhergehende Inappetenz beim wild lebenden Tier führt dazu, daß es sich in seiner Höhle verkriecht und so Hitze konserviert, damit die Körpertemperatur ausreichend erhöht bleibt, um Erregern entgegenzuwirken".
- Konditionierte Aversion gegen Futter als Ergebnis einer gastrointestinalen Erkrankung, die durch ein Futterallergen hervorgerufen wird.
- Aufmerksamkeit heischendes Verhalten bei einem Hund, der gelernt hat, daß anorexisches Gebaren bei seinem Besitzer Besorgnis hervorruft. Besonders offensichtlich ist ein solcher Effekt bei Tieren, die bereits im Vorfeld dieser anorexischen Episode im Verlauf der letzten Monate bezüglich der Nahrungsaufnahme und der Fütterungsweise zusehends wählerischer wurden. Der Hund verweigert beispielsweise jegliche Nahrung mit Ausnahme speziell gekochten und gewürzten Fleisches, frißt aber selbst dieses nur, wenn der Besitzer auf einem Stuhl neben dem Hund sitzt, um ihm Gesellschaft zu leisten.
- Emotionale Gründe wie der von Hart und Hart (1985) zitierte Fall, in dem ein Hund „depressiv" wirkte und die Nahrungsaufnahme verweigerte, nachdem ein Junge, der zuvor viel Zeit mit dem Hund verbracht hatte, das Interesse verlor und statt dessen begonnen hatte, mit anderen Kindern zu spielen. Häufiger sind vermutlich Situationen wie die von O'Farrell (1992) beschriebenen, die eine drastische Veränderung des Umfeldes oder den Verlust einer vom Hund sehr geschätzten Person beinhalten – beispielsweise die vorübergehende Unterbringung in einem Zwinger, ein Umzug oder der Tod beziehungsweise der Weggang einer Person aus dem Haushalt.

Zusätzlich fügt O'Farrell (1992) die Möglichkeit an, daß besorgte Besitzer durch ihre Bemühungen, den Hund zum Essen zu bewegen, eine Aversion des Hundes gegen die Situation der Nahrungsaufnahme provozieren, was die Problematik weiter verschärft.

Je nach den Kausalfaktoren können verschiedene Behandlungstypen indiziert sein. Liegt die Ursache in einer infektiösen Erkrankung, empfehlen Hart und Hart (1985) den Besitzern, erst nach Abklingen der Krankheit, während der Rekonvaleszenz, dem Tier bei der Wiedererlangung seines normalen Appetits zu helfen. Sollte eine respiratorische Erkrankung zugrunde liegen, die zum Verlust des Geruchssinns und in der Folge zu Inappetenz geführt hat, trägt unter Umständen die Stimulierung der Geschmackrezeptoren durch das Verbringen von Futter in die Mundhöhle zur Wiedererlangung des Appetits bei.

Ist ein emotionales Problem die Ursache, legen Hart und Hart dem Berater nahe, das emotionale Problem zu identifizieren und zu lösen (z. B. indem sie dem Besitzer im oben genannten Fall empfehlen, ein anderes Kind als Spielgefährten für den Hund zu finden) und/oder ein appetitanregendes Medikament zu verabreichen (z. B. *Medroxyprogesteron*). Houpt (1991) empfiehlt *Diazepam*. (Zu Nebenwirkungen und anderen wichtigen Informationen siehe den Abschnitt „Medikamentöse Therapie" des Kapitels 8.)

Versuchen Besitzer, den Hund mit zuviel Nachdruck zum Fressen zu bringen, und provozieren dadurch eine Aversion dagegen, sollten sie nach O'Farrell (1992) dem Hund zweimal täglich für 5–10 min schmackhaftes Futter anbieten, das Tier während dieser Zeit völlig unbehelligt lassen und das Futter nach Ablauf der Zeit entfernen, wenn der Hund es nicht gefressen hat. Im Extremfall, wenn der Besitzer diese Behandlung nicht konsequent durchzuführen vermag, können einige Tage in einer anderen Familie, mit emotional weniger eingebundenen Personen hilfreich sein.

Ein ähnlicher Ansatz ist angebracht, wenn es sich bei der Anorexie im Grunde genommen um Aufmerksamkeit heischendes Verhalten handelt. Zwar wird eine Extinktion durch Entfernung aller möglichen Quellen der Belohnung des Problemverhaltens durch den Besitzer auf lange Sicht erfolgreich sein. Aber da sich das Problem auf den Entzug der Aufmerksamkeit hin primär verschlimmern wird, bedarf es einer genauen Aufklärung der Besitzer, was sie zu Beginn der Behandlung erwartet. Eine konsequente Compliance der Besitzer wird zudem im Vergleich zu anderen Aufmerksamkeit heischenden Problemen dadurch erschwert, daß sich die Anorexie negativ auf das Wohlbefinden des Hundes auswirken kann. Auf die Ängste der Besitzer einzugehen, sie in der Anfangsphase der korrektiven Behandlung durch regelmäßigen Kontakt zu unterstützen und günstige Voraussetzungen zur Nahrungsaufnahme auch bei fehlender Aufmerksamkeit des Besitzers zu schaffen, indem das Futter ganz besonders schmackhaft dargeboten oder mit appetitanregenden Pharmaka versetzt wird, kann in diesen Fällen hilfreich oder auch nötig sein.

Adipositas

Houpt (1991) stellt fest, daß dies das häufigste Problem im Zusammenhang mit der Nahrungsaufnahme ist; 20–30 % aller Hunde, und davon doppelt so viele ovariohysterektomierte Hündinnen als intakte Tiere (aufgrund der geringeren Aktivität und/oder vermehrten Nahrungsaufnahme durch den Wegfall der Östrogenproduktion infolge der Ovariohysterektomie), sind davon betroffen. Hart und Hart (1985) erinnern daran, daß medizinische Erkrankungen wie Hypopituitarismus, Inselzelltumoren, überschießende Produktion von Kortikosteroiden, sowie Kraniotumoren, die Druck auf den ventromedialen Hypothalamus verursachen, ebenfalls zu Adipositas führen können.

Sowohl Houpt (1991) als auch Hart und Hart (1985) halten die Schmackhaftigkeit von Futter in vielen Fällen für mitverantwortlich bei der Entstehung dieses Problems. Houpt (1991) geht davon aus, daß sich Adipositas problemlos durch Nahrungsrestriktion und Verfütterung kommerzieller, kalorienreduzierter Nahrung kontrollieren läßt. Sie weist jedoch darauf hin, daß Hunde auf die „Streckung der Kalorienzufuhr" reagieren und noch heftiger um Futter betteln werden; aus der Sicht des Besitzers eine unerwünschte Nebenwirkung. Nichtsdestoweniger, bemerkt Houpt (1991), „fällt es den meisten Besitzern leichter, das Gewicht ihrer Haustiere zu kontrollieren anstatt ihr eigenes".

Diese direkte Vorgehensweise schlägt jedoch häufig fehl. O'Farrell (1991) liefert einen hervorragenden Bericht über die Fehleinschätzungen von Besitzern bezüglich des Nahrungsbedarfs ihrer Hunde, ihre Fütterungsgewohnheiten, das Vergnügen und die Befriedigung, die sie aus der Fütterung beziehen, und die emotionalen Barrieren, die sie empfinden, wenn sie dem Tier etwas vorenthalten, das es offensichtlich sehr begehrt. Diese Faktoren gestalten eine konsequente Compliance mit der Methode der Futterrestriktion/Kalorienreduktion ausgesprochen schwierig. Nach O'Farrell ist es daher für eine effektive Compliance wichtig, daß der Berater diese Aspekte erkennt, versteht und mit den Besitzern diskutiert. So kann den Besitzern beispielsweise erklärt werden, daß Betteln um Futter nicht automatisch mit dem unangenehmen Hungergefühl eines Menschen gleichzusetzen ist. Die Freude, die Besitzer bei der Fütterung ihres Tieres empfinden, kann durchaus hervorgehoben werden, solange gleichzeitig die Notwendigkeit der oben angeführten Maßnahmen nicht außer Acht gelassen wird, unabhängig davon, wie schwer es den Besitzern fällt. Aus praktischen Erwägungen fügt O'Farrell folgende Empfehlungen an: Besitzer können nach wie vor Leckerbissen verteilen, solange die tägliche Gesamtkalorienzahl korrekt bleibt; kommerzielle kalorienreduzierte Nahrung erleichtert die Kontrolle; regelmäßiges Wiegen ist eine hilfreiche Kontrolle zur Bestätigung der diätetischen Maßnahmen; und nicht zuletzt trägt regelmäßiger Auslauf zur Gewichtskontrolle bei und demonstriert dem Besitzer gleichzeitig die positiven Auswirkungen (d. h. größere Fitneß) einer Gewichtsreduktion für den Hund.

Literatur

Askew, H. R. (1991): Eine Einführung in Clinical Animal Behavior. *Der praktische Tierarzt* 72, 279–284.

Borchelt, P. L., and Voith V. L. (1982): Classification of animal behavior problems. *Veterinary Clinics of North America: Small Animal Practice* 12, 571–585.

Burghardt, W. F. (1991): Using drugs to control behavior problems in pets. *Veterinary Medicine* **No-**

vember, 1066–1075

Grier, J. W., and Burk, T. (1992): *Biology of Animal Behaviour.* 2nd edition. St. Louis, Missouri, Mosby – Year Book, Inc.

Fraser, A. F., and Broom, D. M. (1990): *Farm Animal Behaviour and Welfare.* 3rd edition. London: Bailliere Tindall.

Hart, B. L., and Hart, L. A. (1985): *Canine and Feline Behavioral Therapy.* Philadelphia: Lea & Febiger.

Hopkins, S. G., Schubert, T. A., and Hart, B. L. (1976): Castration of adult male dogs: effects on roaming, aggression, urine marking, and mounting. *Journal of the American Veterinary Medical Association* **168**, 1108.

Houpt, K. A. (1991): Feeding and drinking behavior problems. *Veterinary Clinics of North America: Small Animal Practice* **21**, 281–298.

Leuscher, U. A., McKeown, D. B., and Halip, J. (1991): Stereotypic or obsessive-compulsive disorders in dogs and cats. *Veterinary Clinics of North America: Small Animal Practice* **21**, 401–413.

Marder, A. R. (1991): Psychotropic drugs and behavioral therapy. *Veterinary Clinics of North America: Small Animal Practice* **21**, 329–342.

McKeown, D., Luescher, A., and Machum, M. (1988): Coprophagia: Food for thought. *Canadian Veterinary Journal* **28**, 849–850.

O'Farrell, V. (1992): *Manual of Canine Behaviour,* 2nd Edition. Shurdington, Cheltenham, Gloucestershire, England, British Small Animal Veterinary Association.

Overall, K. L. (1992a, b, c): Recognition, diagnosis, and management of obsessive-compulsive disorders, Parts 1, 2, and 3. *Canine Practice* **17** (Issue No. 2, 3, and 4).

Parker, A. J. (1989): Behavioral signs of organic disease. In Ettinger, S. J. (ed), *Textbook of Veterinary Internal Medicine,* 3rd ed., Philadelphia, WB Saunders.

Voith, V. L. (1980): Functional significance of pseudocyesis. *Modern Veterinary Practice* **January**.

Voith, V. L. (1989): Behavioral disorders. In Ettinger, S. (ed): *Textbook of Veterinary Internal Medicine.* Philadelphia, WB Saunders.

Behandlung von Verhaltensproblemen bei Katzen

19 Allgemeines zum Verhalten von Katzen

Man geht heute davon aus, daß die Hauskatze, *Felis silvestris catus,* von der afrikanischen Wildkatze oder Kaffirkatze, *Felis silvestris lybica,* abstammt, und nicht, wie früher angenommen, von der europäischen Wildkatze, *Felis silvestris silvestris.* O'Farrell und Neville (1994) führen die Ergebnisse neuester DNA-Aufschlüsselungen an, die „genetisch nahezu eine Übereinstimmung zwischen der Hauskatze und der afrikanischen Wildkatze" belegen, während zur europäischen Wildkatze deutliche Unterschiede bestehen.

Der Domestikationsprozeß der Katzen ist mit großer Wahrscheinlichkeit grundlegend anders verlaufen als der der Wölfe, die vermutlich als Welpen von primitiven Jäger-Sammler-Verbänden adoptiert, primär als Jagdgefährten oder Bewacher der Lager eingesetzt wurden und sich schließlich in der Gefangenschaft vermehrten. Hier wurden sie bewußt oder unbewußt nach Eigenschaften wie besondere Gelehrsamkeit, geringe Ängstlichkeit und verminderte Aggressivität innerhalb des Sozialverbandes selektiert. Bei Katzen hat sich offenbar die *mutualistische* Beziehung zwischen den beiden Spezies immer weiter in Richtung einer zunehmend engeren, dauerhaften Bindung entwickelt. Bei einer mutualistischen Beziehung zwischen zwei unterschiedlichen Arten bezieht jede einen gewissen Vorteil aus der Verbindung (Grier und Burk, 1992). Es wird angenommen, daß die dichte Besiedelung der Getreidespeicher und Müllhalden der Dörfer des alten Ägyptens mit Nagern eine große Menge an felinen Jägern ernährt hat. In Anbetracht der auf Getreidewirtschaft basierenden Wirtschaft Ägyptens haben die Menschen die Fähigkeit der Katzen zur Kontrolle der Nagerpopulation mit Sicherheit zu schätzen gewußt. In den Anfangsphasen dieser Beziehung entwickelten sich unter dem Selektionsdruck bevorzugt Katzen, die Menschen weniger fürchteten oder sich schneller an sie gewöhnten. Als diese Katzen dann auch ihre Jungen in der Nähe ihrer Nahrungsquellen warfen, wodurch ihre Nachkommenschaft in unmittelbarer Nähe zu Menschen aufwuchsen, war der Grundstein gelegt für die Entwicklung jener Art von Beziehung zwischen beiden Spezies, wie wir sie heute kennen.

Ebenso wie Menschen, können auch Wölfe in Gruppen jagen und gemeinsam Beutetiere erlegen, die ihnen an Körpergröße weit überlegen sind. Dies wird als einer der Hauptgründe für das Leben beider Arten in Verbänden angesehen. Die wildlebenden Vorfahren unserer Katzen hingegen lebten als solitäre Jäger und machten nur Jagd auf Beutetiere, die kleiner als sie selbst waren. Wie andere Einzelgänger aus der Familie der Katzen, kamen auch sie nur zusammen, um ein Minimum an Kontakten aufrechtzuerhalten, die zur Fortpflanzung und Aufzucht der Jungen nötig waren, bis diese sich selbst überlassen werden konnten.

Entsprechend sind Hunde und Katzen im Hinblick auf den Grad der Geselligkeit und des Lebens in der Gruppe sehr unterschiedlich veranlagt – während Hunde sehr gesellig sind und sich nur in einem stabilen Sozialverband mit einer feststehenden Hierarchie wohl fühlen, sind Katzen im wesentlichen unsoziale Einzelgänger, die die Gesellschaft von Artgenossen nicht brauchen und sogar aktiv meiden. Dies ist allerdings ein sehr vereinfachtes Bild der Katze. Im folgenden wird eine kurze Darstellung der Sozialordnung bei Katzen gegeben, dem Ausgangspunkt zum Verständnis des Verhaltens von Katzen und damit auch ihrer Verhaltensprobleme. Sie basiert auf den zusammengefaßten Ergebnissen einer Reihe von Beobachtungsstudien von Bauernhof- sowie von wildlebenden Katzen aus den letzten zwei Jahrzehnten.

Die soziale Organisationsform von Katzen ist äußerst flexibel, wobei das Nahrungsangebot anscheinend den Ausschlag gibt für den Grad der Geselligkeit der Katzen – d. h., ob sie in Gruppen leben oder als Einzelgänger, die den Kontakt zu Artgenossen meiden und Jagdterritorien gegen Eindringlinge verteidigen. Ist Nahrung nicht unbegrenzt verfügbar, werden keine Verbände gegründet, und die Beschreibung der Katze als unsozialer Einzelgänger ist gerechtfertigt. Weibliche Katzen belegen Gebiete (d. h. das Territorium, das sie in der Regel nutzt), die sich nicht überschneiden; Kater haben in der Regel etwas weitläufigere Gebiete, die Teile von Territorien mehrerer Katzen mit vereinnahmen können. Obwohl sich die Territorien der einzelnen Kater die meiste Zeit des Jahres nicht überlappen, vergrößern sie sich und überschneiden einander während der Paarungszeit. Die weibliche Gebietsgröße wird vom Nahrungsangebot bestimmt, während die der Kater von der Verfügbarkeit von Katzen abhängig ist.

Ist das Nahrungsangebot überreichlich (Müllhalden, regelmäßige Fütterung durch Menschen), bilden Katzen stabile Gruppen von bis zu 10, in manchen Fällen gar bis zu 50 Tieren. Die Tiere verhalten sich untereinander sehr sozial und können aggressiv reagieren, um Eindringlinge aus der Kernzone ihres Gebietes zu vertreiben. Solche Gruppen bestehen in der Hauptsache aus miteinander verwandten Weibchen und deren Nachkommenschaft. Die Katzen tolerieren sich gegenseitig, reagieren aggressiv auf fremde Weibchen und sorgen gemeinschaftlich für die Aufzucht der Jungen, indem sie zuweilen zusammen einen Wurfplatz belegen und die Jungen gemeinsam säugen und mit Beute versorgen. Die Territorien dieser erwachsenen Weibchen überschneiden sich erheblich, haben jedoch eine gemeinsame Kernzone. Bevor systematische Feldstudien neue Erkenntnisse brachten, war man der Ansicht, solche Ansammlungen von Katzen seien reine Zusammenkünfte von Individuen um Futterquellen, ohne einen wirklichen Sozialgruppencharakter aufzuweisen. Diese Tatsache ist aufschlußreich, legt sie doch nahe, daß soziale Interaktionen zwischen Individuen eine gewisse *gegenseitige Toleranz* zwischen den einzelnen Individuen widerspiegeln – ganz im Gegensatz zu der Art intensiver gegenseitiger Anziehungskraft, die für so gesellige Spezies wie Hunde charakteristisch ist.

Um auch Kater in diese Betrachtung einzubeziehen, muß man sich eine Gemeinschaft von Katzen in einer ländlichen Gegend mit mehreren Bauernhöfen vorstellen. Die Kernzone der Territorien der jeweiligen Gruppe weiblicher Katzen bildet erstreckt sich auf den Hof oder die Gegend um die Scheune, wo die Bauernfamilie die Katzen normalerweise füttert. Diese Form der Beziehung ist sowohl für die Menschen als auch für die Katzen von Vorteil. Einerseits werden die Katzen von der Familie gefüttert, weil sie zur Bekämpfung der Nagerpopulation beitragen, die der Familie die Getreideernte streitig macht. Andererseits steht den Katzen sowohl mit dem Futter, das sie von den Menschen erhalten, als auch mit den allgegenwärtigen Nagern ein überreichliches Nahrungsangebot zur Verfügung. Kurz, die heutige Form der Beziehung zwischen Katzen und Bauern ähnelt im Grunde jener, die vor vielen tausend Jahren in Ägypten den Grundstein für die Domestikation gelegt hat.

In solch einer ländlichen Gemeinschaft leben Kater unterschiedlicher Altersstufen. Junge Kater bleiben geraume Zeit in der Gruppe, in der sie geboren wurden. Mit zunehmendem Alter werden sie immer öfter von den zeugungsfähigen, adulten Katern angegriffen und verlassen schließlich die Gruppe und das Territorium ihrer Mutter. Nach einiger Zeit des Einzelgängerdaseins beginnen sie, die zeugungsfähigen Kater der Umgegend herauszufordern, und suchen regelmäßig eine oder mehrere der weiblichen Gemeinschaften der Gegend auf. Sind diese Gemeinschaften sehr weit voneinander entfernt oder umfaßt eine Gruppe besonders viele Weibchen, wird der Kater den Großteil der Zeit bei einer Gruppe verbringen. Auch bei dieser Organisationsform sind die Territorien der Kater in aller Regel deutlich größer als die der Weibchen, und auch hier reflektiert ihre Größe eher die Verfügbarkeit und Verteilung von Weibchengruppen als das Nahrungsangebot.

Katzen bilden keine offenkundigen, stabilen Dominanzhierarchien wie Hunde. Es gibt jedoch dominanzähnliche Beziehungen zwischen Paaren von Katern oder wenn sich eine große Zahl von Katern um rollige Katzen schart. Bei sozialen Kontakten kann sich ein Kater mutiger und offensiver aggressiv verhalten, während der andere zuerst defensiv reagiert, in die Hocke geht, zur Seite ausweicht und vielleicht knurrt und mit den Vorderpfoten schlägt. Im Laufe der Zeit verringert sich die Aggression zwischen den Katern einer Gruppe. In großen Ansammlungen von Katern um Katzen gibt es zwischen einander bekannten Katern weniger Aggression als gegen Außenseiter, die sich der Gruppe gerade erst angeschlossen haben. Generell sind zwar manche Kater aggressiver als andere, aber die daraus resultierende „Dominanzhierarchie", die man theoretisch anhand der Anzahl gewonnener Kämpfe oder ausgeteilter Bedrohungen ermitteln könnte, scheint nicht unmittelbar mit dem Recht auf bevorzugten Zugang zu Nahrung oder Paarungsmöglichkeiten verbunden zu sein scheint, wie dies bei Hunden der Fall ist. Ebenso aufschlußreich ist in diesem Zusammenhang, daß Katzen friedvoll aus demselben Napf fressen, ihnen aber gleichzeitig die deutlichen Zeichen von Unterwerfung (d. h. den Unterwerfungsgesten und Mimik der Hunde analoge Körpersprache) fremd sind, die einen dominanzbezogenen Status subtiler signalisieren, als einfach wegzugehen, den anderen zu meiden oder mit defensiver Aggression zu reagieren. Im Grunde bestätigen alle diese Beobachtungen die Theorie, daß Katzen keine wirklichen Dominanzhierarchien im caninen Sinne ausbilden.

Allerdings sollte Dominanz bei Katzen als sehr relativ betrachtet werden, da sie zeit- und ortsspezifisch ist (Leyhausen, 1979). Begegnen sich beispielsweise zwei Katzen auf einem Weg, wird das dominantere Tier sich setzen oder beiseite rücken und das unterlegene vorbeilassen, sofern dieses näher an seinem Zuhause ist. Und ungeachtet der sonst herrschenden Dominanzbeziehung zwischen beiden Tieren wird diejenige Katze, die zu einer für sie unüblichen Tageszeit in einem überlappenden Gebiet der beiden Territorien unterwegs ist, sich in ähnlicher Weise der anderen Katze unterordnen.

Über die Ursprünge sozialen Verhaltens bei Katzen spekulierend, stellt Bradshaw (1992) die überaus interessante Frage, wie es bei unserer Hauskatze überhaupt zur Entwicklung eines Gruppenlebens kam. Denn vermutlich gäbe es ein solches Gruppenleben gar nicht, wäre da nicht dieser enorme Nahrungsüberschuß durch Abfallhaufen in der Nähe von Scheunen und Getreidespeichern. Er liefert die nachfolgende Theorie, die vielleicht plausibler ist, als er selbst es für möglich hält:

„... nahezu alle Sozialverbände, die bislang untersucht wurden, basierten auf der von Menschen zur Verfügung gestellten Nahrung. Daraus ergibt sich die unwahrscheinliche, bisher jedoch nicht widerlegte Möglichkeit, daß sich die Geselligkeit der Hauskatze sekundär, als ein Nebenprodukt der Domestikation entwickelt hat. Wenn beispielsweise der ursprüngliche Zweck der Domestikation der afrikanischen Wildkatze die Kontrolle von Nagern in Getreidespeichern war, ist anzunehmen, daß der Mensch zunächst Tiere ausgewählt hat, die die Nähe anderer Katzen tolerierten, denn eine sehr territorial orientierte Katzen hätte das gewünschte Ziel wohl nicht erreicht. Später sind dann vielleicht aus dieser ursprünglichen, toleranten Population diejenigen Katzen selektiert worden, die eine Neigung zur Angliederung an den Menschen zeigten. Dieses Verhalten könnte dem junger Katzen gegenüber ihren Müttern entstammen, das dann durch einen Prozeß fortschreitender künstlicher „Neotenizierung" ins Erwachsenenalter übernommen wurde. Dieser ganze Prozeß, aus dem ein neues Tier hervorgegangen ist, hat eventuell dazu geführt, daß es seine Artgenossen stärker akzeptiert, so daß einige Tiere, die dann wieder in der Wildnis lebten, dieses modifizierte Verhalten zur Bildung unabhängiger Sozialverbände nutzen konnten." (S. 162)*

Somit kann man von einem zweistufigen Prozeß ausgehen: erstens, die Selektion *von Katzen, die Artgenossen gegenüber tolerant waren*, um sicherzustellen, daß anstelle von Einzeltieren große Gruppen von Katzen in der

Nähe von Getreidespeichern lebten, um die Nagerpopulation gering zu halten. Zweitens, die Selektion aus dieser neuen, „katzentoleranten" Population, die *frei mit Menschen zusammenlebten,* in einem Prozeß der Neotenie, einem evolutionären Entwicklungsprozeß, bei dem kindliches Verhalten im Erwachsenenalter beibehalten wird. Daß eine solche Entwicklung stattgefunden hat, wird bei den heutigen Hauskatzen deutlich, die Verhaltensweisen junger Kätzchen zeigen und sich beispielsweise hinlegen, um gestreichelt zu werden, und mit den Vorderpfoten trittteln, wenn man sie hält. Sie sind außerdem weniger aggressiv und weniger ängstlich. Obwohl Bradshaw vermutet, daß die Komplexität der Kommunikation zwischen Katzen und „die mangelnde Korrelation zwischen der Freundschaft zu Menschen und der zu anderen Katzen" gegen diese Theorie sprechen, gibt es hierfür keinen zwingenden Grund. Der Selektionsdruck bezüglich Toleranz gegenüber anderen Katzen könnte unter anderem die Modifikation ursprünglicher, innerartlicher Kommunikationsformen ausgelöst haben, die Einzelgänger zu Brutzeiten oder Eltern ihrem Nachwuchs gegenüber zeigen (d. h. auch hier könnte Neotenie beteiligt sein). Dieses Zweiphasen-Modell könnte auch die fehlende Korrelation zwischen Anhänglichkeit an den Menschen und andere Katzen als dem Endergebnis der zum Teil deutlich unterschiedlichen Selektionsschwerpunkte überbrücken. Im Grunde genommen müssen die Verhaltensmechanismen, die der Toleranz einer Katze für andere Katzen zugrundeliegen, gar nicht mit der Motivation, sich Menschen anzuschließen, identisch sein.

Eine Modifikation der Hypothese Bradshaws kann allerdings erforderlich werden. So muß die Evolution der Toleranz für andere Katzen – Stufe eins des Zweiphasen-Modells – nicht notwendigerweise das Ergebnis der Selektion durch den Menschen sein (z. B. das Töten von Katzen, die andere verjagen, durch den Bauern). Wenn überreichliche Nahrungsquellen stets gegen Artgenossen verteidigt werden müssen, ist das für eine hochgradig territoriale Katze sowohl kräftezehrend als auch gesundheitsschädlich – ein Preis, den eine tolerantere Katze nicht bezahlen muß. Ist die Nahrungsquelle wirklich für viele Katzen ausreichend, dann ist in der Territorialstrategie auch kein Gewinn zu sehen. Darüber hinaus birgt die Strategie der Toleranz in Gruppen weiblicher Katzen, die untereinander verwandt sind, noch einen weiteren Vorteil (außer Kräfteersparnis und der Vermeidung gefährlicher Aggressionen): Toleranz kommt dem Wohlergehen eng verwandter Individuen und damit dem Überleben eines Teils des eigenen Genoms zugute. Abgesehen von den unmittelbar vom Menschen ausgehenden Selektionsdrücken, wird es in diesem Kontext – dem Vorhandensein einer lokalisierten, reichlichen und verläßlichen Nahrungsquelle – noch weitere Kriterien gegeben haben, die möglicherweise die Entwicklung maternaler, toleranter Gruppen gegenüber dem individualistischen/territorialen Muster, das unter natürlichen Bedingungen eines Nahrungsangebotes sicher am sinnvollsten ist, begünstigt haben.

Um diese kurze Einführung in das Verhalten der Katzen abzurunden, soll ein letzter Aspekt diskutiert werden, bevor die einzelnen Verhaltensprobleme bei Katzen behandelt werden. Dies betrifft die drastischen und rätselhaften Unterschiede zwischen einzelnen Katzen bezüglich des Grades ihrer Umgänglichkeit anderen Katzen und/oder ihren Besitzern gegenüber. Manche Katzen „mögen" andere Katzen, manche wiederum nicht. Manche Katzen sind verspielt, wieder andere nicht. Manche Katzen leben gern in Gesellschaft anderer Katzen, spielen aber nicht mit ihnen. Manche Katzen spielen gerne und werden gerne gekrault, während andere eines von beidem bevorzugen oder in Ruhe gelassen werden wollen. Beobachtungsstudien verschiedener charakteristischer Eigenschaften haben gezeigt, daß es sich dabei um konstante Differenzen im „Verhaltensstil" der einzelnen Katzen handelt – das heißt, Katzen verfügen über etwas, das den *Persönlichkeits-Charakteristika* der Menschen gleichkommt. Neben dem unterschiedlichen Grad der Geselligkeit anderen Katzen gegenüber, haben solche Studien verläßliche Unterschiede in Charaktereigenschaften, wie Aktivität, Neugier, Geselligkeit im Umgang mit

Menschen (freundlich beziehungsweise feindselig/ängstlich/unfreundlich), sowie hinsichtlich der Qualität der Geselligkeit, wie initiativ/freundlich (ergreift die Initiative) beziehungsweise reserviert/freundlich (akzeptiert Initiative) und auch hinsichtlich der Spielgewohnheiten, wie kontakt/freundlich beziehungsweise streicheln/freundlich, ergeben. Der Gebrauch der Termini Verhaltensstil und Persönlichkeit legt eine hohe Konstanz dieser individuellen Unterschiede und eine Resistenz gegenüber Veränderungen nahe.

Wie bei Hunden, liegt eine Ursache für die unterschiedlichen Verhaltensweisen der einzelnen Individuen in deren frühen Erfahrungen begründet. Reichlich Kontakt mit und Streicheln durch Menschen zwischen der zweiten und siebten Lebenswoche trägt zur Entwicklung einer vergleichsweise größeren Geselligkeit bei als nur geringer, kurzer Kontakt. Auch wird eine Katze, die während dieser sensiblen Phase mit verschiedenen Menschen in Kontakt kommt, später vielen Menschen gegenüber freundlich reagieren, anstatt nur ihrem Besitzer(n) gegenüber, wie dies bei Katzen der Fall ist, die während dieser Zeit lediglich Kontakt zu einer Person hatten. Dies sind jedoch nur Durchschnittsangaben, die bei den einzelnen Tieren eine enorme Variationsbreite aufweisen. Selbst Kätzchen, die einer Vielzahl von Kontakten zu Menschen ausgesetzt werden, entwickeln sich manchmal nicht zu geselligen Tieren. Gleiches gilt für Katzen, die in abgeschlossenen Kolonien geboren wurden; die meisten pflegen mit anderen geselligen Umgang, doch sind manche deutliche Einzelgänger, obwohl sie unter identischen Bedingungen aufgezogen wurden.

Grundsätzlich stimmen die meisten Autoren auf diesem Gebiet darin überein, daß frühe Erfahrungen zwar eine wichtige Rolle spielen, diese Unterschiede in der Persönlichkeit jedoch eine genetische Grundlage zu haben scheinen; das heißt, die für diese Eigenschaften verantwortlichen Faktoren sind erblich. Studien haben beispielsweise belegt, daß die Unterschiede zwischen „freundlich" und „unfreundlich" bei jungen Kätzchen manchmal positiv mit ähnlichen Charakteristika ihrer Väter korrelierten, zu denen sie keinen direkten Kontakt hatten.

Auch Hunde verfügen über eine Art „Persönlichkeit" im Hinblick auf unterschiedliche Aktivitätsniveaus, Spieltrieb, Erregbarkeit, Ängstlichkeit und offensichtliches Bedürfnis nach Kontakt zum Besitzer. Die Tatsache, daß es zwischen den einzelnen Rassen Unterschiede bezüglich dieser Eigenschaften gibt, impliziert auch hier die Beteiligung eines genetischen Faktors (zusammen mit Erfahrungen in frühen und späteren Lebensphasen). Bei Katzen sind diese Unterschiede nicht nur drastischer, sondern für ein hochgradig geselliges „Rudeltier" wie den Menschen sehr schwer nachvollziehbar. Alle Hunde sind, soweit sie in allen Lebensphasen ausreichend Kontakt zu ihnen hatten, Menschen und Artgenossen gegenüber ausgesprochen freundlich und gesellig. Alle lieben ein gewisses Maß an Streicheleinheiten, fühlen sich, sofern sie angemessen sozialisiert wurden, stark zu ihnen bekannten Menschen und Hunden hingezogen, und leiden ganz offensichtlich sogar unter kurzzeitiger sozialer Isolation. Zwar verhalten sich manche kontaktfreudige Katzen ganz ähnlich, doch scheinen andere wiederum dies überhaupt nicht zu schätzen. Artgenossen werden feindselig behandelt oder ohne jegliches Anzeichen einer Annäherung toleriert. Weiterhin wissen es unsere Katzen zwar vermutlich zu würdigen, daß sie von uns Menschen gefüttert werden, aber sie wollen keinesfalls von uns berührt werden, haben kein Interesse an gemeinsamen Spielen und geben sich ganz allgemein so, als wäre unsere Existenz und unser tägliches Treiben für sie ohne Bedeutung.

Auf die Frage von Besitzern, warum ihre Katze nicht gestreichelt werden will oder nicht wie andere Katzen spielt – oder warum die eine Katze nachhaltig negativ auf die freundlichen Annäherungsversuche der anderen reagiert, obwohl sie seit Jahren in demselben Haushalt leben –, kann ihnen der Berater lediglich versichern, daß derartige Unterschiede in Sozialverhalten und Geselligkeit oftmals genetischen Ursprungs und daher nicht beeinflußbar sind. Letztlich machen gerade diese rätselhaften Unterschiede einen Teil der Faszination aus, die diese Tiere auf uns Menschen ausüben.

Daß Katzenverhalten und Verhaltensprobleme bei Katzen häufig weit schwieriger zu verstehen sind als die von Hunden, wird in den nachfolgenden Kapiteln deutlich. Die Unsicherheiten und unterschiedlichen Begründungen der Verhaltensprobleme seitens der einzelnen Autoren sind erheblich. Im Grunde sind viele Aspekte des Katzenverhaltens noch nicht ausreichend erforscht. Entsprechend werden Verhaltensprobleme von Katzen häufig von den zahlreichen selbsternannten Experten auf diesem Gebiet grob vereinfacht, was nach wissenschaftlichen Erkenntnissen in einer Reihe entscheidender Aspekte unzulässig ist.

Literatur

Beaver, B. V. (1992): *Feline Behavior: A Guide for Veterinarians*. 2nd Edition. Philadelphia, W. B. Saunders Company.

Bradshaw, J. W. S. (1992): *The Behavior of the Domestic Cat*. Wallingford, UK, CAB International

Grier, J. W., and Burk, T. (1992): *Biology of Animal Behavior*. 2nd Edition. St. Louis, Mosby-Year Book, Inc.

Leyhausen, P. (1979): *Cat Behavior: The Predatory and Social Behavior of Domestic and Wild Cats*. New York, Garland STPM Press.

O'Farrell, V. (1992): *Manual of Canine Behaviour*, 2nd Edition. Shurdington, Cheltenham, Gloucestershire, England, British Small Animal Veterinary Association.

Robinson, I. (1992): Social behavior of the cat. In Thorne, C. (ed): *The Waltham Book of Dog and Cat Behavior*. Oxford, Pergamon Press.

Thorne, C. (1992): Evolution and domestication. In Thorne, C. (ed): *The Waltham Book of Dog and Cat Behavior*. Oxford, Pergamon Press.

20 Urinmarkieren

Haustier-Verhaltensberater werden häufig mit dem Problem des Urinmarkierens konfrontiert. Abbildung 20.1 präsentiert einige relevante Statistiken aus dem Patientengut des Autors. Von den 86 jüngsten Fällen von Problemen bei Katzen beinhalteten 38 % der 104 genannten Probleme Urinmarkieren. Fälle, die gravierend genug sind, um einem Verhaltensberater vorgestellt zu werden, sind aber vermutlich nur die Spitze des Eisbergs, da laut Statistiken von Hart und Cooper (1984) etwa 10 % der kastrierten Kater und 5 % der Katzen manchmal im Haus markieren.

Biologisch gesehen, ist das Urinmarkieren ein arttypisches, felines Kommunikationsverhalten, das vermutlich als Informationsträger für andere Katzen fungiert, denen auf diese Weise die Identität, die Anwesenheit in einer bestimmten Gegend, der Zeitpunkt des letzten Aufenthaltes und möglicherweise die Paarungsbereitschaft des markierenden Individuums mitgeteilt wird. Es wird allgemein angenommen, daß diese Informationen in natürlicher Umgebung dazu dienen, die Streifzüge benachbarter Katzen so zu koordinieren, daß diese sich nicht direkt begegnen, oder um zu bestimmten Zeiten mögliche Sexualpartner anzulocken (Beaver, 1992).

Beim Markieren beschnüffelt die Katze zunächst die Stelle – eine normalerweise vertikale Oberfläche etwa 30 cm über der Erde –, bevor sie sich umdreht und rückwärts eine kleine Menge auf diese Stelle spritzt. Die typische Haltung beim Urinspritzen ist aufrecht, mit hocherhobenem Schwanz, dessen Spitze oftmals zittert. Beim Markieren horizontaler Flächen gehen sie jedoch manchmal in die Hocke wie beim normalen Harnabsatz. Bei Problemfällen kann es daher zuweilen schwierig sein, das Markieren in der Hocke von normalem, exkretorischem Harnabsatz zu unterscheiden. Hier müssen die Natur des Objektes oder der Oberfläche, die betroffen ist, das Harnabsatzverhalten der Katze und andere Verhaltensweisen bezüglich der Katzentoilette, sowie das Auftreten oder Fehlen der typischen Haltung beim Mar-

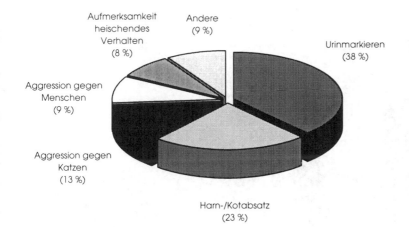

Abb. 20.1: Relative Häufigkeit einzelner Verhaltensprobleme bei Katzen (aus dem Patientengut des Autors, n = 86 Katzen)

kieren genauestens in Betracht gezogen werden. Wird in der Hocke markiert, bevorzugen Katzen Gegenstände wie Schuhe, alte Kleidungsstücke und Plastiktüten statt glatte Flächen (z. B. Teppichböden). Sie benutzen nach wie vor ihre Katzentoilette für normales Ausscheidungsurinieren, zeigen keinerlei Anzeichen von Aversion gegen ihre Katzentoilette und markieren zuweilen auch stehend im Haus. Die Menge des ausgeschiedenen Urins ist kein verläßlicher Indikator, da beim Markieren zuweilen verhältnismäßig große Mengen Urin abgesetzt werden.

Im allgemeinen ist das Markieren für Besitzer ein äußerst ernstes Problem. Wiederholtes Markieren kann wertvolle Gegenstände oder Möbel zerstören; aber auch der zurückbleibende, zunehmend stärkere Geruch kann so störend werden, daß Nachbarn sich beschweren und die Besitzer vor der Wahl stehen, das Problem entweder zu lösen, die Katze abzugeben oder aus ihrer Wohnung gewiesen zu werden. In einigen der gravierendsten Fälle sind die Wände in der ganzen Wohnung von der Kante hoher Möbelstücke bis zum Boden mit Urinspuren verschmutzt, Teppiche sind in praktisch jeder Ecke der Wohnung verfärbt und der Geruch ist so stechend, daß man sich wundern muß, wie ein Mensch in dieser Umgebung leben kann.

Ursachen des Problems des Urinmarkierens

Die Überlegungen von Hart und Hart (1985) zu den möglichen Ursachen des Problems gehen dahin, daß „der Geruch seines eigenen Urins das Wohlbefinden und Selbstvertrauen eines Katers erhöht... Angst und Nervosität sind wichtige Gründe für das Markieren." (S. 136)

Die Ansicht, daß erhöhte Angst ein häufiger Grund des Markierens bei Hauskatzen ist und daß der Akt des Markierens oder der Uringeruch zum Abbau der Angst beitragen, ist in der Literatur über Haustierprobleme weit verbreitet, wie auch die folgenden zwei Zitate führender Kapazitäten belegen:

„Der eigene, unverwechselbare Uringeruch bietet nicht nur Entspannung von Angstzuständen..." (Beaver, 1992, S. 78).

„Es scheint daher am ehesten zuzutreffen, ... das Markieren als Mittel zur Erhöhung der Selbstsicherheit einer Katze zu sehen, wenn sich diese mit einer territorialen Herausforderung oder einem Stressor anderer Genese konfrontiert sieht" (O'Farrell und Neville, 1994, S. 61).

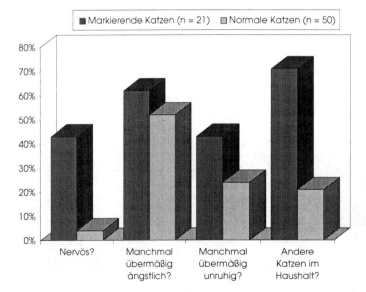

Abb. 20.2: Antworten von Besitzern markierender bzw. nichtmarkierender Katzen auf vier Fragen aus dem Fragebogen zur Klienteninformation, Seite 52 f. (bestätigende Antworten für beide Kollektive im Vergleich).

Sind Katzen, die im Haus markieren, nervöser oder ängstlicher als andere Katzen?

Abbildung 20.2 faßt die Antworten auf vier Fragen aus dem Fragebogen zur Klienteninformation zusammen (siehe Kap. 6), die von einer Reihe von Besitzern markierender und normaler, unproblematischer Katzen gegeben wurden.

Vier Aspekte dieser gesammelten Ergebnisse sind für die vorliegende Diskussion relevant:
- Viele Katzen der als normal bezeichneten Population, die nicht markieren, zeigen laut Angaben ihrer Besitzer zuweilen übermäßig ängstliches und rastloses Verhalten.
- Der Prozentsatz der als nervös bezeichneten, markierenden Katzen liegt drastisch höher und auch der Anteil übermäßiger Rastlosigkeit oder Angstreaktionen ist etwas höher angesiedelt als die vergleichbaren Zahlen für Katzen aus der normalen, nichtmarkierenden Population.
- Beinahe 60 % der Katzen, die im Haus Urin spritzen, werden von ihren Besitzern als nicht auffallend nervös oder ängstlich bezeichnet.
- Während bei 71 % der markierenden Katzen mindestens eine weitere Katze in demselben Haushalt lebt, liegt der Anteil bei nichtmarkierenden Katzen nur bei 21 %.

Diese Daten können zwar aufgrund der geringen Fallzahl und der Tatsache, daß es sich um subjektive Eindrücke der Besitzer handelt, lediglich als richtungsweisend gelten, doch unterstützen sie in gewisser Weise die Hypothese, wonach eine erhöhte, über dem Normwert liegende Neigung zu Nervosität und angstvollen Reaktionen auf Umweltreize bei manchen Katzen in der Tat mit dem Problem des Markierens korreliert. Die *Mehrheit* der Katzen jedoch, bei denen das Problem des Urinmarkierens schwerwiegend genug ist, um ihre Besitzer zu veranlassen, einen Verhaltensberater aufzusuchen, macht tatsächlich keinen angespannteren oder ängstlicheren Eindruck als andere Katzen. Die vorliegenden Ergebnisse scheinen somit die Behauptung von Borchelt und Voith (1986), „emotionale Faktoren" seien nur in einer Minderheit der Fälle beteiligt, in gewissem Maße zu unterstützen.

Obwohl die Daten die Ansicht von Hart und Hart untermauern, wonach häufig Angst mit dem Problem zusammenhängt, ist dies nicht zwingend gleichbedeutend mit einer kausalen Verbindung – selbst bei den nervösesten und ängstlichsten Tieren. Beinahe alle Besitzer gestehen ein, versucht zu haben, das Problem durch Bestrafung unter Kontrolle zu bringen – in manchen Fällen mit vergleichsweise harten Bestrafungen, weil das Problem für sie so gravierend zu werden begann und sie überzeugt waren, ihm nur so Herr werden zu können. Es ist daher naheliegend, daß die in den Fragebögen erwähnte Nervosität und exzessive Angst/Rastlosigkeit markierender Katzen zumindest teilweise aus der Bestrafung der Besitzer resultiert. Solch ein Effekt würde den tatsächlichen Prozentsatz der markierenden Katzen, deren generelles Ausmaß an Angst und Nervosität in unmittelbarem Zusammenhang mit dem Problem steht, weiter zusammenschrumpfen lassen.

In welchem Maße kann Angst und/oder Nervosität als Ursache des Problems des Urinmarkierens betrachtet werden?

Den Ansichten von Hart und Hart (1985) liegt offenbar die Vorstellung zugrunde, daß eine Katze durch irgend etwas verängstigt oder nervös gemacht wird und sich dann vermutlich wohler und selbstsicherer fühlt, wenn sie darauf mit Urinspritzen reagiert hat und ihren eigenen Urin riechen kann. Diese Ansicht hat alle Theorien auf diesem Gebiet stark beeinflußt. Als Beispiel sei hierfür das nachfolgende Zitat eines bekannten Haustier-Verhaltensberaters angeführt:

„Katzen haben für gewöhnlich nicht das Bedürfnis, im Haus zu markieren, da sie ihr Lager als bereits gesichert empfinden und eine weitere Bestätigung dessen nicht für nötig halten... Markierverhalten im Haus ist in der Regel ein Zeichen dafür, daß sich das Revier der Katze in Bedrängnis befindet. Die Herausforderung kann durch das Eintreffen einer weiteren Katze, eines Hundes oder eines Neugeborenen offenkundig sein; sie kann durch eine Katze im Freien verursacht sein oder

auch durch Verrücken oder Austauschen von Möbelstücken, Renovierung, einen Trauerfall in der Familie, Übernachtungsgäste, es können auch von anderen Katzen markierte Gegenstände sein, die ins Haus gebracht werden, oder neue Gegenstände (vorzugsweise Plastiktüten)... Mit ziemlicher Sicherheit dient das Markieren dazu, dem Verursacher durch den vertrauten Geruch des eigenen Urins zu einem gesteigerten Selbstvertrauen zu verhelfen. Dies bedeutet, daß Katzen, die im Haus markieren, auf diese Weise versuchen, „Lücken" in ihrem schützenden Umfeld zu füllen, die durch Veränderungen oben genannter Natur entstanden sind oder auch durch den Verlust von etwas, das bisher zu dem gemeinsamen Geruch beigetragen hatte, durch den alle Mitglieder der Gruppe zu identifizieren sind... Das Haus muß daher, ähnlich wie im Freien, erneut eingedeckt werden, um das Bewohnen zu bestätigen und sicherzustellen, daß der Bewohner seinem eigenen Duft möglichst oft begegnet." (Neville, 1991)

Wissenschaftlich gesehen, liegt das größte Problem bei einer solchen Auffassung darin, daß sie sich fast ausschließlich auf eine zirkuläre Argumentation gründet: Urinmarkieren wird durch eine Herausforderung/Bedrängnis ausgelöst, die Herausforderung wird aber gleichzeitig an der vorhandenen oder fehlenden Auslösung des Markierens definiert. Es gibt keine allgemeinen Kriterien, die Herausforderung oder Bedrängnis definieren. Das Eindringen einer anderen Katze wird wohl zurecht als eine Herausforderung eingestuft. Wie kommt man aber auf die Idee, eine Plastiktüte könnte ebenfalls eine Herausforderung für eine Katze darstellen? Nach der im obigen Zitat angeführten logischen Argumentation erkennt man das daran, daß die Katze markiert. Aber die Aussage, Markieren geschehe als Reaktion auf Herausforderungen, ist im Grunde nichtig, wenn Herausforderungen anhand des eintretenden oder ausbleibenden Markierens definiert werden. Die einzig substantielle Aussage, die aufgrund dieser Beobachtungen getroffen werden kann, ist die, daß manche Objekte zuweilen Markierverhalten auslösen.

Ein ähnliches Beispiel zirkulärer Argumentation ist die Annahme, daß ein subjektives Gefühl der Unsicherheit Ursache des Markierens ist: Herausforderungen verunsichern Katzen. Der Uringeruch verleiht ihnen Sicherheit. Somit werden Herausforderungen markiert, weil sich die Katze unsicher fühlt. Woran erkennt man aber, daß sich die Katze unsicher fühlt? Daran, daß sie markiert.

All dies erklärt letztendlich nichts. Warum sollte eine Katze eine Plastiktüte markieren, die mit ins Haus gebracht wurde? Selbst wenn man beweisen könnte, daß sich die Katze durch die Tüte bedroht fühlt und diese als Herausforderung betrachtet, bleibt das Verhalten unerklärlich, denn es bleibt offen, *warum* die Katze so empfindet und *warum* sie die Tüte in Reaktion darauf markiert. Jegliche Gefühle und Empfindungen der Katze beim Markieren der Tüte sollten als korrelierende subjektive Phänomene betrachtet werden, die ihrerseits, ebenso wie das Markieren, einer objektiven, wissenschaftlich fundierten Erklärung bedürfen.

Bewirken Plastiktüten bei einigen Katzen ein Gefühl der Unsicherheit? Die Wahrheit ist, wir wissen es nicht. Manchmal lösen Plastiktüten Markierverhalten aus. Dies scheint erwiesen. Aber aus welchem Grund? Die Tüte ist ein fremder Gegenstand. Warum lösen unbekannte Gegenstände Markieren aus? Auch diese Frage können wir nicht beantworten. Dies ist der Punkt, an dem es für den Nichtwissenschaftler verlockend ist, über die Gefühle der Katze zu spekulieren. Vielleicht hat die Katze Angst vor der Tüte – aufgrund des fremden Geruchs. Das Markieren verleiht dieser einen gewohnten Geruch, der wiederum den erschreckenden Charakter der Tüte mildert. Dies ist eine etwas ausführlichere Version des weiter oben kritisierten Erklärungsversuchs, wonach fremde Dinge Angst auslösen und durch Markieren weniger fremd erscheinen. Auch dieser Ansicht über das Gefühlsleben der Katze fehlt es an Substanz. Wir wissen, daß die Katze die Tüte markiert, kennen allerdings die Gründe dafür nicht. Im Grunde sind diese scheinbaren Erklärungen nichts anderes als unproduktive Spekulationen darüber, wie markierende Katzen sich zum Zeitpunkt des Markierens fühlen,

MÖGLICHE KAUSALFAKTOREN

Hormonale Einflüsse
(Markieren bei Katern deutlich häufiger; oft durch Kastration zu behandeln)

Soziale Stimuli als Auslöser
(z. B. Gegenwart anderer Katzen im Haus; neue Katze im Haus; Beobachtung anderer Katzen im Garten)

Ererbte Prädisposition
(vermutete genetische Unterschiede zwischen Katzen als Grund für individuelle Unterschiede im Markierverhalten)

Andere auslösende Stimuli
(z. B. Besucher oder fremder Gegenstand im Haus; Veränderung im Haushalt/im Familienleben)

URINMARKIEREN

- Die Katze spritzt Urin rückwärts, in stehender Position auf vertikale Oberflächen, seltener auf horizontale Objekte oder Oberflächen in der Hocke.

MÖGLICHE BEHANDLUNGSELEMENTE

Einstellung ineffektiver Methoden
(z. B. Bestrafung lange nach verübter Tat)

Kastration
(bei nichtkastrierten Katern und Katzen, die bei Rolligkeit markieren)

Veränderung der Fürsorge-/Haltungsbedingungen
(z. B. Abgeben der zweiten Katze in ein neues Zuhause; Verweigern des Zutritts zu bestimmten Räumen; Blockieren der Sicht der Katze aus dem Fenster ins Freie)

Medikamente
(z. B. Progestine, Diazepam, Buspiron, Amitriptylin)

Andere Möglichkeiten der operativen Intervention
(Entfernung des Tractus olfactorius/bilaterale Myektomie des M. ischiocavernosus als letzter Ausweg)

Korrektur von Fehleinschätzungen der Besitzer
(z. B. Spritzen ist abnormes Verhalten; Katze signalisiert Protest)

Trainieren in Problemsituationen
(milde Bestrafung, wenn auf frischer Tat ertappt)

Veränderung der markierten Stellen
(z. B. Positionieren der Futternäpfe an markierten Stellen; Verändern markierter Oberflächen; Aufstellen von Fallen; gründliche Reinigung der markierten Stellen)

Chemische Nachweissubstanzen
(um den Übeltäter in einem Haushalt mit mehreren Katzen zu identifizieren)

und schaffen nur noch mehr Probleme, da sie einer wissenschaftlich fundierten Analyse im Wege stehen.

Eine letzte Bemerkung zur Hypothese von der Verminderung der Unsicherheit/Angst: Sollte es sich bei Markierverhalten um eine natürliche Antwort auf Unsicherheit handeln, deren Funktion in der Stärkung des Selbstbewußtseins der Katze liegt – was ihre weitere Motivation zum Markieren herabsetzen würde –, warum sollten Berater den Besitzern dann empfehlen, die markierten Stellen gewissenhaft zu säubern (wie dies allgemein üblich ist)? Nach der Angstreduzierungs-Theorie sollte die Empfehlung exakt umgekehrt lauten: *Was immer Sie tun, reinigen Sie keinesfalls die markierten Stellen!* Indem man diese Stellen reinigt, die die Katze aus gutem Grund markiert hat, würde man sie theoretisch dazu auffordern, es erneut zu tun. Nach dieser Ansicht dürfte das Problem des Urinmarkierens sich von selbst erledigen. Eine Katze, deren Markierungen man nicht entfernt, müßte dieses Verhalten verhältnismäßig schnell einstellen. Dem ist jedoch nicht so!

Mögliche Kausalfaktoren

Hormonale Einflüsse

Die Tatsachen, daß es sich bei der überwältigenden Mehrheit der Urin spritzenden Katzen um Kater handelt und sowohl eine Progestintherapie als auch Kastration manchmal erfolgreiche Methoden zur Beendigung dieses Verhaltens sind, weisen eindeutig auf einen hormonalen Einfluß auf diese Problematik. Dennoch markieren viele Weibchen und auch kastrierte Kater, was die Beteiligung weiterer gewichtiger Faktoren nahelegt.

Ererbte Prädisposition

Warum manche Kater nie im Haus markieren, während andere dies trotz Kastration, medikamentöser Therapie und verhaltensorientierter Maßnahmen beibehalten, ist nicht klar. Viele dieser Tiere machen einen nervöseren und ängstlicheren Eindruck als durchschnittliche Katzen, aber das ist nur ein weiterer ungeklärter Aspekt. Es reicht ferner nicht aus, lediglich festzustellen, daß der das Markieren auslösende Effekt der Anwesenheit anderer Katzen im Haushalt stärker sein könnte als die Behandlungseinflüsse, denn viele Katzen aus Haushalten mit mehreren Tieren markieren nie. Wie bei den meisten Verhaltensproblemen, sind auch hier vermutlich genetische Unterschiede zwischen den Katzen auf irgendeine Weise mit individuellen Unterschieden im Markierverhalten verknüpft.

Soziale Stimuli als Auslöser

Die immer wieder beschriebene Beobachtung, daß Katzen zuweilen als unmittelbare Reaktion auf eine neu ins Haus gebrachte Katze oder auf die Beobachtung einer Katze im Garten vom Fenster aus markieren, ferner die oben angeführte, statistische Information, wonach markierende Katzen häufiger aus Haushalten mit mehr als einer Katze stammen (71 % gegenüber 21 % Einzelkatzen), und die allgemein anerkannte Meinung, daß Urinmarkieren ein Sozialverhalten mit kommunikativer Funktion ist – all dies stimmt mit der Auffassung überein, daß soziale Stimuli ein wichtiger Auslöser des Markierverhaltens im Hause sein können.

Warum aber reagieren manche Katzen auf diese sozialen Stimuli mit Markieren und andere nicht? Zwar ist der Hinweis auf unbekannte genetische Unterschiede zwischen Katzen für Besitzer in der Regel keine zufriedenstellende Erklärung, doch sollte man ihnen nahebringen, daß es sich damit ähnlich verhält wie mit den Faktoren Intelligenz, Aggressivität oder Erregbarkeit beim Menschen. In der Tat liegt die Lösung dieser Fragen häufig, zumindest teilweise, im Genotyp des einzelnen Individuums.

Vor Beendigung dieses Abschnitts über die soziale Auslösung des Markierens im Haus durch andere Katzen sollte noch eine weitere interessante Möglichkeit in Betracht gezogen werden. Dabei handelt es sich um Leyhausens (1971, 1979) Hypothese, wonach eine Hauptfunktion des Markierens darin liegt, direkte Kontakte unter Katzen zu minimieren. Das heißt, Katzen kommunizieren im Freien über ihre Marken und koordinieren ihr Verhalten anhand derselben, um einen direkten Kontakt zu vermeiden, der möglicherweise Probleme heraufbeschwören würde. Das kann einfach dadurch erreicht werden, indem Katzen Wege meiden, die gerade von anderen Katzen markiert wurden. Statt dessen werden unmarkierte oder vor längerer Zeit markierte Pfade vorgezogen. Vielleicht sollte das in Haushalten mit mehreren Katzen ungleich häufiger vorkommende Markieren als erfolgloser Versuch der betreffenden Katze gewertet werden, auf solcherart beengtem Raum ein „System des time sharings zu etablieren, ... das es mehreren Katzen erlaubt, den gleichen Raum zu nutzen, gleichzeitig aber Konfrontationen vermeiden hilft" (Robinson, 1992).

Andere auslösende Stimuli

Die Tatsache, daß Katzen manchmal auf neu ins Haus gebrachte Gegenstände, auf Besucher oder drastische Veränderungen des Familienlebens, die sie vor ein Problem stellen, mit Markieren reagieren, ist einer der Hauptstützpfeiler einer unter Katzenkennern gängigen Theorie: Katzen können nicht sprechen und verfügen daher nur über ein limitiertes Repertoire zur Artikulation ihrer Gefühle. Unglücklicherweise zählt dazu das Markieren. Daher markieren Katzen manchmal „aus Protest", um ihren Besitzern mitzuteilen, daß sie über irgend etwas unglücklich oder unzufrieden sind.

Wie bereits erläutert, unterstützen die verfügbaren wissenschaftlichen Daten die Ansicht, daß das Markierverhalten im Freien eine kommunikative Funktion hat, um im Interesse der Koordination von Flächenbewegungen, territorialen Bewegungen und Paarungsverhalten Nachrichten zu übermitteln. Dies ist jedoch sehr weit von einem „Markieren aus Protest" entfernt, das auf der anthropozentrischen Sichtweise beruht, wonach das Verhalten ausgeführt wird, um mit dem Besitzer zu kommunizieren. Die Fehleinschätzung, Katzen würden aus Protest Urin spritzen, entsteht häufig bei den Besitzern selbst. Vielleicht liegt der Ursprung dieser Annahme in der Markierhaltung der Katze, die sie vielleicht mutig oder überzeugt erscheinen läßt. Kommt noch die Tatsache hinzu, daß die Katzen oftmals direkt unter den Augen ihrer Besitzer Markieren, reicht dies häufig aus, sie zu der Annahme zu verleiten, ihre Katze versuche ihnen etwas zu sagen. Grundsätzlich ist es eine natürliche Reaktion der Besitzer bei Ausscheidungsproblemen aller Art, daß sie die Möglichkeit in Erwägung ziehen, ihre Katze könnte unglücklich oder unzufrieden sein und dies durch ihr Verhalten manifestieren.

Mögliche Behandlungselemente

Einstellen ineffektiver Methoden

Nahezu alle Besitzer von markierenden Katzen haben sich bisher hauptsächlich darauf verlassen, das Problem durch Bestrafung kontrollieren zu können. In der Regel wird die Katze an den Ort des frisch entdeckten Flecks zurückgetragen, ihre Nase wird knapp darüber oder sogar hineingehalten und sie wird gescholten oder gar geschlagen. Daraufhin wird sie häufig zu ihrer Katzentoilette gebracht, wo sie für einige Minuten festgehalten wird. Selbstredend hat diese Methode keinerlei Einfluß auf das Problem. Um effektiv zu sein, muß die Bestrafung unmittelbar erfolgen, vorzugsweise in dem Moment, in dem die Katze zu markieren beginnt. Häufige oder übermäßig heftige Bestrafung kann dazu führen, daß die Katze ihren Besitzer zu fürchten beginnt und folglich den Kontakt zu ihm meidet, das heißt, die Flucht ergreift, sobald er den Raum betritt, etc.

Korrektur von Fehleinschätzungen der Besitzer

Besitzern sollte erklärt werden, daß es sich um speziestypisches Markierverhalten handelt, das beide Geschlechter im Freien ausführen. Im Haus reichen die Stimuli in aller Regel nicht aus, um das Verhalten auszulösen. Entsprechend sollte betont werden, daß das Verhalten nicht Ausdruck einer Verhaltensanomalie, eines Protestes oder von mangelhaften Haltungsbedingungen ist. Bei nahezu allen Verhaltensproblemen ist es günstig für die Prognose der

Behandlung, wenn Besitzern ein grundlegendes Verständnis der Art der Problematik vermittelt wird, denn ihre persönlichen Theorien stehen oftmals der Akzeptanz und Einhaltung der Empfehlungen des Beraters im Wege. Die Richtigstellung einer Fehleinschätzung, wie der Annahme, Katzen markierten aus Protest, ist daher für eine erfolgreiche Behandlung unerläßlich.

Kastration

Kastration ist für Kater jeden Alters indiziert. Ihre Erfolgsquote zur Reduzierung oder Beendigung des Problems liegt bei etwa 90 %, unabhängig davon, ob die Kastration vor oder nach der Geschlechtsreife durchgeführt wird (Hart und Berrett, 1973; Hart und Cooper, 1984; Hart und Hart, 1985). Sie ist auch bei markierenden, rolligen Katzen wirksam (Borchelt und Voith, 1986).

Trainieren in Problemsituationen

Milde Bestrafung ist dann angebracht, wenn die Katze beim Markieren erwischt wird. Sie mit einem lauten Klatschen zu erschrecken, unterbricht und unterdrückt in der Regel das Verhalten, ebenso lernt das Tier schnell, das Verhalten in Gegenwart des Besitzers zu unterlassen. Dies trägt zuweilen zu einer allgemeinen Reduzierung des Verhaltens bei.

Veränderung der Fürsorge-/ Haltungsbedingungen

Manchmal wird das Problem durch die Abgabe der zweiten Katze in ein anderes Zuhause gelöst, wenn diese der Hauptgrund für das Verhalten war.

Wenn es sich nur um einige bestimmte Stellen handelt und es möglich ist, der Katze den Zugang zu verwehren (z. B. durch Verschließen bestimmter Räume), kann es zur Lösung des Problems bereits ausreichen, die Katze von den bevorzugten Stellen fernzuhalten.

Borchelt und Voith (1986) berichten, daß die Frequenz des Markierens auch durch die Dauer des Freilaufs für die Katze (länger oder kürzer) beeinflußt werden kann. Diese Autoren empfehlen außerdem, die untere Hälfte von Fenstern mit lichtdurchlässigen Plastikfolien zu verkleben, damit die Katze andere Katzen im Freien nicht sehen kann, wenn dies der primär auslösende Reiz ist.

Veränderung regelmäßig markierter Stellen

Eine der effektivsten Methoden zur Beendigung des Markierens im Haus, sofern es sich auf zwei bis drei Stellen beschränkt, ist das Umfunktionieren von markierten Stellen zu Fütterungsplätzen. Das wird häufig als erste Maßnahme empfohlen. Der Napf der Katzen, gefüllt oder leer, wird dauerhaft an der markierten Stelle positioniert. Werden mehrere Stellen markiert, werden die Mahlzeiten auf mehrere, an diesen Stellen positionierte Näpfe verteilt. Eine weitere Möglichkeit ist die Veränderung der Oberflächenstruktur der markierten Fläche (z. B. Abdecken mit einer Plastikfolie), die die Stellen für die Katze weniger attraktiv werden läßt. Schließlich können auch umgedrehte Mausefallen aufgestellt werden, die bei Berührung zuschnappen und die Katze erschrecken, so daß sie diese Stellen künftig meidet. Andere Maßnahmen, die zur Meidung einer markierten Stelle führen, sind das Verteilen von Murmeln oder Tannenzapfen (O'Farrell und Neville, 1994) oder von Teppichklebeband (beidseitig klebend) um die bevorzugt markierte Stelle herum.

Besitzer bezweifeln oftmals die Effektivität der genannten Methoden. Es erscheint ihnen nur logisch, daß die Katze, sobald ihr der Zugang zu einer Stelle verwehrt wird, eine andere zu markieren beginnt. Dies ist jedoch nicht immer der Fall. Viele Katzen sind in dieser Hinsicht sehr wählerisch, eine Veränderung der bevorzugten Stelle kann eine Beendigung des Verhaltens bewirken.

Selbstverständlich ist eine gründliche Reinigung der beschmutzten Stelle von entscheidender Bedeutung, um verbliebene Geruchsreste zu beseitigen, die künftiges Markieren provozieren könnten. Ammoniakhaltige Detergenzien sind dabei allerdings aufgrund der Ähnlichkeit des Ammoniaks zum Harn der Katze zu meiden.

Medikamente

Sind zu viele Stellen betroffen oder beginnt die Katze, an immer neuen Stellen zu markieren, wenn eine Stelle durch die oben genannten Methoden wegfällt, kann nur eine medikamentöse Therapie Wirkung zeigen. Tabelle 20.1 informiert über die zur Behandlung von Urinmarkieren am häufigsten verordneten Medikamente (Hart et al., 1993, Marder, 1991).

Tabelle 20.1: Medikamente und Dosierungen zur Behandlung von Urinmarkieren bei Katzen (aus Hart et al., 1993, und Marder, 1991).

Medikament	Dosierung	Literatur
Diazepam	1–2 mg/Ktz. p.o. zweimal tgl.	Marder (1991) Hart et al. (1993)
Buspiron	2,5–5 mg/Ktz. p.o. zwei- bis dreimal täglich	Marder (1991)
	2,5–5 mg/Ktz. p.o. zweimal tgl.	Hart et al. (1993)
Amitriptylin HCl	5–10 mg/Ktz. p.o.	Marder (1991)
Megestrolazetat	2,5–5 mg/Ktz. p.o. über 7 Tage, danach 2,5–5 mg wöchentlich	Marder (1991)
	1x5 mg/Ktz. p.o. über 7 Tage, danach graduelle Reduzierung der Dosis	Hart et al. (1993)
Medroxyprogesteronazetat	10–20 mg/kg s.c., i.m.	Marder (1991)

Laut Hart et al. (1993) sind *Buspiron* und *Diazepam* bei Katzen effektiver als Progestine, nicht aber bei Katern, wobei Buspiron weniger Nebenwirkungen und oftmals eine dauerhaftere Wirkung (d. h. nach Absetzung des Medikaments) zeigt als Diazepam. Daher sollte Buspiron das Mittel der Wahl sein, gefolgt von Diazepam und Progestinen. Marder (1991) verweist darauf, daß auch andere Anxiolytika, wie zum Beispiel *Amitriptylin HCl*, wirksam sein können.

Bei der Verabreichung von Medikamenten sollte die Katze wegen möglicher Nebenwirkungen unter genauer Beobachtung stehen – insbesondere bei der ersten Dosis. Ist eine mehr oder minder permanente Anwendung indiziert, sollte die Dosis schrittweise auf die niedrigste mögliche Erhaltungsdosis reduziert, sowie alle paar Monate vollständig abgesetzt werden, um sicherzugehen, daß eine weitere Verabreichung auch tatsächlich nötig ist. (Zu Nebenwirkungen und anderen wichtigen Informationen, siehe den Abschnitt „Medikamentöse Therapie" des Kapitels 8.)

Chemische Nachweissubstanzen

Selbst Besitzer mehrerer Katzen, die nur in den seltensten Fällen hinzukommen, wenn eine ihrer Katzen gerade markiert, können in der Regel mit ziemlicher Sicherheit den Übeltäter bestimmen. Nach dem Grund dafür befragt, berichten sie meist, die Katze in der Vergangenheit zwei oder dreimal dabei beobachtet zu haben; dies erhöht zwar die Wahrscheinlichkeit, daß es sich jetzt um die gleiche Katze handelt, ist aber keine Bestätigung der Annahme. Besitzer nennen allerdings noch andere Gründe für ihre Annahme. Vielleicht handelt es sich um einen Kater, während die andere Katze ein Weibchen ist, oder es ist die aktivere und rastlosere Katze. Hier muß den Besitzern erklärt werden, daß auch weibliche Katzen vereinzelt markieren und man aufgrund von Persönlichkeitsmerkmalen keine Entscheidung treffen kann, welches Tier für das Markieren verantwortlich zu machen ist.

Für Maßnahmen wie dem Verteilen von Futternäpfen auf die markierten Stellen ist es unerheblich, wer der Täter ist. Wenn jedoch Medikamente verabreicht werden sollen, muß natürlich der „Schuldige" zunächst identifiziert werden. Zu diesem Zweck ist der Einsatz einer chemischen Nachweissubstanz sinnvoll. Hart und Hart (1985) empfehlen *Natriumfluoreszin*, das entweder als 0,3-ml-Injektion s.c. (10 %, äquivalent zu 100mg/ml) oder oral (0,5 ml einer Lösung oder 6 ophthalmologische Teststreifen in Gelatinekapseln eingebracht) am späten Nachmittag als Markersubstanz verabreicht wird, die später identifiziert werden kann, wenn die markierten Stellen in der Dunkelheit unter ultraviolettem Licht gescannt werden.

BEHANDLUNGSEMPFEHLUNGEN

Urinmarkieren

- Markierte Stellen grundsätzlich sorgfältig reinigen, um Geruchsreste zu reduzieren, die weiteres Markieren auslösen könnten. Meiden von ammoniakhaltigen Detergenzien aufgrund ihrer chemischen Ähnlichkeit zum Urin der Katze.
- Die Katze sollte nur gescholten oder erschreckt werden (z. B. durch ein unerwartetes lautes Geräusch), wenn sie auf frischer Tat ertappt wird. Bestrafung, die auch nur wenige Sekunden später erfolgt, wird keinerlei Einfluß auf das Problem nehmen.

Bei unkastrierten Kater oder Markieren durch rollige Katzen:

- Eine sofortige Kastration ist indiziert.

Alternative Methoden für Fälle, in denen eine Katze beständig nur 3 bis 4 Stellen im Haus markiert:

- Die Katze soll immer aus Näpfen gefüttert werden, die direkt an einer markierten Stelle stehen.Die Schälchen sollen Tag und Nacht, mit ein wenig Trockenfutter gefüllt, an der Stelle stehen bleiben.
- Plazieren mehrerer, *umgedrehter* Mausefallen um die markierte Stelle herum, so daß die Katze darauf tritt und abgeschreckt wird, wenn sie markieren will.
- Grundlegende Veränderung der bevorzugt markierten Oberflächenstruktur (z. B. durch Abdecken mit Alufolie, Plastik, etc.).

Wenn an zu vielen Stellen markiert wird, um die eben genannten Methoden durchführen zu können:

- Da die Katze an zu vielen Stellen im Haus markiert, kann nur noch eine medikamentöse Therapie Abhilfe schaffen.

Die Katze markiert, nachdem sie durch das Fenster andere Katzen im Freien gesehen hat:

- Sichteinschränkung durch Abedecken der unteren Hälfte der Fensterscheibe mit einer lichtdurchlässigen Plastikfolie.

Chirurgische Intervention

Zusätzlich zu einer Kastration können auch noch zwei andere chirurgische Eingriffe bei dieser Problematik erfolgreich eingesetzt werden, nachdem weder verhaltensorientierte noch medikamentöse Maßnahmen eine Besserung bewirkt haben. Hart (1981) stellt fest, daß eine Entfernung des Tractus olfactorius das Markieren bei 7 von 12 kastrierten Katern und bei 4 von 4 ovariohysterektomierten Katzen erfolgreich beendete. Komtebedde und Hauptman (1981) berichten, daß eine bilaterale Myektomie des Musculus ischiocavernosus das Urinspritzen bei 5 von 10 Katzen völlig eliminierte und bei weiteren 3 Katzen reduzierte. Grundsätzlich sind sich alle Verhaltensspezialisten darin einig, daß diese Art chirurgischer

Eingriffe die Lebensqualität der Tiere vermindert und daher ethisch nur als letzter Ausweg vor einer möglichen Euthanasie des Tieres in Frage kommen.

Literatur

Beaver, B. V. (1992): *Feline Behavior: A Guide for Veterinarians.* W. B. Saunders Co., Philadelphia.

Borchelt, P. L., and Voith, V. L. (1986): Elimination behavior problems in cats. *Compendium on Continuing Education for the Practicing Veterinarian* **8**, 197–205.

Hart, B. L. (1981): Olfactory tractotomy for control of objectionable urine spraying and urine marking in cats. *Journal of the American Veterinary Medical Association* **179**, 231–234.

Hart, B. L., and Barrett, R. E. (1973): Effects of castration on fighting, roaming, and urine spraying in adult male cats. *Journal of the American Veterinary Medical Association* **163**, 290–292.

Hart, B. L., and Cooper, L. (1984): Factors relating to urine spraying and fighting in prepubertally gonadectomized cats. *Journal of the American Veterinary Medical Association* **184**, 1255–1258.

Hart, B. L., Eckstein, R. A., Powell, K. L., and Dodman, N. H. (1993). Effectiveness of buspirone on urine spraying and inappropriate urination in cats. *Journal of the American Veterinary Medical Association* **203**, 254–258.

Hart, B. L., and Hart, L. A. (1985): *Canine and Feline Behavioral Therapy.* Philadelphia: Lea & Febiger.

Komtebedde, J., and Hauptman, J. (1990): Bilateral ischiocavernosus myectomy for chronic urine spraying in castrated male cats. *Veterinary Surgery* **19**, 293–296.

Leyhausen, P. (1971): Dominance and territoriality as complemented in mammalian social structure. In Esser, H. (ed): *Behavior and Environment.* New York, Plenum Press.

Leyhausen, P. (1979): *Cat Behaviour: the Predatory and Social Behavior of Domestic and Wild Cats.* New York & London, Garland STPM Press.

Marder, A. R. (1991). Psychotropic drugs and behavioral therapy. *Veterinary Clinics of North America: Small Animal Practice* **21**, 329–342.

Neville, P. (1991): Spraying behaviour problems in cats. Paper presented at a satellite meeting during the BSAVA Congress, Birmingham, England.

O'Farrell, V., and Neville, P. (1994): *Manual of Feline Behaviour.* Shurdington, Cheltenham, Gloucestershire, UK, British Small Animal Veterinary Association.

Robinson, I. (1992): Social Behaviour of the Cat. In Thorne, C. (ed.): *The Waltham Book of Dog and Cat Behaviour.* Oxford, Pergamon Press.

21 Unerwünschtes Urinieren und Defäkieren

Wenn eine Katze häufig im Haus uriniert, muß als erstes festgestellt werden, ob es sich hierbei um Urinmarkierung oder normalen Urinabsatz handelt. Wie im letzten Kapitel beschrieben, kann dies manchmal schwirig sein, weil Katzen mit Urin markieren können, auch wenn sie eine hockende und nicht die typische stehende Spritzhaltung einnehmen. Untersucht man folgende Bereiche, kann im Normalfall eine Unterscheidung zwischen den beiden unterschiedlichen Typen von Harnabsatzproblemen getroffen werden:

- Uriniert die Katze immer oder für gewöhnlich außerhalb der Katzentoilette? Wenn es sich nur um Markieren handelt, würde die Katze ihre Toilette weiterhin zum exkretorischen Harnabsatz benutzen wie zuvor.
- Zeigt die Katze Anzeichen dafür, daß der Urinabsatz in der Katzentoilette unangenehm ist oder Angst erzeugt? Katzen mit Problemen beim normalen Urinieren laufen nach dem Harnabsatz manchmal sehr schnell von der Katzentoilette weg, oder sie miauen und verhalten sich nervös und zögernd, bevor sie sich hineinbegeben, sie schütteln ihre Pfoten nach Kontakt mit der Katzenstreu, hocken sich an den Rand der Katzentoilette, als ob sie versuchen, in die Box zu urinieren, ohne sie zu betreten, oder zeigen nicht das Kratzen vor sowie das Verdecken nach der Ausscheidung.
- Könnte Angst insofern mit im Spiel sein, als die Katze angefangen hat, an einem abgelegenen Platz im Haus zu urinieren, wo sie viel Zeit damit verbringt, sich vor einer anderen Katze zu verstecken, vor der sie sich sehr fürchtet?
- Defäkiert die Katze auch oft, gewöhnlich oder immer außerhalb der Katzentoilette? Wenn ja, geht es in der Regel um mehr als um einfaches Urinmarkieren.
- Uriniert die Katze manchmal auch in der stehenden Spritzhaltung? Ist der Harnabsatz in hockender Stellung für gewöhnlich auf bestimmte Objekte wie Schuhe, Kleidungsstücke, die auf dem Boden liegen, usw. gerichtet oder findet er normalerweise neben Möbelstücken, an Mauerkanten oder in Ecken statt, an denen Katzen oft spritzen? Oder erfolgt er manchmal ganz im Gegenteil in der Mitte eines Raumes, weg von solchen charakteristischen Objekten?
- Gab es irgendwelche Anzeichen einer Erkrankung in dem Zeitraum, in dem das Problem zum ersten Mal auftauchte? Wurde die Katze zu diesem Zeitpunkt auf felines urologisches Syndrom, Cystitis, Urethritis, Prostatitis, Vaginitis, Enteritis, und Colitis (d. h. häufige Ursachen für „Ausscheidungsunfälle", aufgelistet von Reisner, 1991) untersucht?

In der Praxis gibt es Fälle, bei denen der Berater auch nach langer und eingehender Untersuchung aller möglichen Informationsquellen immer noch nicht ganz sicher sein kann, um welches Harnabsatzproblem es sich handelt. Das ist jedoch nicht ganz so kritisch wie es vielleicht scheint. Man kann den Tierbesitzern den Grund für diese diagnostische Unsicherheit erklären, kann ihnen verdeutlichen, warum man die eine Diagnose für wahrscheinlicher hält als die andere und kann dann eine Behandlung des eigentlichen Problems unter der Voraussetzung – die sich auch im Therapieempfehlungsschreiben, das dem Kunden ein paar Tage nach der Konsultation zugesandt wird, ganz klar wiederfindet – empfehlen, daß sie sich wieder melden, wenn die Behandlung nicht ganz die gewünschte Wirkung zeigt oder wenn neue relevante Fakten ans Licht kommen. In solchen Fällen ist die Reaktion des Tieres auf die Behandlung genau das Mosaiksteinchen, das gefehlt hat, um die vorläufige Diagnose zu bestätigen oder zu widerlegen.

Unter den Beratern für Verhaltensprobleme bei Haustieren herrscht Uneinigkeit darüber, ob Katzen, die außerhalb der Katzentoilette defäkieren, nicht manchmal eine Form von Markierungsverhalten zeigen; daher kann nicht jeder Fall, bei dem die Katzentoilette nicht zur Defäkation benutzt wird, als unerwünschte Ausscheidung betrachtet werden. Die Beobachtung, daß Ausscheidungsprodukte von Bauernhofkatzen manchmal an Wegrändern oder anderen auffälligen Orten innerhalb ihres heimatlichen Gebietes, aber weit entfernt vom Kernbereich gefunden werden, und die Tatsache, daß bei einigen anderen felinen Spezies, wie dem Spanischen Luchs, Ausscheidungsprodukte offensichtlich zur Reviermarkierung verwendet werden, haben bei einigen Autoren zu der Ansicht geführt, daß Fäzes auch bei Hauskatzen manchmal zum Markieren benutzt werden (z. B. Bradshaw, 1992; Robinson, 1992; Beaver, 1992).

Die Tatsache jedoch, daß Fäzes in einiger Entfernung von Kernbereichen des heimatlichen Territoriums nicht bedeckt werden, zeigt, wie unwesentlich das Vergrabungsverhalten in diesem Fall ist. Nach Hart und Hart (1985) dient das Vergraben dazu, die Gefahr zu reduzieren, daß andere Katzen und Kätzchen Eier von Parasiten oder intestinale Krankheitserreger durch den Kontakt mit nicht vergrabenen Fäzes aufnehmen.

Ferner sollen die Fäzes dadurch von Nagetieren ferngehalten werden, die als Zwischenwirte für Bandwürmer dienen, welche dann wieder an die Katzen weitergegeben werden können, wenn die Nagetiere gefangen und gefressen werden. In genügender Entfernung von den Kernbereichen des heimatlichen Territoriums ist der Nutzen des Vergrabens vielleicht nicht vorrangig genug, denn jedes Verhalten im Repertoire der Tiere muß eine höchstmögliche Wirkung zeigen, d. h., es wird nur dann ausgeführt, wenn es für das Überleben oder die Gen-Reproduktion wirklich von Nutzen ist.

Obwohl die Hypothese plausibel ist, wonach unbedeckte Fäzes manchmal eine ähnliche territoriale Markierungsfunktion ausüben können wie das Verspritzen von Urin, ist sie dennoch bisher nicht viel mehr als eine Hypothese. Unbedeckte Ausscheidungsprodukte können auch einfach ein Zeichen dafür sein, daß es an bestimmten Orten keinen geeigneten Grabungsuntergrund gibt, daß relativ mehr Zeit von den Katzen an bestimmten Orten verbracht wird, daß anderes Verhalten an solchen Orten Vorrang hat (d. h. die ganze Aufmerksamkeit gilt der Umgebung, die Katze verhält sich still und unauffällig sowohl gegenüber möglichen Beute- als auch Raubtieren) oder daß nicht vergrabene Fäzes mit viel höherer Wahrscheinlichkeit von menschlichen Beobachtern an solchen – zumindest für die Menschen – auffälligen Orten (im Gegensatz zu dichtem Unterholz) entdeckt werden.

Die Einsicht jedoch, daß die Hypothese der Fäzesmarkierung plausibel ist und wissenschaftlich untersucht werden sollte, ist eine Sache. Eine neue Kategorie von Markierungsverhalten mit Fäzes bei Katzen als „Koten" zu definieren und im weiteren Verlauf zu diskutieren, wie dieses Verhalten diagnostiziert und behandelt werden soll, ist indessen etwas ganz anderes (z. B. Neville, 1991; O'Farrell und Neville, 1994). Generell sollte die Vorstellung eines als „Koten" bezeichneten Verhaltensproblems als wissenschaftlich nicht fundiert angesehen werden. Sie gilt bei Beratern von Haustier-Verhaltensproblemen als unkonventionell und wird – wenn überhaupt – nur von wenigen amerikanischen Verhaltensspezialisten akzeptiert. Daher schließt sich der Autor in diesem Kapitel dem Ansatz von Borchelt und Voith (1986), Hart und Hart (1985), Olm und Houpt (1988) und vielen anderen an: Dabei wird zwischen Urinmarkieren und unerwünschtem normalem Urinieren unterschieden, während alle Fälle von Defäkation außerhalb der Katzentoilette als unerwünschte normale Defäkation betrachtet und behandelt werden. Somit wird die Streitfrage, ob es so etwas wie ein Verhaltensproblem des „Kotens" bei Hauskatzen gibt, vorläufig verworfen, bis überzeugenderes Beweismaterial in dieser Richtung vorliegt.

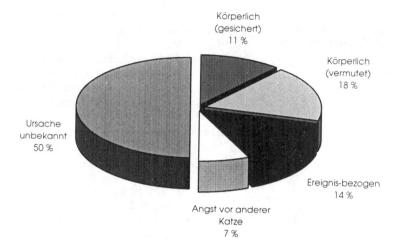

Abb. 21.1: Relative Häufigkeit möglicher Ursachen von unerwünschtem Urinieren und/oder Defäkieren außerhalb der Katzentoilette (n = 28)

Wie die in Kapitel 20 aufgeführten Statistiken andeuten, handelte es sich bei 23 % von 104 ernsten Verhaltensproblemen bei Katzen um unerwünschtes Urinieren und/oder Defäkieren. Dabei ging es in 7 dieser Fälle ausschließlich um ein Defäkationsproblem, in 8 Fällen ausschließlich um ein Harnabsatzproblem, 9 Fälle betrafen beide Probleme.

In der Abbildung 21.1 werden die identifizierten oder vermuteten Ursachen für unerwünschtes Urinieren und/oder Defäkieren in 28 Fällen aufgeführt. Bei den drei eindeutig medizinischen Ursachen handelte es sich entweder um eine intestinale Erkrankung oder eine Blaseninfektion. Bei den fünf vermutlich medizinischen Ursachen handelte es sich in vier Fällen um abnormal trockenen Stuhlgang, und einmal lag eine Hautinfektion an der Schwanzwurzel vor. In drei der vier ereignisbedingten Fälle, in denen Katzen anfingen, außerhalb der Katzentoilette auszuscheiden, waren die Katzen für eine Woche oder länger allein gelassen worden und im vierten Fall hatte die Katze eine Woche in einer Universitäts-Tierklinik verbracht. Die beiden Angstfälle passen in das oben beschriebene Muster, bei dem eine Katze sich so sehr vor einer anderen fürchtete, daß sie einen Großteil der Zeit in ihrem Versteck verbrachte und auch anfing, dort auszuscheiden, anstatt herauszukommen und die Katzentoilette zu benutzen.

In 14 der 28 Fälle dieser Auswahl konnten keine eindeutigen Ursachen identifiziert werden. Das Problem war über Zeiträume von wenigen Wochen bis zu 5 Jahren aufgetreten, wobei es sich bei fünf der Fälle um Probleme handelte, die in der einen oder anderen Form seit 1 1/2 Jahren oder länger aufgetreten waren. Wenn man die Besitzer fragte, ob die Katze krank oder allein gelassen worden war oder ob irgend etwas anderes Ungewöhnliches zum Zeitpunkt des ersten Auftretens des Problems geschehen war, konnten sie sich an nichts derartiges erinnern. In einem der Fälle unbekannter Genese war die Katze vorher wegen dieses Problems mit Diazepam behandelt worden, was sich anfänglich als recht wirksam erwies, da das Problem für mehrere Wochen vollständig beseitigt war. Wie im weiteren Verlauf noch erläutert werden wird, kann in Fällen furchtbedingten Meidens der Katzentoilette als nächstliegender Ursache die Gabe von Anxiolytika eine vernünftige Behandlungsoption sein – insbesondere wenn das Problem erst vor kurzem aufgetreten ist.

Mögliche Kausalfaktoren

Pathophysiologische Störung

Wie bereits erwähnt, sind Krankheiten und andere physische Probleme wie trockener Stuhl

MÖGLICHE KAUSALFAKTOREN

Pathophysiologische Störung
(Krankheitszustand/zu trockener Stuhl)

Reaktion auf einschneidende Veränderungen in der Umgebung
(z. B. neue Katze im Haus; Katze zu lange allein gelassen)

Erlernte Aversion gegen die Katzentoilette
(z. B. Katzentoilette wird nicht oft genug gereinigt; Aversion gegen Katzenstreu; Toilette schlecht plaziert; Katze wurde während Aufenthalts in der Katzentoilette heftig erschreckt)

Nebenprodukt anderer Verhaltensprobleme
(z. B.: Angst vor einer anderen Katze im Haus)

UNERWÜNSCHTES URINIEREN UND DEFÄKIEREN

- Nichtbenutzen der Katzentoilette zum normalen Harn- und/oder Kotabsatz.

MÖGLICHE BEHANDLUNGSELEMENTE

Behandlung des medizinischen Problems

Korrektur von Fehleinschätzungen der Besitzer
(z. B. Problem ist keine Reaktion aus „Boshaftigkeit" oder „Protest")

Einstellung ineffektiver Methoden
(z. B. verzögerte Bestrafung; Festhalten der Katze in der Katzentoilette)

Bestimmte Veränderungen der Umgebung
(z. B. Reinigung problematischer Stellen; Fernhalten der Katze von bevorzugten Örtlichkeiten; häufigere Reinigung der Katzentoilette; Wechsel zu anderer Katzenstreu; Veränderung des Standorts der Toilette; Veränderung der bevorzugten Oberfläche; Einsperren der Katze in ein Zimmer/einen Käfig)

Behandlung korrelierender Verhaltensprobleme
(z. B. Angst vor einer anderen Katze)

Verbesserung des Grundverständnisses der Besitzer
(Problem als erlernte Orts-/Oberflächenbevorzugung und/oder erlernte Aversion gegen die Katzentoilette)

Trainieren in Problemsituationen
(nur milde Bestrafung, wenn die Katze beim Kot-/Harnabsatz erwischt wird)

Medikamentöse Therapie
(z. B. anxiolytische Medikamente können in einigen Fällen hilfreich sein)

---

sicherlich eine häufige Ursache, und tatsächlich ist dies möglicherweise die häufigste Ursache für unerwünschtes Urinieren und/oder Defäkieren – wenn man davon ausgeht, daß einige der 14 Problemfälle der Kategorie „Ursache unbekannt" der o. g. Auswahl ebenfalls so angefangen haben. Manchmal offenbart sich dies dem Tierarzt sofort (z. B. wenn eines der Symptome, die der Besitzer im Zusammenhang mit den Krankheitssymptomen beschreibt, Ausscheidung außerhalb der Katzentoilette bei einer Katze ist, die dies bisher noch nie getan hat). Normalerweise müssen solche Ausscheidungsprobleme nicht verhaltensorientiert behandelt werden. Die Katzen benutzen ihre Toilette wieder, sobald der Heilungsprozeß eingesetzt hat oder Kotemulgatoren verabreicht wurden. In anderen Fällen ist das Krankheitselement vielleicht nicht so augenscheinlich. Dem Autor sind mehrere Fälle bekannt, bei denen die erste veterinärmedizinische Untersuchung einer Katze, die gerade angefangen hatte, außerhalb der Katzentoilette auszuscheiden, keinerlei Anzeichen einer Krankheit ergab. Später jedoch, nach umfangreichen Tests, wurde dann doch eine Krankheit entdeckt.

Katzen, die irgendein medizinisches Problem haben, durch das die Ausscheidung (vermutlich) schmerzhaft oder unangenehm wird, neigen dazu, an anderen Orten außerhalb der Katzentoilette auszuscheiden. Die evolutionäre Funktion dieser Verhaltensänderung ist nicht bekannt. Wenn man dies auf eine natürlichere Umgebung extrapoliert, würde dies bedeuten, daß die Katze an anderen Orten ausscheidet als am vormals bevorzugten Platz oder den gemeinschaftlichen Plätzen, die z. B. von Gruppen von Bauernhofkatzen benutzt werden. Da die verantwortlichen Krankheitserreger oder Parasiten über die Ausscheidungsprodukte übertragen werden, könnten durch diese Änderung der Ausscheidungsgewohnheiten in gewisser Weise die gesundheitlichen Risiken für das Tier selbst (d. h. durch Reinfektion) oder seine genetischen Verwandten (d. h. Nachkommen, Geschwister) verringert werden. Von der Funktion einmal abgesehen, verhalten sich Katzen mit medizinischen Problemen, die die Ausscheidung beeinträchtigen, als würden sie nach einer neuen Örtlichkeit und/oder Oberfläche suchen, an der die Ausscheidung weniger schmerzhaft oder unangenehm ist. Wenn sie krank bleiben oder mit einem Problem wie zu trockenem Stuhl behaftet sind, was ebenfalls ein unangenehmes Gefühl beim Ausscheiden verursachen kann, scheinen Katzen kurzfristig neue Örtlichkeiten/Oberflächen „auszuprobieren" und dann diese wieder zu verlassen, um zu anderen überzuwechseln – mit dem Ergebnis, daß sich die Katze über einen Zeitraum von einigen Wochen in praktisch jedem Zimmer und auf jeder Art von Oberfläche im Haus entleert hat, ohne ein Verhaltensmuster einer ständige Bevorzugung eines Ortes entwickelt zu haben.

Besitzer von Katzen mit Ausscheidungsproblemen müssen daher eingehend über die Art dieser Örtlichkeiten, an denen die Katze ausgeschieden hat, und die Abfolge von Örtlichkeiten, die sie seit Beginn des Problems aufgesucht hat, befragt werden. Wenn sie das Problem einem Verhaltensspezialisten vortragen, geben die Besitzer oft an, daß die Katze „überall" ausscheidet. Dies sollte nicht für bare Münze genommen werden. Die eingehende Befragung von Besitzern von gesunden Katzen resultiert normalerweise in einem eindeutigen *ortsbezogenen* und/oder *oberflächenbezogenen* Verhaltensmuster in dem Sinn, daß die Katze nur an einigen bestimmten Orten, auf einer bestimmten Oberflächenart oder einer Kombination aus beidem ausscheidet.

Sucht man den ursächlichen Grund für eine bereits fest verwurzelte und schwer veränderbare Gewohnheit einer Katze, außerhalb der Katzentoilette auszuscheiden, könnte irgendeine unentdeckte, möglicherweise geringgradige Krankheit, die bereits seit langem vorüber ist, in Frage kommen. In diesem Stadium jedoch ist das wahrscheinlich nur mehr von akademischem Interesse, denn jetzt geht es darum, die häusliche Verhaltensgewohnheit der Katze zu behandeln und nicht irgendeinen pathophysiologischen Zustand. Es kann allerdings auch bei diesen Fällen immer noch wichtig sein, sich dieses ursächlichen Zusammenhangs bewußt zu sein. Selbst wenn das momentane Problem verhaltensbedingt ist und durch verhaltensorientierte Methoden (s. u.) gelöst werden kann, sollte den Besitzern deutlich gemacht werden, daß Krankheit oft eine Hauptrolle bei der Entstehung dieser Probleme spielt und daß deshalb der Besuch des Tierarztes der Familie ein logischer und notwendiger erster Schritt ist, wenn das Problem in Zukunft wieder auftauchen sollte.

Erlernte Aversion gegen die Katzentoilette

Ebenso wie Katzen eine Vorliebe zeigen können, an bestimmten Orten und/oder auf bestimmten Oberflächen (z. B. Teppiche, Fliesen) außerhalb der Katzentoilette auszuscheiden, können sie auch Symptome dafür zeigen, daß sie irgend etwas an der Katzentoilette aversiv finden. Abgesehen davon, daß sie sie nicht aufsuchen, um dort auszuscheiden – was nicht unbedingt eine Aversion sein muß, wenn die Katze einfach andere Orte bevorzugt –, gibt es noch folgende Symptome einer Katzentoiletten-Aversion bei einer Katze, die zumindest manchmal in der Toilette ausscheidet: Nach dem Ausscheiden verläßt die Katze schnell die Toilette, kratzt oder gräbt nicht mehr darin (wie sie es bisher immer getan hat), schüttelt ihre Pfoten nach Kontakt mit der Katzenstreu oder drückt sich an den Rand oder hockt halb in und halb außerhalb des Katzenklos, als ob sie versucht, sich in der Katzentoilette zu entleeren, ohne sie betreten zu müssen. Wenn die Aversion gegen die Katzentoilette sehr groß ist, betritt die Katze sie vielleicht überhaupt nicht und zeigt Anzeichen von Angst, wenn man sie hineinsetzt.

Bei einer Katze, die vorher immer die Kiste mit der gleichen Katzenstreu benutzt hat, ohne eines dieser Anzeichen zu zeigen, ist die Aversion gegen die Katzentoilette offensichtlich erlernt, als Ergebnis von unangenehmen Erfahrungen, die die Katze dort gemacht hat. Diese können mit einer gesundheitlichen Störung in Verbindung stehen. Tatsächlich werden Unbehagen oder Schmerzen beim Entleeren durch einen einfachen klassischen Konditionierungsprozeß mit der Kiste assoziiert. Daraus resultiert eine konditionierte Angstreaktion, wenn die Katze die Kiste betritt, was sie wiederum dazu veranlaßt, sie überhaupt nicht mehr zu betreten. Theoretisch könnte sich eine ähnliche Art von konditionierter Aversion entwickeln, wenn die Katze durch irgend etwas heftig erschreckt wurde, während sie in der Kiste war, oder wenn die Kiste nicht häufig genug gesäubert wurde, von anderen Katzen benutzt wird oder wenn sie dünnflüssigen Stuhl dieser oder einer anderen Katze enthält.

Möglicherweise haben Besitzer aber auch selbst zur Herausbildung dieser Aversion gegen die Katzentoilette beigetragen: durch ihre ineffektive und kontraproduktive Methode, die Katze zur Kiste zu tragen (meist nachdem sie bestraft wurde, indem ihre Nase nahe an Urin oder Fäzes gehalten wurde, die sie außerhalb der Kiste deponiert hat), sie in die Kiste zu setzen und sie zu zwingen, dort einige Minuten zu bleiben. Damit soll ihr verständlich gemacht werden, was sie falsch gemacht hat und was sie in Zukunft machen soll. Diese Behandlung durch den emotional erregten Besitzer kann für die Katze äußerst unangenehm sein, und somit ist die Gefahr groß, daß sich dies einfach zu anderen aversiven Eigenschaften der Kiste, der Streu oder der Plazierung der Kiste hinzugesellt – und so dazu beiträgt, die Abneigung gegen die Katzentoilette in Zukunft noch zu verstärken.

Reaktion auf einschneidende Veränderungen der Umgebung

Ein geringer Prozentsatz von Fällen von unerwünschtem Urinieren und/oder Defäkieren bleibt rätselhaft, da der Ursprung des Problems mit keinem der oben genannten Faktoren in Verbindung zu stehen scheint. Wird z. B. eine weitere Katze in die Familie aufgenommen, scheint das die Ausscheidung außerhalb der Katzentoilette bei manchen Katzen zu provozieren. Die Gründe dafür sind jedoch unklar. Man könnte die Hypothese aufstellen, daß die Abfallprodukte oder der Geruch eines neuen Individuums die Kiste irgendwie aversiv für die Katze machen. Aber warum sollte dies der Fall sein? Manchmal tritt das Problem in Haushalten mit mehreren Katzen auf, wo die Katzen daran gewöhnt sind, das/die Katzentoilette/n gemeinsam zu benutzen, und dies nie ein Problem zu sein schien. Noch verwirrender sind Fälle, in denen Katzen, die länger als gewöhnlich allein gelassen wurden, außerhalb der Kiste ausschieden – oft auf dem Bett des Besitzers. Besitzer meinen immer, daß es sich dabei um eine Art „boshafte" Reaktion handelt. Neville (1992) betrachtet dies als eine Form von Markierungsverhalten, mit dem die Katze ihren

Geruch mit dem des Besitzers in Verbindung bringen will, der sich besonders in Betten und auf Stühlen konzentriert. Und schließlich betrachten Borchelt und Voith (1986) diese Reaktion als ein Symptom für Trennungsangst bei Katzen, bei der „die Katze in einem Angstzustand von Orten angezogen wird, die den Geruch des Besitzers tragen". Jedoch ist keine dieser Erklärungen besonders hilfreich. Alle weisen im Grunde darauf hin, daß die Katze emotional auf irgendeine Weise dadurch gestört ist, daß sie so lange allein gelassen wurde (oder daß ihr Tagesablauf gestört worden ist). Aber eine plausible Erklärung dafür, warum dies zu einer Ausscheidung außerhalb der Kiste führen sollte, gibt es nicht.

Im Falle einer Katze, die im Bett des Besitzers ausscheidet, wenn sie länger als gewöhnlich allein gelassen wurde, sollte vielleicht noch eine ganz andere Erklärung in Erwägung gezogen werden: (1) Die Katze meidet die Kiste, weil sie ungewöhnlich verschmutzt ist (der Besitzer ist zur üblichen Reinigungszeit nicht da; der Nachbar, der sich statt dessen um die Katze kümmert, reinigt die Kiste nicht so gründlich wie der Besitzer), und (2) die Katze sucht sich daher neue Örtlichkeiten zur Ausscheidung, welche der Streubeschaffenheit am ähnlichsten ist. Obwohl es nur wenig Ähnlichkeit zwischen Katzenstreu und einem Bett gibt, haben beide eine weiche, druckfreundliche Oberfläche, eine Ähnlichkeit, die für die Katze vielleicht von ausschlaggebender Bedeutung ist. So haben vielleicht weder der Geruch des Besitzers noch die angenommene emotional gestörte Reaktion der Katze irgend etwas mit dem Problem zu tun.

Nebenprodukt anderer Verhaltensprobleme

Eine Form von Ausscheidungsproblemen ist – selbst für die Besitzer – überhaupt nicht rätselhaft. Katzen, die sich heftig vor anderen Katzen im Hause fürchten, verbringen manchmal fast ihre gesamte Zeit in Verstecken, die sie nur äußerst widerwillig verlassen. Solche Katzen können schließlich anfangen, auch an diesen Orten auszuscheiden, weil wahrscheinlich die Angst, die Verstecke zu verlassen, größer ist als die Veranlassung, zum Entleeren die Katzentoilette aufzusuchen. Interessant in solchen Fällen ist, warum diese Katzen zwar herauskommen, um zu fressen – wie es die meisten tun –, aber nicht, um auszuscheiden. Es liegt nahe, daß Fressen für Gesundheit und Überleben viel wichtiger ist als Hygiene. Aber eine bessere Erklärung könnte sein, daß das Verhalten der anderen Katze zur Fressenszeit viel vorhersehbarer und die Wahrscheinlichkeit von Angriffen viel geringer ist.

Mögliche Behandlungselemente

Behandlung des medizinischen Problems

Wenn das medizinische Problem noch nicht lange besteht, wird eine erfolgreiche Behandlung normalerweise auch das damit zusammenhängende Ausscheidungsproblem lösen. Wenn jedoch die gesundheitlichen und die damit verbundenen Ausscheidungsprobleme schon seit einiger Zeit bestehen, kann das Tier eine heftige Aversion gegen das Entleeren in der Kiste und/oder eine starke Vorliebe für andere Orte und/oder andere Oberflächen entwickelt haben. Dieses Verhalten muß dann mit den weiter unten beschriebenen Methoden korrigiert werden, nachdem die Krankheit geheilt worden ist.

Behandlung korrelierender Verhaltensprobleme

Natürlich wird eine Katze, die in ihrem Versteck ausscheidet, dies weiterhin tun, solange die Angst vor der anderen Katze im Haus akut ist. Normalerweise ist diese Art von Angstproblemen sehr gut behandelbar, wenn sie noch nicht lange bestehen und die Angst bei beiden Katzen vorhanden ist (siehe Kap. 22). Wenn die Katze sich jedoch vor einer offensiv aggressiven Katze fürchtet, die sie jagt, umherscheucht und bei jeder Gelegenheit angreift, ist es wahrscheinlich sowohl für das Angst- als auch das damit zusammenhängende Ausscheidungsproblem die einzige Lösung, für eine der beiden Katzen ein neues Zuhause zu finden.

Korrektur von Fehleinschätzungen der Besitzer

Die meisten Besitzer ziehen früher oder später die Möglichkeit in Erwägung, daß sich die Katze aus „Bosheit" oder als eine Art „Protest" gegen etwas im Haus, das ihr nicht behagt, außerhalb der Katzentoilette entleert. Zwar ist es in der Tat möglich, daß die Katze irgend etwas im Hause aversiv findet und dies mit dem Problem im Zusammenhang steht. Das heißt aber nicht, daß die Katze dies dem Besitzer auf diese Art und Weise mitzuteilen versucht. Besitzer sollten generell davon abgebracht werden, Katzen menschliche Beweggründe und Verhaltensstrategien zuzuschreiben, denn diese anthropomorphen Ansichten behindern für gewöhnlich die Akzeptanz des Besitzers für die Problemanalyse des Beraters. Und wenn die Besitzer die Erklärungen des Beraters nicht akzeptieren, ist es auch unwahrscheinlich, daß sie ausreichend motiviert sind, den Behandlungsempfehlungen zu folgen.

Verbesserung des Grundverständnisses des Besitzers

Besitzer müssen begreifen, daß das Problem zwar vielleicht aus der Reaktion der Katze auf irgendeine für sie aversive Sache im Haus (oder im Zusammenhang mit der Katzentoilette) resultiert, aber dies bedeutet nicht, daß die Beseitigung dieses aversiven Elements ausreicht, um das Problem zu lösen. Katzen, die häufig außerhalb der Katzentoilette ausgeschieden haben, entwickeln *erlernte Vorlieben* für die Ausscheidung an bestimmten Stellen oder auf bestimmten Oberflächen, die genauso stark sein können wie die Neigung der unproblematischen Hauskatze, in die Katzentoilette auszuscheiden. So kann sich zu dem Zeitpunkt, da die Ursache des Problems entdeckt und korrigiert wurde, die Gewohnheit der Katze, an bestimmten Stellen außerhalb der Kiste auszuscheiden, bereits so verfestigt haben, daß spezielle Methoden nötig sind, um ihr dies wieder abzugewöhnen. Natürlich müssen die Besitzer auch begreifen, daß es sich ebenso um eine *angelernte Aversion* gegen die Katzentoilette, die Streu oder die Plazierung der Katzentoilette handeln kann. Auch diese muß abgebaut werden, währen gleichzeitig der angelernten Präferenz für andere Örtlichkeiten/Oberflächen gegengesteuert werden muß.

Einstellen ineffektiver Methoden

Die allgemein übliche Bestrafung, die Katze an einen gerade entdeckten Ort der Ausscheidung zurückzubringen, ihre Nase nahe an die Stelle zu halten und sie dann zurück zur Katzentoilette zu tragen und sie dort einige Minuten festzuhalten, ist aus zweierlei Gründen abzulehnen. Erstens wird eine Bestrafung länger als ein oder zwei Sekunden nach einem bestimmten Verhalten, wie dem Entleeren außerhalb der Katzentoilette, nicht mit diesem Verhalten in Verbindung gebracht und kann somit auch nicht dazu beitragen, dieses Verhalten in Zukunft abzulegen. Solche verspäteten Bestrafungen helfen bei Menschen, aber nur durch unsere Fähigkeit zur Sprache. In Wirklichkeit gibt es keinen Weg, der Katze zu „erklären", für welches Verhalten, das sie in den vergangenen Minuten gezeigt hat, sie gerade bestraft wird. Was wirklich bestraft wird, ist das Verhalten, das die Katzen in dem Moment zeigt, da sie von ihrem ärgerlichen Besitzer erwischt wird. Zweites kann es für die Katze sehr aversiv sein, wenn sie zur Katzentoilette getragen und dort festgehalten wird. Dadurch kann sich ihre Neigung, die Kiste in Zukunft nicht mehr zu benutzen, noch verstärken.

Trainieren in Problemsituationen

Die Katze durch Händeklatschen oder ein anderes lautes Geräusch zu erschrecken, ist nur dann angebracht, wenn sie beim Ausscheiden erwischt wird. Natürlich ist dies keine Lösung. Katzen lernen schnell, das Entleeren so lange hinauszuzögern, bis niemand mehr in der Nähe ist. Aber es ist dennoch empfehlenswert, da die Häufigkeit des Entleerens bei einer Katze, die selten allein ist, verringert werden kann. Zudem läßt sich so eine vollständige Unterdrückung der Entleerung zu Zeiten, da die Katze genau überwacht werden kann, erzielen.

Bestimmte Veränderungen der Umgebung

Zu einer erfolgreichen Behandlung dieser Probleme gehört im allgemeinen die Veränderung verschiedener Elemente in der Umgebung der Katze, so daß sich die Katze von selbst dazu entschließt, sich lieber in der Katzentoilette zu entleeren als an einem anderen Ort. Man kann den Reiz der Katzentoilette(n) zur Entleerung erhöhen und gleichzeitig den Reiz von Problembereichen senken oder die Katze ganz einfach gänzlich davon fernhalten.

Wenn die zugrundeliegende Logik dieses Denkansatzes den Besitzern eingehend erklärt wird, sollte man ihnen auch nahelegen, daß es vielleicht nicht gleich am Anfang klar ist, welche der folgenden Verfahrensweisen für das Erreichen der oben genannten, generellen Ziele die effektivste ist. Vielleicht muß auch eine Reihe von zwei oder drei Kombinationen aus diesen Methoden ausprobiert werden, bis man die richtige für das spezielle Problem gefunden hat. Zu einer erfolgreichen Behandlung gehört oft auch, daß die ursprünglichen Empfehlungen des Beraters konsequent eingehalten werden. Erst dann können die verschiedenen Behandlungselemente immer weiter modifiziert werden, je nachdem, wie die Katze darauf reagiert hat.

- *Gründliche Reinigung von Problemstellen nach der Entleerung* ist notwendig, denn die verbleibenden Gerüche von Ausscheidungsprodukten könnten zu weiterem Ausscheiden an diesem Platz anregen. Reinigungsmittel, die Ammoniak enthalten, sollten wegen der chemischen Ähnlichkeit von Ammoniak und Urin nicht verwendet werden.

- *Die Katzen ganz von Problemstellen fernzuhalten,* ist eine naheliegende Möglichkeit, die Ausscheidung dort zu verhindern. In einigen Fällen bei Katzen mit einer großen Vorliebe für bestimmte Orte, z. B. Badezimmerteppiche, wo es keine begleitende Katzentoiletten-Aversion gibt, kann man das Problem ganz einfach lösen, indem man die Badezimmertür geschlossen hält, um die Katze aus dem Bad fernzuhalten. Häufig reicht es schon aus, ein großes Möbelstück genau auf die betreffende Stelle des Fußbodens zu stellen oder etwas Wasser im Handwaschbecken oder in der Badewanne stehen zu lassen, wenn Katzen nur diese Orte der Katzentoilette vorziehen.

- *Häufigere Reinigung der Katzentoilette.* Viele Katzen finden es aversiv, eine Katzentoilette zu benutzen, die eine Zeit lang nicht gereinigt worden ist. Besitzer vermuten dies oft von selbst, wenn die Katze zuweilen außerhalb der Kiste ausscheidet, nachdem sie einige Tage lang besonders nachlässig mit der Reinigung waren.

- *Bereitstellen weiterer Katzentoiletten.* Dies ist vor allem wichtig in Haushalten mit mehreren Katzen, wo es einige Katzen als aversiv empfinden könnten, eine Kiste mit anderen zu teilen, oder wo eine einzelne Kiste sehr schnell verschmutzt. Dies ist auch dann empfehlenswert, wenn die Katze anscheinend eine starke Vorliebe für zwei oder drei verschiedene Orte im Haus zeigt. Der Besitzer könnte auch zunächst an allen bevorzugten Orten neue Katzentoiletten aufstellen. Hat die Katze eine Zeit lang stets einige oder alle Kisten benutzt, kann man die Maßnahme allmählich wieder einstellen. Wenn man mehrere Kisten benutzt, kann man schließlich auch mit verschiedenen Arten von Streu oder Kisten experimentieren.

- *Neue Plazierung der Katzentoilette(n).* Die Umplazierung der Katzentoilette an die bevorzugten Ausscheidungsstellen im Haus – oder die Aufstellung neuer Katzentoiletten an diesen Orten, wie oben beschrieben – erweist sich häufig als sehr hilfreich. Den meisten Besitzern ist dieser Gedanke bereits gekommen, doch befindet sich die bevorzugte Stelle mitten im Wohnzimmer, sind sie oft nicht bereit, so weit zu gehen. Will man sie dazu überreden, sollte man betonen, daß dies nur eine vorübergehende Maßnahme ist. Wenn die Katze einmal angefangen hat, die Kiste konsequent an diesem neuen Ort zu benutzen, kann die Kiste nach und nach (zuerst nur wenige Zentimeter pro Woche und dann in zunehmend größer werdenden Schritten) wieder an die ursprüngliche Stelle zurückbewegt werden.

- *Versuche mit anderen Streuarten.* Die meisten Klienten haben auch dies schon ausprobiert, aber sie sind vielleicht nicht weit genug gegangen. In einem kontrollierten experimentellen Vergleich verschiedener Arten von handelsüblichen Standardkatzenstreus auf Tonbasis – die alle eine Körnchengröße von 5–6 mm haben, sich aber in Deodorant, Zusatz, Absorbierungsfähigkeit und Staubanteil unterscheiden – mit anderen möglichen Streumaterialien, wie Sandkastensand, handelsüblicher Tonstreu mit Körnchen in Sandgröße, Ackerboden und Sägespänen, stellte Borchelt (1991) fest, daß die kleinkörnige handelsübliche Tonstreu gegenüber allen anderen am meisten bevorzugt wurde. Auch Sand wurde stärker bevorzugt als großkörnige Tonstreu und andere Alternativen. Im Grunde bestätigte dieser Versuch die übliche Empfehlung an Besitzer, anderes Material als die mehr oder weniger austauschbare großkörnige Tonstreu auszuprobieren – insbesondere Sandkastensand oder sandähnliche, handelsübliche Tonstreu.

Als sehr sinnvoll und praktisch hat sich erwiesen, den Versuch Borchelts in einem kleineren Rahmen nachzuahmen. Man kann beispielsweise verschiedene Arten von Streumaterialien in mehrere improvisierte Katzenkisten füllen (z. B. große Plastikbehälter jeglicher Art, Pappkisten mit abgeschnittenen Seiten), so daß die Katze sich diejenige auswählen kann, die sie bevorzugt. Für die ersten Vergleiche wären eine Art von normaler Streu, kleinkörniger Streu, Sand und vielleicht noch etwas anderes, wie Ackerboden, angebracht. Den Besitzern muß hierbei jedoch deutlich gemacht werden, daß auch dies eine vorübergehende Maßnahme ist. Wenn die Katze dann wieder angefangen hat, eine oder mehrere Katzentoiletten konsequent (über einige Wochen hinweg) zu benutzen, können die alten und neuen Streuarten in verschiedenen Mischungsverhältnissen zusammengeschüttet werden (zuerst 90:10, dann 80:20 usw.), um so nach und nach wieder zu der ursprünglich akzeptablen und billigeren oder praktischeren handelsüblichen Streu zurückzukehren.

- *Drastische Veränderung der Beschaffenheit der bevorzugten Oberflächen.* In diesen häufigen Fällen, in denen die Katze bestimmte Oberflächenarten, wie Teppichböden, weiche Läufer, Linoleum, Fliesen oder das Emaille in Waschbecken oder Badewannen, zum Ausscheiden bevorzugt – was sich eindeutig feststellen läßt, wenn die Katze an verschiedenen Orten, aber auf immer der gleichen Art Oberfläche ausscheidet –, muß sie entweder ganz von diesen Oberflächen ferngehalten werden oder die Oberfläche selbst muß durch Abdeckung mit einem anderen sehr unterschiedlichen Material, wie dicke Plastikfolie, Pappkarton, alte Teppiche oder Zeitungen, verändert werden. Oft sind auch hier einige Versuche erforderlich, bis man ein Abdeckungsmaterial gefunden hat, das ein Ausscheiden verhindert. Ist ein solches Material gefunden, wird es einige Woche an dieser Stelle belassen, bis die Katze für einige Zeit konsequent ihre Kiste aufgesucht hat. Dann wird die Abdeckung Stück für Stück oder indem man sie in Streifen schneidet, die mit der Zeit immer schmaler (und die Abstände dazwischen immer breiter) werden, über einen Zeitraum von mehreren Wochen entfernt.

- *Beschränkung der Katze auf ein einziges Zimmer, um die Benutzung der Katzentoilette wiederherzustellen.* Wenn es unmöglich und inakzeptabel ist, die bevorzugten Oberflächen abzudecken – was gewöhnlich der Fall ist, wenn die Ausscheidung auf Teppichböden in mehreren Zimmern erfolgt –, ist es praktikabler, wenn die Katze für einige Wochen auf ein einziges Zimmer beschränkt wird, wo man verschiedene Maßnahmen bezüglich der Art von Oberflächen, Kisten, Streu usw. leichter durchführen kann. Die Katze kann diesen Raum dann so oft oder so lange verlassen, wie es der Besitzer wünscht, vorausgesetzt, daß sie zu dieser Zeit streng genug überwacht werden kann, um ein Entleeren gänzlich zu verhindern. Natürlich müssen dabei die sozialen Bedürfnisse und das Verlangen nach Aktivität der

Katze berücksichtigt werden. Dazu sollte der Besitzer mehrmals täglich eine Zeit zum Spielen im Katzenzimmer und auch außerhalb davon festlegen.

Bei diesem Ansatz wird das Problem im Grunde in dieser kleineren und übersichtlicheren Umgebung genauso behandelt, wie in den vorhergehenden Abschnitten beschrieben: Die Benutzung der Katzentoilette wird wiederhergestellt, die Dinge bleiben für mehrere Wochen, wie sie sind, und dann werden die Bedingungen langsam über die nächsten paar Wochen wieder normalisiert, indem man z. B. das Abdeckungsmaterial Schritt für Schritt entfernt, Streumaterialien in verschiedenen Verhältnissen mischt und/oder die Anzahl von Kisten wieder reduziert. Später, wenn der Katze nach und nach wieder Zutritt zu den restlichen Räumen des Hauses gewährt wurde – zunächst nur zu solchen Zimmern und solchen Zeiten, wo sie unter genauer Beobachtung gehalten werden kann, um ein Entleeren zu verhindern.

- *Einsperren der Katze in einen Käfig mit streubedecktem Boden.* In den extremsten Fällen, wenn die Aversion der Katze gegen die Katzentoilette so groß ist, daß keine der oben genannten Maßnahmen anschlägt, kann man die Katze einige Tage lang in einen großen Käfig sperren, dessen Boden vollständig mit Katzenstreu bedeckt ist, so daß sie keine andere Wahl hat, als auf der Streu auszuscheiden. Später kann man dann auch den Ruheplatz der Katze in den Käfig verlegen, den Anteil des mit Streu bedeckten Käfigbodens langsam verringern und eine Art Katzentoilette einführen. Nachdem die Benutzung der Katzentoilette im Käfig wiederhergestellt wurde, kann der Katze zunehmend Zugang zu dem Zimmer, in dem der Käfig steht und wo die nötige Oberflächenabdeckung und die Kisten-/Streuanordnung sie dazu ermutigen, die Katzentoilette zu benutzen, und schließlich zu den anderen Zimmern des Hauses gewährt werden. Auch hier muß man die Katze häufig aus dem Käfig lassen, mit ihr spielen usw., wann immer eine durchgehende Überwachung eine Entleerung vollständig verhindern kann.

Ein Hauptproblem bei den meisten dieser Empfehlungen besteht darin, daß die Besitzer sie bereits erfolglos in der einen oder anderen Version probiert haben und dieser Art Herangehensweise daher möglicherweise von Anfang an skeptisch gegenüberstehen. Es sei daran erinnert, daß Besitzer in dem Problem häufig psychologische Ursachen vermuten: die Katze reagiert mit „Boshaftigkeit" oder „Protest", weil sie zu oft allein gelassen wurde oder man ihr nicht genügend Aufmerksamkeit gewidmet hat. In solchen Fällen kann es problematisch werden, die Besitzer davon zu überzeugen, das Problem gewissermaßen als eine „schlechte Angewohnheit" zu sehen, die der Katze durch eine Kombination dieser Methoden zur Veränderung der Umgebung vollständig wieder abgewöhnt werden kann.

Natürlich sollten die Besitzer auch ausdrücklich davor gewarnt werden, zu schnell aufzugeben. Zwar ist diese Kombination aus Erhöhung der Attraktivität der Katzentoilette und der Verminderung der Akzeptanz von Problemorten vielleicht nicht sofort erfolgreich. Aber das systematische und beharrliche Bemühen, diese verschiedenen Arten von Behandlungselementen zu kombinieren, neu zu kombinieren oder abzuändern – und zu überlegen, welche konkreten Schritte zur Lösung des Problems noch unternommen werden können – führen schließlich zur Korrektur fast aller dieser Probleme.

Auch daß die Katze ihre alten problematischen Ausscheidungsgewohnheiten nie ganz vergessen wird und es daher möglich oder sogar wahrscheinlich ist, daß das Problem in Zukunft ab und an wieder auftauchen wird, sollte den Besitzern deutlich gemacht werden. Falls und wenn dies geschieht und aus tierärztlicher Sicht kein pathophysiologisches Problem vorliegt, sollte der Behandlungsverlauf, der schon einmal zur Lösung geführt hat, einfach erneut begonnen werden. Kurz nach seinem Wiederauftreten kann das Problem normalerweise schnell beseitigt werden, da die wünschenswertere Gewohnheit der Katze, die Katzentoilette zu benutzen, eben auch nicht so schnell ver-

BEHANDLUNGSEMPFEHLUNGEN

Unerwünschtes Urinieren oder Defäkieren außerhalb der Katzentoilette

- Die Bestrafung der Katze mehr als ein paar Sekunden nach einer Ausscheidung außerhalb der Katzentoilette ist zur Lösung des Problems vollkommen unwirksam. Jedoch kann der Harn- oder Kotabsatz in Anwesenheit des Besitzers eingeschränkt werden, indem die Katze konsequent durch ein lautes Geräusch (Händeklatschen) genau dann erschreckt wird, wenn sie sich hinhockt, um sich zu entleeren.
- Nie darf man die Katze in die Kiste setzen oder dort festhalten. Das kann dazu führen, daß sie es um so mehr vermeidet, die Katzentoilette zu benutzen.
- Grundsätzlich gründliches Säubern der Problemstellen, nachdem sich die Katze dort entleert hat, um Gerüche zu beseitigen, die weiterhin ein Entleeren provozieren können. Keine Verwendung von ammoniakhaltigen Detergenzien aufgrund der chemischen Ähnlichkeit zu Urin.

Stufe 1: *Verhinderung jeglichen Ausscheidens außerhalb der Katzentoilette.*
(Der Berater muß entscheiden, welche der folgenden Alternativen für den speziellen Fall als angemessen erscheint; seine Empfehlung basiert dabei auf der Beschreibung des Problems, der Lage und der Beschaffenheit der zur Ausscheidung aufgesuchten Örtlichkeiten usw. durch den Klienten.)

- Die Katze wird nicht in das Schlafzimmer (Badezimmer, unter das Sofa usw.) gelassen.
- Aufstellen einer oder mehrerer zusätzlicher Katzentoiletten an anderen Stellen im Haus.
- Testen einer Kiste mit (ohne) Deckel.
- Plazieren einer Kiste direkt über der Stelle, an der sich die Katze normalerweise entleert.
- Experimentieren mit verschiedenen Arten von Katzenstreu in verschiedenen Kisten. Darauf achten, zusätzlich zu den normalen handelsüblichen Streuprodukten auch eine der im Handel erhältlichen Katzenstreus, die aus äußerst kleinen, sandähnlichen Körnchen bestehen, und/oder Sandkastensand auszuprobieren.
- Die Oberflächenbeschaffenheit der Stellen, an denen sich die Katze immer entleert, in irgendeiner Weise verändern, indem ein im Vergleich zur Oberfläche völlig anderes Material zur Abdeckung verwendet wird, wie dicke Plastikfolie, alte Teppiche, dicke Wellpappe, Zeitungen usw.
- Zeitweises Einsperren der Katze zusammen mit der Katzentoilette in einen einzigen Raum, wo man Vorsorge treffen kann (z. B. den gesamten Fußboden mit Plastikfolie abdecken), daß sie sich nicht außerhalb der Kiste entleert.
- Kann die Katze durch nichts dazu bewegt werden, in irgendeiner Art von Katzentoilette auszuscheiden, wird sie für einige Tage in einem Käfig gehalten, dessen gesamter Boden mit Katzenstreu bedeckt ist. Nach mehreren Tagen beginnt man, die Streu nur auf einem Teil des Bodens zu verteilen, und sobald sie sich regelmäßig dort anstatt auf dem blanken Boden entleert, plaziert man einen mit Katzenstreu gefüllten niedrigen Behälter im Käfig, der später auch außerhalb des Käfigs benutzt werden kann.

Stufe 2: *Belassen der erfolgreichen Kombination von vorbeugenden Maßnahmen für mehrere Wochen an Ort und Stelle.*

- Wenn die richtige Kombination von Bedingungen herausgefunden ist, so daß das Entleeren außerhalb der Katzentoilette vollständig unterbunden ist, wird für mindestens zwei oder drei weitere Wochen nichts unternommen. Damit kann sich die Gewohnheit, die Katzentoilette zu benutzen, fest verankern.

Stufe 3: *Schrittweise Veränderung dieser optimalen Kombination von präventiven Bedingungen dahingehend, daß sie auch auf einer dauerhaften Basis akzeptabel ist.*

(Im weiteren Verlauf sind alternative Empfehlungen aufgelistet, die den Maßnahmen zur Verhinderung des Entleerens außerhalb der Katzentoilette entsprechen)

- Nachdem die Katze beständig über mehrere Wochen hinweg in der Katzentoilette ausgeschieden hat:
  – Das Material, das benutzt wurde, um den Fußboden über den Problemstellen zu bedecken, kann *langsam* über einen Zeitraum von mehreren Wochen hinweg entweder Stück für Stück oder durch Zerschneiden in Streifen und wöchentliche Verschmälerung der Streifen (und somit Verbreiterung der Zwischenräume) entfernt werden.
  – Die Anzahl der Katzentoiletten kann nacheinander reduziert werden – zuerst an Stellen, an denen eine Entleerung seltener ist.
  – Die Katzenstreu kann *nach und nach* über einen Zeitraum von mehreren Wochen verändert werden, indem zuerst 10 % der gewünschten Streu mit der Streu gemischt werden, die im Rahmen der korrigierenden Maßnahme benutzt wurde, dann 20 %, 30 %, 40 % usw.
  – Die Katzentoilette kann *schrittweise* an eine annehmbare Stelle gerückt werden, indem sie wöchentlich ein wenig weitergeschoben wird (zuerst nur wenige Zentimeter pro Woche, dann um zunehmend größere Distanzen).
  – Der Katze kann *nach und nach* wieder unüberwachter Zutritt zum Rest der Wohnung gewährt werden, wobei man mit den Räumen beginnt, in denen sie nie ausgeschieden hat.
- Wenn das Problem in dieser Schlußphase der allmählichen Wiederherstellung normaler Bedingungen wieder auftaucht, wurden diese Veränderungen wahrscheinlich nicht langsam genug durchgeführt. Man beginnt wieder mit den Präventivbedingungen bei Schritt 1, beläßt diese für ein oder zwei Wochen und versucht dann nochmals, zum erwünschten Normalzustand zurückzukehren, aber diesmal viel langsamer und nur „schrittchenweise".

gessen wird. Im allgemeinen stört es die Besitzer nicht, wenn sie wissen, daß das Problem wiederkehren kann, solange sie für Rückfälle eine wirkungsvolle Methode zur Hand haben.

Eine abschließende Anmerkung: Eine Methode, die alle Katzenbesitzer ohne Erfolg ausprobiert haben, ist die Anwendung eines der vielen handelsüblichen Mittel, die zur Abschreckung der Katze an den Ausscheidungsplätzen außerhalb der Kiste verteilt werden. Die Studie von Schilder (1991), in der die abstoßenden Eigenschaften verschiedener handelsüblicher Mittel verglichen wurden, stimmt mit der Erfahrung von Beratern bei Haustierproblemen überein, wonach diese Produkte selten wirksam sind.

Medikamentöse Behandlung

Wie bereits erwähnt, wurde in einem der jüngsten Fälle des Autors eine Katze einige Wochen lang erfolgreich mit Diazepam behandelt. Dies stimmt mit Ergebnissen überein, die von Hart et al. (1993) berichtet wurden, wobei 9 Katzen mit unerwünschtem Harnabsatz versuchsweise über mehrere Wochen hinweg mit *Buspiron* behandelt wurden, wobei die Dosierung bei 2,5–5 mg/Katze per os 2x tgl. lag. Fünf dieser Katzen (56 %) benutzten danach wieder die Katzentoilette und drei davon (33 %) benutzen sie auch weiterhin, nachdem das Medikament nach 10 Wochen Behandlung langsam wieder abgesetzt wurde. Obwohl hier eine sehr kleine Fallzahl vorlag und die Studie insofern unkontrolliert war, als es keine Placebogruppe oder eine Kontrollbedingung vor der Behandlung gab, scheint die günstige Auswirkung in einigen Fällen eindeutig zu sein. Logischerweise würde man erwarten, daß eine Behandlung mit Anxiolytika in den Fällen am wirksamsten ist, in denen (1) die angstbedingte Vermeidung der Katzentoilette eine der naheliegendsten Ursachen ist und (2) das Problem erst vor kurzem aufgetaucht ist, so daß sich noch keine ausgeprägte Vorliebe für ein Entleeren an anderen Stellen und/oder auf anderen Oberflächen entwickelt hat. Hierzu würden Fälle gehören, bei denen die Katzentoilette auch dann nicht sofort wieder benutzt wird, wenn das zugrundeliegende medizinische Problem erfolgreich behandelt wurde. (Zu Nebenwirkungen und anderen wichtigen Informationen siehe den Abschnitt „Medikamentöse Therapie" des Kapitels 8.)

Literatur

Beaver, B. V. (1992): *Feline Behavior: A Guide for Veterinarians.* 2nd Edition. Philadelphia, W. B. Saunders Company.

Borchelt, P. L. (1991): Cat elimination behavior problems. *Veterinary Clinics of North America: Small Animal Practice* **21**, 257–264.

Borchelt, P. L., and Voith, V. L. (1986): Elimination behavior problems in cats. *Compendium on Continuing Education for the Practicing Veterinarian* **8**, 197–205.

Bradshaw, J. W. S. (1992): *The Behaviour of the Domestic Cat.* Wallingford, UK, CAB International.

Hart, B. L., Eckstein, R. A., Powel, K. L., and Dodman, N. H. (1993): Effectiveness of buspirone on urine spraying and inappropriate urination in cats. *Journal of the American Veterinary Medical Association* **203**, 254–258.

Hart, B. L., and Hart, L. A. (1985): *Canine and Feline Behavior Therapy.* Philadelphia, Lea & Febiger.

Neville, P. (1992): Behaviour patterns that conflict with domestication. In J. W. S. Bradshaw: *The Behaviour of the Domestic Cat.* Wallingford, UK, CAB International.

O'Farrell, V., and Neville, P. (1994): *Manual of Feline Behaviour.* Shurdingon, Cheltenham, Gloucestershire, UK, British Small Animal Veterinary Association.

Olm, D. D., and Houpt, K. A. (1988): Feline housesoiling problems. *Applied Animal Behaviour Science* **20**, 335–345.

Robinson, I. (1992): Social behaviour of the cat. In Thorne, C. (ed): *The Waltham Book of Dog and Cat Behaviour.* Oxford, Pergamon Press.

Reisner, I. (1991): The pathophysiologic basis of behavior problems. *Veterinary Clinics of North America: Small Animal Practice* **21**, 207–224.

Schilder, M. B. H. (1991): The (in)effectiveness of anti-cat repellents and motivational factors. *Applied Animal Behaviour Science* **32**, 227–236.

22 Angst- und Aggressionsprobleme

Katzen zeigen eine ganze Reihe von Angst- und Aggressionsproblemen. Abbildung 22.1 gibt eine Übersicht über die wesentlichen Probleme (n = 32 Katzen), die zu diesen beiden Kategorien gehören. Insgesamt waren in 26 % der ausgewählten 86 Fälle des letzten Kapitels Aggressionen entweder gegen Menschen oder andere Katzen das Hauptproblem. Auch andere Statistiken belegen, daß Aggression nach Ausscheidungsproblemen das zweithäufigste Verhaltensproblem bei Katzen ist (z. B. Beaver, 1989a, 1989b).

Angstprobleme

Angst vor bestimmten Familienmitgliedern

Ängstlichkeit ist ein unter Katzen weit verbreitetes Verhalten. Nach den aus dem Fragebogen zur Klienteninformation aus Kapitel 6 stammenden Daten äußerten 62 % der 87 Besitzer problematischer Katzen und 53 % der 49 Besitzer unauffälliger Katzen, ihre Katzen zeigten manchmal übermäßige Angstreaktionen. Die am häufigsten genannten Auslöser von Angst sind: fremde Menschen, Lärm, Kinder, Familienmitglieder, andere Tiere, Autofahrten sowie der Aufenthalt im Freien.

Abgesehen von der Angst vor anderen Katzen, die im Abschnitt über defensive Aggression, an späterer Stelle dieses Kapitels zu besprechen sein wird, ist die Angst vor bestimmten Familienmitgliedern der häufigste Grund für die Inanspruchnahme der Hilfe eines Beraters. Zwar ist die Angst vor Fremden weiter verbreitet, doch wird dies von Besitzern als eine Art normales Verhalten betrachtet, das keine weiteren Probleme verursacht. Die Katze versteckt sich, sobald Fremde das Haus betreten, und bleibt dort, bis diese wieder fort sind. Besitzer akzeptieren dies als ein Persönlichkeitsmerkmal ihrer Katze.

Angst vor bestimmten Familienmitgliedern ist jedoch für die gefürchtete Person, den Rest der Familie und die Katze selbst ein großes Problem. Die Katze gibt der betreffenden Person das Gefühl, ein Unmensch zu sein, und die

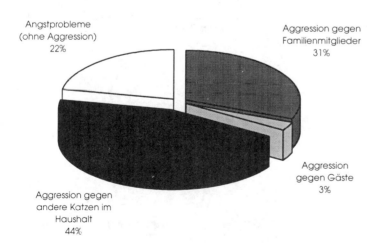

Abb. 22.1: Relative Häufigkeit der wichtigsten Arten von Angst- und Aggressionsproblemen bei Katzen (n = 32)

Person glaubt, von anderen als ebensolcher betrachtet zu werden. Das ist ein Problem für alle übrigen Familienmitglieder, die ein harmonisches Zusammenleben wünschen und sich bei jeglichen ernsten Beziehungsproblemen unwohl fühlen oder aufregen. Anders als bei der Angst vor Fremden, die nur gelegentlich anwesend und leicht zu meiden sind, ist es für die Katze eine permanente Belastung und Beeinträchtigung ihre Lebensqualität, mit einer gefürchteten Person unter einem Dach zu leben.

Mögliche Kausalfaktoren

Aversive Erfahrungen

Der häufigste Grund für die Angst vor bestimmten Familienmitgliedern ist die Bestrafung anderer Verhaltensstörungen, wie Kot-/Harnabsatz außerhalb der Katzentoilette oder Kratzen an verbotenen Gegenständen. Das Problem kann sich langsam, aufgrund wiederholter Bestrafung und dem Anwachsen der Angst seitens der Katze, oder ganz plötzlich

---

MÖGLICHE KAUSALFAKTOREN

Aversive Erfahrungen
(z. B. Bestrafung durch den Besitzer; zu rauhes Spielen mit der Katze, Zwang zu aversiven Streicheleinheiten, Einengung, etc.)

Unabsichtliche Förderung durch den Besitzer
(z. B. Erzwingen von Kontakt mit ängstlicher Katze als Versuch, ihre Angst zu verringern)

Ererbte Prädisposition
(z. B. vermutete Ursache für die außergewöhnliche Neigung mancher Katzen zu ängstlichen Reaktionen/zur Entwicklung von Angstproblemen)

ANGST VOR BESTIMMTEN FAMILIEN-MITGLIEDERN

- Tier vermeidet Kontakt mit bestimmtem Familienmitglied und zeigt ängstliches Verhalten bei dessen Annäherung.

MÖGLICHE BEHANDLUNGSELEMENTE

Korrektur von Fehlern der Besitzer
(Bestrafung ist kontraindiziert)

Einstellen kontraproduktiver Methoden
(z. B. Erzwingen von Kontakt zur Verringerung der Angst)

Medikamentöse Therapie
(als Zusatz zu verhaltensorientierter Behandlung, besonders wenn enger Kontakt zur gefürchteten Person unvermeidbar ist)

Vermeiden von Problemsituationen
(z. B. die gefürchtete Person sollte es vermeiden, sich der Katze zu weit anzunähern)

Verbessern des Grundverständnisses der Besitzer
(z. B. läßt sich ein gutes Verhältnis zu einer Katze am besten aufbauen, wenn sie über Zeitpunkt, Ort und Dauer der Sozialkontakte selbst entscheiden kann)

entwickeln, was darauf hinweist, daß dieses Verhalten der Besitzer wirklich traumatische Auswirkungen auf Katzen haben kann. Andere Ursachen dieser Angst sind seltener, sollen aber dennoch im Rahmen einer Konsultation ausgeschlossen werden, wenn Bestrafung durch den Besitzer nicht der Grund sein kann. Vielleicht ist die gefürchtete Person diejenige im Haushalt, die den „größten Katzenschreck aller Zeiten" bedient – den Staubsauger. Oder die Person hat zu grob mit der Katze gespielt (z. B. sie durch die Luft geschaukelt). Häufig ist auch, daß Besitzer den Kontakt mit der Katze erzwingen, sie zu unerwünschten Streicheleinheiten nötigen oder sie an bestimmten Orten festhalten (z. B. in der Katzentoilette, wenn es Probleme mit der Stubenreinheit gibt), des weiteren zwingen Kinder die Katze vielleicht, Puppenkleider zu tragen und sich in einem Kinderwagen umherschieben zu lassen. Prinzipiell reagieren manche Katzen sehr passiv (d. h. nicht aggressiv) auf diese Art der aversiven Behandlung, entwischen aber, sobald sich eine Gelegenheit dazu bietet und vermeiden diese Person künftig weitmöglichst – ein eindeutiger Indikator dafür, daß diese Art der Behandlung aversiv für die Katze ist.

Ererbte Prädisposition

Es gibt große individuelle Unterschiede bezüglich der Empfindlichkeit der Katzen gegenüber Umweltreizen, d. h. ihrer Toleranz oder Angst in Reaktion auf aversive Ereignisse in ihrer Umgebung. Manche Katzen können verhältnismäßig hart bestraft werden, ohne ein Angstproblem zu entwickeln, wohingegen man mit anderen sehr viel behutsamer umgehen muß, um ängstliche Reaktionen zu vermeiden. Auf Befragung können Besitzer diesbezüglich die „Persönlichkeit" ihrer Katze meist sehr genau beschreiben. Um zu verstehen, warum gerade ihre Katze dieses Verhaltensproblem entwickelt hat, ist es hilfreich, im Verlauf der Konsultation die allgemeine Neigung der Katze zu ängstlichen Reaktionen auf bestimmte Ereignisse, einschließlich der Behandlung seitens des Besitzers, zu ergründen.

Daß bei diesen individuellen Unterschieden häufig genetische Unterschiede zwischen Katzen eine Rolle spielen, zeigt sich in Fällen, in denen Katzen unter gleichen Bedingungen aufwachsen, sich aber drastisch voneinander unterscheiden, oder wenn Katzen aus demselben Wurf in unterschiedlichen Familien aufwachsen, aber dennoch die gleichen Eigenheiten entwickeln. Forschungsergebnisse deuten darauf hin, daß die Persönlichkeiten der Mutter und des Vaters relativ verläßliche Indikatoren für das künftige Verhalten von Katzen sind, z. B. wie gesellig oder freundlich die Tiere sich gegenüber Menschen oder anderen Katzen verhalten werden (Turner et al., 1986).

Unabsichtliche Förderung durch den Besitzer

Besitzer versuchen diese Angstprobleme häufig zu lösen, indem sie die Katze gegen ihren Willen festhalten oder streicheln oder sie fangen und halten, wenn sie wegzulaufen versucht. Sie wollen dem Tier damit beweisen, daß diese Kontakte angenehm sein können und sie dem Tier wohlwollend gesinnt sind. Aber solche gutgemeinten Ansätze verschlimmern das Problem nur noch mehr. Selbst nichtängstliche Katzen empfinden diese Behandlung als zumindest unangenehm. Steht die Katze der Person aber von Beginn an ängstlich gegenüber, sind diese Kontakte doppelt so aversiv. Wie im folgenden diskutiert werden wird, ist lediglich eine kontrollierte Exposition gegen sehr milde angsterregende Stimuli als Behandlung für derartige Probleme indiziert.

Mögliche Behandlungselemente

Korrektur von Fehlern der Besitzer

Manche Besitzer gehen beim Einsatz von Strafen für geringe Verhaltensprobleme ihrer Katzen zu weit, und manche Katzen wiederum sind besonders anfällig dafür, ängstlich auf jedermann in der Familie zu reagieren, der sie bestraft. In beiden Fällen – sowohl bei übermäßig heftiger Bestrafung als auch einer hypersensiblen Katze – ist die Empfehlung die gleiche:

keine weitere Bestrafung, insbesondere nicht durch das gefürchtete Familienmitglied.

Vermeiden von Problemsituationen

Es sollte vermieden werden, die Katze unnötig angsterzeugenden Stimuli oder Situationen auszusetzen. Grundsätzlich sollte es die gefürchtete Person nach Möglichkeit vermeiden, der ängstlichen Katze zu nahe zu kommen. Natürlich ist ein gewisses Maß an Kontakt unvermeidlich, doch kann er drastisch reduziert werden, wenn man dem Besitzer die Notwendigkeit dafür verdeutlicht.

Einstellen kontraproduktiver Behandlungsmethoden

Die kontraproduktiven Methoden der gefürchteten Person, sich der Katze zu nähern oder sie zu fangen, sie zu unerwünschten Streicheleinheiten zu nötigen oder gegen ihren Willen festzuhalten, müssen selbstverständlich eingestellt werden. All diese Bemühungen, die Angst der Katze zu vermindern, indem man ihr seine guten Absichten demonstriert, versetzen die Katze in noch größere Angst und verschlimmern somit das Problem.

Verbesserung des Grundverständnisses des Besitzers

Neben dem Hinweis an die Besitzer, daß ihre Art der Bestrafung für ihre Katze offensichtlich zu hart ist – und daß bestimmte Arten von Kontakten zwischen der gefürchteten Person und der Katze gemieden werden sollten –, ist es auch hilfreich, den Besitzern zu verdeutlichen, daß eine generelle Verbesserung der Beziehungen zwischen der Katze und der gefürchteten Person wünschenswert ist, wobei es der Katze überlassen sein sollte, Kontakte zu initiieren. Bei problematischen wie auch bei normalen Katzen scheint dies der Weg zu sein, die Neigung der Katze, sich dem Besitzer zu nähern und über längere Zeit soziale Kontakte zu knüpfen, zu maximieren (Turner, 1991).

Medikamentöse Therapie

Ist die Angst in einer familiären Situation, in der enger Kontakt zu gefürchteten Familienmitgliedern unvermeidlich ist, besonders ausgeprägt, könnte eine zeitweise Behandlung mit Tranquilizern wie Diazepam, Buspiron oder Amitriptylin HCl ein nützliches Mittel zur Unterstützung verhaltensorientierter Maßnahmen

---

BEHANDLUNGSEMPFEHLUNGEN

Angst vor einem bestimmten Familienmitglied

- Einstellen jeglicher Bestrafung der Katze.
- Den Kontakt zur Katze nie erzwingen. Statt dessen immer darauf warten, daß sie aus freien Stücken kommt.
- Die Person kann der Katze Leckerbissen anbieten, aber nur wenn sie freiwillig kommt.
- In Gegenwart der Katze sollte man sich immer langsam und ruhig bewegen.
- Soweit möglich, sollte man es vermeiden, ihrem Ruheplatz zu nahe zu kommen.
- Streicheln soll sofort eingestellt werden, sobald die Katze geringste Anzeichen von Unbehagen oder Rastlosigkeit zeigt.
- Die gefürchtete Person sollte das einzige Familienmitglied sein, von dem die Katze Futter oder Leckerbissen erhält.
- Die übrigen Familienmitglieder sollen vorübergehend alle Initiativen der Katze, die auf Spielen, Kraulen und andere Formen sozialer Kontakte hinauslaufen, ignorieren.
- Eine andere als die gefürchtete Person sollte das Staubsaugen übernehmen *(falls die Katze ganz besonders große Angst davor hat)*.

sein. (Zu Nebenwirkungen und anderen wichtigen Informationen siehe den Abschnitt „Medikamentöse Therapie" des Kapitels 8.)

Angst vor bestimmten Umweltreizen oder -situationen

Die grundlegenden Prinzipien der Behandlung von Angst vor Lärm, dem Aufenthalt im Freien, Autofahrten etc. sind identisch mit der Behandlung von Angstproblemen bei anderen höherentwickelten Tieren, wie den Hunden, oder auch bei Menschen. Sie lauten wie folgt:
- Vermeiden der Exposition der Katze gegen alle Situationen/Stimuli, die hochgradige Angst hervorrufen.
- Aufstellen einer Rangfolge von angstauslösenden Situationen/Stimuli, angefangen bei denen, die nur geringe Angstsymptome hervorrufen, bis hin zu denjenigen, die extreme Angst auslösen.
- Wenn möglich, soll die Katze nur Abwandlungen derjenigen gefürchteten Situationen/Stimuli ausgesetzt werden, die nur minimale Angstreaktionen auslösen.
- Die Katze sollte diesen so oft als möglich ausgesetzt werden, um eine Gewöhnung zu erreichen, so daß sie keine Angst mehr zeigt.
- Wenn es möglich ist, in den entsprechenden Situationen positives, angstfreies Verhalten (fressen, spielen) auszulösen, kann dies den Gewöhnungsprozeß beschleunigen.
- Hat sich die Katze an die mildeste Reizstärke gewöhnt, wird dieselbe Vorgehensweise für Situationen/Reize angewandt, auf die die Katze zuvor etwas ängstlicher reagiert hat.
- Diese Vorgehen ist für jede Situation/jeden Reiz der Rangfolge angstauslösender Stimuli anzuwenden.
- Es soll nicht zur nächsten Stufe übergegangen werden, bevor die Katze sich nicht vollständig an die vorangegangene gewöhnt hat und diese angstfrei toleriert.
- Der vorübergehende Einsatz von Anxiolytika kann die Angst des Tieres reduzieren, wenn eine Exposition gegen allzu starke Reize, die eine Habituation unmöglich machen, nicht vermieden werden kann.
- Hat sich ein Medikament in einer bestimmten Dosis als effektiv erwiesen, kann die schrittweise Herabsetzung der Dosis eines als effektiv befundenen Mittels den Habituationsprozeß unterstützen.

Natürlich sind der spezifische Behandlungsplan und die Empfehlungen stark von der Art des angstauslösenden Stimulus oder der Situation abhängig. Der Versuch, die Angst einer Katze vor Autofahrten zu verringern, würde eines anderen Ansatzes bedürfen als der, ihre Angst vor Besuchern zu minimieren.

Daß derartige Probleme behandelbar sind, heißt nicht, daß sie in der Regel auch wirklich behandelt werden. So wird den meisten Katzen, die sich vor Geräuschen oder Fremden fürchten, erlaubt, sich zu verstecken, bis die gefürchtete Situation vorüber ist. Katzen, die sich davor fürchten, nach draußen zu müssen, werden nicht dazu gezwungen. Im Gegensatz zur Angst vor Familienmitgliedern sind diese Ängste nur gelegentlich für die Katze, nicht aber für die Besitzer ein Problem, die eine Behandlung nicht für nötig erachten. Im Gegenteil, sie akzeptieren das Verhalten als Charakterzug ihres Tieres und reagieren verständnisvoll, indem sie die Flucht und das Meideverhalten der Katze nicht unterbinden.

Angst vor Streu, der Katzentoilette, dem Aufstellungsort der Katzentoilette

Wie bereits in Kapitel 21 erläutert, spielen konditionierte Angstreaktionen auf etwas, das mit der Katzentoilette in Zusammenhang steht, bei unerwünschtem Harn- und/oder Kotabsatz häufig eine Rolle. Eine Behandlung ist hier unumgänglich. Die Behandlungsstrategie umfaßt (1) die Stärkung Annäherungs-auslösender sowie Ausscheidungs-auslösender Merkmale der Katzentoilette in einem Maße, daß sie die angstbedingte Abneigung der Katze überwiegen, (2) die Reduzierung der Ausscheidungsauslösenden Eigenschaften an anderen Stellen im Haus und (3) die Schaffung von Bedingungen, die eine graduelle Habituation an eine Ausscheidung in der Katzentoilette erleichtern, indem alles so arrangiert wird, daß die Angst minimiert wird (z. B. indem die Katzentoilette an einem anderen Ort als üblich und mit neuer Streu aufgestellt und danach schrittweise wieder ihrem alten Standort angenähert wird). Alle drei Behandlungselemente weisen Parallelen zur Behandlung von Angst vor bestimmten Familienmitgliedern auf (siehe Behandlungsempfehlungen S. 323 Punkte 2, 3 und 5). Es sind ähnliche Prinzipien beteiligt, obwohl die Einzelheiten der Behandlungsstrategie die sehr unterschiedliche Natur der gefürchteten Reize und beteiligten Verhaltenssysteme widerspiegeln. Die Empfehlung von Hart et al. (1993), *Buspiron* sei in Fällen unerwünschter Ausscheidung oftmals hilfreich, unterstreicht diese Parallele und unterstützt die Ansicht, daß manche Ausscheidungsprobleme im Grunde Angstprobleme sind.

Angst vor einer anderen Katze desselben Haushalts

Manchmal berichten Besitzer, daß eine Katze der Familie eine andere fürchtet und daher jeden Kontakt zu ihr vermeidet, auch wenn dies bedeutet, die meiste Zeit in einer sicheren Ecke der Wohnung zu verbringen. Spielt bei solchen Problemen auf keiner der beiden Seiten Aggression eine Rolle, handelt es sich oftmals um eine im Grunde friedfertige Katze, die den freundlichen oder verspielten Annäherungsversuchen der jüngeren Katze zu entgehen versucht und es vorzieht wegzulaufen, statt sich aggressiv zu verteidigen.

In diesen Fällen ist es vermutlich am günstigsten, für eine der beiden Katzen ein neues Zuhause zu empfehlen. Da das Verhalten der gefürchteten Katze nicht gesteuert werden kann, wie beispielsweise das Verhalten einer gefürchteten Person, ist dem Problem im Grunde nicht beizukommen. Die freundliche oder verspielte junge Katze wird trotz wiederholter Ablehnung nicht davon ablassen, sich dem anderen Tier zu nähern – sondern vielmehr das daraus resultierende Nachlaufen genießen und es zu jeder sich bietenden Gelegenheit zu spielen versuchen. Das Problem liegt jedoch in der verminderten Lebensqualität einer Katze, die den größten Teil ihres Lebens damit zubringt, Kontakte zu vermeiden, wegzulaufen und sich zu verstecken. Daher ist eine Trennung der beiden Tiere die einzige „humane" Lösung im Interesse der Katze.

Aggressionsbezogene Verhaltensprobleme

Formen der Aggression bei Katzen

Interessanterweise bestehen bezüglich der Anzahl der zu unterscheidenden Formen von Aggression bei Katzen große Diskrepanzen zwischen den Meinungen der einzelnen Verhaltensspezialisten. Zum Beispiel unterscheiden Hart und Hart (1991), Chapman (1991), Borchelt und Voith (1987) sowie Beaver (1989) zwischen 6, 8, 9 bzw. 12 verschiedenen diagnostischen Kategorien. Diese breite Fächerung ist bezeichnend, reflektiert sie doch in gewisser Weise die Unsicherheit bei der Klassifizierung von Verhaltensproblemen von Katzen nach den biologischen Funktionen und/oder auslösenden Situationen, die sich leichter auf Aggressionsprobleme bei Hunden anwenden lassen.

Katzen sind nur in Gruppen anzutreffen, wenn ein von Menschen bereitgestelltes, überreichliches Nahrungsangebot zur Verfügung steht und sie für ihr Überleben nicht auf die Jagd gehen müssen. Solchen Gruppen fehlt der Charakter der kooperativen Gemeinschaft von Hunderudeln, in denen verschiedene Verhaltensmechanismen dazu dienen, Zusammenhalt, Koordination und Kooperation zu fördern, obwohl zwischen den einzelnen Rudelmitgliedern eine Konkurrenz um die limitierten Ressourcen besteht. Im Vergleich zu Hunden zeigen Katzen nur rudimentäre Formen einer Dominanz-Unterwerfungs-Beziehung und keinerlei gruppendefensives oder Jagdverhalten. Folglich ist es bei Katzen schwieriger, zwischen Aggression innerhalb und außerhalb des Sozialverbandes zu unterscheiden. Und die eher ungesellige Natur der Katze – durch die das Verhältnis zwischen den einzelnen Mitgliedern des Verbandes eher von Toleranz als von Zusammenhalt und Kooperation bestimmt wird – bewirkt, daß selbst der Faktor des intra-

bzw. interspezifischen Verhaltens wenig zum Verständnis verschiedener Aspekte ihres aggressiven Verhaltens untereinander wie auch gegenüber Menschen beizutragen vermag. Kurz, Aggressionsprobleme bei Katzen erfordern eine etwas andere Klassifizierung als die für Hunde.

Gegenwärtig sind die zur Klassifizierung von Aggressionsproblemen bei Katzen verwendeten Klassifikationssysteme rein empirischer Natur. Akten über Katzenfälle werden nach Zielobjekt, Situation sowie formbezogenen Gesichtspunkten unterschieden. Diese Kategorien werden dann getrennt voneinander diskutiert, als stünden sie in keinerlei Zusammenhang. Man betrachte hierzu die als Angstaggression, streichelbedingte Aggression, schmerzbedingte Aggression, feline, unsoziale Aggression und sogenannte umgerichtete Aggression bezeichneten Formen. Obwohl diese Formen von Aggression in unterschiedlichen Kontexten auftreten, sind sie alle in einer augenfälligen Weise *defensiver* Natur und dienen dazu, ein bedrohliches oder störendes Individuum fernzuhalten. Andere Formen feliner Aggression wiederum beinhalten offensichtlichere, *offensive* Formen der Aggression, z. B. die sogenannte spielerische Aggression gegen Menschen, die Territorialaggression, bei der die ortsansässige Katze den Neuankömmling attackiert, und die Aggression unter Katern – eine eher ritualisierte Form der Aggression, die in freier Wildbahn zur Vertreibung jüngerer Tiere (und dem Fernhalten älterer Kater) aus der Nähe von Gruppen mit geschlechtsreifen Kätzinnen führt. Es scheint daher schlüssig, daß die Klassifikation der verschiedenen Aggressionsprobleme bei Katzen von dieser Dimension defensiv – offensiv ausgehen muß.

Das Toleranzkonzept

Toleranz ist ein Schlüsselkonzept, das im Verlauf der gesamten nachfolgenden Diskussion verschiedener Formen von Aggression bei Katzen benutzt werden wird. Das Toleranzkonzept und damit verbundene Begriffe wie „gegenseitige Toleranz" und „fehlende Toleranz" werden vorwiegend zur Beschreibung der Beziehungen zwischen Katzen verwendet werden. Einfach ausgedrückt, bedeutet gegenseitige Toleranz das friedliche Nebeneinander zweier oder mehrerer Katzen in demselben Haushalt – oder zweier/mehrerer Katzen auf demselben Bauernhof –, ohne daß ernsthafte Konflikte ausgetragen werden. Im Gegensatz dazu liegt ein Mangel an Toleranz bei Fällen von Aggression zwischen Katzen vor, wenn zwei Katzen bereits beim gegenseitigen Anblick zu raufen beginnen.

Die Verwendung des Toleranzkonzeptes in der Diskussion von Aggression bei Katzen ist jedoch nichts Neues. Man betrachte zum Beispiel das Folgende Zitat von Chapman (1991):

„*Wenn durch das Hinzukommen einer weiteren Katze territoriale Aggression ausgelöst wird, ist es möglich, daß sie sich im Verlauf einiger Wochen oder Monate tolerieren lernen. Es ist aber auch möglich, daß es niemals zu einer gegenseitigen Toleranz kommen wird.*" (S. 318)

Eine Behandlung würde sich dann vermutlich auf die Etablierung von Toleranz seitens der alteingesessenen Katze für den Neuzugang konzentrieren.

Wie oben erwähnt, ist die Grundlage für Geselligkeit bei Katzen nicht gegenseitige Anziehung, Gruppenzusammenhalt und kooperatives Gruppenverhalten wie bei Hunden, sondern die Fähigkeit adulter Katzen, unter bestimmten Voraussetzungen die Anwesenheit weiterer adulter Artgenossen zu tolerieren. Im Grunde können Katzen in friedlicher Koexistenz leben, sofern die Umweltbedingungen dies zulassen. Vermutlich hat der Selektionsdruck im Rahmen des Domestikationsprozesses die Weiterentwicklung von Verhaltensmechanismen begünstigt, die es den prädomestizierten Katzen erlaubten, sich im Umfeld überreichlicher und konzentrierter Nahrungsquellen wie Müllhalden oder Getreidespeichern gegenseitig zu tolerieren.

Die Bedeutung des Toleranzkonzeptes zum Verständnis für einiger Aggressionsprobleme bei Katzen und deren Behandlung wird im Rahmen der folgenden Diskussionen deutlich. Die Kernfrage bei Aggressionsproblemen unter Katzen ist zweifellos nicht, ob es als territorial, angstbedingt, felin-unsozial, felin-einzelgänge-

Defensive Aggression

Viele Aggressionsprobleme bei Katzen umfassen aggressives Verhalten, das eine unmittelbar selbstverteidigende Funktion hat. Hierbei können drei grundsätzliche Typen von Szenarien unterschieden werden.

- *Defensiv-aggressive Reaktionen auf Droh- und Aggressionsverhalten* seitens einer anderen Katze oder eines Menschen – z. B. wenn eine Katze von einer anderen ernstlich bedroht oder attackiert wird, wenn sie von einem Menschen bestraft wird oder wenn ihr jemand Schmerzen zufügt.
- *Asoziale Reaktionen*, wenn die Katze sich aggressiv verhält, um unerwünschte Sozialkontakte mit Artgenossen oder Menschen zu unterbrechen oder zu verhindern. Wie Beaver (1992) feststellt, ist dies eine häufige Reaktion älterer Katzen auf die spielerischen Annäherungsversuche jüngerer Tiere. Ebenso geläufig ist die Reaktion einer Katze auf Streicheln durch den Besitzer, das zu lange andauert, oder auf Hochheben und Festhalten gegen ihren Willen. Sogenannte umgerichtete Aggression gehört ebenfalls in diese Kategorie, wenn sich eine Katze umdreht und ihren Besitzer anfällt, nachdem er sie in einer aggressiven Stimmung nach einer Auseinandersetzung mit einer anderen Katze gestört hat.
- *Aggressive Reaktionen in Konkurrenzsituationen*, wenn beispielsweise eine Katze eine andere drohend anfaucht, sobald diese sich nähert und versucht, der ersten eine erlegte Beute abzunehmen.

Offensive Aggression

In den oben angeführten Fällen ist das Verhalten der Katze rein *reaktiv* – eine defensive Antwort auf ein Individuum, das sich ihr genähert hat, ihr etwas antut oder sie bedroht. Im Gegensatz dazu kann Aggression bei Katzen aber auch *aktiver* oder offensiver ausfallen, indem eine Katze aggressive Auseinandersetzungen mit einer anderen Katze oder einem Menschen initiiert, die gänzlich unprovoziert erscheinen und daher im unmittelbaren, reaktiven Sinne nicht als defensiv gelten können.

- *Spielerische Attacken* sind natürlich bei jungen Katzen am häufigsten. Manche älteren Katzen jedoch bleiben aggressiv verspielt, vor allem wenn dies von ihren Besitzern toleriert oder gefördert wird. Spielerische Aggression scheint allerdings auch die Quelle sogenannter instrumenteller Aggression zu sein: Eine Katze beispielsweise, die in spielerischer Absicht auf das Bett springt und die Füße ihres Besitzers durch die Bettdecke hindurch attackiert, könnte unabsichtlich belohnt werden, wenn der Besitzer versucht, die Aufmerksamkeit der Katze auf ein anderes Spiel zu lenken (z. B. indem er ein Spielzeug für sie wirft) oder sie füttert, damit sie aufhört, ihn zu belästigen. Dies wiederum verstärkt aus naheliegenden Gründen die Neigung der Katze, die Füße ihres Besitzers in Zukunft wieder anzugreifen.
- *Offensive Aggression* in Form unprovozierter und manchmal bösartiger Attacken scheint eine vollständige Intoleranz der Anwesenheit einer anderen Katze zu signalisieren. Diese Art der Aggression findet sich vorwiegend bei den Attacken einer ortsansässigen Katze gegen eine neu hinzugekommene. Ein weiteres, häufig zu beobachtendes Szenario innerhalb des Haushaltes ist ängstliches oder abnormes Verhalten des Opfers (z. B. nach einer Operation). Kämpfe zwischen Katern im Freien umfassen ebenfalls diese Art offensiver Aggression, zumindest insofern, als die unprovozierte Initiation von Drohungen zu einem ernsthaften Kampf führen kann, wenn nicht einer der beiden Kontrahenten diese Konfrontation zu meiden versucht. Aus biologischer Sicht ist die primäre Funktion der Aggression in solchen Situationen vermutlich die Vertreibung des Opfers. So werden diese Formen der Aggression in der Fachliteratur auch wiederholt als territoriale Aggression bezeichnet.

risch oder umgerichtet bezeichnet werden sollte, sondern wie und warum dieser Toleranzverlust zustande kam und/oder wie Toleranz wieder hergestellt werden kann.

Das auf Seite 327 dargelegte, einfache Klassifikationsschema wird als konzeptionelle Basis zur Erfassung häufiger Aggressionsprobleme bei Katzen benutzt werden. Es unterscheidet sich maßgeblich von dem in Kapitel 9 für Hunde angewandten Schema. Zwar sind sowohl Hunde als auch Katzen fleischfressende Säuger, doch müssen zum Verständnis dieser aggressiven sozialen Verhaltensprobleme die entscheidenden Unterschiede im sozialen Verhalten zwischen den beiden Spezies berücksichtigt werden.

Obwohl die verschiedenen Aggressionsprobleme im folgenden in einer eher konventionellen Weise behandelt werden, wird versucht, die Art und die möglichen Erscheinungsformen eines jeden Aggressionstyps in oben begonnener Manier zu analysieren.

„Angstaggression" zwischen Katzen desselben Haushalts

Wie jeder Kleintierpraktiker aus Erfahrung weiß, ist eine ängstliche Katze eine potentiell gefährliche Katze. Anzeichen von Angst sind bei einer Katze leicht festzustellen: Die Pupillen sind geweitet, die Ohren angelegt, die Katze duckt sich mit eingezogenem Kopf und untergeschlagenen Beinen, und faucht und knurrt. Die typische Haltung mit angelegten Ohren, geweiteten Pupillen, jedoch aufrecht mit einem Buckel, seitwärts stehend mit gesträubtem Fell, ist die Drohgebärde einer hochgradig ängstlichen Katze, die Bereitschaft zum Angriff signalisiert, falls sich der bedrohliche Stimulus noch weiter nähert.

Das Ziel einer solch defensiven Aggression kann eine andere Katze, ein Hund oder ein Mensch sein. Die Unterscheidung dieser Form der Aggression von anderen basiert auf zwei wichtigen Merkmalen des Verhaltens der Katze. Sie zeigt ängstliches Verhalten unmittelbar vor einer Attacke und greift nur an, wenn das angstauslösende Zielobjekt ihr zu nahekommt, sie zu berühren versucht oder – im Falle einer anderen Katze – sie bedroht oder attackiert.

Was angstbezogene defensive Aggression gegen Menschen angeht, stellt dies für Besitzer selten ein Problem dar, es sei denn, sie müssen sich der ängstlichen Katze nähern, um ihr beispielsweise ein Medikament zu verabreichen. Katzen, die erwachsene Familienmitglieder bedrohen oder aus Angst kratzen, werden in der Regel in Ruhe gelassen, bis man sich ihnen wieder nähern kann, ohne sie zu verängstigen. Im allgemeinen sind Besitzer auch vernünftig genug, ein neues Zuhause für die Katze zu finden, wenn das Wohlergehen eines Kleinkindes gefährdet ist. Folglich handelt es sich bei den meisten angstbedingten Aggressionsproblemen, die Beratern vorgestellt werden, um Aggression zwischen zwei oder mehreren Katzen desselben Haushaltes.

Wie die folgende Diskussion andeutet, tritt dieses Problem in großer Bandbreite auf, wobei das Verhalten und die Motivation beider Katzen mit zu berücksichtigen sind: Es handelt sich unter Umständen nicht nur um defensive Aggression einer stark verängstigten Katze, sondern auch um verschiedene Formen offensiver oder defensiver Aggression seitens der anderen Katze.

Mögliche Kausalfaktoren

Mögliche genetische Faktoren/mangelnde frühe Erfahrungen

Katzen, die von Natur aus ängstlich sind, neigen natürlich viel mehr dazu, ängstlich zu reagieren und sich aggressiv zu gebärden, als andere Katzen. Bei diesem Typ Katze ist der Vorfall, der die erste Auseinandersetzung zwischen den Katzen hervorrief, weit weniger offensichtlich als in den nachfolgend beschriebenen Szenarien. Sofern Scheu und Ängstlichkeit die limitierten frühen Erfahrungen der Katze mit Artgenossen widerspiegeln – im Gegensatz zu genetischen Faktoren – könnte auch dies für das Verständnis der Entwicklung des Problems eine Rolle spielen.

Angstauslösendes Ereignis

Das plötzliche Auftreten eines ernsten Aggressionsproblemes zwischen zwei Katzen, die sich zuvor gut verstanden haben, ist häufig auf ein ungewöhnliches, angstauslösendes Ereignis zurückzuführen, wie das Umkippen eines Bücherregals mit einem lauten Schlag oder das Auftauchen eines Hundes oder einer fremden Katze im Haus. In einem der Fälle des Autors begannen die Katzen zu raufen, als alle Familienmitglieder ihre neuen, knisternden Skianzüge zum erstenmal anprobierten. Borchelt und Voith (1987) beschreiben einen „Unfall", bei dem eine Katze auf dem Fensterbrett saß, als die andere aggressiv auf das Fenster zu-

---

MÖGLICHE KAUSALFAKTOREN

Mögliche genetische Faktoren/mangelnde frühe Erfahrungen
(z. B. mögliche Quelle übermäßiger Angst bei einer der Katzen)

Angstauslösende soziale Interaktionen
(z. B. ängstliche Reaktion der einen Katze auf Annäherung der verspielten oder offensiv aggressiven Katze oder in Reaktion auf defensive Aggression einer asozialen Katze)

Angstauslösendes Ereignis
(z. B. erste Auseinandersetzung findet statt, als eine oder beide Katzen in Gegenwart der anderen Angst verspürte/n)

Konditionierte Angst/Aggression
(z. B. gegenseitiges Bedrohen/Kämpfen verstärkt die Angst/Aggression)

„ANGSTAGGRESSION" ZWISCHEN ZWEI KATZEN DESSELBEN HAUSHALTS

- Aggressionsproblem scheint direkte Folge der Angst der einen Katze vor der anderen oder der gegenseitigen Angst voreinander zu sein.

MÖGLICHE BEHANDLUNGSELEMENTE

Vermeiden von Problemsituationen
(Getrennthalten der Katzen, um Raufereien zu vermeiden)

Verbessern des Grundverständnisses der Besitzer
(z. B. Problem umfaßt normale Verhaltensreaktionen auf angstauslösende Individuen; zugrundeliegende Angst muß behandelt werden)

Medikamentöse Therapie
(z. B. in manchen Fällen besonders starker Angst oder bei geringfügigen Problemen jüngeren Ursprungs)

Korrektur von Fehleinschätzungen der Besitzer
(z. B. falls der Besitzer die Problematik als Dominanzproblem sieht)

Methoden zur Verhaltenstherapie
(z. B. Halten der Katzen in angrenzenden Räumen mit einem Netz, das den Durchgang überspannt; eine oder beide Katzen in einem Käfig/an der Leine halten)

schoß, weil sie im Garten eine fremde Katze erblickt hatte. Diese plötzliche, aggressive Annäherung erschreckte die eigentlich unbeteiligte Katze auf dem Fensterbrett und löste bei ihr eine angstbedingte Aggression aus.

Angstauslösende Sozialkontakte

Zu Beginn ist vielleicht keine der beiden Katzen ängstlich. Es kommt häufig vor, daß ein Problem sich anfangs harmlos entwickelt, wenn eine verspielte, freundliche Katze sich einer anderen nähert, die asozial reagiert, sich duckt, faucht oder ausschlägt, was bei der anderen Katze wiederum Angst und/oder defensive Aggression auslöst und zu einem beiderseitigen Schneeballeffekt in puncto Aggression führt. Natürlich wird defensive Aggression häufig ausgelöst, wenn eine Katze dreist bedroht oder von einer offensiv aggressiven Katze angegriffen wird.

Konditionierte Angst/Aggression

Generell trägt gegenseitiges Drohen/Raufen zu einer Verstärkung der Angst auf beiden Seiten bei und damit auch zur Eskalation des angstbedingten Aggressionsproblems. Dies kann in einigen Fällen sehr schnell vonstatten gehen: eine ernste Rauferei kann beim nächsten Zusammentreffen der Kontrahenten zu Angstreaktionen und Aggression der einen Katze führen, auch wenn die andere keinerlei Drohgebärden zeigt. In anderen Fällen entwickelt sich das Problem viel langsamer. Innerhalb einiger Wochen führt leichtes Knurren einer Katze zu Knurren auf beiden Seiten, in der Folge zu kleineren Scharmützeln und schließlich zu einer Serie von zunehmend bösartigen Kämpfen.

Mögliche Behandlungselemente

Vermeiden von Problemsituationen

Sofern das Problem nicht nur ein vorübergehendes „Mißverständnis" zwischen zwei Katzen ist, das sich von selbst erledigt – wie dies in vielen Fällen zutrifft –, sind Besitzer gut beraten, die Katzen zur Vermeidung weiterer Auseinandersetzungen und gegenseitiger Bedrohungen getrennt zu halten.

Korrektur von Fehleinschätzungen der Besitzer

Manche Besitzer vermuten, daß Katzen aus Dominanzgründen raufen und sich das Problem daher von allein löst, wenn man die Katzen miteinander kämpfen läßt. Selbstredend muß eine derartige Fehleinschätzung revidiert werden, da in ernsten Fällen die Verhinderung aller Auseinandersetzungen und gegenseitigen Bedrohungen für den Behandlungserfolg von entscheidender Wichtigkeit ist.

Verbessern des Grundverständnisses der Besitzer

Den Besitzern muß verdeutlicht werden, daß Probleme dieser Art zwischen Katzen, die in der Vergangenheit gut miteinander auskamen, häufig sind und als ein für Katzen normales Verhalten betrachtet werden sollten, wenn diese aus irgendeinem Grund plötzlich Angst voreinander haben. Das heißt, es handelt sich eher um ein Problem der Angst als der Aggression.

Verhaltenstherapeutische Methoden

Die Logik der am weitesten verbreiteten Methode der *Desensibilisierung* ist, den Katzen nur dann Kontakt zueinander zu gewähren, wenn eine Auseinandersetzung nicht möglich und die ausgelöste Angst für eine Habituation geringfügig genug ist. Dabei ist es sehr nützlich, die beiden Katzen in angrenzenden Räumen zu halten, wobei in der Verbindungstür ein Netz gespannt wird, das die beiden voneinander trennt. Jede Katze kann die andere sehen, riechen und hören und sich auf Wunsch der anderen nähern. Fürchtet sich eine der beiden allerdings sehr, erlaubt ihr das Netz, eine Sicherheitsdistanz zu wahren, wenn nötig am anderen Ende des Raumes, wann immer und so lange sie dies möchte. Auf diese Weise können sich beide Katzen in Gegenwart der anderen entspannen und – während die Angst habituiert – sich einander so weit nähern, wie sie sich bequem tolerieren können. Dieses Vorgehen macht es auch notwendig, täglich die Katzen und Räume auszutauschen, wodurch sie sich leichter an den Geruch der anderen gewöhnen. Ferner werden die Futterschalen der beiden zuerst weit entfernt vom Netz aufgestellt; so kommt man nicht in Versuchung, die beiden mit Futterstückchen so nahe aneinander zu locken, daß sie Furcht entwickeln – wodurch der Habituationsprozeß verzögert würde. Erst später, wenn sich die Katzen aus freien Stücken einander nähern, werden die Schälchen näher an das Netz herangerückt. Und schließlich sollten die Besitzer *Gegenkonditionierungsmaßnahmen* durchführen, um ein positives, angstfreies Verhalten in Problemsituationen zu fördern. So soll beispielsweise das Anbieten mehrerer kleiner Mahlzeiten täglich und häufigere Spielintervalle mit jeder der beiden Katzen zu einer Verminderung der Angst beitragen, da Nahrungsaufnahme und Spielen mit Angst nicht kompatibel sind.

Diese Maßnahmen werden täglich durchgeführt, bis die Tiere sich wieder vollständig aneinander gewöhnt haben – d. h., die nähern sich häufig, fressen gemeinsam nahe am Netz, beschnüffeln sich durch das Netz ohne Anzeichen von Angst. Erst dann wird das Netz entfernt.

Ist die Angst jüngeren Ursprungs und nicht so intensiv, kann das Problem meist innerhalb weniger Tage behoben werden. In schwereren Fällen kann es allerdings länger dauern, was aber normalerweise kein Problem ist, da diese Maßnahmen so lange wie nötig belassen werden können, ohne für die Familie eine Erschwernis darzustellen. Notfalls kann das Netz so befestigt werden, daß es von allen Familienmitgliedern ohne Probleme geöffnet und geschlossen werden kann, um einen normalen Durchgang zu gewährleisten.

Vereiteln bauliche Gegebenheiten der Wohnung (Einzimmer-Appartement) diese Vorgehensweise, können zur Schaffung der gleichen Bedingungen ein einzelner Käfig, zwei Käfige oder eine bzw. zwei Leinen benutzt werden. Im unten stehenden Kästchen mit Behandlungsempfehlungen wird eine alternative, auf denselben Prinzipien basierende Methode beschrieben, im Rahmen derer eine der Katzen für einige Stunden täglich in einen Käfig gesperrt wird, wodurch die andere die Möglichkeit erhält, sich frei in der Wohnung zu bewegen und sich an die Anwesenheit der ersten zu gewöhnen, ohne ängstlich zu werden. Eine weitere, mögliche Variante wäre, beide Katzen an Leinen in entgegengesetzten Ecken eines großen Zimmers zu halten. Hier werden die Katzen mehrere Tage weit entfernt von einander gehalten, im Verlauf der nächsten Tage wird der Abstand schrittweise in Einklang mit der Habituation verringert.

Eine letzte, ganz andere Methode sei noch erwähnt. Obwohl von Verhaltensberatern nur selten empfohlen, kann sie sehr wohl unter bestimmten familiären/häuslichen Umständen erfolgreich und vertretbar eingesetzt werden. Die Katzen können dabei über mehrere Stunden täglich in zwei aneinander grenzenden Käfigen gehalten werden, obwohl dies große, beiderseitige Furcht hervorruft. Wird dies lange genug praktiziert, können die Angstreaktionen schließlich zurückgehen und die Katzen langsam lernen, in der Nähe der anderen zu fressen, zu leben, zu spielen etc., ohne einander zu fürchten. Das ist eine Abwandlung des verhaltenstherapeutischen Verfahrens der *Reizüberflutung*, bei der ein Tier – oder ein Mensch – so lange maximal angstauslösenden Stimuli ausgesetzt wird, bis selbst die größte Furcht nachläßt. Um effektiv zu sein, muß jede Exposition lange genug anhalten, um die Angst deutlich zu reduzieren, was mehrere Stunden in Anspruch nehmen kann. Kurze Expositionsperioden, nach denen die Angst genauso heftig ist wie zuvor, sind kontraproduktiv. Auf lange Sicht wirken sie angstverstärkend. So könnte beispielsweise eine Fahrstuhlphobie bei einem Menschen geheilt werden, indem man ihn 6–8 Stunden täglich über mehrere Tage oder Wochen hinweg in einem Aufzug hoch- und wieder hinunterfahren läßt. Eine Serie kurzer Fahrten jedoch, bei denen sich die betreffende Person beim Verlassen des Fahrstuhls ebenso fürchtet wie beim Betreten (oder noch mehr), wird das Problem schlichtweg weiter verschlimmern.

BEHANDLUNGSEMPFEHLUNGEN

„Angstaggression" zwischen zwei Katzen desselben Haushalts

Szenario A: *Problem ist geringfügig und neueren Ursprungs:*
- Zunächst sollen keine Maßnahmen ergriffen werden. Es besteht die Möglichkeit, daß die Katzen von selbst wieder miteinander auskommen.
- Sollte jedoch heftiges Raufen hinzukommen, was zu extremen Angstreaktionen einer oder beider Katzen führt, sollte folgende Behandlungsmethode konsequent angewendet werden:

Szenario B: *Problem ist gravierend genug, um aktive Schritte zur Verhinderung weiterer Auseinandersetzungen zu vermeiden.*

Netz-Methode:
- Getrennte Haltung der Katzen in verschiedenen Räumen, bis sie die Anwesenheit der anderen ertragen, ohne Zeichen von Aggressivität zu zeigen.
- Die Verbindungstür zwischen den Räumen soll mit einem Netz verhangen werden (wie ein Fischer- oder Tennisnetz), damit sich die Katzen sehen, riechen und hören können – und sich einander auch nähern können, wenn sie dies wollen.
- Die Katzen sollen jeden Tag in das Zimmer der jeweils anderen wechseln.
- Es soll nicht versucht werden, die beiden zusammenzubringen, zu Nähe zu zwingen oder zu überlisten. Anfangs werden Futter- sowie Wasserschälchen weit entfernt vom Netz aufgestellt. Erst später, wenn die Katzen sich einander häufiger nähern, ohne Angst oder Aggression zu zeigen, werden die Schälchen näher an das Netz gerückt. Im Grunde sollten immer die Katzen entscheiden, wie weit sie sich einander nähern wollen.
- Das Netz wird erst entfernt, wenn die Katzen bei wiederholten Aufeinandertreffen am Netz normales, freundliches Verhalten zeigen – und sich einander über mehrere Tage freiwillig nähern, ohne Zeichen von Angst und Aggression zu zeigen.

Käfig-Methode:
- Die weniger ängstliche Katze wird über mehrere Stunden täglich in einem Käfig gehalten, während die andere sich im Raum und um den Käfig herum frei bewegen kann.
- Wenn keine der beiden Katzen im Käfig ist, sind die beiden Tiere isoliert voneinander zu halten.
- Es soll versucht werden, beide Katzen in dem Raum zu füttern, in dem der Käfig mit der einen Katze steht. Die tägliche Nahrungsration sollte möglichst in drei bis vier kleinere, über den Tag verteilte Mahlzeiten aufgeteilt werden. Will die ängstlichere Katze den Raum allerdings nicht betreten, sollte sie nicht dazu gezwungen werden. Statt dessen wird sie außerhalb des Raumes gefüttert, wobei der Napf über den Zeitraum einiger Tage schrittweise näher an und schließlich in den Raum gerückt wird, immer unter der Voraussetzung, daß ihre Angst ausreichend nachgelassen hat, damit sie den Raum ohne Furcht betreten kann.
- Wenn das ängstlichere Tier gelernt hat, sich dem Käfig ohne Furcht zu nähern, wird damit begonnen, die weniger ängstliche Katze für die Dauer der Zeit, die beide Katzen täglich miteinander verbringen sollen, an einer Leine im Zimmer statt im Käfig zu halten.
- Die Katze wird erst dann von der Leine gelassen, wenn beide über mehrere Tage hinweg im wesentlichen normalen Kontakt miteinander hatten und klar ist, daß das Problem vollkommen beseitigt ist.

Medikamentöse Therapie

Ist die Angst eines der Tiere oder beider besonders intensiv, können Anxiolytika in der Anfangsphase der Verhaltenstherapie ein hilfreicher Zusatz sein. Eine weitere Indikation sind Fälle, in denen die Angst erst seit einigen Tagen besteht und noch verhältnismäßig gering ausgeprägt ist. Dann reicht unter Umständen eine medikamentöse Therapie völlig aus. Es gibt jedoch für die Indikation von Pharmaka weder eine Faustregel noch einschlägige Leitfäden. Während die Verabreichung von Medikamenten an eine oder beide Katzen in den meisten Fällen nicht erforderlich ist, kann eine vorübergehende Verordnung – in allmählich geringerer Dosierung – manchmal von Vorteil sein. (Zu Medikamenten und Dosierungen siehe Tabelle 20.1 in Kapitel 20, zu Nebenwirkungen und anderen wichtigen Informationen siehe den Abschnitt „Medikamentöse Therapie" des Kapitels 8.)

Defensive Aggression als Reaktion auf aversive Reize

Defensives Verhalten beinhaltet nicht zwingend konditionierte Angst. Katzen schlagen auch zu oder beißen, wenn etwas sie stört oder belästigt – eine natürliche Reaktion, die nicht unbedingt Zeichen einer Verhaltensstörung ist, wenn sich die auslösenden Reize vermeiden lassen.

Eine im Grunde friedfertige, nicht ängstliche Katze wird aggressiv reagieren, wenn man auf sie tritt, sie stößt oder schlägt oder wenn sie von einem Kleinkind am Fell gezogen wird. Auch die Behandlung oder Untersuchung einer schmerzhaften Region kann die Katze veranlassen, in defensiver Reaktion auf den Schmerz oder das Unbehagen die Krallen auszufahren und zu beißen. Wie Beaver (1989c) betont, sollte diese Form der schmerzinduzierten, defensiven Aggression immer mit in Erwägung gezogen werden, wenn Kleinkinder beim unbeobachteten Spiel von der Katze attackiert werden. Natürlich kann aus dem gleichen Grund der Biß einer verspielten Katze bei einer anderen eine aggressive Reaktion auslösen.

Durch Streicheln ausgelöste Aggression gegen Besitzer ist verhältnismäßig häufig. Ein typischer Fall ist eine Katze, die vermeintlich zufrieden auf dem Schoß ihres Besitzers liegt und gekrault wird. Plötzlich fährt sie herum, beißt den Besitzer in die Hand und springt dann auf den Boden, um wegzugehen. Die meisten Berater gehen davon aus, daß dies eine normale Reaktion auf zu lang andauerndes Streicheln ist, das unangenehm zu werden beginnt. Nach Borchelt und Voith (1987) gibt es bei Katzen erhebliche Unterschiede im Hinblick darauf, in welchem Maße sie Streicheln mögen und wie lange sie es tolerieren.

Obwohl aggressive Reaktionen von Katzen auf die Annäherung von Familienmitgliedern häufig als Angstaggression klassifiziert werden, sind zuweilen keinerlei Anzeichen von Angst feststellbar. Daher kann diese durch Annäherung hervorgerufene Aggression insofern der durch Streicheln ausgelösten ähneln, als die Katze jemandem, der sie belästigt oder nervt, signalisiert, man möge sich von ihr fernhalten und sie in Ruhe lassen.

Schließlich ist es auch möglich, daß eine Katze durch die Entdeckung einer fremden Katze im Garten erregt ist und auf Annäherungen oder Berührungen ihres Besitzers zu diesem Zeitpunkt aggressiv reagiert. Ebenso kann ein Besitzer, der in eine aggressive Auseinandersetzung zwischen zwei Katzen im Haus einzugreifen versucht, eine ähnliche Reaktion provozieren. Obwohl viele Autoren dieses Problem als umgerichtete Aggression bezeichnen und somit psychologisch interpretieren – d. h., die Attacke auf den Besitzer wird lediglich als Ventil für Aggressionen betrachtet, da das eigentliche Ziel unerreichbar (z. B. außerhalb des Hauses) oder nicht mehr präsent ist –, kann es sich auch um eine defensive Reaktion auf die Einmischung in soziale Interaktionen der Katze handeln. Prinzipiell kann es sich um Aggression handeln, die in keiner signifikanten Weise umgerichtet ist.

Zwei weitere Probleme werden immer wieder als umgerichtete Aggression klassifiziert. Vier von neun als umgerichtete Aggression diagnostizierte Probleme, betrafen laut Chapman und Voith (1990) Katzen, die sich einer „hochfrequenten Lärmquelle" näherten und die dort anwesende Person angriffen. Beaver (1989c) beschreibt aggressive Reaktionen von Katzen auf die nächststehende Person, nachdem sie in einer tierärztlichen Praxis aus einem Handtuch gewickelt oder aus einem Käfig entlassen wurden, als umgerichtete Aggression. Obwohl in beiden Beispielen ein Opfer gebissen wurde, das nicht die Quelle des aversiven Reizes ist, scheinen Spekulationen über die „Umrichtung" aggressiver Tendenzen der Katze auf diese Person zu weit hergeholt. Letztlich kann man lediglich feststellen, daß die Katzen aggressiv auf Personen reagieren, die sich in unmittelbarer Nähe von Quellen aversiver Stimuli befinden. Warum sie so reagieren, ist unklar. Vielleicht betrachten sie die Person in der Nähe als Quelle des aversiven Reizes. Vielleicht ist dies nur Ausdruck des asozialen Verhaltens einer verschreckten Katze, die losschlägt, um in diesem Augenblick eine möglichst große Distanz zu allen anderen Individuen zu schaffen.

In all den, in diesem Abschnitt vorgestellten Fällen ist die Reaktion der Katze eine nachvollziehbare Antwort auf aversive Stimuli. Anstatt eine Behandlung zu erwägen, um das Verhalten der Katze zu modifizieren, sollte dem Besitzer verständlich gemacht werden, daß ihre Katze in solchen Situationen zu derartigen Reaktionen neigt und daher auslösende Stimuli vermieden werden sollten. Beispielsweise sind Kleinkinder, die die Katze mißhandeln, von dieser fernzuhalten, wenn sie unbeaufsichtigt sind; eine Katze, die vom Fenster aus anderen Katzen im Garten zusieht oder die eine andere Katze im Haus bedroht, ist in Ruhe zu lassen; nicht zuletzt müssen Besitzer auch lernen, die Anzeichen zu erkennen, die beim Streicheln den Wechsel von Wohlbehagen zu Unbehagen ankündigen (z. B. Schwanzzucken, Unruhe, Anlegen der Ohren), und dies dann sofort einstellen.

Offensive Aggression

Das erste Problem, dem sich ein Verhaltensberater gegenübersieht, wenn er in einem Fall von Aggression zwischen zwei Katzen desselben Haushalts zu Rate gezogen wird, ist die Differenzierung zwischen angstbezogener Aggression und sogenannter territorialer beziehungsweise offensiver Aggression, die die mangelnde Toleranz der einen Katze gegenüber einer anderen anzeigt. Das Muster der Territorialaggression unterscheidet sich von dem der Angstaggression insofern, als der Aggressor einer anderen Motivation als Furcht folgt und daher in der Tat seinen Kontrahenten bei jeder Gelegenheit in dreister Manier jagt und attackiert, ohne Anzeichen von Angst zu zeigen. Im schlimmsten Falle verbringt das Opfer den größten Teil der Zeit in einem Versteck im Haus, in dem es sich aggressiv gegen den Widersacher wehren kann; allerdings wird sie diesen Ort, selbst zur Benutzung der Katzentoilette, nur äußerst ungern verlassen.

Diese Unterscheidung ist insbesondere in jenen Fällen schwer zu treffen, in denen vielleicht beide Katzen Angst voreinander haben, eine jedoch noch etwas mehr als die andere. Auch hier wird eine der Katzen beim Anblick der anderen schnell weglaufen, sich meist verstecken, deutlichere Anzeichen von Angst zeigen und sich manchmal so sehr gegen das Verlassen des Verstecks sträuben, daß sie sogar beginnt, dort Kot und Harn abzusetzen.

In diesen zweifelhaften Fällen sollte sich die Befragung des Besitzers auf den Angreifer und die Frage konzentrieren, ob auch er durch Furcht motiviert wird. Bei der klassischen Territorialaggression zeigt der Angreifer vor einer Attacke oder der Jagd auf das andere Tier keinerlei Zeichen von Furcht; häufig scheint es sogar, als suche er die Konfrontation und warte vor dem Versteck des anderen auf die nächste Angriffsmöglichkeit. Ist Angst die treibende Kraft, dann hat Aggression selbst in asymmetrischen Fällen, in denen die ängstliche Katze wegläuft und sich vor einer Rauferei versteckt, einen reaktiven Charakter, bei dem der Angreifer auf den Anblick des anderen Tieres reagiert.

In einigen Fällen erlaubt eine diesbezügliche Befragung noch keine definitive Diagnose territorialer beziehungsweise angstbedingter Aggression. Ein möglicher Grund für diese potentielle Unsicherheit kommt in dem folgenden Zitat von Chapman (1991) zum Ausdruck:

„Was mit ängstlichen Zusammentreffen einander unbekannter Katzen beginnt, kann sich unter Umständen zu territorialen Auseinandersetzungen entwickeln." (S. 318)

Daraus ergibt sich die interessante Möglichkeit, daß diese beiden Aggressionsformen einander näher stehen, als von Fachleute bisher angenommen. Wie bereits erläutert, ist die Grundlage der Geselligkeit bei Katzen nicht gegenseitige Anziehung, Zusammenhalt und kooperatives Gruppenverhalten wie bei Hunden, sondern eher deren Fähigkeit, die Anwesenheit von Artgenossen unter bestimmten Voraussetzungen zu tolerieren. Bisher ist allerdings nicht erforscht, warum Katzen die Anwesenheit von Artgenossen manchmal nicht tolerieren und diese folglich bei jeder Gelegenheit attackieren. Mit Sicherheit taucht dieses Phänomen am häufigsten bei der Aufnahme einer neuen Katze in den Haushalt auf – eine Situation, in der die fundamentale, territoriale Funktion des Verhaltens außer Frage steht. Das Problem entsteht jedoch häufig zwischen Katzen, die in der Vergangenheit gut miteinander ausgekommen sind. Borchelt und Voith (1987) nehmen an, daß sich das Problem in der Regel im Alter von 1-3 Jahren entwickelt – vermutlich sobald die aggressive Katze voll ausgewachsen ist. In einem der Fälle des Autors entwickelte sich das Problem jedoch ganz eindeutig, nachdem eines der beiden Tiere an einem Krebsleiden des Auges erkrankte. Das führte bei einem 8jährigen Kater zu offensiver Aggression, die sich rasch verschlimmerte, nachdem die kranke Katze nach zweiwöchiger Abwesenheit aufgrund einer Augenoperation ins Haus zurückkehrte. Man könnte hier darüber spekulieren, ob das ungewöhnliche Verhalten der kranken Katze der ursprüngliche Auslöser der Aggression gewesen sein könnte – was biologisch durchaus verständlich wäre, da abnormes Verhalten oft als Zeichen einer ansteckenden Krankheit gesehen werden kann.

Ein weiterer Faktor erschwert in manchen Fällen die Unterscheidung zwischen territorialer und angstbedingter Aggression: Nach Meinung der Besitzer ruft das ängstliche Verhalten der einen Katze bei der anderen die anscheinend offensive Territorialaggression hervor.

Das läßt zwei Interpretationen zu. Das Problem wird ausgelöst durch das ängstliche Verhalten der einen Katze, die für die andere nicht mehr akzeptabel ist. Oder das ängstliche Verhalten der Katze könnte eine Reaktion auf die Bedrohung durch die andere sein, die der Aufmerksamkeit des Besitzers entgangen ist. Obwohl die zweite Version auf den ersten Blick plausibler erscheint, beharren manche Besitzer darauf, daß das ängstliche Verhalten zuerst auffällig wurde und daß es zu jenem Zeitpunkt von seiten der anderen Katze lediglich freundliche, spielerische Annäherungen gab. Sollte dies zutreffen, dann würde das ängstliche Verhalten der einen Katze die andere dazu veranlaßt haben, diese nicht länger zu tolerieren. Warum aber sollte es unter diesen Bedingungen an Toleranz mangeln? Möglicherweise gilt auch bei Katzen, daß eine ängstliche Katze eine potentiell gefährliche Katze ist, unter Umständen für andere Katzen ebenso gefährlich wie für einen Menschen. Es mag daher ein natürliches Verhalten sein, solche Individuen zu verjagen, anstatt stets der Gefahr ausgesetzt zu sein, in unerwarteten Situationen oder aufgrund eines normalerweise bei Katzen harmlosen Verhaltens attackiert zu werden.

Es kommt nur sehr selten vor, daß Katzen mutig menschliche Besucher des Hauses ohne Anzeichen von Furcht bedrohen und attackieren – eine apparente, offensive Aggression gegen Menschen. In einem ungewöhnlichen Fall des Autors reagierte die Katze in dieser Weise nur bei Anwesenheit mehrerer Besucher gleichzeitig. Im Verlauf der Zeit reagierte die Katze auch auf Mitglieder der Familie aggressiv, attackierte mehrmals das einjährige Kind der Familie, wenn dieses ihr zu nahe kam oder weinte, und schlug oder kratzte die Besitzerin, wenn sie ihrem Ruheplatz zu nahe kam. Dies legt die Beteiligung einer Art defensiver Motivation nahe.

Behandlung

Die Prognose einer erfolgreichen Behandlung der klassischen Territorialaggression, bei der es einen eindeutigen, nichtängstlichen Aggressor gibt, der ständig ein hochgradig ängstliches Opfer hetzt, jagt und attackiert, ist so ungünstig, daß den Klienten im allgemeinen von Anfang an geraten wird, für eine der Katzen ein neues Zuhause zu finden (Borchelt und Voith, 1987). In etwas unsicheren Fällen, wenn die Möglichkeit besteht, daß auch der Aggressor in gewissem Maße ängstlich ist oder schlichtweg auf ängstliches Verhalten der Opfer reagiert, kann Besitzern empfohlen werden, das Problem als angstbezogenes Aggressionsproblem zu behandeln. Bleibt die Aggression unabhängig davon bestehen, wie lange man die Katzen getrennt voneinander hält, und auch unabhängig davon, wie langsam und behutsam ihnen der gegenseitige Kontakt gestattet wird, werden Berater und Besitzer darin bestätigt, daß die Suche eines neuen Zuhauses für eine der beiden Katzen in der Tat die einzig vernünftige Lösung darstellt.

Aggression zwischen Katern

Während dies für gewöhnlich als eigene Kategorie beschrieben wird, kann Aggression zwischen Katern auch als Form offensiver oder territorialer Aggression betrachtet werden. Treffen einander fremde Kater im Freien aufeinander, kann ritualisiertes Drohverhalten auftreten, wie steifbeiniges Geradestehen mit leicht durchgestreckten Hinterläufen, gegenseitiges Anstarren, gedrehte Ohren, so daß deren Rückseite zu sehen ist, Kippen des Kopfes von Seite zu Seite, Knurren, sowie langsames Öffnen und wieder Schließen der Kiefer. Stellt eine der Katzen die Drohgebärden ein und zieht sich langsam zurück, kann ein Kampf verhindert werden. Unter freilebenden oder halb-freilebenden Bedingungen zeigen Kater eine sehr starke territoriale Orientierung und reagieren häufig aggressiv aufeinander. Typischerweise werden junge Kater attackiert und aus Gruppen weiblicher Tiere vertrieben, die sich um eine Nahrungsquelle geschart haben. Danach bleiben sie in der Regel so lange Einzelgänger, bis sie alt genug sind, ansässige, fortpflanzungsfähige Kater in aggressiver Manier herauszufordern. Diese Beobachtungen legen nahe, daß die eigentliche Funktion dieser Auseinandersetzungen darin liegt, festzulegen, welche Tiere zur Fortpflanzung gelangen.

Besitzer von Katzen, die aggressiv aufeinander reagieren, berichten nur selten von derartigem ritualisiertem Drohverhalten, selbst wenn es sich um zwei Kater handelt. Es kann sein, daß einer Auseinandersetzung in Gefangenschaft oder in vertrauter Umgebung nur selten dieses ausgedehnte ritualisierte Drohverhalten vorausgeht, das zwischen einander fremden Katern im Freien abläuft. Andererseits ist es auch möglich, daß dieses Verhalten von den Besitzern, die bestenfalls wahrnehmen, daß die Katzen einander anknurren und intensiv beobachten, nicht originalgetreu wiedergegeben wird.

Behandlung

Kastration scheint ein sehr effektiver Weg zu sein, Raufereien zwischen zwei Katern desselben Haushaltes – oder zwischen dem eigenen Kater und Katern der Nachbarschaft – ein Ende zu bereiten. Nach Angaben von Hart und Barrett (1973) kann die Aggression unter Katern in 90 % aller Fälle durch eine Kastration eliminiert oder zumindest reduziert werden. Eine Progestintherapie kann ebenfalls sehr wirksam sein, wobei die Aggression allerdings nach Absetzen des Medikaments erneut auftritt (Borchelt und Voith, 1987). Sistieren die Aggressionen eines Katers nach der Kastration nicht, gibt es keine verhaltensorientierten Behandlungsmöglichkeiten. Den Besitzern kann lediglich empfohlen werden, das Tier im Haus zu halten. Leben beide Kater im selben Haushalt, können versuchsweise die bereits erörterten verhaltensorientierten Behandlungsmethoden für die verschiedenen Formen der defensiven Aggression angewendet werden. Schafft dies keine Abhilfe, kann den Besitzern nur noch die Abgabe eines der Tiere in ein neues Zuhause nahegelegt werden.

Spielerische Aggression gegen Menschen

Zwar ist diese Form der Aggression unter jungen Kätzchen am weitesten verbreitet, doch

> **MÖGLICHE KAUSALFAKTOREN**
>
> **Ererbte Prädisposition**
> (manche Katzen sind möglicherweise aus genetischen Gründen verspielter/spielerisch aggressiver als andere)
>
> **Förderung durch das Opfer**
> (z. B. Besitzer spielen häufig rauhe Spiele mit der Katze; versuchen sie fernzuhalten/wegzuschieben, ohne sie zu bestrafen)
>
> **Unabsichtliche Belohnung durch den Besitzer**
> (z. B. Werfen eines Spielzeugs, um das aggressive Verhalten zu beenden)
>
> **Unzureichende Fürsorge-/Haltungsbedingungen**
> (z. B. der Katze fehlt die Gelegenheit zu nötigem Spiel/Bewegung)
>
> **Fehleinschätzungen der Besitzer**
> (z. B. Attacken sind Anzeichen ernster und gefährlicher Form von Aggression)
>
> **Mangelndes Training**
> (aggressive Spielweise wird nicht konsequent oder nicht heftig genug bestraft)

> # SPIELERISCHE AGGRESSION GEGEN MENSCHEN
>
> - Spielerisch-aggressive Katze attackiert Besitzer, wenn er vorbeigeht, die Füße unter der Bettdecke bewegt, eine Hand über der Sessellehne baumeln läßt etc.

> **MÖGLICHE BEHANDLUNGSELEMENTE**
>
> **Korrektur von Fehleinschätzungen der Besitzer**
> (z. B. Attacken sind spielerischer und nicht gefährlicher Natur)
>
> **Vermeiden von Problemsituationen**
> (z. B. Verweigerung des Zutritts zum Schlafzimmer, wenn Attacken dort stattfinden)
>
> **Veränderung der Fürsorge-/Haltungsbedingungen**
> (z. B. Einrichtung fester, täglicher Spielzeiten; Bereitstellung von mehr Spielsachen für die Katze)
>
> **Verbesserung des Verständnisses der Besitzer**
> (z. B. Aggression ist eine normale Form des Spielverhaltens bei Katzen mit starkem Spieltrieb/hohem Bewegungsdrang)
>
> **Trainieren in Problemsituationen**
> (z. B. Bestrafen spielerischer Attacken mit lauten, erschreckenden Geräuschen; spielerische Attacken auf Spielzeuge umrichten, noch *bevor* die Katze angreift)

kann sie bei Katzen jeden Alters auftreten. Die Katze stürzt sich auf ein vorbeigehendes Familienmitglied, auf eine über die Sessellehne baumelnde Hand oder einen Fuß, der sich nachts unter der Bettdecke bewegt, und beißt hinein. Solche Attacken verursachen in der Regel keine Verletzungen, da die Bisse verhalten sind und die Krallen nicht ausgefahren werden. Manche Katzen beißen jedoch fester zu und spreizen die Krallen. In einem der Fälle des Autors wurde die Besitzerin nach mehrfachen, blutigen Kratzern ihrer spielerisch-aggressiven

Katze so gravierend am Auge verletzt, daß sie sich in einer Klinik behandeln lassen mußte.

Der Verdacht des Besitzers, daß die Attacken eine ernstere und gefährliche Form von Aggression darstellen, ist ein Merkmal vieler Fälle. Dies wiederum klärt die Frage, wie es zur Entwicklung des Problems kommen konnte: Aus Angst, noch heftigere Aggressionen zu provozieren, sehen manche Besitzer von einer Bestrafung (z. B. durch Erschrecken oder heftige Schelte) der Katze für ihr aggressives Verhalten ab, ganz im Gegensatz zu Besitzern, die das Problem auf diese Weise erfolgreich eliminieren konnten.

Mögliche Kausalfaktoren

Ererbte Prädisposition

Die spielerisch-aggressive Katze ist in aller Regel jung, besonders agil und in einer Reihe von Situationen hochgradig verspielt. Aber auch manche älteren Katzen sind verspielter als andere. Angesichts der Gewichtigkeit, Stabilität und Unveränderbarkeit dieser individuellen Unterschiede im Spieltrieb sowie der Bevorzugung rauherer Spiele nehmen Verhaltensspezialisten an, daß hier zumindest zum Teil genetische Unterschiede zwischen den einzelnen Katzen eine Rolle spielen.

Unzureichende Fürsorge-/ Haltungsbedingungen

Häufig handelt es sich bei sehr verspielten Katzen um einzeln gehaltene Tiere, die oft über lange Zeit allein gelassen werden. Im Grunde fehlt es an Stimuli, die notwendiges Spielen und körperliche Aktivität auslösen; die spielerischen Attacken auf Besitzer sind daher für eine soziale Deprivation symptomatisch.

Förderung durch das Opfer

Häufig haben die Opfer solcher Angriffe deren Entwicklung unabsichtlich gefördert. Das Auslösen wilder Spiele beispielsweise gewöhnt die Katze an diese Art Spiel und ist eventuell für Attacken auf ganz bestimmte Familienmitglieder verantwortlich. Während der Attacken schreit die betroffene Person vielleicht oder versucht, die Katze fernzuhalten/ wegzuschieben. Wenn dies nicht in einer Weise geschieht, daß sich die Katze erschrickt oder ängstigt, könnte die Katze zu weiterem Spiel und einer noch aggressiveren Spielweise stimuliert werden.

Fehleinschätzungen der Besitzer

Wie bereits erwähnt, vermuten Besitzer hinter diesen Angriffen oftmals eine ernstere oder gefährliche Form der Aggression – weshalb sie nicht konsequent in einer für die Katze aversiven Weise (z. B. mit Bestrafung) auf deren Attacken reagiert haben.

Unabsichtliche Belohnung durch den Besitzer

Besitzer versuchen manchmal, dem problematischen Verhalten durch das Werfen eines Spielzeugs als Ablenkung ein Ende zu setzen. Zwar ist dies für den Augenblick ein wirksames Mittel, doch belohnt und verstärkt diese Strategie die Neigung der Katze, ihren Besitzer künftig in ähnlicher Manier anzufallen.

Mangelndes Training

Es ist unwahrscheinlich, daß die Katze ihren Besitzer weiter attackiert, wenn dieses Verhalten konsequent und mit ausreichender Härte bestraft wird, um es sofort zu unterbinden. Die meisten Besitzer spielerisch-aggressiver Katzen haben dies versäumt oder haben zu milde reagiert, indem sie etwas taten, das die Katze eher als Belohnung anstatt als Strafe betrachtete.

Mögliche Behandlungselemente

Korrektur von Fehleinschätzungen der Besitzer

Aus naheliegenden Gründen ist es grundsätzlich wichtig, Besitzern zu erläutern, daß aggressive Attacken rein spielerischer Natur sind und keine gefährliche Form von Aggression repräsentieren.

Verbessern des Verständnisses der Besitzer

Weiterhin sollte ihnen erklärt werden, daß manche Katzen hoch motiviert sind zu spielen und somit deutlich mehr Anreiz zu Spielen und körperlicher Betätigung brauchen als andere Katzen. Es sollte auch nochmals darauf hingewiesen werden, daß es sich bei dieser aggressiven Form des Spiels bei vielen hochgradig aktiven und verspielten Katzen um ein völlig normales Verhalten handelt.

Vermeiden von Problemsituationen

Wie bei vielen Haustierverhaltensproblemen, besteht die einfachste und tatsächlich auch sinnvollste „Behandlung" oftmals darin, Situationen zu vermeiden, in denen ein Problem typischerweise auftritt. Zum Beispiel wird einer Katze, die die Füße ihres Besitzers unter der Bettdecke oder sein Beine attackiert, wenn er aus der Dusche kommt, der Zutritt zum Schlaf- beziehungsweise Badezimmer verwehrt.

Trainieren in Problemsituationen

Bei derartigen Problemen sollten zwei komplementäre Trainingsmethoden angewandt werden. Erstens sind spielerische Attacken jedesmal sofort bei ihrem Auftreten zu bestrafen, entweder mit ausreichend heftiger Schelte, um die Aggression zu unterdrücken, oder durch Erschrecken der Katze in genau dem Moment, in dem sie angreift. Letzteres kann vermittels lautem Händeklatschen, Besprizen mit Wasser oder durch Aktivierung eines Geräusche erzeugenden Werkzeugs geschehen, das man für einige Tage in potentiellen Problemsituationen mit sich herumträgt. Die Intensität der Bestrafung muß hoch genug sein, um die Attacken sofort und bei jedem Auftreten zu unterbinden, sie sollte aber nicht so heftig sein, daß sie die Katze hochgradig verängstigt (d. h. veranlaßt

---

BEHANDLUNGSEMPFEHLUNGEN

Spielerische Aggression gegen Menschen

- Jede Attacke sollte *sofort* bestraft werden; beispielsweise durch heftige Schelte, Besprizen mit einer Wasserpistole oder ein erschreckendes Geräusch (lautes Händeklatschen oder Betätigen einer Hupe, Pfeife, Rassel etc., die man einige Tage bei sich tragen kann).
- Der bestrafende Reiz muß stark genug sein, um dem Verhalten der Katze augenblicklich Einhalt zu gebieten. Er darf jedoch nicht so heftig ausfallen, daß die Katze verängstigt wird, sich versteckt und dort noch einige Zeit bleibt.
- Aggressives Verhalten muß mit absoluter Konsequenz bestraft werden, wobei sie unmittelbar (d. h. innerhalb von 1–2 Sekunden) nach dem Angriff erfolgen muß.
- Wenn man eines der Spielzeuge der Katze ständig bei sich trägt, um es werfen und die Aufmerksamkeit der Katze darauf lenken zu können, *kurz bevor sie angreift*, können bei konsequenter Anwendung die Attacken von Menschen auf das Spielzeug umgelenkt werden. Das ist jedoch zu unterlassen, wenn die Katze bereits attackiert, denn dies würde einer Belohnung der Attacke gleichkommen und somit das Problem verschlimmern, statt es zu verringern.
- Eine sehr aktive, verspielte Katze braucht täglich ausreichend Bewegung. Wenn mehrmals täglich einige Minuten lang mit ihr in einer energieaufwendigen Weise gespielt wird, kann das ihre Motivation verringern, ihren Besitzer anzugreifen.
- Der Katze soll für die Zeiten, die sie allein verbringt und spielen möchte, eine Auswahl an Gegenständen zur Verfügung stehen, die Spielverhalten auslösen, beispielsweise leichte Bälle, Papiertüten, an Schnüren baumelnde Objekte etc.

die Katze dazu, sich zu verstecken und sich vor ihrem Besitzer zu fürchten). Zweitens sollte spielerische Aggression auf vertretbare Gegenstände, wie Bälle oder andere Spielsachen, gelenkt werden, indem man die Katze zu anderen Zeiten dazu ermutigt, mit diesen zu spielen. Eines davon sollte der Besitzer unbedingt in potentiellen Situationen auftretender Attacken bei sich haben, damit es geworfen werden kann, gerade *bevor* die Katze zu einem Angriff ansetzt (d. h. sobald man Anzeichen von Vorbereitungen zum Sprung entdeckt). Dies richtet die Attacken gegen das Spielzeug, weg vom Besitzer. Hat die Katze bereits angegriffen, ist es für die Methode der frühen Intervention zu spät. Man würde in jenem Moment, durch die Aufnahme des Spiels, die Attacke belohnen und damit die Tendenz der Katze, in ähnlichen Situationen künftig ebenfalls anzugreifen, verstärken.

Veränderungen der Fürsorge-/ Haltungsbedingungen

Um dem Bedürfnis der Katze nach Spiel/Aktivität entgegenzukommen, kann es auch sehr hilfreich sein, tägliche Spielzeiten festzulegen, in denen der Besitzer die Katze zu Spielen anregt, solange sie dies möchte, oder ihr einfach ein reichhaltigeres Sortiment an Spielzeugen zur Verfügung stellt (z. B. Bälle, Papiertüten, an Schnüren herabhängende Objekte), mit denen sie allein spielen kann. Hierdurch wird die Motivation der Katze herabgesetzt, alle spielerischen Aktivitäten auf den Besitzer zu richten.

Instrumentelle Aggression

Manchmal lernen Katzen, Aggression als eine Art „Instrument" oder Verhaltensstrategie einzusetzen, um Belohnungen von ihren Besitzern zu ergattern. Die Katze kommt nachts ins Schlafzimmer und attackiert so lange die Füße oder Beine ihres Besitzers unter der Bettdecke, bis dieser aufsteht und sie füttert oder ihr eine Zeit lang Gesellschaft leistet. Diese Attacken sind meist mild und gleichen eher spielerischer Aggression als irgendwelchen ernsten Erscheinungsformen.

Die Entwicklung dieser Probleme kann in der Regel auf zwei wesentliche Faktoren zurückgeführt werden. Einer ist der Einsatz von Zerstreuungsstrategien des Besitzers, um die spielerische Aggression zu beenden (z. B. Werfen eines Spielzeugs, Vergabe eines Leckerbissens), die in der Vergangenheit als Belohnung des Problemverhaltens dienten. Wenn sich die nächtlichen spielerischen Attacken auf die Beine des Besitzers nur beenden lassen, indem er aufsteht und der Katze einen Leckerbissen gibt, wird die Katze schließlich lernen, daß sie auf diese Weise zu Leckerbissen kommt.

Zweitens taucht Aggression möglicherweise zum erstenmal dann auf, wenn sich die bewährte Strategie der Katze nicht bezahlt macht. Im allgemeinen kann das Ausbleiben einer erwarteten Belohnung von Tieren als ebenso aversiv empfunden werden wie von uns Menschen. Das kann nicht nur eine Intensivierung des instrumentellen Verhaltens zur Folge haben (z. B. lauteres Miauen), sondern kann theoretisch auch zu frustrationsbedingter Aggression führen, die zuweilen alle höheren Tiere in derartigen Situationen zeigen. Natürlich ist aggressives Verhalten für den Besitzer weniger leicht zu tolerieren als die übliche, eher spielerische oder lautstarke Art des Bettelns, und somit wird die Katze vermutlich schnell feststellen, daß dies der effektivste und schnellste Weg ist, das Gewünschte zu erlangen.

Behandlungsmaßnahmen

Da die Behandlung der instrumentellen Aggression in weiten Teilen der Behandlung anderer instrumenteller Probleme bzw. „Betteln" entspricht, sei der Leser auf den ausführlichen Abschnitt zu diesem Problem im nächsten Kapitel verwiesen. Es sei jedoch ein zusätzliches Element genannt, wenn Aggression – im Gegensatz z. B. zu Miauen – beteiligt ist: Da die erlernte Strategie zur Erlangung von Belohnungen Aggression gegen ihren Besitzer beinhaltet, wird die Katze vermutlich anfangs ihre Aggression verstärken, so wie sie jede andere Art instrumenteller Reaktion verstärken würde, sollte der Besitzer die Belohnung einstellen. Die Besitzer müssen daher darauf hingewiesen werden, daß eine Lösung des Problems durch Absetzen jeglicher Belohnung des Problemverhaltens mit ziemlicher Sicherheit anfangs eine Verstärkung desselben zur Folge haben wird. Das wiederum macht zusätzliche Empfehlungen an die Besitzer notwendig, wie mit dieser heftigeren, unter Umständen gefährlichen Aggression umzugehen ist – beispielsweise durch konsequente Bestrafung oder durch Veränderung bestimmter Begleitumstände der Situation, um eine Auslösung der Aggression zu verhindern.

Pathophysiologische Aggression

Aggression kann mit einer Reihe pathophysiologischer Zustände einer Katze einhergehen. Manche der von verschiedenen Autoren genannten Erkrankungen sind neurologische Störungen im Zusammenhang mit einem Trauma, einer Infektion, Parasitenbefall, Tollwut, arthritischen Veränderungen, verstopften Analdrüsen, schmerzhaften Läsionen des Oralbereichs, FUS, Epilepsie, Hypo-/Hyperthyreoidismus, Tumoren, Toxinen und feliner ischämischer Enzephalopathie (z. B. Borchelt und Voith, 1987; Beaver, 1989c; Reisner, 1991; Voith, 1989). Die Auswirkungen einer solchen Erkrankung können insofern unmittelbarer (z. B. Tollwut), aber auch indirekter Natur sein (z. B. schmerzhafte Läsionen des Oralbereichs), als eine kranke Katze „reizbar" und mit defensiver Aggression auf Annäherung, Berührung, Tragen etc. reagiert (Beaver, 1989c).

Solche medizinischen Befunde sollten dann in Betracht gezogen werden, wenn noch andere abnorme neurologische und physiologische Symptome vorhanden sind, wenn eine genaue Befragung der Besitzer darauf schließen läßt, daß die Aggression keiner der Kategorien von normaler Aggression bei Katzen zuzuordnen ist und/oder wenn das Auftreten des Problems ungewöhnlich plötzlich und rätselhaft erscheint.

Idiopathische Aggression

Manchmal werden Familienmitglieder von ihren Katzen attackiert, ohne daß ein Grund dafür feststellbar wäre. Die Aggression paßt in keines der üblichen Schemata für defensive oder offensive Aggression und weitreichende tierärztliche Untersuchungen haben pathophysiologische Vorgänge als Ursache ausgeschlossen. Manchmal sind die Attacken ausgesprochen bösartig und verursachen ernste Kratz- und Bißwunden. Diese verwirrenden Angriffe, die keinen nachvollziehbaren auslösenden Stimulus haben, werden daher in der Literatur häufig als *idiopathische* Aggression geführt.

Ob diese Attacken in der Tat eine weitere Form aggressiver Verhaltensprobleme darstellt, ist ungeklärt. Theoretisch könnten sie sowohl der bereits diskutierten aggressiven als auch defensiven Aggression zugeordnet werden, deren Anzeichen der von der ersten Attacke überraschte Besitzer nicht genau genug beobachtet hat, um sie treffend zu beschreiben. Andererseits könnten sie tatsächlich eine ganz andere Kategorie der Aggression darstellen (z. B. die explosive Reaktion einer Katze auf lange andauernde, hochgradige Deprivation, Streß, angsterregende Situationen). Natürlich könnten sie auch von einer nicht diagnostizierten pathophysiologischen Erkrankung herrühren, was letztlich als die wahrscheinlichste Möglichkeit angesehen werden muß, wenn man bedenkt, daß Angriff so gar nicht dem Wesen der Katze entspricht und kein Auslöser dafür auszumachen ist.

In jedem Falle muß man das Problem bis zu einem gewissen Grad zu verstehen versuchen, um damit umgehen zu können. Ist dies nicht der Fall und gibt es keinerlei Hinweise auf die Motivation der Katze oder die Umstände, unter denen das Verhalten bevorzugt auftritt, ist das Problem im Prinzip nicht behandelbar – was zum Schutz der Familienmitglieder oftmals eine Euthanasie der Katze zur Folge hat. Wie jedoch Borchelt und Voith (1985) betonen, sollte man dabei sehr zurückhaltend sein, da sich die Mehrheit der Fälle, die von Besitzern zu Beginn als „plötzliche, bösartige, unprovozierte Attacken" beschrieben werden, schließlich als behandelbare Form defensiver Aggression entpuppt.

Literatur

Beaver, B. V. (1989a): Feline behavioral problems other than housesoiling. *Journal of the American Animal Hospital Association* **25**, 465–469.

Beaver, B. V. (1989b): Housesoiling by cats: A retrospective study of 120 cases. *Journal of the American Animal Hospital Association* **25**, 631–637.

Beaver, B.V . (1989c): Disorders of behavior. In Sherding, R. G. (ed): *The Cat: Diseases and Clinical Management.* New York, Churchill Livingstone.

Borchelt, P. L., and Voith, V. L. (1985): Aggressive behavior in dogs and cats. *Compendium on Continuing Education for the Practicing Veterinarian* **7**, 949–957.

Borchelt, P. L., and Voith, V. L. (1987): Aggressive behavior in cats. *Compendium on Continuing Education for the Practicing Veterinarian* **9**, 49–57.

Chapman, B. L. (1991): Feline aggression: Classification, diagnosis, and treatment. *Veterinary Clinics of North America: Small Animal Practice* **21**, 315–327.

Chapman, B. L., and Voith, V. L. (1990): Cat aggression redirected to people: 14 cases (1981–1987). *Journal of the American Veterinary Medical Association* **196**, 947–950.

Hart, B. L., and Barrett, R. E. (1973): Effects of castration on fighting, roaming, and urine spraying in adult male cats. *Journal of the American Veterinary Medical Association* **163**, 290–292.

Hart, B. L., Eckstein, R. A., Powel, K. L., and Dodman, N. H. (1993): Effectiveness of buspirone on urine spraying and inappropriate urination in cats. *Journal of the American Veterinary Medical Association* **203**, 254-258.

Reisner, I. (1991): The pathophysiologic basis of behavior problems. *Veterinary Clinics of North America: Small Animal Practice* **21**, 207–224.

Turner, D. C. (1991): The ethology of the human-cat relationship. *Schweizer Archiv für Tierheilkunde* **133**, 63-70.

Turner, D. C., Feaver, J., Mendl, M., and Bateson, P. (1986): Variation in domestic cat behaviour towards humans: a paternal effect. *Animal Behaviour* **34**, 1890-1901.

Voith, V. L. (1989): Chapter 43: Behavioral disorders. In Ettinger, J. S. (ed): *Textbook of Veterinary Internal Medicine.* Philadelphia, W. B. Saunders Company.

23   Weitere Verhaltensprobleme

Jagdverhalten

Bezüglich des Jagdtriebs gibt es zwischen den einzelnen Katzen große Unterschiede. Ist eine Katze ein hochmotivierter Jäger, der seine tote Beute häufig mit nach Hause bringt, wird der Besitzer den Wunsch haben, dieses Verhalten unter Kontrolle zu bringen. Streit zwischen benachbarten Katzenbesitzern und Vogelliebhabern sind keine Seltenheit, und Besitzer empfinden es häufig als unangenehm, Federn oder tote Mäuse im Haus zu finden.

Wirklich wirkungsvoll läßt sich Jagdverhalten nur unterbinden, wenn die Katze im Haus gehalten wird. Ansonsten kann der Besitzer höchstens ein Glöckchen am Halsband der Katze befestigen, um die Vögel zu warnen, oder die Katze kurz vor ihrer bevorzugten Jagdzeit nochmals füttern – was das Jagen zwar nicht vollständig verhindert, aber zumindest die Motivation dazu senkt. Man kann jedoch eine Katze immerhin erziehen, tote Tiere nicht ins Haus zu bringen, indem man ein die Katze erschreckendes Geräusch verursacht, wann immer sie versucht, mit ihrer Beute ins Haus zu gelangen. Wie bei allen anderen Bestrafungsmethoden auch, muß diese Bestrafung mit absoluter Konsequenz genau in dem Moment erfolgen, wenn die Katze mit ihrer Beute ins Haus kommt. Wenn eine Katze im Haus fortwährend einen Vogel in einem Käfig belästigt, sollte am besten eine Art Falle aufgestellt werden (z. B. ein Ring von gespannten, umgedrehten Mausefallen um den Boden des Käfigs herum), wodurch die Katze heftig genug erschreckt wird, um den Käfig künftig zu meiden. Geht die Bestrafung vom Besitzer selbst aus, indem er sie mit einem lauten Geräusch erschreckt, wird die Katze den Käfig künftig nur in Anwesenheit des Besitzers meiden, nicht aber wenn sie allein im Raum ist.

Problematisches Sexualverhalten

Bespringen anderer Katzen

Manchmal versucht ein Kater ständig, eine Katze oder auch einen anderen Kater im Haushalt zu bespringen. In einigen Fällen ist der betreffende Kater unaufhörlich hinter den anderen her, hetzt sie und versucht sie mehrmals täglich zu bespringen. Das Opfer kann beginnen, ängstlich zu reagieren, wegzulaufen und sich den größten Teil des Tages zu verstecken, wie dies auch häufig bei offensiven Aggressionsproblemen der Fall ist. Beaver (1992) verweist darauf, daß auch Katzen unangebrachtes Bespringen bei anderen Katzen oder passiven Katern unternehmen. Sie können „von einer nicht ausgelösten Sexualenergie während des Östrus herrühren" oder Zeichen von „Anspannung und Frustration" bei rolligen Weibchen sein. Beaver behauptet weiter, daß in gefangenen Gruppen in Wohnungen oder Kolonien zwischen den meisten Katzen keine hierarchische Ordnung zu herrschen scheint, mit Ausnahme eines einzigen dominanten Katers, der „steifbeinig mit durchgebogenem Rücken und hocherhobenem Schwanz umherläuft, sich jeder Katze bemächtigt, deren Rücken mit seinen Hinterläufen niederdrückt und sie in Kopulationsabsicht besteigt". Bradshaw (1992) bestreitet die Allgemeingültigkeit dieses Phänomens, indem er darauf verweist, daß Winslows (1938) Beobachtung dieses Verhaltens in einer Laborkolonie – die von Beaver (1992) zitierte Quelle – bislang von keinem anderen Autor, der Kolonien in Gefangenschaft lebender Katzen beobachtete, bestätigt wurde.

Schließlich führt Beaver (1992) noch an, daß es für einen Kater durchaus normal ist, jede Katze, die in sein Territorium eindringt, egal ob männlich oder weiblich, zu besteigen. Sie zitiert weiterhin eine Laborstudie, wonach bei einem Rollentausch das vorher bestiegene Tier sich in seinem Revier der ersten Katze gegenüber ebenso verhalten und nun seinerseits versuchen wird, diese zu bespringen.

Bei Bauernhofkatzen wird das Bespringen von ungeeigneten Tieren wie jungen Weibchen, Kätzchen oder anderen Katern am häufigsten bei adulten „nicht zur Paarung kommenden" Katern beobachtet, die zwar viel Zeit in der Nähe von Nahrungsquellen und Weibchen verbringen, aber seltener Kontakt zu anderen Katzen haben, als die zur Paarung kommenden Kater. Sie reagieren defensiv auf deren Aggression, markieren seltener und erreichen weniger Penetrationen. Diese Erkenntnisse zusammenfassend, argumentiert Bradshaw (1992), daß die hohe „Bespring"-Quote in Verbindung mit der niedrigen Fortpflanzungsrate vermutlich „sinnvoll ist in einer Strategie, die darauf abzielt, daß sich Kater in unmittelbarer Nähe paarungswilliger Katzen aufhalten, um sich in Abwesenheit des eigentlichen Begattungspartners Kopulationen zu ‚erschleichen'". (S. 150)

Beaver (1992) betrachtet alle diese Formen von Problemen bezüglich Hypersexualität als Indikatoren einer umweltbedingten Deprivation: Mangel an Gelegenheit zu artgemäßem Sexualverhalten hat eine abnorm niedrige Reizschwelle zur Auslösung von Sexualverhalten zur Folge, so daß es durch andere Kater, anöstrische Katzen, junge Kätzchen oder unbelebte Gegenstände wie Kissen oder pelzige Objekte ausgelöst werden kann. Sie weist ferner darauf hin, daß „manche dieser Verhaltensweisen bestimmten Läsionen des Gehirns zugeordnet werden."

Behandlungsmöglichkeiten

Hart und Hart (1985) stellen zwei mögliche Behandlungsansätze für kastrierte Kater vor, bei denen eine pathophysiologische Ursache ausgeschlossen wurde:
- Progestinbehandlung mit Medroxyprogesteronazetat oder Megestrolazetat als Versuch, den Sexualtrieb des Katers und seinen insgesamt erhöhten Erregungszustand herabzusetzen.
- Bestrafung des *Opfers*, wann immer es die Bespringung über sich ergehen läßt, anstatt sich vermittels der üblichen Lautäußerungen, Fauchen und aggressiven Schlagversuche zu wehren (Beaver, 1992), die man bei anöstrischen Katzen oder ängstlichen Katzen beiderlei Geschlechts normalerweise beobachten kann. Hart und Hart (1985) empfehlen eine Art anonymer Bestrafung, wie das Spritzen von Wasser, ohne daß dessen Herkunft zu identifizieren ist. Die Katzen sollten nicht unbeaufsichtigt zusammenbleiben.

Ausgehend von Beavers Meinung, das Problem sei oftmals Symptom einer mangelhaften oder suboptimalen Umgebung, könnte es sinnvoll sein, einer Wohnungskatze Auslauf zu ermöglichen oder mehrere feste Spielzeiten täglich einzuplanen, im Verlaufe derer sie zu energischem Spiel animiert wird.

Mangelnder Sexualtrieb bei Katern

Manchmal erweisen sich Kater als sehr unkooperativ, wenn es darum geht, sich mit einem rolligen Weibchen zu paaren. Hart und Hart (1985) geben hierfür mehrere Gründe an:
- Der Kater fühlt sich in einer ungewohnten Zuchtumgebung nicht wohl. Während sich manche Kater bereitwillig in einer neuen Umgebung paaren, benötigen einige ein bis zwei Monate, um sich an ihre Umgebung zu gewöhnen, bevor sie zur Paarung bereit sind.
- Der Kater mag die Katze zwar besteigen und typische Bewegungen vollführen, scheint aber zu einer vollständigen Penetration nicht imstande zu sein – was manche Autoren als einen Mangel an Erfahrung sehen, „die richtigen Bewegungen auszuführen".
- Möglicherweise hat sich um die Glans penis ein Ring aus Haaren gebildet (durch Ansammeln von Haaren durch die epithelialen Papillen, die ihr aufgelagert sind), der die Penetration vereitelt. Manchmal entfernt der Kater diesen selbst, falls nicht, kann er durch den Tierarzt oder den Besitzer selbst entfernt werden, indem man ihn über den Penis hinweggleiten läßt.

- Unter Umständen ist ein abnorm niedriger Testosteronspiegel verantwortlich. Hart und Hart (1985) weisen allerdings darauf hin, daß nachweislich nur ein drastisch erniedrigter Hormonspiegel für den Verlust sexuellen Interesses zuständig sein kann, da Kater auch bei um die Hälfte gesunkenen Spiegeln noch kopulieren.
- Saisonale Schwankungen können eine weitere Ursache in Fällen einer „ansonsten unerklärlichen Abnahme der sexuellen Leistungsfähigkeit eines Zuchtkaters" sein.

Behandlungsmethoden

- Für unerfahrene Kater werden häufige Paarungsgelegenheiten mit paarungsbereiten Katzen geschaffen.
- Gründliche Gewöhnung des Katers an die Zuchtumgebung und die damit verbundenen Vorgänge, wie das Plazieren des Katers, die Vorstellung der Katze und so weiter.
- Dem Kater werden mehrere Deckakte in Folge mit derselben Katze gestattet.
- Der Katze wird eine ausreichend lange Zeit mit dem Kater zugebilligt. Hart und Hart (1985) weisen darauf hin, daß es mehrere Stunden dauern kann, bis der Kater zur Paarung bereit ist.
- Einsatz einer hochgradig paarungsbereiten Katze zu Übungszwecken. Hart und Hart (1985) empfehlen, die Katze mit zwei Dosen von 0,25 mg *Östradiolcypionat*, s.c. im Abstand von zwei Tagen verabreicht, in einen Verhaltens-Östrus zu versetzen – der Östrus wird ein bis zwei Tage nach der letzten Injektion auftreten. (Zu Nebenwirkungen und anderen wichtigen Informationen siehe den Abschnitt „Medikamentöse Therapie" des Kapitels 8.)

Ablehnung des Zuchtkaters durch die Katze

Hart und Hart (1985) schlagen folgende Vorgehensweisen vor:
- Festhalten der Katze, sofern es sich um einen erfahrenen Kater handelt, der sich unter derartigen Umständen paart.
- Den beiden einfach einige Stunden Zeit geben.
- Erneuter Versuch mit einem anderen Kater, da Katzen manche Kater ablehnen, andere dagegen nicht.

Maternale Verhaltensprobleme

Mütter vernachlässigen ihre Nachkommen mitunter so stark, daß sie sterben, oder sie attackiert und frißt sie sogar. Der Ansatz von Hart und Hart (1985), solche Probleme zu erklären, wird im folgenden Zitat deutlich:

„Wie bei Hunden und anderen domestizierten Säugetieren, haben wir in Fällen, in denen die Fürsorge durch die Mutter unzureichend war, einige der Mutterpflichten, wie die Fütterung, Bereitstellung von Wasser und Schutz für die Welpen, übernommen und haben damit Welpen das Überleben ermöglicht, deren Mütter ein mangelhaftes genetisch vorprogrammiertes maternales Verhalten aufwiesen. Unser Eingreifen trägt die genetische Vorprogrammierung mangelhaften Mutterinstinktes weiter. Die Bandbreite maternalen Verhaltens bei Katzen ist besonders Züchtern geläufig. Manche Katzen scheinen sich selbst nach mehreren Würfen nie für ihre Welpen zu interessieren. Andere dagegen hegen ein großes Interesse für alle Welpen, denen sie begegnen." (S. 195)

Im Grunde handelt es sich also um genetisch vorprogrammierte Verhaltensmuster oder -tendenzen, die von Katze zu Katze sehr unterschiedlich ausfallen und prinzipiell als individuelle Charaktereigenschaften anzusehen sind, die weder modifizierbar noch als Reaktionen auf einen Aspekt ihrer Umwelt zu erklären sind.

Vernachlässigung des Wurfes

Laut einer von Hart und Hart (1985) zitierten Untersuchung starben 8 % gesunder Welpen vorwiegend aus Gründen, die mit „unzureichender oder unpassender mütterlicher Fürsorge" in Zusammenhang standen. Die Einzelheiten solcher Fälle heben sich deutlich voneinander ab: Die Fruchthüllen werden nicht entfernt, die Muttertiere halten die Neugeborenen nicht in ihrer Nähe oder liegen auf ihren

Welpen und erdrücken sie, bleiben nicht bei ihrem Wurf oder holen vom Lager entfernt liegende Welpen nicht zurück.

Außer ein hypothermisches Neugeborenes, das zu lange von der Mutter entfernt war, zu wärmen, bevor man es der Mutter zurückgibt, ist der Handlungsspielraum für den Besitzer sehr beschränkt. Er kann lediglich die Katze bei der Pflege ihrer Welpen beobachten und bei Zwischenfällen eingreifen (z. B. den Welpen wieder ins Lager zurücklegen, wenn er sich zu weit entfernt hat und nicht zurückgeholt wird).

In Anlehnung an Regeln, die Dr. M. F. Stewart von der Glasgow Veterinary School entwickelt hat, stellen Hart und Hart (1985) fest, daß einige dieser Probleme mit den folgenden Mitteln verhindert oder überwunden können werden:

- Verbringen der Mutter mindestens drei Tage vor der Geburt in eine eigene Wurfkiste, damit sie sich an die Umgebung gewöhnen kann.
- Die Kiste sollte stabil und hoch genug sein, um ein Herauskriechen oder -fallen der Welpen zu verhindern.
- Bei der Geburt sollte die Mutter beobachtet werden, um sicherzugehen, daß sie die Neugeborenen säubert und beleckt, und diese bald nach Geburt zu saugen beginnen.
- Insbesondere Muttertiere, die in der Vergangenheit maternale Verhaltensprobleme gezeigt haben, sollten besonders genau beobachtet werden.

Kannibalismus

Hart und Hart (1985) bringen Kannibalismus in Verbindung mit „einem größeren Wurf als üblich, einer zweiten Trächtigkeit innerhalb einer Saison sowie dem Vorhandensein kranker Kätzchen." Ihrer Ansicht nach gibt es keinen Zusammenhang mit früheren Erfahrungen als Mutter. In ihrer kurzen, aber exzellenten Diskussion weisen die Autoren darauf hin, daß Kannibalismus in der Natur ein adaptives Verhalten sein kann, um Katzenjunge, deren Inaktivität und Hypothermie auf eine sich verschlimmernde Krankheit hinweist, zu entfernen, bevor sie ihre Wurfgeschwister anstecken oder sterben und ihre Kadaver Aasfresser anlocken. Dieses Verhalten verschafft der Mutter ferner zusätzliche Nahrung, wodurch sie ihre Jungen besser versorgen kann. Hierfür gelten also im Prinzip die gleichen Gründe wie für das Fressen der Nachgeburt während der Geburt und das Fressen von Totgeburten und Abgängen (z. B. Beaver, 1992).

Hart und Hart (1985) spekulieren ferner über den Einfluß von Störfaktoren aus der Umwelt, die unter Umständen zum Fressen von Kätzchen führen können, die sich in keiner Weise abnorm verhalten. Auch Beaver (1992) hält den Einfluß äußerer Streßfaktoren in solchen Fällen für möglich und empfiehlt eine „Streß-Minimierung" in den zwei Wochen vor dem errechneten Geburtstermin (z. B. indem der Katze zur Niederkunft ein abgeschlossener Bereich im Haus zugewiesen wird).

Schließlich verweisen Hart und Hart (1985) noch darauf, daß fremde Kater Infantizid begehen können – beispielsweise bei Löwen zu beobachten, wenn Verbände männlicher Löwen, die eine Gruppe übernehmen, in der Regel alle Jungen töten; dadurch kommt es bei den Löwinnen zum Wiedereintritt in den Östrus. Daher unterstützen die Autoren die unter Züchtern übliche Praxis, den ansässigen Katern Zutritt zum Wurf zu gewähren, während fremde Kater von laktierenden Katzen ferngehalten werden.

Handaufzucht

Zwar schadet ein Herausnehmen und eine kurzzeitige Berührung durch den Besitzer den neugeborenen Kätzchen nicht und kann sogar einen positiven Effekt haben, doch warnen Hart und Hart (1985), daß eine dauerhafte Trennung von der Mutter ernste Konsequenzen für ihr späteres Verhalten haben kann. Ist eine Trennung aufgrund mangelnder mütterlicher Fürsorge oder der Gefahr des Infantizids notwendig, sollten die Kätzchen im Idealfall einer anderen säugenden Mutter als Amme untergeschoben werden. Ist dies nicht möglich, sollte der Besitzer in Fällen, in denen ein Kätzchen aus Krankheitsgründen, wegen Schwächlichkeit oder maternaler Aggression vom Wurf getrennt werden muß, in den ersten Wochen für möglichst viel Kontakt zu den Wurfgeschwistern sorgen.

„Unfreundlichkeit" gegenüber dem Besitzer

Katzen haben eine individuell sehr unterschiedliche Vorliebe für Streicheleinheiten und andere Formen des körperlichen Kontakts zu ihren Besitzern. Für Besitzer, die es lieben, ihre Katze zu streicheln und zu kraulen, kann eine verhältnismäßig abweisende, unabhängige Katze, die diese Zuneigungsbekundungen nur widerwillig und kurzzeitig über sich ergehen läßt und sich dann mit Gewalt befreit, ein ernstes Problem darstellen.

Erstens muß Besitzern in diesen Fällen erklärt werden, daß viele Katzen von Natur aus so sind und es keine Möglichkeit gibt, sie in Tiere umzuwandeln, die stundenlang gehalten und gekrault werden wollen. Diese Eigenheiten müssen den Besitzern als manifeste Bestandteile ihrer Persönlichkeit nahegelegt werden, die kaum beeinflußbar sind. Besitzer tragen allerdings zuweilen selbst zur ablehnenden Haltung ihrer Katzen bei, indem sie sich ihnen ständig zu nähern versuchen, sie hochheben und sie nötigen, sich halten und streicheln zu lassen. Dies ist ein gravierender Fehler, da die Katze dies als aversiv empfindet und somit künftig noch negativer auf menschliche Versuche der Kontaktaufnahme reagiert.

Das Verhalten der Katze kann oftmals deutlich in Richtung erhöhter Freundlichkeit, Kontaktsuche und größerer Toleranz gegenüber körperlichem Kontakt beeinflußt werden, wenn man es sich zu einer eisernen Regel macht, niemals den Kontakt zur Katze zu initiieren. Statt dessen sollen die Besitzer immer abwarten, bis die Katze freiwillig zu ihnen kommt, sie nur so lange streicheln, wie sie es als angenehm empfindet, und sie laufen zu lassen, sobald sie Anzeichen von Unbehagen zeigt. Zu einer Verbesserung der Beziehung kann auch beitragen, sich in Gegenwart der Katze langsam und bedächtig zu bewegen, ihr dann und wann Leckerbissen zu gegen und auf ihre Spielinitiativen mit bevorzugten Spielen zu reagieren, solange sie Lust dazu hat.

Instrumentelle Verhaltensprobleme

Das häufigste und gleichzeitig schwerste Problem in Verbindung mit bettelndem, quengelndem, forderndem oder Aufmerksamkeit heischendem Verhalten ergibt sich, wenn Besitzer regelmäßig nachts vom Miauen, Kratzen an der Tür oder spielerischem Verhalten auf dem Bett aufgeweckt werden. In diesen Fällen müssen die Besitzer aufstehen und ihrer Katze eine Weile Gesellschaft leisten, mit ihr spielen oder sie füttern, bevor sie Ruhe gibt und sie wieder schlafen läßt. Dieses Verhalten wird mit dem Terminus *instrumentell* belegt, weil Katzen lernen, solches Verhalten als ein „Instrument" oder eine Strategie zu benutzen, um Belohnungen, wie Aufmerksamkeit, Futter oder Spiele, zu erlangen.

Bis der Fall einem Verhaltensberater vorgestellt wird, haben sich sowohl das fordernde oder Aufmerksamkeit heischende Verhalten der Katze als auch der Umgang des Besitzers mit diesem Verhalten (sie bekommt, was sie will) fest etabliert. Nahezu alle Besitzer haben versucht, diesem Verhalten durch Bestrafung ein Ende zu setzen, und alle haben es mit Verweigerung der Wünsche der Katze versucht. Aber auf lange Sicht haben beide Methoden nichts genützt. Bestrafung hat bestenfalls eine temporäre Unterdrückung des Problems zur Folge und das Vorenthalten einer Belohnung verschlimmert das Verhalten der Katze weiter.

Behandlungsmethoden

Für diese Fälle gibt es zwei Methoden der Wahl. Die erste ist *Bestrafung*. Besitzer haben diese Methode zwar versucht, aber vermutlich nicht effektiv genug. Folgendes ist zu beachten:
- Das problematische Verhalten ist sofort bei dessen Beginn zu bestrafen.
- Es muß ein ausreichend bestrafend wirkender Stimulus gefunden werden, der jedesmal

eine sofortige Einstellung des Verhaltens bewirkt.
- Der bestrafende Stimulus muß bei jedem Auftreten des Problems angewandt werden.

Typischerweise bestrafen Besitzer das Verhalten nur manchmal, für gewöhnlich warten sie so lange, bis das Verhalten für sie unerträglich wird und setzen einen verhältnismäßig milden Reiz ein (z. B. Anschreien der Katze), was manchmal mehrmals wiederholt werden muß, bis das Verhalten sistiert. Angesichts der hohen Motivation der Katze, das bestrafte Verhalten auszuführen – da es in der Vergangenheit häufig belohnt wurde –, muß ein relativ intensiver Stimulus gewählt werden. Zum Beispiel kann der verhaßte Staubsauger so vor der Schlafzimmertür positioniert werden, daß der Besitzer ihn vom Schlafzimmer aus einschalten kann, sobald die Katze beginnt, vor der Türe zu miauen oder an der Tür zu kratzen. Im Prinzip muß man nur etwas benutzen, das die Katze wirklich verabscheut, statt etwas, das sie nur als unangenehm empfindet, sich aber daran gewöhnen könnte, wie an das Schlagen eines Schuhes von innen gegen die Schlafzimmertür.

Die zweite und häufigste Behandlungsmethode ist die *Extinktion* oder permanente Verweigerung jeglicher Belohnung für das Problemverhalten. Obwohl dies den Besitzern von Anfang an als die sinnvollste Methode erscheint, haben sie sie bisher nur von Zeit zu Zeit und ohne Erfolg angewandt. Zum Zeitpunkt der Konsultation haben sie deshalb nur wenig Zuversicht, daß diese Vorgehensweise das Problem tatsächlich beheben könnte. Die Schwierigkeit liegt jedoch nicht in der Methode der Extinktion per se, sondern in deren inkorrekter Durchführung durch die Besitzer. Sie haben sie nicht konsequent genug angewandt und haben zu früh aufgegeben, wenn sich das Problem anfangs weiter zu verschlimmern schien.

BEHANDLUNGSEMPFEHLUNGEN

Fordern von Aufmerksamkeit/Futter in der Nacht

(Beispiel der Extinktionsmethode zur Behandlung des häufigen, instrumentellen Verhaltensproblems einer Katze, die mitten in der Nacht auf das Bett ihrer Besitzers springt und sie aufweckt, damit sie mit ihr spielen oder sie füttern.)

- Die Katze wird nachts immer aus dem Schlafzimmer ausgesperrt.
- Um die Katze schnell und problemlos daran zu gewöhnen, sollte es zu einer unumstößlichen Regel werden, die Tür unter keinen Umständen wieder zu öffnen, wenn die Katze davor miaut oder an der Türe kratzt, um eingelassen zu werden.
- Verursacht sie vor der Tür Probleme, werden die Geräusche durch keinerlei Reaktion gewürdigt (z. B. indem man mit ihr spricht oder auch nur die geringsten Geräusche verursacht).
- Es ist anzunehmen, daß die Katze in den ersten Nächten hochgradig frustriert auf die Aussperrung reagiert und daher mehr Probleme als je zuvor verursachen wird. Dies ist ein völlig normales Verhalten. Man muß nur hartnäckiger sein als die Katze, die unweigerlich früher oder später aufgeben wird.
- Für ein oder zwei Nächte wird es so scheinen, als habe sie aufgegeben, bevor sie es erneut versucht. Auch dies ist normal und ist zu erwarten. Sie wird eine ganze Zeit lang wechselweise aufgeben, um es doch wieder zu versuchen. Der Besitzer darf nur *niemals* nachgeben, denn diese Versuche werden seltener werden und schließlich völlig sistieren, sobald die Katze überzeugt ist, daß sie ihren Willen nie mehr wird durchsetzen können.

Der Schlüssel zu einer erfolgreichen Durchführung der Extinktion liegt darin, den Besitzern nicht nur zu erklären, daß es für sie zu einer eisernen Regel werden muß, der Katze in Problemsituationen niemals zu geben, was sie möchte, sondern sie müssen auch darauf vorbereitet werden, wie die Katze auf die jeweiligen Abschnitte des Verfahrens reagieren wird. Hier sind folgende Prinzipien des Lernverhaltens bei Tieren von Bedeutung:

- Vorenthalten der Belohnung wird zu Beginn eine *Erhöhung* der Intensität und Frequenz des Problemverhaltens zur Folge haben.
- Die erwartete Belohnung nicht zu erhalten, ist für die Katze aversiv und kann sowohl zu einer Verschlimmerung des Problemverhaltens als auch zu anderen, möglicherweise aggressiven Verhaltenstendenzen führen (oder verstärkte Formen des problematischen Verhaltens hervorbringen).
- Nachdem sie auch in der Vergangenheit manchmal nur sporadisch belohnt wurde, ist es nur natürlich, daß sie das Verhalten über längere Zeit beibehalten wird, bevor sie beginnt, es aufzugeben.
- Der Verlauf der Extinktion ist immer unregelmäßig, wobei Schübe des Problemverhaltens von ruhigen Perioden unterschiedlicher Länge abgelöst werden. Im Laufe der Zeit werden diese Schübe seltener und die Pausen dazwischen länger.
- Je häufiger Besitzer in der Vergangenheit versucht haben, das Problem durch Extinktion zu eliminieren (d. h. es nicht zu belohnen) und je genauer und beharrlicher sie dabei vorgegangen sind, desto länger wird es dauern, das Problemverhalten zu beseitigen; denn diese vorangegangenen Versuche haben dazu geführt, die Katze zu lehren, daß sie auf lange Sicht bekommt, was sie will, wenn sie nur nicht aufgibt.
- Ist die Extinktion offensichtlich abgeschlossen, wird die Katze auch weiterhin von Zeit zu Zeit ihre altbewährte Strategie einzusetzen versuchen – was, wie alle diese Nebeneffekte, die Besitzer aber nicht zur Aufgabe verleiten wird, wenn sie wissen, daß es sich um ein den Umständen angepaßtes Verhalten handelt.

Besitzer, die genau wissen, was sie erwartet, und die von Anfang an von der potentiellen Effektivität dieser Methode überzeugt sind, stehen in der Regel auch bei der Durchführung der Extinktion vor keinerlei Problemen. Die einzige möglicherweise auftretende Komplikation ist praktischer Natur: Die Besitzer brauchen vor einem Arbeitstag ihren Schlaf und müssen daher bis zum nächsten Urlaub warten, um die Methode der Extinktion anwenden zu können.

Destruktives Kratzen

Sich vertikalen Gegenständen zu nähern, die Vorderpfoten und Krallen auszustrecken und den Gegenstand zu umfassen und daran zu kratzen ist ein artgemäßes Katzenverhalten, das vermutlich drei Hauptfunktionen erfüllt (Hart und Hart, 1985):

- Abziehen der alten, lockeren Außenschichten der Krallen durch das Kratzen; hierdurch werden die neu nachgewachsenen, scharfen Krallen freigesetzt.
- Visuelle Markierung des Reviers: Objekte, an denen häufig gekratzt wird, nehmen durch die Kratzmarken ein typisches Aussehen an.
- Olfaktorische Markierung des Reviers: Sekrete der Schweißdrüsen der Vorderpfoten werden an den zerkratzten Stellen hinterlassen.

Im Freien wie auch im Haus wählen Katzen ein Objekt, zu dem sie dann immer wieder zurückkehren, um daran zu kratzen. Bei Hauskatzen ist dies üblicherweise der Kratzbaum. Katzen können mit ihren Krallen aber auch große Schäden an Möbeln verursachen. Häufig wird der Verhaltensberater aufgesucht, wenn das alte, zerkratzte Sofa durch ein neues ersetzt wird, das der Besitzer gerne unversehrt wüßte. Es ist bezeichnend, daß diesen Katzen immer ein Kratzbaum zur Verfügung steht, zu dessen Benutzung man sie allerdings in der Vergangenheit nie hat bewegen können.

Behandlungsmethoden

Die übliche Behandlungsmethode zielt darauf ab, die Katze dazu zu bewegen, ihren Kratzbaum oder ein an der Wand befestigtes Brett anstelle von Möbelstücken zum Schärfen ihrer Krallen zu benutzen. Damit entspricht sie dem Vorgehen, das angewendet wird, um eine Katze zum Benutzen der Katzentoilette statt des Teppichbodens zu trainieren: Man versucht, die Stelle, an der die Katze kratzen soll (z. B. Kratzbaum), so attraktiv wie möglich zu gestalten, während man gleichzeitig Maßnahmen unternimmt, um das Kratzen an unerwünschten Stellen zu unterbinden.

Attraktive Gestaltung des zum Kratzen vorgesehenen Objektes

Soll die Katze trainiert werden, an einem Kratzbaum zu kratzen, wird dieser unmittelbar vor den Gegenstand gesetzt, den die Katze derzeit zum Schärfen ihrer Krallen bevorzugt – oder man verrückt das Möbelstück und positioniert den Kratzbaum an derselben Stelle. Da dieser Aufstellungsort (z. B. direkt vor der Couch) den Besitzern auf Dauer vermutlich mißfallen wird, muß ihnen verdeutlicht werden, daß dies nur ein temporärer Zustand ist. Hat die Katze den Kratzbaum erst einmal angenommen, kann er Schritt für Schritt jede Woche ein Stückchen weiter in Richtung seines endgültigen Aufstellungsortes verrückt werden.

Wie Hart und Hart (1985) treffend feststellen, kratzen Katzen am liebsten an längs gewebten Stoffen, die leicht reißen. Daher wird ein mit teppichbodenähnlichem Material bedeckter Kratzbaum für Katzen attraktiver, wenn man ihn mit der oben genannten Materialart überzieht. Beginnt das überzogene Material in Fetzen zu gehen, wird sich die Katze auch daran gewöhnen, das darunterliegende Material zu zerkratzen, zumal es dann bereits den Geruch der Pfoten der Katze angenommen hat und etwas ausgefranst ist (Landsberg, 1991). Weiterhin empfiehlt Landsberg (1991), den Kratzbaum – oder einen zweiten – in der Nähe des Lagers der Katze aufzustellen, da sich Katzen nach dem Aufwachen gerne strecken und an einem Gegenstand kratzen.

Verhindern des Kratzens an unerwünschten Stellen

Häufig ist es bereits sehr hilfreich, den von der Katze zum Wetzen ihrer Krallen bevorzugten Gegenstand mit einem Material abzudecken, das der Katze das Kratzen daran verleidet. Landsberg (1991) empfiehlt beispielsweise Netz, dicke Plastikfolien, Aluminiumfolie, doppelseitiges Klebeband oder ein sehr locker gewebtes Material, in dem sich die Krallen der Katze verfangen. Diese Materialien können später schrittweise wieder entfernt werden (z. B. indem langsam das Ausmaß der bedeckten Fläche reduziert wird), sobald sich die Katze an den Kratzpfosten gewöhnt hat.

Man kann auch die zum Kratzen bevorzugte Stelle für die Katze aversiv gestalten, indem beispielsweise eine für die Katze aversive Substanz (z. B. parfümfreies Deodorant) mehrmals direkt vor deren Nase versprüht wird – ohne es direkt auf ihrer Nase zu verteilen – und dann den Gegenstand selbst damit besprüht.

Sind diese Methoden nicht durchführbar, weil die Katze ihre Krallen ständig an einer anderen Stelle des Möbels – oder einem ähnlichen Möbelstück – wetzt, kann das Kratzen bestraft werden. Lautes Klatschen, Zischen, Werfen eines Gegenstandes etc., um die Katze ausreichend zu erschrecken, sobald sie mit dem Kratzen beginnt oder sich in eine dafür typische Haltung begibt, ist eine Möglichkeit, eine sofortige Einstellung des Verhaltens zu erreichen. Da diese Art der Bestrafung eng mit dem Besitzer assoziiert wird, lernt die Katze möglicherweise, damit zu warten, bis ihr Besitzer den Raum verläßt. Daher ist es sinnvoller, eine anonyme Bestrafungsmethode zu wählen. Landsberg (1991) empfiehlt eine Reihe von Möglichkeiten für zwei derartige Methoden:

- Der Besitzer bleibt außer Sichtweite der Katze, beobachtet aber ihr Verhalten in der Problemzone genau (z. B. durch vorsichtiges Spähen um die Ecke, Aufstellen eines Spiegelsystems, mit Hilfe einer Videokamera) und bestraft das Verhalten notfalls durch ein ferngesteuertes Geräusch oder eine Wasserpistole. Auch das Werfen einer Blechdose mit Murmeln darin, die mit großem Lärm zu

Boden fällt, oder das Einschalten des dort bereits positionierten Staubsaugers.
- Die zerkratzte Stelle wird mit einer Falle versehen, zum Beispiel mit einem elektronischen Gerät, das den bestrafenden Reiz automatisch auslöst, sobald die Katze zu kratzen beginnt oder der zerkratzten Oberfläche sehr nahe kommt. Landsberg (1991) beschreibt einige im Handel erhältliche Geräte, die auf diesem Prinzip basieren.

Eine weitere Möglichkeit besteht in der von Hart und Hart (1985) beschriebenen Mausefallen-Methode (siehe Kapitel 20), um die Katze zu erschrecken, wenn sie sich der Stelle nähert. Es ist nicht nötig, die gespannten Mausefallen an Schnüren über der Stelle aufzuhängen, wie es die Autoren empfehlen – was auch nach Ansicht von Landsberg (1991) für die Katze gefährlich und in der Durchführung unpraktisch ist. Offenbar ist es ebenso effektiv, einige davon auf dem Boden vor dem Gegenstand zu plazieren, wo die Katze normalerweise steht, wenn sie daran kratzen möchte.

Operative Entfernung der Krallen

Die operative Entfernung der Krallen an den Vorderpfoten ist in Nordamerika ein übliches Verfahren bei ernsten Zerstörungsproblemen durch Kratzen. In Deutschland allerdings verbieten strenge Tierschutzgesetze jegliche Form der Verstümmelung, nur um sich damit die Haltung eines Haustiers zu erleichtern. In Unterstützung dieses Verbotes, beziehungsweise im Kampf gegen die operative Entfernung der Krallen in Ländern, wo dies nicht per Gesetz untersagt ist, stützen sich die Gegner dieser Maßnahme in ihrer Argumentation hauptsächlich auf drei angeblich unerwünschte Nebenwirkungen des Eingriffs: (1) Es kann zu anderen Verhaltensproblemen, wie der Ausscheidung außerhalb der Katzentoilette, kommen, (2) Katzen, deren Krallen entfernt wurden, neigen verstärkt dazu, ihre Besitzer zu beißen, und (3) es kann vorkommen, daß eine Katze einem ihr nachjagenden Hund nicht durch das Klettern auf einen Baum entkommen oder ihn erfolgreich durch einen Krallenhieb in die Flucht schlagen kann. Nach eingehender Untersuchung mehrerer Studien zu diesem Thema zieht Landsberg (1991) folgende, wohlbegründete Bilanz:

„Obwohl die Fähigkeit zu jagen und zu klettern marginal reduziert sind, gaben die meisten Besitzer an, daß ihre Katzen auch nach der operativen Entfernung der Krallen weiterhin jagten, kletterten und sich in beeindruckender Weise zu verteidigen verstanden. Katzen ohne Krallen zeigen keine verstärkte Neigung zu beißen und es kam auch nicht zu vermehrten Problemen unangebrachter Ausscheidung. Probleme im Hinblick auf das Kratzen werden natürlich größtenteils reduziert oder nahezu vollkommen beseitigt. Die Mehrheit der Besitzer von Katzen, deren Krallen entfernt wurden, ziehen eine positive Bilanz dieser Maßnahme (96 %) und bis zu 70 % der Katzenbesitzer berichten von einer Verbesserung der Beziehung zu ihrer Katze nach dem Eingriff." (S. 277)

Diese positive Veränderung der Beziehung resultiert vermutlich daraus, daß häufige Bestrafungen wegen destruktiven Kratzens nun entfallen.

Ferner gibt Landsberg (1991) zu bedenken, daß die medizinischen Nebeneffekte dieses Eingriffs minimal sind. Angesichts der Tatsache, daß eine erhebliche Zahl der Besitzer, die bei ihrer Katze eine solche Operation durchführen ließen, angaben, daß sie ihre Katze andernfalls nicht behalten hätten, kann davon ausgegangen werden, daß von den 100.000 Katzen, denen in Ontario, Kanada, jährlich die Krallen entfernt werden, andernfalls bis zu 40.000 euthanasiert, in Tierheime gegeben oder einfach ausgesetzt würden.

Landsberg (1991) schließt mit der Feststellung:

„Eine Entfernung der Krallen sollte nicht ohne Not erfolgen, da die Katzen postoperativem Unbehagen sowie den Risiken und Belastungen einer Narkose, eines chirurgischen Eingriffs und stationären Aufenthaltes ausgesetzt sind. Sind Besitzer nicht willens oder außerstande, das Problem des destruktiven Kratzens unter Einsatz von Erziehungsmethoden zu beheben, ist die Entfernung der Krallen eine effektive Alternative." (S. 278)

Bleibt anzumerken, daß die meisten anderen nordamerikanischen Verhaltensspezialisten (z. B. Voith, 1989; Beaver, 1989; Hart und Hart, 1985) vermutlich mit Landsberg darin übereinstimmen, daß die operative Entfernung der Krallen als ein vertretbarer „letzter Ausweg" mit wenig ernsten Nebenwirkungen anzusehen ist.

Andere Formen destruktiven Kratzens

Destruktives Kratzen als instrumentelle Verhaltensstrategie

Katzen, die an Freilauf gewöhnt sind und nun im Haus bleiben müssen, entwickeln zuweilen die hartnäckige und destruktive Angewohnheit, den Teppichabschnitt direkt vor der Wohnungstür zu zerkratzen, als ob sie versuchten, sich einen Weg ins Freie zu graben. Dies kann auch bei Tieren beobachtet werden, die früher ins Schlafzimmer durften, denen aber nun aus irgendeinem Grund der Zutritt verwehrt wird. In beiden Fällen werden mitunter auch die Türen durch das wiederholte Kratzen der Katzen beschädigt.

Manchmal bleibt das Verhalten bestehen, obwohl es nie durch Freilauf oder Zutritt zum Schlafzimmer belohnt wird. Hierfür kommen drei mögliche Erklärungen in Frage:
- Der Einsatz der Krallen, um etwas zu entfernen oder sich durch etwas hindurchzugraben, ist möglicherweise bei krallenbewehrten Spezies eine genetisch vorprogrammierte Verhaltensweise.
- Die Katze hat eine hohe Motivation zu entkommen, ihr Fluchtweg ist blockiert; dies führt wiederum zum bekannten Frustrationseffekt, einer Intensivierung des Problemverhaltens.
- Es gibt allerdings noch weitere Quellen der Belohnung, die das problematische Verhalten aufrechterhalten: Kratzen erregt die Aufmerksamkeit des Besitzers; dieser setzt seinerseits Ablenkungsmanöver ein (Werfen von Spielzeugen, Bestechung durch Leckerbissen), um das Verhalten zu unterbinden.

Diese Aspekte spielen vermutlich in vielen Fällen eine Rolle, wobei die beiden ersten das Entstehen und der dritte die Aufrechterhaltung des Problems erklären, das sich hartnäckig hält, obwohl die entsprechende Belohnung für den Versuch, durch die Tür zu gelangen, ausbleibt.

Was die Behandlung anbelangt, ist die Kombination einer Form konsequenter Bestrafung, wie für das Zerkratzen von Möbeln, und verschiedenen im vorangegangenen Abschnitt diskutierten Empfehlungen für die Extinktion von Betteln oder forderndem, instrumentellem Verhalten in nahezu allen Fällen erfolgreich.

Zerkratzen von Gegenständen in Verbindung mit Klettern/Spielen/Bewegung

In einem Fall hatte die spielerische Angewohnheit der Katze, die Wohnzimmerwände hoch- und wieder hinunterzutollen, an zwei Wänden zur Zerstörung der Tapete geführt. Katzen beschädigen aber auch Vorhänge, indem sie an ihnen hochklettern, oder glatte Lederoberflächen von Wohnmöbeln, indem sie ihre Krallen ausfahren, um ihnen einen besseren Absprung zu ermöglichen. Eine oder mehrere der nachfolgenden Methoden sind hier erfolgversprechend:
- Veränderung der Oberfläche, um sie für die Katze unattraktiv oder bei Berührung aversiv zu machen (z. B. Abdecken mit weicher Plastikfolie, Anbringen von doppelseitigem Klebeband).
- Konsequente Bestrafung des unerwünschten Verhaltens unter Einsatz einer der im letzten Abschnitt erläuterten Methoden.
- Ist das Herumtollen der Katze an den Wänden oder an Gardinen ein Zeichen für mangelnde Bewegung, sollten die Besitzer tägliche Spielzeiten mit der Katze fest in den Zeitplan der Familie integrieren, im Verlaufe derer die Katze zu akzeptablen Spielen ermuntert wird (z. B. mit Spielsachen, Gegenständen, die an Schnüren baumeln oder an denen gezogen wird etc.).

Gestörte Nahrungsaufnahme

Anorexie

Laut Hart und Hart (1985) kommen als mögliche Ursachen für eine Nahrungsverweigerung bei Katzen Erkrankungen, Futteraversion (z. B. als Resultat einer gastrointestinalen Verstimmung, die nach dem Verzehr einer bestimmten Nahrung auftrat) oder eine Aversion gegen bestimmte Fütterungsplätze in Frage, wie beispielsweise unmittelbar neben der Katzentoilette.

Bleibt eine kranke Katze während oder nach der Erholung anorexisch, empfehlen Hart und Hart entweder eine Zwangsernährung zur Stimulation der Geschmacksrezeptoren – und damit des Interesses der Katze an der Nahrungsaufnahme – oder eine Medikation mit *Progestinen*. Beaver (1992) empfiehlt zu diesem Zweck *Diazepam* (0,05–0,4 mg/kg i.v.) oder *Oxazepam* (3 mg/kg per os). (Zu Nebenwirkungen und anderen wichtigen Informationen siehe den Abschnitt „Medikamentöse Therapie" des Kapitels 8.)

Selbstverständlich ist bei physisch gesunden Katzen die Ursache der Futteraversion und/oder Aversion gegen den Fütterungsort durch das Anbieten verschiedener Futtersorten an verschiedenen Orten zu eruieren.

Pica

Das drastischste und wohl auch interessanteste Beispiel von Problemen hinsichtlich der Aufnahme von nicht zum Verzehr geeigneten Gegenständen ist das Fressen von Wolle, das vorzugsweise bei Siamkatzen, aber auch bei Burmakatzen und Cross-Züchtungen zu beobachten ist. Diese Katzen saugen, kauen und fressen alles Wollene und zerstören dabei Pullover, Socken etc. Dieses Verhalten kann sich möglicherweise auf Baumwolle und synthetische Fasern ausbreiten. In ihrer Zusammenfassung der Ergebnisse einer Studie von Neville und Bradshaw über 152 Katzen, die Stoff fressen, stellen O'Farrell und Neville (1994) fest, daß die Häufigkeit des Verhaltens bei beiden Geschlechtern gleich ist, für gewöhnlich im Alter von 2–8 Monaten beginnt und häufig oder auch nur sporadisch auftreten kann. Die orale Aufnahme von Stoffen verursacht zwar in der Regel keine Krankheitsbilder, doch wird in manchen Fällen eine chirurgische Entfernung gastrointestinaler Obstruktionen nötig.

Als mögliche Ursachen nennen O'Farrell und Neville (1994) genetische Faktoren (unterstützt durch eine hohe Prävalenz bei Siamkatzen), umgerichtete Saugreflexe sowie umgerichtetes Jagd-/Beutefangverhalten. Es kann sich allerdings auch um eine streßbedingte Stereotypie handeln (siehe nächsten Abschnitt). Die Autoren empfehlen folgende Behandlungsmethoden:

- Anonyme Bestrafung durch Wasserspritzen (ohne daß die Katze merkt, woher der Wasserstrahl stammt).
- Präparieren eines Stoffstücks mit Eukalyptusöl oder Menthol (um den „belohnenden Effekt des Kauens zu neutralisieren").
- Der Katze den Zugang zu dem bevorzugten Material für einige Wochen versagen (unter Umständen wird sie nach einiger Zeit nicht wieder beginnen, daran zu kauen).
- Bereitstellen eines anderen, „positiven Ventils für das Verhalten", indem Trockenfutter oder „Knorpelfleisch an groben Knochen" angeboten wird.
- Erhöhung des Fasergehalts des Feuchtfutters (d. h. durch Hinzufügen von „Kleie, Zellstoff oder zerschnittener, ungefärbter Wolle").
- Anbieten von abgelegten, wollenen Bekleidungsstücken – insbesondere zu Fütterungszeiten.

Beaver (1992) nimmt an, daß der Lanolingeruch oder der Geruch menschlicher Ausdünstungen auf dem Material der entscheidende Faktor ist. Sie empfiehlt daher folgendes:

- Begrenzen des Zerkauens auf ein dafür vorgesehenes Objekt; Wegräumen aller anderen in Frage kommenden Gegenstände.
- Entfernen der Canini, um durch das Verhalten verursachten Schäden vorzubeugen.
- Verfütterung eines lanolinhaltigen Produktes.

- Verabreichung eines *Schilddrüsenhormons* in einer Dosierung von 0,5 mg/Tag per os.
- Präparieren des Stoffes mit einer scharfen Sauce oder Anwendung der von Hart und Hart (1985) empfohlenen Methode des Konditionierens einer bedingten Aversion durch die Verwendung eines Deodorants.
- Bestrafung der Katze durch einen Stups auf die Nase oder durch Schelte (nur wenn das Problem erst seit kurzer Zeit auftritt).

Im Gegensatz zu den oben angeführten Autoren bieten Hart und Hart (1985) keine Erklärung des Verhaltens an. Sie gehen von der Erfahrung aus, daß das Verhalten sich nach zirka einem Jahr von selbst verliert. Als einzig mögliche Abhilfe schlagen sie das Konditionieren einer bedingten Aversion gegen das bevorzugte Material vor; die Methodik entspricht den bereits genannten Taktiken des (1) mehrmaligen Sprühens eines parfümfreien Deodorants vor die Nase der Katze, und (2) darauffolgend das Sprühen desselben Deodorants auf die gefährdeten Stoffstücke, sobald die Katze eine starke Abneigung gegen das Deo zu zeigen beginnt.

Aus der Vielfalt der Ansichten ist zu ersehen, daß Hart und Hart (1985) mit ihrer vorbehaltlosen Aussage richtig liegen, wonach die Ursache des Problems unbekannt ist. Voith (1989) stellt fest, daß es für „dieses Problem keine verläßliche, effektive Therapiemethode gibt" – woraus zu ersehen ist, daß die Problematik trotz mehrfacher Versuche mit unterschiedlichen Methoden vielfach nicht zu bewältigen ist.

Fressen von Zimmerpflanzen

Die meisten Katzen fressen von Zeit zu Zeit Pflanzen, was beim Verzehr vom Zimmerpflanzen problematisch werden kann. Ein einfache Lösung ist das Aufstellen eines Topfes mit Katzengras, an dem die Katze nach Gutdünken kauen darf; gleichzeitig soll die Annäherung an alle anderen Zimmerpflanzen konsequent bestraft werden, indem man sie mit Wasser bespritzt oder die Pflanzen mit umgedrehten, aufgespannten Mausefallen umgibt, damit die Katze sich erschreckt und dem Ort auch dann fernbleibt, wenn sie alleine ist (Hart und Hart, 1985). Die Autoren halten in diesem Fall auch das Konditionieren einer bedingten Aversion für sinnvoll (z. B. mit einem Deodorant).

Stereotypien

Stereotypien umfassen repetitives, gleichförmiges Problemverhalten, das keine offensichtliche Funktion hat. Leuscher et al. (1991) zählen die nachfolgenden Arten von Stereotypien (oder möglichen Stereotypien) auf, die von Katzen bekannt sind:

- *Fellpflege:* Selbstbelecken, in die Luft lecken, Haarekauen, Leckgranulome.
- *Halluzinatorisch:* Starren, Schlagen in die Luft, Aufeinanderschlagen der Kiefer, sich auf etwas Stürzen, Beutejagen oder -suchen, Ducken.
- *Fressen und Trinken:* Polydipsie, Polyphagie, übermäßiges Sabbern, Wollesaugen, Fressen von Stoffen.
- *Lokomotorisches Verhalten:* plötzliche Bewegungen, wie Laufen, Springen, Hin- und Herlaufen, Kopf- und Gliederschütteln, Schwanzzucken, Erstarren.
- *Lautäußerungen:* Miauen, Heulen.
- *Neurotisch:* aggressives Beißen des Schwanzes oder der Füße, bösartiges Reißen an der Mundhöhle mit den Krallen, periodische, gegen Menschen gerichtete Aggression.

Manche dieser Zustände sind unter Umständen nicht rein verhaltensbedingter Natur. Reisner (1991) diskutiert ein Vielzahl pathophysiologischer Zustände, die zu Hautkrankheiten wie Alopezie, Pruritus und Entzündungen führen kann, die wiederum ausgiebiges Kratzen und Beißen nach sich ziehen (z. B. Nahrungsüberempfindlichkeit, Parasitenbefall, Stoffwechselstörungen, Hyperthyreoidismus u.v.a.): Insbesondere in Fällen von Selbstverstümmelung ist unbedingt eine gründliche medizinische Untersuchung angezeigt, bevor man sich zu einer rein verhaltensorientierten Therapie entschließt. Meistens sind es keine reinen Verhaltensprobleme. Reisner (1991) zitiert eine Studie von 800 Katzen mit Dermatitiden, die ergab, daß nur 4,3 % davon definitiv als psychogene Dermatitiden – oder „selbst beigebrachte Hautläsionen ohne pathologische Ursache" – zu diagnostizieren waren.

Wie in Kapitel 18 erläutert, lassen sowohl allgemeine ethologische Überlegungen als auch das, was über Situationen bekannt ist, in denen Stereotypien bei Nutztieren auftreten, darauf schließen, daß es sich dabei um Reaktionen von Tieren auf für sie streßvolle, unzureichende oder in sonstiger Weise mangelhafte Umweltbedingungen handelt. Kurz, diese Verhaltensprobleme sind ein Zeichen dafür, daß es dem Tier an etwas Wesentlichem mangelt oder daß es in seiner Umgebung etwas Störendes oder Aversives gibt, das das Tier als streßvoll oder bedrohlich empfindet.

Ein zweiter, in vielen Fällen relevanter Faktor ist die Möglichkeit, daß unabsichtliche Belohnung in Form von Zuwendung und Ablenkungsmanövern, mit deren Hilfe die Besitzer dem Problemverhalten ein Ende zu bereiten versuchen, das Verhalten womöglich noch verstärkt, zumindest aber aufrechterhält.

Behandlungsmöglichkeiten

Um diese Probleme zu behandeln, wird bei Katzen analog den Empfehlungen für Hunde vorgegangen (zu weiteren Details siehe Kapitel 18). Zur Vorbereitung spezifischer Behandlungsempfehlungen müssen während der Konsultation folgende Bereiche genauestens abgefragt werden:

- *Trägt das Verhalten einen Aufmerksamkeit heischenden Charakter? Wie reagiert der Besitzer, wenn die Katze besagtes Verhalten zeigt? Legt das Tier dieses Verhalten auch an den Tag, wenn es allein ist?*
  Scheint die Zuwendung des Besitzers eine wichtige Rolle zu spielen, kann es bereits hilfreich sein, wenn der Besitzer das Verhalten ignoriert oder den Raum verläßt, wann immer es beginnt.
- *Fehlt es der Katze an etwas Wesentlichem?*
  Bei besonders aktiven Katzen kommen hierfür häufig Auslauf und Bewegung in Frage. In diesem Fall sind tägliche Spielzeiten mit der Katze empfehlenswert.
- *Empfindet die Katze irgend etwas in ihrer Umgebung als störend oder bedrohlich? Ist der tägliche Zeitplan der Familie aus der Sicht der Katze zu unregelmäßig und unvorhersehbar? Zeigt das Tier gegenüber Menschen oder anderen Tieren im Haus Angst oder Meideverhalten? Legt sie noch andere Zeichen von Ablehnung gegenüber weiteren Personen oder Gegenständen im Haus an den Tag?*
- *Könnte Frustration beteiligt sein? Wird das Tier daran gehindert, etwas zu tun, das es gerne tun würde (z. B. Freilauf, aggressive Spiele)?*
- *Könnte sich das Tier in einer Art Motivationskonflikt befinden?*
  Ein möglicher Konflikt wäre die gleichzeitige Neigung, sich Familienmitgliedern zu nähern (Kontaktsuche) *und* sie zu meiden (aufgrund früherer Bestrafung, Einengung oder Streicheln gegen ihren Willen). Diese Art von Konflikt kann auch eine andere Katze betreffen, die beispielsweise aggressiv reagiert, wenn man ihr zu nahekommt.

Aus dieser Art der Befragung ergibt sich oft eine Reihe von Möglichkeiten, die dann „getestet" werden können, indem man die Umwelt-/Haltungsbedingungen, die Behandlung durch Familienmitglieder und natürlich auch deren exakte Reaktionen auf das problematische Verhalten der Katze entsprechend verändert.

Medizinische Vorgehensweisen

Oftmals wird eine medizinische Behandlung körperlicher Probleme, die durch manche Stereotypien verursacht werden (z. B. schwere Bißverletzungen am Schwanz), notwendig. Auch die Verhinderung des Zugriffs auf bestimmte Körperregionen (d. h. auf die verletzten oder attackierten Körperregionen des Tieres) kann indiziert sein.

Häufig ist auch eine medikamentöse Therapie zur Kontrolle von Stereotypien wirksam. Aufgrund der Tatsache, daß der oben erwähnte verhaltensorientierte Ansatz viele Stereotypien auszumerzen vermag, ist eine medikamentöse Therapie jedoch nur dann angezeigt, wenn der verhaltensorientierte Ansatz erfolglos bleibt.

Tabelle 23.1: Wirksame Medikamente und Dosierungen zur Behandlung von Stereotypien bei Katzen

Medikament	Dosierung	Literatur
Amitriptylin HCl	5 mg zweimal tgl. p.o. 5–10 mg einmal tgl. p.o.	Overall & Beebe (1994) Voith (1989)
Hydrocodon	2,5–5,0 mg ein- bis zweimal tgl. p.o.	Overall & Beebe (1994)
Chlorpheniraminmaleat	2–4 mg zweimal tgl. p.o.	Voith (1989)
Diazepam	1–2 mg zweimal tgl. p.o. 1–5 mg zweimal tgl. p.o.	Voith (1989), Overall & Beebe (1994) Luescher et al. (1991)
Buspiron	5–10 mg einmal tgl. p.o.	Overall & Beebe (1994)

Tabelle 23.1 bietet einen Überblick über Medikamente, die bislang mit gewissem Erfolg zur Behandlung von Stereotypien bei Katzen eingesetzt werden. (Zu Nebenwirkungen und anderen wichtigen Informationen siehe den Abschnitt „Medikamentöse Therapie" des Kapitels 8.)

Literatur

Beaver, B. V. (1989): Disorders of behavior. In Sherding, R. G. (ed): *The Cat: Diseases and Clinical Management.* New York, Churchill Livingstone.

Beaver, B. V. (1992): *Feline Behavior: A Guide for Veterinarians.* 2nd Edition. Philadelphia, W. B. Saunders Company.

Bradshaw, J. W. S. (1992): *The Behaviour of the Domestic Cat.* Wallingford, UK, CAB International

Hart, B. L., and Hart, L. A. (1985): *Canine and Feline Behavior Therapy.* Philadelphia, Lea & Febiger.

Landsberg, G. M. (1991): Feline scratching and destruction and the effects of declawing. *Veterinary Clinics of North America: Small Animal Practice* **21**, 265–279.

Leuscher, U. A., McKeown, D. B., and Halip, J. (1991): Stereotypic or obsessive-compulsive disorders in dogs and cats. *Veterinary Clinics of North America: Small Animal Practice* **21**, 401–413.

O'Farrell, V., and Neville, P. (1994): *Manual of Feline Behaviour.* Shurdingon, Cheltenham, Gloucestershire, UK, British Small Animal Veterinary Association.

Overall, K., and Beebe, A. (1994): *VHUP Behavior Clinic Newsletter* **Summer.** Newsletter of the Behavior Clinic of the Veterinary Hospital of the University of Pennsylvania, Philadelphia, Pennsylvania.

Reisner, I. (1991): The pathophysiologic basis of behavior problems. *Veterinary Clinics of North America: Small Animal Practice* **21**, 207–224.

Voith, V .L. (1989): Chapter 43: Behavioral disorders. In Ettinger, J. S. (ed): *Textbook of Veterinary Internal Medicine.* Philadelphia, W. B. Saunders Company.

Winslow, C. N. (1938): Observations of dominance-subordination in cats. *Journal of Genetic Psychology* **52**, 425–428.

Zukunftsaussichten

24 Perspektiven der Verhaltensberatung

Weltweit ist der Entwicklungstrend auf dem Gebiet der Verhaltensprobleme bei Haustieren eindeutig. Die Zahl der Beratungspraxen für Haustiere wird in den Industriestaaten immer weiter zunehmen, immer mehr Tierkliniken werden Sprechstunden für Verhaltensprobleme anbieten und noch viel mehr Kleintierpraktiker werden sich zunehmend auf den Bereich Prophylaxe und Behandlung von Problemen im Haustierverhalten konzentrieren. Diese Entwicklungen werden die Marktentwicklung sowohl widerspiegeln als auch anregen. Das Wissen um die Existenz dieser Art spezialisierter Beratung wird sich in der Bevölkerung mehr und mehr verbreiten und es wird alltäglicher werden, sich bei Verhaltensproblemen von Haustieren an den Familientierarzt oder einen Verhaltensspezialisten zu wenden.

Auf lange Sicht wird es vermutlich notwendig werden, eine Art Regulationskontrolle in diesem Bereich zu etablieren, wie es in der Tiermedizin, Humanmedizin, klinischen Psychologie und anderen verwandten Berufen bereits die Regel ist. Derzeit ist es jedoch noch schwierig, sich vorzustellen, wie dieses Ziel erreicht werden kann oder soll. Zwar halten es die meisten, die auf diesem Gebiet arbeiten, für angemessen, diesen Bereich zwecks Regulierung und Weiterentwicklung im Kontext der Tiermedizin anzusiedeln, aber im Grunde handelt es sich doch eher um ein interdisziplinäres biologisches und psychologisches statt um ein medizinisches Fach.

Jeder Veterinär, der sich auf dieses Gebiet zu spezialisieren versucht, stellt bald fest, daß es etwas grundsätzlich anderes ist, sich auf die Behandlung von Verhaltensproblemen statt z. B. auf Dermatologie zu spezialisieren. Das wissenschaftliche Verhaltensstudium im Rahmen der experimentellen Psychologie oder der Zoologie hat eine einmalige Entwicklungsgeschichte, die die einzigartigen Probleme im Zusammenhang mit dem Studium und dem Verständnis von Tierverhalten widerspiegelt. Dementsprechend sind viele der Prinzipien, fachlichen Begriffe und Hauptinteressen ebenfalls einzigartig und scheinen auf den ersten Blick denen anderer Bereiche völlig fremd zu sein.

Die Perspektiven der Tierverhaltenswissenschaft sowie ihre wichtigsten Begriffe, Prinzipien und Analysemethoden zum Verständnis von Verhaltensphänomenen müssen indes Veterinärmedizinern nahegebracht werden, die auf einem Gebiet ausgebildet wurden, das weit von den Verhaltenswissenschaften entfernt ist. Dieses Problem hat eine umfangreiche Literatur hervorgebracht: Hunderte von Artikeln in Veterinärzeitschriften behandeln die wissenschaftlichen Aspekte von Verhaltensproblemen und ihre Behandlung auf einem sehr einfachen, manchmal sogar oberflächlichen Niveau. Generell ist auf dem Gebiet der Verhaltensprobleme bei Haustieren mehr „Tiefe" dahingehend nötig, daß man sich die Erkenntnisse aus experimenteller Psychologie und Ethologie zu Verhaltensproblemen zunutze macht und effektiver damit umgeht. Es sollten außerdem verschiedene wichtige Bereiche der Humanpsychologie, wie Sozialpsychologie, kognitive Psychologie und Verhaltenstherapie, Eingang finden – aber nicht weil Besitzer oder ihre Tiere neurotisch sind. Vielmehr ist es zur Lösung von Verhaltensproblemen bei Haustieren erforderlich, die Ansichten, Einstellungen und das Verhalten der Besitzer zu ändern. Die Methoden ähneln dabei zum Teil denen, die von einigen Psychotherapeuten oder Beratern angewandt werden, um Verhalten und seine zugrundeliegenden kognitiven Begleiterscheinungen bei Menschen mit emotionalen, psychischen oder sozialen Anpassungsschwierigkeiten zu ändern. Grundsätzlich bedeutet Fortschritt an beiden Fronten eine viel gründlichere Beschäftigung mit den verschiedenen Aspekten der Verhaltensprobleme von Haustieren, die mit den Human- und Tierverhaltenswissenschaften in Zusammenhang stehen, als es in der Literatur jener ersten Generation von Verhaltensberatern der Fall ist.

Sowohl was Regulierung als auch Ausbildung betrifft, ist die wesentlichste Schlußfolgerung aus dieser Diskussion klar. In der Fortbildung von Kleintierpraktikern und der Ausbildung von Studenten der Veterinärmedizin und nicht-veterinärmedizinischen Beratern sollten die Bereiche Ethologie, Tierpsychologie und Humanpsychologie in weit stärkerem Maße berücksichtigt werden, als es gegenwärtig der Fall ist. Denn Kompetenz im Bereich Haustier-Verhaltensprobleme wie auch der Fortschritt auf diesem Gebiet insgesamt erfordern zunehmend ein Herangehen, das auf einem fundierten und aktuellen Kenntnisstand über diese verschiedenen Wissenschaftsgebiete basiert.

Forschungsbedarf

Durch Sichtung fast aller wichtigen Artikel und Bücher zu Verhaltensproblemen bei Hund und Katze stellte der Autor eine Liste von 41 Forschungsbeiträgen zu Verhaltensproblemen bei Haustieren zusammen (Askew, 1994). Tabelle 24.1 faßt das Ergebnis zusammen, das im Grunde als ein Porträt der Forschungsgrundlagen dieses jungen Spezialgebietes betrachtet werden kann.

Ganz allgemein gesprochen, steht die derzeitige Forschung auf diesem Gebiet auf einem sehr rudimentären Niveau, wenn man sie z. B. mit den Forschungsartikeln vergleicht, die in jeder beliebigen tierverhaltenswissenschaftlichen Fachzeitschrift erscheinen. Vieles ist reine Beschreibung – statistische Werte aus Untersuchungen zur Häufigkeit von Verhaltensproblemen in der normalen Haustierbevölkerung (3 Artikel), Statistiken zu den Problemarten, Tieren usw., die in Verhaltensproblem-Praxen und in Tierkliniken vorgestellt wurden (13 Artikel), und andere Zusammenstellungen von ähnlichen beschreibenden Statistiken, z. B. Statistiken über Bißverletzungen, die aus

Tabelle 24.1: Wichtige Beiträge zu Verhaltensproblemen bei Haustieren

Artikelart	Anzahl der Artikel
Relative Häufigkeit von Verhaltensproblemen (Statistiken aus der normalen Hunde- und Katzenbevölkerung	3
Fallstatistiken von Verhaltensproblemen bei Haustieren	13
Statistiken der klinischen Forschung	18
Andere (z. B. Statistik zu Bißverletzungen)	7

Aufzeichnungen von Krankenhäusern und Krankenakten zusammengestellt wurden (7 Artikel). Die restlichen 18 Artikel umfassen verschiedenste klinische Studien, 13 davon kommen aus Amerika, drei aus Großbritannien und zwei wurden in Deutschland veröffentlicht. Die meisten betreffen die Auswirkungen von Kastration oder von Medikamenten auf Verhaltensprobleme und einige beinhalten auch verhaltenstherapeutische Aspekte.

Bei diesen 18 klinischen Forschungsstudien fallen dem Tierverhaltensforscher zwei Dinge ins Auge. Zum einen bezieht sich nur eine dieser Studien auf direkte Beobachtungen des Verhaltens des Problemtieres (Dodman et al., 1988). Die anderen sind Untersuchungen, bei denen die Wirksamkeit der Behandlung dadurch eingeschätzt wurde, daß die Besitzer nach der Behandlung befragt wurden, ob bzw. bis zu welchem Grad sich das Problemverhalten ihrer Tiere verbessert habe. Im wesentlichen basieren die Ergebnisse aller Untersuchungen – mit einer Ausnahme – lediglich auf den subjektiven Eindrücken der Besitzer bezüglich Veränderungen oder mangelnder Veränderungen im Verhalten ihrer Tiere.

Zum zweiten können nur drei dieser Studien (Dodman et al., 1988; Goldberger und Papoport, 1991; O'Farrell und Peachy, 1990) als gut kontrolliert im Sinne konventioneller wissenschaftlicher Standards bezeichnet werden. Typisch für die anderen 15 Studien ist, daß eine Gruppe von Problemtieren kastriert oder mit einem Medikament behandelt wird und dann einfach die „verbesserten" oder „nicht verbesserten" Ergebnisse angeführt werden, die durch Befragung der Besitzer zu einem späteren Zeitpunkt erhalten wurden. Tatsächlich war in keiner einzigen Medikamentenstudie eine Placebogruppe berücksichtigt worden, und nur eine der Kastrationsstudien (O'Farrell und Peachy, 1990) enthielt auch eine Kontrollgruppe mit nichtkastrierten Tieren.

Wissenschaftlich gesehen sind dies ernsthafte Mängel. Das Fehlen direkter Beobachtungen von Verhaltensänderungen durch den Untersucher ist dabei aber wahrscheinlich noch das geringste Versäumnis, denn auf das subjektive Urteil der Besitzer kann man sich vermutlich insoweit verlassen, daß ihre Aussagen bezüglich des Auftretens oder Nichtauftretens einer sichtbaren Verbesserung zwar unpräzise, aber dennoch annähernd zutreffend sind. Im Gegensatz dazu spielt das Fehlen von Kontrollgruppen oder anderen Kontrollmaßnahmen (z. B. Studien, in denen Tiere als ihre eigene Kontrolle fungieren), die bei modernen wissenschaftlichen Verfahren erforderlich sind, eine wesentliche Rolle angesichts der Tatsache, daß der Schweregrad einzelner Verhaltensprobleme auf lange Sicht nicht konstant bleiben muß und es in vielen Fällen auch nicht bleibt.

Nimmt man 30 Problemkatzen oder -hunde und läßt die Besitzer ein paar Tropfen eines Placebos täglich in ihr Fressen geben, so werden einen Monat später vermutlich mindestens vier oder fünf, vielleicht sogar noch mehr Besitzer von einer leichten Verbesserung des Problems seit Beginn der Behandlung berichten. Dafür gibt es zwei Gründe. Der erste hängt mit der Tatsache zusammen, daß viele Besitzer erst dann einen Berater aufsuchen, wenn das Problem so schlimm geworden ist, daß es „nur noch besser werden kann". Und viele Probleme bessern sich offensichtlich ganz spontan aus Gründen, die mit den täglichen, wöchentlichen oder monatlichen Schwankungen im Schweregrad der Verhaltensprobleme zusammenhängen, die – wie Erfahrungen in solchen Fällen zeigen – viel häufiger auftreten können, als normalerweise angenommen wird. Und in der Tat scheint der Schweregrad vieler Verhaltensprobleme im Laufe der Zeit zu variieren. Anstatt konstant zu bleiben, wie in den oben genannten unkontrollierten Studien offensichtlich angenommen wurde, verschlechtern oder verbessern sich Probleme oft ganz spontan aus Gründen, die weder dem Klienten, noch dem Familientierarzt oder dem Verhaltensspezialisten verständlich sind.

Diese Art von Schwankungen ist für Forschungen auf diesem Gebiet von großer Bedeutung. Dem Familientierarzt oder Verhaltensspezialisten wird eine beträchtliche Anzahl dieser Probleme erst in einer Phase vorgestellt, da das Problem seine schlimmste Ausprägung erreicht hat. Als Prognose, die auf einer rein statistischen Argumentation basiert (wobei von einer Regression zum Mittelwert ausgegangen wird), wäre dann zu erwarten, daß nur einige der Probleme sich weiter verschlimmern. Erheblich mehr Probleme würde sich indes im Laufe der nächsten Tage oder Wochen wieder verbessern, selbst wenn keine Behandlung erfolgte.

Der zweite Grund, der dazu führen kann, daß Verbesserungen bei Verhaltensproblemen vermerkt werden, die nicht auf die Behandlung mit dem empfohlenen Medikament, auf Kastration oder eine Verhaltenstherapie zurückzuführen sind. Das ist die einfache Tatsache, daß ein Verhaltensspezialist konsultiert und eine Behandlung, wie eine Medikamententherapie, durchgeführt wurde, was einige Besitzer veranlassen kann, dem Problemverhalten des Tieres ein ungewöhnlich hohes Maß an Aufmerksamkeit zu widmen. Die Besitzer beobachten das Tier in potentiellen Problemsituation vielleicht genauer. Dadurch könnte, zumindest theoretisch, ihre Reaktion auf das Problemverhalten unmittelbarer, intensiver oder folgerichtiger ausfallen, als es normalerweise der Fall wäre. Vielleicht reagieren sie in potentiellen Problemsituationen auch eher anders, wenn sich das Tier akzeptabel verhält; wenn dies bemerkt wird, tun sie vielleicht etwas, womit sie das Tier für sein gutes Verhalten belohnen. Offensichtlich kann diese Art von Besitzerverhalten eine weitere potentielle Quelle einer Verbesserung von Problemverhalten sein, wobei die Verbesserung unabhängig von der Verabreichung eines Placebos oder eines tatsächlich wirksamen Medikaments erreicht wurde.

Somit kann die Verbesserung eines bestimmten Verhaltensproblems, die ein Besitzer in den Tagen und Wochen nach Behandlungsbeginn beobachtet, tatsächlich auf die Effektivität des Medikaments oder der Verhaltenstherapie zurückzuführen sein. Sie kann aber auch ganz „spontan" eintreten und/oder Folge einer Änderung des Besitzerverhaltens sein, die nicht direkt mit der Durchführung der Empfehlungen des Beraters einhergeht.

Da man demnach mit gutem Grund bei einer erheblichen Anzahl von Verhaltensproblemen vorübergehende Besserungen erwarten kann, die nichts mit der tatsächlichen Wirksamkeit des empfohlenen Medikaments, der Kastration oder dem Verhaltenstraining zu tun haben, ist bei der Einschätzung der Wirksamkeit von Behandlungsmethoden offensichtlich besondere Vorsicht geboten.

Bach-Blütentherapie, Änderungen in der Ernährung, eine ganze Reihe verhaltenstherapeutischer Empfehlungen, Kastration, Progestin und verschiedene Arten psychotroper Pharmaka – diese Behandlungsmethoden werden von amerikanischen und europäischen Verhaltensberatern für Haustiere im allgemeinen vertreten. Aber sind all diese Maßnahmen wirklich wirksam? Und wenn ja, in welchem Ausmaß gehen diese Besserungen über jene hinaus, die auch ohne Behandlung aufgetreten wären?

Nur wenige Studien sind so ausgelegt, um diese entscheidenden Fragen beantworten zu können. Wie schon erwähnt, waren nur drei der 18 besprochenen klinischen Forschungsstudien gut kontrolliert. Sieben der 15 übrigen Studien könnte man als teilweise kontrolliert betrachten (Cooper und Hart, 1992; Hart, 1980; Hart, 1981a und 1991b; Hart und Barrett, 1973; Hart et al., 1993; Hopkins et al., 1976). Obwohl diese Studien nicht ausreichend gut kontrolliert sind, um den wirklichen Effektivitätsgrad der betreffenden Behandlungen genau zu erfassen, führen sie dennoch zu Ergebnissen, die die meisten erfahrenen Praktiker auf diesem Gebiet als realistisch betrachten. Was die restlichen, gänzlich unkontrollierten Studien betrifft, läßt sich von ihnen bestenfalls sagen, daß sie suggestive Aussagen liefern. Die Angaben zu Verbesserungen, die in drei dieser Studien durch Megestrolazetat (Joby et al., 1984), Medroxyprogesteronazetat (Lässig et al., 1992) und Kastration (Heidenberger und Unshelm, 1990) eintraten, scheinen denn auch sehr übertrieben zu sein, vergleichen mit klinischen Erfahrungen in diesem Zusammenhang. Im Grunde sind diese letzteren Studien ein gutes Beispiel für das Ausmaß, in dem wissenschaftlich unzuverlässige Studien im Bereich Tierverhaltensprobleme zu falschen Schlußfolgerungen führen können.

Folgende Argumente werden zur Verteidigung der offensichtlichen methodischen Mängel im Bereich der klinischen Forschung zur Tierverhaltenstherapie angeführt:
- Wegen der niedrigen Zahl der Fälle ist es unmöglich, genügend Tiere in die Studien aufzunehmen, um Kontrollgruppen einzurichten.
- Verhaltensprobleme lassen sich nicht im Labor studieren und deshalb müssen die Beobachtungen der Besitzer als unaufbereitetes Datenmaterial dienen.
- Oft steht das Leben der Tiere auf dem Spiel oder Tiere stellen eine potentielle Gefahr für Menschen oder andere Tiere dar. Somit ist es unethisch oder nicht realisierbar, vor der Behandlung gemachte Beobachtungen oder Kontrollbehandlungsphasen (z. B. Verabreichung von Placebos), die die wirksame Behandlung verzögern, in die Studien einzuschließen.
- Den meisten Forschern fehlt es an ausreichenden Mitteln, um richtig kontrollierte Studien durchzuführen, und Zuschüsse zu Verhaltensstudien sind besonders schwierig zu bekommen.

Obwohl sicherlich vieles für diese Argumente spricht, muß die Forschung auf diesem Gebiet deshalb nicht notwendigerweise methodisch so eingeschränkt bleiben wie bisher. Der Veterinärberuf kann mit der gleichen Berechtigung wissenschaftlich einwandfreie Studien von denen verlangen, die auf dem Gebiet der Tierverhaltenstherapie forschen, wie er es z. B. bei Befürwortern homöopathischer Methoden tut. Die Behauptung, daß wegen des besonderen Charakter dieses Gebietes normale wissenschaftliche Standards nicht direkt oder nicht gänzlich angewandt werden können, sollte in beiden Fällen energisch widerlegt werden.

Eine solide klinische Forschung ist im Bereich von Tierverhaltensproblemen genauso realisierbar wie in jedem anderem Zweig der Veterinärmedizin. Studien können so ausgelegt werden, daß sie über einen viel längeren Zeitraum laufen, um sicherzustellen, daß eine ausreichende Anzahl von Tieren in die Studie aufgenommen wurde, oder es können Multicenterstudien oder Studien in mehreren Praxen durchgeführt werden, wie es in der Medikamentenforschung bei menschlichen Patienten häufig notwendig ist. Die Besitzer können gebeten werden, zur objektiveren und detaillierteren Einschätzung der Verhaltensprobleme ihrer Tiere solche Hilfsmittel wie Bewertungsformulare zu benutzen. Der sorgfältig geplante Einsatz von Vergleichsmethoden vor und nach der Behandlung, bei denen jedes Tier der Studie als seine eigene Kontrolle fungiert, kann eine wertvolle Bereicherung sein von Studien, in denen andere Kontrollarten fehlen. Und in der Praxis kommt es gewöhnlich nur in Fällen potentiell gefährlicher Tiere vor, daß die Dringlichkeit einer Behandlung den Einschluß einer kurzen Kontrollphase vor der Behandlung aus praktischen oder ethischen Gründen ausschließt.

Eröffnung neuer Forschungsrichtungen

Zusätzlich zur Notwendigkeit einer methodisch soliden klinischen Forschung muß auch eine Grundlagenforschung zu Art und Ursachen der verschiedenen Probleme bei Katzen und Hunden erfolgen. Zwei generelle Arten von Forschungsprojekten sind in dieser Hinsicht vermutlich am produktivsten.

Vergleichende Beobachtungen von Problemtieren und normalen Tieren

Ausgangspunkt wäre hier die umfassende und systematische Beobachtung von Problemtieren mit Videokameras, Bewertungsformularen, mehreren Beobachtern und anderen Hilfsmitteln zur objektiven Beobachtung. Solche Beobachtungen könnten sowohl in ganz bestimmten Problemsituationen als auch unter einer Vielzahl anderer Bedingungen stattfinden. Mit speziellen Testsituationen und -methoden ließen sich weitere Informationen über das Verhalten von Tieren in ihrer normalen häuslichen Umgebung und unter kontrollierten Laborbedingungen erhalten. Die sich daraus ergebenden detaillierten Profile der verschiedenen Typen von Problemtieren könnten dann mit den Verhaltensprofilen von normalen, unproblematischen Tieren in den gleichen häuslichen oder Testverhältnissen verglichen werden.

Die in diesem Buch vorgestellten Daten, z. B. zu Dominanzaggression und Aggression gegenüber fremden Menschen bei Hunden und zu Urinmarkieren bei Katzen, veranschaulichen den potentiellen Nutzen dieser Verfahrensweise. Die verwendete Methode des Besitzerfragebogens ist zwar lediglich als ein simples Pilotprojekt für die oben dargelegten, künftigen Arten von Forschungsunternehmen anzusehen. Der grundsätzliche Ansatz aber, Problemtiere und normale Tiere im Hinblick auf eine Reihe von Verhaltenscharakteristika und häusliche Situationen, Besitzerverhalten und andere Variablen zu vergleichen, war dennoch hilfreich, um vorläufige oder suggestive Antworten auf eine Anzahl wichtiger Fragen im Zusammenhang mit den verschiedenen Verhaltensproblemen zu erhalten.

Vergleichende Beobachtungen von Besitzer-Tier-Interaktionen bei Problemtieren und normalen Tieren

Die Besitzer von Problemtieren müssen eingehend zu ihren allgemeinen Ansichten, ihrer Persönlichkeit, ihren Motivationen usw. und auch zu ihrer speziellen Einstellung und ihrem Verhalten gegenüber ihren Haustieren befragt werden. Wie O'Farrell (1987) demonstrierte, liegt in diesem Ansatz ein großes Potential, um unser Verständnis für die Dynamik der Besitzer-Haustier-Interaktionen, die mit verschiedenen Verhaltensproblemen in Verbindung gebracht werden, besser zu verstehen. Außerdem sind umfassende und systematische Beobachtungen der Besitzer-Haustier-Interaktionen mit Hilfe der oben genannten Beobachtungstechniken wichtig. Auch hier könnten verschiedene Arten von Tests von Besitzerreaktionen in unterschiedlicher natürlicher Umgebung und unter Laborbedingungen zum Einsatz kommen. Die daraus resultierenden detaillierten Profile der verschiedenen Typen von Besitzern und Besitzer-Haustier-Interaktionen mit Problem-

---

PROBLEME MIT IHREM HUND?

„Ja"

Hat er schon einmal jemanden angeknurrt oder nach jemandem geschnappt? ....

Ist er manchmal ungehorsam oder schwer unter Kontrolle zu halten? ....

Verhält er sich manchmal unruhig oder nervös? ....

Gibt es manchmal „Unfälle" im Haus? ....

Müssen Sie oft mit ihm schimpfen oder ihn bestrafen? ....

Wird er manchmal aufdringlich oder fordernd? ....

Macht er Probleme, wenn er allein gelassen wird? ....

Sucht er Auseinandersetzungen mit anderen Hunden? ....

Ist er in irgendeiner Weise ungewöhnlich ängstlich? ....

Haben Sie in letzter Zeit Verhaltensänderungen bei ihm festgestellt? ....

Wenn Sie auch nur eine dieser Fragen mit „Ja" beantwortet haben,

fragen Sie Ihren Tierarzt!

Die meisten schweren Verhaltensprobleme bei Haustieren können leicht verhindert werden, wenn Sie, der/die Besitzer/in wissen, wie damit umgegangen werden muß.

Abb. 24.1: Beispiel für ein Wartezimmerposter, das Hundebesitzer ermutigen soll, ihrem Tierarzt auch geringfügige Verhaltensprobleme zu berichten

tieren können dann mit ähnlichen Daten über normale, nichtproblematische Tiere und deren Besitzer verglichen werden. Und schließlich müssen die Besitzer selbst studiert werden, nicht nur im Zusammenhang mit solchen Verhaltensbeobachtungen, sondern auch mit spezifischeren „psychologischen" Ansätzen, wie sie von O'Farrell (1987) verwendet wurden.

Vorbeugung von Verhaltensproblemen bei Haustieren

Der Kleintierpraktiker kann eine Menge tun, um die Entwicklung vieler Verhaltensprobleme zu verhindern. Er kann den Besitzern z. B. raten, mit ihren Hunden mehr zu trainieren und sie von Grund auf dazu zu erziehen, den Grundkommandos zu gehorchen; den Hunden

---

PROBLEME MIT IHRER KATZE?

„Ja"

Hat sie schon einmal jemanden angeknurrt oder angefaucht? ....

Hat sie schon einmal jemanden gekratzt oder gebissen? ....

Zerkratzt sie Möbel, Teppiche usw.? ....

Verhält sie sich manchmal unruhig oder nervös? ....

Gibt es manchmal „Unfälle" außerhalb ihrer Katzentoilette? ....

Müssen Sie oft mit ihr schimpfen oder sie bestrafen? ....

Wird sie manchmal lästig? ....

Kämpft sie mit anderen Katzen? ....

Ist sie in irgendeiner Weise ungewöhnlich ängstlich? ....

Haben Sie in letzter Zeit Verhaltensänderungen bei ihr festgestellt? ....

Wenn Sie auch nur eine dieser Fragen mit „Ja" beantwortet haben,

fragen Sie Ihren Tierarzt!

Die meisten schweren Verhaltensprobleme bei Haustieren können leicht verhindert werden, wenn Sie, der/die Besitzer/in wissen, wie damit umgegangen werden muß.

Abb. 24.2: Beispiel für ein Wartezimmerposter, das Katzenbesitzer ermutigen soll, ihrem Tierarzt auch geringfügige Verhaltensprobleme zu berichten

täglich Gelegenheit zu spielerischen Kontakten mit anderen Hunden zu geben; junge Hunde in ihre Schranken weisen, wenn sie anfangen zu knurren oder nach Menschen zu schnappen; die Herausbildung einer stabilen Dominanz-Unterwerfungs-Beziehung zwischen zwei Tieren in der gleichen Familie eher zu unterstützen als zu verhindern; eine regelmäßige tägliche Spielzeit mit ihrer Katze einzuhalten, wenn sie scheinbar viel Aktivität braucht; eine zweite Katzentoilette aufzustellen, wenn mehr als eine Katze in der Familie lebt; eine Katze zum Tierarzt zu bringen, sobald sie anfängt, außerhalb ihrer Katzentoilette Urin oder Kot abzusetzen; unerwünschtes Verhalten bei Katze oder Hund niemals versehentlich zu belohnen, indem man versucht, das Tier durch Streicheln, Spielen oder Futter zu beruhigen oder abzulenken, und vieles mehr. Nicht alle Verhaltensprobleme können ganz einfach verhindert werden, aber bei vielen ist dies möglich – besonders wenn die Besitzer frühzeitig in der Entwicklung richtig darauf reagieren.

Oft denken die Besitzer nicht daran, solche leichten Verhaltensprobleme ihrem Tierarzt gegenüber zu erwähnen, entweder weil sie Verhalten wie die Verteidigung des Freßnapfes und das Anknurren von Fremden als normal ansehen oder weil es ihnen einfach nicht in den Sinn kommt, das Thema mit ihrem Tierarzt zu besprechen, den sie nur mit medizinischen Problemen in Verbindung bringen. Deshalb sollten Veterinäre die Besitzer, sobald sie ein neu erworbenes Tier zur ersten Untersuchung oder Impfung bringen, dazu ermutigen, ihm kurz über das Verhalten des Tieres und jegliches kleine Problem zu berichten. Zusätzlich dazu kann man die Klienten mit Hilfe von Wartezimmerpostern (siehe Abb. 24.1 und 24.2) oder Prospekten über die Rolle des Veterinärs als Berater bei Haustierverhalten informieren und ihnen eine Vorstellung von Verhaltens-„Warnzeichen" geben, die gemeldet werden sollten.

Ungeachtet der Tatsache, daß es den Praktiker zusätzlich Zeit kosten und ihm finanziell kaum etwas einbringen wird, wenn er einen Schwerpunkt seiner Arbeit auf die Verhinderung von Verhaltensproblemen ausrichtet, wird sich diese Entscheidung aus zweierlei Gründen dennoch auszahlen. Erstens fördert eine Demonstration von Sachkenntnis zu Verhaltensproblemen bei Haustieren das Bild eines progressiven, modernen und aufrichtig besorgten Veterinärs in den Augen der Klienten. Und dies wiederum könnte neue Klienten anziehen, bzw. man verliert keine Kunden an Kollegen, die in dieser Hinsicht progressiver vorgehen. Zweitens, wenn man sich für das Verhalten von Patienten interessiert, ist dies ein an sich befriedigender und faszinierender Bereich, der den Umgang des Veterinärs mit dem Klienten, seiner Familie und dem Tier selbst bereichert. Um Verhalten zu verstehen, muß man viel über das Tier, seine Verhaltenstendenzen in einer Vielzahl von Situationen und über die Umgebung wissen, in der es lebt. Und um all das zu erfahren, muß man mit den Besitzern ausführlich über viele Bereiche sprechen, die nicht annähernd so unmittelbar relevant wären, wenn es nur um die Gesundheit des Tieres ginge: die tägliche Routine der Familie und des Tieres, die Haltung von Familienmitgliedern gegenüber dem Tier, wie das Tier in verschiedenen Situationen behandelt wird, was das Tier darf und was nicht, wie die Familienmitglieder auf bestimmte Verhaltensweisen reagieren, wie sich das Tier normalerweise auf Spaziergängen, mit Gästen, mit Kindern, wenn es etwas möchte, wenn mit ihm geschimpft wird usw., verhält. Solche Fragen sind so wichtig wie nie zuvor, wenn man sich mit dem Verhalten beschäftigt. Jeder Kleintierveterinär, der auch den Verhaltensaspekt in seiner/ihrer Praxis berücksichtigt, wird bestätigen, daß aufrichtiges Interesse am Verhalten eine ganzheitliche Annäherung an das Tier und persönlichere Beziehungen zu den Klienten fördert. Beides kann wesentlich zu der persönlichen Befriedigung beim Betreiben einer Kleintierpraxis beitragen.

Literatur

Askew, H. R. (1994): Wie wissenschaftlich ist die Tierverhaltenstherapie? Einschätzung der weltweiten klinischen Forschung über die Wirksamkeit von medizinischen und verhaltensorientierten Behandlungen auf Haustier-Verhaltensprobleme. *Der praktische Tierarzt* **75**, 539–544.

Cooper, L., and Hart, B. L. (1992): Comparison of diazepam with progestin for effectiveness in suppression of urine spraying behavior in cats. *Journal of the American Veterinary Medical Association* **200**, 797–801.

Dodman, N. H., Shuster, L., and White, S. (1988): Use of narcotic antagonists to modify stereotypic self-licking, self-chewing, and scratching behavior in dogs. *Journal of the American Veterinary Medical Association* **193**, 815–819.

Goldberger, E., and Rapoport, J. (1991): Canine acral lick dermatitis: Response to anti-obsessional drug clomipramine. *Journal of the American Animal Hospital Association* **27**, 179–182.

Hart, B. L. (1980): Objectionable urine spraying and urine marking in cats. *Journal of the American Veterinary Medical Association* **177**, 529–533.

Hart, B. L. (1981a): Progestin therapy for aggressive behavior in male dogs. *Journal of the American Veterinary Medical Association* **178**, 1070.

Hart, B. L. (1981b): Olfactory tractotomy for control of objectionable urine spraying and urine marking in cats. *Journal of the American Veterinary Medical Association* **179**, 231.

Hart, B. L., and Barrett, R. E. (1973): Effects of castration on fighting, roaming, and urine spraying in adult male cats. *Journal of the American Veterinary Medical Association* **163**, 290–292.

Hart, B .L., Eckstein, R. A, Powell, K. L., and Dodman, N. H. (1993): Effectiveness of buspirone on urine spraying and inappropriate urination in cats. *Journal of the American Veterinary Medical Association* **203**, 254–258.

Heidenberger, E., and Unshelm, J. (1990): Verhaltensänderungen von Hunden nach Kastration. *Tierärztliche Praxis* **18**, 69–75.

Hopkins, S. G., Schubert, T. A., and Hart, B. L. (1976): Castration of adult male dogs: Effects on roaming, aggression, urine marking, and mounting. *Journal of the American Veterinary Medical Association* **168**, 1108–1110.

Joby, R., Jemmett, J. E., and Miller, A. S. H. (1984): The control of undesirable behavior in male dogs using megestrol acetate. *Journal of Small Animal Practice* **25**, 567–572.

Lässig, R., Hanschke, S., and Bussian, E. (1992): Möglichkeiten der Behandlung von Verhaltensstörungen bei Kleintieren mit Medroxyprogesteronazetat. *Kleintierpraxis* **37**, 339–341.

O'Farrell, V. (1987): Owner attitudes and dog behavior problems. *Journal of Small Animal Practice* **28**, 1037–1045.

O'Farrell, V., and Peachy, E. (1990): Behavioral effects of ovariohysterectomy on bitches. *Journal of Small Animal Practice* **31**, 595–598.

Sachwortverzeichnis

A
Aggression
-, Angst- *siehe* Angstaggression
-, außerhalb der Gruppe 98f, 103f
-, Beute- *siehe* Beuteaggression
-, defensive *siehe* defensive Aggression
-, Dominanz- *siehe* Dominanzaggression
-, elterliche *siehe* elterliche Aggression
- gegen andere Hunde *siehe* kompetitive Aggression
-, gruppendefensive *siehe* gruppendefensive Aggression
- (bei) Hunden 96–207
- -, Klassifikation 97f
-, idiopathische 183, 341 *siehe auch* Wutsyndrom
-, innerhalb der Gruppe 98–102
-, instrumentelle 340
-, interspezifische 98f, 105, 171 *siehe auch* interspezifische Aggression
-, intraspezifische 98f, 171
-, (bei) Katzen 325–329
- -, Formen der 325
- -, Klassifikationsschema 327f
- -, Toleranzkonzept 326
-, kompetitive *siehe* kompetitive Aggression
-, offensive *siehe* offensive Aggression
-, pathophysiologische Ursachen 185, 341
-, schmerz-/strafbedingt *siehe* schmerz-/strafbedingte Aggression
-, Selbstschutz- *siehe* Selbstschutzaggression
-, spielerische *siehe* spielerische Aggression
-, umgerichtete *siehe* umgerichtete Aggression
-, zwischen Katern 336
-, zwischen Rüden 188, 193
- -, auf Spaziergängen 196f
- -, Auswirkungen der Kastration 193
- -, Progestin-Therapie 196
-, zwischen Weibchen 188
Angstaggression
-, (bei) Hunden

- -, gegen Familienmitglieder 130–138
- - -, Behandlungselemente 132
- - -, Behandlungsempfehlungen 137
- - -, Kausalfaktoren 132
-, (bei) Katzen
- -, intraspezifisch 328–333
- - -, Behandlungselemente 329
- - -, Behandlungsempfehlungen 332
- - -, Kausalfaktoren 329
Angstprobleme *siehe auch* Angstaggression
-, (bei) Hunden 208–220
- -, Behandlungselemente 210
- - -, Verhaltenstherapie 213
- - -, medikamentöse Behandlung 212
- -, Behandlungsempfehlungen 218
- -, Kausalfaktoren 210
-, (bei) Katzen 320–342
- -, interspezifische (Katze/Mensch) 320f
- - -, Behandlungselemente 321
- - -, Behandlungsempfehlungen 323
- - -, Kausalfaktoren 321
- -, intraspezifische (Katze) 325
- -, Katzentoilette 324
- -, Umweltreize 324
- - -, Behandlungsprinzipien 324

B
Bellen
-, übermäßiges 266–272
- -, Behandlungselemente 267
- -, Behandlungsempfehlungen 272
- -, Kausalfaktoren 267f
Belohnung
-, Primär- 84
-, Sekundär- 84
Beratung *siehe* Haustier-Verhaltensberatung
Bestrafung 89, 256
-, anonyme 265
-, interaktive 265
Betteln/Fordern 256–258
-, Behandlungsempfehlungen 258

Sachwortverzeichnis

–, Extinktion 256
Beuteaggression 98, 180
–, gegen Menschen 180
Beziehung zwischen Mensch und Haustier 7
–, Entwicklung 8
– –, menschliches Elternverhalten 8
– –, Mimikry 8
– –, Neotenie 8
–, Haustiere als Kindersatz 10
–, Kommensalismus 7
–, Mutualismus 7
– –, Vorteile 7

C
Compliance 30–36
–, mangelnde
– –, Gründe 32

D
Defäkieren
–, unerwünschtes 234–239, 306–319
– –, Behandlungselemente 239, 309
– –, Behandlungsempfehlungen 239f, 317f
– –, Kausalfaktoren 234, 309
Defensive Aggression 327, 333f
–, durch Annäherung ausgelöst 333
–, durch Schmerz ausgelöst 333
–, durch Streicheln ausgelöst 333
–, gegen Familienmitglieder 125–150
–, gegen fremde Menschen 151–170
–, gegen Kleinkinder der Familie 138f, 148
– –, Behandlungselemente 141
– –, Behandlungsempfehlungen 147
– –, Kausalfaktoren 141
–, umgerichtete 333
Desensibilisierung
–, (bei) Katzen 330f
–, systematische 91
Destruktives Kratzen 349–352
– –, andere Formen 352
– –, Behandlungsmethoden 349
– –, Entfernung der Krallen 351
– –, Funktionen 349
Destruktives Verhalten
–, (bei) älteren Hunden 265f
–, Zerbeißen von Gegenständen bei Welpen 264f

Domestikation
–, (als) evolutionäre Adaptation 75
–, Haushund 67
–, Katzen 289
–, Prägungsprozeß 68
–, Selektionsdruck 68
–, Verhaltensmerkmale 68
–, Wolf 67
Dominanzaggression 109–124
–, Behandlungselemente 114, 116
–, Behandlungsempfehlungen 119
–, Kausalfaktoren 114f
–, Rudeltheorie 111f
–, Symptome 109

E
Elterliche Aggression 149f
–, Behandlungsansätze 149f
–, Kausalfaktoren 149
Ethogramm
–, Wolf vs. Pudel 72
Extinktion 91
–, Prinzipien des Lernverhaltens 349
–, Stadien 256f
– –, verhaltenswissenschaftliche Prinzipien 256

F
Fordern *siehe auch* Betteln
–, von Aufmerksamkeit/Futter 348
– –, Behandlungsempfehlungen 348
Frühe Intervention
–, Methode 89f, 161
–, Ablenkung 89

G
Gegenkonditionierung 88, 159
Gestörte Nahrungsaufnahme 280–284, 353f
–, Adipositas 284
–, Anorexie 282f, 353
–, Fressen von Zimmerpflanzen 354
–, Koprophagie 281
–, Pica 280, 353
Gruppendefensive Aggression 98f
–, gegen fremde Menschen 154–163
– –, Behandlungselemente 155
– –, Behandlungsempfehlungen 163
– –, Kausalfaktoren 155
–, gegen vertraute Menschen 164

H
Haustier-Verhaltensberatung
–, Grundlagen 5
– –, Ethologie 5
– –, experimentelle Psychologie 5
– –, Human-Verhaltenstherapie 5
–, Konsultation 25f
Hyperaktivität 272–275
–, Behandlungselemente 274
–, Kausalfaktoren 273

I
Inkontinenz
–, Harn- 252
–, Kot- 252
Interspezifische Aggression
–, bei Hunden 206ff
–, bei Katzen 336ff

K
Klassische Konditionierung 133
–, Angst 133
Kompetitive Aggression 98, 139
–, gegen andere Hunde in der Nachbarschaft 196–206
– –, Behandlungselemente 200
– –, Behandlungsempfehlungen 205
– –, Kausalfaktoren 200
–, zwischen Hunden desselben Haushalts 188–196
– –, Behandlungselemente 189
– –, Behandlungsempfehlungen 194
– –, Kausalfaktoren 188f
Konflikt
–, Annäherung/Vermeidung 131
Konkurrenz
–, interspezielle 106f
– –, Eingriffs- 106
– –, Nutzungs- 106

L
Lernprozesse 43
–, lernvermittelte Effekte 43
– –, frühe Erfahrungen 43
– –, gegenwärtig inadäquates Umfeld 43
– –, konditionierende/belohnende Effekte 44
– –, mangelndes Training 44
– –, unabsichtliches „Training" durch den Besitzer 44

M
Medikamentöse Therapie 92f
–, Nebenwirkungen 92

N
Neotenie 292
Neugeborenes
–, Gewöhnung des Hundes an 184

O
Offensive Aggression 327, 334
–, territoriale 334

P
Praxis
–, Aufbau 48f
– –, Behandlungsempfehlungsschreiben 53
– –, Bericht an überweisenden Tierarzt 53
– –, Fallbericht 51f, 54
– –, Folgekontakte 53f
– –, Follow-up-Fragebogen 56f
– –, Fragebogen zur Klienteninformation 48f, 52
– –, Konsultation 48
Problemsituation 38
–, auslösende Reize 40
–, erregende Reize 39
–, hemmende Reize 40
–, verstärkende Reize 40

R
Reize
–, auslösende 40
–, erregende 39
–, hemmende 40
–, verstärkende 40
Reizüberflutung 169

S
Schmerz-/strafbedingte Aggression 125–130
–, Behandlungselemente 13
–, Behandlungsempfehlungen 129
–, Kausalfaktoren 126
Selbstschutzaggression 98, 139
–, gegen fremde Menschen 164–170
– –, Behandlungselemente 166
– –, Behandlungsempfehlungen 170
– –, Kausalfaktoren 166
Sexualverhalten

–, problematisches 275–278, 343–345
– –, Ablehnung des Zuchtkaters 345
– –, Bespringen anderer Katzen 343
– –, mangelnder Sexualtrieb 275f, 344f
– –, Streunen 278
– –, unerwünschtes Bespringungsverhalten 276f
Sozialorganisation
–, (bei) Katzen 290
Sozialverhalten
–, Katzen
– –, Ursprünge 291
–, wildlebende Hunde 71f
–, Wölfe 69f
Spielerische Aggression
–, (bei) Hunden 173–177
– –, Behandlungselemente 174
– –, Behandlungsempfehlungen 177
– –, Kausalfaktoren 174
–, (bei) Katzen 336–340
– –, Behandlungselemente 337
– –, Behandlungsempfehlungen 339
– –, gegen Menschen 336f
– –, Kausalfaktoren 337
Stereotypien
–, obsessiv-kompulsive Erkrankungen 262
–, (bei) Hunden 260–264
– –, Behandlungsmöglichkeiten 262f
– –, Definition 260
– –, Kausalfaktoren 261
– –, Klassifikation 260
–, (bei) Katzen 354ff
– –, Arten 355
– –, Behandlungsmöglichkeiten 355
–, (bei) Nutztieren 261
– –, Kausalfaktoren 261
Stimmungsübertragung 155, 158, 266
Strafbedingte Aggression *siehe* schmerz-/strafbedingte Aggression
Stubenreinheit
–, Grundregeln 239
– –, ältere Hunde 240
– –, Welpen 239
–, mangelnde 234

T
Training 82
– in Problemsituationen 87f
– –, Einsatz von Bestrafung 88

– –, Einstellen von Belohnungen 90
– –, prophylaktische Intervention 89
– –, Verhaltenstherapie 91
–, Gehorsams- 81f
– –, auf Spaziergängen 86
– –, Leckerbissen als Belohnung 82
– –, Übertragen auf den Alltag 85f
– –, Streicheln, Lob und Spiel als Belohnung 85
–, Prinzipien 87
Trennungsangst 221–234
–, Behandlungselemente 225
–, Behandlungsempfehlungen 232f
–, Kausalfaktoren 225
–, Symptome 221

U
Übererregbarkeit 272–275
–, Behandlungselemente 274
–, Kausalfaktoren 273
Umgerichtete Aggression 178f
–, Behandlungselemente 179
Unkontrollierbarkeit
–, auf Spaziergängen 253–255
– –, Behandlungsempfehlungen 255
– –, Kausalfaktoren 253
Urinieren
–, erregungsbedingtes 249–251
– –, Behandlungselemente 250
– –, Kausalfaktoren 250
–, unerwünschtes 234–239, 306–319
– –, Behandlungselemente 235, 309
– –, Behandlungsempfehlungen 239f, 317f
– –, Kausalfaktoren 235, 295
–, unterwürfiges 245–249
– –, Behandlungselemente 246
– –, Behandlungsempfehlungen 248
– –, Kausalfaktoren 246
Urinmarkieren
–, (bei) Hunden 239–245
– –, Behandlungselemente 242
– –, Behandlungsempfehlungen 244
– –, Funktion 240
– –, Kausalfaktoren 242
–, (bei) Katzen 295–305
– –, Behandlungselemente 299
– –, Behandlungsempfehlungen 304
– –, Funktion 295
– –, Kausalfaktoren 299

– –, Symptome 295
Unfreundlichkeit
–, gegenüber dem Besitzer 347

V
Verhalten
–, Aufmerksamkeit heischendes 258–260
 siehe auch Fordern von Aufmerksamkeit
– –, Diagnose 259
–, destruktives *siehe* destruktives Verhalten
Verhaltensprobleme 265, 268f, 343
–, ätiologische Faktoren 17f
– –, arttypisches, aber inakzeptables Verhalten 19
– – beschränkte frühe Erfahrungen 18
– –, frühe Erfahrungen mit starken aversiven Reizen 18
– –, gegenwärtige mangelhafte Umweltbedingungen/Streß 18
– –, mangelndes Training 18
– –, pathophysiologische Störung 18
– –, unabsichtliche Förderung/Belohnung durch den Besitzer 19
–, Forschungsgrundlagen 360f
–, instrumentelle 347f, 340
– –, Bestrafung 347

– –, Extinktion 348
–, Jagdverhalten 343
–, Klassifizierung 16ff
–, maternale 278–280, 345f
– –, Gleichgültigkeit 279
– –, Kannibalismus 278, 346
– –, Pseudogravidität 279
– –, Vernachlässigung des Wurfes 345
–, Nahrungsaufnahme *siehe* gestörte Nahrungsaufnahme
–, spezifische Kausalfaktoren 20
–, Vorbeugung 365
Verhaltenssystem 38
–, Parameter 41f
– –, genetische Faktoren 41
– –, hormonelle Faktoren 41
– –, Medikamente 42
– –, pathophysiologische Faktoren 42
– –, Wechselwirkungen mit anderen Verhaltenssystemen 42

W
Wolf
–, Sozialverhalten 69f
Wutsyndrom 183